W0229335

T. Berry Brazelton

Ein Kind wächst auf

Das Handbuch für die
ersten sechs Lebensjahre

Aus dem Amerikanischen von
Christoph Trunk

Klett-Cotta

Klett-Cotta
Die Originalausgabe erschien unter dem Titel
„Touchpoints" bei Addison-Wesley Publishing Company
Reading, Massachusetts
A Merloyd Lawrence Book
© 1992 by T. Berry Brazelton, M.D.
Für die deutsche Ausgabe
© J.G. Cotta'sche Buchhandlung Nachfolger GmbH, gegr. 1659,
Stuttgart 1995
Fotomechanische Wiedergabe nur mit Genehmigung des Verlags
Printed in Germany
Schutzumschlag: Klett-Cotta-Design
Gesetzt aus der 9,5 Punkt Schneidler
von Offizin Wissenbach, Würzburg
Auf säure- und holzfreiem Werkdruckpapier
gedruckt und gebunden von Ebner, Ulm

Die Deutsche Bibliothek – CIP-Einheitsaufnahme
Brazelton, Thomas Berry:
Ein Kind wächst auf : Das Handbuch für die ersten sechs Lebensjahre /
T. Berry Brazelton. Aus dem Amerikan. von Christoph Trunk. –
Stuttgart : Klett-Cotta, 1995
Einheitssacht.: Touchpoints <dt.>
ISBN 3-608-91635-0

Für Alfred, Rosalis und ihre Großmutter

Inhalt

III. Verbündete

Einleitung*

Während der vierzig Jahre, die ich als Kinderarzt in Cambridge, Massachusetts, praktiziert habe, war ich an der Erziehung von 25 000 Kindern beteiligt und habe dabei das Modell der frühkindlichen Entwicklung erarbeitet, das ich nun in diesem Buch vorstelle. Diese „Landkarte" der Entwicklung von Verhalten und Psyche soll allen Eltern helfen, in den Phasen stürmischer Entwicklung, die ihr Kind durchlaufen wird, Gelassenheit zu bewahren und die Probleme zu bewältigen, die solche Phasen in nahezu jeder Familie aufwerfen.

Im Unterschied zu den Maßen des körperlichen Wachstums (das die Eltern zum Beispiel verfolgen, indem sie voller Stolz die Körpergröße am Türrahmen anzeichnen) ist dieses Modell mehrdimensional. Rückschritte gibt es hier ebenso wie Sprünge nach vorn. Das psychische Wachstum vollzieht sich auf vielen Ebenen, aber es geht jeweils nicht gleichzeitig auf allen Ebenen vorwärts. Alles neu Erreichte hat seinen Preis, so daß das Kind – oder sogar die ganze Familie – möglicherweise eine Zeitlang auf der Stelle tritt.

Grundlegend für mein Modell und damit auch für dieses ganze Buch ist der Begriff *Auftakt*, den ich im Verlauf meiner langjährigen Forschungsarbeit am Kinderkrankenhaus in Boston und an anderen Orten in der ganzen Welt präzisiert habe. *Auftakte* sind in der Entwicklung eines jeden Kindes zu finden. Sie treten dann ein, wenn auf einer Entwicklungsebene – sei es auf der motorischen, der kognitiven oder der psychischen – eine Sturzwelle stürmischen Wachstums unmittelbar bevorsteht und das Verhalten des Kindes für kurze Zeit aus den Fugen gerät. Die Eltern können sich nicht mehr auf das bis dahin Erreichte verlassen. Oft fällt das Kind in mehreren Entwick-

---

* Wir haben Herrn Dr. M. Karle, Arzt für Kinderheilkunde und Kinder- und Jugendpsychiatrie, gebeten, das Buch im Hinblick auf die Unterschiede zwischen den amerikanischen Verhältnissen und der Situation, die Eltern bei uns in Deutschland vorfinden, zu lesen. Er hat dazu einige Anmerkungen gemacht, die im Anhang, Seite 555 ff., zu finden sind. Die von ihm kommentierten Stellen sind auf den angegebenen Buchseiten jeweils durch * gekennzeichnet. Anm. der Red.

lungsbereichen auf bereits überwundene Stadien zurück, und sie verstehen nicht recht, was mit ihm geschieht. Sie geraten selbst aus dem Gleichgewicht und fangen an, sich Sorgen zu machen. Ich habe im Lauf der Jahre festgestellt, daß ich diese im voraus zu erwartenden Phasen der Regression nutzen kann, um das Verständnis der Eltern für ihr Kind zu fördern. Wenn das Kind in einem *Auftakt* verharrt, haben die Eltern Gelegenheit, eine Ahnung von der geballten Energie zu bekommen, die es bei seinen Lernprozessen antreibt. Mit jedem neuen Schritt, den es bewältigt, wächst sein Gefühl der Eigenständigkeit. Wenn den Eltern klar ist, daß die Episoden regressiven Verhaltens zur normalen Entwicklung gehören, vertiefen sie ihr Verständnis für das Kind, und sie können seine Entfaltung gezielter fördern, anstatt sich in Konflikte mit ihm zu verrennen. In solchen Phasen treten sämtliche Stärken und wunden Punkte eines Kindes zutage, ebenso wie sein Temperament und seine ganz eigene Methode, mit Schwierigkeiten umzugehen. Was für eine großartige Gelegenheit, die Persönlichkeit des Kindes zu verstehen!

Teil 1 des Buches verfolgt diese *Auftakte* der äußeren und inneren Entwicklung des Kindes und zeigt auf, wie sie die verschiedensten Entscheidungen beeinflussen – ob es nun ums Schlafen oder ums Essen geht, um die Unabhängigkeit, die das Kind durch das Laufenlernen gewinnt, um Kommunikation, Disziplin oder Sauberkeitstraining. Ich ordne die Themen so an, wie sie im Gespräch mit den Eltern nacheinander zur Sprache kommen, angefangen beim ersten Termin während der Schwangerschaft über die Kontrolluntersuchungen beim Säugling bis zu den nur noch jährlichen Terminen mit dem älteren Kind.* Wir können inzwischen einschätzen, wann die Eltern mit bestimmten Fragen kommen. Wenn die Regressionen des Kindes für Verwirrung sorgen, machen sich die Eltern Gedanken, wie sie sich verhalten sollen, und so haben wir immer ein Thema, auf das wir uns konzentrieren können. Gelingt es mir, den Eltern die inneren Beweggründe des Kindes für sein irritierendes Verhalten begreiflich zu machen, dann wird die Familie steigenden Gewinn aus ihren Besuchen bei mir ziehen. Für mich sind solche kritischen Phasen eine Gelegenheit, auf das Familiengefüge einzuwirken, Unterstützung anzubieten und verschiedenen Fehlentwicklungen vorzubeugen.

In *Teil 2* gehe ich auf die einzelnen Probleme ein, die eine normale Entwicklung während der ersten sechs Lebensjahre erschweren können. Geschwisterrivalität, Schreien, Wutanfälle, nächtliches Aufwachen, Ängste, Manipulationsversuche, Lügen oder Bettnässen werden zu „Problemen", sobald die Eltern versuchen, eine Situation in die Hand zu nehmen, aus der das Kind allein herausfinden kann. In diesem Buch will ich den Eltern zeigen, daß solche Verhaltensweisen des Kindes zu seinem Ringen um Eigenständigkeit gehören und daß sie sich aus diesem Kampf am besten heraushalten, um ihn nicht noch weiter zu verschärfen.

In diesem Teil habe ich eigene Veröffentlichungen zu den verschiedenen Themen herangezogen, die sich an Eltern richteten und in den Zeitschriften *Family Circle* und zuvor in *Redbook* erschienen sind. Es geht um Fragen, die immer wieder auftauchen, weil Eltern sie in meiner Praxis und bei Vorträgen in eindringlichem Ton an mich richten. Bei der Betrachtung dieser Themen in Teil 2 stütze ich mich auf mein Entwicklungsmodell der *Auftakte*. Dieser Teil ist für Eltern geschrieben, die feststellen, daß ihr Kind oder sie selbst sich in irgendein Problem hineinsteigern. Er soll helfen, einen Ausweg zu finden, wenn sie sich in fatalen Reaktionsmustern verfangen und in lähmenden Ängsten zu versinken drohen; für den Fall, daß alle Lösungsversuche fehlschlagen, finden sich hier aber auch Hinweise, wann es Zeit ist, sich nach Hilfe umzuschauen. Was ich in den einzelnen Kapiteln über Depression, Entwicklungsbehinderungen oder Sprech- und Hörprobleme ausführe, erhebt keinen Anspruch auf Vollständigkeit und ist lediglich als Hilfestellung dabei gedacht, normale Spielarten kindlichen Verhaltens von schwereren Problemen zu unterscheiden, die in die Hand von Fachleuten gehören.

In *Teil 3* stelle ich dar, wie die Entwicklung des Kindes von den Menschen in seiner Umgebung beeinflußt wird. Jede enge Beziehung – zum Vater, zur Mutter, zu den Großeltern, zu Spielgefährten, Betreuerinnen und Kinderärzten[1] – trägt dazu bei, daß sich Psyche und Ver-

---

[1] Strenggenommen müßte die Übersetzung hier lauten: „... zu Spielgefährtinnen und Spielgefährten, zu Betreuerinnen und Betreuern und zu der Kinderärztin oder dem Kinderarzt", denn es sind ja Mädchen wie Jungen, Frauen wie Männer gemeint. Dr. Brazelton vermeidet es konsequent, ein Geschlecht sprachlich zu bevorzugen, und verwendet zum Beispiel in den ungeraden Kapiteln „she", in den geraden „he", wenn das Kind gemeint ist.

11

halten des Kindes weiterentwickeln. Je mehr Menschen die Eltern in die Sorge für das Kind einbeziehen, desto mehr Verbündete hat es auf seinem Weg zur Eigenständigkeit.

Nach meiner Erfahrung entwickelt sich das Kind in keinem Bereich pausenlos vorwärts. Die Verlaufskurven seiner motorischen, kognitiven und emotionalen Entwicklung sind allesamt gezackt und weisen Gipfel, Täler und Ebenen auf. Jede neue Lernaufgabe verlangt dem Kind viel ab – seine ganze Energie ist gefordert, ebenso wie die der übrigen Familienmitglieder. Lernt zum Beispiel ein einjähriges Kind laufen, dann haben alle einen Preis zu zahlen. Die ganze Nacht hindurch richtet es sich immer wieder an der Seite seines Bettchens auf. Alle drei bis vier Stunden, wenn es in eine Leichtschlafphase kommt, wacht es ganz auf und schreit nach Hilfe. Die ganze Familie wird aus dem Schlaf gerissen. Der Kinderarzt wird sicherlich davon zu hören bekommen. Am Tag fängt das Baby frustriert an zu schreien, sobald die Eltern oder die Geschwister in seiner Nähe vorübergehen. Dreht die Mutter oder der Vater ihm den Rücken zu, sackt es enttäuscht zu Boden und ist außer sich. Wenn ein Kind laufen lernt, zehrt das also an den Nerven aller. Kann es dann schließlich laufen, ist es wie ausgewechselt und strahlt im Triumph. In der ganzen Familie kehrt wieder Ruhe ein. In der folgenden Etappe festigt das Kleinkind seine letzte Errungenschaft und baut sie aus: Es lernt, mit einem Spielzeug in der Hand zu gehen, sich im Gehen umzudrehen, sich in die Hocke sinken zu lassen und Treppen zu steigen. In dieser Phase ist das Kind nicht mehr so unberechenbar und sprunghaft. Der Druck ist von ihm gewichen – bis der nächste Entwicklungsschub kommt.

Alle diese Schübe und die ihnen vorausgehenden Regressionen sind *Auftakte*, die mir als Kinderarzt erlauben, eine aktive Rolle innerhalb des Familiengefüges zu übernehmen. Die Eltern kommen mit ihren

Nun gibt es, anders als im Englischen, im Deutschen derzeit keine zufriedenstellende Lösung für das Maskulinum-Femininum-Problem, die zugleich elegant und „konsensfähig" wäre. Nach Absprache mit dem Verlag benutze ich im allgemeinen die althergebrachte männliche Form, die die Frauen einschließen soll („Kinderarzt" für „Kinderarzt oder Kinderärztin", „Spielgefährte" für „Spielgefährte oder Spielgefährtin"), und bei traditionellen Frauenberufen meist die weibliche Form („Krankenschwester", „Erzieherin", „Betreuerin", „Tagesmutter"). A.d.Ü.

Sorgen zu mir, und ich sage ihnen, was mir am Verhalten des Kindes auffällt. Dabei kann ich auf ihre Aufmerksamkeit zählen. Der Austausch über das Verhalten des Kindes wird zu unserer gemeinsamen Verständigungsebene. Ausgehend von dem, was ich über die Familie bereits weiß, kann ich den Eltern helfen, sich über ihre Ängste klarzuwerden. Ich gehe auf ihre Sorgen ein und zeige ihnen, was das Kind wohl so in Aufruhr versetzt und welcher Entwicklungsschritt sich auf diese Weise ankündigt. Eltern reagieren auf Regressionen ihres Kindes leicht mit Angst und versuchen, sein augenblickliches Verhalten in eine andere Richtung zu lenken. Ausgerechnet zu einem Zeitpunkt also, wenn das Kind um größere Eigenständigkeit ringt, erhöhen sie den Anpassungsdruck. Damit verstärken sie unter Umständen die unerwünschten Verhaltensweisen, so daß sie sich zu Angewohnheiten verfestigen. Jeder *Auftakt* zu einer neuen Entwicklungsphase ist eine Chance, zu verhindern, daß sich solche problematischen Verhaltensweisen festsetzen und in einen Dauerzustand übergehen. Ich gebe den Eltern Tips, wie sie sich anders verhalten können. Falls ihre eigenen Strategien versagt oder ihnen nach einiger Zeit Angst gemacht haben, sind sie offen für Alternativen. Als außenstehender Beobachter kann ich neue Impulse geben, ehe die Familie sich so festgefahren hat, daß ein Fehlschlag sich an den andern reiht.

Zu der Bereitschaft, ihrem Kind Autonomie zuzugestehen und von unproduktiven Erziehungsstrategien abzulassen, können die Eltern nicht einfach durch rationales Überlegen finden. Denn wir alle verlieren leicht den Überblick in Situationen, die verschiedene „Gespenster", das sind eindringliche Kindheitserlebnisse, in uns lebendig werden lassen. Aus der Erinnerung tauchen Erziehungsmuster auf, die wir von unseren eigenen Eltern mitbekommen haben und die uns zu irrationalem Handeln drängen. Wie ich in dem zusammen mit Bertrand Cramer verfaßten Buch *Die frühe Bindung* gezeigt habe, können wir diesen Gespenstern ihre Macht nehmen, indem wir sie uns bewußt machen; dann sind wir imstande, mit mehr Ruhe und Überlegung das besorgniserregende Verhalten unseres Kindes aufzufangen.

Eltern machen nicht deshalb Fehler, weil ihnen nichts an ihrem Kind liegt, sondern weil ihnen so viel an ihm liegt. Die Sorge um das Kind ruft Erinnerungen wach. Die Eltern sind so eifrig und entschlossen, daß ihr Urteilsvermögen zuweilen geschwächt ist. Falls ihre Überreaktionen sie dann immer wieder in Konflikt mit dem Kind

13

bringen, können sie diesen Teufelskreis nur aufbrechen, wenn sie den starken Willen ihres Kindes begreifen, sich seinen eigenen Weg zu bahnen.

Sich in die Elternrolle zu finden bedeutet, aus Fehlern zu lernen – nicht aus Erfolgen. Denn wenn etwas danebengeht, müssen Sie sich etwas Neues einfallen lassen, um die Situation zu retten. Schnitzer und Fehlentscheidungen springen ins Auge, Erfolge dagegen nicht. Der Lohn für „richtige Entscheidungen" ist groß, aber wenig spektakulär – das Kind kuschelt sich in Ihre Arme, damit Sie ihm leise etwas vorsingen, oder es verkündet stolz: „Kuck mal, ich hab's selbst gekonnt!" Es ist jedenfalls nicht so entscheidend, wie Sie im einzelnen vorgehen, sondern in welcher emotionalen Atmosphäre das geschieht.

In den letzten Jahren haben wir immer deutlicher erkannt, wie entscheidend individuelle Unterschiede zwischen Kindern sind. Wie ich in meinem Buch *Babys erstes Lebensjahr* ausgeführt habe, hat das individuelle Temperament eines Kindes – das heißt seine eigene Art, sich mit der Welt auseinanderzusetzen und sie verstehen zu lernen – großen Einfluß darauf, wie aufmerksam und aufnahmebereit es auf die Anleitung und Hilfe der Eltern reagiert. Auch übt sein Temperament vom Augenblick der Geburt an einen starken Einfluß auf die Reaktionen der Eltern aus. Zwar läßt sich nicht behaupten, der Charakter eines Kindes sei mit der Geburt festgeschrieben, allerdings wird er auch nicht ausschließlich von der Umwelt geformt. Die folgenden Kapitel unterstellen eine bestimmte zeitliche Abfolge der Entwicklungsschritte. Aber Sie dürfen dieses Zeitschema nicht zum Maßstab der Entwicklung Ihres Kindes machen, weil jedes Kind wieder ganz anders ist.

Auch das gesamte Verhalten und das Temperament beider Eltern ist zu berücksichtigen. Mutter und Vater werden auf ein Kind schwerlich in ein und derselben Weise reagieren – und das sollen sie auch nicht. Da Temperament und Erfahrung verschieden sind, müssen beide Eltern unterschiedlich reagieren, wenn sie sich selbst treu bleiben wollen. Deshalb muß eine Entscheidung, wenn sie „richtig" sein soll, stets auf die besondere Situation zugeschnitten und richtig für das Kind, richtig für die Mutter und richtig für den Vater sein.

Ein Kind großzuziehen ist heutzutage oft ein einsames Unterfangen. Die meisten Eltern sind zu Beginn unsicher und zweifeln, ob sie denn das Bestmögliche für ihr Kind tun. Als Kinderarzt habe ich es immer als meine Aufgabe betrachtet, die Eltern schon im voraus auf die Probleme hinzuweisen, die erfahrungsgemäß auftreten werden, und ihr Verständnis dafür zu fördern, was in ihrem Kind vorgeht. Ich möchte eine aktive Rolle im Gefüge der Familie spielen, das sich bei Belastungen und bei jedem Lernfortschritt eines Familienmitglieds auf ein neues Gleichgewicht einpendelt.

Als ich anfing, als Kinderarzt zu praktizieren, langweilte mich das Einerlei von Impfungen, Gewichts- und Größenmessungen und körperlichen Untersuchungen. Anregend fand ich dagegen die Schwierigkeiten, die mit der Entwicklung der Kinder einhergingen, und die Sorgen, die mir die Eltern bei den verschiedenen Untersuchungsterminen vortrugen. Den Eltern, die mit einem gesunden Kind zur Kontrolluntersuchung kamen, bereitete vor allem Kopfzerbrechen, daß das Kind nicht durchschlief, beim Essen rebellierte oder bettnäßte. Wenn ich zu einem Gespräch bereit war und ihnen sagte, was mir zu diesen Problemen einfiel, teilten sie mir engagiert und dankbar mit, wie sie selbst darüber dachten. Während wir uns unterhielten, beobachtete ich, wie das Kind spielte und auf die Untersuchung reagierte. Als Ergebnis von vielen solchen Beobachtungen gewann ich ein Gespür dafür, was für ein Temperament ein Kind hat und in welchem Entwicklungsstadium es sich befindet. So war ich bald imstande, die Eltern darauf vorzubereiten, welche besonderen Probleme in der nächsten Zeit etwa beim Essen oder Schlafen, beim Sauberkeitstraining oder mit dem Daumenlutschen auftauchen könnten. Wenn es mir gelang, die Konflikte anzukündigen, und wenn ich ihnen helfen konnte zu begreifen, worauf das Kind eigentlich hinauswollte, kamen wir uns näher. Die Termine wurden für mich anregender und für sie lohnender.

Solche gemeinsamen Erfahrungen sind für die Eltern wie für den Arzt von großem Wert. Wenn die Eltern mit dem Kind wiederkommen, hat jeder die Möglichkeit, sämtliche vorherigen Prognosen zu überprüfen. Haben sich die Voraussagen erfüllt, so wissen sie, daß sie auf der richtigen Spur sind. Ist es anders gekommen, so ist dies gleichfalls aufschlußreich. Eltern und Arzt können sich dann überlegen, (1) welche Denkfehler sich in die Voraussagen eingeschlichen hatten, (2) inwieweit die Familie sich gegen das Bewußtwerden mancher Dinge wehrt, so daß bestimmte wunde Punkte und unterschwellige Probleme zunächst übersehen wurden, und (3) wie stabil die Beziehung zwischen Arzt und Familie ist, das heißt, wieviel Vertrauen die Familie hat, um ihre Schwierigkeiten offen mitzuteilen. Diese Schwierigkeiten werden mit jedem neuen *Auftakt* noch deutlicher hervortreten, so daß sich immer bessere Prognosen treffen lassen. Wenn ich mit Eltern über meine Theorie der *Auftakte* spreche und beschreibe, wie ihnen der Kinderarzt, der Hausarzt oder eine Praxisschwester[2]* die Regressionen und Entwicklungsschübe des Kindes durchschaubar machen könnte, antworten mir viele, daß ihr Arzt sich vor allem mit der körperlichen Entwicklung und den Krankheiten des Kindes befaßt. Dieses Problem, auf das ich im letzten Kapitel eingehe, hat mit der Art der kinderärztlichen Ausbildung zu tun. Sie beruht großenteils auf dem medizinischen Denkmodell, das vom Krankheitsbegriff beherrscht ist, und sie weist zwei erhebliche Lücken auf. Erstens ist zu wenig die Rede davon, wie wichtig es ist, sich über zwischenmenschliche Beziehungen Gedanken zu machen und sie zu festigen. Denn eigentlich haben Kinderärzte die einzigartige Chance, auf die Eltern einzugehen und beim Entstehen einer neuen Familie behilflich zu sein. In unserem Ausbildungsprogramm am Kinderkrankenhaus in Boston versuchen wir diese erste Lücke zu schließen. Ein großer Teil des Unterrichts dreht sich darum, wie wir das Gespräch mit den Eltern am besten gestalten und wie wir ihnen dabei Beobachtungen zum Verhalten und zur Entwicklung des Kindes mitteilen und sie ermutigen können, über alle Gefühle zu sprechen, die nun einmal das Hineinwachsen in die Elternrolle begleiten.

Die zweite Lücke in der kinderärztlichen Ausbildung besteht darin, daß sie zu wenig Kenntnisse über die kindliche Entwicklung vermittelt. Dieses Wissensgebiet hat sich durch neuere Forschungen – etwa zur Entwicklung der kognitiven Fähigkeiten, zur Eltern-Kind-Bindung, zu den Fähigkeiten des Neugeborenen, zu genetischen Einflüssen oder zu Temperamentsunterschieden – beträchtlich ausgeweitet. Die kinderärztliche Ausbildung hinkt diesen Erkenntnisfortschritten hinterher. Erst wenn ein Kinderarzt die Schwierigkeiten und Herausforderungen versteht, mit denen ein Kind auf einer bestimmten Altersstufe sich *typischerweise* auseinandersetzen muß, kann er das individuelle Wesen des *einzelnen* Kindes erfassen. Er ist dann in der Lage, seine

---

[2] Englisch „nurse practitioner": eine Krankenschwester oder Arzthelferin mit beratender Funktion, angestellt in einer Arztpraxis, einem Gesundheitszentrum oder einem Krankenhaus. A.d.Ü.

16

Beobachtungen den Eltern in einer gemeinsamen „Sprache" zu vermitteln, die die Beziehung zu ihnen stärkt. Nach meinen Erfahrungen sehen mir Eltern, die wissen, daß ich ihr Kind verstehe, alle möglichen Enttäuschungen oder Stockungen in unserer Zusammenarbeit nach. Sie betrachten mich als ihren Verbündeten im Versuch, die bestmöglichen Bedingungen für das Kind zu schaffen. Sie teilen mir mit, welche Fehler sie gemacht haben und worüber sie besorgt sind. Wir sind ein Team.

„Ausgelernt" hat ein Kinderarzt erst dann, wenn er über den Verlauf jeder der drei großen Entwicklungslinien Bescheid weiß – der motorischen, kognitiven und emotionalen. Die Kinderheilkunde wird zum Vergnügen, wenn er weiß, welche gewaltigen, in jedem Menschen vorhandenen Kräfte hinter dem Kampf ums Laufenlernen walten oder wie im zweiten Lebensjahr durch den leidenschaftlichen Konflikt zwischen „Ja" und „Nein" Wutanfälle ausbrechen. Jeder Sprechtermin ist wie ein Fenster, durch das wir mit immer neuer Spannung verfolgen können, wie ein Kind sich weiterentwickelt und die großen Aufgaben der ersten Lebensjahre meistert. Es gibt noch nicht genügend Kinderärzte, die darin geschult sind, diesen Aspekt der Praxis zu verstehen und zu genießen. Ich hoffe, daß ich bei unseren Bemühungen am Kinderkrankenhaus Boston, die kinderärztliche Ausbildung zu verändern, und in diesem Buch die Freude und die Befriedigung vermitteln kann, mit der ich mich ein Leben lang vielen Eltern und Kindern gewidmet habe.

17

I.
Auftakte

1. Schwangerschaft:
Die erste Begegnung von Eltern und Kinderarzt

In den letzten Schwangerschaftsmonaten dringt den werdenden Eltern immer mehr ins Bewußtsein, daß da wirklich ein Kind unterwegs ist. Sie stellen fest, daß sich das zukünftige Baby bereits regt, und es geht ihnen auf, daß gewaltige Veränderungen ins Haus stehen. Der siebte Monat ist der ideale Zeitpunkt für einen ersten Besuch beim späteren Kinderarzt. Die Eltern haben sich mittlerweile darauf eingestellt, daß sie einen Kinderarzt und Ratgeber brauchen werden, und brennen darauf, ihre Hoffnungen und Sorgen einem solchen Experten mitteilen zu können. Anders ist es in den späteren Phasen der Schwangerschaft. Nach meiner Erfahrung ist die werdende Mutter dann zu sehr mit der bevorstehenden Entbindung beschäftigt, um mit mir über das Baby zu sprechen. Der Vater macht ab dem achten Monat meist beim Geburtsvorbereitungskurs mit, so daß ihn vor allem die Rolle innerlich beschäftigt, die er bei der Entbindung spielen wird.

Während des siebten Monats sind die Eltern noch ganz in ihren Phantasien über das Baby befangen. Sie fragen sich, wie dieses Kind wohl sein wird. Ich kann ihre Ängste ans Licht bringen und Anteil an ihnen nehmen. Dies ist für mich der erste *Auftakt* – eine Gelegenheit, zu beiden Eltern eine Beziehung aufzubauen, noch ehe das Baby unter uns ist. Oft wirkt der erste Besuch noch lange nach: Ich kann davon ausgehen, daß fünfzig Prozent der Väter, die zu diesem Zeitpunkt, und sei es auch nur für zehn Minuten, den Weg in meine Praxis finden, im ersten Lebensjahr des Babys bei jedem Besuchstermin dabei sind. Achtzig Prozent werden mindestens vier Termine wahrnehmen. Wenn ich den Vater spüren lasse, daß er in meiner Kinderarztpraxis willkommen ist, mache ich ihm dadurch deutlich, wie wichtig er für das Wohlergehen seines Babys ist. Manch ein Vater meint zu mir: „Bis jetzt hat niemand mit mir richtig darüber gesprochen. Alle reden nur mit meiner Frau. Aber schließlich ist es auch mein Kind. Als Sie mich baten, mitzukommen und an dem Gespräch teilzunehmen, war mir klar, daß Sie nicht einfach so darüber hinweggehen." Da nun einmal die Gefühle eines Vaters in spe so leicht zu verletzen sind und da er nicht ausgeschlossen sein will, ist dieser Termin, als *Auftakt* der Beziehung zwischen uns, von großem Wert für ihn und für mich.

Eine vielbeschäftigte werdende Mutter, die anruft, um mit mir einen Termin während der Schwangerschaft auszumachen, sagt meistens: „Mein Frauenarzt sagt, ich soll schon *vor* der Geburt zu Ihnen gehen. Ist das denn wirklich nötig?" Hinter dieser Frage verbergen sich oft viele Ängste. Sie halten die Mutter davon ab, mich im voraus kennenzulernen, obwohl sie das eigentlich gerne wollte. Ich sage ihr ganz offen: „Ja, es ist sehr wichtig, daß wir uns treffen, *bevor* ein Baby da ist, weil es später unsere ganze Aufmerksamkeit in Anspruch nimmt. Ich möchte Sie schon vorher kennenlernen und wissen, was Sie auf dem Herzen haben, damit wir uns gemeinsam damit auseinandersetzen können." „Na gut, wann kann ich also kommen?" wird sie vorsichtig fragen. An dieser Stelle sage ich, daß mir daran liegt, auch den Vater des Babys kennenzulernen. Wenn sie wieder zögert, schlage ich ihr vor, ihn einfach zu fragen, ob er mitkommen will, ehe sie den Termin ausmacht.

Wenn die zukünftigen Eltern tatsächlich beide zu mir kommen, bleibt der Vater meist im Hintergrund. Ich halte es für sehr wichtig, den Vater dazu anzuregen, sich um das Baby ebensosehr zu kümmern wie die Mutter, und bitte ihn daher, mit dem Stuhl näher an meinen Schreibtisch zu rücken. Mit einem Blick wird er zuerst die Erlaubnis seiner Frau einholen. Diese Gelegenheit nutze ich, um das Paar auf das Phänomen des „Wachehaltens" aufmerksam zu machen. Dies ist ein neuer Begriff für altbekannte Gefühle: Es ist ganz natürlich, daß alle Erwachsenen in der Sorge um das Kind wetteifern, dessen Wohlergehen ihnen am Herzen liegt. Diese Eifersucht ist eine selbstverständliche Begleiterscheinung der Sorge um ein unselbständiges Wesen. Alles, was sie für den Säugling oder das Kleinkind tun, würden sie gern ein bißchen besser als die anderen hinbekommen. Dieser Wettstreit beruht also auf Wunschphantasien, und er stärkt die Zuneigung zum Kind. Nicht nur die Eltern empfinden so. So lassen sich auch die Großeltern von unbewußten Konkurrenzgefühlen leiten, wenn sie ohne böse Absicht die empfindlichen jungen Eltern tadeln. Ähnliches ging früher in Ärzten und Krankenschwestern vor, wenn sie die Eltern vom Kinderkrankenhaus fernhielten. Auch Lehrer treten häufig in Konkurrenz zu den Eltern. Dieses „Wachehalten" ist eine ganz normale Erscheinung und offenbart, wieviel allen an dem Kind liegt.

Solche Rivalitäten brauchen sich keineswegs nachteilig für das Kind auszuwirken und können durchaus ein Anreiz für hingebungsvolle Zuwendung sein. Doch wie wir in einem späteren Kapitel sehen werden, führt das Verlangen eines Elternteils, den anderen beiseite zu drängen, zu Reibereien, falls diese Tendenz unbewußt bleibt. Wenn zum Beispiel ein frischgebackener Vater, der sehr empfindlich auf Kritik reagiert, zum erstenmal sein Kind wickelt, sagt seine Frau vielleicht: „Liebling, du mußt das ein bißchen anders machen." Wenn er sich zurechtsetzt, um dem Kind zum erstenmal die Flasche zu geben, meint sie zu ihm: „Halt ihn so, das ist angenehmer für ihn." Auf den ersten Blick sind das harmlose Bemerkungen, die einen verletzbaren jungen Vater aber unsicher machen. Damit er nicht davon abgeschreckt wird, sich an der Pflege des Kindes zu beteiligen, müssen die Eltern sich auf diese unterschwellige Rivalität gefaßt machen. Das „Wachehalten" ist auch der Grund, warum manche Mutter, wenn sie anfängt zu stillen, vom Vater oder von der Großmutter zu hören bekommt: „Da, es schreit schon wieder! Bist du sicher, daß du genug Milch hast?"

Auf der ganzen Welt schlagen sich Eltern, die ihr erstes Kind erwarten, mit denselben Zweifeln und Fragen herum: „Werden wir denn je lernen, gute Eltern zu sein? Werden wir es am Ende doch nicht anders machen als unsere eigenen Eltern?" Dazu kommen Grübeleien über das Baby: „Und wenn es nun behindert ist? Ist das dann unsere Schuld? Könnten wir so etwas überhaupt verkraften?" Werdende Eltern denken über sämtliche Behinderungen nach, von denen sie je gehört haben. Sie verarbeiten ihre Ängste in Tagträumen und in vielen nächtlichen Träumen. Die Träume beflügeln die Zuneigung zum Kind und bereiten die angehenden Eltern darauf vor, daß es vielleicht nicht ganz perfekt ist. Eine schwangere Frau und ihr Partner haben drei verschiedene Babys vor Augen – das perfekte vier Monate alte Baby ihrer Wünsche, das sie mit Lächeln und melodischem Gurren entzückt, das behinderte Baby ihrer Angstphantasien, dessen Bild sich von Tag zu Tag wandelt, und das geheimnisvolle wirkliche Baby, das zwar noch ein Fötus ist, sich aber durch seine Bewegungen schon bemerkbar macht.

Vorbereitung auf die Geburt

In den letzten Wochen der Schwangerschaft geht es darum, die Eltern auf die Krisensituation der Geburt vorzubereiten. Ihre Ängste und ihr Bemühen, die drei phantasierten Babys in eines zusammenzubringen, lösen so etwas wie eine Alarmreaktion aus. Eine Alarmreaktion hebt den Energiepegel des Körpers: Adrenalin wird ausgeschüttet, der Blutdruck steigt, und das Blut wird mit Sauerstoff angereichert, um das Gehirn in Bereitschaft zu versetzen. Dieser ganze innere Aufruhr lockert alte Gewohnheiten, so daß sich die Eltern der Aufgabe stellen können, nach einem neuen Gleichgewicht in ihrem Leben zu suchen.

Meine Fragen in dem kurzen Gespräch, das wir miteinander führen, sind einfach. Ich halte dabei Ausschau nach Gefühlen, die unter der Oberfläche verborgen sind und mich diese Familie besser verstehen lassen.

„Wie sind Ihre Pläne für die Entbindung?"

„Wir besuchen einen Geburtsvorbereitungskurs. Ich will so viel Einfluß wie möglich auf den Ablauf haben. Wenn es irgendwie geht, will

ich keine Medikamente; ich will mein Kind auf natürliche Weise zur Welt bringen – ohne Betäubungsmittel."

Die werdende Mutter hat vielleicht Fragen dazu, wie Medikation und Anästhesie sich auf das Kind auswirken. Ich erkläre ihr, daß die Wehen das Kind offenbar in höchste Alarmbereitschaft versetzen, damit es nach der Entbindung wach ist. Aber zahlreiche Arten von Medikamenten verhindern das. Je länger die Medikamenteneinnahme hinausgeschoben werden kann, desto wacher und ansprechbarer wird das Kind sein. Aber das weiß die Mutter schon alles; wir teilen einander also eigentlich nur mit, ist, daß wir uns beide um das Baby Gedanken machen. Sie merkt, so hoffe ich, daß mir genauso wie ihr vor allem an einem Neugeborenen gelegen ist, das auf seine Umgebung anspricht, und daß ich bereitwillig auf weitere Sorgen eingehen werde, die sie sich um die Wehen und die Entbindung macht.

Bei der Geburt kann der Vater eine echte Hilfe sein. Er kann seine Frau dabei unterstützen, das umzusetzen, was sie im Geburtsvorbereitungskurs über Schmerzbewältigung gelernt hat, und die Medikamenteneinnahme möglichst lange hinauszuschieben. Je nachdem, welche Lehrmeinung der Geburtshelfer vertritt, muß der Vater seiner Frau vielleicht beistehen, beim Ablehnen der Medikamente nicht nachzugeben. Gut belegte Forschungsarbeiten zeigen, daß die aktive Unterstützung durch den Vater oder auch durch eine Wehenbegleiterin die Wehen verkürzt und der Frau hilft, die Einnahme von Medikamenten hinauszuschieben oder ganz zu umgehen, was zu den Hauptzielen von Geburtsvorbereitungskursen gehört.

Während ich das erkläre, achte ich darauf, ob das Paar noch mehr Fragen auf dem Herzen hat. „Welche Auswirkungen hat eine Periduralanästhesie?"[1] „Werde ich mich als Versagerin fühlen, wenn ich schließlich doch nicht ohne die Anästhesie auskomme?" „Wenn ein Kaiserschnitt notwendig wird, welche Folgen hat er für das Kind?" Während die werdenden Eltern diese Fragen mit mir besprechen, können sie klarer erkennen, wie sie sich den Verlauf der Geburt wünschen und wie tief ihre Ängste reichen.

Die Auswirkungen eines Kaiserschnitts auf das Kind sind noch

---

[1] Bei einer Periduralanästhesie wird der Periduralraum punktiert. Die Injektion bewirkt eine temporäre Nervenblockade und eine Schmerzausschaltung. A.d.Ü.

nicht gut erforscht. Früher wurden durch Kaiserschnitt entbundene Kinder vierundzwanzig Stunden lang in einem gesonderten Säuglingssaal überwacht. Dahinter stand die Annahme, daß sie schläfriger seien und den Schleim nicht so gut abhusten könnten wie andere Neugeborene. Mittlerweile wissen wir, daß die Vormedikation, die eine Mutter während der Wehen, also noch vor einem Kaiserschnitt erhält, über die Plazenta das Kind erreicht und nach der Geburt sein Verhalten noch einige Tage lang beeinflußt. Was früher an Kaiserschnittkindern beobachtet wurde, läßt sich also möglicherweise mit den Medikamenten erklären, die ihre Mütter bekommen hatten.

In verschiedenen Studien wurden Babys verglichen, die entweder durch Kaiserschnitt und bei sorgfältig abgestimmter Medikation oder auf natürlichem Wege durch die Wehen der Mutter zur Welt gekommen waren. Der dabei verwendete, von mir entwickelte Test zur Beurteilung des Verhaltens von Neugeborenen (*Neonatal Behavioral Assessment Scale – NBAS*) ergab, daß das Verhalten der Kaiserschnittkinder nur für sehr kurze Zeit auffällig war; ihre leichten Depressionssymptome waren nach 24 Stunden verflogen, und von da an waren keine Entwicklungsunterschiede mehr zwischen den beiden Gruppen festzustellen.

Wenn allerdings während der Wehen Medikamente in höheren Dosen verabreicht werden, haben sie unter Umständen länger andauernde Auswirkungen auf das Verhalten der Neugeborenen. Diese sind dann schläfriger und schwerer wachzubekommen. Ihre Aufmerksamkeit hält nicht so lange vor; auch ihre Reaktionen auf Menschen sind kurzlebiger. Wenn sich eine Mutter über den Einfluß der Medikamente im klaren ist, kann sie dagegensteuern und mehr dafür tun, ihr Baby wach und aufmerksam zu halten. Wenn ihr aber diese Effekte nicht bewußt sind, glaubt sie möglicherweise, ihr Kind sei *grundsätzlich* stiller und dösiger. Wenn sie dann an diesem ersten Eindruck festhält, besteht die Gefahr, daß sich die Eigenart des Kindes nicht recht entfalten kann. Ich weise jede Mutter eindringlich darauf hin, daß sie erst so spät wie möglich und so wenig wie möglich Medikamente annehmen soll. Wenn es dann doch nicht ohne Medikamente geht, muß sie das Neugeborene, sooft sie es füttern oder sich mit ihm beschäftigen will, energischer aufwecken, bis dann nach einigen Tagen die Medikamentennachwirkungen abgeklungen sind. (Siehe die im Literaturverzeichnis genannten Bücher von Abrams und von Feinbloom, in denen die Wirkungen verschiedener Schmerzmittel auf das Neugeborene miteinander verglichen werden.) In den USA beobachten wir mit Sorge, daß immer mehr Geburten durch Kaiserschnitt erfolgen. Doch auch ein Kaiserschnitt hat sein Gutes. Mit einem Herztonwehenschreiber können wir den Herzschlag des Kindes entweder über eine externe Sonde oder, sobald die Fruchtblase geplatzt ist, mittels einer internen Sonde überwachen, die auf der Kopfhaut des Kindes angesetzt wird. So können wir feststellen, ob das Kind während der Wehen in eine Notlage gerät; das heißt, wir erhalten mit solchen Beobachtungsinstrumenten mehr und frühzeitigere Notsignale. Geburtshelfer sehen es als ihre Pflicht an, bei solchen Signalen einzugreifen, ehe das Gehirn des Kindes irgendwelchen Schaden nehmen könnte. Der Kaiserschnitt, der dann erfolgt, ist zwar für die Mutter körperlich und seelisch belastender als eine normale Geburt, doch er schützt andererseits das Kind vor einer Hirnschädigung, zu der ein Sauerstoffmangel (Hypoxie) im Verlauf der stark beanspruchenden Gebärmutterkontraktionen oder eine ungenügende Sauerstoffversorgung durch die Plazenta führen kann. Möglicherweise wendet ein Kaiserschnitt in manchen Fällen eine Zerebralparese[2] ab; allerdings mehren sich die Hinweise darauf, daß die Ursachen für eine Gehirnlähmung recht vielschichtig sind. Die Aufgabe eines Arztes besteht darin, den Eltern die Gründe für einen Kaiserschnitt begreiflich zu machen und ihnen, falls er notwendig wird, in ihrer Enttäuschung zur Seite zu stehen.

Brust oder Flasche

Wenn ich die Eltern frage, wie sie ihr Kind ernähren wollen, versuche ich herauszuhören, welche Gründe hinter ihrer Entscheidung stehen. Bis vor einiger Zeit entschieden sich die meisten Eltern für das Stillen. Ich unterstützte das nachdrücklich, und wir besprachen die notwendigen Vorbereitungen. In letzter Zeit nun wollen Mütter, die nach ein paar Monaten wieder an den Arbeitsplatz zurückkehren, das Kind eher mit der Flasche ernähren. Das Stillen bringt für sie mehr organisato-

[2] Es handelt sich dabei um eine schwere Schädigung des Gehirns, die meist mit spastischen Lähmungen einhergeht.

rische Probleme mit sich. Wenn ich allerdings genauer nachfrage, äußern manche auch die Angst, durch das Stillen könnten sie zu sehr an dem Baby hängen, das sie dann ja recht bald anderen Menschen anvertrauen müssen. Wenn eine Mutter so offen zu mir ist, kann ich ihr helfen, sich über ihre Ziele klarzuwerden. Sie kann ihre Entscheidung in Ruhe überdenken, weil ich immer der Anwalt des Kindes bin und darauf achte, daß seine Interessen gewahrt bleiben. Ich kann ihr dann, ganz gleich, wie ihre Entscheidung ausfällt, Ratschläge geben, wie sie am besten vorgehen soll.

Allerdings setze ich ihr auch auseinander, daß ich durchaus voreingenommen bin. Ich glaube, daß Muttermilch von großem Wert ist und daß das Stillen entscheidend dazu beitragen kann, die Beziehung zum Kind zu festigen. Muttermilch hat so viele Vorzüge – für ein Baby ist sie einfach das Beste, was es gibt. Kein Baby ist allergisch gegen Muttermilch. Das Mengenverhältnis von Eiweiß und Zucker ist bei ihr genau richtig, und sie ist angereichert mit Antikörpern, die nach der Geburt das Immunsystem des Babys stärken. Der Fötus wird noch auf dem Weg über die Plazenta immunisiert, doch während der ersten Lebensmonate wird die Immunität schwächer, falls sie nicht durch Muttermilch aufrechterhalten wird. Stillen setzt also die Infektionsgefahr herab. Außerdem ist der enge Kontakt zwischen Mutter und Kind beim Stillen durch nichts zu ersetzen.

Wenn eine Frau vorhat zu stillen, erkläre ich ihr, daß es anfangs vielleicht weh tut. Der Saugreflex des Babys kann verblüffend stark sein. Außerdem kommt es vor, daß sich in der ersten Zeit die Milchgänge krampfartig zusammenziehen und schmerzen, ehe die Milch anfängt zu fließen. Ich versichere ihr, daß die Krämpfe schon nach wenigen Versuchen nachlassen und das Stillen dann eine Freude für sie sein wird.

Die Meinungen gehen auseinander, ob eine werdende Mutter die Brustwarzen auf das Stillen vorbereiten kann. Sie sollte sich ein gutes Buch über das Stillen kaufen (siehe das im Literaturverzeichnis aufgeführte von Huggins) und sich zudem an ihren Arzt wenden. Im Laufe meiner Tätigkeit habe ich festgestellt, daß die Brustwarzen einer blonden oder rothaarigen Frau oft wund und rissig werden, wenn sie die Haut nicht im voraus gefestigt hat. Sie sollte zweimal am Tag ihre Brüste und Hände mit milder Seife waschen und dann die Brustwarzen behutsam zwischen den Fingern massieren. Mit der Zeit sollte sie ein bißchen fester massieren, aber es darf nicht weh tun, weil sonst leicht eine Infektion eintritt, die sich, wenn die Brüste anschwellen, ausbreiten kann. Es ist besser, dem Aufspringen der Brustwarzen frühzeitig entgegenzuwirken, damit sie später nicht ärztlich behandelt werden müssen.

Ich respektiere die Bedenken von berufstätigen Frauen, daß das Stillen problematisch wird, wenn sie an den Arbeitsplatz zurückkehren, aber wir sprechen in jedem Fall darüber, ob sie nicht trotzdem stillen könnten. Vielleicht überlegen wir zusammen, ob der Vater oder eine andere Pflegeperson das Kind zwischendurch mit der Flasche füttern und ob die Mutter während der Arbeitszeit Milch abpumpen kann. Es ist so schön, nach einem harten Arbeitstag heimzukehren, das Kind an die Brust zu legen und ihm wieder nahezukommen. Wir sprechen aber auch schon über die Trennungsangst, die diese Erfahrung von Nähe begleiten wird. Im Gespräch werden wir, die Eltern und ich, vertrauter miteinander. Sie begreifen, daß ich ihre Entscheidung mittrage und sie in der Liebe zu ihrem Baby unterstützen will.

Einer Mutter, die vorhat zu stillen, kann ich weitere praktische Tips geben. Zum Beispiel sollte sie darauf vorbereitet sein, daß es nach der Entbindung im allgemeinen ein paar Tage dauert, bis die Milch einschießt, und daß sie die Stilldauer zunächst kurz halten muß, bis die Brustwarzen sich gefestigt haben. Ich gebe ihr immer wieder zu erkennen, daß ich sie in der Vorbereitung auf die neue Aufgabe gern unterstütze. Meine Hoffnung ist, daß sie mit irgendwelchen Zweifeln, ob sie das Kind richtig stillen und insgesamt richtig pflegen kann, nicht hinterm Berg halten wird. Wenn wir schon jetzt über die Ernährung des Kindes sprechen, wird es uns leichter fallen, spätere Ernährungsprobleme gemeinsam anzugehen.

Beschneidung

Dem Vater stelle ich stets mindestens eine Frage. Meistens lautet sie: „Wenn es ein Junge ist, wollen Sie ihn dann beschneiden[3] lassen?"

---

[3] In den USA werden routinemäßig die meisten Jungen beschnitten (vgl. Bernfried Leiber & Hans Schlack, *Baby-Lexikon für Mütter*, Stuttgart 1980, S. 42 f.). Da T. B. Brazelton hier über die medizinischen Details hinaus einiges zur Rolle des Vaters sagt, wurde der Abschnitt für die deutsche Ausgabe beibehalten. A.d.Ü.

Diese Frage wird ihn auf jeden Fall aus der Reserve locken. Fragt er mich nach meiner Meinung dazu, lege ich ihm die Argumente für und gegen die Beschneidung dar, wobei ich ihn ermutige, zu der Entscheidung zu stehen, die er dann trifft. Ich möchte, daß er sie als seine eigene Entscheidung betrachtet, die wir dann gemeinsam so umsetzen können, wie es für ihn und das Baby am besten ist. Die Entscheidung für oder gegen eine Beschneidung sollte auf das persönliche Empfinden gegründet sein.

Für jede der beiden Möglichkeiten lassen sich Untersuchungen anführen, die belegen, daß die Beschneidung beziehungsweise die Nichtbeschneidung ungefährlich für das Kind ist. Jeder Studie, in der die eine Alternative in einem günstigeren Licht erscheint, läßt sich eine entgegenhalten, die die andere Lösung favorisiert. Medizinisch gesehen ist die schmerzhafte Prozedur der Beschneidung nur bei einem Prozent der Jungen geboten. Bei ihnen könnte möglicherweise die sehr lange Vorhaut später einmal beim Wasserlassen hinderlich sein, doch ist dieser Fall sehr selten. Ob eine Beschneidung ratsam ist, kann unmittelbar nach der Geburt entschieden werden.

Ich lege das Für und Wider dar. Nach der schmerzhaften Beschneidung können vierundzwanzig Stunden lang Störungen des Schlafverlaufs und des EEGs (Elektroenzephalogramm, Aufzeichnung von Hirnaktionsströmen) sowie Veränderungen anderer Verhaltensmuster auftreten. Mittlerweile können wir aber mittels einer völlig ungefährlichen lokalen Betäubung durch Injektion in die Peniswurzel einen Großteil dieser Schmerzen und Störungen abfangen.

Die bekannte Studie, nach der die Ehefrauen nicht beschnittener Männer häufiger Gebärmutterkrebs bekommen, hatte vermutlich methodische Mängel; Wiederholungsstudien gelangten nicht zum selben Ergebnis. Die Autoren einer jüngeren, im *New England Journal of Medicine* veröffentlichten Untersuchung stellten fest, daß unbeschnittene Männer häufiger Harnwegsinfektionen hatten, und empfahlen, diesen allerdings sehr seltenen Fällen durch routinemäßige Beschneidung vorzubeugen. Auch dieser Befund muß aber erst in weiteren Studien bestätigt werden, ehe er als verläßliches Argument für die Beschneidung gelten kann.

In der Frage der Beschneidung ist es sehr wichtig, daß der Vater die Zukunft des Sohnes mitgestaltet. Meiner Meinung nach sollte der Vater die Entscheidung für seinen Sohn treffen. Sie wird seine eigenen Erfahrungen widerspiegeln, und das ist gut so. Vielleicht empfindet er dabei zum erstenmal ganz stark, daß das Baby, das da unterwegs ist, sein eigenes ist. Die meisten Väter wollen, daß ihre Söhne genauso wie sie selbst sind. Wenn sich der kleine Junge später mit seinem Papa vergleicht, hat dieser vielleicht Mühe, die Unterschiede zu erklären, über die das Kind sich wundert. Der Junge wird auf jeden Fall wissen wollen, warum sein Penis kleiner ist, und wenn es bei der Vorhaut einen Unterschied gibt, sollte man ihm auch das erklären. Ich glaube, solche Vergleiche mit dem Vater sind sehr bedeutsam für einen Jungen, und wenn der Vater sich für oder gegen eine Beschneidung seines Sohnes entscheidet, sollte er eher seinem Gefühl folgen und nicht den bis jetzt vorliegenden wissenschaftlichen Studien, aus denen sich keine zwingenden Schlüsse ziehen lassen. Unser Gespräch und die Entscheidung, zu der er schließlich gelangt, werden ihn anregen, weiter über sein Baby nachzudenken, das bald auf die Welt kommen wird. Wenn er erkennt, daß ich ihm zur Seite stehen will, wird er später weniger Hemmungen haben, mich um Rat zu fragen.

Der Arzt als Anwalt des Babys

Bei diesem ersten Gesprächstermin erfahre ich auch nebenbei, wie die Familie sich zusammensetzt. Es gibt viele neue Formen der Familie. Jede Familie, mit der ich zu tun habe, soll spüren, daß ich sie sehr ernst nehme und unterstütze.

Eine alleinerziehende Mutter wird bei ihrer neuen, anspruchsvollen Aufgabe besondere Hilfe brauchen. Wenn sie ihre Ängste äußert, versichere ich ihr, daß ich bei ihr eine aktivere Rolle spielen werde als bei Paaren. Es wird sicher nicht einfach werden, das Kind allein aufzuziehen, doch es kann ihr sehr wohl glücken. Ich verspreche ihr, sie jederzeit mit meinem Rat zu unterstützen, wenn sie das möchte. Dabei werde ich oft unnachgiebiger sein, als ihr lieb ist. Denn ich übernehme eine Rolle, bei der ich mich ganz in meinem Element fühle: Als der Anwalt des Kindes achte ich darauf, daß die Entscheidungen der Mutter nicht zu seinem Nachteil ausfallen.

Das Schwierigste für Alleinerziehende ist wohl, das Kind nicht in der Entwicklung hin zur Eigenständigkeit zu behindern. Alleinerzie-

henden passiert es rasch, daß sie jegliche Suche des leicht verletz-
lichen Babys nach eigenen Lösungen im Keim ersticken und es mit
zu viel Aufmerksamkeit und Anleitung überhäufen. Das entspringt
natürlich der Sorge um das Kind, die für seine Entwicklung unabdingbar ist; aber eine alleinerziehende Mutter braucht in der Regel eine
Person, die zu ihr sagt: „Laß deine Tochter los. Sie soll ruhig Enttäuschungen erleben. Laß sie selbst rauskriegen, wie dies und jenes
geht. Wenn du das durchhältst, wird am Ende *sie* es sein, die es
geschafft hat, nicht du." Aber einen solchen Rat wollen Eltern eigentlich nie hören. Deshalb mache ich der alleinerziehenden Mutter klar,
daß ich dem Kind zuliebe so etwas sagen werde, wohl wissend, wie
weh ihr das unter Umständen tut. Aber ich werde ihr auch andere
Unterstützung anbieten, die sie eher annehmen kann. Beispielsweise
ist es für Alleinstehende besonders schwer, Disziplin durchzusetzen.
Das Kind reizt sie unablässig, und ein Tag kann ihnen wie ein einziger langer Kampf vorkommen. Gerade im schwierigen zweiten
Jahr wird es nötig sein, daß ich der Mutter mit Rat und Tat zur
Seite stehe. Ich lege ihr nahe, sich den Beistand von sämtlichen in
der Nähe lebenden Familienangehörigen zu sichern. Wenn keine
Angehörigen da sind, schlage ich ihr vor, sich einer Gruppe von
Alleinerziehenden anzuschließen, die ihr in den tagtäglichen Krisen
Halt bieten kann.

Besondere Aufmerksamkeit widme ich beim Gesprächstermin
vor der Geburt den Familien, in denen beide Eltern ganztags berufstätig sind. Sie sollen wissen, daß ich auf ihrer Seite bin, wenn sie die
Veränderungen ihrer Arbeitsbedingungen zu erreichen versuchen, die
sie als Eltern brauchen. Ich achte auch darauf, daß sie sich jede
erforderliche Unterstützung sichern, um so gut wie möglich für das
Kind sorgen zu können. Haben sie schon Vorbereitungen dafür getroffen, daß andere sich um das Kind kümmern, wenn sie beide
wieder zur Arbeit gehen? Falls sie sich fürs Stillen entscheiden, helfe
ich ihnen wie erwähnt beim Planen und Organisieren. Leben Großeltern in der Nähe, die im Krisenfall aushelfen können? Welche beruflichen Belastungen kommen auf sie zu, und wie werden sie die
Pflege des Kindes untereinander aufteilen? Wird die Mutter oder
der Vater, oder werden gar beide lange genug zu Hause bleiben
können, damit das Baby einen guten Start ins Leben hat? Sind sie sich
darüber im klaren, wie entscheidend es ist, daß sie sich in den

ersten Monaten an die geänderte Lebensweise anpassen, daß die Mutter sich von einer eventuellen Wochenbettdepression erholt und daß beide Eltern in ihre Verantwortung für die neue Familie hineinwachsen?

Ein Neugeborenes kennenzulernen – seine Persönlichkeit, sein Angewiesensein auf andere Menschen und seine bemerkenswerten Fähigkeiten, sie wahrzunehmen und auf sie zu reagieren – braucht Zeit und Energie. Als Anwalt des Kindes dränge ich die Eltern, sich auf diese Anfangszeit des Kennenlernens ganz einzulassen. Für die Zukunft des Babys ist entscheidend, daß sie sich in ihre Rolle als Eltern hineinfinden und sich auf alles einstellen, was das Kind von ihnen braucht. Wenn sie heutzutage ihren Arbeitsplatz nicht aufgeben können, müssen sie vorausplanen. Mein ausdrücklicher Wunsch ist, daß sie darum kämpfen, die ersten kostbaren Monate zu Hause bei ihrem Baby bleiben zu können. Ich will ihnen zwar keine Entscheidungen abnehmen, aber sie brauchen vielleicht meine Hilfe, um zu begreifen, was für die Betreuung des Kindes wesentlich ist und in welchen Phasen das Kind sie am meisten brauchen wird. Wir wissen, daß in den ersten drei Monaten viele Weichen gestellt werden. Können die Eltern in diesem Zeitraum verfügbar sein? Oder sind die beruflichen Nachteile zu groß, die daraus entstehen würden? Dieser Entscheidung müssen sie sich *jetzt* stellen.

Werdende Eltern haben oft Mühe, sich mit solchen Fragen auseinanderzusetzen, weil sie den Trennungsschmerz innerlich schon vorwegnehmen. Sie müssen sich diesem Schmerz stellen, um sich jetzt, am Ende der Schwangerschaft, von ihm freimachen zu können; denn sie brauchen ihre ganze Energie, um sich dem Fötus und künftigen Baby zuzuwenden. Wenn sich die Eltern mit meiner Hilfe eingestehen können, daß sie mit sehr gemischten Gefühlen zu kämpfen haben und dem zukünftigen Trennungsschmerz am liebsten ausweichen würden, dann können sie meiner Erfahrung nach diese Probleme, wenn sie später akut werden, leichter bewältigen.

Es sind keine Zaubertricks nötig, damit Eltern und Arzt in so kurzer Zeit vertraut miteinander werden. Weil die Eltern unbedingt begreifen möchten, was auf sie zukommt, sprechen sie offener von sich, als sie es sonst tun. Ihr Wissensdurst und ihre Offenheit rühren von einem gewaltigen inneren Umbruch her, und sie haben die Chance, in ihrer Entwicklung als Erwachsene einen großen Sprung nach vorn zu machen. Vor allem um diesen Riesenschritt in ihrer eigenen Reifung geht es bei diesem ersten *Auftakt*, wenn sie und der Kinderarzt oder die Praxisschwester* einander kennenlernen.

Gifte

Die Eltern kennen heutzutage die Gefahren sehr genau, die Medikamente, Alkohol, Narkotika und Infektionen für den Fötus bedeuten. Bei unserem ersten Termin versuche ich soweit wie möglich in Erfahrung zu bringen, ob er solchen Einflüssen ausgesetzt ist oder war; die Eltern können dann sicher sein, daß ich bei meiner Einschätzung des Neugeborenen diese Risikofaktoren berücksichtigen werde. Ich verspreche auch, ihnen sämtliche besorgniserregenden Befunde mitzuteilen, die sich bei der allerersten Untersuchung ergeben werden. Es ist mittlerweile allgemein bekannt, welche Risiken mangelhafte Ernährung, Drogen, Rauchen und Infektionen für den sich entwickelnden Fötus bedeuten; deshalb sind schwangere Frauen und werdende Väter oft sehr beunruhigt. Viele Paare achten sehr wenig auf ihre Gesundheit, bevor sie die Schwangerschaft bemerken. Dann aber zerbrechen sie sich unweigerlich den Kopf darüber, ob der Fötus, während sie selbst über die Stränge schlugen, in seinen kritischen frühen Entwicklungsstadien wohl Schaden genommen hat. Glücklicherweise kommt es, wenn der Embryo oder Fötus schon sehr früh schwerwiegenden Beeinträchtigungen ausgesetzt ist, meist zu einer Fehlgeburt. Wenn aber die Mutter in der Schwangerschaft auf ihre Gesundheit achtet, dann ist das die beste Gewähr dafür, daß das Baby gesund sein wird. Wenn die Eltern in der Lage sind, mir ihre Sorgen mitzuteilen, kann ich ihnen diese in der Regel beim ersten Gespräch oder bei der Geburt weitgehend nehmen. Zumindest können wir uns ihnen gemeinsam stellen.

Intensive Einwirkung von Alkohol, Tabak oder Drogen vor der Geburt kann zu vielerlei Problemen führen. Insbesondere verringert sich, wenn die Zellteilung in kritischen Wachstumsstadien gestört wird, die Anzahl der Hirnzellen, und darüber hinaus können die Verbindungen zwischen verschiedenen Funktionsbereichen des Gehirns Schaden erleiden. Das Gehirn bildet sich daher unter Umständen nicht zu seiner vollen Größe aus. Kokain und Crack erhöhen den Blutdruck, sperren kleine Blutkapillaren ab und schädigen die Hirnsubstanz in den heranreifenden Hirnsektoren. Außerdem ernährt sich eine süchtige Mutter meist mangelhaft, so daß der Fötus noch anfälliger für diese Übergriffe wird. Wenn Abhängige die entsprechenden Giftstoffe auch noch gegen Ende der Schwangerschaft zu sich nehmen, wird beim Baby die Informationsübermittlung zwischen den verschiedenen Hirnteilen vermutlich leicht oder sogar stark gestört sein. Es wird entweder zu schwach oder zu heftig auf Reize ansprechen (siehe Kapitel 2).

Nach der Geburt zeigen sich diese Störungen der Reizübertragung innerhalb des Nervensystems in der Form, daß das Baby nur langsam auf Reize reagiert, unzugänglich ist und offenbar versucht, im Schlaf zu verharren. Wenn dann doch eine Reaktion erfolgt, ist sie möglicherweise überschießend, so daß an das schreiende und zappelnde Baby genausowenig heranzukommen ist wie zuvor. Das Verhalten kann so sprunghaft sein, daß das Baby zu keinem Zeitpunkt in geeigneter Verfassung ist, Informationen aus der Umgebung aufzunehmen, zu verwerten und angemessen darauf zu antworten. Bei diesen Babys ist das Risiko von Mißhandlung oder Vernachlässigung hoch. Sie bieten ihren ohnehin deprimierten süchtigen Müttern nicht nur wenig Bestätigung, sondern reagieren auf sie nur negativ oder chaotisch. Es ist außerordentlich schwierig, sie zu füttern und einen regelmäßigen Schlafrhythmus herbeizuführen. Die Gefahr ist außerordentlich groß, daß sie nicht gedeihen. Wenn sie überleben, wird ihre Konzentrations- und Lernfähigkeit wahrscheinlich eingeschränkt sein. Dies sind Kinder mit sehr hohen Entwicklungsrisiken.

Falls uns bekannt wird, daß ein Baby im Uterus dem Suchtverhalten der Mutter oder bestimmten Mangelzuständen ausgesetzt war, können wir früh intervenieren. Verschiedene Langzeitstudien haben ergeben, daß sich die meisten dieser Kinder erstaunlich gut erholen, wenn ihre Umgebung so gestaltet ist, daß sie dem geschädigten oder schnell überlasteten Nervensystem Rechnung trägt. Wie wir aus vielen Untersuchungen wissen, gilt dies auch für andere schädliche Einflüsse während der Schwangerschaft. Allerdings müssen wir hier so früh wie möglich eingreifen.

Wenn ich beim ersten Gesprächstermin eine vertrauensvolle Beziehung zu den werdenden Eltern aufbauen kann, sind sie viel eher bereit, mir mitzuteilen, ob der Fötus solchen risikoreichen Substanzen oder Ereignissen ausgesetzt war. Wir sprechen dann über ihre Befürchtungen, sie könnten das Baby geschädigt haben. Damit es durch Suchtmittel nicht länger gefährdet wird, stellen wir zu seinem Schutz einen Plan auf. Selbst wenn die Mutter nur in den letzten beiden Schwangerschaftsmonaten auf Drogen verzichtet, gibt das dem Kind die Chance, sein angegriffenes Nervensystem neu zu ordnen und so besser auf die Anpassung an die Außenwelt vorbereitet zu sein. Wenn die Mutter oder der Vater mit ihren Befürchtungen nicht hinterm Berg halten, können wir über diese für den Fötus heilsame Umstellung sprechen und Maßnahmen planen, die nach der Geburt nötig sein werden. Mir ist klar, daß Eltern, die süchtig sind, sich selten gleich im ersten Gespräch dazu „bekennen" werden. Doch wenn ich meine Fragen einfühlsam und verständnisvoll stelle, gebe ich damit zumindest zu erkennen, daß sie mit meiner Unterstützung rechnen können, falls eine Krisenintervention erforderlich wird. Ich versichere ihnen, daß ich bei dem Neugeborenen nicht nur nach jeder Verhaltensauffälligkeit Ausschau halten und sie ihnen mitteilen werde, sondern daß ich auch mit ihnen zusammenarbeiten möchte, um dem Baby zu helfen.

Eltern haben das Recht, über sämtliche auffälligen Befunde oder Verhaltensweisen Bescheid zu wissen, die den Umgang mit dem Neugeborenen erschweren werden. Nach meiner Überzeugung sollte ihnen diese Mitteilung nicht erspart werden – sie merken ohnehin, wenn etwas nicht stimmt. Wenn ein Arzt sie davon nicht unterrichten kann oder will, zerstört er die Vertrauensbasis und unterstellt ihnen, sie könnten nicht genau beobachten. Weil sämtliche werdenden Eltern sich mit Phantasien über mögliche Behinderungen herumplagen, sind sie meiner Meinung nach auch für jedes Problem gerüstet, das ihr Baby mitbringen wird. Wenn ich die Elternpaare noch während der Schwangerschaft kennenlerne, sehe ich es als meine Aufgabe an, sie in dieser Art der inneren Vorbereitung zu bestärken und ihnen so umfassend wie möglich zu erklären, auf was ich bei dem Baby achten werde.

Der heranreifende Fötus

Im Gespräch mit den werdenden Eltern liegt mir viel daran, ihnen die Vorstellung nahezubringen, daß ein Baby schon ganz individuelle Verhaltensweisen erkennen läßt. Deshalb ermuntere ich sie, über die

Eigenschaften des Fötus zu sprechen, die sie zu bemerken glauben. „Haben Sie sich schon ein Bild von der Wesensart dieses Babys gemacht?" Wenn die Mutter spürt, daß der Fötus besonders lebhaft oder still ist, wird sie sich Gedanken machen, ob auch das Baby entsprechend lebhaft oder still sein wird.

Die Aktivität des Fötus läßt gewisse Rückschlüsse auf das spätere Verhalten des Säuglings zu. Bedeutsam ist etwa, wie ein Fötus auf Reize reagiert. Manche erschrecken leichter. Viele Eltern berichten, daß der Fötus sehr aktiv wird, wenn sie abends zu Bett gehen. Es scheint tatsächlich ein umgekehrtes Verhältnis zu bestehen: Wenn die Mutter aktiv ist, ruht der Fötus meist; wenn sie zur Ruhe kommt, wird er munter. Indem er so auf die mütterlichen Zyklen von Ruhe und Aktivität antwortet, bereitet er sich auf den Rhythmus vor, dem er später als Baby folgen wird. Der Fötus lernt bereits, zwischen Schlaf- und Aktivitätszuständen hin- und herzupendeln (siehe Kapitel 2). Diese Zyklen sind von kurzer Dauer. Sie werden aber allmählich länger, während er sich an die Wach- und Schlafrhythmen der Mutter anpaßt. Dies zeigt sich später im Schlaf-Wach-Zyklus des Neugeborenen.

Seit langem schon sind werdende Mütter davon überzeugt, daß das Ungeborene davon beeinflußt wird, was sie tun und wie sie es tun. Deshalb machen sie sich oft Sorgen. „Wenn ich jetzt angespannt bin, werde ich dann ein ängstliches Baby haben?" Darauf habe ich keine Antwort, aber ich weise sie darauf hin, daß jede Schwangere angespannt und ängstlich ist. Alles andere wäre merkwürdig. Außerdem belegen Untersuchungen an Föten, daß sie sich auf die Spannung in ihrer Umgebung einstellen und daß dabei offensichtlich sogar Lernvorgänge ablaufen: Manche werden ruhig und zurückhaltend, andere immer aktiver. Die Hauptaufgabe der Mutter wird sein, sich auf das Neugeborene einzulassen, wie sein Verhalten auch sein mag.

In den letzten drei Monaten der Schwangerschaft bemühen sich die Eltern, ihr zukünftiges Baby zu verstehen. Bewußt und unbewußt registrieren sie Bewegungen und Verhalten des Fötus. Heute wissen die Eltern, daß der Fötus hören kann und Geräusche in der Nähe der Mutter wahrnimmt. Viele Väter sprechen in den letzten drei Monaten mit ihrem Kind und singen ihm etwas vor, um ihm schon vor der Geburt näherzukommen. Eine Pianistin erzählte mir: „Ich wußte, daß sie hören konnte, denn sie schien zum Rhythmus meiner Musik zu tanzen. Mir war aber nicht klar, daß sie auch etwas davon im Gedächtnis behielt. In den letzten Schwangerschaftsmonaten übte ich immer wieder eine bestimmte Stelle in einem Walzer von Chopin. Wenn ich das spielte, schien sie in meinem Bauch immer still zu werden. Nach der Entbindung hatte ich eine Zeitlang keine Gelegenheit zu spielen. Als sie drei Monate alt war, lag sie neben meinem Klavier in ihrer Wiege. Ich fing wieder an zu üben. Als ich mit dem Walzer anfing, lag sie auf dem Rücken und war mit ihrem Mobile beschäftigt. Als ich an diese Stelle kam, wandte sie sich von dem Mobile weg zu mir hin und schaute überrascht drein, als wollte sie sagen: ‚Da ist es wieder!‘ Ich begriff, daß sie die Stelle wiedererkannte und sich an sie erinnerte. Ich war sehr erstaunt. Jetzt hoffe ich, daß eine Musikerin aus ihr wird."

Zur Zeit arbeite ich an einer Einschätzskala für das letzte Schwangerschaftsdrittel, mit der sich das Befinden des heranreifenden Fötus beurteilen läßt. Ein Fötus in gutem Ernährungszustand, der nicht durch Drogen, Medikamente oder Alkohol belastet ist, wird komplexe Verhaltensweisen und ein reiches Spektrum an Reaktionen zeigen. Wenn der Fötus dagegen unter Fehlernährung, Giftstoffen oder einer schlecht arbeitenden Plazenta zu leiden hat, engt sich sein Verhaltensspektrum ein. Er reagiert nicht so komplex wie ein gesunder Fötus auf akustische und optische Signale und auf Bewegungsreize. Seit einiger Zeit ist bekannt, daß die Art, wie sich ein Fötus bewegt, Rückschlüsse darauf zuläßt, ob er unter Streß steht. Anlaß zur Sorge besteht etwa, wenn er überaktiv ist, wenn er nicht auf die Bewegungen der Mutter anspricht oder wenn er sich insgesamt zu wenig bewegt und dabei nicht auf Reize von außen reagiert. Von solchen Auffälligkeiten sollte der Geburtshelfer erfahren, damit er das Befinden des Fötus besser einschätzen kann.

Puls und Atembewegungen des Fötus lassen sich messen. Auch sie können auf Streß hindeuten. Wenn der Fötus zu wenig Sauerstoff bekommt, dann wird der Puls zu hoch oder zu unflexibel; oder der Puls wird zu langsam, und es kommt zu keuchenden Atembewegungen. Ein Geburtshelfer kann aufgrund dieser Anhaltspunkte entscheiden, ob die Eltern sich Sorgen machen müssen. Wenn gegen Ende der Schwangerschaft das Risiko für den Fötus zu groß erscheint, können wir eine vorzeitige Entbindung einleiten und dem Baby außerhalb des Mutterleibs möglicherweise bessere Bedingungen bieten. Je mehr wir in der Forschung über den Fötus herausfinden, desto eingehender können

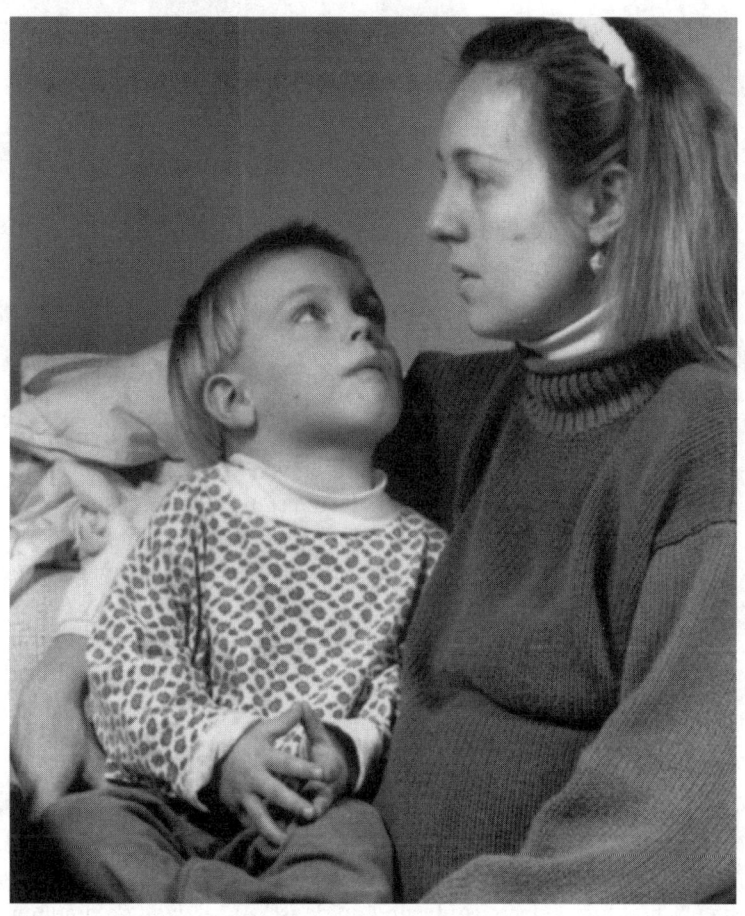

wir die Eltern auf Gefahrenzeichen aufmerksam machen, so daß sie
eher in der Lage sind zu erkennen, ob der Fötus in Bedrängnis gerät.

Nur allmählich ist uns aufgegangen, was für ein erstaunlich dif-
ferenziertes Wesen der Fötus ist, ebenso wie wir seinerzeit lange
gebraucht haben, um die verblüffenden Fähigkeiten des Neugeborenen
zu erkennen. Einige Forscherteams in Frankreich und in den USA untersuchen derzeit das Lernvermögen des Fötus, insbesondere bei akustischen Signalen. Anthony De Casper von der University of North Caro-
lina hat nachgewiesen, daß ein Fötus komplexe Lieder und Geschichten
im Gedächtnis behalten kann, wenn er sie in den letzten drei Schwan-

gerschaftsmonaten immer wieder hört. Nach der Geburt erkennt das Baby sie wieder und reagiert, wie die Tochter der Pianistin, mit erhöhter Aufmerksamkeit auf die ihm vertrauten Lautfolgen. Offenbar können sich also Neugeborene bereits an Vergangenes erinnern. Manche können sogar schon im Mutterleib bestimmte Dinge erlernen und Unterscheidungen treffen. Dies haben wir bei unseren Forschungen am Kinderkrankenhaus in Boston nachgewiesen. Wir stellten fest, daß wir anhand von Ultraschallbildern sagen konnten, ob ein Fötus schlief oder wach war. Darüber hinaus konnten wir mindestens die vier folgenden Bewußtseinszustände voneinander unterscheiden (siehe auch Kapitel 2, das die Bewußtseinszustände des Neugeborenen behandelt):

1. Im *Tiefschlaf* bleibt der Fötus im großen und ganzen regungslos. Wenn Bewegungen auftreten, so sind es vereinzelte Zuckungen. In diesem Zustand zeigt der Fötus auf die meisten Reize keine Reaktion.

2. Im *flachen* oder *REM-Schlaf* (REM: rapid eye movements, schnelle Augenbewegungen) sind vor allem Krümm- und Streckbewegungen zu beobachten. Sie treten selten auf, sind aber fließender und etwas geordneter als die Bewegungen im Tiefschlaf. Der Fötus spricht nach wie vor kaum auf Reize an, läßt sich aber bei einigem Nachdruck wecken. Immer wieder treten ruckhafte Bewegungen auf: Tritte, Schläge mit dem Arm oder Atembewegungen, die in Vierer- bis Achterserien wiederholt werden.

3. Im *aktiven Wachzustand* macht sich der Fötus dadurch bemerkbar, daß er die Gebärmutterwand bearbeitet. In diesen Bewußtseinszustand tritt er in bestimmten typischen Augenblicken ein, meist wenn die Mutter sich ausruht und müde ist. Auf Reize von draußen reagiert er, indem er innehält. Danach wird er wieder hochaktiv. Am häufigsten tritt der aktive Wachzustand gegen Ende des Tages auf. Die Eltern wissen, wann mit ihm zu rechnen ist und was den Zeitpunkt seines Auftretens verschieben kann. Wenn sie zum Beispiel abends ausgehen, wird die Aktivitätsphase auf sich warten lassen, bis sie nach Hause kommen. Wenn die Mutter zu wenig oder nicht das Richtige ißt, setzt die Aktivitätsphase, vermutlich aufgrund des niedrigen Blutzuckerspiegels, oft früher ein.

4. Im *ruhigen Wachzustand* ist der Fötus inaktiv, so als ob er horcht. Die Bewegungen sind fließender und geordneter. In diesem Stadium ist er besonders ansprechbar für Außenreize.

In einer Studie gaben wir sechs- und siebenmonatigen Föten im ruhigen Wachzustand verschiedene Reize vor. Ein lauter Summer, der in 45 Zentimeter Entfernung von der Bauchdecke der Mutter plaziert war, gab nacheinander sechs bis acht kurze Töne von sich. Dies löste bei den acht Föten, die wir untersuchten, stets die folgende Kette von Reaktionen aus: Beim ersten Brummen fuhren sie zusammen, und das Gesicht wirkte angespannt. Beim zweiten Ton erschraken sie weniger heftig. Beim vierten zeigten sie keine Schreckreaktion mehr und verharrten nun reglos; bei einigen Föten waren außer Atemzuckungen am Bauch keine Reaktionen mehr festzustellen. Das Gesicht sah immer noch angespannt aus. Beim fünften Brummen führten sie oft eine Hand nah an den Mund und steckten manchmal den Daumen oder einen Finger hinein. Dann drehten sie sich vom Summer weg, entspannten sich und reagierten nicht mehr auf ihn. Wir hatten den Eindruck, daß die Föten nun an die unangenehmen Reize gewöhnt oder „habituiert" waren.

Als nächstes schüttelten wir eine Rassel dicht am Bauch der Mutter. Wir dachten, der Geräuschpegel in der Gebärmutter sei möglicherweise zu hoch, als daß die Föten das hören könnten. Doch sobald wir die Rassel schüttelten, drehten sie sich zu ihr hin, als warteten sie auf das nächste Signal. Während der weiteren, von Pausen unterbrochenen Rasselgeräusche blieben sie ruhig und aufmerksam. Sie waren also bereits in der Lage, angenehmen Reizen ihre Aufmerksamkeit zu widmen und sich von unangenehmen abzuwenden.

Außerdem ließen wir auch eine Serie sehr heller Lichtreize in Blickrichtung der Föten aufblitzen. Dazu stellten wir, während ihr Kopf im Becken der Mutter ruhte, zunächst fest, in welche Richtung das Gesicht wies. Die ersten Reize lösten langsame Schreckreaktionen aus, dann führten die Föten die Hände zum Mund und zum Gesicht. Sie wandten den Kopf von dem Reiz ab, und danach bewegten sie sich nicht mehr, so als hätten sie sich an das helle Licht gewöhnt und seien in Schlaf gefallen. Wenn wir auf eine andere Stelle der Bauchwand über dem Uterus einen kleinen Lichtpunkt setzten, drehten sich die Föten mit langsamen Bewegungen in diese Richtung, als wendeten sie ihre Aufmerksamkeit der Stelle zu, an der das Licht durchschimmerte. Als ein Fötus sich unruhig bewegte und verwirrt schien, legte mein Kollege Dr. Barry Lester beide Hände um ihn herum auf den Bauch der Mutter. Er fing an, den Fötus zu wiegen, und konnte ihn auf diese

Weise beruhigen. Die Mutter sprach dann aus, was wir alle dachten: „Ich habe gar nicht gewußt, daß Babys schon so früh so viel mitbekommen!"

Wenn ich werdenden Eltern von diesen Studien berichte, so erzählen sie von ganz ähnlichen Dingen, die ihnen aufgefallen sind. Ich versichere ihnen, daß sie ganz richtig beobachtet haben, und danach werden sie noch aufmerksamer auf solche Anzeichen achten. Eine Mutter sagte zu mir: „Wenn ich in ein Bach-Konzert ging, tanzte sie zum Rhythmus der Musik. Ging ich zu einem Rock-Konzert, tanzte sie völlig anders. Sie wurde ganz wild. *Mir* war klar, daß sie schon hören konnte. Ihr Wissenschaftler habt eben bloß lange gebraucht, um das zu entdecken, was wir Eltern schon immer gewußt haben."

Ich wünschte mir, die Einschätzskala, an der wir arbeiten, könnte das Verhalten des Fötus noch viel differenzierter erfassen. Wenn wir wüßten, welche Reaktionen normalerweise bei ihm auftreten, dann könnten wir an ungewöhnlichen Verhaltensweisen rasch feststellen, ob er unter Streß gerät. Jede Schwangere könnte das Verhalten des Fötus routinemäßig beobachten und protokollieren. Wenn dann Schwierigkeiten auftreten, könnte sie uns aufgrund ihrer Erfahrungen mit dem Fötus mitteilen, wann eine kritische Situation eintritt. Auf alle Fälle könnte sie sich schon lange vor der Geburt daran freuen, wie ihr Kind auf vieles anspricht, was um es herum geschieht. Sie bekäme das Gefühl, daß sie den Fötus „kennt" und etwas dafür tun kann, daß es ihm gut geht. Fast alle Eltern sagen zu mir: „Uns ist gleich, ob es ein Junge oder ein Mädchen ist, und sogar, wie es aussieht – Hauptsache, es ist gesund."

Ein neues Bündnis

Sobald das Elternpaar und ich vertraut genug miteinander sind, stelle ich noch einige Fragen zum gesundheitlichen Umfeld der Familie. Wenn die Eltern von Krankheiten oder Erbleiden in der Familie berichten, sind damit Ängste angesprochen, mit denen sie sich früher oder später auseinandersetzen müssen. Falls in der Verwandtschaft ein Baby bestimmte Krankheitssymptome hat, wird die Schwangere natürlich befürchten, diese könnten sich auch bei ihrem Kind einstellen. Sind in der Familie des Vaters Herzleiden oder chronische Krankheiten aufgetreten, dann wird er sich zwangsläufig Sorgen machen, daß auch sein Kind dazu neigen könnte. Irrationale Ängste können mitten in der Nacht aufbrechen. Wenn die Eltern mir von ihnen berichten, kann ich ihr Verbündeter in Abwehrstrategien werden, die sie gegen die Ängste einsetzen. Da ich nun einen Überblick über die Familienanamnese habe, kann ich über diese Ängste offen sprechen, wenn ich das Neugeborene später im Beisein der Eltern untersuche.

Wir haben bei diesem ersten Termin miteinander über die Hoffnungen und Befürchtungen gesprochen, die alle werdenden Eltern mit sich herumtragen, und ich habe klargemacht, daß ich an ihren Sorgen teilhaben möchte. So sind wir einen entscheidenden ersten Schritt aufeinander zugegangen. Ich teile den Eltern jetzt schon mit, wann und wie ich für Routinefragen, bei Notfällen und natürlich für die Nachricht von der Geburt zu erreichen bin. Ich bitte sie, mich so bald wie möglich zu benachrichtigen, damit ich das Neugeborene in den ersten vierundzwanzig Stunden untersuchen kann.* Mir liegt viel daran, zusammen mit beiden Eltern das Verhalten des Babys anzuschauen, ehe sie die Klinik wieder verlassen. Oft kann ich der Mutter Tips für das Stillen oder die Flaschenernährung geben. Wenn dann Mutter und Kind zu Hause sind, können mich die Eltern jeden Morgen zu einer bestimmten Sprechzeit telefonisch erreichen, und zwei oder drei Wochen nach der Geburt kommen sie zu mir in die Praxis. Bei allen diesen Gelegenheiten kann ich jedesmal meinen Teil dazu beitragen, daß sie sich auf das Neugeborene einstellen.

Im Idealfall schafft unser Gespräch am Ende der Schwangerschaft also ein Gefühl des gegenseitigen Vertrauens und der Vertrautheit miteinander, mit dem wir den nächsten wichtigen *Auftakt* ansteuern können. Dieses allererste Treffen dauert oft nicht sehr lange, aber es ist für mich der günstigste Zeitpunkt, um mit einer neuen Familie Verbindung aufzunehmen.

2. Das neugeborene Menschenkind

Die zweite große Gelegenheit für mich, am Entstehen einer neuen Familie Anteil zu nehmen, ist der aufregende Moment, wenn ich gemeinsam mit den Eltern das Baby kurz nach der Geburt untersuche.

Beurteilung der Reaktionen des Neugeborenen*

Die Untersuchung des Neugeborenen gehört seit langem zu den Routineaufgaben des Kinderarztes. Wenige Augenblicke nach der Geburt werden anhand des sogenannten Apgar-Schemas Kolorit (Hautfärbung), Atmung, Herzfrequenz, Muskeltonus und Aktivitätsgrad beurteilt. In jedem dieser fünf Bereiche gibt es zwei Punkte für eine optimale und einen Punkt für eine zufriedenstellende Verfassung des Babys; die höchste Gesamtpunktzahl ist zehn. Auf diese Weise wird die Fähigkeit des Neugeborenen abgeschätzt, die Notlage der Wehen und der Geburt und die Konfrontation mit der neuen Umgebung zu verkraften. Der Punktwert sagt also nichts aus über die spätere Verfassung, sondern zeigt eher an, wie es dem Baby im Verlauf der Entbindung ergangen ist. In den ersten Tagen befaßt sich dann der Kinderarzt oder ein anderer Spezialist für Neugeborene, der zum Personal der Klinik gehört, nochmals eingehender mit der körperlichen Verfassung und dem Verhalten des Babys. Er stellt fest, ob das Baby gesund ist und wie es auf Ernährung und Pflege anspricht.

In Kapitel 1 habe ich bereits erwähnt, daß die Skala zur Beurteilung des Verhaltens von Neugeborenen (Neonatal Behavioral Assessment Scale, NBAS), die mittlerweile in Kliniken auf der ganzen Welt eingesetzt wird, ein Bild von der Persönlichkeit eines Neugeborenen vermitteln soll. Sie erfaßt das Verhaltensrepertoire des Babys, das in seinen Reaktionen auf Menschen und Gegenstände zutage tritt. Das Baby nutzt verschiedene Bewußtseinszustände, um seine Reaktionen zu steuern, und daraus läßt sich ersehen, wie gut es sich an seine neue Umgebung anzupassen vermag. Mehrere Kollegen haben mich bei der Entwicklung dieser Skala unterstützt. Während sich der jeweilige Experte zwanzig bis dreißig Minuten lang mit dem Kind beschäftigt, bewertet er anhand der Skala die Reaktionen und Reflexe des Kindes. Anders als bei sonstigen medizinischen Tests nimmt das Neugeborene aktiv an der Untersuchung teil, und der Punktwert beruht auf seinen *besten* Leistungen (nicht auf dem Durchschnitt der Leistungen). Seit zwanzig Jahren verfeinern wir die NBAS immer weiter. Wir haben auch modifizierte Versionen für Frühgeborene und Mangelgeborene (ausgetragene, aber untergewichtige Neugeborene) entwickelt. In letzter Zeit haben wir die NBAS eingesetzt, um die Einflüsse zu erforschen, denen der Fötus im Uterus ausgesetzt ist.

Der wichtigste Aspekt der NBAS ist, daß wir uns bei der Anwendung zusammen mit den Eltern das Verhalten des Babys anschauen und dabei ihr Auge für die Fähigkeiten und erstaunlich vielfältigen Reaktionen schärfen können, die ihr Kind bereits erkennen läßt. Jede Mutter und jeder Vater ist besorgt, ob bei ihrem Kind alles in Ordnung ist. Wenn wir das Baby bei unseren Verhaltenstests dazu bringen, sich von seiner besten Seite zu zeigen, legen sich die Ängste der Eltern, und sie werden gesprächsbereiter. In knapp einhundert Studien haben wir festgestellt, daß eine solche eindringliche, wenn auch kurze Begegnung das Zusammenwachsen einer neuen Familie sehr fördern kann. Das Verhalten eines Neugeborenen scheint geradezu geschaffen dafür zu sein, die Eltern zu fesseln. Mit seinen winzigen Händen greift es fest zu, es schmiegt sich ihnen behaglich an Hals und Schulter und blickt sie mit suchenden Augen an. So nimmt es die Eltern, die begierig sind, es im Arm zu halten und es kennenzulernen, für sich ein.

Vorzugsweise beginne ich mit der NBAS, wenn das Baby schläft, da ich dann seine Fähigkeit prüfen kann, im Tiefschlaf zu verharren. Nach Möglichkeit untersuche ich das Baby in jedem der folgenden sechs Bewußtseinszustände: im Tiefschlaf, im flachen Schlaf, halbwach, hellwach, quengelig und weinend. Während das Baby diese verschiedenen Zustände durchläuft, beobachte ich, ob und wie es jeweils auf angenehme und unangenehme Reize reagiert. Zu den Reizen gehören eine sanfte Rassel, ein helles Licht, eine Glocke, ein roter Ball, die menschliche Stimme und das menschliche Gesicht.

Während das Neugeborene noch schläft, prüfe ich als erstes seine Reaktion auf einen Lichtreiz, auf eine Rassel und auf eine Glocke, die ich mehrere Male dicht bei seinem Ohr erklingen lasse. Damit will ich feststellen, wie gut das Baby störende Reize ausblenden kann. Ich untersuche seine Fähigkeit, an Reize zu habituieren, das heißt, seine

Reaktionsbereitschaft herabzusetzen, wenn ich ihm unangenehme Reize wiederholt darbiete. Auf diese Weise finde ich heraus, ob dieses Baby in der Lage sein wird, Umgebungsreize auszufiltern, auf die es nicht zu reagieren braucht. Manche Kinder haben ein „bloßliegendes" Nervensystem, weil sie vor der Geburt großen Belastungen ausgesetzt waren. Sie sind nicht in der Lage, Reize auszublenden, und sie können nicht anders, als immer wieder auf sie zu reagieren. Ähnlich wie Frühgeborene werden sie eine sehr behütende Umgebung brauchen.

Der erste Reiz ist das Licht einer hellen Taschenlampe, die ich zwei Sekunden lang auf die geschlossenen Augenlider des Kindes richte. Es fährt zusammen und fängt an, sich zu bewegen. Sobald diese Reaktion abklingt, leuchte ich es ein zweites, ein drittes und schließlich ein zehntes Mal an. Bei den ersten Lichtreizen schreckt das Baby auf und setzt den ganzen Körper in Bewegung; Arme und Beine zucken, aber normalerweise werden diese Bewegungen bei jeder Wiederholung schwächer. Beim vierten Lichtstimulus bewegt es sich in der Regel kaum noch oder gar nicht mehr. Es atmet wieder tief und regelmäßig. Der Gesichtsausdruck wird wieder gelöst. Der ganze Körper kehrt in den entspannten Schlaf zurück. Das Baby ist nun an das Licht habituiert. Als nächstes schüttle ich eine Rassel in etwa 25 Zentimeter Entfernung von seinem Ohr. Erneut beginnt das Baby in einer Schreckreaktion aufzuwachen, und der ganze Körper gerät wieder in Bewegung. Beim zweiten Rasseln fährt es vielleicht noch einmal heftig zusammen und wimmert. Aber beim dritten oder vierten Rasseln reagiert es in der Regel verhaltener und bewegt sich nur noch sehr wenig. Von da an flattern bei dem Rasselgeräusch nur noch die Augenlider, das Baby verzieht das Gesicht, kommt aber gleich wieder zur Ruhe. Bald reagiert es gar nicht mehr und schläft wieder ruhig mit tiefen Atemzügen. Wenn ich nun als letztes die Glocke einsetze und sie je eine Sekunde lang läute, löst sie üblicherweise nur zweimal eine Reaktion aus; dann sinkt das Kind gleich wieder in tiefen Schlaf. Es hat bewiesen, daß es sich auch in einer chaotischen Umgebung in einem Schlafzustand halten kann. Wenn ein Baby auf diese Weise habituiert, weiß es sich mittels seiner instinktiven Fähigkeiten zu helfen.

Frühgeborene und gestreßte Babys

Wenn Babys zu früh auf die Welt kommen oder im Mutterleib starken Belastungen ausgesetzt waren, sind sie nicht in der Lage, Wiederholungsreize zu ignorieren. Sie reagieren auf jedes einzelne Rasseln, auf jedes Glockenläuten, auf jeden Lichtstrahl. Es ist augenfällig, wieviel Energie ihnen das abverlangt. Sie runzeln die Stirn und wechseln vielleicht sogar die Farbe, denn bei jedem Reiz steigt die Herz- und Atemfrequenz. Manche versuchen, sich selbst zu beruhigen, indem sie sich von dem Reiz wegkrümmen oder eine Hand an den Mund führen. Wenn es ihnen nicht gelingt, die Wiederholungsreize auszublenden und wieder in Schlaf zu fallen, sind sie gezwungen, statt dessen in einen anderen Bewußtseinszustand überzuwechseln, und fangen dann an zu schreien und zu zappeln. Auch Schreien kann dazu dienen, Reize ausblenden, aber für ein bereits angeschlagenes Baby ist das eine große Belastung (siehe auch Kapitel 32).

Wenn es einem Baby deutlich schwerfällt, Reize zu ignorieren, teile ich das den Eltern mit und richte mich darauf ein, daß ich das Kind eine Weile lang im Auge behalten muß. Kommt es mit der Zeit besser zurecht, dann hatte es in den ersten Tagen vermutlich noch mit den Folgen einer sehr belastenden Entbindung oder mit den Nachwirkungen von Medikamenten und Narkosemitteln zu kämpfen, die die Mutter während der Entbindung bekam. Wenn sich aber die übermäßige Reaktionsbereitschaft nicht verliert, besteht die Gefahr, daß das Kind später aufgrund seiner Überreaktionen Schwierigkeiten hat, Informationen aus seiner Umgebung aufzunehmen. Wir alle sind auf die Fähigkeit angewiesen, unwichtige Reize auszufiltern, denn wir könnten uns sonst nicht auf die für uns wichtigen Informationen konzentrieren. Wenn zu viele Reize auf ein Kind einstürmen, dann ist Hyperaktivität ein Mittel, um die Überlastung abzubauen.

Die Eltern können einem überempfindlichen Baby dabei helfen, seine Reizschwelle allmählich heraufzusetzen und unwesentliche Informationen auszusieben. Sie können die Reizflut mildern, indem sie dem Kind einen ruhigen Raum mit gedämpftem Licht einrichten und, besonders wenn sie es füttern oder mit ihm spielen wollen, mit tiefer, sanfter Stimme sprechen und darauf achten, es nicht mit Seh- und Tastreizen zu überfordern. Wir haben auch festgestellt, daß manche Babys es nur verkraften, *entweder* angeschaut *oder* berührt *oder* hochgenommen zu werden, daß sie also zunächst nur einen einzigen solchen Impuls verarbeiten können. Sobald sie dann zur Ruhe kommen, kann ein zweiter Impuls hinzugefügt werden. Nach und nach verkraften sie alle drei Impulse gleichzeitig, aber nur, wenn sie unaufdringlich bleiben und ihrem rasch überlasteten Nervensystem nicht zu viel abverlangen. Das Verhalten des Kindes verrät, wann es sich in die Enge getrieben fühlt. Mit viel Geduld können die Eltern dem überempfindlichen Baby beibringen, Informationen in kleinen Happen zu bewältigen und sich die Angelegenheit durch Pausen leichter zu machen. Wenn sie gleich zu Anfang erfassen, was ihrem Baby guttut, können sie in angemessener Weise auf es eingehen. Mit der Zeit wird es das Problem immer besser selbst bewältigen.

Ich beginne dann das Baby behutsam auszuziehen und beobachte, wie es darauf reagiert. Ich achte darauf, wie lange es braucht, bis es sich aus dem Schlaf gelöst hat und wach ist, und notiere mir die Dauer. Während es aufwacht, beurteile und protokolliere ich, wie es jeweils in den halbwachen, in den quengeligen und in den hellwachen Zustand übergeht. Die Art, wie ein Baby von einem in den anderen Zustand wechselt, erlaubt Rückschlüsse auf seinen persönlichen Verhaltensstil oder sein Temperament. Wenn es nur langsam von einem in den anderen Zustand überwechselt und eine Zeitlang im Wachzustand oder im Schlaf verharren kann, beweist es damit bereits eine großartige Fähigkeit, seine Welt zu regulieren. Wenn es dagegen zwischen den Bewußtseinszuständen hin- und hertaumelt und nicht imstande ist, in jeweils einem einzigen zu verweilen, wird es die geduldige Hilfe der Eltern brauchen, um sein Verhalten regulieren zu lernen. Das braucht Zeit und wird ein Jahr oder länger dauern. Der Kinderarzt kann die Eltern dann anleiten, die Fortschritte des Babys schriftlich festzuhalten, und sie bei ihrer anstrengenden Aufgabe unterstützen. Sie können dem Baby helfen, die Übergänge zwischen Bewußtseinszuständen zu meistern, indem sie es im Arm halten und herumtragen, es wickeln, es am Daumen lutschen lassen oder ihm einen Schnuller geben.

Ein Baby, das hilflos von einem Bewußtseinszustand in den andern driftet, ist ein Spielball seines empfindlichen, unreifen Nervensystems. Manche leicht zu überreizenden Neugeborenen müssen sich erst noch von Medikamenten erholen, die die Mutter vor der Geburt bekommen hat. Eine Frau, die in der Schwangerschaft raucht, Alkohol trinkt oder

Rauschgift nimmt, muß sich darauf gefaßt machen, daß ihr Baby schnell überreizt ist, weil es zunächst einmal über die Wirkungen dieser Drogen hinwegkommen muß und einen Entzug durchmacht. Oft ist ein Baby, dessen Mutter bei der Entbindung Medikamente bekommen mußte, in den ersten paar Tagen still, danach aber rasch überreizt. Diese Empfindlichkeit klingt in der Regel schnell ab und sagt über die spätere Persönlichkeit des Kindes wenig aus. Die Eltern können ihm helfen, indem sie für eine ruhige, störungsarme Umgebung sorgen. Ein überempfindliches Kind stellt sie auf eine harte Probe, doch es hat keinen Sinn, sich Vorwürfe zu machen. Wenn die Eltern statt dessen einsehen, daß das Baby aufgrund seines unreifen, überempfindlichen Nervensystems so reagiert, können sie ihm nach und nach beibringen, von sich aus wieder zur Ruhe zu kommen.

Wenn das Baby nackt ist, kann ich den Ernährungszustand und die Versorgung des Hautgewebes mit Flüssigkeit einschätzen. Ich prüfe, wieviel Fett unter der weichen, von zartem Flaum bedeckten Haut liegt und ob die Haut selbst eine gesunde Farbe hat. Ein Baby, das in der Gebärmutter großen Belastungen ausgesetzt war, hat eine runzlige, sich schälende Haut und wirkt verhärmt. Es sieht aus wie eine alte Frau oder ein alter Mann, klein und müde, als sei es von dem Aufenthalt im Uterus erschöpft. Sobald es nach der Geburt gefüttert und seinem Gewebe ausreichend Wasser zugeführt wird, nimmt es zu und lagert Fett ein; der Zustand der Haut bessert sich, und das vergrämte Gesicht wird voller, bis es sich in ein rundliches, schönes Babygesicht verwandelt hat.

Die Reflexe des Neugeborenen

Nachdem ich das Baby nun aufgeweckt habe, kann ich seine Reflexe und sein gesamtes Verhalten im Wachzustand prüfen. Während es nackt vor mir liegt, achte ich darauf, ob die Arm- und Beinbewegungen fließend sind. Ich beobachte, ob die Haut nun, da sie schutzlos ist, eine gesunde Farbe beibehält. Möglicherweise zittern am Ende jeder Streckbewegung beide Beine für einen kurzen Moment, und die Arme bewegen sich in einer Schreckreaktion aufeinander zu. Ich streiche dem Kind über die Fußsohlen, um Reflexe auszulösen. Wenn ich über die Innenseite der Fußsohle streiche, greifen die Zehen nach meinem

Finger. Streiche ich über den seitlichen Fußrand, strecken sich die Zehen im *Babinski-Reflex*. Ich prüfe, ob sich eine Streckung im Kniegelenk auslösen läßt und ob das Muskelgewebe eine gute Spannung hat. Wenn ich das Neugeborene meine beiden Zeigefinger greifen lasse, kann ich es langsam in eine Sitzposition hochziehen. Der Kopf hängt ihm dabei im Nacken, aber es gibt sich große Mühe, ihn mit Hilfe der Schultermuskeln in die Senkrechte zu bekommen. Sobald es dann sitzt, bekommt es große Puppenaugen und beginnt um sich zu blicken. Den Eltern verschlägt es den Atem vor Entzücken. Falls der Kopf des Neugeborenen weiterhin nach hinten hängt und es ihn nicht aufrichten kann, werde ich den Muskeltonus genauer untersuchen. Die Reflexprüfungen haben mir gezeigt, ob die Muskeln intakt und stark sind. Aber die Reaktion des Schultergürtels beim Hochziehen in die Sitzposition kündigt mir an, wie gut das Baby darauf ansprechen wird, wenn die Eltern sich mit ihm beschäftigen.

Um den *Schreitreflex* auszulösen, beuge ich den Oberkörper des Babys über meine Hand leicht nach vorne und setze seine Füße fest auf das Bett auf. In einer Art langsamem Trott wird es zuerst mit dem einen Fuß, dann mit dem anderen einen Schritt machen. Das gefällt den Eltern sehr, und es gibt ihnen auch eine Ahnung, welche Entwicklungsmöglichkeiten in diesem vollkommenen, winzigen Wesen schlummern. Was ich ihnen mit Worten vermitteln kann, wird niemals an den starken Eindruck dieser mitreißenden, wortlosen Vorführung heranreichen.

Bei einem Baby, das während der Geburt Blut verloren oder zu wenig Sauerstoff bekommen hat, lassen sich möglicherweise nicht sämtliche Reaktionen auslösen. Die Eltern können also aufatmen, falls keine der üblichen Reaktionen ausbleibt. Wenn diese allerdings verzögert oder zu schwach oder auch zu massiv ausfallen, muß ich das Baby einige Tage danach noch einmal untersuchen, um festzustellen, ob sich etwas verändert hat. Haben sich die Reflexe dann normalisiert, sehe ich keinen Anlaß zur Beunruhigung. In der ersten Zeit nach der Geburt reagieren viele Kinder schwerfällig, so als müßten sie sich erst von der Mühsal der Wehen und der Geburt erholen. Bleiben sie freilich so träge, dann müssen wir nach dem Grund dafür suchen und zum Beispiel prüfen, ob das Nervensystem geschwächt ist und dementsprechend gestützt werden sollte. Mir liegt daran, daß solche Hilfsmaßnahmen möglichst früh einsetzen. Wir wissen heute, daß sich ein

Baby, das chaotisch reagiert oder behindert ist, bei frühem Eingreifen oft weitgehend hochrappeln kann. Denn von den ersten Lebenstagen an lernt es entweder bestimmte Strategien, mit denen es seine Schwierigkeiten erfolgreich bewältigen kann, oder auch andere, die in Mißerfolgen enden und seine Probleme noch verschärfen. Wenn sich die Eltern um die Entwicklung ihres Kindes Sorgen machen, sollten sie ein fachkundiges Urteil einholen und mit einem Programm zur Frühintervention beginnen. So kann zum einen das Baby seine Fähigkeiten soweit wie möglich entfalten, und zum andern finden die besorgten Eltern Unterstützung und Verständnis, und sie werden ermutigt, ihren Teil zur Genesung des Kindes beizutragen.

Wenn ich das Baby wieder auf den Rücken lege, schreckt es auf und dreht und windet sich. Auf dem Bauch liegend könnte es sich ins Bettzeug wühlen. Auf dem Rücken dagegen bleibt ihm nichts übrig, als aufgeregt mit Armen und Beinen zu rudern. Wenn es so daliegt, kann ich die wichtigen *Schutzreflexe* testen. Lege ich ihm ein weiches Tuch über Augen und Nase und halte es auf beiden Seiten der Nase sachte fest, dann fängt es an zu zappeln. Obwohl die Luftzufuhr nicht blockiert ist, beugt es den Kopf nach hinten und dreht ihn nach links und rechts, um das Tuch abzuschütteln. Es führt erst die eine, dann die andere Hand zum Kopf und fährt damit über das Gesicht, um das Tuch wegzuschieben und die Atemwege freizuhalten. Die Gefahr, daß ein Baby erstickt, ist gering, solange ihm nicht schweres Bettzeug über das Gesicht gezogen wird, so daß die Atemwege blockiert sind. Nur ein krankes Kind setzt sich nicht zur Wehr, wenn ihm Gesicht und Nase zugedeckt werden. Das Phänomen des plötzlichen Kindstods ist noch nicht vollständig geklärt, aber Ersticken zählt jedenfalls nicht zu den wahrscheinlichen Ursachen. Ein plötzlicher Kindstod ist eher darauf zurückzuführen, daß ein Ungleichgewicht im Herz- oder Atemsystem das Kind so schwächt, daß es nicht darum ringt, genug Luft zu bekommen. Derzeit wird in zahlreichen Studien versucht, die Ursachen des plötzlichen Kindstods zu ergründen, aber schlüssige Ergebnisse liegen noch nicht vor.

Wenn das Kind den Kopf nach hinten beugt und die Hände hebt, um das Tuch wegzuschieben, erhalten wir somit zwei Hinweise darauf, daß wir ein ausgetragenes Kind mit einem intakten Nervensystem vor uns haben. Wir haben bereits erwähnt, daß sämtliche Bewegungsabläufe des Kindes deutlich gehemmt sind, falls es zu früh geboren

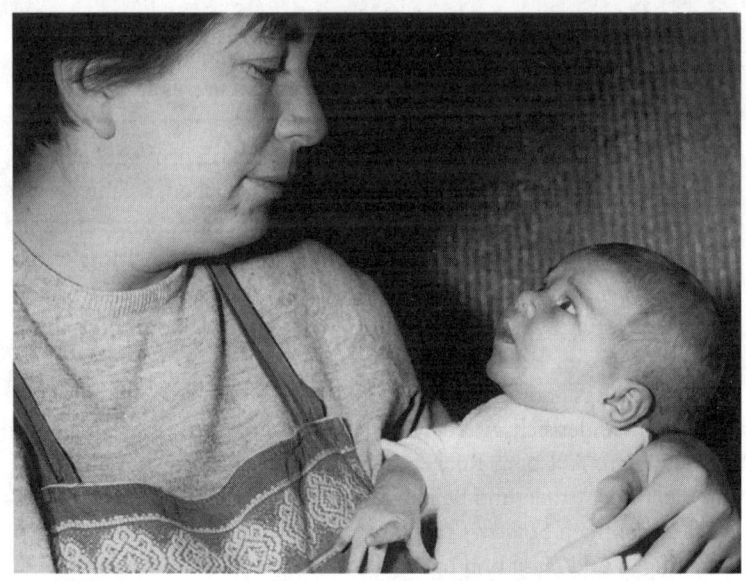

oder durch Medikamente, die der Mutter verabreicht wurden, noch zu stark beeinträchtigt ist. Wenn das Gehirn geschädigt wurde, dann ist der Bewegungsablauf chaotisch; die Art, wie das Kind vergeblich versucht, die geschilderten Reaktionen zuwege zu bringen, verrät uns, daß es in Schwierigkeiten steckt. Wir müssen uns daranmachen, ihm Erleichterung zu verschaffen!

Eine Berührung auf einer Seite des Mundes löst beim Neugeborenen das *reflektorische Brustsuchen aus,* auch *Suchreflex* genannt *(rooting reflex).* Es dreht den Kopf in Richtung der Berührung und sucht mit dem Mund nach der vermeintlichen Brust. Wenn ich ihm einen Finger zum Saugen gebe, erfahre ich eine Menge darüber, wie gut es die verschiedenen Saugreflexe schon koordinieren kann. Ich spüre mindestens drei verschiedene Arten von Reaktionen. Die Zungenspitze leckt an dem Teil meines Fingers, der den Lippen am nächsten ist. Der hintere Teil der Zunge massiert den mittleren Teil des Fingers. Und schließlich wird das Kind anfangen, die Fingerspitze fast in die Speiseröhre einzusaugen. Bei einem gesunden, wachen Neugeborenen dauert es nicht lange, bis diese drei Vorgänge ineinandergreifen. Bei einem frühgeborenen Kind jedoch nimmt das mehr Zeit in Anspruch. Krankenschwestern wissen, daß ein Frühgeborenes oft noch nicht imstande ist, an einer Flasche zu saugen, und daß sie es über einen Schlauch füttern müssen. Mit der Zeit spielen sich die drei unabdingbaren Saugreflexe dann aufeinander ein, und das Baby wird fähig, an der Brust oder an der Flasche zu saugen.

Ein schläfriges Baby findet nur zu koordinierten Saugbewegungen, wenn die Eltern oder die Krankenschwester ihm Starthilfe geben. Zuerst müssen sie es aufwecken, dann die Mundregion streicheln und es schließlich an einem Finger saugen lassen. Sobald ein sanftes Hin- und Herbewegen des Fingers alle drei geschilderten Reaktionen ausgelöst hat und zu spüren ist, wie sie sich allmählich aufeinander einspielen, kann die Mutter das Baby an die Brust legen. Wenn sie den Warzenhof flachdrückt, so daß die Brustwarze zwischen den Fingern hervortritt, reicht diese in den *hinteren* Teil des Rachens und setzt ein wirkungsvolles Saugen in Gang. Der mächtigste Auslösereflex hierfür sitzt am hinteren Teil der Zunge. Sobald das Zusammenspiel aller drei Reflexe einsetzt, beginnt die Muttermilch zu fließen, und von da an geht das Ganze von allein. Wenn das Baby anfangs ein paarmal auf diese Weise unterstützt wird, kann es die entscheidenden Schritte bald von sich aus tun.

Wenn ich den Kopf eines Neugeborenen seitwärts drehe, zeigt es den *asymmetrischen tonischen Halsreflex* und nimmt die sogenannte „Fechterstellung" ein: Drehe ich den Kopf nach links, biegt sich der Körper weg nach rechts, der linke Arm streckt sich, der rechte beugt sich nach oben zum Kopf. Durch Beugen der einen und Strecken der anderen Körperseite übt sich das Baby darin, seitenungleiche und nicht nur symmetrische Bewegungen auszuführen. Solche Reflexe sind übrigens auch schon während der Wehen von Nutzen. Die Kontraktionen der Gebärmutter bringen das Kind dazu, den Kopf zur Seite zu drehen und damit eine Reflexserie auszulösen. Es krümmt und windet sich und trägt so, indem es die Gebärmutter stimuliert, seinen Teil zur Entbindung bei. Später hilft derselbe Reflex dem Kind, den einen Arm nach einem Spielzeug auszustrecken und den anderen ruhen zu lassen. Der tonische Halsreflex fördert die Entwicklung koordinierter Bewegungen, bei denen die eine Körperseite dominiert.

Zu den „Spielsachen", die ich bei der Untersuchung verwende, gehört ein glänzendroter Ball von ungefähr fünf Zentimeter Durchmesser. Wenn ich ihn einem wachen Neugeborenen in etwa 30 bis 40 Zentimeter Entfernung vor die Augen halte, fixiert es ihn allmählich. Es verfolgt die Bahn des Balls nach rechts und links und sogar bis zu einem Winkel von 30 Grad nach oben. Die Folgebewegungen der Augen sind ruckhaft, und der Kopf dreht sich langsam von einer Seite zur anderen. Nun weiß ich nicht nur, daß das Kind sehen kann, sondern auch, daß es mit seiner Aufmerksamkeit auf einem Objekt verweilen kann und über die nötigen motorischen Reaktionen verfügt, um die Bahn des Balls zu verfolgen. Wenn es in dieser Weise auf einen Sehreiz konzentriert ist, hellt sich das ganze Gesicht auf, und der gesamte Körper ist beteiligt. Das Sehen ist schon jetzt sehr bedeutsam für das Kind.

Zeige ich dem Kind danach in derselben Entfernung mein Gesicht, dann wird sein Gesichtsausdruck aufmerksam und lebhaft. Es kann mit Blick und Kopf meinem Gesicht folgen, das ich hin- und herbewege. Das Neugeborene reagiert auf ein menschliches Gesicht anders als auf sonstige Reize. Zum einen ist es von einem Gesicht stärker gefesselt, zum anderen geht in seinem eigenen Gesicht mehr vor sich. Betrachtet es den roten Ball oder eine Rassel, dann ist der Gesichtsausdruck statisch und „gebannt". Wenn es dagegen ein menschliches Gesicht vor sich hat, kräuselt sich der Mund, und in der oberen Gesichtshälfte treten langsame mimische Bewegungen auf, als wolle es nachahmen, was es sieht. Tatsächlich imitiert manches Baby den Ausdruck eines Gesichts, das seine Aufmerksamkeit fesselt. Wenn Sie den Mund öffnen und die Zunge herausstrecken, wird es das nachahmen. Verschiedene Forscher haben dieses Phänomen dokumentiert, und insbesondere Andrew Meltzoff von der University of Washington in Seattle hat sich damit beschäftigt. Er betrachtet das Imitieren als ein erstes Zeichen dafür, wie die wichtigsten Bezugspersonen des Babys sein Verhalten beeinflussen können.

Wenn ich leise zu sprechen anfange, betrachtet das Neugeborene mein Gesicht mit noch größerer Neugier. Manche Babys können, ehe ihr Interesse schließlich erlischt, eine ganze Weile lang mit flüssigen Blickbewegungen den Weg meines Kopfes nach links und rechts, nach oben und unten verfolgen. Mund und Gesicht bewegen sich dabei zum Rhythmus meiner Stimme. Wenn ein Baby auf meine Anregungen so reagiert und dann womöglich noch die Zunge herausstreckt, sind die Eltern meist völlig hingerissen. Die zahlreichen Fähigkeiten des Neugeborenen und insbesondere seine deutliche Vorliebe für menschliche Gesichter und Stimmen erfüllen sie mit gespannter Erwartung.

Dies weist auf eine entscheidende Wechselwirkung hin. Eltern haben offenbar schon im voraus eine Vorstellung von dem Verhaltensrepertoire, mit dem ein Neugeborenes ausgestattet ist. Bestätigen sich nun ihre Ahnungen, so gewinnen sie mehr Zutrauen, daß sie das Kind verstehen und für es sorgen können. Unsere Studien haben ergeben, daß Eltern, die bei der Untersuchung des Neugeborenen anwesend waren, einen Monat später erheblich sensibler auf die Verhaltenssignale des Kindes reagieren als andere Eltern und im gesamten ersten Lebensjahr des Kindes mehr Einfühlungsvermögen an den Tag legen.

Im Lauf der Untersuchung wird natürlich früher oder später fast jedes Baby unruhig. Zunächst wimmert es vielleicht nur, doch sobald es unbekleidet daliegt und nicht gehalten wird, steigert es seine Aktivität. Durch sein Zappeln wird eine Schreckreaktion ausgelöst, der *Moro-Umklammerungsreflex*. Es breitet die Arme aus, wölbt den Rücken, verzieht das Gesicht und fängt dann an zu schreien. Findet es weder einen Gegenstand, den es umklammern kann, noch eine Person, die es festhält, löst eine Schreckreaktion die nächste aus. Bald ist das Baby außer sich und zappelt in einem fort mit beharrlich forderndem Schreien. Die Eltern beobachten das und können kaum an sich halten. Es drängt sie ebenso wie mich, dem Baby zu Hilfe zu kommen. Ich erkläre ihnen aber, daß es mir nun darauf ankommt, festzustellen, wieviel Hilfe das Kind braucht, um sich wieder zu beruhigen. Ich möchte nicht nur das ruhige, sondern auch das weinende Kind erleben. So können wir gemeinsam lernen, wie wir dem Kind, wenn nötig, helfen können, sich zu fangen.

Das Baby versucht vielleicht vergeblich, den Kopf zur Seite zu drehen, um den Daumen zum Mund zu führen, daran zu saugen und sich auf diese Weise selbst wieder zu beruhigen. Wenn ich besänftigend und mit fester Stimme in sein Ohr spreche, kann es vorkommen, daß es mit dem verzweifelten Zappeln aufhört und einen Moment lang horcht. Dann fängt es wieder an zu schreien, aber diesmal mit weniger Nachdruck. Ich lege beide Hände auf seine Brust, um die Serie der Schreckreaktionen zu durchbrechen. Wenn ich jetzt zu ihm rede, ist die Chance größer, daß es zur Ruhe kommt. Der Körper wird weich, das Kind führt die Hand hinauf zum Gesicht, wendet den Kopf ein wenig zur Seite, steckt vielleicht einen Finger in den Mund und horcht mit wachem Gesicht auf meine Stimme. Falls das Baby weder auf meine Stimme noch auf das Festhalten anspricht, nehme ich es auf, um es zu halten und zu wiegen. Fruchtet auch das nichts, gebe ich ihm einen seiner Finger oder einen Schnuller zum Saugen. So lerne ich zusammen mit den Eltern Schritt für Schritt, wie wir dieses Baby trösten können und wann es sich schließlich selbst zu trösten vermag.

Ein Baby, das sich nicht selbst wieder beruhigen kann und auch mit der angebotenen Hilfe nichts anzufangen weiß, stellt die Eltern vor eine schwierige Aufgabe. Wenn es leicht durcheinander gerät, sollten sie es zum Schlafen vielleicht auf den Bauch legen oder versuchen, es durch Wickeln, Umhertragen oder Wiegen zu beruhigen. Mit diesen Maßnahmen können sie verhindern, daß es sich durch die Schreck-reaktionen in einen qualvollen Zustand hineinsteigert. Wenn sie seine Schreckreaktionen unterbinden, lernt es dabei allmählich, wie es auch ohne ihre Hilfe wieder zur Ruhe kommen kann. Bis dahin sollten sie sanft und behutsam mit ihm umgehen.

Zu den übrigen faszinierenden Reflexen, die wir beobachten kön-nen, gehören der Babkin-, der Galant- und der Kriechreflex. Wenn Sie einem Neugeborenen über die Wange streichen oder Ihren Finger in seine Handfläche legen, wird es die eigene Faust zum Mund führen und versuchen, einen seiner Finger hineinzustecken. Das ist der *Bab-kin-Reflex* oder *Hand-zu-Mund-Reflex*, der ihm später hilft, an der Faust oder an den Fingern zu saugen. Wenn Sie an der Seite des Rückgrats entlangstreichen, während Sie das Kind mit der Hand unter seinem Bauch halten, beugt es den ganzen Körper zu dieser Seite hin; wenn Sie dasselbe auf der anderen Seite tun, formt der Körper einen Bogen nach dort. Diesen Schwimmreflex, die sogenannte *Galant-Reaktion*, haben wir von unseren amphibischen Ahnen geerbt. Wird das Kind auf den Bauch gelegt, zieht es im *Kriechreflex* die Beine an und beginnt mit Kriechbewegungen. Dabei hebt es den Kopf, um ihn zu drehen und vom Bettzeug freizubekommen. Meist führt es auch eine Hand zum Mund, um daran zu saugen, und kuschelt sich dann in eine bequeme Position.

Der persönliche Verhaltensstil Ihres Babys

Die Eltern erleben mit, wie das Neugeborene auf die Rassel, die Glocke, den roten Ball und die verschiedenen Arten von Berührungen reagiert. Ich erkläre ihnen, welche Bewußtseinszustände wir vor uns haben und daß sie uns Hinweise darauf geben, wie das Baby seine Erfahrungen ordnet. Wir versuchen den Stil zu erfassen, in dem es sich mit seiner neuen Umgebung auseinandersetzt. Wenn die Eltern begreifen, daß der bereits erwähnte Zyklus von sechs Bewußtseinszuständen (Tiefschlaf, leichter Schlaf, quengeliger Zustand, Schreien und zwei Wachzustände) dem Baby dazu dient, mit seiner Innenwelt und der Außenwelt zurechtzukommen, ist ihnen sein Verhalten kein Rätsel mehr. Die Bewußtseinszustände, zwischen denen das Baby im Verlauf des Tages hin- und herwechselt, sind der Schlüssel zum Verständnis aller Verhaltensweisen, mit denen sich die Eltern sich in der kommenden Zeit unweigerlich auseinandersetzen müssen. Sie selbst und alle anderen, die sich um das Neugeborene kümmern, lernen seine Fähigkeiten schätzen, wenn sie begreifen, wie es sämtliche Reize zu bewältigen versucht, die es aus seiner Umgebung aufnimmt.

Wenn ich mit den Eltern über alle diese Reaktionen und Reflexe spreche, möchte ich vor allem das ganz eigene Temperament des Neugeborenen hervorheben. Der persönliche Verhaltensstil eines Babys zeigt sich darin, wie es auf die Reize aus seiner Umgebung anspricht, wann und wieviel es schläft und wie oft und wie lange es schreit. Babys unterscheiden sich darin, wie sie sich besänftigen lassen und wie sie auf Hunger und Unbehagen, auf Temperaturwechsel, auf Berührungen und auf die Menschen reagieren, die für sie sorgen. Die Eltern sollten diese Eigenschaften nicht mit denen eines anderen Babys vergleichen, sondern auf den besonderen Verhaltensstil ihres eigenen Kindes achten. Wie wir im letzten Kapitel sahen, bekommen manche Eltern schon vor der Geburt des Kindes einen Eindruck von seinem Temperament.

Ein Aspekt der Außenwelt, den das Baby bereits kennt, sind die Stimmen seiner Eltern. Bei unserer Begegnung im Krankenhaus können wir das ausprobieren, sobald das Kind wach und ruhig ist. Ich halte es hoch, die eine Hand unter dem Kopf, die andere unter dem Po, und lasse es zur Decke schauen. Wenn ich es mit sanfter Stimme anspreche, wendet es sich mir zu, um zu sehen, woher die Stimme kommt. Hat es mein Gesicht und meinen Mund gefunden, dann hellt sich sein Gesicht auf. Danach lasse ich die Mutter von der anderen Seite im Wettbewerb mit mir ebenfalls mit sanfter Stimme zu dem Kind sprechen. Jedes Baby sucht sich die weibliche Stimme aus, dreht sich zur Mutter hin, entdeckt ihr Gesicht und strahlt. Und jede Mutter nimmt ihr Baby dann zärtlich in die Arme und sagt: „Ja, du kennst meine Stimme schon, du kennst mich!" Diese ganz normale, aber eindrucksvolle Reaktion des Neugeborenen festigt die Beziehung zur Mutter. Wenn der Vater auch dabei ist, versuche ich dasselbe mit ihm. Meistens (zu 80 Prozent) wird das Baby sich zur Stimme des Vaters und nicht zu meiner hinwenden. Ich weiß nicht, ob das Baby spürt, wie sehr der Vater seine Aufmerksamkeit auf sich ziehen möchte, oder ob es tatsächlich seine Stimme erkennt. (Wendet es sich nicht zur Stimme des Vaters um, dann kann ich selbst seinen Kopf in die Richtung neigen.) Jedenfalls reagiert er genauso wie die Mutter, nimmt das Baby in die Arme und ruft aus: „Du kennst mich ja schon!", als sei es ein Wunder.

Wenn Erwachsene ein Baby auf sich aufmerksam machen wollen, sprechen sie unwillkürlich mit höherer Stimme. Vermutlich werden Babys im Uterus auf die weibliche Stimmlage der Mutter konditioniert. Daher sprechen sie eher auf hohe Stimmen an. Auch in allen anderen Sinneswahrnehmungen bevorzugt das Baby eine bestimmte Bandbreite von Reizen. Langsames und sanftes Streicheln beruhigt es. Bei raschem Tätscheln im Stakkato wird es wacher oder schrickt zusammen. Ähnliches gilt für das Sehen. Wenn Sie Ihr Gesicht langsam hin- und herbewegen, kann das Baby mit den Augen folgen. Ist die Bewegung dagegen zu abrupt und der Gegenstand weiter als 45 Zentimeter entfernt, kann das Kind nur starren, nicht aber adaptieren oder fokussieren.

Viele Eltern brauchen keine solchen Erklärungen, um sich über die wunderbare Komplexität ihres Neugeborenen klarzuwerden. Doch wenn sie bei der ersten Untersuchung des Kindes dabei sind, gibt ihnen das Gelegenheit, Fragen zu stellen und sich Rat zu holen, falls etwas sie bedrückt. Ich steuere daher, während wir uns zusammen das Verhalten des Kindes anschauen, zwei Ziele an. Erstens soll ihnen aufgehen, welch ein großartiges Verhaltensrepertoire das Neugeborene bereits mitbringt. Ich weiß, daß sie dann sein Verhalten mit neuen

Augen betrachten und seine Reaktionen als die Sprache begreifen werden, in der es mit ihnen in Verbindung tritt. So wird ihre Bereitschaft geweckt, gemeinsam mit mir die Entwicklung des Kindes zu beobachten. Zweitens will ich ihnen klarmachen, daß mir daran liegt zu erfahren, wie sie ihr Baby einschätzen und was sie dabei bewegt. Wenn sie mich als aktiv teilnehmenden Beobachter ihrer gemeinsamen Entwicklung zulassen, halten sie mich nicht mehr für einen Eindringling, den sie möglichst auf Distanz halten müssen. Vielmehr werden sie mir bei unseren nächsten Terminen unbedingt berichten wollen, was sich bei ihrem Kind getan hat. Indem wir uns also für kurze Zeit zusammen das Neugeborene anschauen, wie es Reize aufnimmt oder ausblendet und seine Welt zu meistern beginnt, finden wir zu einer gemeinsamen Sprache. Dies ist für uns ein *Auftakt* – eine große Chance, die Weichen für unsere zukünftige Beziehung zueinander zu stellen. Später dann, wenn die Eltern mich anrufen oder in meine Praxis kommen, sagen sie zu mir: „Wissen Sie noch, was Sie mir an dem Tag gezeigt haben? Also *jetzt* macht unser Kind folgendes … – Ich habe mir gleich gedacht, daß Sie das interessieren würde."

Eines Tages stand eine Mutter, die ich dreißig Jahre lang nicht mehr gesehen hatte, in einem Publikum von 1500 Eltern auf. Sie sagte, sie habe nie vergessen, wie ich mit ihrem Baby spielte. Sie fügte hinzu, ich hätte eine Prognose gestellt, als der Junge erst zwei Tage alt war. Weil er so reizbar war, sagte ich voraus, er werde im zweiten Jahr ausgesprochen trotzig sein. Und sieh einer an, er hatte heftig getrotzt. Nach all diesen Jahren war ihr noch immer im Gedächtnis, daß jemand ihr geholfen hatte, ihr Neugeborenes zu verstehen.

3. Die ersten Schritte als Eltern

Das Neugeborene ist nicht das einzige Familienmitglied, das in eine neue Welt eintritt. Auch das Leben seiner Mutter und seines Vaters verwandelt sich. Mittlerweile hat sich auch bei Ärzten und Krankenschwestern herumgesprochen, daß sie sich nicht nur um das Kind, sondern auch um die Eltern kümmern und sie „umsorgen" müssen. Denn die frischgebackenen Eltern haben eine der größten Herausforderungen angenommen: Für einen Schützling, der jetzt noch von Geheimnis umgeben ist, übernehmen sie für etwa achtzehn Jahre die volle Verantwortung. Der berühmte Kinderpsychiater D. W. Winnicott schrieb dazu:

„Da stehen Sie nun vor dieser Sie ganz ausfüllenden Aufgabe. Was werden Sie unternehmen? ... Lassen Sie andere sich um die Welt sorgen, während Sie damit beschäftigt sind, ihr einen neuen Bürger zu schenken. Freuen Sie sich an Ihrer Zurückgezogenheit, an diesem fast In-sich-selbst-Verliebtsein, denn das Kind ist fast ein Teil von Ihnen selbst." (*Kind, Familie und Umwelt*, S. 22)

Mit diesem Entzücken geht eine ganz natürliche Angst einher. Sie tritt bei allen Eltern auf, denen viel an ihrem Kind liegt. Die Angst ist unerläßlich, denn sie mobilisiert Energien und sorgt so dafür, daß die Eltern ihrer neuen Verantwortung gerecht werden können. Sie hilft ihnen, sich auf das Baby einzulassen und sich anderen Menschen zu öffnen, die ihnen zur Seite stehen.

Wenn allerdings die Angst die Eltern überwältigt, verschließen sie sich oder werden depressiv. Sie sind dann nicht mehr offen für die zahlreichen Signale, die das Kind ihnen übermittelt. Fast alle Mütter sind in den ersten Tagen, wenn sie nach den Schmerzen der Wehen und nach der anfänglichen Euphorie wieder auf den Boden der Tatsachen zurückkehren, mehr oder weniger depressiv. Ein Facharzt, der sich um die Familie kümmert, wird feststellen können, ob mehr als die ganz normale Ernüchterung dahintersteckt. Wenn die Niedergeschlagenheit nicht über ein gewisses Maß hinausgeht, hilft sie der Mutter, die ersten Aufgaben in Ruhe anzugehen und sich von den körperlichen Belastungen der Wehen zu erholen. Diese häufig anzutreffende Gefühlsreaktion ist also durchaus normal und sinnvoll.

Wir haben mehrere Jahre lang das Leben von Familien auf den Inseln des japanischen Gotō-Archipels beobachtet. Dort ist es üblich, daß die Mutter nach der Entbindung einen Monat lang, in ihre Decke gepackt, im Bett bleibt. Das ebenfalls eingewickelte Baby liegt neben ihr. Einen Monat lang kommen Großmütter, Tanten und Verwandte ins Haus und kümmern sich um die Mutter, geben ihr zu essen und helfen ihr auf die Toilette. Sie soll nichts anderes tun, als das Baby zu stillen und wieder zu Kräften zu kommen. Damit sie sich wie ein Kind versorgen läßt, sprechen die Verwandten in einer Art Babysprache mit ihr. Sie antwortet mit hoher Stimme. Einen Monat lang wird sie wie ein kleines Kind behandelt. Danach muß sie ihre beschwerlichen Pflichten wieder aufnehmen, den Haushalt führen und ihrem Mann helfen, seine Fischernetze in Schuß zu halten. In dieser Gesellschaft wird also hingenommen, daß die Frau nach der Geburt Zeit braucht, um sich zu erholen.

In den Vereinigten Staaten erwarten wir von einer Mutter, daß sie sich nach der Geburt rasch und mit ganzer Kraft den Anforderungen ihrer neuen Rolle stellt. Schon im Entbindungssaal, noch ehe sie sich selbst wieder richtig erholt hat, soll sie eine „Bindung" an ihr Kind entwickeln. Heutzutage bleibt kaum eine Mutter lange genug in der Klinik, um sich zumindest körperlich zu erholen. Nach einem Kaiserschnitt hat sie höchstens fünf Tage, während derer sie umsorgt wird und verschnaufen kann. Bei normalen vaginalen Entbindungen gilt schon ein Klinikaufenthalt von achtundvierzig Stunden als lang. Das bedeutet, von der Mutter wird erwartet, daß sie umgehend in der Lage ist, ihre Erholung selbst in die Hand zu nehmen und sich dem Neugeborenen zuzuwenden. Die Hilfe der Verwandtschaft und der älteren Generation in Anspruch zu nehmen ist mit mehr Problemen verbunden als früher, und so ist ihre einzige Stütze oft der Vater des Kindes. Er aber hat mit seinen eigenen Umstellungsschwierigkeiten zu kämpfen. Nimmt er seine Rolle ernst, so kann er heutzutage einen ganz eigenständigen Beitrag dazu leisten, daß die Familie sich auf das Baby einstellt. Doch diese Chance bringt auch eine große Verantwortung mit sich. Kann er sich nicht an einem Vorbild in der eigenen Vergangenheit orientieren, packt ihn vielleicht die Angst. Ein Facharzt, der das bemerkt, kann ihm eine große Hilfe sein. Ich selber versuche schon im Krankenhaus und dann in der ersten Woche, telefonisch einen ersten Kontakt zu dem frischgebackenen Vater zu knüpfen.

Der Aufbau der frühen Bindung (Bonding)

Die Kinderärzte Marshall Klaus und John Kennell haben als erste beschrieben, wie Eltern und Neugeborenes eine Bindung aneinander entwickeln und wie entscheidend dabei gerade die ersten Tage sind. Sie machten auch deutlich, wie wenig in modernen Kliniken darauf geachtet wurde, was zwei Menschen brauchen, die gerade Eltern geworden sind. Sie empfahlen, die Eltern dem Baby dadurch näherzubringen, daß Mutter wie Vater im Entbindungssaal das Neugeborene eine Zeitlang berühren, es halten und mit ihm „kommunizieren" konnten. Das gerade entbundene Baby sollte Haut an Haut auf dem Oberkörper der Mutter liegen und dann an ihrer Brust nuckeln dürfen. Der Vater wurde aufgefordert, sein Baby im Arm zu halten und zu betrachten. Klaus und Kennell stellten bei ihren Forschungen fest, daß solche Erlebnisse unmittelbar nach der Geburt den Eltern die Chance boten, den Eifer, der während der Schwangerschaft in ihnen erwacht war, in neue Bahnen zu lenken, und in Beziehung zu dem realen Kind zu treten, das sie nun vor Augen hatten. In späteren Studien haben Klaus und Kennell aufgezeigt, daß die Anwesenheit einer Wehenbegleiterin (einer Frau, die der Mutter bei den Wehen und bei der Geburt zur Seite steht und ihr Mut macht) die Wehen- und Entbindungsdauer deutlich verkürzen und das Komplikationsrisiko herabsetzen kann.* Wenn die Eltern von einer Wehenbegleiterin gestützt werden, können sie sich ganz auf das Erlebnis der Geburt ihres Kindes einlassen und sich ihm sogleich liebevoll zuwenden (siehe Literaturverzeichnis).

Manche Geburtspädagogen allerdings nahmen die Forschungsergebnisse zum Aufbau der Eltern-Kind-Bindung zu wörtlich. Einige gingen so weit, in der Klinik ein Schild an die Zimmertür der Eltern zu hängen: „Bitte nicht stören – Bindungsaufbau im Gange." Sie ließen außer acht, daß der Aufbau der Bindung an das Kind keineswegs bei allen Eltern auf die gleiche Weise abläuft und daß es sich um einen länger andauernden Vorgang handelt. Bei meinen Forschungen in anderen Ländern habe ich festgestellt, daß manche Frauen ihr Baby nicht gleich bei sich haben wollen. Einige ruhen sich nach den aufreibenden Wehen lieber eine Zeitlang aus, bis sie wieder genügend Energie gewonnen haben. Dann sind sie bereit, sich dem Baby zuzuwenden. Deshalb halte ich es nicht für sinnvoll, der Mutter das Baby routinemäßig gleich nach der Geburt zu geben, damit sich die „Bindung" aneinander auch bestimmt richtig entfalten kann. Ich finde, die Eltern sollten selbst entscheiden können, ob sie das wollen. Sie sollten die Möglichkeit haben, sich zunächst einmal zu erholen und sich dann mit Eifer und Neugier ihrem Baby zuzuwenden.

Wenn die Eltern offensichtlich überfordert sind, sollte ihnen ein Helfer Rückhalt bieten, damit sie sich in ihrem eigenen Tempo auf das Kind einlassen und ihm näherkommen können. Wir müssen den persönlichen Bedürfnissen der Mutter wie des Vaters Rechnung tragen, damit sie das neue Familienmitglied wirklich willkommen heißen können.

Dazu haben sie zunächst keine Gelegenheit, wenn der Zustand des Neugeborenen erfordert, daß es sofort auf die Intensivpflegestation gebracht wird. Solche Fälle machen uns jedoch deutlich, daß sich die Bindung der Eltern an ihr Baby nicht in einem einzigen magischen Augenblick bildet, sondern sich über längere Zeit hin aufbaut. Falls sie das Glück haben, gleich nach der Geburt in Kontakt zu ihrem Kind treten zu können, dann ist das wie Liebe auf den ersten Blick; das Baby aber wirklich liebzugewinnen dauert länger und kostet mehr Mühe.

Selbst wenn die Eltern also das erste Kennenlernen aufschieben müssen, wird ihre Bindung an das Baby sich später noch voll und ganz entfalten. Werdende Eltern und alle anderen, die ihnen bei der Geburt beistehen, sollten zum einen wissen, daß jede Familie ihren eigenen Rhythmus hat, und zum andern, daß das eigentliche Ziel eine ebenso dauerhafte wie enge Bindung an das Kind ist.

Entdecken, wie das Baby wirklich ist

Bei der Untersuchung des Neugeborenen – meiner zweiten Begegnung mit den Eltern – beobachte ich zusammen mit ihnen sein Verhalten und lerne es auf diese Weise kennen. Ich erinnere die Eltern gern an das Baby, das sie sich in ihren Träumen ausgemalt haben, und an die Erwartungen, die sie mir bei dem Gespräch während der Schwangerschaft geschildert haben. Sie müssen prüfen, wie diese Phantasien zu dem realen Baby passen, das sie nun vor sich haben. Wenn sie sich zum Beispiel ein ruhiges, sanftes Baby erträumt haben und das Kind nun ungestüm, impulsiv und schwer zu beruhigen ist, haben sie reichlich Arbeit vor sich. Ist ihnen bewußt, daß sie von ihren Erwartungen abrücken müssen, so dürfte ihnen die Umstellung leichter fallen. Ihre Enttäuschung legt sich dann, und es reizt sie, zu begreifen, wie dieses Baby eigentlich beschaffen ist. Wenn wir darüber sprechen, was in ihnen vor sich geht, kann ich für sie zu einem Verbündeten werden. „Sie hat deine Nase." „Die Augen hat er von meinem Vater." „Sie klingt genau wie Tante Hattie, wenn sie wütend ist." Mit solchen Kommentaren versuchen wir, uns das Baby vertraut zu machen und zu entdecken, was für ein Mensch es wohl sein wird. In dem Buch *Die frühe Bindung,* das ich zusammen mit dem Kinderpsychiater Bertrand Cramer verfaßt habe, spricht er davon, daß die Eltern den Gegensatz zwischen dem realen Baby und einem imaginären Baby, das wichtige Erfahrungen in ihrer eigenen Vergangenheit verkörpert, überbrücken müssen. Sie bemühen sich, dieses fremde Wesen zu begreifen, indem sie ihm versuchsweise bestimmte Eigenschaften oder Kennzeichen zusprechen. Als führten sie Regie in einem Theaterstück, teilen sie ihm eine ganze Reihe von Rollen zu – „kleine Kaiserin", „Heulboje", „Weltentdecker", „Engel", und so weiter – und kramen in ihrer Familiengeschichte nach Bildern und Gestalten, um sich das Baby faßbar zu machen. Falls sie es allerdings in Rollen hineindrängen, die gar nicht zu ihm passen wollen, brauchen sie möglicherweise Hilfe, damit sie lernen, in angemessener Weise auf ihr Kind einzugehen.

Die Untersuchung des Babys

Wenn Eltern sich ihr Neugeborenes anschauen, erst zaghaft, dann Zentimeter für Zentimeter, fällt ihnen jedes Detail auf. Oft macht ihnen die Form des Kopfes Sorgen, der vielleicht etwas spitz ist und Beulen aufweist. Der Kopf des Kindes muß bei den Wehen und der Geburt nachgeben können. Dabei wird er unter Umständen langgezogen und verliert bis zu drei Zentimetern an Durchmesser. Doch wird er sich innerhalb von zwei oder drei Tagen wieder runden. Das Gehirn leidet dabei keinen Schaden. Die einzige Art von Beule, die länger zurückbleibt, ist eine große, weiche, mit Blut gefüllte Schwellung. Dieses sogenannte Kephalhämatom ist erst nach drei oder vier Monaten absorbiert. Selbst eine solche Schwellung bedeutet nicht, daß das gut gegen Stoß gepolsterte Gehirn geschädigt worden ist. Durch die weiche Stelle oben auf dem Kopf, die sogenannte Fontanelle (Knochenlücke), kann sich der Schädel bei der Geburt verformen. Bei einem Schlag gibt er nach. Auf diese Weise wird der Kopf geschützt.

Blutergüsse bedeuten nicht, daß das Baby Schaden gelitten hat. Falls eine Gesichtsseite herunterhängt und mimische Bewegungen nicht mitvollzieht, deutet das auf eine Gesichtsnervenlähmung, wie sie zuweilen nach einer Zangengeburt zu beobachten ist. Im allgemeinen verschwindet die Lähmung innerhalb von ein paar Wochen. Auch Blutergüsse und Schwellungen gehen rasch zurück.

Meist sind die Augenlider des Neugeborenen geschwollen, zum einen aufgrund des Silbernitrats, das man in vielen Kliniken nach wie vor sämtlichen Babys verabreicht, um das recht geringe Risiko einer Tripperinfektion auszuschalten, zum andern aufgrund des Drucks, der ausgeübt wurde, um das Medikament ins Auge zu träufeln. Die scharfe Substanz ruft eine Schwellung hervor. In einigen US-Bundesstaaten ist mittlerweile die Anwendung einer antibiotischen Salbe erlaubt, die zu einer geringeren Schwellung führt. Doch auch wenn die Augen des Babys geschwollen sind, kann es durch die freibleibenden kleinen Schlitze sehen.

Oft sind die Eltern beunruhigt, wenn das Baby bei der Blutentnahme mit einer Kanüle traktiert wird. Dies sieht nach einem schrecklichen Angriff auf die winzigen, zarten Babyfüße aus, aber die Bluttests sind nun einmal notwendig. Der Stich verheilt im Nu. Die Bluttests werden ergeben, ob Gelbsucht oder verschiedene angeborene Störungen vorliegen. Es geht dabei insbesondere um Schilddrüsendysfunktion und um Phenylketonurie, kurz PKU, eine Stoffwechselstörung, die das Gehirn des Babys angreift, wenn sie nicht so früh wie möglich behandelt wird. Auch Schilddrüsenstörungen sind in den Griff zu bekommen, falls wir früh einschreiten. Blut aus der Ferse des Babys zu entnehmen ist eine wichtige vorbeugende Maßnahme, auch wenn die erwähnten Krankheiten nur bei sehr wenigen Babys nachgewiesen werden.

Viele Neugeborene werden am zweiten oder dritten Tag allmählich gelb. Die Gelbsucht wird verursacht durch unreife Blutzellen, die im Uterus Sauerstoff transportiert haben und außerhalb des Uterus, bei normaler Sauerstoffkonzentration, labil sind. Im Uterus braucht das Kind mehr Blutzellen für den Sauerstofftransport als außerhalb. Nach der Geburt sind also überschüssige Zellen vorhanden. Diese werden abgebaut, und das dabei anfallende Bilirubin kann das Kind noch nicht weiter umwandeln, so daß es eine Gelbsucht entwickelt. Leber und Nieren des Neugeborenen sind noch unreif und scheiden das Bilirubin nicht ohne weiteres aus. Überschreitet der Bilirubinspiegel einen bestimmten kritischen Wert, der sich von Tag zu Tag ändert, wird eine Intervention erforderlich. Durch Lichttherapie läßt sich der Abbau des Bilirubins beschleunigen. Das Baby wird entkleidet, die Augen müssen abgedeckt sein. Das alles mißfällt ihm sehr. Solange es unter den Lampen liegt, ist es schreckhaft, nervös und schwer zu füttern. Doch es wird sich davon wieder erholen. Die Unruhe ist kein Zeichen für einen Hirnschaden und legt sich mit der Zeit. Da die Eltern oft glauben, die Gelbsucht müsse einen Hirnschaden nach sich ziehen, bemühe ich mich, ihnen diese Angst zu nehmen.

Unerläßlich ist, daß die Eltern lernen, die verschiedenen Schreie des Neugeborenen zu unterscheiden. Sie interpretieren jeden seiner Schreie als Hilferuf. Unwillkürlich fühlen sie sich gedrängt, zu handeln und herauszufinden, was ihm fehlt. Doch bis sie dafür ein Gespür entwickelt haben, vergeht eine Weile. Mindestens sechs verschiedene Gründe für das Schreien des Babys sind zu unterscheiden: Schmerz,

Hunger, Unbehagen, Erschöpfung, Langeweile und Spannungsabfuhr. Im Verlauf meiner ersten Untersuchung des Babys versuche ich für die Eltern die Art des jeweiligen Schreiens, seine Tonhöhe, Klangfarbe, Dauer und Intensität in Worte zu fassen. Ich rege sie auch an, darauf zu achten, ob das Kind irgendwelche Versuche macht, sich selbst zu beruhigen. Denn anhand solcher Beobachtungen können sie rascher lernen, wie sie am besten auf das Schreien eingehen. Wenn sie erfassen, wie das Baby sich selbst zu beruhigen versucht, und wenn sie seine verschiedenen Schreie auseinanderhalten können, wird ihnen klar sein, was sie zu tun haben.

Die Forschung hat gezeigt, daß die Eltern am dritten Tag das Schreien ihres eigenen Kindes von dem eines anderen unterscheiden können. Nach zehn bis zwölf Tagen hören sie, um welche Art des Schreiens es sich handelt. Wenn ein Facharzt sie mit diesen Fakten vertraut macht, laufen solche Lernprozesse noch rascher ab. Statt fieberhaft zu versuchen, das Schreien abzustellen, setzen sie sich dann das realistischere Ziel, dem Baby dabei zu helfen, daß es sich wieder fängt und zur Ruhe kommt.

Jede Familie muß ihre eigenen Routineabläufe für das Windelwechseln, Füttern, Aufstoßenlassen, Schmusen, Tragen, Wiegen und Vorsingen entwickeln. Allmählich bekommen die Eltern heraus, was funktioniert und wann sie das Baby besser sich selbst überlassen, damit es sich beruhigt. Eltern werden ist ein langer Lernprozeß. Wir alle machen dabei Fehler. Ich schärfe den Eltern von Anfang an ein, daß sie dem Kind nur gute Eltern werden können, indem sie aus ihren Fehlern lernen. Aus Fehlern lernen wir viel mehr als aus Erfolgen.

Die Pflege des Neugeborenen

Wenn möglich, schaue ich beim Stillen oder Füttern zu. Auch dies kann ein *Auftakt* zu einer Vertiefung der Beziehung zwischen den Eltern und mir sein. Wenn die Mutter vorhat zu stillen, kann ich ihr viele Tips geben. Ein schläfriges oder ruheloses Kind läßt sich durch simple Kniffe zu den richtigen Saugreaktionen bewegen. Ich zeige der Mutter, wie sie das Kind am besten hält oder wie sie den Warzenhof so flachdrücken kann, daß die Brustwarze weit in den Hals des Babys hineinreicht und damit den Saugreflex auslöst, und ich weise sie auf die Tricks hin, die ich in Kapitel 2 erwähnt habe.

Es gibt zwei Arten von Saugen: (1) positives Saugen, das nicht dem Trinken dient und mit dem das Baby sich beruhigt und unter Kontrolle hält, und (2) negatives Saugen, das es beim Trinken einsetzt. Der Unterschied wird klar, wenn Sie dem Baby einen sauberen Finger in den Mund stecken. Bei der ersten Art des Saugens spüren Sie eine Lutschbewegung des vorderen Teils der Zunge. Bei der zweiten Art des Saugens, die wir bereits beschrieben haben, fängt die Zungenspitze an zu lecken, am hinteren Teil der Zunge setzt eine Melkbewegung ein, und schließlich entwickelt sich im hinteren Rachen ein regelrechter Sog. Alle drei Komponenten kommen unabhängig voneinander in Gang und fügen sich dann zu einer wirksamen Saugbewegung zusammen. Die Eltern werden selbst feststellen, daß das Baby auf zwei unterschiedliche Arten saugt. Denn wenn es auf die erste Art saugt, ist es hellwach und horcht aufmerksam auf ihre Stimmen. In solchen Momenten können sie zu ihm sprechen und mit ihm spielen. Zum Tagesablauf eines Babys sollte mehr gehören als nur Schlafen und Trinken.

Beim ersten Kind fragen Eltern mich oft: „Woran merke ich, daß sie satt ist?" Wenn das Baby zu trinken anfängt, kommt zunächst eine kurze Phase, in der es unausgesetzt saugt. Nach kurzer Zeit jedoch legt es beim Trinken Pausen ein. Auf eine Serie von Saugbewegungen folgt also jeweils eine Unterbrechung: Saugen – Saugen – Saugen – Pause. Der Psychologe Kenneth Kaye und ich haben diese Pausen untersucht, um ihrer Bedeutung auf die Spur zu kommen. Wir wußten, daß die Babys dabei gern um sich schauen und horchen. Wenn das Baby eine solche Pause einlegt, schüttelt die Mutter es oft ein wenig und schaut dann zu ihm hinunter, um es zum Weitertrinken anzuhalten oder um es an der Wange zu berühren und zu ihm zu sprechen. Auf die Hälfte der Pausen reagiert die Mutter, die andere registriert sie gar nicht. Wir fragten Mütter, warum sie das Baby bei einer Trinkpause schüttelten, es berührten oder mit ihm sprachen. Die Antworten, die wir bekamen, liefen auf folgendes hinaus: „Ich möchte, daß sie weitertrinkt. Anscheinend träumt sie, oder sie hat vergessen, daß sie eigentlich am Trinken ist. Ich will aber, daß sie satt wird." In unserer Studie stellten wir fest, daß das Baby wesentlich kürzere Pausen machte, wenn die Mutter nicht auf es einging. Mit anderen Worten, das Baby zog seine Pausen dann in die Länge, wenn es soziale Reize geboten bekam. An dem Wechsel von Trinkphasen und Pausen ist also zu erkennen, wie wichtig es ist, beim Füttern mit dem Baby zu spielen und zu ihm zu sprechen. Wenn ich mich mit den Eltern über das Spielen unterhalte, mache ich sie gerne darauf aufmerksam, daß auch das Wickeln und das Baden kostbare Gelegenheiten sind, dem Kind nahe zu sein. Beim Wickeln werden sie es sich kaum verkneifen können, mit ihm zu sprechen und es auf den Bauch zu küssen. Das Wickeln kann zu einer sehr vergnüglichen Sache werden! Viele Babys können es nicht leiden, wenn sie fürs Baden ausgezogen werden. In diesem Fall rate ich den Eltern, dem Kind, sobald es ausgezogen ist, eine Windel anzulegen, damit es sich nicht schutzlos fühlt. Sie können es dann, während sie ihm den Kopf mit einer Hand hochhalten, langsam in die Wanne legen. Sobald sein Körper unter Wasser ist, können sie die Windel abnehmen. Das Baby wird aktiv, wenn es in warmes Wasser getaucht wird, ist aber nicht verunsichert. Während es so fuchtelt und strampelt, können die Eltern mit ihm sprechen und mit ihm spielen. Oft brauchen sie Ermunterung, damit sie ihre Hemmungen ablegen und merken, daß das Spielen mit dem Baby genauso wichtig ist wie die übrigen, eher nüchternen Teile der Säuglingspflege.

„Woran kann ich erkennen, daß es Zeit ist, sie zu füttern?" Viele Eltern machen sich Gedanken, ob sie beim Füttern nach einem Zeitplan vorgehen oder sich ganz nach dem Baby richten sollen. Ich rate ihnen zu folgendem: Füttern Sie es zunächst jedesmal, wenn es schreit. Wenn es nicht recht trinken will, stellen Sie auf diese Weise fest, welche Schreie Hunger und welche etwas anderes bedeuten. Ist das Kind wirklich sehr hungrig, wird Ihnen das kaum entgehen. Es wird so lange quengeln und zappeln, bis Sie es füttern. Gehen Sie zunächst, wenn Sie mit ihm aus der Klinik nach Hause kommen, stets auf das ein, was Sie für seine Hungersignale halten. Wecken Sie es, falls es nach jeweils vier Stunden nicht von selbst aufwacht. Auf diese Weise finden Sie nach und nach zu einem Tagesrhythmus. Später, nach ein oder zwei Wochen, kennen Sie die Signale des Babys besser und können es allmählich dazu anhalten, jedesmal ein bißchen auf das Füttern zu warten. Nach etwa zwei oder drei Wochen sollte es in der Lage sein, zwei bis drei Stunden zu warten. Trotzdem sollte es aber mindestens sechsmal pro Tag trinken.

Wenn das Baby speit oder würgt, machen Sie sich vielleicht Sorgen, daß es keine Luft mehr bekommt. Neugeborene können aber kaum ersticken, weil ihre Atemreflexe zuverlässig dafür sorgen, daß die Atemwege freibleiben. Wenn Ihr Baby einmal tatsächlich keine Luft bekommt, legen Sie es, den Kopf tiefer als den Rumpf, über Ihren Schoß und geben ihm einen leichten Klaps auf den Rücken. Das hilft ihm, die Luftröhre freizubekommen und wieder durchzuatmen. Sie sollten sich – wie überhaupt alle Eltern – einen Erste-Hilfe-Leitfaden zulegen.[4] Sie sollten auch neben jedem Telefonapparat die Notrufnummern griffbereit haben. Bei einem Notfall müssen Sie dann nicht lange nachdenken, sondern können sofort handeln.

Falls das Baby nach jeder Mahlzeit speit, liegt das wahrscheinlich daran, daß es zu schnell trinkt. Wenn Sie bei jedem Schluck ein Glucksen hören, dann schluckt es auch Luft. Legen Sie das Baby dann auf eine schräge Unterlage, ehe Sie es aufstoßen lassen; lassen Sie es so, in einer Neigung von 30 Grad, zwanzig Minuten lang liegen, bis die Schwerkraft die Milch nach unten gezogen und die Luft sich darüber angesammelt hat. Wenn Sie es dann aufsetzen, steigt die Luftblase nach oben, ohne daß Milch mit hochgerissen wird.

Nichts macht die Eltern so zufrieden wie ein großes, feuchtes Bäuerchen nach dem Trinken. Um das Baby aufstoßen zu lassen, halten Sie es gegen Ihre Schulter. Tätscheln Sie ihm sachte den Rücken, während Sie es wiegen und sanft auf es einreden. Wenn es sich beim Trinken sehr geschickt anstellt, muß es vielleicht nicht jedesmal aufstoßen. Neigt es aber zu hastigem Trinken, so braucht es sein Bäuerchen. Denn mit jedem Schluck gelangt Luft in den Magen. Aber es schadet dem Kind nicht, daß sich dort Luft ansammelt, und wenn Sie einmal nicht die ganze Luft herausbekommen, kann es sie stets am anderen Ende hinauslassen. Es kommt selten vor, daß ein Kind davon Bauchweh

---

[4] Auf deutsch liegen unter anderem folgende Publikationen vor: Thomas Seiler, *Erste Hilfe bei Säuglingen und Kindern. Was Sie über akute, lebensbedrohliche Situationen und bei Unfällen wissen müssen, um schnell und richtig zu handeln.* Stuttgart: TRIAS, 1989. – Martine I. Greene, *Erste Hilfe für dein Kind. Vorbeugung und richtiges Verhalten in allen Notfällen.* München: Piper, 1983, und Augsburg: Weltbild, 1992. – Katharina und Sönke Müller, *Erste Hilfe. In der Freizeit, unterwegs und im Haushalt.* Stuttgart: TRIAS, 1993. – *Erste-Hilfe-Handbuch* des Deutschen Roten Kreuzes (bestellbar über die Zentrale Beschaffungsstelle des DRK in Nottuln). – Walter Stoeckel, *Erste Hilfe,* München: Humboldt, 1976. A.d.Ü.

bekommt. Wenn Sie fünf bis zehn Minuten vergeblich auf ein Bäuerchen gewartet haben, legen Sie das Kind auf den Rücken, auf eine um 30 Grad geneigte Unterlage. Dann wird es die Luft vermutlich allein los.

Der erste Schluckauf kommt den Eltern oft wie eine Katastrophe vor. Lassen Sie sich nicht aus der Ruhe bringen. Er geht vorbei. Wenn Sie wollen, können Sie dem Baby Wasser oder Zuckerwasser zum Nuckeln geben. Aber der Schluckauf verschwindet auch von selbst. Oft ist er ein Anzeichen dafür, daß zu viele Reize auf das Baby eindringen. Fügen Sie also nicht noch weitere hinzu.

Im Gespräch mit den Eltern bemühe ich mich, Verhaltensregeln niemals als unumstößlich hinzustellen. Doch zu einem Punkt habe ich eine sehr klare Meinung. Wenn sie fragen, ob sie dem Kind die Flasche so hinlegen können, daß es alleine trinken kann, lautet meine Antwort: *Auf keinen Fall.* Es steht einem jeden Baby zu, beim Trinken im Arm gehalten zu werden. Der Kontakt beim Füttern ist so wichtig wie die Nahrung selbst.

Jede stillende Mutter fragt sich, ob das Baby auch genug Milch bekommt. Der wichtigste Hinweis darauf ist, daß es nach dem Füttern zufrieden wirkt. Dauert es danach ein paar Stunden, bis das Baby wieder trinken will? Uriniert es mehrmals am Tag? Außerdem sollte es in den ersten sieben bis zehn Tagen sein Geburtsgewicht wieder erreichen. Jedes Baby verliert in den ersten Lebenstagen an Gewicht, manchmal bis zu einem Pfund, während es auf das sogenannte Einschießen der Muttermilch wartet. Sie kommt manchmal erst am vierten oder fünften Tag. In der Zwischenzeit ist das Kind durch die Vorräte an zusätzlichem Gewebe geschützt, die es am Ende der Schwangerschaft angelegt hat. Ein oder zwei Tage vor der eigentlichen Muttermilch bildet sich die sehr wertvolle Vormilch (Kolostrum), die reich an Eiweiß und infektionshemmenden Antikörpern ist.

Die ersten Darmentleerungen des Kindes sehen beunruhigend aus. Sie sind schwärzlich und werden als Mekonium bezeichnet. Es besteht aus Zellabbauprodukten, die sich während der neun Monate im Uterus angestaut haben. Am dritten Tag wird der Stuhl grünlich und schleimig. Am vierten oder fünften Tag ist er gewöhnlich gelb und breiig. Daran ist zu erkennen, daß das Baby nun Milch bekommt. Ein Neugeborenes hat vielleicht nach jedem Füttern oder auch nur einmal in der Woche Stuhlgang. Der Stuhl eines Brustkindes stinkt nicht. Oft ist er knallig gelb und grün. (Mehr zum Stillen und zur Flaschenernährung in Kapitel 23 und in den entsprechenden im Literaturverzeichnis angegebenen Büchern.)

Zum Glück für die Eltern schläft das Neugeborene die meiste Zeit. Sehr oft hat es eine klare Vorliebe für eine bestimmte Schlafposition und gibt ihnen das auch zu erkennen. In der Klinik raten die Krankenschwestern oft dazu, das Kind auf die Seite zu legen. Dies soll verhindern, daß Milch in die Atemwege gelangt oder daß es Sekrete einatmet, die nach der Geburt noch in den Atemwegen zurückgeblieben sind. Doch nach ein paar Tagen ist diese Vorsichtsmaßnahme eigentlich nicht mehr nötig. Sobald das Baby aktiver wird, rollt es sich von allein zu einer Seite hin. Auf dem Bauch liegend ist es imstande, den Kopf zu heben, um Nase und Mund freizubekommen, *falls* das Bettzeug nicht zu dick ist. Unter Umständen ist es in Bauchlage auch ruhiger. Denn da das Bett die Bewegungen der Arme einschränkt, kommt es nicht so leicht zu Schreckreaktionen. Wenn Ihr Baby also sehr rege ist, können Sie diese Schlafposition ausprobieren. Liegt es gerne auf dem Rücken, so kuschelt es sich, die eine Hand am Mund, in eine bequeme Position. Es wird Ihnen klarmachen, wie es am liebsten schläft.*

„Soll ich ihr einen Schnuller geben?" Manche Babys brauchen unbedingt einen, um sich beruhigen zu können. Sie finden den Daumen nicht oder wollen ihn nicht nehmen. Aber ich halte den Daumen für die bessere Lösung. Er ist immer verfügbar, wenn das Baby daran lutschen will. Die meisten Babys brauchen ein Mittel, mit dem sie sich trösten können. Vor allem wenn sie lebhaft oder leicht erregbar sind, müssen sie sich auf irgendeine Weise entspannen und fallenlassen können. Ich bin stets erleichtert, wenn ich sehe, daß ein Baby sich selbst zu trösten vermag. Die Eltern werden es leichter mit ihm haben.

Wenn allzu viele Reize auf ein Baby einstürmen, scheint der Blick ziellos zu wandern, Arme und Hände erschlaffen, es verzieht das Gesicht oder wendet den Blick ab. Auch Speien und Stuhlentleerungen können auf Streß hindeuten, falls sie außer der Reihe auftreten und mit wimmerndem, schrillem Schreien einhergehen. Diese Reaktionen sind Anzeichen dafür, daß das Kind eine Pause braucht, um sich zu erholen und wieder ins Gleichgewicht zu kommen. Falls Sie Ihre Hilfe übertreiben, steigern Sie die Überlastung nur noch weiter. Wenn Sie alles ausprobiert haben und nichts geholfen hat, sollten Sie vielleicht einen Schritt zurücktreten und das Baby einfach beobachten. Mit seinem Verhalten wird es Ihnen mitteilen, was ihm fehlt.

Vom Kind lernen

Wie ich oben sagte, werden Sie Ihrem Kind dadurch gute Eltern, daß Sie aus Fehlern ebenso wie aus Erfolgen lernen. Lassen Sie sich, wenn Sie etwas ausprobieren, von Ihrem Kind zeigen, ob Sie auf der richtigen Spur sind. Wenn ja, dann ist sein Gesichtsausdruck gelassen und zufrieden, der Körper ist entspannt, und es reagiert geordnet und berechenbar. Liegen Sie daneben, reagiert es chaotisch und wird unzugänglich. Es wendet das Gesicht ab, wirft sich von einer Seite auf die andere und findet keine Ruhe. Es wechselt die Farbe und läuft entweder tiefrot oder bläulich an. Die Glieder werden starr, und bei seinem durchdringenden Schreien bleibt ihm vielleicht die Luft weg. Sie wissen dann nicht, was Sie tun sollen. Probieren Sie alle Möglichkeiten durch, doch überlassen Sie das Baby, wie wir gerade vorgeschlagen haben, auch einmal sich selbst, damit es wieder zu sich kommen kann. Sie werden in erstaunlich kurzer Zeit begreifen, was es Ihnen mit seinen Verhaltensweisen mitteilen möchte.

Viele Mütter sagen zu mir: „Ich wünschte, ich könnte in der Klinik bleiben. Hier weiß ich, daß mein Kind in Sicherheit ist." Alle Mütter empfinden so. Doch sie sollten sich klarmachen, daß im Lauf der Menschheitsgeschichte viele Mütter, die viel tolpatschiger waren als sie selbst, mit ihren Babys zurechtgekommen sind. Ich versichere jeder Mutter, daß sie im Lauf der Zeit schon lernen wird, was zu tun ist, und daß das Baby ihr dabei helfen wird. Sie kann sich Hilfe von einer Krankenschwester oder vom Kinderarzt holen, aber am meisten wird sie von ihrem Baby lernen. Die Sprache, in der es sich mitteilt, ist sein Verhalten, das sie beobachten und nach dessen Signalen sie sich richten kann.

Die erste Zeit mit einem frühgeborenen Kind

Kommt das Kind zu früh auf die Welt oder ist ihm anzumerken, daß es im Uterus besonderen Belastungen ausgesetzt war, dann haben beide Eltern das Gefühl, sie seien daran schuld. Die Mutter glaubt, sie habe etwas falsch gemacht. Selbst wenn es keinen rationalen Grund dafür gibt, ist sie überzeugt, daß sie das Baby in Gefahr gebracht hat. Ähnlich fragt sich ein besorgter Vater, ob er an irgendeinem Punkt unverantwortlich gehandelt hat. Dieses Suchen nach eigenen Fehlern löst Depressionen aus. Wütend und hilflos machen die Eltern sich Vorwürfe: Warum passiert das mir? Was hätte ich anders machen können? Rationale Argumente richten hier nichts aus, denn diese Gefühle reichen zu tief.

Die Geburt eines körperlich noch sehr unreifen, eines stark gefährdeten oder eines behinderten Babys kann drei Abwehrhaltungen auslösen:

1. *Verleugnen* – Die Eltern tun so, als gäbe es kein ernstes Problem, spüren aber gleichzeitig, wie brüchig dieses Abwehrmanöver ist. Durch Verleugnen verzerren sie die Realität in die eine oder andere Richtung und machen sich ein zu rosiges oder zu trostloses Bild von ihr. Das Verleugnen hilft ihnen, nicht aufzugeben, muß aber später einer realistischeren Einschätzung weichen.

2. *Projektion* – Die Eltern geben anderen die Schuld und bilden sich ein, diese hätten das Problem verursacht oder in irgendeiner Weise verschlimmert. Angriffsziele sind Ärzte, Krankenschwestern und andere, die sich um die Schwangere gekümmert haben. Ihre Hilfsanstrengungen werden den Eltern nun suspekt, und die Beziehungen zu ihnen geraten ins Wanken.

3. *Distanzierung* – Die Eltern gehen innerlich auf Abstand zu dem Risiko-Kind, nicht aus Gleichgültigkeit, sondern weil es ihnen zu weh tut, sich dem Kind ganz zuzuwenden und dabei die eigene Ohnmacht zu empfinden.

Diese Trauerreaktionen und Abwehrhaltungen sind normal und haben durchaus ihren Sinn. Wir müssen sie hinnehmen. Alle, die sich um die Eltern und das Neugeborene kümmern, sollten sich klarmachen, daß solche Abwehrmanöver notwendig sind und keinen Schaden anrichten, falls wir ihren Zweck begreifen. Sie gehören zum

Versuch der Eltern, mit ihrer Situation zurechtzukommen und eine Beziehung zu einem Baby aufzubauen, das ganz anders als das erträumte ist.

Nach der Geburt durchläuft jedes Baby eine Erholungsphase. Ein Baby, das verfrüht geboren wird oder im Uterus besonderem Streß ausgesetzt war, läßt in seinem Verhalten erkennen, wie labil seine körperliche Verfassung noch ist. Während sein autonomes Nervensystem (das Atmung und Blutkreislauf zu regeln hat) sich von dem Schock erholt, daß es seine Aufgabe zu früh übernehmen mußte, und während die neurologischen Funktionen ohne die schützende Umgebung der Gebärmutter weiter heranreifen müssen, reagiert das Baby sehr empfindlich auf akustische und optische Reize und Tastempfindungen. Bei jeder Berührung, bei jedem Geräusch und sogar bei jeder Helligkeitsschwankung wechselt die Haut die Farbe, und die Atmung und die Herztätigkeit verändern sich. Die Unreife des Babys tritt auch in seinen Bewegungen zutage; entweder ist der Muskeltonus niedrig, und es treten nur wenige spontane Bewegungen auf, oder es kommt unvermittelt sowie nach jeder Stimulation zu unkoordinierten, abgehackten Bewegungen. Diese Bewegungen erschüttern den anfälligen Organismus des Kindes. Es kann seine Bewußtseinszustände noch kaum regulieren, und obwohl es versucht, im Schlaf zu verharren, damit es nicht von Reizen überschwemmt wird, wechselt es oft sehr rasch von Schlaf- zu kurzen Wachphasen. Ist es wach, so ist es eher am Schreien als in einem ruhigen Wachzustand und schrickt vor Blicken, Stimmen und Berührungen zurück. Unter Umständen reagiert es sogar ausschließlich abweisend. Wenn die bangen Eltern, begierig, eine Beziehung zu ihm anzuknüpfen, mit solchen Verhaltensweisen konfrontiert sind, wächst ihre Angst, daß das Kind an einer Störung leiden könnte, über die es nicht hinwegkommen wird.

Während das Baby sich in der Klinik erholt, brauchen die Eltern geduldige Unterstützung. Wenn sie bei ihren Besuchen allmählich lernen, wie sie am besten mit ihm umgehen, werden sie nach seiner Entlassung in der Lage sein, für es zu sorgen. Ärzte und Krankenschwestern können ihnen vor der Entlassung vorführen, wie das Baby auf verschiedene Reize reagiert. Ein solches Baby kann nur ganz gedämpfte Reize verkraften. Die Eltern müssen sehr sanft mit ihm umgehen und können es nur *entweder* im Arm halten *oder* wiegen *oder* anschauen. Wenn sie die niedrige Toleranzschwelle des Babys berücksichtigen, wird es mit der Zeit mehr und mehr Informationen gleichzeitig aufnehmen können.

Nach und nach zeigt das Kind in jeder Hinsicht stabilere Reaktionen; es kann seine Bewegungen, sein autonomes Nervensystem, seine Bewußtseinszustände und seine Aufmerksamkeit besser regulieren. Wenn es belastbarer wird, vermag es akustischen und optischen Reizen seine Aufmerksamkeit zuzuwenden, wenn auch nur bei niedriger Reizintensität und für kurze Zeitspannen. Wenn es den roten Ball oder die Gesichter seiner Eltern fixiert oder wenn es sich zu ihren Stimmen oder zu einer Rassel hinwendet, ist ganz augenfällig, wie sehr dies alles sein Nervensystem beansprucht. Die Bewegungen werden ruckhafter, oder die Arme und Beine erschlaffen. Das Kind dreht sich vielleicht von der Stimme oder der Rassel weg anstatt zu ihr hin. Der Blick wird unstet, das Gesicht träge. Das Baby wird bleich und atmet schneller. Schluckauf, Gähnen, Speien oder Stuhlgang können bei ihm auf Streß und Überlastung hindeuten. Auch auf diese Symptome sollten die Eltern vorbereitet sein, damit sie nicht übertrieben reagieren.

Meine Kollegen und ich haben versucht, auf unserer Frühgeborenen-Station dem anfälligen Nervensystem solcher Babys Rechnung zu tragen, indem wir Geräusche, Licht und sonstige Reize reduzierten. Die Babys erholten sich schneller, nahmen rascher zu, brauchten weniger Sauerstoff und mußten kürzere Zeit im Brutkasten bleiben. Sie konnten auch früher und in stabilerer Verfassung nach Hause entlassen werden. Falls die Eltern ihrem Baby dort weiterhin eine reizarme Umgebung bieten, wird es besser gedeihen.

Mit der Zeit können frühgeborene Babys und solche, die trotz normaler Schwangerschaftsdauer zu klein sind (sogenannte Mangelgeborene), länger in den verschiedenen Bewußtseinszuständen verweilen. Sie werden nicht nur ausdauernder in ihrer Aufmerksamkeit, sondern auch geschickter im Saugen und Trinken. Die Phasen werden immer länger, in denen die Eltern sich mit ihnen beschäftigen und mit ihnen spielen können. Doch holen sie möglicherweise langsamer auf, als die Eltern sich das vorstellen. Wenn sie aber den Entwicklungsstand ihres Babys ständig mit dem eines ausgetragenen Babys vergleichen, erschweren sie ihm seine Fortschritte. Achten sie statt dessen sorgsam auf sein ganz individuelles Verhalten, so werden sie sich Ziele stecken, die auch tatsächlich zu erreichen sind. Wenn ich die weiter oben beschriebene NBAS (Skala zur Beurteilung des Verhaltens von Neugeborenen) im Beisein der Eltern anwende, bekommen sie mit, welche besonderen Stärken und welche Schwächen das Baby im Sehen und Hören und in der Konzentration erkennen läßt. Bei dieser Gelegenheit kann ich ihnen auf einfühlsame Weise erklären, ob sie beim Umgang mit dem Kind auf besondere Dinge achten müssen und ob eine Frühintervention nötig ist.

Wenn bei einem Baby neurologische Funktionen beeinträchtigt sind, profitiert es von sehr früh einsetzenden Fördermaßnahmen, die es dazu anleiten, seine Defizite durch den Einsatz anderer Funktionen wettzumachen. Werden zum Beispiel einem blinden Baby akustische Reize und Tastempfindungen in angemessenem Tempo vorgegeben, so daß es sie aufzunehmen vermag, dann lernt es, die Blindheit zu kompensieren. Werden ihm die Reize einer nach dem anderen ruhig, langsam und unaufdringlich dargeboten, so läßt sich an seinem Verhalten ablesen, wie es sie verwertet. Wir haben das Verhalten von mehreren blinden Babys beobachtet. Sie reagierten so überempfindlich auf Berührungen und Geräusche, daß wir leiser sprechen und behutsamer und bedächtiger mit ihnen umgehen mußten. Den Eltern eines beeinträchtigten oder entwicklungsverzögerten Babys sollte stets ein Facharzt zur Seite stehen. Er weist sie auf die angemessenen Reaktionen hin, die das Kind bereits erkennen läßt, er zeigt ihnen, wie sie dem Kind beibringen können, sein Verhalten zu regulieren, und macht sie auf Anzeichen von Überlastung aufmerksam (siehe Kapitel 18).

Im Lauf der Jahre habe ich zu staunen gelernt über die bemerkenswerte Fähigkeit von Babys, mit Handikaps wie zum Beispiel einer vorzeitigen Geburt fertigzuwerden. Daher gehe ich an die Arbeit mit den Eltern eines solchen Babys optimistisch heran. Aber sie sollten sich vor zwei Fallen in acht nehmen, in die sie bei ihrer Annäherung an dieses besonders zerbrechliche Baby geraten können. Erstens kann es so weit kommen, daß sie vor lauter Angst und Enttäuschung dem Kind kaum von der Seite weichen. Selbst das zarteste, angeschlagenste Baby gedeiht aber besser, wenn es jeden neuen Schritt aus eigener Kraft meistert. Einem solchen Kind früh genug seine Bewegungsfreiheit zu lassen ist schwer, denn es braucht ja durchaus besonderen Schutz. Dem Kind für jeden Lernschritt genug Raum und Zeit zu lassen verlangt den Eltern viel ab, aber sie werden schließlich durch seine wachsende Eigenständigkeit und Sicherheit belohnt.

Von der zweiten Falle haben wir bereits gesprochen. Alle Eltern vergleichen ihr Baby mit anderen, aber wenn seine Entwicklung verzögert ist, liegt ihnen noch mehr daran, daß es an die Leistungen der anderen herankommt. „Wann wird sie aufholen und auf dem gleichen Stand sein wie die anderen Babys in ihrem Alter?" fragen mich die Eltern. „Bis wann sollte er diesen Entwicklungsschritt geschafft haben? Ich habe solche Angst, daß er zu langsam ist. Immer wenn er einen Schritt nicht innerhalb der üblichen Zeit schafft, mache ich mir Sorgen, er könnte einen Hirnschaden haben." Aus solchen Äußerungen sprechen die unausweichlichen Ängste von Eltern, die sich auf ein entwicklungsverzögertes oder behindertes Baby einstellen müssen.

Das beste Heilmittel gegen solche Ängste besteht darin, auf das ganz individuelle Verhalten und Temperament des Babys zu achten. Die Eltern sollten den Kinderarzt bei jedem Termin bitten, ihnen die Fortschritte und den Entwicklungsstand ihres Kindes zu erläutern. Selbst wenn die Monate, die es zu früh auf die Welt kam, und die Wochen im Krankenhaus mitgerechnet werden, braucht es für jeden Entwicklungsschritt doppelt so lang, weil sein Nervensystem mehr Energie aufwenden muß, um geordnete Reaktionen zuwege zu bringen. Beispielsweise fängt bei einem Baby, das starke Belastungen zu verkraften hat, die abendliche Quengelphase möglicherweise später an und zieht sich länger in die Nacht hinein, und es braucht nach der Geburt länger, bis es lächeln und mit der Stimme auf andere reagieren kann. Sind die Eltern hierauf vorbereitet, dann werden sie sich nicht durch ihre Ängste von der Aufgabe abhalten lassen, den Erholungsprozeß des Babys zu unterstützen. Sehr wichtig sind Geduld und ein zuversichtliches, einfühlsames Vorgehen. Das fällt den Eltern nicht in den Schoß, und ihnen steht jede erdenkliche professionelle Hilfe zu. Keine Altersangabe in den Kapiteln dieses ersten Teils dürfen Sie unbesehen zum Maßstab nehmen, sondern Sie müssen die besonderen Entwicklungsbedingungen Ihres Kindes berücksichtigen (siehe Kapitel 32).

4. Drei Wochen

Wenn die Eltern nach drei Wochen mit ihrem Baby zum erstenmal in meine Praxis kommen, sind sie meistens beide erschöpft. Sie erhoffen sich Trost und möchten ihre neue Rolle als Eltern, die sie voll und ganz fordert, verstehen lernen. Manchmal kommt eine Großmutter oder ein Großvater, eine Kinderfrau oder ein Aupair-Mädchen mit. Ich achte darauf, welche Person das Baby trägt. Ist es die Großmutter oder die Kinderfrau, so frage ich mich, wie sehr die Eltern sich wohl auf deren größere Erfahrung verlassen haben und wieviel Erfahrung sie tatsächlich selbst schon mit dem Kind gesammelt haben. Ich halte auch nach verschiedenen Anzeichen Ausschau, ob die Eltern in ihrer sozialen Umgebung genügend Rückhalt finden.

Oft steckt die Mutter mitten in einer Nachgeburtsdepression. Eine solche mehr oder weniger ausgeprägte Depression tritt auf, weil sie sich körperlich erholen und nach Wehen und Entbindung zu einem neuen hormonellen Gleichgewicht finden muß. Allerdings kann die Depression auch daher rühren, daß die Frau sich erst noch in ihre aufzehrende Rolle als Mutter hineinfinden muß. Eine depressive Mutter gibt sich meistens größte Mühe, in ihre Aufgabe hineinzuwachsen. Oft sieht sie ungepflegt aus, während das Baby akkurat mit empfindlichen, unpraktischen Sachen herausgeputzt und in eine pastellfarbene Kinderdecke gehüllt ist. Sie hält das Baby umklammert, als habe sie Angst, zu stolpern und ihr kostbares Bündel fallen zu lassen.

Der Vater hält sich etwas im Hintergrund und wacht über die beiden. Nachdem er der Mutter aus dem Mantel geholfen hat, bietet er ihr vielleicht an, das Baby für sie zu halten, während sie sich hinsetzt. Überläßt sie ihm das Kind für einen Augenblick, so schaut er sehnsüchtig auf es hinunter und wartet darauf, daß es aufwacht und ihn anschaut. Die Art, wie er mit dem Baby umgeht, verrät mir, in welchem Umfang er an der Pflege des Kindes beteiligt ist. Wenn eine Mutter ihr Baby ohne die Mithilfe des Vaters versorgt, setzt sie sich lieber umständlich hin, als es ihm zu geben. An jeder einzelnen Geste der Eltern ist zu sehen, wie weit sie bereits in ihre große Aufgabe hineingewachsen sind.

Bei unserem Gespräch schaut die Mutter nach jedem Satz auf das kleine Bündel in ihrem Schoß hinunter. Wenn das Baby sich regt, schaut sie mich vermutlich unsicher an, als wollte sie sagen: „Und was soll ich jetzt machen?" Falls das Baby schreit, eilt der Vater meistens gleich zu Hilfe. Zusammen mit der Mutter versucht er das Kind zu beruhigen; sie probieren verschiedene Positionen aus, bieten ihm einen Schnuller an – falls sie einen benutzen – und schauen mich ein bißchen hilfesuchend an. Wenn gar nichts anderes nützt, versucht die Mutter das Kind an die Brust zu legen. Obwohl sich heute die meisten Frauen dabei weniger genieren als zu der Zeit, als ich zu praktizieren anfing, traut sie sich zuerst vielleicht nicht, das Kind zu stillen, weil die Situation im Sprechzimmer ungewohnt ist und weil sie sich von mir beobachtet fühlt. In diesem Fall muß ich selbst den Vorschlag machen. Wenn sie das Kind dann an die Brust legt, wirkt sie erleichtert. Hin und wieder kommt es vor, daß der Vater das quengelnde Baby übernimmt, um es zu trösten und die Mutter zu entlasten; damit geben die Eltern zu erkennen, daß sie sich in die Betreuung des Kindes teilen.

Mittlerweile bin ich darauf gefaßt, daß frischgebackene Eltern sich in meiner Praxis derart verzagt, ja kindlich verhalten. Das bedeutet nicht, daß sie sich nicht zu helfen wissen, sondern daß sie mich als fürsorglichen „Großvater" anerkennen, vor dem sie nichts verbergen müssen. Am Anfang brauchen alle Eltern eine Person, die ihnen zur Seite steht und auf ihre Fragen und Sorgen eingehen kann. Ich bin dankbar, wenn sie mir ihr Vertrauen schenken, und zeige ihnen das indirekt durch meinen Tonfall und meine Bemerkungen.

In den ersten drei Wochen haben die meisten Eltern bereits sehr viel Kraft und Mühe aufgewendet, um sich auf das Baby einzustellen. Sie haben viele Telefongespräche mit dem Kinderarzt oder mit einer Praxisschwester* geführt. Sie haben zwar allmählich wieder das Gefühl, daß ihr Leben in normale Bahnen zurückkehrt, aber die Umstellung fordert noch immer einen gewaltigen körperlichen und emotionalen Tribut. Wenn die Mutter nach der Geburt depressiv wird, schont sie auf diese Weise auch ihre Energien. Ich lege den Eltern stets nahe, mit ihren Kräften so sparsam wie möglich umzugehen. Sie sollten den Besuch von nur sehr wenigen Leuten zulassen, von denen sie Unterstützung erwarten können, und vorläufig keine Gratulanten empfangen, die Zeit und Energie kosten. Ist es ihnen peinlich, solche Besucher abzuweisen, dann können sie ruhig behaupten, der Kinderarzt habe angeordnet, sie sollten zwei Wochen lang keinen Besuch empfangen. Ein Neugeborenes ist tatsächlich recht anfällig gegen die Keime von

Fremden, bis sein Immunsystem komplett funktioniert. Wenn die Familie eine Zeitlang möglichst wenig Druck von außen abfangen muß, kann sie ungestörter zusammenwachsen. Je euphorischer die Eltern nach der Geburt sind, desto ernüchterter sind sie oft, wenn sie mit dem Kind aus der Klinik nach Hause kommen. Sie erschrecken, weil ihnen aufgeht, daß sie nun wirklich für das Kind verantwortlich sind.

Mir liegt sehr viel daran, daß der Vater an diesem Gespräch teilnimmt, und ich bitte die Eltern, sich doch einen Termin auszusuchen, zu dem er mitkommen kann. Schon gleich zu Anfang frage ich ihn, was er für einen Eindruck von dem Baby hat und was ihm aufgefallen ist. Wenn er sich einmal geöffnet hat, weiß ich, daß er sich auch weiterhin am Gespräch beteiligen wird. Nach Möglichkeit beobachte ich, wie er und das Baby aufeinander reagieren und eingehen, und sage etwas dazu. Etwa ab der vierten Woche verhält das Kind sich gegenüber der Mutter anders als gegenüber dem Vater. Wendet die Mutter sich ihm zu, sind seine Bewegungen und sein Mienenspiel fließend und rhythmisch, weil es sich auf einen ruhigen, rhythmischen „Dialog" einstellt. Beim Vater dagegen wird das ganze Gesicht des Babys lebhaft, und es spannt Arme und Beine erwartungsvoll an, als ob es bereits wüßte, daß er mit ihm spielen wird. Wenn mir solche elementaren Wiedererkennungsleistungen des drei Wochen alten Babys auffallen, weise ich auf sie hin, damit auch die Eltern sie wahrnehmen und sich daran freuen können. Diese ungleichen Reaktionen auf die Eltern sind ein faszinierender Hinweis auf die geistige Entwicklung des Säuglings.

Wenn ein Vater in den ersten Wochen Urlaub nehmen kann, lernt er nicht nur, das Baby zu wickeln, zu füttern und mit ihm zu spielen, sondern er hilft seiner Frau auch, den ungeheuren Perspektivwechsel zu vollziehen, den die Sorge für das auf sie angewiesene Neugeborene verlangt. Sollte sich der Vater allerdings durch das „Wachehalten" der Mutter oder einer Großmutter ausgeschlossen fühlen, ist die Wahrscheinlichkeit recht gering, daß er sich weiterhin engagiert und beteiligt.

Während ich mit den Eltern rede und mir erzählen lasse, wie sie zurechtkommen, kann ich meine Beobachtungen zum Temperament des Babys anstellen, das heißt, zu seinem ganz persönlichen allgemeinen Verhaltensstil. Dazu gehört, wie es schläft, wie schwierig es zu beruhigen ist, wie heftig es sich bewegt, wie es sich selbst zu trösten versucht und wie wach und aufmerksam es ist, während ich es untersuche. Über alle diese Eigenheiten spreche ich von Anfang an mit den Eltern, damit sie wissen, daß ich mir durchaus ein Bild von dem Baby machen kann, mit dem sie zusammenleben. Wenn sie das spüren, werden sie mich unbefangener und mit wesentlich mehr Zuversicht um Rat und Unterstützung fragen.

Ernährung

Nach drei Wochen gibt es unweigerlich Schwierigkeiten bei der Ernährung. Das heißt, die Entwicklung des Kindes verharrt erneut in einem *Auftakt*, und ein bestimmtes Problem drängt sich in den Vordergrund. Sobald das Füttern zur Sprache kommt, überschütten mich die Eltern mit Fragen: Wie oft soll die Mutter das Kind stillen? Woran erkennen sie, daß es Hunger hat? Wie lang soll es trinken? Sie haben auch Fragen zum Aufstoßen, zum Speien und zum Stuhlgang. Wird das Baby gestillt, wollen sie wissen, was von Versuchen des Vaters zu halten ist, ihm zwischendurch die Flasche zu geben. Das Kind mit der Flasche zu ernähren mag zunächst weniger schwierig erscheinen, weil dann beide Eltern stets wissen, wieviel und wie oft es getrunken hat.

Oft rufen Eltern mich an und sind sehr besorgt, weil das Baby „alles wieder ausspuckt". Ich erkläre ihnen, daß sie nach einer Mahlzeit mit deutlich vernehmbaren Schluckgeräuschen darauf gefaßt sein müssen, daß eine große Luftblase nach oben steigt und einen Milchschwall mit sich reißt. Was wie mit dem Fahrstuhl hinuntergeht, kommt ebenso flott wieder hoch. Wie ich im letzten Kapitel bereits erwähnte, ist eines der wesentlichen Dinge, die die Eltern in den ersten Wochen zu lernen haben, das Baby richtig aufstoßen zu lassen. Oft führen kleine Tips, die die Eltern von einer erfahrenen Mutter oder von mir bekommen, zum Erfolg und stärken ihr Selbstvertrauen. Nachdem sie ihre Fragen zu den rein praktischen Aspekten der Ernährung losgeworden sind, bringen sie dann oft tiefergehende Besorgnisse zur Sprache. Eine stillende Mutter fragt sich vor allem: Wird das Kind satt? Wir sprechen darüber, wie sie das feststellen kann:
1. Wirkt das Baby nach der Mahlzeit zufrieden?
2. Schläft das Baby ein bis zwei Stunden zwischen den Mahlzeiten?
3. Uriniert das Baby oft genug? Nasse Windeln bedeuten, daß es genügend Flüssigkeit zugeführt bekommt.

4. Wie oft hat das Baby Stuhlgang? Ich weise die Eltern darauf hin, daß sich die Häufigkeit des Stuhlgangs in den nächsten Wochen drastisch ändern kann. Bei einem Brustkind kann es vorkommen, daß es anfangs vielleicht acht- bis zehnmal am Tag, später aber nur noch einmal in der Woche in die Windeln macht. Falls der Stuhl dann nach einer Woche weich und breiig ist, liegt keine Verstopfung vor. Viele Babys verdauen die Muttermilch praktisch vollständig und ohne Rückstände. Sie haben nur alle paar Tage Stuhlgang, bis sie dann feste Nahrung oder mehr Flaschenmilch bekommen.

5. Hat das Baby sein Geburtsgewicht wieder erreicht? Wie erwähnt, verlieren Babys unmittelbar nach der Geburt Flüssigkeit, die sie während der Schwangerschaft eingelagert haben. In den ersten vier oder fünf Tagen können sie bis zu 20 Prozent ihres Körpergewichts verlieren, ehe die Brust- oder Flaschenmilch ihnen wieder genügend Wasser zugeführt hat. Bei der Entlassung aus dem Krankenhaus haben die meisten Babys ihr Geburtsgewicht noch nicht wieder erreicht. Der Ortswechsel und die Umgewöhnung sind belastend für sie, und die Milch der Mutter schießt unter Umständen erst nach fünf Tagen ein. So haben manche Babys vor der zweiten Woche gar keine Gelegenheit, Gewicht zuzulegen. In der dritten Woche sollten sie ihr Geburtsgewicht dann allmählich erreicht haben. Die Eltern atmen auf, wenn das Baby kräftig zunimmt.

Meist betrachten sie die Ernährung des Kindes als ihre vordringliche Aufgabe. Je pflichteifriger sie dabei vorgehen, um so leichter übersehen sie, welchen Beitrag das Baby dabei leistet. Ich versuche ihnen bei diesem Termin die Verhaltensweisen zu verdeutlichen, die ihr Kind während des Fütterns an den Tag legt. Ich erkläre ihnen, daß uns diese Verhaltensweisen viel über sein Temperament verraten und daß seine aktive Mitwirkung sehr wichtig ist. Das Kind wird, wenn sie auf seine Signale eingehen, den Ablauf des Fütterns zunehmend mitgestalten. Wir sprechen über die Pausen, die das Kind beim Trinken einlegt; sie sollen die Eltern anregen, mit ihm zu sprechen und auf es einzugehen.

Kommunikation

Bei unserem Gespräch über die Ernährung des Kindes liegt mir vor allem daran, den Eltern nahezubringen, daß mit dem Füttern nur die

Hälfte getan ist. Genauso wichtig ist es, mit dem Kind umgehen zu lernen – es zu berühren, zu halten, zu wiegen, zu ihm zu sprechen und das eigene Verhalten auf seine Verhaltensabläufe abzustimmen. Oft sind in diesem Stadium Mutter wie Vater völlig davon in Anspruch genommen, sich das „Handwerk" des Fütterns anzueignen. Sie können mit meinen Erklärungen zum weniger „handgreiflichen" Aspekt noch wenig anfangen. Dennoch spreche ich bei diesem wie bei jedem folgenden Termin darüber.

Unterdessen habe ich Gelegenheit, mitzuverfolgen, wie die Eltern mit ihrem Baby in meinem Sprechzimmer umgehen und welche Kommunikationsmuster sich zwischen ihnen bereits herausgebildet haben. Hellt sich das Gesicht des Kindes auf, wenn sie es anschauen und ansprechen? Haben sie gelernt, wie sie das Baby am besten halten und ihm ihr Gesicht so darbieten können, daß dieses für längere Zeit sein Interesse wachhält? In zwei Schritten bauen die Eltern zunächst die Beziehung zum Kind auf: Sie ziehen seine Aufmerksamkeit auf sich; ist das gelungen, versuchen sie zu erreichen, daß die Aufmerksamkeit nicht gleich wieder abreißt. Im Verlauf der ersten Wochen müssen sie sich einen behutsamen sprachlichen und mimischen Rhythmus aneignen, um das Interesse des Babys zu erregen und wachzuhalten.

An vielen kleinen Anzeichen kann ich also ablesen, wieviel Zeit diese neue Familie schon damit verbracht hat, einander kennenzulernen. In den ersten Wochen richten ängstliche Eltern ihr Augenmerk oft ausschließlich auf die Ernährung und den Schlaf des Kindes und kommen nicht dazu, die Beziehung zu ihm zu vertiefen. Wenn ich das feststelle, warte ich eine Gelegenheit ab, ihnen vorzuführen, wie ich mit dem Kind spiele. Ich halte es mit ausgestreckten Armen vor mich hin und schaukle es sanft hin und her, bis es wach und aufmerksam ist. Dann fangen wir an, uns mit leisen, gurrenden Lauten und in gemächlichem Tempo zu „unterhalten". Die Eltern können verfolgen, wie ihr Kind reagiert und wie sich seine Aufmerksamkeit durch bestimmte Rhythmen, durch eine leise Stimme und leichtes Wiegen wecken läßt. Falls das Baby angespannt ist und zu Überreaktionen neigt, wickle ich es vorher und schränke den Bewegungsspielraum seiner Arme ein.

Wenn die Eltern das Kind in meinem Sprechzimmer füttern, weise ich sie auf den Trinkphasen-Pausen-Rhythmus hin. Wie schon erwähnt, beginnt es zunächst mit regelmäßigen Saugbewegungen. Nach dreißig oder mehr Sekunden ändert sich das Verhaltensmuster, und auf eine Serie von Saugbewegungen folgt nun jeweils eine Pause. Die Eltern sollten wissen, daß das Baby längere Pausen macht, wenn sie sich ihm mit einem Lächeln, einer Berührung oder einem anderen sozialen Signal zuwenden. Ganz offenbar hat es ein ebenso großes Verlangen danach wie nach Nahrung, denn Nahrung allein ist nicht genug!

Schlafen und Wachen

Die nächste große Aufgabe für ein Baby in diesem Alter besteht darin, seine Bewußtseinszustände regulieren zu lernen. Daraus erklären sich viele Schwierigkeiten, mit denen sich die Eltern auseinanderzusetzen haben. Diese Bewußtseinszustände entsprechen jenen Stadien, die ich in Kapitel 1 beim Fötus und in Kapitel 2 beim Neugeborenen beschrieben habe.

Tiefschlaf. In diesem abgeschirmten Zustand kann das Kind störende Umgebungsreize ausblenden. Es atmet tief und regelmäßig. Die Augen sind fest geschlossen, und es liegt ganz still da. Wenn dennoch Bewe-

gungen auftreten, sind sie schwach, kurz und ruckhaft. Die Schutz-
funktion dieses Zustands zeigt sich an der ökonomischen Körperhaltung
des Babys, das sich zusammenrollt, alle Gliedmaßen beugt, die Hände
am Mund hat und sich auf diese Weise von der Außenwelt abschottet.

*Leichter Schlaf oder REM-Schlaf (von „rapid eye movements" – „schnelle
Augenbewegungen").* In diesem Zustand ist die Atmung unregelmäßig
und flacher. Ab und zu saugt das Baby an einem Finger, oder es macht
Saugbewegungen, ohne etwas im Mund zu haben. Es dreht und streckt
sich in regelmäßigen Abständen. Vielleicht zuckt es dabei ein- oder
zweimal zusammen. In diesem Zustand ist es für Außenreize zugäng-
licher. Wenn es durch einen solchen Außenreiz aufwacht, ist es schlaf-
trunken und quengelig oder bemüht sich, wieder in Tiefschlaf zu fallen.

Zwischenzustand. Dieser kurzlebige Zustand stellt sich oft ein, wenn das
Kind am Aufwachen ist oder in den Schlaf sinkt. Es dreht und windet
sich, die Bewegungen sind ruckhaft. Träge und schläfrig macht es die
Augen auf und zu. Manchmal gibt es auch wimmernde Laute oder einzelne Schreie von sich, die aber ungerichtet bleiben. Während es versucht,
sich in eine bequeme Lage zu kuscheln, kommen ihm oft ruckhafte
Schreckbewegungen dazwischen. Sein Verhalten wirkt ungeordnet; es
verzieht das Gesicht und gibt damit zu erkennen, daß es sich unbehaglich fühlt und daß es versucht, in einen geordneteren Zustand überzugehen, also entweder in den Tiefschlaf oder in einen Wachzustand.

Hellwacher, aufmerksamer Zustand. Das muntere Gesicht und die strah-
lenden Augen zeigen an, daß das Baby ganz aufnahmefähig ist. Seine
Bewegungen wirken kontrolliert, sie sind fließend und manchmal sogar
zielgerichtet, etwa wenn es die Hand an den Mund führt oder die eine
Hand mit der anderen ergreift. Die Atmung variiert mit der Art der
Reize. Wenn ein Reiz das Baby in Bann zieht, ist sie tief. Bei einem
unangenehmen Reiz dagegen geht der Atem flach und schnell. Wendet
es sich einem interessanten Geräusch oder einem vertrauten Gesicht zu,
so bekunden das Gesicht und der ganze Körper seine Reaktionsbereitschaft. Das Gesicht, die Atmung, die Körperhaltung – sie alle drücken
entweder Interesse und Aufmerksamkeit aus oder den Wunsch, von
einem überfordernden Reiz wegzukommen. Die Eltern warten jedesmal darauf, daß das Kind wieder in diesen wundervollen Wachzustand

eintritt, und regen es an, länger darin zu verweilen. Denn gerade in diesen Augenblicken können sie in Kontakt zu ihm treten. Aufmerksame Eltern kennen sehr rasch die Signale des Babys und wissen, wann es müde ist und ihnen mitteilt: „Jetzt ist es genug", oder wann es sich vernachlässigt fühlt und sagen will: „Beschäftigt euch mit mir."

Quengeliger Wachzustand. Er schließt sich oft an den aufmerksamen Wachzustand an. Die Bewegungen werden abgehackt, der Atem geht unregelmäßig. Das Baby wendet sich von Reizen ab und fängt immer wieder an zu zappeln oder zu wimmern. Seine Versuche, zur Ruhe zu kommen, schlagen fehl. Es wirft sich in seinem Bettchen hin und her, und das Gesicht verrät seinen Ärger darüber, daß es sich nicht in der Gewalt hat. In diesem Zustand kann es weder seine Bewegungen, sein autonomes Nervensystem noch seine Reizaufnahme richtig steuern. Gelingt es den Eltern, das Baby zu beruhigen, bedeutet das eine große Befriedigung für sie, doch ebensogut kann das Baby zu unkontrolliertem Schreien übergehen. Dann fühlen sich die Eltern genauso ohnmächtig wie das Kind selbst.

Schreien. Das Kind schreit auf ganz unterschiedliche Arten. Es gibt (1) durchdringendes, schmerzgeplagtes Schreien; (2) forderndes, drän-

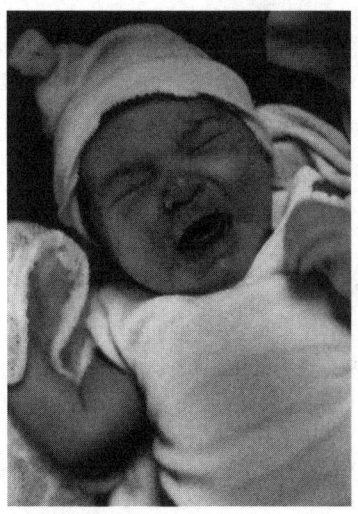
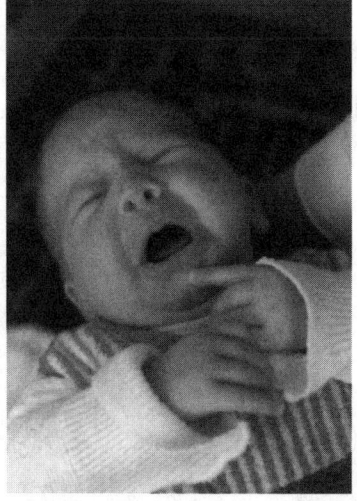

gendes Schreien; (3) gelangweiltes, aufgesetzt wirkendes Schreien und (4) rhythmisches, aber nicht drängendes Schreien. Letzteres tritt auf, wenn das Baby müde oder zu vielen Reizen ausgesetzt ist. Es zappelt herum und ist pausenlos aktiv, doch seine Bewegungen sind einigermaßen geordnet. Zwischendurch wird es für einen Augenblick still, wie um zu horchen. Es beruhigt sich in der Regel, wenn die Eltern es hochnehmen, wiegen oder füttern. Dieser Zustand verlangt ihre Aufmerksamkeit, und nach und nach bekommen sie heraus, mit welchen Mitteln er sich beenden läßt. So erfüllt das Schreien vielerlei Funktionen.

Die Eltern kennen nach einer Weile die charakteristische Art, wie ihr Kind in die verschiedenen Bewußtseinszustände eintritt und sie wieder hinter sich läßt. Sie gehört zu den zuverlässigsten Indizien für sein Temperament. Ein aktives, zu starken Reaktionen neigendes Baby wechselt rasch zwischen den Zuständen hin und her. Ein eher gleichmütiges läßt sich dabei mehr Zeit. Die Eltern haben mittlerweile herausgefunden, wie sie das Baby, wenn es in einem quengeligen Übergangszustand ist, mit bestimmten Dingen wieder beruhigen können, während es bei anderen zu schreien anfängt. Der Zyklus der Bewußtseinszustände, den es alle drei bis vier Stunden durchläuft, ist ihr Schlüssel zum Verständnis des Kindes. Denn es teilt sich ihnen vor allem über seine je nach Zustand unterschiedlichen Verhaltensweisen mit. Diese Sprache verstehen zu lernen ist ihre wichtigste Aufgabe.

Wenn ihnen das gelingt, können sie das Baby dabei unterstützen, seine Bewußtseinszustände so zu regeln, daß klar gegliederte Verhaltenszyklen entstehen. Es ist nun in der Lage, solche Abfolgemuster aufzubauen, weil sein Nervensystem sich weiterentwickelt hat. Im Elektroenzephalogramm des drei Wochen alten Kindes ist ein Reifungsschub erkennbar, ebenso wie in der Kurve der Schlaftiefe. Zudem läßt sich inzwischen bei optischen und akustischen Reizen leichter vorhersagen, wie sich die Herzfrequenz verändern wird. Bei einem unangenehmen Reiz schlägt das Herz schneller, bei einem angenehmen langsamer. Diese physiologischen Veränderungen bedeuten einen Reifungsschub. Das Baby ist jetzt imstande, länger auf die nächste Mahlzeit zu warten. Es kann den Eltern immer länger seine Aufmerksamkeit zuwenden; es gurrt dabei und lächelt sie an.

Zunächst ist es am sinnvollsten, das Baby in jeder Wachphase zu füttern. Auf diese Weise finden die Eltern heraus, zu welchen Zeiten das Baby tatsächlich hungrig ist und gut trinkt. Wenn es nicht so gut trinkt, dann ist es meistens noch nicht ganz bereit dafür gewesen. Von der dritten oder vierten Woche an können die Eltern das Füttern allmählich etwas hinausschieben, indem sie vorher mit dem Kind spielen. Oft fragen sie mich: „Woran erkenne ich, daß ich mit ihr spielen kann?" Das läßt sich nur durch Probieren feststellen. Es schadet dem Baby nicht, etwas zu warten. Mit der Zeit merkt es, daß Spielen genauso aufregend sein kann wie Trinken. Sobald die Eltern überzeugt sind, daß das Baby genügend Nahrung aufnimmt, können sie die Wachperiode zwischen Stillen und nächster Schlafphase in die Länge ziehen. Wenn die Mutter nicht stündlich, sondern alle zwei oder drei Stunden stillt, hat sie mehr Milch. Außerdem geben die Brüste bei längeren Pausen nahrhaftere Milch ab.

Das Ziel ist, die Wachperioden des Babys zwischen den Mahlzeiten auf drei bis vier Stunden auszudehnen und die Schlafphase in der Nacht zu verlängern. Bei manchem Baby hat sich schon ein umgekehrter Rhythmus eingeschliffen. Es ist die ganze Nacht wach und schläft tagsüber. Die Eltern sollten dann versuchen, es tagsüber jedesmal, wenn es aus einer Leichtschlafphase aufwacht, eine Weile wachzuhalten. Am Abend können sie es aufwecken, um ausgiebig mit ihm zu spielen, und ihm die letzte Mahlzeit allmählich immer früher geben. Mit der Zeit dehnt sich seine abendliche Wachphase immer mehr aus, es schläft nachts länger und ist am Tag länger wach.

Die Eltern bemühen sich, den Schlaf- und Wachzyklus des Babys in Einklang mit ihrem eigenen Rhythmus zu bringen, und unternehmen damit ihren ersten Versuch, das Baby an seine neue Umwelt anzupassen. Wie jeder weiß, der Kinder großgezogen hat, dauert dies Jahre, und da Kinder nun einmal Individuen sind und nicht unsere Klone, gelingt die Anpassung zum Glück nie vollständig.

Ausblick

Die Quengelphase. Im Alter zwischen drei und zwölf Wochen werden die meisten Babys gegen Ende des Tages quengelig. Da dieses Problem vor meinem nächsten Termin mit der Familie auftauchen wird und den Eltern sehr schwer zu schaffen machen kann, bringe ich es stets im voraus zur Sprache. Sie sind dann auf dieses entnervende Verhalten vorbereitet und verstehen, welchen Sinn es für das Kind hat, und sie ersparen sich damit sehr viel unnötige Panik. Wenn sie begreifen, weshalb das Kind im Alter zwischen drei bis zwölf Wochen jeden Abend so quengeln muß, brauchen sie nicht zu denken, das liege an ihnen. Diese Unruhephasen, in denen das Kind durch nichts zu trösten ist, nannten wir in der Kinderheilkunde früher „Koliken", und zusammen mit den Eltern bemühten wir uns, sie zu unterbinden. Wir probierten Beruhigungsmittel aus und andere, zum Beispiel krampflösende Medikamente, wir empfahlen den Müttern, das Kind herumzutragen und immer wieder zu stillen, und so weiter. Alle diese Dinge halfen eine Weile lang, bis das allabendliche Quengeln und Schreien dann wiederkehrte. Diese Fehlschläge machten mich neugierig, und ich ging dem Phänomen in einer Studie nach. Ich bat achtzig Mütter, zu protokollieren, wann und wie ihr Baby quengelte. Fast alle diese normalen Babys gesunder Eltern verhielten sich auf die gleiche Weise. Die Quengelphase setzte regelmäßig gegen Ende des Tages ein – genau dann, wenn die Mutter erschöpft war und der Vater nach Hause kam. (Emanzipation war damals noch kaum ein Thema.) Das Schreien verlief zyklisch und klang ganz anders als die Schmerzens- oder Hungerschreie des Babys. Wurde es hochgenommen oder gestillt, hörte es auf zu schreien, doch sobald es hingelegt wurde, fing es wieder an. Wenn die Eltern es viel herumtrugen, schrie es weniger, hörte aber keineswegs ganz damit auf. Bei 85 Prozent der Babys schien gegen das Schreien kein Kraut gewachsen. Unmittelbar vor der Quengelphase wirkten sie nervös, und es war ungefähr abzusehen, wann sie einsetzen würde. Die Eltern berichteten, daß ihr Baby nach der Quengelphase besser und länger schlief und dann ausgeruhter war.

Wenn ein Verhalten derart vorhersagbar und weitverbreitet ist, gehen wir davon aus, daß es der Anpassung an die Umwelt dient, und suchen nach seinem Sinn. Ich gewann den Eindruck, daß ein Kind mit seinem Quengeln versucht, wieder ins Gleichgewicht zu kommen. Während sein unreifes Nervensystem den ganzen Tag lang Reize aufnimmt und verwertet, ist es stets ein wenig überlastet. Da die Überlastung immer weiter zunimmt, beschleunigt das Nervensystem den Zyklus aus Schlaf- und Trinkphasen, die immer kürzer werden. Schließlich läßt das Nervensystem über eine aktive, quengelige Phase Dampf ab. Danach kann es sich für die nächsten 24 Stunden neu ordnen. Diesem Kreislauf folgt es nahezu mit der Präzision eines Uhrwerks.

Wenn ich dies erläutere, wendet die Mutter oft ein: „Aber ich kann doch nicht danebenstehen und sie schreien lassen!" Das würde ich auch nicht empfehlen. Ich rate folgendes: Gehen Sie zu dem Baby. Probieren Sie sämtliche Kniffe aus, die Sie kennen, um festzustellen, ob es irgend etwas braucht. Nehmen Sie es hoch, und tragen Sie es umher. Füttern Sie es, schmusen Sie mit ihm, wechseln Sie ihm die Windeln. Geben Sie ihm warmes Wasser, damit es Luft loswerden kann, die sich im Magen angesammelt hat. Aber tun Sie nicht zu viel. Vergewissern Sie sich, daß die Windeln trocken sind und daß es weder Schmerzen noch Hunger hat; prüfen Sie dann, ob es auf Ihre Besänftigungsversuche reagiert, oder überlassen Sie es gleich sich selbst. Die Quengelphase dauert normalerweise ein bis zwei Stunden, doch daraus kann leicht ein Martyrium von vier bis sechs Stunden werden, falls die Eltern zu ängstlich sind und das ohnehin überlastete kindliche Nervensystem mit ihren Hantierungen und mit anderen Reizen bombardieren.

An diesem Punkt bitten mich viele Eltern, ihnen eine ganz konkrete Empfehlung zu geben, wie sie vorgehen können. Ein Vater meinte einmal: „Meine Frau wird dann unweigerlich das Gefühl haben, daß er hungrig ist, und sich Gedanken machen, ob sie ihm vielleicht nicht genug Milch gegeben hat." Er hat recht: Genau das wird ihr durch den Kopf gehen. Deshalb schlage ich vor, daß sie dem Baby zuerst zu trinken gibt. Aber wenn es an der Brust oder an der Flasche nur herumnuckelt und gar nicht recht trinken will, kann sie ziemlich sicher sein, daß es keinen Hunger hat. Nachdem die Eltern alle ihre Kniffe erfolglos durchprobiert haben, geben sie dem Baby am besten zehn oder fünfzehn Minuten Zeit zum „Dampfablassen". Danach sollten sie es hochnehmen, ihm warmes Wasser geben und es aufstoßen lassen, denn beim Schreien hat es Luft geschluckt. Dann müssen sie es nochmals einige Minuten quengeln lassen, um dann eventuell dieselbe Prozedur zu wiederholen. Sie ist selten öfter als drei- oder viermal vonnöten. Danach wirkt das Verhalten des Babys vermutlich geordneter, und es schläft, ißt und wacht in regelmäßigeren Rhythmen.

Eingehender spreche ich mit den Eltern zu diesem Zeitpunkt noch nicht über das Quengeln, denn sie können es sich noch nicht so recht vorstellen. Ich hoffe, ihnen einige Ängste zu ersparen, indem ich sie darauf vorbereite, daß das Kind wahrscheinlich jeden Tag in einen solchen Zustand verfallen wird, und ihnen die Gründe dafür verständlich mache. Wenn das Quengeln dann einsetzt, werden sie nicht so leicht mit Panik reagieren und das Kind mit zu vielen Reizen überhäufen. Die Babys, die ich in meiner Praxis betreue, schreien im allgemeinen ein bis anderthalb Stunden und nicht, wie ich von anderer Stelle immer wieder gehört habe, drei Stunden am Stück. Das zeigt, daß dieses vorbereitende Gespräch den Eltern helfen kann, für einen wichtigen *Auftakt* in der Entwicklung ihres Kindes besser gewappnet zu sein.

Was geschieht aber, wenn ein Baby immer lauter und länger schreit? Muß das ernst genommen werden? Unbedingt. Falls die Quengelphase immer länger und stürmischer wird, obwohl die Eltern sich zurückhalten und versuchen, sich dem Baby nicht aufzudrängen, sollten sie mich das auf jeden Fall wissen lassen. Ich suche dann nach anderen Gründen für das Schreien. Das Kind könnte beispielsweise unter einer leichten Allergie leiden oder durch einen Säurerückfluß vom Magen in die Speiseröhre Schmerzen haben. Falls das Schreien unvermindert heftig anhält, muß ich noch weiteren möglichen Ursachen nachgehen.

Daumen und Schnuller. Es ist keineswegs verfrüht, wenn sich die Eltern bei unserem Termin nach drei Wochen schon Gedanken darüber machen, wie sie es mit dem Daumenlutschen oder mit Schnullern halten wollen. Oft frage ich sie, ob das Baby den Daumen bereits in den Mund stecken kann. Kann es sich also selbst Trost verschaffen? Manchmal antwortet die Mutter prompt: „Das lasse ich ihn nicht machen. Ich will keinen Daumenlutscher haben. Ich nehme ihm den Daumen aus dem Mund. Wenn er an etwas saugen will, bin ich so oft für ihn da, wie er das braucht. Oder er kann den Schnuller haben." Dagegen sagt der Vater vielleicht: „Lieber soll er am Daumen lutschen, als daß er mit zugestopftem Mund in der Gegend herumgeschoben wird." Nicht selten sind die Eltern unterschiedlicher Meinung und fragen mich, was ich für besser halte.

Ehe ich ihnen darlege, was jeweils für und gegen Daumen und Schnuller spricht, versuche ich herauszuhören, wie sie selbst dazu stehen. Manche Eltern erinnern sich an schreckliche Kämpfe in ihrer eigenen Kindheit: „Meine Mutter hat alles probiert, um meiner Schwester das Daumenlutschen abzugewöhnen. Die schlich sich aber weg und versteckte sich, nur damit sie am Daumen lutschen konnte, und das, bis sie sieben oder acht war." Ich frage nach: „Gab es einen Grund, warum Ihre Mutter so strikt dagegen war?" Manche Eltern meinen, der Daumen sei zu schmutzig. Andere befürchten, daß ein Schnuller die Zähne des Kindes schädigt. Diese Sorge kann ich ihnen nehmen, indem ich ihnen von einer Studie berichte, die Zahnärzte am Bostoner Kinderkrankenhaus durchgeführt haben. Sie verglichen Kinder, die am Daumen oder am Schnuller lutschten, mit anderen, die das nicht taten. In den beiden Gruppen brauchten fast gleich viele Kinder eine Zahnspange. Falls sich die oberen Zähne verschieben, ist anscheinend der Druck der Zunge die Ursache. Abgesehen davon werden Zahnkorrekturen in erster Linie aufgrund von Erbfaktoren notwendig. Das gilt nicht für Kinder, die sich in sich selbst zurückziehen und die meiste Zeit am Nuckeln sind, oder für Kinder, die mit fünf oder sechs Jahren noch immer ausgiebig am Daumen oder Schnuller lutschen. Hinter diesen vordergründigen Problemen verbergen sich dann Komplikationen in der sozialen Entwicklung der Kinder.

Damit die Eltern zu einer sachlichen Betrachtungsweise finden, erkläre ich ihnen, daß das Daumenlutschen ein gesundes Verhaltensmuster ist, mit dem das Kind sich selbst tröstet. Auch der Fötus lutscht am Daumen. In Kapitel 2 habe ich erwähnt, daß das Neugeborene mit dem Hand-zu-Mund-Reflex oder Babkin-Reflex ausgestattet ist. Wenn es verwirrt ist oder versucht, sich zu beruhigen, macht es sich diesen Reflex zunutze, um sich unter Kontrolle zu bekommen. Dieses Verhaltensmuster scheint angeboren zu sein. Ein Baby, das sich seiner bedient, ist „pflegeleichter". Wie bereits in Kapitel 3 angemerkt, weise ich Eltern, die mich nach den Vor- und Nachteilen von Daumen und Schnuller fragen, auf die offenkundige Tatsache hin, daß der Daumen immer verfügbar ist. Die Entscheidung aber überlasse ich ihnen. Denn ob sie dem Daumen oder dem Schnuller den Vorzug geben, hat viel mit den Gepflogenheiten und Erfahrungen der Familien zu tun, aus denen sie selbst stammen. Manche Mütter und Väter fragen: „Aber wenn er jetzt größer wird und immer noch Daumen lutscht? Ihm den Schnuller wegzunehmen wäre dann doch einfacher."

Nur sehr wenige Menschen lutschen noch immer am Daumen oder am Schnuller, wenn sie aufs College kommen. Behält aber ein Kind diese Gewohnheit im Kindergarten oder bis in die Grundschulzeit bei, dann haben die Eltern sich mit Sicherheit eingemischt und die Verhaltensweise auf diese Weise verstärkt. Wollen Sie ein Kind dazu bringen, störrisch an einer Verhaltensweise festzuhalten, dann müssen Sie ihm eigentlich nur in einem Augenblick dazwischenfunken, wenn es sich gerade mit ihr zu trösten versucht. Viele „Gewohnheiten" würden sich rasch wieder geben, wenn die Erwachsenen nicht versuchen würden, sie abzustellen. Deshalb lege ich den Eltern nahe, sich so früh wie möglich bewußt zu machen, wie sie zum Daumenlutschen stehen. Sind sie eigentlich dagegen, dann werden sie dies das Kind früher oder später merken lassen. Wenn es sie also stört, ihr Kind am Daumen lutschen zu sehen, sollten sie ihm einen Schnuller geben. Kleine Kinder haben sehr viel zu bewältigen. Sie suchen nach Mitteln und Wegen, sich selbst zu trösten und so mit all den Belastungen fertig zu werden. Ich nehme das als einen Hinweis, daß sie auf sehr gesunde Weise mit Streß umzugehen wissen, und sehe darin keine unanständigen oder peinlichen Gewohnheiten.

Im Gespräch mit mir hat eine Mutter einmal in Worte gefaßt, worum es bei dem Konflikt um Daumenlutschen und Schnuller eigentlich geht: „Ich habe das Gefühl, wenn ich ihm alles geben könnte, was er braucht, und alles richtig machen würde, müßte er sich nicht mit sowas behelfen." Wenn das Kind einen Weg findet, sich selbst zu trösten, fühlen die Eltern sich unzulänglich – oder werden sogar eifersüchtig. Deshalb kommt ihnen die Gewohnheit des Babys ungehörig und beschämend vor. Ein Vater hörte zu, wie seine Frau mit mir über diese Dinge sprach. Er schaute zu seinem kleinen Sohn hin, weil der unruhig wurde. Das Kind zappelte ein wenig und wimmerte, drehte dann den Kopf zur Seite, steckte den Daumen in den Mund und kam wieder zur Ruhe. Der Vater meinte: „Also ich glaube, er hat uns die Entscheidung abgenommen."

Er hatte seinen Sohn genau beobachtet und damit die Antwort auf eine Frage gefunden, die viele Eltern mir stellen: „Woran erkenne ich, wann ich eine gute Mutter oder ein guter Vater bin und wann nicht?" Die einzig sichere Methode ist, das Baby zu beobachten. Nur das Baby – nicht der Kinderarzt oder ein Buch – kann Ihnen sagen, ob Sie das Richtige tun. Sind Sie auf dem Holzweg, dann werden Sie aus Ihren Fehlern lernen und sie wieder ausbügeln. Die Aufgabe eines Kinderarztes (ebenso wie einer Kinderkrankenschwester oder einer Praxisschwester)* besteht nach meiner Auffassung darin, die Eltern auf diejenigen Entwicklungsschritte des Kindes aufmerksam zu machen, die sie wahrscheinlich aus dem Gleichgewicht bringen werden. Wenn sie darauf gefaßt sind, sind sie handlungsfähiger.

5. Sechs bis acht Wochen

Zum nächsten Termin in meiner Praxis, sechs bis acht Wochen nach der Geburt des Babys*, kommt die Mutter oft allein. Wenn der Vater dabei ist, bedeutet das für mich, daß meine Arbeit mit ihm vielversprechend beginnt und daß er darauf brennt, jeden Meilenstein in der Entwicklung seines Kindes mitzubekommen. Falls sich die Eltern die Betreuung des Kindes aufteilen, nehmen sie die späteren Termine bei mir möglicherweise abwechselnd wahr. Die Mutter, die in der Regel noch nicht an den Arbeitsplatz zurückgekehrt ist, schaut nicht mehr ganz so müde aus. Vielleicht hat sie sich fein gemacht für den Termin bei mir, als sei er ein besonderes Ereignis, eine gute Gelegenheit, einmal aus dem Haus zu kommen. Da wir ein paarmal miteinander telefoniert haben, begrüßt sie mich wie vielleicht wie einen alten Freund. Als erstes wird sie mir wohl versuchen zu zeigen, wie ihr Baby schon lächeln und Laute von sich geben kann. Eine solche Vorführung gelingt selten, aber ich erkenne trotzdem, daß beide ihre Freude aneinander haben. Wenn sie das Baby dem Vater überläßt, um sich auf ihre Fragen

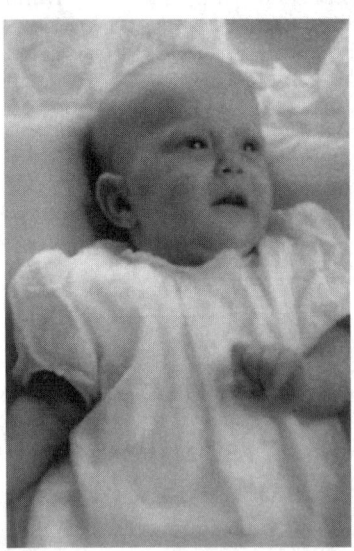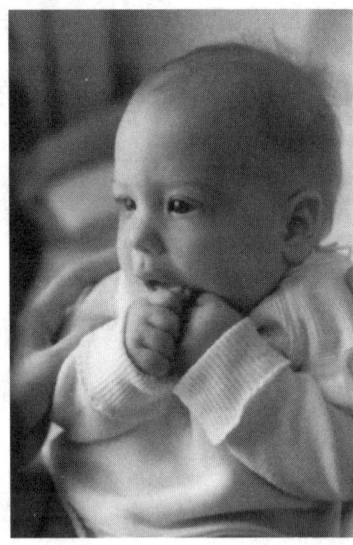

an mich zu konzentrieren, nehme ich das als Hinweis, daß die Eltern das Kind wirklich gemeinsam betreuen. Zweifel daran kommen mir, wenn die Mutter unablässig ein Auge auf das Kind haben muß oder wenn fast nur der Vater Fragen stellt. Ich muß mich dann der Mutter wie dem Vater einzeln und gezielt zuwenden, um auch richtig zu erfahren, was sie auf dem Herzen haben. Falls die Mutter bleich, erschöpft und nervös ist, muß ich die Möglichkeit im Auge behalten, daß ihr ganz normales Stimmungstief nach der Geburt sich zu einer Depression auswächst.

Was ich bei diesem Termin erreichen will, ist recht einfach. Erstens will ich den Entwicklungsstand des Babys überprüfen. Sind die neurologischen Funktionen normal ausgebildet? Hat es erwartungsgemäß zugenommen? Liegt sein Verhalten im Normbereich? Reagiert es auf andere Menschen mit Lächeln und mit Lautäußerungen? Setzt es Arme und Beine energisch ein? Hebt es in Bauchlage den Kopf, um die Atemwege freizubekommen? Hält es, wenn ich es aus der Rückenlage ins Sitzen hochziehe, den Hals gerade? Werden die Intervalle zwischen den Mahlzeiten länger? Hat es am Ende des Tages eine Quengelphase, oder schreit es den ganzen Tag lang?

Außerdem möchte ich erfahren, was den Eltern Sorgen bereitet. Wenn sie Tips für die Ernährung des Babys brauchen, können wir uns darauf konzentrieren. Ist ihnen die Bedeutung der Bewußtseinszustände klar, die dem Baby zur Verfügung stehen, und können sie erkennen, wie diese Zustände im Laufe eines Tages aufeinanderfolgen? Können sie die verschiedenen Arten des Schreiens auseinanderhalten? Sind sie mittlerweile gelassener im Umgang mit dem schreienden Kind, oder können sie sein Schreien kaum ertragen?

Gemeinsam mit den Eltern schaue ich wiederum nach Anhaltspunkten für das Temperament des Babys. Ist es eher lebhaft oder eher ruhig? Haben sie, falls es übersensibel und rasch überlastet ist, schon herausbekommen, wie sie ihm dabei helfen können, sich wieder zu beruhigen? Wissen sie, wie sie so mit ihm umgehen können, daß sie es nicht überfordern? Während ich es ausziehe und untersuche, spreche ich mit ihnen über diese Dinge und äußere mich zum Verhalten des Babys. Es fällt den Eltern dabei oft leichter, ihre Fragen und Sorgen vorzutragen, als wenn wir uns nur gegenübersitzen.

Ernährung

Meistens machen die Eltern sich noch immer Gedanken, ob ihr Kind denn auch genug Nahrung zu sich nimmt. Falls eine angemessene Gewichtszunahme festzustellen ist (etwa 250 Gramm pro Woche), kann ich sie beruhigen. Die Körperkonturen dürften sich nun runden, und die Intervalle zwischen den Mahlzeiten werden länger. Wenn das Baby gestillt wird, sind fünfzehn bis zwanzig Minuten an jeder Brust mehr als ausreichend. Selbst wenn es an beiden nur einige Minuten saugt, regt das die Milchproduktion ausreichend an. Wird es mit der Flasche ernährt, kommt es mit 170 bis 230 Gramm Milch sehr gut aus.

Frühe Anzeichen dafür, daß das Baby ein bestimmtes Milchpräparat nicht verträgt, sind häufiges Speien, mehrfacher Stuhlgang zwischen den Mahlzeiten oder ein trockener, ekzematöser Gesichtsausschlag. Bei diesen Symptomen sollten die Eltern ihren Arzt zu Rate ziehen. Möglicherweise verträgt das Baby das Milchprotein nicht. Bei Brustkindern kommen solche Reaktionen nicht vor. Es ist wichtig, eine Allergie gegen Kuhmilch so früh wie möglich zu erkennen. Wird die Kuhmilch beizeiten weggelassen, läßt sich ein Ekzem verhindern. Präparate aus Soja enthalten keine Milch und sind genauso nahrhaft. Sie lösen keine Unverträglichkeitsreaktionen aus und sind daher ungefährlich für Kinder, die gegen Milch allergisch sind. Wenn die Eltern keine Milch verwenden, wird sich die Überempfindlichkeit mit der Zeit legen. Denn die Neigung des Kindes zu allergischen Ekzemen und Unverträglichkeitsreaktionen nimmt im Laufe der Jahre ab.

Eine Unverträglichkeit gegen Milch sollte auf jeden Fall erkannt und behandelt werden, ehe das Kind dann mit vier oder fünf Monaten feste Nahrung bekommt, denn sonst erhöht sich das Risiko, daß auch andere Nahrungsmittel allergische Reaktionen auslösen. Selten reagiert ein Kind nur auf ein einziges Nahrungsmittel allergisch. Nimmt es Milch zusammen mit anderen allergieauslösenden Substanzen auf, verstärken sich deren Wirkungen gegenseitig. Wenn in einer Familie eine erbliche Neigung zu Allergien besteht, sollten die Eltern besonders darauf achten, daß allergische Reaktionen beim Kind erst gar nicht aufkommen. Stillende Mütter, die gegen bestimmte Nahrungsmittel allergisch sind, sollten diese meiden, zu ihrem eigenen Besten und weil sich ihre Allergien sonst auf das Kind übertragen können (siehe auch Kapitel 14).

Bei den Mahlzeiten dürfte mittlerweile mehr Regelmäßigkeit und Routine eingekehrt sein. Das Stillen verläuft nun in der Regel unkompliziert und angenehm. Falls der Vater dem Kind zwischendurch die Flasche geben möchte, läßt sich das so einrichten, daß die Produktion der Muttermilch nicht gestört wird. Sie verringert sich bei einer Flaschenfütterung pro Tag keinesfalls. Der Vater bekommt auf diese Weise das Gefühl, daß er wirklich an der Pflege des Kindes beteiligt ist.

Falls das Kind regelmäßig speit, haben die Eltern sicherlich schon am Telefon mit mir darüber gesprochen. Nach meinem Überschlag sind 15 Prozent der sich normal entwickelnden Babys, mit denen ich in meiner Praxis zu tun habe, „Speikinder". Nach jedem Trinken spucken sie kleinere Mengen Milch wieder aus; auch wenn sie ihr Bäuerchen machen, kommt immer etwas Milch mit heraus. Sie speien, wenn sie verstört sind oder wenn die Eltern sie zum Beispiel beim Anziehen oder beim Baden hochheben und hin- und herdrehen. Es wirkt so, als habe ihr Magen oben ein undichtes Ventil und die Milch quelle fast jedesmal heraus, wenn an ihnen herumhantiert wird. Das ist kein Anlaß zur Sorge, solange sie zunehmen und zwischen den Mahlzeiten zufrieden sind. Ich beruhige die Eltern, daß das Speien nichts Ungewöhnliches ist und daß sie sich deswegen keine Gedanken machen müssen. Sie können versuchen, das Baby langsamer zu füttern und es dabei in einer halb aufrechten Position zu halten. Manche stillenden Mütter berichten, das Baby würde weniger speien, wenn sie sich zum Stillen hinlegen. Wie bereits erwähnt, sollte ein Kind, das zum Speien neigt, nach der Mahlzeit zwanzig bis dreißig Minuten lang auf einer um 30 Grad geneigten Unterlage ruhen. Während dieser Zeit sollten die Eltern nicht an ihm herumhantieren. Die Schwerkraft sorgt dann dafür, daß der größte Teil der Milch im Magen bleibt. Falls noch eine Luftblase vorhanden ist, läßt sie sich sachte nach oben befördern. Durch diese Kniffe kann das Speien meistens eingeschränkt, vermutlich aber nicht völlig beseitigt werden. Speit ein Kind Muttermilch, so riecht das nicht unangenehm. Ausgespucktes Milchpräparat dagegen hat einen stechenden Geruch. Dieser typische Geruch verrät mir, ob es in einem Haus ein „Speikind" gibt, das mit Milchpräparat ernährt wird. Die Eltern können den Geruch vertreiben, indem sie Backpulver über das Ausgespiene streuen. Solange sie wissen, daß ihr Baby gesund ist und zunimmt, wird ein säuerlich riechender Hemdkragen sie nicht in Weltuntergangsstimmung versetzen.

Muttermilch oder ein Milchpräparat ist alles, was das Kind in diesem Alter braucht. Feste Nahrung kann es in der Regel erst nach drei oder vier Monaten verdauen. Außerdem könnte es sie vorher noch gar nicht richtig schlucken: Es saugt die Nahrung einfach hinunter, als hätte die Natur nicht vorgesehen, daß es gleich Festkost bekommt. Milch ist die perfekte Nahrung für ein Baby. Bekommt es andere Nahrungsmittel, werden mögliche Allergien gegen diese oft erst mit Verzögerung erkennbar, wenn es bereits etwas älter ist. Aus allen diesen Gründen empfehle ich den Eltern, dem Baby noch keine feste Nahrung zu geben.

Ein Brustkind hat nicht unbedingt jeden Tag Stuhlgang. Viele Babys, die genügend trinken und entsprechend zunehmen, verdauen die Muttermilch so vollständig, daß sie nur alle drei bis acht Tage Stuhlgang haben. Bei Flaschenkindern kommt das nie vor; sie haben gewöhnlich einmal am Tag oder öfter Stuhlgang. Brustkinder fallen zuweilen unvermittelt in einen anderen Takt und haben beispielsweise zunächst nach jeder Mahlzeit Stuhlgang, dann nur einmal pro Woche. Ich habe zwei Kinder betreut, die sogar einen Zehntageszyklus hatten. In der Zwischenzeit ist das Baby zufrieden. Doch am Ende seines Zyklus (tatsächlich folgt jedes Baby, wie ich glaube, seinem eigenen Rhythmus) quält es sich, als mache ihm der Stuhl zu schaffen. Die Eltern können zwar den Stuhlgang jederzeit einleiten, indem sie dem Baby ein Thermometer in den After einführen, aber das ist nicht notwendig. Solange das Kind seinen Rhythmus einhält, brauchen sie keine Verstopfung zu befürchten. Natürlich neigen sie dazu, sich allzu rasch Sorgen zu machen. Sie glauben, das Kind leide unter Verstopfung, geben ihm voreilig Zäpfchen oder versuchen den Darm zu stimulieren, um regelmäßigen Stuhlgang herbeizuführen. Dies ist völlig überflüssig und bringt den normalen Rhythmus durcheinander. Wenn ein Baby Verstopfung hat, ist der Stuhl hart und reichlich und macht ihm Mühe. Der Stuhl von Brustkindern ist weich und enthält oft grünlichen, mit Galle durchsetzten Schleim; selbst wenn sie während der Stuhlentleerung schreien, sind sie nicht verstopft. Muttermilch ist eine perfekte Substanz, die das Baby so gut wie restlos aufbraucht. Wenn die Eltern dies alles im voraus wissen, sind sie weniger versucht, in den normalen Rhythmus des Babys einzugreifen.

Manche Flaschenkinder haben jeden zweiten Tag Stuhlgang, aber die Abstände werden bei ihnen nur selten länger. Milchpräparate werden nie so vollständig verdaut wie Muttermilch. Wenn der Stuhl eines Flaschenkindes hart ist oder wenn es mehr als fünf- oder sechsmal am Tag grünen, schleimigen, wäßrigen Stuhlgang hat, sollten die Eltern den Arzt verständigen.

Schreien

Was das Schreien des Babys jeweils bedeutet, dürfte den meisten Eltern inzwischen klar sein. Bei den meisten Babys läßt sich ohne weiteres auseinanderhalten, ob sie nun aus Langeweile, vor Schmerzen, Unbehagen, Hunger, Erschöpfung oder zum „Dampfablassen" schreien. Das Unterscheiden lernen die Eltern, indem sie ihre verschiedenen Methoden durchprobieren, das Kind zu trösten: Füttern, Windelwechseln, Schmusen, Wickeln und manches mehr. Sie merken, was Erfolg hat, und werden dasselbe beim nächsten Mal wieder probieren. Allerdings spricht das Kind dann vielleicht schon nicht mehr darauf an. Die Eltern lernen vor allem durch Versuch und Irrtum dazu.

Wie wir in Kapitel 4 gesehen haben, tritt bei den meisten Kindern in diesem Alter abends regelmäßig eine Quengelphase auf. Ihr Sinn besteht darin, daß das Baby sich entlastet und daß sich auf diese Weise ein vierstündiger Zyklus von Bewußtseinszuständen einspielen kann. Allmählich wird es reifere Mittel und Wege finden, sich zu beruhigen, und zum Beispiel den Hand-zu-Mund-Reflex einsetzen, nach Stimmen horchen oder, wenn die Eltern es in eine halb sitzende Position bringen, nach Lichtern und Farben schauen.

Die Zeit, in der die Eltern lernen müssen, mit dem durchaus normalen Quengeln und Schreien ihres Babys umzugehen, kann zu einem wichtigen *Auftakt* in der Beziehung zu ihrem Kind werden. Sie sind gefordert, sich als Eltern weiterzuentwickeln und sich auf die neue Reifungsphase des Kindes einzustellen. Aber auch der Kinderarzt ist gefordert, sie bei diesem Schritt zu unterstützen. Falls die Eltern die verschiedenen Arten des Schreiens schon auseinanderhalten können und wissen, womit das Kind dann jeweils zu besänftigen ist – und womit nicht –, sind sie nicht ganz so verzweifelt, wenn abends sämtliche Beruhigungsversuche fehlschlagen, weil das Kind seine übliche Quengelphase durchmacht. Meine Studien mit normalen, gesunden Babys haben ergeben, daß das quengelnde Schreien nach sechs Wochen seinen Höhepunkt erreicht, dann allmählich zurückgeht und nach zwölf Wochen verschwunden ist.

Oft wollen die Eltern von mir wissen, ob sie das Kind verziehen, wenn sie jedesmal gleich zu ihm eilen, sobald es zu schreien anfängt. Sie fragen: „Verwöhnen wir sie zu sehr, wenn wir sie während ihrer Quengelphase herumtragen oder sehr oft füttern?" Ich beruhige die Eltern, daß das mit Verwöhnen nichts zu tun hat. Nach meiner Ansicht ist es im ersten Lebensjahr eigentlich gar nicht möglich, das Kind zu verwöhnen. Die Eltern sollten herumprobieren, wie sie es beruhigen können, bis sie einen Punkt erreichen, an dem alle ihre Bemühungen das Quengeln offensichtlich nur noch verstärken. Dann ist es Zeit, wieder auf Distanz zu gehen. Sie sollten das Baby entweder ganz still herumtragen oder es ein paarmal für kurze Zeit hinlegen und quengeln lassen. Solche fünf- bis zehnminütigen Zwischenphasen werden ihm helfen, den unangenehmen Zustand hinter sich zu bringen. Nach jeder Zwischenphase sollten die Eltern das Baby hochnehmen, es beruhigen und vielleicht auch ein Bäuerchen machen lassen, um es sodann erneut hinzulegen.

Nach meiner Erfahrung ist ein „verwöhntes Kind" immer ein ängstliches oder unruhiges Kind. Wenn Sie auf die Bedürfnisse eines Kindes eingehen, verziehen Sie es damit nicht. Umsorgen Sie es freilich in übertriebener Form, ohne ihm von der Seite zu weichen, und sind Sie dabei ängstlich und gereizt, dann wird es vermutlich seinerseits ängstlich und zimperlich. Diese Gefahr besteht jedoch nicht, wenn Sie einfach nur mit ihm spielen oder wenn Sie ausprobieren, womit es zufriedenzustellen ist. Denn das ist nun einmal die Methode, wie Eltern und Babys einander kennenlernen. Im übrigen kann es vorkommen, daß Mutter und Vater recht unterschiedliche Erfahrungen mit dem Baby machen. Es ist durchaus zum Vorteil des Kindes, wenn jeder von beiden ganz anders auf es eingeht.

Wachen und Schlafen

Der Schlaf- und Wachrhythmus des Babys dürfte nun zunehmend regelmäßiger werden. Wie wir gesehen haben, dehnt es die Pausen zwischen den Mahlzeiten aus. Sind die Intervalle mindestens drei Stunden lang, können die Eltern anfangen, sich den Tag entsprechend einzuteilen. Falls das Geburtsgewicht nicht zu niedrig war und keine anderen Einflüsse dazwischenkommen, schläft das zwei Monate alte Baby nachts immer länger durch. Ich lege den Eltern nahe, morgens das Baby zu wecken, sobald sie selbst aufgestanden sind, und es danach seinen Tageslauf beginnen zu lassen. Abends können sie es für eine letzte Mahlzeit aufwecken, bevor sie selbst zu Bett gehen. Ein fester Stundenplan macht es ihnen leichter, angemessen auf das Baby einzugehen. Natürlich sollten sie ihn auf seine Bedürfnisse abstimmen, aber es kann sich mittlerweile schon recht gut einfügen, und deshalb brauchen sie sich nicht sklavisch an den Plan zu halten. Das Baby wird sich um so flexibler zeigen, je mehr die Eltern ihm das zutrauen.

Während sein Nervensystem und seine Verdauungsfunktionen heranreifen, lernt es, die Abstände zwischen den Mahlzeiten auszudehnen. Es kann sich auch immer besser selbst trösten, indem es zum Beispiel am Daumen lutscht, im Bett herumwühlt oder mit dem Kopf wippt. Nach dem Füttern sollten die Eltern es besänftigend im Arm wiegen und es dann, sobald es ruhig wird, aber noch nicht eingeschlafen ist, in sein Bettchen legen. Sie können dann neben ihm sitzen, ihm leise etwas vorsingen und es sachte tätscheln. Falls es sich mit dem Übergang aus ihren Armen ins Bett schwertut (das ist vor allem bei sehr lebhaften Kindern zu beobachten), ist es ganz besonders wichtig, ihm früh beizubringen, wie es sich beim Schlafengehen selbst trösten kann. Durch sanfte Hilfestellung sollten die Eltern es dazu anregen, daß es sich mit dem Daumen oder dem Schnuller beruhigen lernt oder auch mit einer Liegeposition, die es nach jedem Aufwachen einnimmt. Wie wir in Kapitel 4 bereits gesagt haben, besteht kein Grund zur Beunruhigung, wenn das Baby sich auf diese Weise selbst tröstet; bestärken die Eltern es darin, fördern sie damit sogar seine künftige Eigenständigkeit.

Kommunikation

Das Baby bringt seine Eltern auf vielfältige Weise dazu, sich ihm zuzuwenden, doch nichts ist so wirkungsvoll wie sein Lächeln. In den ersten Wochen haben sie gelernt, wie dieses Lächeln auszulösen ist, und das Baby hat gemerkt, mit welcher Regelmäßigkeit es damit außergewöhnliche Reaktionen hervorzurufen vermag. Die Eltern haben gelernt, mit dem Baby zu schmusen, seine Armbewegungen einzuschränken, es zu wiegen, es in einem Winkel von 30 Grad zu halten und mit sanfter Stimme zu ihm zu sprechen. Jedes liebevolle Elternpaar geht dabei auf seine ganz eigene Weise vor. Reagieren sie allerdings zu eifrig, zu geräuschvoll oder auch zu verhalten, hört das Baby sogleich auf zu lächeln.

Jetzt ist es imstande, die Gesichter der Eltern für längere Zeit zu betrachten. Dabei steigert sich sein Interesse immer mehr, bis ein Lächeln über sein ganzes Gesicht zieht. Das Lächeln hält länger an, wenn die Eltern zurücklächeln. Während das Baby vor Vergnügen zappelt, gibt es manchmal einen kurzen, gurrenden Laut von sich. Wenn die Eltern den Laut nachahmen, hält das Baby inne und schaut erstaunt drein. Es strengt sich vielleicht an, noch einmal zu gurren, doch vergebens. Enttäuscht gibt es auf. Wie an dieser Reaktion zu erkennen ist, begreift es, daß es den Laut von sich gegeben hat und daß die Erwachsenen ihn imitiert haben, und will ihn nun wiederholen. Wenn ihm aufgeht, daß es das gar nicht kann, ist es verwirrt.

Bei unserer Begegnung in meiner Praxis achte ich genau darauf, ob die Eltern und das Baby einander anlächeln und aufeinander reagieren. Die meisten Eltern haben das Verlangen, mir von diesem bezaubernden neuen Dialog mit dem Baby zu erzählen. Manche berichten sogar, daß alles andere daneben verblaßt. „Mein Problem ist", sagte eine Mutter, „daß ich jede Minute, die sie wach ist, eigentlich kaum etwas anderes tun kann, als sie anzuschauen und mit ihr zu spielen." Gerade berufstätige Eltern, denen wenig Zeit für die Familie bleibt, nehmen das Kind, bevor sie schlafen gehen oder zur Arbeit aufbrechen, aus dem Bett und spielen mit ihm. Viele sagen, nach dem Spielen schlafe ihr Baby besser. Wenn ich das Baby untersuche und mich dabei mit den Eltern unterhalte, weise ich sie darauf hin, wie es ihre Aufmerksamkeit zu erregen versucht. Sobald ihm das gelungen ist, hellt sich das Gesicht auf, es hebt die Schultern und kreischt vielleicht sogar vor Vergnügen. Das Baby weiß, es hat etwas *bewirkt*.

Frischgebackene Eltern neigen dazu, sich über geradezu alles den Kopf zu zerbrechen, und so fragen sie mich manchmal auch, ob sie beim Spielen womöglich zuviel des Guten tun. „Sie ist so entzückend, wenn sie lächelt und gluckst. Deshalb mache ich so lange mit ihr weiter, bis sie ganz aufgeregt ist und zu weinen anfängt. Setze ich sie zu sehr unter Druck?" Die einzig richtige Antwort lautet: Nein! Freuen

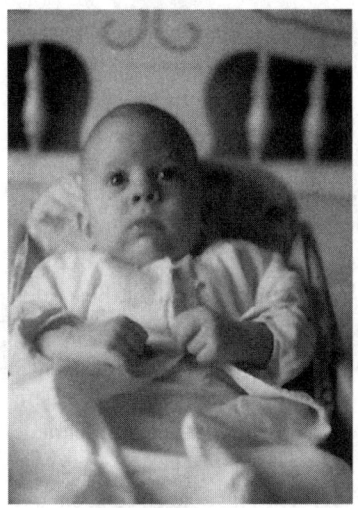 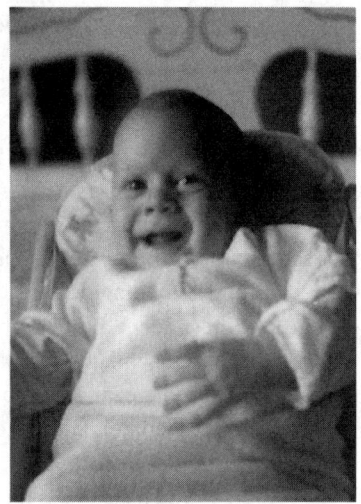

Sie sich an Ihrem Kind! Es lernt von Ihnen bereits die ersten Regeln der Verständigung. Wenn es ihm zuviel wird, wird es schon für sich selbst sorgen, indem es aus dem Gleichgewicht gerät und auf diese Weise protestiert. Vielleicht fordert es eine neue Runde, sobald es sich wieder gefangen hat. Manche Babys signalisieren mit einem kleinen Schaudern oder mit einem Schluckauf, daß es ihnen zuviel wird. Auch dies ist dann kein Grund zur Sorge. Das Baby ist an einen Punkt gelangt, über den es nicht hinauskommt; es würde gern weitermachen, ist aber nicht dazu imstande. Solche Enttäuschungen sind ein mächtiger Ansporn, Neues zu lernen, und das Baby kann sie durchaus allein bewältigen.

Manchmal fragen die Eltern eines zwei Monate alten Kindes: „Schreit sie denn schon, damit wir sie beachten?" Das hat das Baby mit Sicherheit schon gelernt. Gehen die Eltern bereitwillig auf sein Schreien ein, beginnt es, ihre Reaktionen innerlich vorwegzunehmen. An diesen Lernvorgängen können sie erkennen, wie sich die frühe Bindung des Babys an sie zu entwickeln beginnt. Selbstverständlich will es, daß diese Menschen wiederkommen, die es zum Kichern bringen, ihm etwas vorsingen, es wiegen, mit ihm schmusen, es anlächeln und überhaupt ganz vernarrt in seine kleine Person sind.

Temperament

Bei diesem zweiten Termin in meiner Praxis zeigt sich noch deutlicher, auf welche charakteristische Art das Baby mit seinen Eltern umgeht. Ich rege sie dazu an, gemeinsam mit mir zu beobachten, wie es zum Beispiel reagiert, wenn es berührt wird, wenn es ein Geräusch hört oder wenn es ausgezogen wird. In diesem Alter sind die Unterschiede zwischen ruhigen Babys und ungestümeren, launischen Babys unverkennbar. Ihr Temperament hat sich bereits herausgeschält. Besonders ruhige und besonders aktive Babys verlangen ihren Eltern sehr viel ab. Auf die jeweiligen Schwierigkeiten bin ich in meinem Buch *Babys erstes Lebensjahr* eingegangen, wo ich mich mit markanten Temperamentsunterschieden bei den einzelnen Babys in ihrem ersten Lebensjahr befasse.

Die Eltern können sich besser auf ihr Baby einstellen, wenn sie darauf achten, ob es zu heftigen Reaktionen neigt, welche Intensität von Reizen willkommen ist, wie es sich im allgemeinen bewegt, was seine Stärken sind und auf welche Weise es sich selbst besänftigen kann. Wenn ich gut beobachte und den Eltern die „Sprache" ihres Babys, also sein Verhalten erläutere, fällt es ihnen leichter, sich mit Fragen zum Baby und zu ihrer eigenen Rolle an mich zu wenden. Während wir gemeinsam mit dem Baby spielen, rücken sie oft mit ihren tiefergehenden Besorgnissen heraus.

Ein überempfindlich reagierendes Baby beispielsweise stellt die Eltern auf eine harte Probe und weckt in ihnen quälende Zweifel, ob sie ihrer Aufgabe überhaupt gewachsen sind. Selbst erfahrenen Eltern bereitet es Kummer, wenn das Kind bei ihren spielerischen Versuchen, es zum Lächeln zu bringen oder mit ihm zu schmusen, außer sich gerät und weint.

Oft streckt sich ein überempfindliches Baby, wenn die Eltern mit ihm spielen wollen, von ihnen weg, wendet sein Gesicht ab, fängt an zu speien oder macht in die Windeln. Sein gesamter winziger Körper sagt: „Es ist mir zuviel." Die Eltern eines solchen Babys müssen sehr geschickt vorgehen, um die Unrast des Kindes zu dämpfen, und lernen, es in einer unaufdringlichen, stillen, störungsarmen Atmosphäre zu wickeln und sehr behutsam mit ihm zu spielen. Sie dürfen sich ihm jeweils auf nur einer Sinnesebene nähern und *entweder* leise zu ihm sprechen *oder* ihm ins Gesicht blicken *oder* es sanft wiegen.

Wenn es mit dem zurechtkommt, was es auf nur einem Sinneskanal wahrnimmt, und verhalten darauf reagiert, können sie ihm sachte den nächsten Reiz anbieten, bis es schließlich auf allen drei Sinnesebenen gleichzeitig ansprechbar ist. Dies ist dann ein großer Fortschritt für ein derart verletzliches Kind.

Manchmal hilft es den Eltern, zu beobachten, wie ich im Umgang mit dem Baby darauf Rücksicht nehme, daß es nur sehr schwache Reize aufnehmen und verwerten kann. Am Anfang halte ich es einfach auf dem Arm, ohne ihm ins Gesicht zu blicken oder es anzusprechen. Falls ich mich auch nur ein bißchen bewege, schrickt es zusammen und versteift sich wieder völlig. Ich muß warten, bis es sich entspannt hat, und *erst dann* zu ihm hinunterblicken. Für einen Moment erstarrt es. Wenn es sich dann wieder entspannt, kann ich mit ruhiger und besänftigender Stimme zu ihm sprechen, bis es sich nach einer Weile so sicher fühlt, daß es zu mir hinaufschaut. Während ich zu dem Kind spreche *und* es anschaue *und* es sanft wiege, fängt es vielleicht an zu lächeln oder leise zu gurren. Ich rege die Eltern an, die Schritte, die ich ihnen vorgeführt habe, hier in meiner Anwesenheit oder zu Hause langsam nachzuvollziehen. Ich schärfe ihnen ein, keinen neuen Reiz hinzuzufügen, bevor das Kind ihnen zu erkennen gibt, daß es bereit dafür ist. Wenn es sich versteift und dann wieder entspannt, können sie daran ablesen, daß es mit der Verarbeitung der Reize beschäftigt ist. Dies macht ihnen auch noch einmal klar, daß ihr Kind rasch überfordert ist. Wenn sie ihm stets nur einen einzigen neuen Reiz anbieten, können sie ihm nach und nach beibringen, sich seine Umgebung zu erschließen, *ohne* sich immer wieder gegen sie abschotten zu müssen.

Während ich mit den Eltern darüber spreche, wie sie am besten in Kontakt mit dem überempfindlichen Kind treten, versuche ich ihnen auch nahezubringen, daß gerade die Besorgtheit und der pflegerische Eifer, die sie als hingebungsvolle Eltern an den Tag legen, ein solches Kind möglicherweise überfordern. Ihre Beziehung zu ihm wird sich allmählich vertiefen, wenn sie seine Zerbrechlichkeit erkennen und hinnehmen, das heißt, ihren sehnlichen Wunsch, ihm nahe zu sein und mit ihm spielen zu können, erst einmal zurückstellen (siehe auch Kapitel 26).

Auch ein stilles, wachsames Kind kann den Eltern Angst einjagen. Es schaut sie stirnrunzelnd an, sobald sie sich ihm zuwenden wollen. Sprechen sie zu laut, dreht es sich weg, als hätte es keine Lust, ihnen zuzuhören. Jeder Kontaktversuch scheint zu mißlingen. Die eifrigen Eltern fühlen sich zurückgestoßen.

Ich gebe ihnen den folgenden Rat: Nähern Sie sich dem Baby langsam und ohne zu sprechen. Nehmen Sie es auf den Arm, mit der Hand unter seinem Gesäß; schauen Sie dabei von ihm weg. Berühren Sie sachte seine Beine, und geben Sie ihm Ihre Finger zu packen. Sobald sein Griff nachläßt, können Sie riskieren, ihm ins Gesicht zu blicken. Falls es sich versteift und den Kopf abwendet, sind Sie zu schnell vorgegangen. Warten Sie eine Weile, und probieren Sie es dann noch einmal. Wenn das Baby zuläßt, daß Sie es anschauen, warten Sie, bis es sich wieder entspannt hat. Fangen Sie dann an, leise gurrende Töne zu machen. Wenn sein Gesicht sich aufhellt und es Ihnen zu antworten versucht, können Sie in ein rhythmisches Hin und Her einsteigen und sich mit dem Kind im Gurren abwechseln, bis es überlastet ist und sich abwendet. Deuten Sie das nicht als Zurückweisung. Halten Sie sich statt dessen vor Augen, daß es ein sehr empfindsames Baby ist, das immer nur jeweils eine neue Wahrnehmung bewältigt. Sobald es diese verarbeitet hat, können Sie ihm ganz behutsam den nächsten Reiz anbieten. Mit der Zeit lernt es, Reize aufzunehmen, ohne immer zunächst vor ihnen zurückzuweichen. Dann werden Sie Ihre helle Freude an ihm haben, wenn es so still und aufmerksam, ja sogar dankbar für Ihre Rücksichtnahme ist. Das Baby soll mit dem Gefühl aufwachsen, daß wir seine Scheu respektieren, die daher rührt, daß sein Nervensystem so rasch überstrapaziert ist. Jerome Kagan von der Harvard University hat den Weg scheuer, empfindlicher Kinder bis in ihre Schulzeit verfolgt. Viele entwickeln intellektuelle und künstlerische Interessen.

Motorische Entwicklung

In der Regel kann das Baby mit sechs bis acht Wochen seine Reflexe schon bis zu einem gewissen Grad steuern. Zuvor kamen ihm immer wieder Schreckreaktionen dazwischen, wenn es zu Bewegungen ansetzte, doch nun kann es Beine und Arme kontrolliert bewegen. Es liegt im Bett auf dem Rücken und rudert mit Armen und Beinen. Wenn Sie seine Hand mit einem Gegenstand berühren, der sein Interesse weckt, streckt sich die Hand in einer ruckhaften Bewegung danach aus. Lange bevor das Baby also gezielt nach etwas greifen kann, sind die einzelnen Elemente des Greifens schon vorhanden. Es kann jetzt auch den Kopf nach seiner bevorzugten Seite drehen, um die Faust in den Mund zu stecken und sich auf diese Weise selbst zu beruhigen. Das Baby hat zwei Monate gebraucht, um seine Bewegungen so weit unter Kontrolle zu bekommen. Die Eltern können ihm morgens zuschauen, wie es in seinem Bettchen übt.

Wenn ein Baby in diesem Alter an seinen ausgestreckten Armen ins Sitzen hochgezogen wird, knickt ihm der Kopf nur noch einen Moment lang nach hinten weg. Im Sitzen kann es den Kopf eine Minute oder länger aufrecht halten. In Bauchlage hebt es ihn, um die Atemwege freizubekommen, und schaut um sich. Im Stehen ist der Schreitreflex noch immer vorhanden, aber er ist schwerer auszulösen als unmittelbar nach der Geburt. Die Eltern können mitverfolgen, wie die Reflexe des Neugeborenen von Verhaltensweisen überlagert werden, die stärker vom Willen gesteuert sind.

Kognitive Entwicklung

Die Eltern sind begeistert von der erwachenden Intelligenz des Babys, die sich in seinem Lernvermögen zeigt. Mit sechs bis acht Wochen ahnt es die verschiedensten Vorgänge voraus. Wenn Sie es beispielsweise in einem Winkel von 30 Grad im Arm halten, weiß es, daß Sie Kontakt mit ihm aufnehmen wollen, und seine Aufmerksamkeit ist geweckt. Wenn ich das Baby untersuche, achte ich darauf, wann es lächelt und Laute von sich gibt. Ich möchte feststellen, ob es uns drei, die Mutter, den Vater und den Fremden, auseinanderhalten kann.

In unserem Labor am Kinderkrankenhaus in Boston haben wir zweiminütige Videoaufnahmen von Babys analysiert. Allein aus den Bewegungen der Finger, Zehen, Hände und Füße und aus der Mimik können wir schließen, auf wen ein Baby reagiert. Der Mutter gegenüber verlaufen seine Bewegungen in ruhigen Zyklen. In gleichmäßiger Folge streckt es ihr viermal in der Minute Hände, Füße, Finger und Zehen entgegen und zieht sie wieder zurück. Das Gesicht hellt sich leicht auf. Wenn die Mutter das Kind anschaut, blickt es viermal in der Minute in einer ruhigen Bewegung von ihr weg. Dem Vater gegenüber reagiert sein gesamter Körper anders. Er ist angespannt, die Bewegungen sind abgehackt. Das Baby strahlt über das ganze Gesicht, die Augenbrauen gehen nach oben, der Mund öffnet sich in einem breiten Lächeln, und Finger, Zehen, Arme und Beine schießen dem Vater entgegen. Das Baby erwartet, daß er mit ihm spielt. Gegenüber mir, dem Fremden, hellt sich sein Gesicht zunächst auf. Dann aber wendet es sich ab oder schaut mich an, als würde es merken, daß es mich nicht kennt. Der Blick ist genauso gebannt und starr, wie wenn es irgendeinen Gegenstand betrachtet. An diesen Details läßt sich erkennen, daß das sechs bis acht Wochen alte Baby auf uns drei in ganz unterschiedlicher Weise reagiert. Ich weise die Eltern gern auf solche feinen Verhaltensunterschiede hin, damit sie ihr Kind aufmerksamer beobachten können.

In diesem Alter wächst auch das Interesse des Babys an verschiedenen Gegenständen. Ein Mobile kann ungemeines Vergnügen auslösen; immer länger schaut es ihm zu und versucht zu diesem Zweck sogar wachzubleiben. Es betrachtet auch seine Hände und dreht sie vor den Augen hin und her. Dies ist eine frühe Stufe der Hand-Augen-Koordination, die es mit vier Monaten weiterentwickeln wird, wenn es anfängt, nach etwas zu greifen. Aufgrund seiner Vorübungen lernt es dann schnell, die Hand gezielt zu gebrauchen. Mit vier oder fünf Monaten kann das Baby bereits treffsicher nach etwas greifen, während die Hand am Rand seines Gesichtsfeldes bleibt.

Ausblick

Zurück in den Beruf? „Ich muß mir überlegen, wann ich wieder an meine Arbeitsstelle zurückkehren soll. In vier Wochen ist mein Urlaub vorbei. Ich kann den Gedanken daran kaum ertragen. Man hat mir angeboten, ich könne noch einen Monat länger zu Hause bleiben, aber ohne Bezahlung. Lohnt sich das?" Irgendwann in unserem Gespräch stellt mir die Mutter diese oder eine ähnliche Frage. Mit dem Zeitpunkt ihrer Rückkehr in den Beruf hängen viele wichtige Entscheidungen zusammen. Wenn sie vorhat, ihr Baby einer Betreuerin anzuvertrauen, müssen wir uns darüber unterhalten, welche Gefühle diese bevorstehende Trennung in ihr auslöst und welchen Anforderungen die Betreuung genügen sollte. Falls der Vater sich an der Pflege des Kindes beteiligt, werden beide mit mir darüber sprechen wollen, wie sie sich seine Mitwirkung gedacht haben. Falls sich eine dritte Person um das Kind kümmern soll, wäre es am besten, wenn ich auch sie kennenlerne.

Bei meiner Empfehlung, wie lange die Mutter zu Hause bleiben soll, richte ich mich auch nach den Lebensumständen der Familie. Meist aber rate ich zu vier Monaten.* Denn mit drei Monaten ist das Quengeln des Babys überstanden, und die Mutter kann sich danach noch einen Monat lang daran freuen, wie es sie anlächelt und angluckst. Es wäre bitter für sie, diese Fortschritte gleich mit einer Betreuerin teilen zu müssen, die für sie einspringt. Manchmal haben die Eltern schon alles vorbereitet, um das Kind tagsüber in einen Hort zu geben, oder sie haben ein Kindermädchen, eine Babysitterin oder eine andere Betreuerin engagiert, um dann feststellen zu müssen, daß sie mit ihren eigenen Plänen nicht mehr zufrieden sind. „Ich bringe es einfach nicht fertig, darüber nachzudenken", sagte eine Mutter. „Jedesmal wenn ich mir vorstelle, daß ich das Baby zurücklassen muß, bin ich unfähig, weiterzudenken, und es ist mir alles zu viel." Die Eltern müssen ihre starken und ernstzunehmenden Gefühlsreaktionen abwägen gegen die Notwendigkeit eines zweiten Einkommens oder gegen das Drängen des Arbeitgebers. Sie stehen vor einer außerordentlich schwierigen Entscheidung. Wenn sie mir gegenüber schon jetzt offen über den Konflikt sprechen, daß ihnen die Rückkehr in den Beruf einerseits Kummer bereitet, andererseits aber Vorteile bietet, dann weiß ich, daß wir einen entscheidenden *Auftakt* in unserer Beziehung und auch in ihrer inneren Entwicklung erreicht haben.

Wollen beide Eltern ganztags berufstätig sein, rate ich ihnen, sich bei der Suche nach der richtigen Betreuerin Zeit zu lassen. Sie sollten sie mögen und ihr vertrauen. Auf jeden Fall sollten sie sich anschauen, wie sie mit anderen Babys umgeht. Sie müssen sich vorstellen, wie es für sie wäre, wenn sie sich um ihr Baby kümmert und es mit ihnen teilt. Ich weise sie darauf hin, daß sie um so eifersüchtiger sein werden, je netter und geeigneter sie die Betreuerin finden. Ich ermuntere sie dazu, sich eine zu suchen, auf die sie eifersüchtig sein können. Zudem sollte der Betreuerin aber auch an ihnen und ihrer Entwicklung als Eltern etwas gelegen sein. Denn ganz gleich, für welche Betreuerin die Eltern sich entscheiden – an den Entscheidungen über ihr Kind müssen sie Anteil nehmen können. In meinem Buch *Und was ist mit den Kindern?* befasse ich mich eingehend mit diesen Fragen.

Bei Kindertagesstätten ist das Zahlenverhältnis von Kindern zu Erwachsenen entscheidend. Auf eine Erwachsene sollten nicht mehr als drei Kinder kommen. Das ist eine teure Angelegenheit, für das Baby und den Seelenfrieden der Eltern aber äußerst wichtig.

Manchmal fragen die Eltern: „Wenn ich wirklich die Wahl hätte – was würden Sie mir empfehlen, wie lange ich zu Hause bleiben soll?" Falls es im Bereich des Möglichen liegt, schlage ich ein Jahr vor. Im zweiten Lebensjahr ist ein Kind so weit, daß es mit anderen Kindern spielen kann, und eine Gruppensituation strengt es weniger an. Bis dahin wäre es ideal, wenn Vater oder Mutter oder sogar beide nur eine Teilzeitstelle hätten, so daß jeder von beiden einen Großteil des Tages für das Baby verfügbar ist. Dies ist eine fast ebenso große Chance für die persönliche Entwicklung der Eltern wie für die des Babys.

Falls die Eltern sich diese Lösung einfach nicht leisten können, versuche ich, ihnen beim Austüfteln einer anderen Lösung zu helfen. Es tut dem Baby wie der Mutter gut, wenn sie einen Weg findet, dennoch weiterhin zu stillen; während der Arbeitszeit kann sie die Milch abpumpen, und vielleicht kann sie das Kind auch zwischendurch in der Mittagspause stillen. Und es ist sehr schön für eine Mutter, das Kind an die Brust legen zu können, wenn sie von der Arbeit kommt.

Wenn die Mutter (oder der Vater) plant, eine Zeitlang zu Hause beim Kind zu bleiben, rate ich dem Paar, nicht zu vergessen, daß sie auch Zeit für sich selbst brauchen. Nach den gewaltigen Umwälzungen, die ihre neue Elternrolle mit sich gebracht hat, müssen sie sich Zeit füreinander nehmen, um ihre Beziehung von neuem zu festigen. Jetzt ist der richtige Zeitpunkt gekommen, sich eine Babysitterin zu suchen, damit sie einmal eine Weile von dem Baby wegkommen. Wenige Stunden reichen schon aus. Das Wichtigste ist, daß sie eine Babysitterin finden, der sie vertrauen können.

Oft macht die Trennung in erster Linie den Eltern zu schaffen. Das Baby mag sie vermissen, aber die Eltern fühlen sich ohne das Baby schon ganz verloren. Sie brauchen das Kind mehr, als es sie zu brauchen scheint. Mit diesen ganz normalen Verlustgefühlen sollten sie sich rechtzeitig auseinandersetzen. Sie kommen besser mit ihnen zurecht, wenn sie ab und zu eine kleine Weile von ihrem Kind weggehen. Beim ersten Mal kommt die Mutter meist für jede Mahlzeit zurück. Aber falls das Kind etwas braucht, während sie weg ist, kann sie auch vorher Milch abpumpen und sie bei der Babysitterin lassen.

Manche Mutter fragt: „Wird sie mich denn noch wiedererkennen, wenn ich wieder arbeiten gehe und sie immer zurücklassen muß?" Ich versichere ihr, daß das Baby sie keineswegs vergessen wird. Das wird an den besonderen Bewegungen und Rhythmen erkennbar sein, die sie miteinander gelernt haben. Wenn die Mutter auf sie achtet, ist das Getrenntsein nicht so schmerzlich für sie.

Bei diesem Termin nach sechs bis acht Wochen fragen die Eltern oft, ob sie das Baby mitnehmen können, wenn sie ausgehen oder im Büro arbeiten. Ich versichere ihnen, daß das ohne weiteres geht. Das einzige Problem dabei ist, daß sich in der Menschenmenge regelmäßig viele Leute mit Infektionen befinden, die sie auf das Baby übertragen könnten. Die Eltern sollten darauf achten, daß nicht Unbekannte und Leute mit offensichtlichen Erkältungskrankheiten das Kind halten oder sich über es beugen, um mit ihm zu schäkern. Ein kleines Baby wollen nun einmal alle im Arm halten. Wenn wir mit einem unserer Kinder auf Reisen waren, wollten sämtliche lieben alten Damen (und ab und zu ein Herr) es unbedingt halten, und am Ende niesten sie ihm ins Gesicht. Mir blieb nichts übrig, als zu diesen wohlmeinenden, aber zudringlichen Damen zu sagen: „Ich muß Sie leider bitten, sich in acht zu nehmen. Mein Kind steht unter Beobachtung, weil es möglicherweise einen schweren Infekt hat – wir fürchten, es ist Syphilis oder Enzephalitis." Nach dieser Warnung wollte keine mehr das Baby halten.

6. Vier Monate

Seit ich Kinderarzt bin, habe ich mich auf den Viermonatstermin immer besonders gefreut. Das Band zwischen Eltern und Baby ist nun geknüpft. Eine tiefe gegenseitige Zuneigung läßt sie zu einer Familie zusammenwachsen. Auch wenn es ihr erstes Kind ist, hat sich das Selbstvertrauen der Eltern inzwischen meist gefestigt. Die Mutter oder der Vater hat das Kind auf dem Arm und geht sicher und geschickt mit dem kleinen Bündel um. Wenn sie sich hinsetzen, halten sie das Baby vor sich und gurren und glucksen im Wechselspiel mit ihm. Falls es schläft, wecken sie es auf, um vorzuführen, was es schon alles kann. Sie achten genau darauf, ob andere Leute ihren bemerkenswerten Nachwuchs auch gebührend bewundern. Im Warteraum bekommen alle, ob sie wollen oder nicht, von den neuesten Fortschritten des Babys zu hören. Allerdings finden Freunde und Kollegen die Begeisterung der Eltern vermutlich ein wenig öde.

Oft versuchen die Mutter und der Vater, dem Baby schon im Sprechzimmer durch Kitzeln, hohe Gurrlaute und ähnliches irgendeine seiner hinreißenden Reaktionen zu entlocken. Während ich es entkleide, wachen sie darüber, daß ich auch keinen falschen Griff tue. Wenn ich das Baby impfe, zucken sie zusammen und nehmen es rasch von mir fort. Es ist jetzt ganz und gar *ihr* Baby, in das sie völlig vernarrt sind. Darüber bin ich sehr froh, und ich beobachte mit Vergnügen, wie das Kind sich den Eltern gegenüber verhält. Es reagiert nach wie vor mit weichen Bewegungen auf die Mutter, und es ist zum Spielen aufgelegt und zappelig, wenn der Vater sich ihm zuwendet. Aber die Unterschiede sind jetzt noch markanter als beim letzten Termin. Solange ich hinter dem Schreibtisch bleibe, lächelt und gurrt es mich an, doch wenn ich ihm zu nahe komme oder mich bei der Untersuchung über es beuge, beginnt es zu schreien. Das Zimmer und ich sind fremd für das Kind. Dies sind die Anfänge des sogenannten Fremdelns. Sie kündigen große Fortschritte in der kognitiven Entwicklung des Kindes an. Es betrachtet mich und vergleicht mich mit den Gestalten, die ihm vertraut sind – mit den Eltern, den Geschwistern oder der Babysitterin.

Manche Eltern sind ganz überwältigt von Gefühlen, die sie bisher nicht gekannt haben. „Ich kann über nichts anderes mehr reden oder nachdenken als über mein Baby. Meinen unverheirateten Freundinnen falle ich auf die Nerven. Wenn ich mit meiner Tochter spazierengehe, will ich sie allen vorführen. Ist das nicht die reine Eitelkeit?" Diese stürmischen Gefühle, so erkläre ich den Eltern, sind einfach damit zu erklären, daß sie sich in das Kind gewissermaßen verliebt haben. Sie hängen so sehr an ihm, daß sie es als Teil ihrer selbst empfinden. Seine Fortschritte halten sie schon fast für ihre eigenen. Staunend schauen sie zu, wie dieses Wesen irgend etwas zum allerersten Mal tut. Wenn sie in allen Einzelheiten mitverfolgen können, wie es etwas Neues lernt, überfällt sie so etwas wie Ehrfurcht. Kein Wunder, daß die ganze übrige Welt für sie unwichtig wird – das geht allen Eltern so. Aus meiner Sicht als Kinderarzt ist es das Beste, was geschehen kann. Denn diese Zuneigung ist das Fundament für eine geborgene Kindheit.

Auch sonst ist inzwischen viel passiert. Innerhalb von nur vier Monaten hat sich die Familie von Grund auf verändert. Jedes Mitglied hat sich nun in seine Rolle hineingefunden. Die Eltern haben die schwierige Aufgabe bewältigt, die Invididualität des Babys zu erfassen. Der Abend ist nicht mehr von der Quengelphase, sondern von einer intensiven Beschäftigung miteinander beherrscht. Die Eltern spielen mit dem Kind und finden diese zuvor gefürchtete Zeit ausgesprochen spannend. Falls freilich immer noch Schreien oder die „Koliken" im Vordergrund stehen, müssen wir nach den Gründen dafür suchen.

Die Eltern lassen mich zunächst an ihrem unbändigen Entzücken über das Baby teilhaben und kommen dann auf Probleme beispielsweise mit der Ernährung und mit dem Schlafen zu sprechen. Die neuen Entwicklungsschritte des Babys fordern von ihnen Entscheidungen, wie sie seine Mahlzeiten und seinen Schlafrhythmus gestalten wollen. Ich greife diese Schwierigkeiten – die ich als *Auftakte* verstehe – auf und erkläre den Eltern, wie sich in der nächsten Zeit aufgrund der Fortschritte des Kindes seine Bedürfnisse verändern werden. Wenn sie seine Bedürfnisse richtig erfassen, werden sie die richtigen Entscheidungen treffen, um Schlaf- und Ernährungsprobleme zu vermeiden.

Bei den Mahlzeiten geraten die gewohnten Abläufe durcheinander,

weil das Baby nicht nur trinken, sondern auch umherschauen und horchen will. Es dreht den Kopf von der Brust oder der Flasche weg. Das Füttern ist vielleicht sogar regelrecht schwierig geworden, und die Eltern befürchten, sie würden irgend etwas falsch machen. Diese Selbstzweifel bleiben ihnen erspart, wenn sie begreifen, daß das Baby in dieser kurzen Übergangszeit (von ein bis zwei Wochen) im Konflikt zwischen seinem Hunger und seinem gesteigerten Interesse an der Umgebung steht.

Die Eltern sollten nun Rituale einführen, die dem Baby helfen, einzuschlafen und acht bis zwölf Stunden durchzuschlafen. Das zentrale Nervensystem ist jetzt reif genug für solche längeren Schlafperioden. Wenn die Eltern eine Vorstellung von den Schlafzyklen des Babys haben, können sie es zu einem Schlaf-Wach-Rhythmus hinführen, der von dem ihren unabhängig ist. Im folgenden werden wir sehen, daß diese neuen Schlaf- und Ernährungsprobleme wiederum als *Auftakte* zu bestimmten Entwicklungsschritten zu verstehen sind. Mit Unterstützung des Kinderarztes können sich die Eltern schon im voraus damit befassen, ehe das Verhalten des Kindes ihnen tatsächlich zu schaffen macht.

Ernährung

Das Leben der Eltern normalisiert sich, weil größere Regelmäßigkeit im Zeitablauf einkehrt. Sie können dem Baby nun die Zeiten vorgeben, zu denen sie es füttern wollen. Damit es sich ihrem Tagesablauf anpaßt, können sie es morgens zur ersten Mahlzeit aufwecken. Seine weiteren Mahlzeiten können sie im Abstand von drei bis vier Stunden planen, mit Schlafpausen am Morgen und am Nachmittag. Ein Baby in diesem Alter braucht im Durchschnitt fünf Mahlzeiten pro Tag. Seine letzte Mahlzeit können die Eltern kurz vor ihrer eigenen Schlafenszeit ansetzen. Falls das Baby einen regelmäßigen Rhythmus hat, können sie an Abweichungen merken, wann sich neue Entwicklungen bei ihm anbahnen. Hat es dagegen keinen festen Rhythmus, ist schwerer auszumachen, was mit ihm vorgeht. Ich empfehle den Eltern daher, das Kind zu einem möglichst regelmäßigen Tagesablauf hinzuführen. Falls es zunimmt und gedeiht, können sie überzeugt sein, daß ihm dieser Rhythmus gut bekommt.

Falls die Mutter inzwischen wieder in den Beruf zurückgekehrt ist, kann sie ein- oder zweimal täglich Milch abpumpen und mit nach Hause bringen. Die Betreuerin gibt dem Kind dann jeweils die Milch vom Vortag. Die Mutter kann das Baby dreimal am Tag ausgiebig stillen: morgens, ehe sie weggeht, abends, wenn sie zurückkommt, und noch einmal, bevor sie zu Bett geht. Dieses dritte Stillen am Ende ihres Arbeitstages stellt sicher, daß sie auch weiterhin genügend Milch für das Kind hat. Wenn sie nach dem Berufsalltag das Baby an die Brust legen und ihrem Kind auf diese Weise nahe sein kann, ist das für beide etwas sehr Schönes.

Ich finde es immer wieder erstaunlich, wie die Brüste der Mutter sich dem wachsenden Nahrungsbedarf des Babys anpassen können. In diesen ersten paar Monaten verdoppelt es sein Gewicht und wächst 10 bis 13 Zentimeter. Die Anpassungsfähigkeit der Brüste ist beispiellos. Sie halten mit dem Bedarf des Babys Schritt. Auch wenn sich ein regelmäßiger, drei- bis vierstündiger Stillrhythmus eingespielt hat, gibt es zwischendurch Tage, an denen das Baby alle zwei Stunden trinken will. Steigt sein Bedarf derart sprunghaft an, so reicht die bisherige Muttermilchmenge nicht mehr aus. Doch indem das Baby öfter trinkt, regt es die Brüste an, mehr und zudem nahrhaftere Milch abzugeben.

Zieht sich eine solche Phase, in der das Baby immer öfter trinken will, eine Woche oder länger hin, und ist es über vier Monate alt, dann ist die Zeit gekommen, ihm feste Nahrung anzubieten. Die meisten Babys brauchen sie etwa ab diesem Alter als Ergänzung zur Milch. Die Amerikanische Akademie für Kinderheilkunde (American Academy of Pediatrics) ist der Ansicht, daß dieses Alter das richtige ist, um mit fester Nahrung einzusteigen.* Vor zwanzig Jahren war es üblich, früher damit zu beginnen. Dahinter stand die Befürchtung, das Baby könnte sich gegen feste Nahrung sperren, falls die Eltern zu lange damit warteten. Freilich kann es in den ersten drei Monaten zwar saugen, für das eigentliche Schlucken aber, das eine willkürliche Handlung ist, ist es noch nicht gerüstet.

Es bedeutet eine große Umstellung für das Baby, feste Nahrung mit dem Löffel in den Mund zu bekommen und zu schlucken. Die meisten Babys verziehen anfangs das Gesicht, prusten, sabbern und speien alles wieder aus. Die Eltern fragen: „Soll ich nicht besser mit etwas Süßem anfangen? Anscheinend mag er diesen neuen Geschmack überhaupt nicht." Es wäre natürlich am günstigsten, wenn die erste feste Nahrung eher flüssig und milchähnlich ist. Was das Kind irritiert, ist aber vermutlich gar nicht der ungewohnte Geschmack. Es hat vielmehr Mühe damit, daß es nicht mehr wie gewohnt saugen, sondern schlucken soll. Jeder neue Entwicklungsschritt braucht Zeit. Ich würde mich deshalb darauf einstellen, daß das Baby sich eine Woche lang mit der festen Nahrung schwertut. Die Eltern sollten weniger darauf achten, wieviel es davon ißt, sondern sich klarmachen, daß es das Schlucken zunächst einmal üben muß. Ihre Aufgabe besteht darin, ihm das geduldig und Schritt für Schritt beizubringen. Sie müssen es dazu natürlich in eine aufrechte Position bringen, damit die Nahrung nicht in die Luftröhre gerät. Das Baby wird unweigerlich nach dem Essen greifen. Es schlägt den Löffel zur Seite und nimmt die Finger zu Hilfe, um das Essen hinunterzusaugen. Die Hände sind in diesem Alter so wichtig für das Erkunden der Welt, daß ich ihre Bewegungsfreiheit auf keinen Fall einschränken würde. Ich würde einen Regenmantel anziehen und das Baby seinen Forscherdrang austoben lassen.

Die Eltern sollten jeweils nur ein einziges neues Nahrungsmittel einführen und eine Woche warten, bis sie dem Kind das nächste anbieten. Auf diese Weise können sie feststellen, ob es gegen eine bestimmte Nahrung allergisch ist. In den ersten sechs Monaten treten

Unverträglichkeitsreaktionen zuweilen mit Verzögerung auf, und die Symptome, meist ein Ekzem oder eine Magenverstimmung, zeigen sich nicht unmittelbar nach der Einführung des neuen Nahrungsmittels. Nähert sich das Baby aber dem Alter von sechs Monaten, dann kommen Allergien innerhalb von wenigen Tagen zum Vorschein. Neue Nahrungsmittel auszuprobieren ist dann risikoloser. Vorher läßt sich eine Unverträglichkeit oft erst nach ungefähr einer Woche feststellen. Die Eltern können einer Lebensmittelallergie vorbeugen, indem sie jetzt achtsam vorgehen. Denn wenn sie auf eine eventuelle Überempfindlichkeit des Kindes sofort reagieren, können sie die betreffende Allergie abfangen. Ist die allergische Reaktion aber einmal richtig in Gang gekommen, wird die Behandlung zunehmend schwieriger. Falls das Kind ein Nahrungsmittel nicht verträgt, können sie dieses einfach weglassen. (Zu Allergien siehe auch Kapitel 14.)

Sie können mit einem Brei aus nur einer Getreidesorte anfangen, den sie dem Kind abends füttern. Ein Mehrkornbrei bedeutet ein Risiko, weil das Kind dann gleich mit drei oder vier neuen Nahrungsmitteln auf einmal zu tun hat. In den ersten zwei Wochen sollten die Eltern ihm ausschließlich Getreidebrei anbieten, bis es ihn gut schlukken kann. Es wird ihn leichter annehmen, wenn es ihn abends vor dem Stillen oder vor der Flasche bekommt. Vermutlich schläft es dadurch nachts etwas länger. Als nächstes können ihm die Eltern morgens Obst geben, eine Woche später dann mittags ein Gemüse. Schließlich, eine weitere Woche später, können sie mittags Rind oder Huhn hinzufügen. Die Nahrungsmittel müssen rein sein und dürfen keinerlei Zusätze enthalten. Das heißt, die Eltern müssen das Etikett studieren. Sollte nach einem dieser Lebensmittel ein Ausschlag auftreten, müssen sie es weglassen und ein neues ausprobieren. Bei einem erneuten Ausschlag müssen sie von dem gerade eingeführten Nahrungsmittel wieder abgehen.

Neu eingeführte Nahrungsmittel machen sich sofort im Stuhl des Babys bemerkbar; durch Erbsen oder Karotten zum Beispiel färbt er sich hellgrün oder orange. Das ist kein Grund zur Sorge. Zunächst kann das Kind diese Nahrungsmittel nicht vollständig verdauen, weil sich der Darm an jedes einzelne erst gewöhnen muß.

Nach fünf oder sechs Monaten sieht ein typischer Speiseplan so aus:

7.00 Uhr Milch
8.30 Uhr Obst

12.00 Uhr Fleisch, Gemüse und Milch
15.00 Uhr Saft oder eine andere Flüssigkeit
17.00 Uhr Getreidebrei
18.30 Uhr Milch
22.30 Uhr Milch (vierte Milchmahlzeit)

Wenn die Mahlzeiten, außer am Mittag, entweder nur aus fester Nahrung oder nur aus Milch bestehen, wird sich das Baby an vier Mahlzeiten mit Milch gewöhnen.

Im Alter von viereinhalb bis fünf Monaten verläuft die Mahlzeit recht unruhig, weil das Baby seine Umgebung mit gesteigerter Neugier wahrnimmt. Trifft diese Entwicklung die Eltern unvorbereitet, sind sie ärgerlich und enttäuscht. In ihrer Enttäuschung sehe ich wiederum einen *Auftakt* – eine Chance also, ihnen die Augen dafür zu öffnen, daß diese Veränderung im Verhalten des Kindes ebenso normal wie faszinierend ist. Die gute Nachricht für sie ist, daß jede Mahlzeit nun eine willkommene Gelegenheit ist, mit ihm zu spielen und zu sprechen. Da das Baby das Greifen allein entdeckt, geht es beim Füttern recht turbulent zu. Es versucht, mitzuhelfen und den Löffel zu packen. Es wird sich das Essen unweigerlich ins Gesicht und in die Haare schmieren, und wenn Sie es auf dem Schoß halten, kommen auch Sie nicht unbekleckert davon. Dieses Experimentieren ist für das Kind genauso befriedigend wie das Sattwerden. Es erschwert Ihnen zwar das Füttern, ist aber ein gutes Zeichen für eine gesunde Entwicklung.

Viele stillende Mütter sprechen nun davon, es sei „Zeit zum Abstillen". Ich erinnere sie daran, daß sie eigentlich das ganze erste Jahr hindurch stillen wollten. Sie erwidern: „Stimmt, aber er will nicht mehr. Wenn ich ihn anlege, wendet er sich weg und bleibt einfach nicht an der Brust. Jedes Geräusch und jede Bewegung lenkt ihn ab. Und nie trinkt er genug. Ich glaube, bald habe ich nicht mehr genug Milch." Die stillende Mutter ist von dem jähen Entwicklungsschub im Wahrnehmungsvermögen des Kindes überrascht worden. Plötzlich sieht und hört es auf eine ganz neue Art und Weise. Da es sich von allem, was es hört und sieht, ablenken läßt, ist es schwer zu füttern. Wenn es sich umblickt, zieht es die Brust mit. Jeder neue Reiz nimmt seine Aufmerksamkeit gefangen. Hat es ein neues Spielzeug vor sich, reagiert es aufgeregter als bisher, und manchmal keucht es buchstäblich vor Neugier, wenn es irgend etwas entdeckt.

Viele Mütter haben die ungestörte Nähe und Innigkeit des Stillens sehr genossen, und nun fühlen sie sich, da das Baby wegstrebt und sich nicht mehr nur auf sie konzentriert, im Stich gelassen. Bis dahin ist es ihnen vorgekommen, als seien sie und das Kind eine Einheit. Die Psychoanalytikerin Margaret Mahler und andere sprechen davon, daß das Kind nun „schlüpft" und daß sich einige Monate nach der leiblichen Geburt seine „psychische Geburt" vollzieht. Begreift eine Mutter nicht, was hier vor sich geht, ist sie traurig und enttäuscht. Sie hat das Gefühl, daß die wundervolle Romanze zwischen ihr und dem Kind nun in die Brüche geht. Sie übersieht, daß es sich deshalb von ihr zu lösen beginnt, weil seine Selbständigkeit erwacht. Manche Mütter werden sogar schwanger, um sich nicht so leer zu fühlen.

Wenn ich solche Gefühle der Ernüchterung bei einer Mutter bemerke, erkläre ich ihr, daß das Baby noch keineswegs das Interesse an der Brust verliert. Aber viele andere Dinge drängen sich jetzt dazwischen und stacheln seine Neugierde an. Das Unbekannte fesselt das Kind *vorübergehend* mehr als das Stillen, das es bereits kennt. Diese gesteigerte Neugier auf seine Umgebung hält ein oder zwei Wochen an. Dann wendet sich das Baby wieder mit neuerwachtem Interesse der Brust zu. Es besteht also kein Anlaß, mit dem Stillen aufzuhören. Die Mutter kann das trinkende Baby herumschauen und die Umgebung erkunden lassen oder ihm sogar ein Spielzeug in die Hand geben. In dieser Phase kann es vorkommen, daß die Brüste durch die Stillzeiten während des Tages nicht genügend zur Milchproduktion angeregt werden, denn tagsüber ist das Baby zu aufgeregt, um richtig zu trinken. Deshalb sollte die Mutter es morgens und abends in einem ruhigen, dunklen Raum ohne ablenkende Reize stillen. Dann wird sie weiterhin genug Milch für das Kind haben. Oft bevorzugt es gerade in dieser Phase feste Nahrung, weil der Ablauf des Fütterns komplexer ist und weil es sich stärker daran beteiligen kann. An der Brust zu liegen ist ihm jetzt zu passiv. In diesem Alter ist es alles andere als passiv! Aus dem stillen, leicht zu lenkenden Säugling ist ein wahrer Wirbelwind geworden. Mit wachsendem Eifer erfaßt und erobert das Baby seine Welt.

Das Füttern ist also komplizierter geworden. Daß das Kind sich rasch ablenken läßt, empfindet jede Mutter als bedrohlich, weil ihr Instinkt ihr sagt, sie müsse es immer und unbedingt sattbekommen. Wenn den Eltern klar ist, warum die Aufmerksamkeit des Babys abschweift und warum es nicht recht trinken und essen will, brauchen sie nicht zu denken, sie würden versagen. Das Kind in seiner Entdeckerfreude zu unterstützen ist genauso wichtig wie seine Ernährung.

Sobald die feste Nahrung im Speiseplan eingeführt ist, wollen manche Babys vor allem diese haben und trinken dafür weniger Milch. Ich habe manchmal den Eindruck, daß die Mutter, ohne es zu wollen, diese Vorliebe des Babys noch verstärkt. Ihr ist es eigentlich gar nicht recht, daß das Kind außer der Muttermilch noch andere Nahrung zu sich nimmt. Doch gerade deshalb wird dieser eine Löffel Reisbrei für das Kind zum ersten Schritt weg von der sich selbst genügenden, idyllischen Eintracht der beiden. „Ich bin ganz traurig, weil sie außer mir noch etwas anderes braucht", sagte einmal eine Mutter. „Es war so wundervoll, daß sie völlig auf mich angewiesen war." Viele Mütter gehen in dieser Situation am liebsten so vor, daß sie das Kind immer zuerst stillen und ihm danach feste Nahrung anbieten.

Manche Mütter haben allerdings auch ganz andere Empfindungen: „Endlich kann ich mit fester Nahrung anfangen. Alle meine Freundinnen haben schon vor Monaten damit angefangen, und ihre Babys haben einen Riesenvorsprung vor meinem." Wenn ich nachfrage, was die Mutter mit „Vorsprung" meint, antwortet sie vielleicht: „Sie wiegen eben mehr, und sie wissen jetzt schon, wie dies und jenes schmeckt. Sie fangen nicht so an zu würgen wie mein Kind, wenn ich ihm den Löffel in den Mund schiebe." Ich erkläre ihr, daß dicke Babys nicht gesünder sind als andere und daß viele Babys Speck ansetzen, wenn sie feste Nahrung bekommen. Außerdem ist das Würgen ganz normal, denn das Kind muß sich erst einmal den neuen Verhaltensablauf aneignen. Das eigentliche Problem besteht darin, ob es den Eltern bei der Erziehung ihres Kindes in erster Linie darum geht, mit der Nachbarschaft mithalten zu können. Wenn ich darüber spreche, versuche ich allerdings auch darauf Rücksicht zu nehmen, daß sie genauso wie alle anderen Eltern möchten, daß ihr Baby das „beste", das vollkommenste von allen ist. Dieser Wunsch ist nun einmal Teil ihrer Liebe zu dem Kind und gibt ihnen Kraft, die Strapazen der Elternrolle durchzustehen. Wenn sie mir allerdings zu verbohrt erscheinen und den Wettbewerb mit den Nachbarskindern ohne jeden Humor betreiben, mache ich sie darauf aufmerksam, daß sie das Baby mit ihrem Ehrgeiz unter Druck setzen und daß ihm das nicht guttut.

Schlaf

Mit vier Monaten brauchen viele Babys keine nächtliche Mahlzeit mehr. Um durchzuschlafen, muß ein Baby imstande sein, in der Nacht mehrere Zyklen aus Tief- und Leichtschlafphasen zu durchlaufen. Dies ist unser erster Ansatzpunkt: Wenn ich den Eltern eine Vorstellung davon vermitteln kann, wie der Schlafzyklus des Babys aussieht, werden bestimmte Schlafprobleme gar nicht erst aufkommen. Die Schlafforschung hat gezeigt, daß wir zwischen Tiefschlaf und leichtem Schlaf hin- und herpendeln. Alle 90 Minuten treten wir in ein Stadium leichten Schlafes ein, den sogenannten REM-Schlaf, in dem schnelle Augenbewegungen (rapid eye movements) zu beobachten sind. Alle drei bis vier Stunden treten wir in ein aktiveres Stadium ein, das nahe am Wachzustand ist. Die Aktivitätsmuster in den REM-Phasen sind individuell sehr verschieden. Wenn ein Baby nur noch leicht schläft, fängt es meist an zu schreien, wird unruhig und wirft sich hin und her. Liegt es auf dem Bauch, so ebbt diese Unruhe gewöhnlich wieder ab, weil das Bett seine Bewegungen einschränkt. In Rückenlage dagegen kommt es leicht zu Schreckreaktionen. Reflexhaft breitet das Baby immer wieder Arme und Beine aus; es ist verstört und schreit. Weil es schreit und sich bewegt, wird es nur noch verzweifelter. Wenn es sich selbst zu trösten weiß – mit dem Daumen, mit einer Decke oder indem es sich in eine bequeme Position kuschelt –, kommt es wieder zur Ruhe. Manche Babys wandern in eine Ecke des Bettes, offenbar weil der Druck, den sie dann auf dem Kopf spüren, dem im Mutterleib ähnlich ist. Einem aktiven, zu heftigen Reaktionen neigenden Baby fällt es schwerer, sich wieder zu beruhigen. Es wirft sich herum, wird immer unzufriedener und ist im Nu hellwach. Dann will es gehalten und getröstet werden. Es hat noch nicht gelernt, von selbst wieder zur Ruhe zu kommen. Den Eltern bleibt nichts übrig, als zu ihm zu eilen und ihm den Trost zu geben, den es braucht.

Den meisten Babys gelingt es, in den Übergangsphasen zwischen den neunzigminütigen Schlafzyklen von allein wieder ruhig zu werden. In den halbwachen Phasen, die alle drei bis vier Stunden auftreten, ist dies jedoch schwieriger. Die Bewegungen sind heftiger und nicht so leicht zu unterdrücken. Die Babys kommen daher näher an den Wachzustand heran. Oft schreien sie, als hätten sie Schmerzen oder große Angst. Zunächst sind sie dabei noch nicht ganz wach, aber durch das Zappeln und das verstörte Verhalten wecken sie sich oft endgültig auf. Die Eltern haben große Mühe, mit diesen Unruhephasen umzugehen. Sie haben das Gefühl, sie müßten zum Baby hingehen und ihm helfen, sich wieder zu beruhigen. So kommt es in vielen Familien dazu, daß die Eltern das Kind um 22 Uhr, um 2 Uhr und um 6 Uhr füttern, nachdem es in den Halbschlafphasen ganz wach geworden ist. Doch wenn es sich daran gewöhnt, müssen sie von nun an jede Nacht alle drei bis vier Stunden zur Stelle sein und ihm helfen, sich wieder zu beruhigen. Wenn sie es stets aus dem Bettchen nehmen, füttern, seine Windel wechseln und es wieder hinlegen, kann es nicht lernen, ohne ihre Hilfe die nächste Tiefschlafphase zu erreichen. Doch wenn sie begreifen, wie ein solches Vorgehen sich auf das Baby auswirkt, können sie sich aus seinem Schlafzyklus heraushalten, den es selbst irgendwann beherrschen lernen muß.

Wenn die Eltern ihre Verzweiflung über das nächtliche Aufwachen des Babys äußern, betrachte ich das als eine große Chance für mich, helfend einzugreifen. Zunächst stelle ich klar: Das Kind einfach alleinzulassen, damit es sich „müde schreit", hilft ihm keineswegs zu lernen, wie es von sich aus wieder ruhig werden kann. Ich glaube nicht, daß es überhaupt jemals sinnvoll ist, ein Baby so lange schreien zu lassen, bis es aufgibt. Das zeigt ihm einzig und allein, daß seine Eltern imstande sind wegzugehen, wenn es sie braucht. Die Aufgabe der Eltern besteht vielmehr darin, daß sie das Gutenacht-Ritual angenehm gestalten und außerdem lernen, nicht gleich beim ersten Wimmern loszustürzen. Wenn sie das Kind abends zu Bett bringen, können sie ihm etwas vorsingen oder es füttern und sanft auf es einreden, und zwar so, daß eine andere Atmosphäre als bei den Mahlzeiten tagsüber entsteht. Sie sollten das Baby dann ins Bett legen, bevor es ganz eingeschlafen ist, neben ihm sitzen und es sanft tätscheln, ohne aber einen Zweifel daran zu lassen, daß es jetzt schlafen soll. Hat es ein Schmusetier oder einen Schnuller, können die Eltern ihm diese anbieten. Ein Baby, das immer an der Brust einschlafen darf, lernt nicht, wie es ohne Hilfe einschlafen kann. Es gewöhnt sich vielmehr daran, daß die Mutter zum Einschlafen dazugehört. Deshalb braucht es sie auch alle vier Stunden in der Nacht, wenn es an die Schwelle zum Wachsein kommt, um wieder ruhig zu werden.

„Schlafprobleme" des Kindes sind im Kern meist Probleme der Eltern (siehe Kapitel 37). Viele Eltern überlassen das Kind nachts nur ungern sich selbst. Das ist verständlich. Doch wenn es den Eltern schwerfällt, das Kind bis zum Morgen alleinzulassen, kann es bald nicht mehr auf sie verzichten, wenn es nach dem nächtlichen Aufwachen wieder zur Ruhe zu kommen versucht. Daraus kann eine hartnäckige Gewohnheit werden.

Insbesondere berufstätigen Eltern macht die nächtliche Trennung vom Kind zu schaffen, weil sie den ganzen Tag über nicht bei ihm waren. Sie tun sich leichter, wenn das Gutenacht-Ritual zärtlich und innig ist und sie sich morgens vor der Arbeit Zeit zum Schmusen nehmen. Aber viele berufstätige Mütter sehnen sich nachts nach dem Baby. Ich spreche mit ihnen darüber, daß das Baby, wenn sie es jetzt nicht sich selbst überlassen, später noch mehr Mühe haben wird, sich umzustellen. Doch die Eltern müssen selbst entscheiden, wie sie vorgehen wollen, und dann unterstütze ich ihre Entscheidung.

Manche Familien sind der Ansicht, Eltern und Kinder müßten zusammen in einem Bett schlafen. Falls die Eltern dies vorhaben, müssen sie sich über die Konsequenzen im klaren sein, die ein solcher Entschluß auf viele Jahre hinaus für das Familienleben haben wird. In einem offenen Gespräch über diesen Punkt kann der Kinderarzt durch seinen Rat die Eltern vor Krisen bewahren, in die sie sonst geraten würden. Obwohl es zunächst nicht so aussehen mag, hat die Entscheidung, ob alle gemeinsam im „Familienbett" schlafen sollen, nur mit den Wünschen der *Eltern* zu tun. Das Kind dagegen muß vor allen Dingen lernen, durchzuschlafen. Wenn die Eltern ihm helfen, sich früh daran zu gewöhnen, wird später kein „Problem" daraus. Früher oder später wollen die Eltern das Kind nicht mehr bei sich im Bett haben. Auf seinen verständlichen Widerstand reagieren sie dann möglicherweise mit Strafen. Wenn sie aber rechtzeitig darüber nachdenken, können sie sich eine solche Konfrontation ersparen.

In unserer Kultur ist es noch immer die Norm, daß die Kinder nicht bei den Eltern schlafen, und viele Psychiater befürchten, daß bei Kindern, die in den ersten vier oder fünf Jahren im Bett der Eltern schlafen, später psychische Störungen auftreten. Sobald die Eltern das Baby bei sich schlafen lassen, können sie es nicht einfach zwischendurch loswerden, wenn sie das Bett einmal für sich haben wollen. Diese Umstellung braucht Zeit, und sie kostet viel mehr Mühe, als wenn sie das Kind von vornherein in seinem eigenen Bett schlafen lassen.

In vielen Kulturen schlafen Eltern und Kinder aus Platzmangel im selben Bett. In Japan heißt dieser Brauch *kawa*, „Fluß". Die Mutter ist das eine, der Vater das andere Ufer, und die Kinder in der Mitte sind der Fluß. Wenn mehrere Kinder da sind, räumt der Vater – falls anderswo Platz für ihn ist – das Bett. Die Kinder schlafen weiterhin bei der Mutter, bis sie fünf oder sechs Jahre alt sind. In manchen Teilen Afrikas und im südlichen Mexiko schlafen Mutter und Vater mit dem Baby zwischen sich. Doch wenn die Frau wieder schwanger wird, muß das Kind woanders schlafen und dem nächsten Baby Platz machen. Dann trifft das Kind, wie mir scheint, eine doppelte Kränkung.

In unserer westlichen Gesellschaft ist nicht so genau festgelegt, wie die Eltern vorzugehen haben, und daher wäre es ungerecht, das Kind jählings aus dem elterlichen Bett zu verstoßen. Auf keinen Fall sollten die Eltern „seinen Widerstand brechen", indem sie warten, bis es sich in seinem Bettchen müde geschrien hat. Sie sollten sich im voraus Gedanken über ihr Vorgehen machen. Dabei sind in unserer Gesellschaft bestimmte Dinge zu berücksichtigen. Die meisten von uns haben tiefsitzende Vorbehalte dagegen, daß ein Kind bei den Eltern im Bett schläft. Das Risiko sexuellen Mißbrauchs – ob vom Kind phantasiert oder real – könnte steigen, und deshalb sind viele Experten grundsätzlich dagegen. Bei uns herrscht also eine eher negative Einstellung zum „Familienbett" vor. Die Eltern müssen sich, bevor sie ihre Entscheidung treffen, mit ihren eigenen Vorbehalten auseinandersetzen. Falls sie sich dafür entscheiden, das Kind bei sich schlafen zu lassen, sollten sie besonders darauf achten, daß es seine Eigenständigkeit auf anderen Gebieten entfalten kann. Haben sie das Gefühl, sie müßten unbedingt eingreifen, wenn das Kind nachts unruhig wird, so hat das meist einen ganz bestimmten Grund. Alleinerziehende Mütter und Väter fühlen sich oft einsam und finden es daher besonders schwierig, sich zurückzuhalten und das Kind allein nach einem Weg suchen zu lassen, um wieder zur Ruhe zu kommen. Eltern, die sich als Kinder von ihren eigenen Eltern im Stich gelassen fühlten, wollen es selber anders machen. Folglich bringen sie es nicht über sich, abzuwarten, bis das Baby entdeckt hat, wie es ohne ihre Hilfe wieder zur Ruhe kommen kann. Gehen die Eltern ganztags arbeiten und sind im Zweifel, ob sie dem Kind auch genug Zeit widmen, oder haben sie leidvolle Erfahrungen mit Trennung und Ablösung hinter sich, so merken sie oft nicht, daß das Baby eigentlich schon längst so weit wäre, daß es nachts auch ohne sie auskommen kann.

Die Forschung hat gezeigt, daß das Nervensystem des Babys nach vier Monaten so weit herangereift ist, daß es nachts zwölf Stunden mit nur einer Unterbrechung schlafen kann. Wenn es acht Stunden durchschläft, bedeutet das, daß es mindestens einmal wieder in den Tiefschlaf zurückfindet. Um zwölf Stunden zu schlafen, muß ihm das mindestens zweimal gelingen. Um ohne Eingreifen der Eltern durchschlafen zu können, muß es lernen, sich zwischendurch selbst wieder zu beruhigen. All dies spricht dafür, daß die Eltern sich, wenn das Baby zwischen vier und fünf Monaten alt ist, überlegen sollten, wie sie ihm dabei helfen wollen, seinen Schlafrhythmus zu finden und zu festigen.

Zahnen

Bei den meisten Baby treten die Milchzähne nicht vor dem Alter von vier Monaten durch den Kiefer. In der Regel fängt das Zahnen im Alter von sechs bis neun Monaten an. Nach einer alten Redensart sollte ab dem Alter von vier Monaten jeden Monat ein Zahn kommen. Das ist aber keine verläßliche Regel. Entscheidend sind Erbfaktoren: Wenn die Eltern selbst als Kinder spät gezahnt haben, können sie bei ihrem Kind dasselbe erwarten. Keines meiner Kinder hat gezahnt, ehe das erste Jahr beinahe um war. Wie meine Mutter berichtet, war es bei mir genauso. Soweit bekannt, ist spätes Zahnen in keiner Weise nachteilig für ein Kind.

Im Kiefer des Babys beginnen sich bereits die bleibenden Zähne zu entwickeln. Wenn Milch und Milchzucker länger (vier bis acht Stunden) im Mund bleiben, kann das zu Milchzahnkaries führen, die sich unter Umständen auch auf die bleibenden Zähne überträgt. Die Eltern dürfen dem Baby also die Milchflasche nicht mit ins Bettchen geben!

Wenn ein Baby in diesem Alter sich nicht wohl zu fühlen scheint, wird das immer gern auf das Zahnen geschoben. Ob es nun wimmert oder herumzappelt, es sind stets „die Zähne". Wenn die Eltern sich aber alles mit dem Zahnen erklären, entgehen ihnen andere Gründe für das Verhalten des Babys. Es könnte auch enttäuscht sein, weil ihm etwas noch nicht gelingen will. Zum Beispiel möchte es gern an einen Gegenstand herankommen oder sich schon ohne Hilfe fortbewegen können. Vielleicht ist es auch enttäuscht, weil seine Aufmerksamkeit so rasch erlahmt. Weitere mögliche Gründe sind Langeweile und andere Formen des Unbehagens.

Die Zähne stören das Baby, weil es sie als Fremdkörper im Zahnfleisch empfindet. Sie fühlen sich vermutlich ähnlich an wie ein Holzsplitter im Finger. Die Region um den Zahn herum schwillt an. Wenn das Baby saugt, strömt noch mehr Blut in das ohnehin geschwollene Zahnfleisch. Deshalb windet es sich, wimmert und weigert sich zu trinken. Wenn die Eltern die Schwellung vorher wegmassieren, hat das Baby beim Saugen keine Schmerzen mehr. Ob ein Kind zahnt, ist leicht festzustellen: Es protestiert, wenn Sie vorne auf die untere Zahnleiste drücken. Die Eltern sollten vor jeder Mahlzeit mit einem sauberen Finger das Zahnfleisch kräftig reiben. Nach dem ersten Jammern mag das Kind diese Massage sehr. In der Regel sind es nur die unteren Vorderzähne oder Schneidezähne, die bei den Mahlzeiten stören. Nach den ersten zwei Zähnen hat sich das Baby an den dumpfen Schmerz gewöhnt, mit dem die Zähne durchkommen. Das Zahnen plagt das Kind nicht länger als ein paar Wochen. Plötzlich klickt etwas gegen die Tasse oder den Löffel. Ein Grat aus winzigen weißen Punkten hat sich durchs Zahnfleisch geschoben. Es ist geschafft! Aber der Zeitpunkt ist bei jedem Baby verschieden.

Kommunikation

Im fünften Monat beginnt das Baby, mit allem, was es inzwischen gelernt hat, zu spielen. Es schreit und wartet erst einen Augenblick ab, ob die Eltern kommen, um es dann noch einmal zu probieren. Dies ist ein großer Schritt hin zum kausalen Denken. Das Kind merkt: Wenn ich dies tue, erziele ich jene Wirkung.

Die Eltern neigen dazu, sich dieses manipulative Schreien mit dem Zahnen oder mit der Müdigkeit des Babys zu erklären, oder sie fürchten, sie hätten es bereits „verwöhnt". All dies mag durchaus eine Rolle spielen. Wenn sie vermuten, daß es am Zahnen liegt, können sie das wie eben beschrieben nachprüfen. Klagt das Kind, weil es müde ist, so dürften ihre Beruhigungsversuche Erfolg haben; vielleicht muß es aber erst noch ein bißchen schreien, ehe es sich entspannt. Wenn gar nichts funktioniert, dann sind die Eltern bisher vielleicht doch *zu* bereitwillig auf seine Wünsche eingegangen und müssen überlegen, was sie anders machen könnten.

Wenn das Kind merkt, daß es Einfluß auf andere nehmen kann, beginnt ein faszinierender neuer Dialog. Mit Husten, Niesen, Würgen oder Quieken sondiert es gleichsam seine Umgebung und lernt mit der Zeit, diese Äußerungen nach Belieben hervorzubringen. Bald lernt es, daß ein „ba-ba-ba-ba" das Gesicht des Vaters herbeiruft, ein jammerndes „mam-mam-mam-mam" die Mutter. Das Kind lernt rasch, diese Lautspiele gezielt einzusetzen, um anderen Menschen die gewünschten Reaktionen zu entlocken.

Die Eltern fragen: „Woran kann ich erkennen, ob er nur ausprobieren will, wie ich reagiere?" Das ist zunächst vielleicht nicht klar ersichtlich. Doch mit der Zeit ergeben sich Anhaltspunkte. Schreit das Baby und wartet dann still ab, ob eine Reaktion kommt? Verrät seine Mimik, daß es auf diese Reaktion hinauswollte? Steht ihm im Gesicht

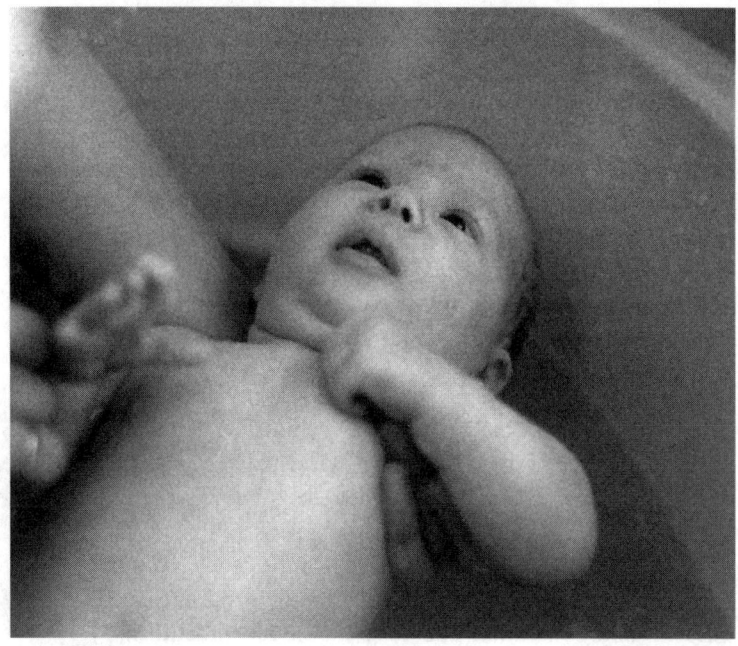

geschrieben, daß es zufrieden mit sich ist? Das Baby hat gelernt – und das ist eine große Leistung –, Reaktionen anderer Menschen nicht nur vorauszuahnen, sondern auch hervorzurufen. Auch für die Eltern ist dies ein Wendepunkt. Anstatt wie bisher auf das Schreien und die übrigen Signale des Babys wie selbstverständlich zu antworten, müssen sie jetzt einen Moment überlegen, wie weit sie tatsächlich darauf eingehen wollen. Falls sie das Gefühl haben, daß das Kind nur mit ihnen spielt, müssen sie sich entscheiden, ob sie ihm tatsächlich entgegenkommen möchten. Dieser neuartige Dialog zwischen Eltern und Baby vertieft ihre gegenseitige Bindung und bereitet ihnen oft viel Vergnügen; allerdings müssen sie ihre Bedürfnisse auch neu aufeinander abstimmen.

Lernen

Motorische und kognitive Lernprozesse sind in diesem Alter untrennbar ineinander verwoben. Das vier bis fünf Monate alte Baby müht sich ab, sitzen zu lernen und mit den Händen Gegenstände zu bewegen. Diese beiden Aktivitäten eröffnen ihm ganz neue Möglichkeiten, seine Welt zu erkunden. Wenn die Eltern es an den Armen ins Sitzen hochziehen, strengt es sich an, sich aus eigener Kraft aufzurichten. Mit fünf Monaten spannt es sich dabei so sehr an, daß es auf den starren Beinen zu stehen kommt, und schaut die Erwachsenen dann beifallheischend an. Schon jetzt hat das Baby es eilig, in eine aufrechte Haltung zu kommen.

Babys in diesem Alter sind sehr ungeduldig. Manche quengeln und quengeln, bis die Eltern sie in einen Stuhl oder auf ihren Schoß setzen. Die Fehlschläge beflügeln das Baby beim Lernen. Die Eltern können ihm beibringen, sich selbst ins Sitzen hochzuziehen. Doch ehe es das kann, muß es etwa einen Monat lang immer wieder enttäuscht aufgeben. Die Eltern sollten ihm so weit wie möglich behilflich sein, aber nicht meinen, sie müßten unbedingt ständig zu ihm eilen.

Die Rückenlehne eines Stuhls oder einer Wippe sollte nach hinten geneigt sein, damit das Baby nicht ganz senkrecht sitzt. Der Rücken wird überlastet, wenn es zu lange nach vorne gebeugt dasitzt. Motorbetriebene Wippen wirken sicherlich beruhigend auf ein Baby und mildern seine Frustration, aber ich halte sie für entbehrlich.

Wenn das Baby lernt, einen Gegenstand aus der einen Hand in die andere zu nehmen, ist ein wichtiger Schritt im Umgang mit Objekten getan. Mit vier Monaten dürfte es anfangen, sich mit Gegenständen zu befassen und mit ihnen herumzuspielen. Mit fünf Monaten kann es sie in der Regel von einer Hand in die andere nehmen. Ich würde über seinem Bettchen an einer gut gesicherten Kordel ein „Wiegensportcenter" aus verschiedenen griffigen Objekten aufhängen, die es anfassen und erkunden kann. Seine Methode, über einen Gegenstand so viel wie möglich zu erfahren, besteht darin, ihn in den Mund zu nehmen, zu befühlen und zu betasten.

Ich bin immer ganz gefesselt, wenn ein Baby dieses Alters mein Gesicht erkundet, während ich es auf dem Arm halte. Sein Tasten ist von großer Zartheit und offenbart eine ausgeprägte Neugier. Durch solche Erfahrungen wird es sich schließlich die Vorstellung der „Personpermanenz" aneignen – das Bewußtsein, daß Menschen real sind in dem Sinne, daß sie auch dann weiterexistieren, wenn es sie gerade nicht sieht.

Ob und wann das Baby sich vom Rücken auf den Bauch oder vom Bauch auf den Rücken rollen wird, läßt sich nicht voraussagen. Viele gesunde Babys versuchen das nicht einmal. Sie sind es zufrieden, auf dem Rücken oder auf dem Bauch zu liegen, und haben gar nicht das Bedürfnis, sich herumzudrehen. Dicke Babys sind meist zu träge dafür, weil sie zu viel Gewicht bewegen müssen. Das erste Umdrehen ergibt sich oft aus einer Reflexreaktion. Wenn das Baby also, während es zappelt und sich windet, unversehens andersherum zu liegen kommt, erschrickt es, weil es sich in einer ungewohnten Körperhaltung wiederfindet, und fängt an zu schreien. Die Eltern eilen herbei und sind beeindruckt, daß es sich umgedreht hat. Aber das Baby ist eingeschüchtert und unternimmt vielleicht wochenlang keinen Versuch mehr.

Wenn die Eltern hören, daß andere, gleichaltrige Babys sich schon herumrollen können, überlegen sie, ob sie das ihrem Kind nicht beibringen sollten. Ich rate ihnen nicht dazu. Das Herumrollen ist die am wenigsten verläßliche Entwicklungsmarke. Es hat keinen Sinn, eine Norm festlegen zu wollen, wann ein Baby gerade dies können sollte. Die Variationsbreite ist viel zu groß. Aber die Frage der Eltern ist für mich ein Anlaß, mit ihnen darüber zu sprechen, warum es unsinnig ist, Babys aneinander zu messen. Wenn die Eltern solche Vergleiche mit anderen Babys anstellen, geraten sie unter Druck und drängen ihr Kind dazu, „aufzuholen". Viel besser wäre es, wenn sie sich auf sein Tempo einstellen und auf das Wert legen, was es bereits kann und was es gerade zu lernen versucht. Das Selbstwertgefühl des Babys hängt davon ab, wie sehr die Eltern es schätzen. Natürlich ist es sehr schwer, keine Vergleiche anzustellen, weil die Eltern durch sie ja auch sehen können, was noch auf sie zukommt. Allerdings spürt ein Baby sehr wohl, ob die Eltern unzufrieden mit ihm sind.

Wenn es die ganze Zeit auf dem Rücken liegt, fragen sich die Eltern, wie es so denn lernen soll zu krabbeln. Ich versichere ihnen, daß es ganz bestimmt krabbeln wird, sobald es mit sieben oder acht Monaten reif genug ist. In Bauchlage kann ein Baby schon erste Krabbelversuche machen und dabei seinen Rücken kräftigen. Ist es enttäuscht, weil ihm das Krabbeln noch nicht gelingen will, können die Eltern sich auf gleiche Höhe mit ihm begeben und ihm das Leben am Boden versüßen, indem sie ihm kleine Spiele und Spielzeuge vorführen. Aber das ist gar nicht notwendig. Früher oder später wird es krabbeln können und diesen Sieg dann *selbst* errungen haben.

Ausblick

Ernährung. Die Experimentierfreude des Kindes, über die wir gesprochen haben, wird in den nächsten Wochen noch zunehmen. Deshalb gebe ich den Eltern die folgenden Ratschläge. Das Baby wird die Flasche selbst festhalten wollen. Reichen Sie ihm die Flasche mit dem Boden voraus hin. Beobachten Sie, wie es sie zweifelnd anschaut und dann begreift, daß es die Flasche herumdrehen muß, um den Sauger in den Mund zu bekommen. So merkt es, daß es sein Ziel erreichen kann, auch wenn es erst eine Hürde zu nehmen hat. Sie sollten das Baby, wenn es trinkt und ißt, immer im Arm halten und sich mit ihm hinsetzen. Bei einer Mahlzeit geht es um viel mehr als nur um die Nahrung. Das Kommunizieren mit dem Baby ist genauso wichtig. Studien haben gezeigt, daß die nötigen Verdauungssäfte (Salzsäure im Magen und Zwölffingerdarmsaft im Dünndarm) nur aktiviert werden, wenn das Baby sich während der Mahlzeit wohlfühlt. Bei einer sogenannten Gedeihstörung nimmt das Kind trotz ausreichender Nahrungszufuhr nicht zu und wächst nicht, weil die

Umgebung seiner Entwicklung nicht förderlich genug ist. In diesem Alter hält ein Kind im Trinken inne, damit Sie zu ihm sprechen, es anschauen und liebkosen. Daraufhin saugt es mit zufriedenem Gesichtsausdruck weiter.

Zu der festen Nahrung, die Sie dem Kind anbieten, sollten in den ersten neun Monaten weder Mischprodukte noch Eier noch Weizen gehören. Wie bereits erwähnt, sind das die Nahrungsmittel, auf die ein Kind am ehesten allergisch reagiert. Wenn Sie ihm feste Nahrung geben, wird das Baby gern einen Löffel in der Hand halten, während Sie es mit dem anderen füttern. Rechnen Sie damit, daß es den Löffel fallen läßt, zu ihm hinunter- und dann zu Ihnen hinaufschaut, damit Sie ihn aufheben. Das Kind ist dabei, Erfahrungen zur Objektpermanenz zu sammeln. Wenn Sie anfangen, es aus einer Tasse zu füttern, sollten Sie zulassen, daß es Ihnen „hilft". Freuen Sie sich an seinem spielerischen Experimentieren während der Mahlzeit, und bestärken Sie es darin.

Wenn Sie das Kind mit der Flasche füttern, sind 550 bis 700 Gramm die für dieses Alter angemessene Menge. Milch hat einen höheren Nährwert als feste Nahrung, doch bei Problemen mit dem Stillen oder mit der Flaschenernährung können Sie, gewissermaßen um das Milchdefizit auszugleichen, auf feste Nahrung zurückgreifen. Zweimal am Tag sollten Sie sich mit dem Kind in einen dunklen, ruhigen Raum setzen, um es dort zu stillen oder ihm die Flasche zu geben. Dann nimmt es genügend Milch zu sich, um zu wachsen und zu gedeihen. Ohne die ausreichende Menge Milch legt es aber kein Gewicht zu.

Ab und zu wird es noch vorkommen, daß das Baby feste Nahrung wieder ausspeit. Es muß das Essen erst lernen. Bisher hat es nur gesaugt. Viele Babys stecken die Finger in den Mund und saugen daran, um die feste Nahrung besser schlucken zu können. Den Eltern kommt es manchmal vor, als wolle das Baby sie mit dem Speien necken. Das trifft aber nicht zu. Wenn sie ungehalten reagieren, wird das Speien nur noch zunehmen. Oft ist das Baby längst satt und mag nichts mehr. Hören Sie dann am besten mit dem Füttern auf. Ziehen Sie einen Regenmantel an, falls es das Essen um sich herum verteilt, und setzen Sie es in einen abwaschbaren Stuhl. Lassen Sie ihm freie Hand. Es soll mit dem Essen so herumspielen können, wie es möchte. Es braucht Zeit, um vom Saugen zum Aufnehmen fester Nahrung überzugehen. Außerdem hat es gerade gelernt, nach etwas zu greifen, und will sein Essen anfassen können. Wenn Sie sich einmischen, lösen Sie möglicherweise Widerstände gegen das Essen aus, so daß es später rebelliert und Konflikte um das Essen entstehen.

Schlaf. Wenn das Baby mittlerweile gelernt hat, auf seine Weise in den Schlaf zu finden, können die Eltern davon ausgehen, daß es immer länger durchschlafen wird. Im REM-Schlaf wühlt es weiterhin im Bett herum und wimmert, kommt dann aber auf die Art, die es sich angewöhnt hat, von allein wieder zur Ruhe. Die Verhaltensmuster, mit denen es sich tröstet und in den Schlaf zurückfindet, werden in den kommenden zwei Monaten noch wichtiger für das Baby. Nach einem Tag, an dem zu viele Reize auf das Kind eingestürmt sind oder an dem es viel Neues erlebt hat, wird es nachts wieder häufiger wach. Die Eltern müssen sich einige Nächte lang seiner annehmen, ehe es wieder wie zuvor durchschlafen kann.

Zeit zum Spielen. Von morgens bis abends betrachtet das Baby seine Welt mit immer größerer Neugier. Nicht nur beim Essen, sondern auch beim Windelwechseln und Baden erkundet es eifrig seine Umgebung. Es will sich zunächst auf die eine, dann auf die andere Seite drehen, und falls Ihre Hände naß sind, müssen Sie aufpassen, daß es sich nicht herauswindet. Der Umgang mit dem Baby verlangt nun erhöhte Vorsicht und Wachsamkeit. *Niemals* dürfen Sie es auf dem Wickel- oder Badezimmertisch allein lassen. Bleiben Sie *immer* mit wenigstens einer Hand in Tuchfühlung mit ihm. Wenn Sie es zum Baden in eine kleine Wanne oder ins Waschbecken setzen, muß der Warmwasserbereiter *auf jeden Fall* unter 50 Grad Celsius eingestellt sein. Nicht selten drehen Babys zufällig den Heißwasserhahn auf und ziehen sich ernsthafte Verbrennungen zu. Das Baby zu sich in die Wanne zu nehmen ist eine besonders schöne Art, es zu baden.

Manche Eltern fragen mich, wie gründlich sie die Genitalien des Babys waschen sollen. Ich rate ihnen von übertriebenem Eifer ab. Bei einem kleinen Mädchen sorgen Vaginalsekrete für ausreichende Hygiene. Ein Bad pro Tag genügt. Verwenden Sie bei einem Mädchen *niemals* Schaumbad oder Desinfektionsmittel. Sie greifen den schützenden Schleim in der Vagina an. Aggressive Flüssigkeiten (Reinigungssubstanzen) steigen in die Blase auf, und Bakterien können sich in der nun ungeschützten Körperöffnung ansiedeln und Blasenentzündungen und Nireninfektionen hervorrufen. Bei Mädchen wie Jungen können bestimmte Badezusätze und Reinigungssubstanzen Ausschläge hervorrufen und die Haut austrocknen. Diese für die Babypflege angebotenen Produkte sollten verboten werden. Bei einem kleinen Jungen ist es nicht notwendig, ihm im Bad die Vorhaut zurückzuziehen. Machen Sie nicht zu viel Aufhebens um die Sauberkeit. Das Baden ist vor allem eine schöne Gelegenheit, dem Baby nahe zu sein und viel Spaß miteinander zu haben. Versuchen Sie, falls Sie ganztags berufstätig sind, das Baden zeitlich so zu legen, daß es zum Vergnügen werden kann. Auch das Windelwechseln ist eine Gelegenheit zum Spielen und Zusammensein. Stehen Sie, wenn nötig, früher auf, damit Sie sich dem Baby morgens in Ruhe widmen können, bevor Sie aus dem Haus gehen. Richten Sie es so ein, daß Sie auch abends gleich nach dem Heimkommen Muße haben, sich mit ihm zu beschäftigen. Es wird zunächst quengeln und unruhig sein. Es hat Sie vermißt, und sein Protest hat sich den ganzen Tag über angestaut. Doch wenn es diese chaotische Phase hinter sich hat, kehrt wieder Harmonie ein, und Sie können sich aneinander freuen. Wiegen Sie es im Arm, und singen Sie ihm etwas vor. Lassen Sie sich „erzählen", wie schrecklich der Tag ohne Sie war.

Motorische Entwicklung. In den kommenden beiden Monaten eignet sich das Baby viele neue, erstaunliche Fähigkeiten an. Wenn Sie es in den Stand hochziehen, sehen Sie seinem Gesicht an, daß es ganz aufgeregt ist. Das fünfmonatige Baby ist völlig hingerissen vom Stehen. Es schaut Sie beifallheischend an. Vor lauter Aufregung hört es sogar auf zu weinen, wenn Sie es aufstellen. Das ist nicht weiter verwunderlich, denn es drängt danach, sich so bald wie möglich allein aufrecht halten zu können.

In den nächsten beiden Monaten wird es versuchen, das Sitzen zu meistern. Zunächst sitzt es noch mit gebeugtem Rücken und stützt sich mit beiden Armen ab. Mit sechs Monaten ist der Rücken schon kräftiger, aber es braucht noch immer die Arme, um sich im Gleichgewicht zu halten. Wenn es so dasitzt, kann und will es nicht nach einem Gegenstand greifen.

Mit Gegenständen setzt es sich weiterhin vor allem so auseinander, daß es sie in die Hand nimmt, aus der einen in die andere Hand wandern läßt und mit dem Mund erkundet. Es spielt auch mit der einen

Hand, indem es sie mit der anderen befühlt. Wenn Sie ihm, wie beschrieben, eine Kordel mit Gegenständen daran über das Bett hängen, wird es sich ausdauernd damit beschäftigen.

Irgendwann kommt es, während es auf dem Bauch liegt oder sich aus dem Sitzen in die Bauchlage sinken läßt, auf die Idee, daß es sich aus dieser Position heraus in Bewegung setzen könnte. Aber erst einmal schiebt es sich nach rückwärts, *weg* von seinem Ziel. Enttäuscht fängt es an zu schreien. Sein Ärger geht den Eltern sehr nahe. Wenn sie ihm eine Hand fest gegen die Fußsohlen halten, kommt es mit der Zeit vielleicht darauf, wie es sich nach vorne schieben kann. Jedenfalls wird ihm sein Fehlschlag helfen, es von neuem zu versuchen. Ich kann nur immer wieder betonen, daß die Enttäuschung der machtvollste Lernantrieb für ein Baby ist – solange sie es nicht lähmt. Beobachten Sie, wie es eine neue Aufgabe in Angriff nimmt, wie es mit seiner Frustration kämpft und die Hürde schließlich überwindet. Es ist ganz begeistert von sich, wenn es das Problem *selbst* gelöst hat! Die Eltern sollten sich klarmachen, daß das Baby mit aller Macht danach drängt, solche Herausforderungen zu meistern. Dann werden sie zu seinen Verbündeten und stehen seinem Drängen und seiner Entwicklung nicht im Weg. Wenn sie mich um Rat fragen, weil das Enttäuschtsein des Babys sie beunruhigt, gibt mir das Gelegenheit, ihnen zu erläutern, daß wir es hier mit einem wichtigen *Auftakt* in der Entwicklung ihres Kindes zu tun haben.

Fremdeln. Die wachsende Neugier des Babys auf das, was in seiner Umgebung zu sehen und zu hören ist, führt nach fünf oder sechs Monaten dazu, daß es Fremden gegenüber nicht mehr so unbefangen ist. Bis dahin hat es nichts dagegen, von einer Person zur nächsten weitergereicht zu werden. Oft berichten mir die Eltern eines vier oder fünf Monate alten Babys ganz stolz, daß es zu allen freundlich ist und daß es ihm offenbar nichts ausmacht, wenn sie mit ihm in einen Raum voller Menschen kommen. Das dürfte sich bald ändern. Bei dem Termin mit dem fünf Monate alten Baby wird für mich deutlich, daß es Fremde mit anderen Augen sieht als zuvor. Es gluckst und gurrt und lächelt mich über den Schreibtisch hinweg lockend an, während die Mutter sich mit mir unterhält. Sollte ich mich aber verleiten lassen, es selbst in den Arm zu nehmen oder ihm, wenn die Mutter es auf den Untersuchungstisch legt, direkt ins Gesicht zu blicken, fängt es an zu schreien und hört während der gesamten Untersuchung nicht mehr auf. Wenn ich dagegen an ihm vorbeischaue, mit sanfter Stimme spreche und es nicht direkt anrede und wenn außerdem die Mutter stets in seiner unmittelbaren Nähe bleibt, läßt es die ganze Untersuchung ohne Widerstreben über sich ergehen. Ich kann es sogar impfen, ohne daß daraus eine lautstarke Szene werden muß. Ich bitte die Mutter, das Baby fest gegen ihre Schulter zu halten und es nach der Injektion rasch zu drehen, um es abzulenken. Das neueröffnete Blickfeld fesselt das Baby so sehr, daß es die unangenehmen Empfindungen ignoriert. Fremde konfrontieren das Baby mit zu vielen unvertrauten Reizen. Es ist noch nicht imstande, alle diese Reize auf einmal zu bewältigen. In dieser Phase können die Großeltern oder eine Babysitterin das Kind völlig aus der Fassung bringen, wenn sie zu schnell auf es zugehen oder ihm gleich zu Anfang direkt ins Gesicht blicken. Das Kind braucht einen Freiraum, um jeden neuen Anblick und jedes neue Geräusch erst einmal verarbeiten zu können. Das wachsende Wahrnehmungsvermögen und die motorischen Fortschritte im Greifen und Hantieren mit Gegenständen sind eng miteinander verbunden und beflügeln einander. Kein Wunder, daß das Leben für ein Kind so aufregend und überwältigend ist!

Das gesteigerte Wahrnehmungsvermögen, aus dem das Fremdeln entsteht, führt auch dazu, daß das Baby heftiger gegen Trennungen protestiert. Mehr als je zuvor braucht es eine ständige Bezugsperson. Selbst wenn die Mutter oder der Vater tagsüber bei ihm bleibt, rebelliert es, wenn abends eine Babysitterin kommt. Sind beide Eltern berufstätig, gerät das Baby durch die kleinsten Veränderungen in der Tagesstätte oder bei der Betreuung zu Hause außer sich.

Vielleicht sind die Eltern überrascht vom gewandelten Verhalten des Babys. Eine Mutter sagte: „Jedesmal, wenn ich sie bei anderen lasse, weint sie. Das war vorher nicht so. Es hat ihr nie etwas ausgemacht." Hier haben wir einen jener Entwicklungsschübe vor uns, durch die das Baby empfindlicher auf Ungewohntes reagiert und plötzlich weit mehr auf die Eltern angewiesen scheint als zuvor. Diese empfindsame Phase dauert meist ein oder zwei Wochen, aber auch danach braucht es eine konstante Bezugsperson.

Oft fällt das Baby genau dann in größere Unselbständigkeit zurück, wenn die Mutter wieder in den Beruf zurückgeht oder wenn es mit einer neuen Betreuerin zu tun hat. Deshalb ist der ganzen Familie gedient, wenn solche Umstellungen schonend und Schritt für Schritt vorgenommen werden. Den Eltern sollte ohnehin daran gelegen sein, daß das Baby die Betreuerin, der sie es anvertrauen, schon recht gut kennt. Falls möglich, sollten sie also dabei sein, wenn das Baby sich an die Betreuerin gewöhnt. Sie müssen sich darauf verlassen können, daß die Betreuerin Verständnis hat für die Angst des Babys vor ihr, der Fremden, und sich nicht etwa darüber aufregt. Die Angstreaktion des Babys ist nicht ganz leicht zu verkraften. Wenn das Baby zunächst nur kurz und erst allmählich länger mit der Betreuerin allein ist, fällt ihm die Umstellung leichter.

Sobald die Eltern heimkommen, kennt das Baby kein Halten mehr und klagt und quengelt. Diesen Ausbruch hat es sich *eigens für sie* aufgespart. Die Eltern sind meist erleichtert, wenn ich ihnen das mitteile. Oft berichten sie: „Jedesmal wenn wir ihn mit einer Betreuerin alleingelassen haben, brauchen wir nur zur Tür hereinzukommen, und er gerät völlig außer sich. Die Betreuerin sagt immer: ‚Bei mir schreit er nie so!' Das tut weh." Wenn die Eltern dies jedoch zum einen als eine Bestätigung dafür nehmen, daß sie der Betreuerin vertrauen können, und zum andern als ein Signal, daß in Wirklichkeit *sie* dem Baby am wichtigsten sind, können sie seine Ausbrüche etwas gelassener hinnehmen. Sie gehen ihnen so nahe, weil sie sich einen Ruck geben müssen, um das Baby zurückzulassen, und ihr schlechtes Gewissen sie dann verletzbar macht.

Berufstätige Eltern haben oft große Angst, ihre Abwesenheit könnte sich nachteilig auf ihr Baby auswirken. Doch ich bin der festen Überzeugung, daß das Baby keine Schäden davontragen wird, wenn sie eine wirklich liebevolle, engagierte Betreuerin finden. Natürlich ist das nicht dasselbe, wie wenn das Baby den ganzen Tag die Mutter oder den Vater um sich hat, wobei auch diese Lösung durchaus ihre problematischen Seiten haben kann. In *Und was ist mit den Kindern?* habe ich ausgeführt, worauf die Eltern bei einer Betreuerin, bei einer Tagesmutter oder bei einer Kindertagesstätte achten sollten. Um die Bedürfnisse eines vier bis fünf Monate alten Babys erfassen zu können, ist eine entsprechende Schulung ebenso notwendig wie eine warmherzige und gelassene Art. Große Bedenken habe ich, wenn eine Betreuerin zwar gut ausgebildet ist, sich aber um eine Gruppe von mehr als drei Säuglingen oder vier Kleinkindern zu kümmern hat.

Zusammen mit Kollegen habe ich in Tagesstätten mit gutem Pflegestandard vier Monate alte Babys beobachtet. Sie schienen in den acht Stunden dort einen sehr ökonomischen Schlaf-Wach-Zyklus zu durchlaufen. Sie waren nie übermäßig aufgeregt und hingen auch nicht allzusehr an den Betreuerinnen, obwohl diese gut ausgebildet und freundlich waren. Aber die Babys schienen sich zurückzuhalten. Wenn die Eltern sie dann abholen kamen, ging ein ungestümes Geschrei los. Die Babys hatten sich den Gefühlsausbruch für die Menschen aufgehoben, die ihnen am meisten bedeuteten.

Wenn sie genug geschrien hatten, wandten sie sich mit großer Aufmerksamkeit ihren Eltern zu. Babys sind anscheinend in der Lage, sich auf mehr als nur zwei Menschen einzustellen. Wenn die Eltern sich einen Teil ihrer Energie für abends aufheben, um das intensive Wiedersehen mit dem Baby auskosten zu können, ertragen sie das tägliche Getrenntsein leichter. Manchmal ermuntere ich die Eltern, sich nach dem Nachhausekommen mit dem Baby hinzusetzen, es zu wiegen und ihm etwas vorzusingen. Sie können mit ihm sprechen, es fragen, wie es den Tag verbracht hat, und ihm erzählen, wie sehr sie es vermißt haben. Wenn die Eltern Zweifel haben, ob das Kind sie versteht, versichere ich ihnen, daß es jedenfalls spürt, was sie meinen. So finden sie gemeinsam zu einem Ritual, das sie durch viele Jahre begleiten wird.

7. Sieben Monate

Kommt ein sieben Monate altes Baby auf dem Arm der Mutter oder des Vaters in mein Sprechzimmer geschwebt, erkenne ich sofort, daß es sich nicht mehr nur passiv herumtragen läßt, sondern sich aktiv festhält. Wenn ich die Familie im Wartezimmer abhole, will das Baby hochgenommen werden. Es streckt Mutter oder Vater die molligen Ärmchen entgegen, während sie sagen: „Komm, jetzt gehen wir zum Herrn Doktor." In diesem Alter begrüßen mich die meisten Babys noch freundlich und lächeln mich an, wenn ich mit ihnen spiele. Freudig glucksend zeigen sie mir, was sie schon können. Schaut ein Baby allerdings argwöhnisch, wenn ich näherkomme, bitte ich die Mutter, es auf dem Arm zu behalten. Das Fremdeln wird in diesem Alter allmählich wieder ausgeprägter. Da ich aber bei diesem Termin keine Impfungen vornehmen muß, geht es im allgemeinen heiter zu, und ich kann der Mutter, die meist recht zuversichtlich wirkt, die wichtigsten Entwicklungsschritte ihres Kindes erläutern. Das Baby fließt förmlich über vor Vergnügen an sich selbst. Wenn ich über den Schreibtisch hinweg zu ihm spreche, kokettiert es mit mir. Es wendet sich weg und lugt verstohlen über die Schulter zu mir hin. Es kichert und quiekst, um meine Aufmerksamkeit auf sich zu ziehen. Wenn es uns nicht vom Gespräch ablenken kann, wippt es vielleicht sogar vor der Mutter oder dem Vater auf und ab oder legt ihnen die Hand auf den Mund, um uns zu stören. Es will, daß wir uns nur mit *ihm* beschäftigen!

Mit sieben Monaten schaut das Baby in die Welt, als gehörte sie ihm. Es ist ein richtiges Bilderbuchbaby. Es kann jetzt aufrecht sitzen und beschäftigt sich glucksend und mit triumphierendem Gesichtsausdruck mit einem Spielzeug nach dem anderen. Oft nimmt es ein Spielzeug in die Hand, untersucht es genau, befühlt es mit dem Mund, dreht und wendet es immer wieder, um es schließlich über die Tischkante herunterfallen zu lassen. Dann schaut es mit einem auffordernden Laut erwartungsvoll auf. Bereitwillig bücken sich die Eltern und heben das Spielzeug auf. Wenn sie nach einer Weile sagen: „Nicht hinunterwerfen, das hebe ich nicht mehr auf", schaut das Baby sie an, um abzuschätzen, wie ernst sie das wohl meinen. Wenn es merkt, daß die Eltern tatsächlich ganz auf das Gespräch mit mir konzentriert sind, läßt es von dem Spiel ab. Oder es versucht ein anderes Spiel in Gang zu setzen; zum Beispiel ruft es „da" oder „ma" und lacht dann laut auf. Gelingt es ihm nicht, die Eltern von mir abzulenken, gibt es sich ohne Murren geschlagen und wendet sich den Spielsachen auf dem Tisch vor ihm zu.

Die Eltern und alle anderen, die mit dem Baby zu tun haben, glauben seine Persönlichkeit nun schon recht gut zu kennen. Als es sechs Wochen alt war, deuteten verschiedene Tendenzen und Anzeichen auf sein Temperament hin. Mittlerweile hat sich seine Methode der Auseinandersetzung mit der Umgebung voll entfaltet. Ich erläutere den Eltern, worin sich nach meiner Ansicht das Temperament des Babys zeigt, damit wir gemeinsam besser verstehen können, welches Normalverhalten für dieses Kind charakteristisch ist.

Der Begriff Temperament läßt sich in mehrere Aspekte aufgliedern. Sie beschreiben, wie das Kind immer wieder in ähnlicher Weise auf Bekanntes und Unbekanntes sowie auf Streß reagiert. Den Eltern bieten diese Aspekte eine Orientierungshilfe, um ihr Verständnis für das Kind allmählich zu vertiefen. Wenn sie eine Vorstellung vom Temperament des Kindes haben, können sie seine Verhaltensweisen besser einordnen und wissen, wann diese seinem „Normalselbst" entsprechen und wann sie davon abweichen. Wenn das Baby dann anders ist als sonst, gibt ihnen das einen ersten Hinweis darauf, daß es vielleicht krank ist oder mit Belastungen nicht zurechtkommt. Außerdem entwickeln sie auf diese Weise ein Gespür dafür, ob ein Entwicklungsschub unmittelbar bevorsteht. Wenn das Kind sich anders verhält als sonst, müssen sich die Eltern darüber klar werden, welche dieser Möglichkeiten zutrifft. Handelt es sich um einen Entwicklungssprung, sollten sie zunächst versuchen zu verstehen, worin er besteht, um angemessen auf das Kind eingehen zu können.

Ich versuche das Temperament des Babys anhand der neun Aspekte einzuschätzen, die Stella Chess und Alexander Thomas formuliert haben (siehe Literaturverzeichnis). Hier eine kurze Übersicht:
1. Aktivitätsniveau
2. Ablenkbarkeit
3. Ausdauer
4. Annäherung und Rückzug: Wie bewältigt das Kind unbekannte und belastende Situationen?
5. Intensität der Reaktionen

6. Anpassungsfähigkeit: Wie geht das Kind mit Veränderungen um?

7. Regelmäßigkeit: Lassen sich beim Schlafen, beim Stuhlgang und in den Verhaltenszyklen während des Tages klar ausgeprägte Rhythmen erkennen?

8. Wahrnehmungsschwelle: Ist das Kind überempfindlich, oder reagiert es nur auf sehr starke Umgebungsreize? Ist es rasch überreizt?

9. Stimmung: Reagiert das Kind grundsätzlich eher aufgeschlossen oder eher abwehrend?

Ausgehend von diesen individuellen Merkmalen läßt sich abschätzen, welche besonderen Entwicklungsaufgaben auf das Kind selbst und auf die Menschen um es herum zukommen. In meinem ersten Buch, *Babys erstes Lebensjahr*, habe ich den Weg dreier verschiedener Babys – eines lebhaften, eines ruhigen und eines durchschnittlich aktiven – und ihrer Eltern durch das erste Jahr verfolgt. Wenn das erste halbe Jahr zu Ende geht, sollten die Eltern und die übrigen Personen, die sich um das Baby kümmern, miteinander darüber sprechen, wie sie das Kind erleben und was nach ihrem Empfinden seine

Wesensart ist. So können sie sicher sein, daß sie bei den zahlreichen bevorstehenden Entscheidungen auch von gemeinsamen Voraussetzungen ausgehen.

Motorische Entwicklung

Das Sitzenlernen ist ein Meilenstein der Entwicklung. Wie wir gesehen haben, lehnt sich das Baby mit fünf Monaten noch nach vorne auf die Arme, um so etwas wie einen Dreifuß zu bilden. Es kann sich weder von der Stelle rühren noch die Körperhaltung ändern, sondern sich nur umfallen lassen. Mit sechs Monaten kann es dann den Rücken gerade halten und kippt nicht mehr nach vorne oder hinten. Aber es stützt sich noch immer nach beiden Seiten mit den Armen ab. Wenn es einen Arm zu heben versucht, kippt es nach dieser Seite hin um. Das eigenständige Sitzen ist also noch immer eine sehr wackelige Angelegenheit. Nur mit starren Armen kann das Baby das Gleichgewicht halten, und es kommt auch noch nicht ohne fremde Hilfe in die Sitzposition.

Mit sieben Monaten muß sich das Baby nicht mehr mit den Armen abstützen und kann den Rücken für kurze Zeit gerade halten. Es muß die Arme allerdings noch recht vorsichtig einsetzen, sonst kippt es zur Seite. Es wagt ein wenig mit Spielsachen zu hantieren, die direkt vor ihm liegen. Doch da es weiß, daß es allein nicht wieder in den Sitz hochkommt, wenn es umkippt, spielt es ganz vorsichtig, um in seiner faszinierenden neuen Körperhaltung bleiben zu können. Mit acht Monaten kann es sich im Sitzen dann freier bewegen. Es kann sich drehen und sich nach vorne oder zur Seite neigen. Es hat das Sitzen gemeistert und experimentiert nach Belieben damit. Wenn es umkippt, ist es nun wahrscheinlich imstande, sich wieder ins Sitzen hochzuarbeiten.

Kinderärzte und erfahrene Eltern erkennen an der Komplexität der Bewegungen, wie lange ein Baby schon allein sitzen kann. Hat es das gerade gelernt, bewegt es sich sehr sparsam. Wenn es aber imstande ist, sich zu drehen und nach einer Seite zu lehnen, kann es seit mindestens einem Monat sitzen. Von mindestens zwei Monaten ist auszugehen, wenn es seinen Körper schon so gut in der Gewalt hat, daß es sich allein aus dem Liegen zum Sitzen aufrichtet.

Mit dem Sitzenlernen gehen andere kleine Fortschritte in der motorischen Entwicklung einher. Das Kind kann die Bewegungen seines Körpers immer besser steuern und ist dabei zunehmend fasziniert von seinen Händen. Mit sechs Monaten kann es die Finger noch nicht unabhängig voneinander bewegen. Wenn es nach einem Gegenstand greift, harkt es ihn gewissermaßen mit den Fingern in die Handfläche. Mit sieben Monaten ist es schon geschickter. Wenn es einen Gegenstand aus der einen Hand in die andere nimmt, erkundet es ihn dabei mit den Fingern. Dabei bewegt es Zeigefinger und Daumen allmählich immer unabhängiger voneinander. Mit acht Monaten packt es dann kleine Gegenstände, indem es Daumen und Zeigefinger wie eine Kneifzange einsetzt. Um zu erkunden, was sich mit dieser Errungenschaft alles anfangen läßt, hebt es sämtliche kleinen Dinge auf, die es sieht. Staubflocken auf dem Boden, ein Aspirin, das den Eltern heruntergefallen ist, ein Brocken Hundefutter – alles erregt seine Neugier. Zur genaueren Untersuchung wandert das Objekt in Richtung Mund. Die Eltern sollten in dieser Phase überall gut aufräumen, wo sich das Baby hinbewegt, und nichts Gefährliches herumliegen lassen.

Der Kneifzangengriff, die Gegenüberstellung des Daumens zu den anderen Fingern, ist eines der Merkmale, die uns von den Menschenaffen unterscheiden. Der Mensch, sagt Maria Montessori, gebraucht „die Hand als ausführendes Werkzeug seiner Intelligenz"[5]. Unser Sprachvermögen und unser manuelles Geschick sind für uns der Schlüssel zu komplexeren Leistungen. Kein Wunder, daß das Baby vom Kneifzangengriff so gefesselt ist. Es übt ihn den ganzen Tag lang.

Bald beginnt es die Welt mit Hilfe seiner Finger zu erkunden. Indem es sie unabhängig voneinander bewegt, kann es sie beispielsweise auch wunderbar einsetzen, um auf Gegenstände zu zeigen und so die Aufmerksamkeit der Erwachsenen zu gewinnen, um in sämtlichen Öffnungen herumzustochern, auf die es stößt, auch in Steckdosen, und um jede Vertiefung und jeden verborgenen Winkel genau zu untersuchen. Mit Daumen und Zeigefinger erkundet das Baby die Gesichter vertrauter Erwachsener. Die Finger sind zu wirkungsvollen Verlängerungen von Augen und Mund geworden. Bis dahin hat das Baby Gegenstände und Menschen nur mit Hilfe seines Mundes beurteilt. Jetzt kann es dafür die Hände zu Hilfe nehmen.

[5] *Kinder sind anders*, Stuttgart: Klett, 1952, S. 116. A.d.Ü.

Fast alle Babys in diesem Alter setzen bevorzugt die eine oder die andere Hand ein. In den Monaten zuvor hat sich vermutlich schon angekündigt, welche Hand die dominante ist. Dies tritt dann durch den Entwicklungsschub in der Feinmotorik beim sieben- bis achtmonatigen Baby klar zutage. Es saugt an der untergeordneten Hand, damit die dominante Hand ungehindert ihren Erkundungen nachgehen kann. Wenn die Erwachsenen ein Spielzeug vor die Mittelachse des Babys halten, wird die dominante Hand als erste nach vorne gestreckt. Daumen und Zeigefinger dieser Hand setzt es bei seinen Erkundungen am häufigsten ein. Unwillkürlich halten wir ein Baby zur Rechtshändigkeit an. Reichen wir ihm etwas, so zielen wir fast durchweg auf seine rechte Seite. Falls die linke Hand dominant ist, muß sie hinübergreifen, um den Gegenstand zu erreichen.

Bemerkenswert ist, daß das Kind in diesem Alter allmählich das Interesse an seinen Füßen verliert, weil es nicht mehr so oft auf dem Rücken daliegt und sich mit seinen Zehen abgibt. Wenn es stehen lernt, büßen die Zehen an Wendigkeit ein und werden den Fingern immer unähnlicher.

Das Krabbeln ist ein weiterer Vorstoß in Richtung Eigenständigkeit. Meist unternimmt das Baby mit sieben Monaten die ersten Versuche, auf dem Bauch zu kriechen. Es drängt danach, sich fortbewegen zu können, und läßt sich deshalb aus dem Sitzen in die Horizontale sinken oder rollt sich vom Rücken auf den Bauch, um zu üben. Mit acht Monaten kann es dann *kriechen*, das heißt, sich auf dem Boden vorwärtsschlängeln. Manchmal stützt es sich auch auf Armen und Beinen ab und wippt auf allen vieren vor und zurück, bis es hinplumpst und mit Gesicht und Rumpf auf den Boden schlägt. Das mag zwar weh tun, aber da das Baby den Sturz selbst herbeigeführt hat, wird es kaum anfangen zu schreien. Wenn es unbedingt etwas erreichen will, nimmt es solche Unannehmlichkeiten ohne weiteres in Kauf.

Bei den ersten Versuchen, die Bewegungen der Arme und Beine zu koordinieren, werden die reflexhaften Schwimmbewegungen der ersten Lebensmonate wiederbelebt. Das Baby krabbelt rückwärts wie ein Krebs. *Krabbeln* bedeutet, daß es sich auf Ellbogen und Knien fortbewegt. Kinder krabbeln auf ihre jeweils ganz eigene Weise, manche allerdings haben gar keine Krabbelphase. Es ist ein Ammenmärchen, daß ein Kind, das nicht gekrabbelt ist, seine Bewegungen später nicht richtig koordinieren kann und unter Lernstörungen leidet. Ich habe viele Kinder gesehen, die nie gekrabbelt waren und bei denen sich das Laufenlernen und andere Lernvorgänge in völlig normaler Reihenfolge vollzogen. Viele Kinder gehen vom Sitzen direkt zum Stehen und Gehen über, ohne je zu kriechen oder zu krabbeln. Das Krabbeln ist kein unerläßliches Entwicklungsstadium.

Bei seinen ersten Krabbelversuchen schaut das Baby bestürzt drein, weil es sich zunächst immer weiter von der Stelle entfernt, wohin es eigentlich will. Seine Enttäuschung wächst. Es schreit vielleicht auf, wenn das neuentdeckte Zusammenspiel von Beinen und Armen „nach hinten losgeht". Wie erwähnt können die Eltern eine Hand gegen die Füße des Babys halten, damit es sich gegen diesen Widerstand nach vorne drückt. Die Überraschung und Freude darüber spornen es dann vielleicht an, auszuprobieren, wie es seine Bewegungen abändern muß, damit ihm das Vorwärtskrabbeln auch ohne Hilfe gelingt. Doch bis es so weit ist, muß es wahrscheinlich einen Monat lang immer wieder enttäuscht aufgeben. Die Eltern können es trösten und unterstützen, aber sie brauchen ihm dieses qualvolle, mühselige Üben nicht zu ersparen.

Wie erwähnt müssen die Eltern das Kind in diesem Stadium vor den möglichen Folgen seiner Wißbegier bewahren. Bereits einige Zeit im voraus sollten sie die Gefahren ausschalten, die im Haus auf ein entdeckungsfreudiges und einfallsreiches Kind lauern: Steckdosen abdecken, Treppen durch Gitter absichern und giftige Substanzen und Medikamente, die in Schränken und anderswo untergebracht sind, außer Reichweite des Kindes verwahren. Babys finden alles. Die Eltern sollten sich darauf gefaßt machen, daß die nächsten Monate zahlreiche Überraschungen bringen. [Sie sollten sich Ipecacuanha-Sirup für den Fall besorgen, daß das Kind etwas Giftiges schluckt.[6]] Neben jedem Telefon sollten die Nummern der nächstgelegenen Gift-Notruf-Zentrale, des Notdienstes im nächstgelegenen Krankenhaus

---

[6] Nach Auskunft der Vergiftungsinformationszentrale Freiburg wird in Deutschland Eltern eher davon abgeraten, sich Brechwurz-Sirup oder ähnliche Mittel zu beschaffen. Auch das Einflößen von Kochsalzlösung, ein altes Hausmittel, ist mit großen Risiken verbunden. Das Erbrechen des Kindes sollte daher nur in der Klinik oder vom Hausarzt ausgelöst werden. A.d.Ü.

und des Rettungsdienstes bereitliegen. Diese Vorkehrungen sind wichtig. Im Notfall sind die Eltern zu geschockt, um erst noch zu überlegen, wie sie vorgehen müssen.

Ernährung

Die neuen motorischen Fähigkeiten des Kindes, das Sitzen, die Streifzüge in die Umgebung und der Kneifzangengriff, sind Meilensteine seiner Entwicklung und wirken sich auf sämtliche Aspekte seines Lebens aus. Insbesondere bei den Mahlzeiten geht es nun ganz anders zu. Wenn die Eltern dafür sorgen, daß das Kind durch seine Fähigkeiten das Gefühl größerer Eigenständigkeit bekommt, gehen sie damit vielen Schwierigkeiten aus dem Weg. Ganz begeistert lernt das Baby beispielsweise, mit einer Tasse oder einem Glas zu hantieren. Obwohl es natürlich noch nicht so weit ist, daß es allein daraus trinken kann, will es das unbedingt probieren. Wenn die Eltern etwas trinken, können sie das Baby daran nippen lassen. Das Nachmachenwollen ist stets ein starker Lernanreiz. Wenn es mit einer Tasse hantieren will, können die Eltern ihm eine leere Tasse geben, während sie ihm aus einer anderen zu trinken geben. In dieser Phase will es seine Handgeschicklichkeit ständig üben, und deshalb kann es seine Tasse auch in die Badewanne mitnehmen. Es gießt sie immer wieder aus, trinkt Badewasser daraus, planscht mit großem Vergnügen herum und lernt auf diese Weise, die Tasse immer geschickter zu handhaben.

Die Eltern sollten ihrem Baby allerdings auch nicht zu viel zutrauen. Selbst wenn sie ihm in beide Hände etwas geben – einen Zwieback in die eine, einen Löffel in die andere –, wird es beides fallen lassen, um danach zu greifen, was die Eltern in der Hand haben. Oder es spielt, anstatt zu essen, mit seinem Toast oder seinem Löffel bloß herum. Die Eltern müssen dafür Verständnis aufbringen. Die Wißbegierde des Kindes ist jetzt stärker als sein Hunger. Die Eltern könnten es wohl dazu drängen, wie bisher brav und artig zu essen, aber früher oder später würde es sich dagegen auflehnen. Es lohnt sich also einfach nicht, Druck auszuüben. Sie lassen das Baby am besten seiner Neugier frönen, selbst wenn es nicht genug ißt. Sobald es gelernt hat, was es lernen wollte, regt sich auch sein Appetit wieder.

Die Eltern könnten an diesem Punkt also in einen Dauerkonflikt mit dem Baby geraten, aber es würde ihn in jedem Fall für sich entscheiden. Sie sollten sich statt dessen zurückhalten und sich an den neuerwachenden Fähigkeiten ihres Kindes freuen. Sobald es diese Fähigkeiten gemeistert hat, wird es wieder ohne Ablenkungen essen, doch bis dahin tritt alles andere in den Hintergrund. Zum Glück läßt sich sein Nahrungsbedarf mit zwei bis drei reichlichen Milchmahlzeiten decken (morgens, mittags und abends). Falls nötig, können die Eltern es abends um zehn, bevor sie ins Bett gehen, zu einer weiteren Mahlzeit wecken.

Obwohl bei den meisten Babys feste Nahrung inzwischen einen großen Teil des Speiseplans ausmacht, ist sie nicht so wichtig wie Milch und Vitamine. Wenn sich das Baby während seines Entwicklungsschubs gegen feste Nahrung sperrt, würde ich ihm vor allem Brei aus mit Spurenelementen angereichertem Getreide oder Fleisch, wegen des darin enthaltenen Eisens, anbieten. Die Eltern können ihm diese Nahrungsmittel so oft füttern, wie es sich darauf einläßt. Mit zwei oder drei Teelöffeln fester Nahrung kommt ein Baby in diesem Alter vierundzwanzig Stunden lang aus. Die Eltern meinen oft, der Speiseplan des Kindes müsse unbedingt „ausgewogen" sein, aber das ist gar nicht notwendig.

Der Kneifzangengriff steigert das Vergnügen am Essen natürlich erheblich. Am Anfang jeder Mahlzeit sollten die Eltern dem Kind ein oder zwei weiche Happen anbieten. Bekommt es sie hinunter, können sie ihm den nächsten Bissen geben. Es dauert noch geraume Zeit, bis das Kind kauen kann, doch bis dahin kann es weiche Nahrung mit dem Zahnfleisch zerdrücken. Geeignet sind kleine Bananenstücke, gekochte Kartoffeln, gekochtes Gemüse, weicher Toast und sogar Hamburgerbrötchen oder Rührei.

Wenn das Baby die Bissen entweder gegessen oder aber untersucht, befingert, fallengelassen, überall hingeschmiert oder sonstwie aus dem Verkehr gezogen hat, können ihm die Eltern die nächsten beiden Bissen vorlegen. Bieten sie ihm zu viele an, wird es sie einfach zermanschen oder von seinem Eßtischchen fegen. Die Eltern sollten sich darauf gefaßt machen, daß ein paar Bissen sogleich wieder als Brei aus dem Mund des Kindes quellen oder als Sabber am Kinn herunterrinnen. An der fabelhaften Neuigkeit der festen Nahrung sollte das Kind möglichst viel Spaß haben. Vielleicht ist es, während es sich mit den Happen auf seinem Tablett beschäftigt, auch so gefesselt und vertieft, daß es nebenbei seinen üblichen Brei schluckt. Doch vielleicht will es auch partout nicht gefüttert werden. Die Eltern sollten nicht darauf beharren, weil sein Widerstand sonst nur wächst. Nach ungefähr einer Woche wird es wieder zulassen, daß sie es füttern. Das Baby will selbst bestimmen können, wann und wieviel es ißt.

Schlaf

Bisher hat das Baby in der Regel jede Nacht acht bis zwölf Stunden geschlafen. Doch jetzt leidet sein Nachtschlaf darunter, daß es, getrieben von Begeisterung und Frustration, zu sitzen, zu kriechen und zu krabbeln lernt und seine Feinmotorik ausbildet. Auch der Schlaf am Tage ist möglicherweise beeinträchtigt, weil das Baby im Bett nicht aufhört, seine neuen Fähigkeiten zu erproben. Es dürfte immer schwieriger werden, das Kind schlafen zu legen. Diese neue Komplikation macht den Eltern zu schaffen, weil sie nämlich gerade angefangen haben, die ruhigen Abende zu genießen.

Diese Veränderung ist, wie die anderen *Auftakte* in der Entwicklung des Kindes, ein Schritt zurück, der einen großen Schritt nach vorne ankündigt. Ich versuche den Eltern mit folgenden Tips zu helfen:

Legen Sie noch mehr Wert auf das Einschlafzeremoniell, um seine Bedeutung für Sie und das Baby zu bekräftigen. Tagsüber braucht das Kind nach wie vor zwei Schlaf- oder Erholungspausen, und zwar morgens und nachmittags. Es sollte zu diesen Zeiten in seinem Bettchen liegen, ob es nun schläft oder nicht. Falls nötig, können Sie still danebensitzen, ohne ihm Antwort zu geben und ohne ihm zu sagen, es solle sich beruhigen. Tätscheln Sie es ruhig und rhythmisch, ohne es jedoch anzuschauen oder auf es zu reagieren. Das gefällt ihm vermutlich nicht, aber mit der Zeit wird ihm klar, daß Sie es ernst meinen – daß dies das Einschlafzeremoniell ist und kein Spiel.

Falls Sie den ganzen Tag außer Haus sind, sollten Sie mit der Betreuerin verabreden, daß das Kind einen längeren Mittagsschlaf macht. Dann ist es in der Lage, abends länger aufzubleiben. Doch denken Sie daran, daß es ins Bett gelegt werden muß, sobald es zu überdreht ist oder erkennen läßt, daß es erschöpft ist. Nur zu leicht vergessen Sie, daß das Kind, wenn es einen bestimmten Punkt über-

schritten hat, wieder zur Ruhe kommen muß. Wenn Sie mit Bestimmtheit und immer auf dieselbe Weise vorgehen, helfen Sie ihm
damit. Sind Sie dagegen noch unschlüssig, spürt das Baby das und gibt
nicht nach. Es verliert dann mehr und mehr die Kontrolle über sich und
wird in seiner Verzweiflung immer unbeherrschter. In seinem Schlafzimmer können Sie es wiegen und besänftigen, doch dabei sollten Sie
die feste Überzeugung ausstrahlen, daß es jetzt bald einschlafen wird.
Manche Babys fangen in diesem Alter wieder an, um zwei und um
sechs Uhr morgens aufzuwachen. Trotz ihres kläglichen Schreiens
scheinen sie aber nicht ganz wach zu sein. Manchmal kauern sie im
Halbschlaf auf Armen und Knien und wippen in einem fort. Die Eltern
überlegen, ob sie das Baby aufwecken, füttern und dann wieder hinlegen sollen. Hier haben wir eines der weiter oben beschriebenen, bei
den meisten Menschen alle vier Stunden wiederkehrenden Verhaltensmuster im REM-Schlaf oder im flachen Schlaf vor uns. Deshalb
sollten die Eltern das Baby besser nicht aufwecken und auch nicht aus
seinem Bettchen holen, sondern vielmehr darauf achten, daß sie es auf
keinen Fall in seinem Zustand der Unruhe bestärken. Ich würde ihm
höchstens helfen, sich wieder zu beruhigen, indem ich besänftigend
auf es einrede, es streichle, ihm leise etwas vorsinge oder ihm den
Schnuller oder sein Schmusetier anbiete. Selbst wenn es richtig aufwacht, weil die Mutter oder der Vater bei ihm ist, würde ich so wenig
wie möglich tun und es nur dazu anregen, seinen eigenen Weg zurück
in den Schlaf zu finden. Wenn die Eltern das Kind in diesem Stadium
aus dem Bett nehmen, sind sie von da an vielleicht auf lange Zeit
unentbehrlich für sein Einschlafmuster.

Wenn die Eltern tagsüber außer Haus sind, fällt es ihnen am schwersten, auf das nächtliche Aufwachen zurückhaltend zu reagieren. Das
Problem liegt also eher bei ihnen als beim Baby selbst, und ich kann
sie durchaus verstehen. Aber da Erwachsene, die sehr viel arbeiten,
ihren Schlaf brauchen, zermürbt es die ganze Familie, wenn sie auf das
nächtliche Aufwachen des Kindes zu sehr eingehen.

Kommunikation

Mit sieben oder acht Monaten benutzt ein Baby Silben mit einem
Konsonanten und einem Vokal („da", „ma", „ba") und experimentiert

mit ihnen herum. Morgens nach dem Aufwachen liegt es in seinem Bett und trällert sie in verschiedenen Tonlagen. Unentwegt experimentiert es mit den Silben herum und ruft damit die entzückten Erwachsenen herbei. Doch selten ordnet es einer Person die „richtige" Silbe zu. In diesem Alter kann es das Wort „nein" wohl verstehen, reagiert aber nicht darauf.

Das Kind erreicht eine neue motorische und kognitive Entwicklungsstufe, und deshalb wird das Spielen mit ihm für die Eltern vergnüglicher. Beide sollten mit dem Kind so spielen, wie es ihrem eigenen Temperament entspricht. Meist ermahnt die Mutter den Vater, er sei „zu wild", während er ihr vorhält: „Du gehst zu behutsam mit ihr um. Du gibst zu schnell auf. Sie will doch, daß du weitermachst – merkst du das nicht?" Die Eltern sollten gegenseitiges Verständnis dafür aufbringen, daß sie eben unterschiedlich mit dem Kind umgehen, und ganz bewußt ihrem eigenen Temperament folgen. So erlebt es sie als eigenständige und klar voneinander unterschiedene Individuen. Es gibt keinen Grund, warum Mutter und Vater das Baby gleich behandeln sollten.

Lernen

Im Spiel erprobt das Baby seine neuerworbenen geistigen Fertigkeiten. Es versteckt ein Spielzeug unter einem Tuch, zieht das Tuch weg und begrüßt das Spielzeug mit freudigem „ooh" und „aah". Die Objektpermanenz – das Wissen, daß ein Gegenstand noch vorhanden ist, auch wenn es ihn gerade nicht sieht – beginnt sich zu entwickeln, und es versucht ihren verschiedenen Aspekten auf die Spur zu kommen. Wenn das Baby zu kriechen oder zu krabbeln lernt, arbeitet es sich an einen Gegenstand heran, der seine Neugier erregt hat. Ist ihm das gelungen, erkundet es den Gegenstand, verliert dann das Interesse an ihm und schiebt ihn knapp außer Reichweite. Da es sich nun erneut anstrengen muß, an ihn heranzukommen, gewinnt er wieder an Reiz.

Seit einem Monat oder länger interessiert sich das Baby stark für Spiegel. Wenn es sich selbst darin anschaut, versucht es anscheinend, sein Spiegelbild zu einer Reaktion zu bewegen. Es versucht vielleicht sogar, das Spiegelbild zu berühren. Wenn dieses „reagiert", zuckt das Baby überrascht zusammen. Mit sieben oder acht Monaten reagiert es, wenn die Eltern hinter ihm im Spiegel auftauchen, zuerst auf die Spiegelbilder. Dann dreht es sich um und schaut nach, wo die Eltern wirklich sind. Auf diese Weise sammelt das Baby Erfahrungen mit räumlichen Beziehungen.

Das Kind fremdelt wieder stärker, und das ist ein Hinweis, daß sich machtvolle kognitive Entwicklungsschübe vollziehen. Es sucht nach Spielsachen und hebt dabei Tücher und Schachteln hoch. Durch Weg-Da-Spiele setzt es sich weiter mit der Vorstellung der Personpermanenz auseinander. Im Spiel ahmt es den Gesichtsausdruck, das Prusten und andere Laute der Eltern nach. Seine kognitive Entwicklung zu verfolgen ist in den nächsten beiden Monaten besonders entzückend und spannend. Die Eltern sollten sich nicht allzusehr bei den Enttäuschungen des Kindes aufhalten. Es kann und wird mit ihnen fertigwerden.

Das Kind beginnt aufmerksam auf Signale zu achten, die von anderen ausgehen, und wartet beispielsweise abends auf das Geräusch, das ihm ankündigt, daß Mutter oder Vater heimkommen. Die Eltern müssen Rücksicht darauf nehmen, daß es in dieser Phase raschen Lernens auf vieles empfindlich reagiert. So verträgt das Baby keine lauten Geräusche oder abrupten Veränderungen. Vielleicht rebelliert es sogar, wenn die Eltern es in einer vertrauten Umgebung oder bei Personen zurücklassen, die es eigentlich schon gut kannte. Das Baby ist so empfindlich, weil es seine gesamte Energie aufwendet, um die neuen kognitiven Möglichkeiten zu erproben.

Die Vorstellung der Personpermanenz entwickelt sich in ähnlicher Weise wie zuvor die Vorstellung der Objektpermanenz. Daher reagiert das Kind nun empfindlicher, wenn die Eltern es allein lassen. Was

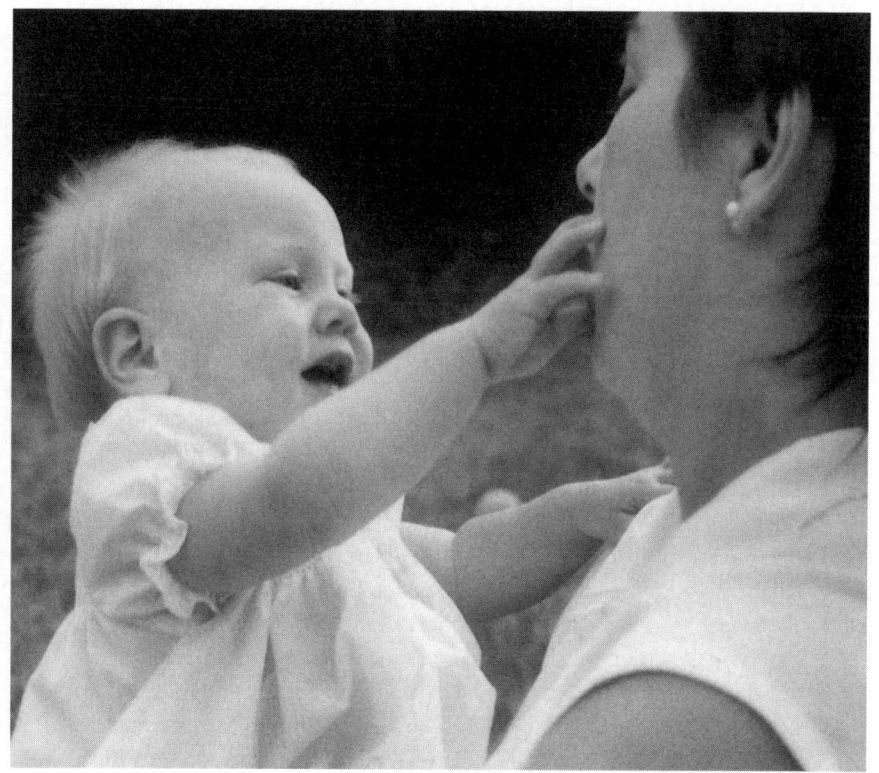

folgt daraus? Damit die Eltern einen traumatischen Vorfall verhindern können, gebe ich ihnen den folgenden Rat. Lassen Sie nicht zu, daß Fremde oder Verwandte auf das Baby zustürzen und es sofort auf den Arm nehmen. Bitten Sie die Großeltern, abzuwarten, bis das Kind sie gemustert hat und bis sein anfängliches Mißtrauen sich legt, und es erst dann aufzunehmen. Stellen Sie sich darauf ein, daß sich das Abschiednehmen, zum Beispiel in der Tagesstätte oder bei der Tagesmutter, zu einer lautstarken Tortur auswachsen kann. Teilen Sie dem Kind stets mit, daß Sie weggehen, und vergewissern Sie sich, daß gut für es gesorgt ist. Zeigen Sie ihm bei Ihrer Rückkehr, daß Sie es vermißt haben. Versuchen Sie es so einzurichten, daß das Kind für längere Zeit keine Abschiede und Veränderungen zu verkraften hat, die nicht unbedingt notwendig sind.

In Weg-Da-Spielen und anderen Spielen können Sie die Angst des Kindes vor Trennung und Verlassenwerden aufgreifen. Verschwinden Sie um eine Ecke, und kommen Sie wieder hervor. Lassen Sie das Baby Ihr Gesicht und Ihre Kleidung untersuchen. Machen Sie Spiegelspiele mit ihm. Und lassen Sie neue Menschen in sein Leben treten, die es kennenlernen und „studieren" kann. Behüten Sie es nicht zu sehr. Doch machen Sie sich klar, daß Sie den *Auftakt* zu einem großen und anstrengenden Entwicklungsschub miterleben und daß Sie dem Kind in dieser Phase beistehen können, seine geistigen und sozialen Fähigkeiten weiter zu entfalten.

Ausblick

Ernährung. Bei den Mahlzeiten will das Kind noch mehr als bisher den Ablauf bestimmen und vieles ausprobieren. Halten Sie für den Fall, daß es sich nicht füttern lassen will, mundgerechte Happen bereit, oder geben Sie ihm Zwieback oder Crackerstangen, mit denen es herumspielen kann. Lassen Sie ihm freie Hand. Machen Sie sich in der Küche zu schaffen, anstatt ständig neben ihm zu stehen. Denn wenn Sie zu sehr auf das Kind konzentriert sind, wird es versuchen, Sie zu beeindrucken und zu reizen, indem es nicht essen will oder sein Essen auf den Boden fallen läßt. Versuchen Sie den Trick mit dem zweiten Löffel. Lassen Sie das Baby damit spielen, während Sie es mit dem anderen Löffel füttern. Vielleicht ist es so abgelenkt, daß es alles aufißt, was Sie ihm anbieten. Falls es das nicht tut, brechen Sie das Füttern ab. Versuchen Sie wie gesagt nicht, das Kind einzuschränken, wenn es herumspielen will, oder es gegen seinen Willen zu füttern. Das lohnt sich nicht.

Wird es denn später Hunger bekommen, damit es auch genug ißt? Falls Sie keinen Kleinkrieg heraufbeschworen haben, meldet sich sein Appetit wohl bald. Aber in dieser Phase ist das Verlangen des Kindes, seine Fähigkeiten zu entfalten, nun einmal ebenso stark wie seine instinktiven Bedürfnisse.

Schlaf. Während das Baby sich tagsüber an neuen Entwicklungsschritten abmüht – es lernt beispielsweise krabbeln, startet die ersten Versuche, sich in den Stand hochzuziehen, oder ist dabei, sich mit Fremden vertraut zu machen –, fängt das nächtliche Erwachen möglicherweise wieder von vorne an. Greifen Sie auf die Rituale und Kniffe zurück, die dem Kind zuvor geholfen haben, wieder einzuschlafen.

Wenn es tagsüber enttäuscht ist, weil es etwas nicht hinbekommt, können Sie es dazu anhalten, sich selbst zu trösten. Bieten Sie ihm *ein* ganz bestimmtes Spielzeug oder eine Decke an. Falls es sich angewöhnt hat, an den Fingern oder am Schnuller zu saugen, können Sie es anregen, darauf zurückzugreifen, wenn es verstört oder überlastet ist. Sagen Sie ihm, sobald es zur Ruhe gekommen ist, wie gut es das gemacht hat.

Sicherheit. In dieser Phase kann ein Laufstall von Nutzen sein, denn dort ist das Baby sicher, wenn Sie es allein lassen. Wollen Sie keinen Laufstall verwenden, so muß es im Haus einen Raum geben, in dem keine Gefahr für das Kind besteht. Da es sich jetzt umherbewegen kann und von unbändiger Neugier getrieben ist, kommt es an alle gefährlichen Gegenstände heran, die Sie nicht außer Reichweite gestellt haben. Seien Sie gut vorbereitet!

Verwöhnen. Auch bei diesem Termin äußern viele Eltern Bedenken, sie könnten ihr Kind verziehen. Aber sie brauchen sich keine Sorgen zu machen, sie könnten einem acht- oder neunmonatigen Kind zu viel Liebe und Aufmerksamkeit schenken. Ich verstehe unter einem verwöhnten Kind eines, das ängstlich ist und nach Grenzen sucht. Wenn die anderen ihm keine bieten, muß es weitersuchen und ihre Geduld weiter auf die Probe stellen. In den kommenden Monaten werden Sie bei Ihrem Kind Verhaltensweisen beobachten, mit denen es eindeutig danach verlangt, daß Sie ihm Grenzen setzen. So könnte es vorkommen, daß es zum Fernsehgerät hinkrabbelt und sich umblickt, um *sicherzugehen*, daß Sie ihm auch zuschauen. Holen Sie es zurück, oder versuchen Sie, es abzulenken. Machen Sie ihm aber von Anfang an klar, wo die Grenze ist. Disziplin ist unerläßlich: Die Eltern sind dafür verantwortlich, daß ein Kind auf klare Grenzen stößt, die es dann verinnerlichen kann. Das wird viele Jahre dauern, und deshalb brauchen Sie viel Geduld.

8. Neun Monate

Bei diesem Termin wird es das neunmonatige Kind kaum die ganze Zeit auf dem Schoß von Mutter oder Vater aushalten.* Es brennt darauf, sich zu Boden gleiten zu lassen und sich an einem Stuhl oder einem Tisch in den Stand hochzuziehen. Mit ähnlichem Eifer führen mir die Eltern seine staunenswerten Leistungen vor. Die meisten ihrer Fragen bei diesem Termin beziehen sich auf seine motorische Entwicklung. Denn alles – das Essen, das Schlafen, das Windelwechseln – verändert sich durch den unbändigen Drang des Kindes, sich fortzubewegen. Von morgens bis abends ist es unterwegs, es zappelt und wälzt sich, es krabbelt und kriecht überallhin, es zieht sich in den Stand hoch und fällt wieder hin. So sehen sich die Eltern jeden Tag neuen, oft angstauslösenden Situationen gegenüber, in denen sie überlegen müssen, wie sie das Kind am besten vor Gefahren schützen und ihm Grenzen setzen.

Da solche Konflikte das gewohnte Gleichgewicht des Familienlebens durcheinanderbringen, suchen die Eltern Rat. Diese Phase ist der *Auftakt* zu bedeutsamen Veränderungen, und ich kann ihnen an diesem Punkt helfen, mit dem motorischen Entwicklungsschub des Kindes und seinen Rückschritten beim Schlafen und Essen besser zurechtzukommen.

Die Mutter oder der Vater kommt mit diesem neun Monate alten Energiebündel zu mir und wartet auf eine Gelegenheit, sich Luft zu machen. „Wie geht es Ihnen?" frage ich und bin auf den ersten Ausbruch gefaßt. „Gräßlich", sagt die Mutter. „Oh?" „Ja, Alexander ist völlig außer Rand und Band. Entweder robbt er brüllend durch die Wohnung, oder er lutscht am Daumen und starrt mich zornig an. Was ich ihm auch zu füttern versuche – nichts ist ihm recht. Er will mir einfach nicht den Gefallen tun, zu essen. Und wenn Sie's genau wissen wollen: Ich komme nicht zum Schlafen. Den ganzen Tag und die ganze Nacht steht er unter Hochspannung. Er wacht jede Nacht mindestens ein- oder zweimal auf. Er ist völlig aus den Fugen, und ich bin's auch!"

Ich höre aufmerksam zu und versuche den Eltern dann nahezubringen, warum das Kind sich so verhält. Vermutlich ist es so widerspenstig und aufgeregt, weil es ganz vom Lernen neuer Fertigkeiten in Anspruch genommen ist. Darunter leidet dann insbesondere das Essen und Schlafen.

Motorische Entwicklung

Das Baby lernt stehen. Wenn es etwas Geeignetes zu fassen bekommt – jeder Stuhl und jeder Tisch ist ihm recht –, fängt es an, sich daran hochzuziehen. Ächzend stemmt es sich, die Beine weit auseinander, den Körper vorgeneigt, der Schwerkraft entgegen. Schließlich bekommt es den Tischrand zu packen und steht schwankend da. Hat es sich einmal in den Stand hochgearbeitet, verharrt es eine ganze Weile darin. Wenn ich es störe, indem ich ihm ein Spielzeug anbiete oder es hochnehme, um es zu untersuchen, straft es mich mit einem vernichtenden Blick, als wollte es sagen: „Laß mich in Ruhe. Siehst du nicht, daß ich beschäftigt bin?" Fängt es auf dem Untersuchungstisch unwillig zu quengeln an, und will ich es wieder beruhigen, so brauche ich es nur hinzustellen und ihm dabei Halt zu geben. Sobald es steht, strahlt es vor Vergnügen. Es ist so sehr darauf fixiert, zu stehen, daß es vehement gegen alles protestiert, was ihm dabei in die Quere kommt.

Babys in diesem Alter bleiben stehen, solange sie können. Schließlich fangen sie an zu weinen, aber nicht, weil sie Schmerzen hätten, sondern weil sie frustriert sind. Wenn sie hinfallen, fangen sie an zu jammern. Was ihnen wehtut, ist aber nicht das Fallen, sondern daß das aufregende Stehen plötzlich aufhört.

Glücklicherweise ist der Schädel des Babys elastisch. Die Natur wollte offensichtlich, daß sein Kopf gut gegen einen Sturz geschützt ist. In den ersten zwei Lebensjahren ist der Schädel flexibel und federt jeden Stoß ab. Anders als bei Erwachsenen, die hinfallen oder mit dem Kopf aufschlagen, bleibt das Gehirn des Kindes unversehrt. Die Natur hat vorgesorgt. Die Knochenlücke oben auf dem Schädel, die Fontanelle, hat sich noch nicht geschlossen, und die Schädelknochen verhärten sich erst nach achtzehn Monaten, wenn das Baby laufen gelernt hat und schon gut das Gleichgewicht halten kann.

Trotzdem müssen die Eltern auf der Hut sein. Fällt das Baby hin und schreit nicht gleich los oder ist sogar bewußtlos, könnte es eine Gehirnerschütterung haben. Ich würde darauf achten, daß an den Stellen, wo es das Stehen übt, ein Teppich liegt. Sein Kopf hält wohl den Aufprall auf einen Holzfußboden aus, aber nicht auf Beton. Nachdem es ein paarmal hingefallen ist, entdeckt das Baby, daß es in der Mitte einknicken kann. Es lernt nach und nach, den Po herauszustrecken und das Gleichgewicht zu halten, während es sich langsam sinken läßt und mit einem gemächlichen Plumps zu sitzen kommt.

Sein Fernziel ist die aufrechte Fortbewegung. Zur Zeit ist es noch wie festgewurzelt, wenn es steht und sich irgendwo anklammert. Aber es verlangt bereits danach, sich vorwärtsbewegen zu können. Es wird sehr rasch lernen, sich an einem umgedrehten Stuhl oder an einem Buggy festzuhalten und ihn vor sich herzuschieben. Antike nordamerikanische Stühle aus den Siedlungen der Pilgerväter an der Massachusetts Bay sind an der Rückseite, wo die Kinder beim Laufenlernen dagegendrückten, abgeflacht. Jedes Menschenkind hat von Natur aus den Drang, sich aufzurichten und sich vorwärtszubewegen.

Bei diesem Termin fragen die Eltern oft, ob sie dem Baby schon Schuhe kaufen sollen. Ich rate davon ab. Die Zehen schmiegen sich

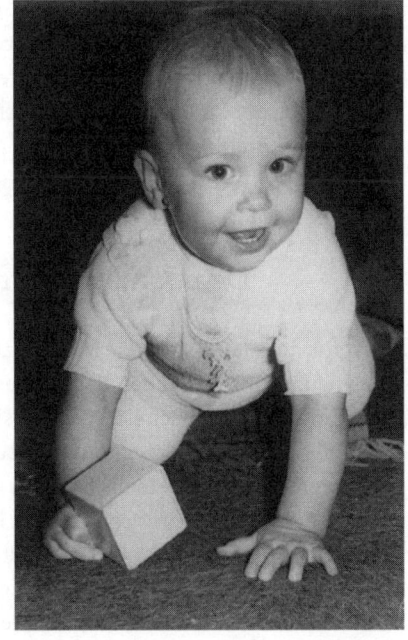

dem Boden an und helfen dem Kind, das Gleichgewicht zu halten. In Schuhen dagegen rutscht es viel eher aus, oder es kommt ins Wanken. Kann es nach einer Weile gut laufen, sind Schuhe mit festen Sohlen am geeignetsten, weil der Fuß sich darin beugen muß, um Halt zu finden, und das kräftigt das Fußgewölbe.

In diesem Alter kann das Baby in der Regel schon aus der Bauchlage ins Sitzen übergehen und sich von da in den Stand hochziehen. Und diese komplexen motorischen Fähigkeiten hat es sich in nur neun Monaten erworben! Es hat das Gefühl, daß es von seinem Körper immer weiter Besitz ergreifen und dabei alles erreichen kann, was es nur will. Wenn es sich nun daran macht, die Welt aufrecht stehend zu erkunden, läßt diese verzwickte Aufgabe das Baby den ganzen Tag und die ganze Nacht nicht los. Es hat nichts anderes im Sinn, sobald es morgens aufwacht. Auch in der Nacht wird es davon umgetrieben. In jeder Halbschlafphase drängt sein Unbewußtes auf Aktivität. Kein Wunder, daß das Baby „aus den Fugen ist".

Wenn es steht und sich dabei festhält, kommt es auf allerlei Ideen, was es mit dieser neuen Errungenschaft anfangen könnte. Hört es Musik, versucht es zu tanzen und findet damit bei den Erwachsenen großen Anklang. Tanzen macht Spaß! Als nächstes versucht es vielleicht, sich an den Möbeln entlang seitwärts fortzubewegen. Auch das klappt! Es kann also jetzt in aufrechter Haltung von einem Ort zum andern gelangen. Nun kommt es auch an die verbotenen Dinge auf dem Tisch heran. Die Welt ist nicht mehr flach. Das Kind ist in die dritte Dimension vorgestoßen.

Dem Kind erste Grenzen setzen

Auch für die Eltern sieht die Welt jetzt anders aus. Anstatt weiterhin jedes neue Kunststückchen des Kindes begeistert zu begrüßen, müssen sie in Zukunft entscheiden, wann sie „nein" sagen sollen. Sollen sie wertvolle Gegenstände entfernen, oder sollen sie ihm bestimmte Dinge verbieten und seinem Forscherdrang auf diese Weise Grenzen setzen? Mühelos kommt es jetzt an Herd, Lampen, Waschmaschine, Fernseher oder Computer heran. Es ist fasziniert von den Pflanzen im Haus, deren Blätter womöglich giftig sind. Wann sollen die Eltern die Verlockungen aus dem Weg räumen, wann sollen sie zu Verboten greifen? Meine Erfahrung ist: Je weniger Konflikte, desto besser. Die wichtigsten Dinge, zum Beispiel, daß es nicht auf den Herd fassen soll, prägen sich dem Kind besser ein, wenn es nicht obendrein noch alle möglichen nebensächlichen Verbote befolgen soll. Die Eltern sollten also die leicht transportierbaren Attraktionen unerreichbar machen und die Gefahrquellen, die dafür zu groß sind, mit einem Stuhl oder anderen Möbeln versperren. So bleiben nur ganz wenige Konfliktfelder übrig.

Konflikte mit einem Kind dieses Alters können die Eltern oft noch umgehen, indem sie es ablenken, doch über kurz oder lang wird es zu trotzen anfangen. Das Ablenken gelingt nur bei Dingen, die ihm nicht so wichtig sind, und das Kind macht allzu rasch ein Spiel daraus. Zum Besten der ganzen Familie sollten die Eltern sich schon jetzt für das Trotzen im zweiten Lebensjahr wappnen. Sie fragen mich, wie früh sie mit Verboten anfangen sollen. Wenn das Kind zum erstenmal auf das Fernsehgerät oder den Heizkörper zukrabbelt und *sich umblickt*, um sicherzugehen, daß Sie ihm auch zuschauen, dann will es, daß Sie ihm Grenzen setzen. Es zeigt Ihnen, daß es sehr wohl weiß, was es nicht tun soll, und daß es auf Ihr Einschreiten angewiesen ist. Jetzt ist der Zeitpunkt gekommen, sich klarzumachen, daß das Kind mit Ihrer Hilfe lernen will, sich im Zaum zu halten (siehe Kapitel 19). Dies ist der *Auftakt* zu den bevorstehenden Konflikten mit Ihrem Kind, und sein Verhalten bietet Ihnen eine erste Gelegenheit zu lernen, wann und wie Sie ihm am besten mit Strenge begegnen. Sie müssen sich überlegen, wie Sie vorgehen möchten, und anfangen zu üben. Bis Sie Sicherheit gewonnen haben, wird es geraume Zeit dauern!

Auf die Eltern eines neunmonatigen Babys wartet noch eine ganz andere Überraschung, bei der ihnen beinahe das Herz stehenbleibt: Sie entdecken es, nachdem es schon die halbe Treppe hinaufgekrabbelt ist. Falls sie das Baby nicht die ganze Zeit beaufsichtigen können, müssen sie die Treppen am oberen und unteren Ende mit einem Gatter absperren. Später dann können sie ihm beibringen, wie es hinauf- und hinunterkommt, doch jetzt ist es dafür noch zu früh.

Auch die Badewanne, in der das Baby sich vergnügt, ist ein gefährlicher Ort. Die erste und wichtigste Regel lautet: Lassen Sie das Baby *niemals* auch nur für einen Moment allein. Wenn es ausrutscht und Wasser einatmet, erschrickt es vielleicht nur, vielleicht gerät es aber auch in ernste Gefahr. Falls es an ein Schwimmbecken herankommen könnte, müssen Sie jetzt prüfen, ob das Becken sicher abgedeckt oder rundum eingezäunt ist. Ich bestehe auf diesem Punkt, weil ich als Kinderarzt viele Kinder gesehen habe, die beinahe in Swimmingpools ertrunken waren und Hirnschädigungen davontrugen.

Die Eltern sollten das ganze Haus kindersicher machen. Falls das nicht zu bewerkstelligen ist, sollten sie die Sicherheitsvorkehrungen in nur ein oder zwei Räumen treffen und darauf achten, daß das Kind diese nicht allein verlassen kann.

Schlaf

Ein Baby, das stehen lernt, übt, wie gesagt, auch in der Nacht weiter. Ich erkläre den Eltern, daß auch dies der *Auftakt* zu einem neuen Entwicklungsschritt ist, und ich zeige ihnen, wie sie erreichen können, daß das Kind seinen Schlafrhythmus nach wie vor *selbst* regelt. In jeder REM-Phase kommt dem Kind die motorische Aufgabe in den Sinn, an der es sich abmüht, und der Schlaf wird flacher. Wenn die Eltern es schlafen legen, steht es in seinem Bettchen auf, sobald sie die Tür hinter sich geschlossen haben. Legen sie es noch einmal hin, ist es gleich wieder auf den Beinen. So geht es oft zehnmal und öfter hin und her.

Ich rate Ihnen folgendes: Gehen Sie zu Ihrem Baby zurück, legen Sie es energisch hin, und decken Sie es fest zu. Nachdem es das zweite oder dritte Mal wieder aufgestanden ist, bleiben Sie bei ihm, halten es unten und versuchen es zu besänftigen. Es wird sich zappelnd und kreischend wehren. Gehen Sie aber nicht noch mehr dagegen an, denn das steigert nur seine Aufregung. Ihre Entschlossenheit muß größer sein als die des Babys. Es wird sicher sein Schmusetier brauchen, um zur Ruhe zu kommen, nimmt es allerdings mit wenig Begeisterung entgegen. Sie dürfen keinen Zweifel daran lassen, daß es jetzt Zeit ist zu schlafen.

Das Einschlafritual bekommt in diesem Alter neues Gewicht. Ich schlage vor, daß Sie das Stillen oder das Füttern mit der Flasche in das Ritual einbauen. Ich habe ja schon erwähnt, daß Sie die Milchflasche nicht im Bett des Babys lassen sollten. Das ist schädlich für die Milchzähne. Halten Sie es im Arm, während Sie es füttern, und beruhigen Sie es mit Wiegen und Singen. Lassen Sie es aber nicht in Ihren Armen einschlafen. Legen Sie es hin, während es noch wach ist. Geben Sie ihm eine Decke oder ein Spielzeug zum Kuscheln. Sitzen Sie neben ihm und tätscheln Sie es, damit es liegenbleibt. Sinn und Zweck dieses Vorgehens ist, um es noch einmal zu sagen, daß das Kind sich angewöhnt, auf seine eigene Weise in den Schlaf zu finden. Das mag seine Zeit dauern, ist aber ein lohnendes Ziel.

Manche Babys trösten sich, indem sie vor- und zurückwippen. Sie wippen oft so heftig, daß das Bett gegen die Wand schlägt. Diesen Krach mögen sie offenbar. Da das Wippen das Baby beruhigt, würde ich es nicht unterbinden. Gegen den Lärm (und die Beschädigung der Wand) helfen Gummiuntersetzer unter den Bettpfosten. So wandert das Bett nicht mehr, und das Kind kann nach Herzenslust wippen und quietschen. Die Schrauben am Bett sollten Sie natürlich hin und wieder anziehen.

In der Regel läßt das Wippen nach, sobald das Kind laufen kann und mit seinen motorischen Fertigkeiten insgesamt zufriedener ist. Doch manche Kinder wippen über mehrere Jahre hin Nacht für Nacht, weil das zu ihrer Methode gehört, sich zu entspannen. Dies ist kein Grund zur Sorge. Vielleicht hört das Wippen auf, wenn die Eltern ein besonderes Spielzeug oder eine Schmusedecke ins Schlafritual einführen, doch falls sich dadurch nichts ändert, würde ich mir keine Gedanken machen. Manche Babys müssen eben wippen, damit sie ohne die Hilfe der Eltern einschlafen können.

Jeder Entwicklungsschub ist eine neue Chance für das Kind, das eigenständige Einschlafen zu erlernen und nachts unabhängiger zu werden. Besonders wenn die Eltern konsequent vorgehen, wird ihm das von Mal zu Mal besser gelingen. Andererseits versucht es sie auf immer raffiniertere Weise davon abzulenken, daß sie es eigentlich schlafen legen wollen. Aber auch seine Methoden, sich selbst zu trösten, werden immer ausgereifter, und es kann sich immer besser im Zaum halten.

Oft berichten mir die Eltern, daß sich ihr Baby abends immer weiter „hochschaukelt". Ich erkläre ihnen, daß das Kind ihnen damit wohl etwas mitzuteilen versucht. Es *muß* sich erst in seine Erregung hineinsteigern, um dann wieder zur Ruhe kommen zu können. Doch den Absprung findet es meist nicht von allein, und es braucht einen Schubs von den Eltern. Wenn sein Verhalten also immer chaotischer wird, ist das ein Appell an die Eltern, es zu besänftigen und ins Bett zu bringen. Falls sie beide ganztags berufstätig sind, fällt es ihnen schwerer, eine klare Linie zu verfolgen und das Kind nachts allein zu lassen. Sie sollten darauf achten, um welche Uhrzeit seine Kräfte normalerweise erschöpft sind, und das Zubettgehen zu einem behaglichen, verläßlichen Ritual gestalten. Dann werden sie und das Kind sich an einen bestimmten Zeitpunkt gewöhnen, zu dem es regelmäßig schlafen geht. Die Betreuerin sollte es nachmittags nicht zu lange schlafen lassen.

Manchmal klagt die Mutter: „Im Bett ist er dann völlig hilflos! Ich *muß* eingreifen, damit er sich hinlegt. Er klebt am Gitter seines Bettchens und schafft es einfach nicht, sich hinzulegen. Er ist völlig verschreckt." Ich frage, ob das Baby tagsüber imstande ist, sich aus dem Stand zu Boden sinken zu lassen. Sie erwidert: „Oh ja! Am Tag geht das wunderbar. Er kann sich ganz sachte hinsetzen." Ich weise sie darauf hin, daß das Baby wohl auch nachts nicht ganz vergessen hat, wie das geht. Könnte sie ihm nicht einen kleinen Schubs geben und schauen, ob es dann in der Mitte einknickt? Vielleicht reicht eine solche Erinnerungshilfe, begleitet von ein paar besänftigenden Worten, schon aus. In der dritten oder vierten Nacht merkt das Baby dann, daß ihm dasselbe auch ohne Hilfestellung gelingt. Und was es einmal gelernt hat, baut es rasch in sein Verhaltensmuster während der Halbschlafphasen ein. Wenn es nach den Eltern ruft, können sie ihm einfach zurufen, daß sie da sind. Es muß lernen, sich ohne ihre Hilfe wieder hinzukuscheln und einzuschlafen.

Ab und zu fragen mich Eltern, ob sie ihr Kind im Bett festbinden sollen. Vom Festschnallen und Anschirren halte ich aber gar nichts. Wenn die Eltern ein wenig Geduld aufbringen, eignet sich das Kind Verhaltensmuster an, auf die es dann jahrelang immer wieder zurückgreifen kann. Die nächtliche Unruhe des Kindes bietet den Eltern also eine wichtige Chance, zu lernen, wie sie das Kind in seiner Eigenständigkeit fördern können.

Ernährung

Die neuen motorischen Fähigkeiten diktieren auch den Ablauf der Mahlzeiten. „Er läßt sich nicht mehr von mir füttern", berichtet die Mutter. „Fast alles, was ich ihm anbiete, lehnt er ab. Er zappelt bloß auf seinem Stuhl herum." Wie üblich besteht die beste Taktik darin, nicht dagegenzuhalten, sondern mitzuziehen. Ich gebe den Eltern folgende Ratschläge. Machen Sie sich das Fingergeschick und die Neugier des Babys zunutze. Je mehr Nahrung es selbst zum Mund führen kann, um so besser. Setzen Sie ihm eine Auswahl wichtiger Nahrungsmittel vor – zum Beispiel eiweißreiche Speisen (Eier, Käse, Fleisch), Getreidebrei, Obst und Gemüse –, und machen Sie sich dann woanders zu schaffen. Geben Sie ihm jeweils nur wenige weiche Bissen, und lassen Sie es dann gewähren. Begeistert wird es sich aussuchen, was es, so ganz auf sich gestellt, verspeisen möchte. Vielleicht können Sie ihm nebenher flüssige Nahrung füttern, während es alle Hände voll zu tun hat, um die Happen in den Mund zu befördern. Vielleicht fühlt es sich aber auch gestört. Es will das Essen nun zum größten Teil selbst in die Hand nehmen.

Ehe Sie mit dem Kind ringen, daß es die Tasse nicht ausleert, aus der Sie es trinken lassen wollen, sollten Sie ihm eine zweite Tasse in die Hand geben. Füllen Sie am besten nur einen Schluck Flüssigkeit hinein, denn es wird die Tasse vermutlich umdrehen. Falls es ihm schon gelingt, allein zu trinken, ist es ganz begeistert. Babys mögen als Vorstufe zur richtigen Tasse gern eine Schnabeltasse oder eine kleine Plastikthermosflasche mit Tülle.

Zwar dürfte das Baby erst im Laufe des zweiten Lebensjahres mit einem Löffel richtig umgehen lernen, aber schon mit neun oder zehn Monaten hat es großen Spaß daran, die entsprechenden Bewegungen ungefähr nachzuahmen oder einfach Radau mit dem Löffel zu machen. Geben Sie ihm auch, wie erwähnt, einen Löffel in die Hand, während Sie es mit einem zweiten füttern.

Weil immer mehr Dinge das Kind vom Trinken ablenken, denken die Eltern ans Entwöhnen. Manche befürchten, das Baby werde sich später nur mit großem Widerstreben von der Brust oder der Flasche lösen, wenn sie zu lange warten. Ich bin da anderer Ansicht. Wenn tatsächlich klar ersichtlich ist, daß das Baby auf die Brust oder die Flasche verzichten will, sollten die Eltern seinen Signalen unbedingt folgen. Doch abgesehen davon wüßte ich keinen triftigen Grund, weshalb sie das Baby jetzt entwöhnen sollten. Jedenfalls gibt es kein ideales Stadium, in dem das Entwöhnen leichter als zu einem anderen Zeitpunkt wäre, und keinen optimalen Moment, den sie verpassen könnten. In vielen Phasen seiner Entwicklung schenkt das Baby der Milchflasche oder der Brust nun einmal wenig Aufmerksamkeit und ist stärker von anderen Dingen angezogen. Nahrung ist für das Kind dann weniger wichtig. Doch oft schafft die Mutter, indem sie an dem angenehmen, innigen und verläßlichen Ritual des Stillens festhält, überhaupt erst die notwendige Ausgangsbasis, von der aus das Kind seine Vorstöße in die Eigenständigkeit wagen kann. Diese Vorstöße bestehen zum Beispiel darin, daß es eigenhändig feste Nahrung zu sich nimmt. Lassen Sie es ruhig zwischendurch zum Milchtrinken zurückkehren. Damit gehen Sie auch sicher, daß es genug Nahrung zu sich nimmt. Denn außer bei den Milchmahlzeiten wird ein neunmonatiges Baby beim Essen schon nach recht kurzer Zeit ungeduldig. Es beginnt herumzuzappeln, will nicht mehr essen und gibt den Eltern so zu verstehen, daß ihm langweilig ist. Sie sollten es auf der Stelle aus dem Kinderstuhl nehmen und nicht darauf bestehen, daß es weiterißt. Außerdem sollten sie ihm zwischen den Mahlzeiten nichts zu essen geben. Durch das Warten gewöhnt es sich an einen festen Rhythmus.

Mein Rat zum Thema Abstillen lautet: Lassen Sie als erstes das mittägliche Stillen weg. Die Stillzeiten am späten Abend und am frühen Morgen sollten Sie vorerst noch beibehalten. Achten Sie darauf, daß das Baby während des Entwöhnens zum Ausgleich genügend Milch aus der Tasse trinkt (450 Gramm). Denn sobald Sie anfangen abzustillen, geben die Brüste weniger Milch ab, und Sie können sich nicht mehr darauf verlassen, daß sie ausreicht. Behalten Sie das morgendliche und abendliche Stillen ruhig bei, falls Sie nicht darauf verzichten möchten, den Tag auf diese innige Weise zu beginnen und zu beschließen. Doch möchte ich Ihnen nochmals davon abraten, das Kind in Ihren Armen einschlafen zu lassen. Legen Sie es hin, sobald es still wird, aber noch nicht schläft, und überlassen Sie alles übrige ihm. (In dem Buch von Huggins, das im Literaturverzeichnis aufgeführt ist, finden sich zum Abstillen ausführliche Tips von erfahrenen Müttern.)

Lernen

Wenn das Kind anfängt, sich ohne Hilfestellung fortzubewegen, erfährt es bald, daß damit auch Gefahren verbunden sind. Sobald es krabbeln kann, merkt es zum Beispiel rasch, daß es gefährlich ist, über den Rand irgendeiner Oberfläche hinauszukrabbeln. Ihm wird klar, daß es über die Kante dieser „Klippe" hinunterfallen könnte. Robert

Emde, prominenter Erforscher der kindlichen Entwicklung, und seine Mitarbeiter nutzten dieses vorsichtige Verhalten des Kindes, um in einem faszinierenden Experiment das Phänomen zu untersuchen, das sie „Erkundung im Sozialbezug" (referencing) nennen. Sie konnten zeigen, daß ein Baby seine Entscheidungen von Signalen abhängig macht, die die Eltern aussenden – es orientiert sich daran, ob sie zustimmend oder ablehnend reagieren. Wenn es über eine durchsichtige Plastikplatte krabbelt und an eine „visuelle Klippe" kommt – eine Grube, über der die Platte aber weitergeht –, hält es am Rand der Grube inne. Ihm würde nichts geschehen, wenn es weiterkrabbelt, aber es bemerkt, daß es unter der Plastikoberfläche abwärts geht. Steht die Mutter jenseits des Abgrunds am Tischrand, so achtet das Baby auf ihre Mimik. Wenn sie ihm zulächelt, krabbelt es weiter, obwohl ihm die Situation nicht ganz geheuer ist. Wenn sie die Stirn runzelt und warnend dreinschaut, verharrt das Baby an der „Klippe". Dieses Experiment veranschaulicht, wie das Baby sich bei wichtigen Entscheidungen an seinen Eltern orientiert. Um herauszubekommen, was sie von einer Sache halten, achtet es auf die verschiedensten Anzeichen in ihrer Mimik, Gestik und auch in ihrem Tonfall.

Wenn Sie mit dem Baby „Weg – Da!" und andere kleine Wiederholungsspiele machen – und zum Beispiel in einem fort leicht gegen seine Stirn patschen –, baut es Erwartungen auf und wartet ab, ob sie sich erfüllen oder nicht. Schlagen Sie sanft und rhythmisch gegen seine Stirn, so macht es vor jeder Berührung die Augen zu. Wandeln Sie dann den Rhythmus leicht ab, wartet es zunächst mit geschlossenen Augen auf den nächsten Klaps. Wenn der nicht kommt, blickt es Sie an und kichert. Es hat großen Spaß daran, wenn seine Erwartungen auf diese Weise durchkreuzt werden.

Nachdem das Kind die Vorstellung der Objektpermanenz erworben hat („Der Gegenstand existiert noch, auch wenn ich ihn nicht sehen kann"), macht es sich nun mit der Personpermanenz vertraut („Wenn Mama und Papa in einen anderen Raum gehen, hören sie nicht auf zu existieren"). Auch dazu dienen ihm Weg-Da-Spiele und Versteckspiele mit Gegenständen oder mit Personen. Indem es ihr wiederholtes Verschwinden und Wiederkommen beobachtet, erwirbt es sich Sicherheit im Umgang mit solchen Situationen. Es merkt, daß es auf das Verschwinden und Wiederkommen Einfluß nehmen kann. Zunächst ist ihm das bei Gegenständen klar, die ihm nicht so sehr am

Herzen liegen: Es gibt sie beruhigt aus der Hand, weil es davon ausgeht, daß sie später wieder da sind. Weg-Da-Spiele und Versteckspiele dagegen sind aufregender, weil sie mit Menschen zu tun haben. Ob ein Kind Vertrauen in die eigene Umgebung faßt, ist ganz davon abhängig, ob es sich die Vorstellungen der Objekt- und Personpermanenz zu eigen machen kann. Darüber hinaus nutzt das Baby diese Spiele, um mit Rhythmen zu experimentieren. Zum Beispiel durchbricht es den Spielrhythmus und lacht. Wenn Sie selbst den Rhythmus durchbrechen, schaut es Sie lächelnd an und wartet ab. Diese Spiele schulen sein Zeitgefühl. Sie sind eine Vorbereitung auf das Sprechen und auf den Rhythmus, der einem Gespräch zugrunde liegt.

Bei den Gestenspielen, zu denen die Erwachsenen das Baby anhalten – zum Beispiel in die Hände klatschen, „sooo groß", „ada-ada" –, macht es gerne mit. Der Reiz dabei sind der Beifall und das Lob der Erwachsenen. Hier kommen die Großeltern zum Zuge! Sie sprechen die Nachahmungsfähigkeiten des Kindes an, und in diesem Alter ist das Imitieren eine der wirkungsvollsten Lernmethoden.

Das Baby probiert viele neue Laute aus, wie „ga-ga", „ma-ma", „baba", „da-da", ohne sie aber schon mit Bedeutung zu füllen. Es erkundet verschiedene Sprechlaute. Im Bett trällert es sie, variiert den Tonfall oder wiederholt unablässig einen neuentdeckten Laut oder eine neue Silbe. Es setzt die Laute ein, um die Eltern herbeizurufen. Das Schreien ist nicht mehr länger sein einziges Beeinflussungsmittel. Um den Effekt auf die Eltern zu steigern, kombiniert es das Schreien mit Gesten und Silben.

Das neunmonatige Baby beginnt gerade erst, sich einen Begriff von *Ursache und Wirkung* zu machen. Wie kommt es, daß der Spielzeuglaster fährt? Um dieses Rätsel zu lösen, fällt dem Baby bisher noch nicht viel mehr ein, als den Laster vorwärtszuschieben, damit sich die Räder drehen. Es schubst ihn vielleicht vor sich her und krabbelt ihm nach. Das zeigt, wie es den Raum um sich herum erkundet und ihn in Besitz nimmt. Doch irgendwann dreht es den Laster um und untersucht die Räder. Während es gerade selbst lernt, sich fortzubewegen, will das Baby offenbar wissen, wie das der Laster denn macht.

Erfolgs- und Mißerfolgserwartung. Am Verhalten des neunmonatigen Babys können wir ablesen, ob es die Aufgaben, die es sich selbst gewählt hat oder die ihm andere stellen, mit Zuversicht angeht. Im

Bostoner Kinderkrankenhaus müssen wir oft ein Urteil über Babys abgeben, von denen wir nur sehr wenig wissen. Wir präsentieren ihnen die in unserem Untersuchungsschema vorgesehenen Aufgaben und beobachten ihr Verhalten, denn das ist die Sprache, in der sie sich mitteilen. Zum Beispiel erfahren wir schon sehr viel über ein Baby, wenn wir ihm einfach zwei gleichgroße Bauklötze anbieten. Traut sich das Baby zu, mit neuen Aufgaben fertigzuwerden, so packt es die Klötze, steckt den einen in den Mund oder streicht sich damit durchs Haar. Dann läßt es ihn oft fallen, weil es wissen will, ob die Erwachsenen ihn zurückbringen. Nachdem es eine ganze Weile herumprobiert hat, hält es schließlich die zwei Klötze gegeneinander und zeigt damit: Es weiß, daß sie gleich groß sind. Erfreut und stolz blickt es den Untersuchenden an. Es erwartet ein Lob.

Glaubt das Baby dagegen von vornherein, daß es an der Aufgabe scheitern wird, nimmt es die Bauklötze gehorsam in die Hand, unternimmt aber nicht viel mit ihnen. Es scheint anzunehmen, daß die anderen ohnehin nicht kümmern wird, was es tut. Es bringt die beiden Klötze nahe zusammen und erkennt offensichtlich, daß sie gleich groß sind, doch dann schiebt es sie aneinander vorbei. Es schaut den Beobachter mit mattem Blick an, als wollte es ihm seinen Mißerfolg eingestehen oder sagen: „Schlag mich. Ich kann's nicht. Ich habe versagt, und ich verdiene es auch nicht anders." Mit zwölf Monaten wirft dieses Baby dann vielleicht einen Bauklotz, den es auf einen anderen gelegt hat, wie zufällig wieder herunter und schaut dann genauso verschüchtert und hoffnungslos drein. Wenn es mit fünfzehn Monaten hinfällt, hat es denselben niedergeschlagenen, mutlosen Gesichtsausdruck. Es erwartet gar nicht, daß ihm etwas gelingt.

Wenn ein neunmonatiges Baby sich nichts zutraut, müssen wir untersuchen, ob die Gründe dafür in ihm selbst oder in seiner Umgebung liegen. Ist das Familienleben chaotisch und wird das Baby nie gelobt, dann wissen wir, daß es zu wenig Ermutigung durch die Umgebung erfahren hat. Wenn es aber daran nicht liegen kann, sollten Eltern und Kinderärztin sich das Kind noch einmal genauer ansehen. Vielleicht gibt es Anzeichen dafür, daß es Schwierigkeiten hat, neue Informationen zueinander in Beziehung zu setzen. Vielleicht hat es eine Lernbehinderung, so daß es nur unter größten Mühen Signale aufnehmen, auswerten und auf sie reagieren kann. Oder es reagiert überempfindlich und leidet unter einer Aufmerksamkeitsstörung. Ein Kind, das sich nicht lange genug auf eine Aufgabe konzentrieren kann oder mit leichten neuromotorischen Störungen zu kämpfen hat, gibt uns durch sein Verhalten zu verstehen, daß jede Aufgabe ihm zu schwer erscheint und es sich deshalb nicht imstande fühlt, sie zu lösen. Solche Kinder brauchen ausdauernde, geduldige, rücksichtsvolle Hilfe. Wenn wir uns über ihre Behinderungen Klarheit verschaffen, können sie mit der Zeit darüber hinwegkommen. Am schwersten wiegt bei einem lerngestörten oder nur leicht behinderten Kind nicht die eigentliche Störung, sondern das negative Selbstbild und die sichere Erwartung des eigenen Mißerfolgs. Entdecken wir die Störung früh, können wir diese schwerwiegenden Folgeerscheinungen unter Umständen abwenden. Ich achte bei einem Kind dieses Alters stets darauf, ob es sichtlich begeistert an eine Aufgabe herangeht und ob es sich, falls es sie löst, auch wirklich freut.

Ausblick

Ernährung. Von jetzt an muß das Baby immer mehr über den Ablauf der Mahlzeiten bestimmen können. Wenn ich das den Eltern nahezubringen versuche, wird vor allem die Mutter einwenden: „Aber ich muß doch dafür sorgen, daß seine Ernährung ausgewogen ist!" Die Eltern sollten sich vor Augen halten, daß das Essen für das Kind jetzt nicht im Vordergrund steht. Es will vor allem andere nachahmen und seine Neugier stillen, und außerdem unternimmt es die ersten Versuche, sich den Eltern zu widersetzen. Wenn es ein Jahr alt ist, sollte der Ablauf des Essens ganz ihm überlassen bleiben. Falls die Eltern lieber die Oberhand behalten möchten, lege ich ihnen nahe, sich das noch einmal gut zu überlegen. Das Essen sollte eine Gelegenheit zur spielerischen Begegnung und zum Lernen sein. Unser erstes Kind ist eine Tochter. Als sie ein Jahr alt war und bei Tisch ihre Possen trieb, sich widersetzte und wild herumexperimentierte, bekam ich fast ein Magengeschwür. Wir kamen darauf, daß es besser war, ihr beim Essen freie Hand zu lassen. Sie konnte entweder zusammen mit uns essen, oder sie durfte, während wir aßen, in der Nähe des Eßtischs, aber nicht auf dem Tisch spielen. Es hat wenig Sinn, bei einem Kind dieses Alters auf Tischmanieren oder auf einer rundum ausgewogenen Ernährung zu beharren. Viel wichtiger für das Kind ist, daß es lernt, ohne die

Hilfe der Eltern zu essen. Den meisten Eltern fällt es schwer, das Kind gewähren zu lassen, weil in ihrer eigenen Kindheit dem Essen zuviel Bedeutung beigemessen wurde. Sie haben große Mühe, diese Überbetonung der Ernährung nicht auf ihr Kind zu übertragen.

Schlaf. Ich bereite die Eltern eines Kindes von neun Monaten darauf vor, daß es jedesmal, wenn es eine neue Stufe der motorischen Entwicklung erklimmt – wenn es also lernt zu stehen, sich an Möbeln entlangzutasten und zu gehen –, in der Nacht wieder aufwachen wird. Es ist angespannt. Wie wir gesehen haben, wirken seine Begeisterung und seine Enttäuschungen auch in der Nacht weiter und brechen dann im Halbschlaf durch. Halten Sie an einem beruhigenden, aber klaren Vorgehen fest, und helfen Sie dem Baby, nach jedem Aufwachen wieder selbst in den Schlaf zu finden. Das Ritual ist am besten dasselbe wie vor jedem anderen Abschied. Lassen Sie das Baby stets vorher wissen, auch vor dem Mittagsschlaf, daß es jetzt bald ins Bett gebracht wird. Trösten Sie es, wenn es protestiert, doch machen Sie klar, daß Sie es trotzdem ernst meinen.

Sauberkeitstraining. Vielleicht haben Sie eines der möglichen Probleme beim Sauberkeitstraining schon zu spüren bekommen: Oft drängen andere Leute die Eltern, schon sehr früh damit zu beginnen. Da das Kind aber aus eigenem Antrieb lernen soll, aufs Töpfchen zu gehen, gibt es keinerlei Grund, es schon jetzt dazu anzuhalten. Denn wenn Sie jetzt damit anfangen, dann bringen Sie sich lediglich selbst bei, das Kind regelmäßig aufs Töpfchen zu setzen, oder Sie trainieren bloß seine Schließmuskeln, wie das unsere Vorfahren taten, weil sie noch keinen Windeldienst[7] hatten. Ich warne die Eltern vor, daß die Großeltern dem Kind zu seinem ersten Geburtstag vielleicht ein Töpfchen schicken. Dieses Geschenk ist wie ein Vorwurf an die Eltern, daß sie selbst noch nicht daran gedacht haben, mit dem Sauberkeitstraining anzufangen. Die unausgesprochene Botschaft lautet: Jetzt ist es Zeit. Doch das stimmt nicht. Bedanken Sie sich für das Geschenk, und sagen Sie, Sie wüßten schon, wie Sie vorgehen wollten. Wenn das Kind zwei Jahre alt sei, werde es allein aufs Töpfchen gehen. Sie wollten bis dahin

---

[7] in den USA ein Hol- und Bringdienst für Stoffwindeln, der den Eltern oft zur Geburt des Kindes geschenkt wird – A.d.Ü.

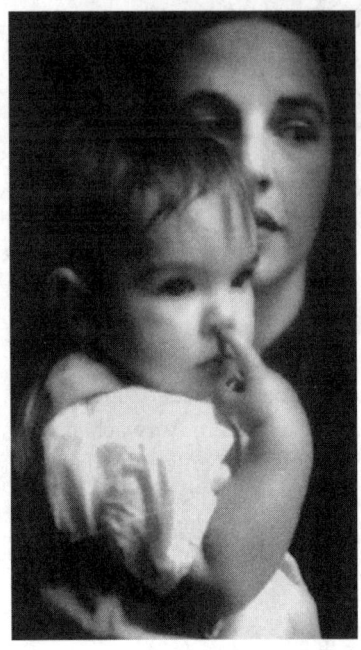
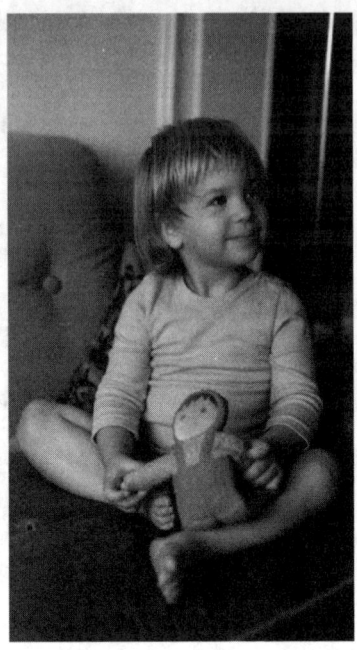

warten, damit das Ganze einfach und ohne Probleme über die Bühne gehe. Ignorieren Sie weitere Empfehlungen, oder machen Sie klar, daß Sie genügend andere Sorgen haben.

Abschiede. In den folgenden Monaten wird das Abschiednehmen vom Kind schwieriger. Bereiten Sie es unbedingt und immer darauf vor, daß Sie weggehen. Lassen Sie es zunächst nur für kurze Zeit bei einer Person zurück, mit der es vertraut ist. Sagen Sie ihm, wenn Sie zurückkommen, daß Sie wieder da sind. Dehnen Sie die Zeit des Wegbleibens langsam. Die Phase, in der das Baby sehr empfindlich auf solche Trennungen reagiert, geht vorbei, doch sie kann nervenaufreibend sein. In diesem Entwicklungsstadium regt sich in dem Kind der Wunsch, eigenständig zu werden und sich von Ihnen wegzubewegen. Deshalb ist es *um so mehr auf Sie angewiesen.*

Das Baby bei anderen Menschen zurückzulassen ist in dieser Phase jedesmal ein besonders bedeutungsschwerer Akt. Wenn Sie es morgens in eine Tagesstätte bringen, ist der Abschied schwierig. Darin kündigt sich die wachsende Eigenständigkeit des Kindes an. Dies ist ein guter Zeitpunkt, um sich ein Bild davon zu machen, wie die Erzieherinnen mit ihm umgehen. Besuchen Sie unangemeldet die Tagesstätte. Überzeugen Sie sich, ob Ihr Baby zufrieden ist oder nicht. Prüfen Sie, ob die Erzieherinnen auf seine Rhythmen beim Schlafen, Spielen, Essen und so weiter eingehen. Reagieren sie einfühlsam auf das Kind, wenn es sie anschaut? Gehen sie rücksichtsvoll und sorgsam mit ihm um? Wenn ja, wird es Ihnen leichter fallen, von Ihrem Kind getrennt zu sein. Wenn nicht, sollten Sie es vielleicht anderswo unterbringen.

Nehmen Sie sich nach wie vor am Ende des Tages Zeit, Ihrem Baby nahe zu sein. Setzen Sie sich dazu vielleicht in einen Schaukelstuhl. Dem Baby wird nicht entgehen, daß das Getrenntsein während des Tages Ihnen zu schaffen macht, aber auch darin drückt sich nun einmal Ihre Zuneigung aus. Wenn Sie sich diesen Gefühlen stellen, entwickelt sich eine größere Nähe zwischen Ihnen und dem Kind.

Sicherheit. Überprüfen Sie regelmäßig Ihre Sicherheitsvorkehrungen. Jedesmal, wenn das Kind eine neue Entwicklungsstufe erreicht, und besonders, wenn es neue motorische Fertigkeiten erwirbt, müssen Sie sich vergewissern, ob die bisherigen Maßnahmen noch ausreichen. Die meisten Kinderkrankenhäuser und Spielwarenläden bieten Broschüren an, in denen sämtliche Gefahrenmomente beschrieben sind, die Sie vergessen haben könnten.[8]

---

[8] In deutschen Kinderkrankenhäusern sind zumindest Lesetips zum Thema erhältlich. Ein etwas ausführlicherer Abschnitt zur „Sicherheit im Haus" findet sich zum Beispiel bei Penelope Leach, *Die ersten Jahre deines Kindes*, München: dtv, 1993, S. 573-576. Entsprechende Hinweise sind auch in manchen Fachgeschäften für Babyartikel zu bekommen. Verbraucherzentralen bieten zum Thema Sicherheit ein Faltblatt der Arbeitsgemeinschaft der Verbraucherverbände (AGV) an. Die Bundeszentrale für gesundheitliche Aufklärung, Köln, gibt *Die neue Sicherheitsfibel: Ein Ratgeber für Eltern zur Verhütung von Kinderunfällen* (ab eineinhalb Jahren) heraus. Die Stiftung Warentest hat verschiedene Sicherheitsartikel geprüft und verglichen. A.d.Ü.

9. Ein Jahr

Das erste Jahr ist überstanden, und das verdient gefeiert zu werden. In fast jedem Kinderfotoalbum findet sich ein Bild des pausbäckigen Babys, wie es sich gerade über die Torte mit der einen Kerze hermacht. Genießen Sie diesen Geburtstag – es ist vielleicht die Ruhe vor dem Sturm. Bald dürfte im Verhalten des Babys alles drunter und drüber gehen, denn der nächste Entwicklungsschub steht ins Haus. Unmittelbar bevor es laufen kann, wacht es nachts wieder alle vier Stunden auf. Jedesmal wenn die Eltern von ihm weggehen, fängt es an zu schreien. Eigentlich will es lieber seinerseits von den Eltern weggehen können. Es reagiert mit einem Ausbruch zorniger Ungeduld auf jede Anforderung und auf jedes Nein oder jede Bitte der Eltern. Es ist so aufgewühlt, weil es sein Ziel unmittelbar vor Augen hat – es will laufen lernen, um sich aus der Abhängigkeit von den Eltern lösen zu können!

Ich erinnere mich an eine Familie – nennen wir sie Familie Lowry –, die zum Termin kam, als die Tochter ein Jahr alt war. Ich hörte schon von meinem Büro aus, daß sie eingetroffen waren. Als ich ins Wartezimmer hinüberging, um sie zu begrüßen, empfing mich Protestgeschrei. „Dana ist immer so gern zu Ihnen gekommen", meinten die Lowrys verlegen, „aber jetzt fängt sie bei allem, was sie nicht so gewöhnt ist, zu toben an." Doch als sie Dana auf dem Boden des Wartezimmers absetzten, war ihr Zorn im Nu verflogen. Sie hatte das Aquarium entdeckt und machte sich augenblicklich auf den Weg dorthin. Weil der Vater fand, sie sei zu warm angezogen, eilte er hinter ihr her, und deshalb krabbelte sie noch schneller. Er bückte sich und packte sie. Das quittierte sie mit einem Kreischen, das durchaus auch ihre Freude darüber verriet, daß sie ihn herbeigelockt hatte. Doch sobald sie merkte, daß er „etwas mit ihr vorhatte", setzte das Protestgeschrei wieder ein. Nachdem er ihr Mütze und Mantel ausgezogen hatte, durfte sie wieder loskrabbeln. Sie zog sich am Aquarium hoch. Vor lauter Aufregung kam sie ins Taumeln, kippte hintenüber und schlug mit dem Kopf auf. Sie fing an zu schreien. Die Eltern sausten zu ihr hin und glaubten, sie hätte sich verletzt. Doch Danas aufmerksame Miene und wache Augen sagten mir, daß ihr nichts geschehen war. Sie war einfach wütend. Ich zog sie in den Stand hoch. Daraufhin beruhigte sie sich völlig und wirkte sehr zufrieden mit sich.

Da sie sah, daß ich anscheinend bereit war, ihr zu helfen, prüfte sie, ob ich ihr wohl ins Gesicht blickte. Darauf war ich vorbereitet. Ich wußte, daß ich an ihr vorbeischauen mußte. Während sich das einjährige Kind von den Eltern zu lösen beginnt, wird es ständig von Phantasien geplagt, andere Menschen könnten in sein Innerstes vordringen. Daher rücken wir ihm zu nahe, wenn wir es direkt anblicken. Ich schaute knapp an Dana vorbei. Sie gluckste. Ich hielt das für eine Antwort auf mein behutsames Vorgehen und sagte: „Hallo, Dana." Sie erstarrte und fing wieder an zu wimmern. Ich wußte, daß ich zu weit gegangen war, und entfernte mich von ihr. Das machte sie neugierig, und sie folgte mir. Nun waren wir so weit, daß wir mit ihr ins Sprechzimmer gehen konnten, ohne daß sie außer sich geriet.

Ein Kind soll sich während der Untersuchung wohlfühlen; deshalb bitte ich die Mutter oder den Vater, es auf dem Schoß zu halten und dort zu entkleiden. Ich bleibe auf Distanz, bis ich sehe, daß es sich entspannt und sich einem Spielzeug auf dem Tisch neben sich zuwendet. Nun kann ich näherrücken, ohne ihm aber ins Gesicht zu blicken, und mich vorsichtig vor ihm auf dem Boden niederlassen. Ich sitze da und

vermeide es, das Kind direkt anzuschauen. Während ich nähergekommen bin, ist es erstarrt. Ich rede unterdessen an ihm vorbei mit der Mutter oder dem Vater weiter. Ich habe die Schmusedecke, das Schmusetier oder die Lieblingspuppe des Kindes in der Hand. Hat es nichts dergleichen dabei, nehme ich eine der Puppen aus meiner Praxis. Wenn es sie annimmt und wieder lockerer wird, wage ich es, mit der Untersuchung zu beginnen. Ich höre mit dem Stethoskop erst die Hand, dann den Arm der Mutter oder des Vaters ab, dann die Puppe. Wenn das Kind wenig Angst erkennen läßt, berühre ich es kurz mit dem Stethoskop, um sofort wieder zu der Puppe, zur Mutter oder zum Vater überzugehen. Auf diese spielerische Weise nähere ich mich dem Kind auf dem Weg über die Eltern und die Puppe einige Male an, bis es sich zu entspannen beginnt. Dann kann ich nach und nach Brustkorb, Herz und Bauch abhören. Es darf mich nie dabei ertappen, daß ich ihm ins Gesicht schaue.

Die Ohrenuntersuchung bei einem einjährigen Kind kann sich leicht zu einem Drama auswachsen. Ich „prüfe" zuerst die Ohren der Puppe und der Eltern. Schließlich bitte ich sie, das Kind auf die Seite zu drehen und seinen mir zugewandten Arm festzuhalten. Ich führe dem Kind noch einmal vor, wie ich in die Ohren der Eltern schaue, um dann rasch sein eines Ohr zu untersuchen. Ich wende mich wieder der Puppe zu und bitte die Eltern, das Kind herumzudrehen, damit ich das andere Ohr untersuchen kann. Als nächstes mache ich ihm vor, wie ich den Mund weit öffne. Ich bitte auch die Eltern, den Mund weit aufzumachen, „aaah" zu sagen und die Zunge herauszustrecken. In der Regel wird das Kind mich und die Eltern nachahmen. Läßt es sich nicht dazu bewegen, bitte ich die Eltern, das Kind zu mir gewandt auf ihren Schoß zu setzen und ihre Arme unter den seinen durchzuschieben. Während sie seinen Kopf in einem Doppelnelson zwischen ihren Armen fixieren, kann ich ihm den Mund ganz rasch mit einem Mundspatel öffnen und hineinschauen.

Falls dies alles reibungslos abläuft, muß das Kind sich nicht gegen mich auflehnen. Es läßt die Prozedur über sich ergehen und merkt, daß ich auf seine Angst, ich könnte ihm zu nahe treten, Rücksicht nehme. Indem ich das, was ich mit ihm vorhabe, immer zuerst an den Eltern oder der Puppe vorführe, wecke ich seine Neugier und zerstreue seine Ängste. Die Untersuchung dauert dadurch höchstens fünf Minuten länger. Dieser Aufwand lohnt sich, denn das Kind wird weiterhin gern zu mir kommen. Fühlt es sich bei mir wohl, kann ich mir, während ich mich mit den Eltern unterhalte, nebenher leicht ein Bild machen, welches Niveau das Kind beim Spielen und in seiner Gesamtentwicklung erreicht hat. Im Wartezimmer habe ich bereits wahrgenommen, wie es um seine motorischen Fertigkeiten steht. Falls sich ein Verdacht auf eine Bewegungsstörung ergeben hat, kann ich dem nun nachgehen. Da ich beobachtet habe, wie die Mutter oder der Vater mit dem Kind umgeht, habe ich einen Eindruck davon, wie gut ihr Kontakt zueinander ist. Schon vor der körperlichen Untersuchung weiß ich also eine ganze Menge über das Kind und seine Beziehung zu den Eltern.

Oft klagen die Eltern bei diesem Termin als erstes darüber, daß das Kind plötzlich so „reizbar" sei. „Jedesmal wenn wir etwas so und so machen wollen, stellt sie sich quer. Alles muß so laufen, wie sie es haben will. Wir dürfen ihr auf keinen Fall dazwischenfunken." Ich sehe daran, daß das Kind sich von den Eltern zu lösen beginnt. Im Rückblick kommt ihnen nun, da ein völlig neuer Entwicklungsabschnitt beginnt, das erste Jahr gar mehr nicht so aufreibend vor. Sie fühlen sich überrumpelt, weil das Baby zu trotzen beginnt. „Sie meinen also, mit einem Jahr sind Babys immer so? In unserem Freundeskreis ist noch keins soweit. Wir haben schon gedacht, wir hätten ein Monster großgezogen." Die Eltern sind erleichtert, wenn sich das neuerliche Chaos in die normale Entwicklung des Babys einordnen läßt.

Ich bin froh, wenn die Loslösung von den Eltern abrupt und dramatisch einsetzt, was durchaus nicht bei allen Babys der Fall ist. Dieser *Auftakt* zu einer neuen Entwicklungsphase ist eine wertvolle Gelegenheit für mich, den Eltern die Augen für die Fortschritte des Kindes öffnen, die sie miterleben. Die Romanze des ersten Jahres ist schlagartig vorüber, doch wenn das Baby derart unvermittelt auf die Selbständigkeit zustrebt, ist das normal und heilsam. Bis es auszudrücken vermag, was es bewegt, und seine Grenzen kennt, werden viele Jahre vergehen. Doch wie das plötzliche Einsetzen seines Widerstands zeigt, wird es darum nicht im Verborgenen ringen. Auf lange Sicht ist das einfacher für die Eltern, ob sie dies nun glauben oder nicht. Ein gefügiges Baby müßte sich am Ende schließlich doch gegen sie auflehnen, und das kann dann viel größere Turbulenzen hervorrufen. Ein nachgiebiges Baby macht den Eltern im ersten Lebensjahr fast keine Probleme. Sein Trotzen erschreckt sie dann um so mehr.

Wenn das Kind selbständiger wird, machen die Eltern sich zwangsläufig Gedanken, sie hätten es zu sehr verwöhnt. Doch wenn das einjährige Kind seine Eigenständigkeit erprobt, ist es deshalb nicht verwöhnt. Wie wir gesehen haben, ist ein Kind dann verwöhnt, wenn es
nicht abschätzen kann, wo die Toleranzschwelle der Eltern über-
schritten ist. Es hat noch kein Gefühl dafür entwickelt, wann es sich
zurücknehmen muß, und kann nicht absehen, wann die anderen es in
seine Schranken weisen werden. Mit dem Verhalten, das wir verwöhnt nennen, fordert es die Eltern in Wahrheit heraus, ihm Grenzen
zu setzen, denn instinktiv weiß es, daß es diese Grenzen braucht. Die
Eltern tun ihm einen großen Dienst, wenn sie bestimmt und nach
klaren Regeln vorgehen, doch den üblichen Wirren des zweiten
Lebensjahres entgehen sie damit nicht. Ist das Kind einmal über die
zwiespältigen Gefühle und Ängste hinweg, die seine wachsende Unabhängigkeit mit sich bringt, wird es einsichtiger. Dann kehrt wieder
mehr Ruhe ein. Doch Disziplin wird auch weiterhin notwendig sein.
Darauf werden wir näher zu sprechen kommen, wenn wir uns die
kommenden Monate anschauen.

Motorische Entwicklung

Irgendwann zu Beginn des zweiten Lebensjahres, manchmal auch
früher, lernt das Kind laufen. Das Tor zur Eigenständigkeit ist aufge-
stoßen. Doch obgleich der Drang groß ist, sich allein fortzubewegen,
ist es von sehr gemischten Gefühlen erfüllt: Will ich wirklich auf mich
allein gestellt sein? Will ich tatsächlich fortgehen, oder lieber doch
nicht? Muß ich in die Fußstapfen meiner Eltern treten, oder kann ich
meinen eigenen Weg gehen? So drängend wie jetzt stellen sich diese
Fragen in keinem anderen Lebensabschnitt – nicht einmal in der Pubertät, die allerdings von einem ähnlichen inneren Aufruhr begleitet ist.
Der Konflikt – „Will ich oder will ich nicht? Tu ich's oder tu ich's
nicht?" – geht so tief, daß er das Kind mindestens anderthalb Jahre
lang umtreibt. Ohne daß die Eltern auf eine Konfrontation mit ihm
aus wären, wirft es sich zum Beispiel in einem hochdramatischen
Wutanfall zu Boden, bloß weil es durch irgendeine Tür gehen soll.
Diese Wutanfälle erreichen irgendwann im zweiten oder dritten
Lebensjahr ihren Höhepunkt. Die Eltern machen sich unweigerlich

Vorwürfe, doch dazu besteht kein Grund. Ein Wutanfall spiegelt einen *inneren* Widerstreit. Die Eltern mögen dem Kind einen Anlaß für den Ausbruch geliefert haben, doch weder sind sie für seine Seelenqual verantwortlich, noch liegt es in ihrer Macht, ihm darüber hinwegzuhelfen.

Sobald es laufen kann, setzt dieses von Trotzen begleitete, stürmische Unabhängigkeitsstreben ein. Das Kind, das einen mächtigen Entwicklungsschub durchläuft, und die Eltern, die auf das äußerste gefordert sind, treten hier in einen besonders spannungsreichen *Auftakt* ein. Wenn die Eltern eine Vorstellung davon haben, was auf sie zukommt, läßt sich so manche Krise entschärfen. Die motorische und die emotionale Entwicklung sind eng miteinander verflochten. Zum Beispiel berichten die Mütter von Kleinkindern, die durch einen Gipsverband lahmgelegt waren, daß sie sehr lieb und leicht zufriedenzustellen waren, solange sie sich nicht ungehindert bewegen konnten. Sobald sie aber wieder auf die Beine kamen, sahen sie ihre Umgebung mit anderen Augen an. Sie machten nicht mehr alles fügsam mit, und es war nun alles andere als einfach, sie zufriedenzustellen. Das Laufenkönnen wirft für das Kind Fragen auf: „Ich kann weggehen, und ich kann wiederkommen. Aber wenn ich das tue, was geschieht dann? Ich bestimme selbst über mein Schicksal – doch was will ich?"

Das Kind lernt das Laufen nicht von einer Minute zur anderen. Das ganze erste Jahr hindurch hat es die Bestandteile des Laufens ausprobiert und geübt. Wie wir erläutert haben, ist der Schreitreflex nach der Geburt noch ein paar Monate lang nachweisbar. Er umfaßt viele der für das Laufen notwendigen motorischen Fertigkeiten, die dann erst später wieder zutage treten. In der zweiten Hälfte des ersten Jahres, wenn das Kind lernt, seine willkürlichen Muskeln zur Fortbewegung zu nutzen, läßt sich der Schreitreflex nicht mehr auslösen. Kriechen und Krabbeln treten in den Vordergrund. Ehe der Schreitreflex sich mit etwa fünf Monaten ganz verliert, macht sich ein Baby oft steif, wenn Sie es ins Sitzen hochziehen wollen, und gelangt so in den Stand. Ein breites Lächeln verrät das angeborene Vergnügen am Stehen. Das Baby eignet sich auf diese Weise die Kontrolle über die Rumpfmuskulatur an, die es später für das Stehen braucht. Während es zuerst kriecht, dann krabbelt, dann steht und sich schließlich an den Möbeln entlangtastet, meistert es die für das Gehen notwendigen Bewegungselemente eines nach dem anderen. Schließlich ist die Zeit gekommen, sie zusammenzufügen. Beim Entlangtasten an Möbeln mußte das Kind bereits die Beine voreinandersetzen und dabei aufrecht bleiben und das Gleichgewicht halten. Wenn es schließlich Mut faßt und losläßt, kommt es ins Schwanken und fällt um. Aber es probiert unverzagt weiter, bis es schließlich alle seine sensorischen und motorischen Fertigkeiten zusammenfügt und die ersten wackeligen Schritte tut. Es strahlt vor Stolz über diese Leistung. Mit einem Lächeln äußerster Zufriedenheit geht das Kind weiter und weiter. Das ist geschafft!

Vor diesem großen Moment richtet es Tag und Nacht seine ganze Energie auf das eine Ziel. Vielleicht kreischt es, wenn es andere gehen sieht. Sobald die Eltern von ihm weggehen, fängt es entrüstet an zu schreien. Hat es Geschwister, die schon laufen können, versucht es sie nachzuahmen und fällt immer wieder hin. In der Nacht bricht diese Enttäuschung in jeder Halbschlafphase durch. Alle drei bis vier Stunden steht es schreiend an der Seite des Kinderbetts, weil die Verzweiflung es wieder plagt, daß diese Aufgabe noch nicht gelöst ist. Durchschlafen ist in dieser Phase ein Ding der Unmöglichkeit, für das Kind ebenso wie für die erschöpften Eltern.

Wenn das Kind sich an einer so wichtigen Aufgabe wie dem Laufenlernen abmüht, zehrt das an den Kräften der gesamten Familie. Vielleicht sitzt es gerade gutgelaunt in seinem Hochstuhl, wenn wieder der Drang zu stehen und zu laufen über es kommt. Sie beobachten, wie sich plötzlich sein Blick verändert. Die Hände, gerade noch mit dem Essen beschäftigt, werden starr. Es fegt das Essen vom Tablett auf den Boden oder auf Ihren Schoß, greift nach der Rückenlehne des Stuhls und windet sich, um sich am Tablett vorbei in die Höhe zu schieben. Es steht auf dem Stuhl und ist nahe daran, herunterzukippen. Stehen und Laufen sind sein oberstes Ziel. Das Essen kommt erst an zweiter Stelle.

Das Kind sperrt sich nun gegen die alltäglichsten Dinge. Sie brauchen gar nicht erst zu versuchen, es zum Windelwechseln hinzulegen. Sobald Sie auch nur Anstalten dazu machen, fängt es an zu zappeln und zu kreischen. Sie müssen lernen, es im Stehen zu wickeln. Wenn Sie es festhalten, um es auszuziehen, läßt es sich auch das plötzlich nicht mehr gefallen. Wenn Sie ihm das Hemd oder den Pullover über den Kopf ziehen und es dabei für einen Moment nichts sieht, ist das für das Kind, als würde es sein Ziel aus den Augen verlieren. Es reagiert jedesmal mit Wutanfällen, wenn Sie seine Wahrnehmung oder seine Bewegungen einschränken.

Wenn das Kind mit einem Jahr noch nicht laufen kann, äußern die Eltern Sorge, warum es wohl so spät dran ist. Ich antworte ihnen, daß sie sich glücklich schätzen können, noch ein paar Monate Aufschub bis zu den Kämpfen des Kleinkindalters zu haben, doch kann ich ihre Besorgnisse damit nicht ganz zerstreuen. Es gibt viele Gründe, warum Kinder mit einem Jahr noch nicht so weit sind. Ein Kind von eher gemächlicher Wesensart hat es schlicht und einfach nicht sehr eilig mit dem Laufenkönnen. Für weiße Kinder in den USA liegt der Durchschnitt bei zwölf bis vierzehn Monaten.* Jüngere Geschwister brauchen in der Regel etwas länger. Sie müssen doppelt so viel Mut zusammennehmen, um das freihändige Gehen zu wagen, weil die älteren Geschwister um sie herumwirbeln und sie aus dem eben erlangten Gleichgewicht werfen können. Auch stämmige Kinder lernen später laufen, weil sie ein größeres Gewicht manövrieren müssen.

Solche eher kräftigen Kinder haben meist schwache Gelenke. Ein Kind mit sehr dehnbaren Gelenken braucht unter Umständen sechs Monate länger, bis es laufen kann. Wenn sich Knie oder Ellbogen über einen Winkel von 180 Grad hinaus beugen lassen, gehe ich davon aus, daß an sämtlichen Gelenken die Bänder und Muskeln eher schlaff sind. Das ist nicht unbedingt bedenklich, erschwert aber das Laufenlernen. Im Lauf der Zeit gleicht das Kind die Gelenkschwäche durch zusätzliche Muskelspannung aus.

Wenn ein Kind mit schwachen Gelenken nicht auf die Beine kommt, wird es immer ungeduldiger. Aus dieser Ungeduld schöpft es den besonderen Elan, den es zum Laufenlernen braucht. Doch zugleich ist es mißmutig und schwer zufriedenzustellen. Für einige Monate ist seine Geduld auch bei anderen Dingen rasch erschöpft. Wenn die Eltern nicht begreifen, was vor sich geht, verzagen sie. Ein Kind mit schwachen Gelenken war im ersten Lebensjahr meist sehr brav und still und verursachte wenig Probleme. Wenn sein Temperament plötzlich umschlägt, haben die Eltern das Gefühl, sie hätten versagt. „Was habe ich denn falsch gemacht? Wenn ich sie hochziehe und ihr zeigen will, wie das mit dem Laufen geht, läßt sie sich einfach hängen. Mir kommt es fast so vor, als wollte sie's gar nicht lernen!" Das Kind geht auf die Hilfsangebote der Eltern nicht ein, weil es allein ans Ziel kommen will. Sein Antrieb ist die Ungeduld. Viele dieser Kinder, die länger brauchen, bis sie laufen und rennen können, sind später sehr sportlich. Der Drang zum Überwinden motorischer Probleme scheint in ihnen besonders lebendig zu bleiben.

Weil das Laufenlernen sich so turbulent gestaltet, fragen sich manche Eltern, ob ihr Kind „hyperaktiv" ist. Es ist ständig in Bewegung, tastet sich an Möbeln entlang, krabbelt fieberhaft umher, und manchmal wälzt es sich sogar zu seinem Ziel hin. Ist es dort angelangt, steuert es gleich das nächste Ziel an. Mit Hyperaktivität hat das nichts zu tun. Das Kind drängt einfach danach, sich auf zwei Beinen fortbewegen zu können.

Wirklich hyperaktiv ist ein Kind in diesem Alter, wenn es sich zu leicht ablenken läßt. Es kann bei keiner Aufgabe bleiben, weil es auf alles reagieren muß, was es sieht und hört. Es läßt sich von jedem neuen Reiz gefangennehmen. Ist es allein und wird von nichts abgelenkt, kann es sich durchaus konzentrieren. Doch wenn es irgendeine Veränderung wahrnimmt, kann es nicht anders, als darauf zu reagieren. Seine Konzentration ist vielleicht schon dahin, wenn nur ein Bauklotz herunterfällt. Es hört oder sieht das und ist bereits abgelenkt. Zudem traut sich ein wirklich hyperaktives, überempfindlich reagierendes Kind nicht zu, komplexere Aufgaben zu bewältigen. Alles, was es tut, ist von dieser Mißerfolgserwartung durchdrungen. Sein Verhalten hebt sich deutlich von der typischen Zielstrebigkeit eines Kindes ab, das laufen lernt (siehe Kapitel 26 zu Überempfindlichkeit und Hyperaktivität).

Schlafen

Wenn das Kind auf das Stehen und Laufen hindrängt, gerät sein Schlaf-Wach-Rhythmus durcheinander. Während es zuvor zwei Nickerchen am Tag gemacht hat, kommt es in seinem Bettchen jetzt tagsüber kaum zur Ruhe. Oft empfehle ich den Eltern, das Baby morgens und nachmittags dennoch für kurze Zeit ins Bett zu legen; falls es nicht schläft, brauchen sie sich deswegen keine Gedanken zu machen.

Wir haben gesehen, daß ein Kind, das gerade laufen lernt, nachts im Halbschlaf den Drang verspürt, sich hinzustellen. Dabei wacht es ganz auf, oder es wandert im Halbschlaf in seinem Bettchen herum. Jedenfalls weckt sein empörtes Schreien den Rest der Familie auf. Diese

Phase dauert gewöhnlich nicht lange. In Kapitel 7 und 8 habe ich ausgeführt, daß das Kind sich weiterhin darin üben muß, ohne Hilfe zurück in den Schlaf zu finden. Im Halbschlaf kommt ihm in den Sinn, daß es tagsüber etwas Neues gelernt hat oder auf dem Weg dorthin ist. Die Eltern reagieren am besten ruhig und bestimmt und bleiben konsequent bei den vertrauten Ritualen. Sie sollten das Kind eine Weile streicheln und dann allein lassen. Gehen sie dagegen zu sehr auf sein unselbständiges Verhalten ein, indem sie länger bei ihm bleiben und mit ihm spielen, geben sie ihm so zu verstehen: „Wenn du nur hartnäckig genug bist, gebe ich schon nach." Falls die Eltern das Kind bei sich im Bett schlafen lassen, sind ähnliche Störungen zu erwarten; auch dann müssen sie einen Weg finden, zu verhindern, daß alle drei bis vier Stunden die gesamte Familie hellwach wird.

Damit alle genug Schlaf bekommen, können die Eltern das Kind auch um zehn oder elf, bevor sie selbst zu Bett gehen, noch einmal wecken, um es zu liebkosen und eventuell ein letztes Mal zu füttern. Wenn sie es dann wieder schlafenlegen, können sie ihm versichern: „Mama und Papa sind bei dir, und wir haben dich gern. Wir sind da, wenn du aufwachst." Aus irgendeinem Grund wirkt es Wunder, das Kind aufzuwecken und seinen Schlafrhythmus zu durchbrechen. Es wird dann kaum mehr um zwei Uhr nachts aufwachen.

Wenn das einjährige Baby morgens aufwacht, ist es durchaus in der Lage, sich selbst zu beschäftigen. Wenn die Eltern nicht gleich beim ersten Mucks zu ihm rennen, werden sie möglicherweise mit dem Zwitschern und Krähen kleiner Selbstgespräche und Singübungen belohnt und können frohen Herzens ihren Tag beginnen.

Ernährung

Falls die Eltern das Kind bisher noch nicht mit eigenen Händen haben essen lassen, wird sich spätestens jetzt sein Widerstand regen. Eine Mutter erzählte mir, daß sie ihre Tochter nur füttern konnte, wenn sie sie ablenkte. Sie drehte zum Beispiel den Fernseher so laut, daß das Kind vor Schreck den Mund aufsperrte, und schob ihm so lange Essen hinein, bis es ihn wieder zuklappte; nun stellte sie den Ton eine Weile lang wieder leiser, um ihn dann erneut hochzudrehen und der Tochter den nächsten Bissen hineinzustopfen. Das war zwar schlau, ging aber an dem eigentlichen Problem vorbei. In diesem Alter muß das Kind den Ablauf der Mahlzeit selbst bestimmen können. Die Eltern werden ihm nicht gerecht, wenn sie ihm das Essen mit zweifelhaften Tricks hineinzaubern. Das Kind sollte bald seine ganze Nahrung mit eigenen Händen zu sich nehmen. Die Eltern dürfen dabei nicht erwarten, daß seine Ernährung im zweiten Lebensjahr sonderlich „ausgewogen" sein wird. Im vierten Lebensjahr dürfte es soweit sein, daß es alles ißt und sich die Tischmanieren der Eltern zu eigen macht. Doch im zweiten und dritten Jahr wird es wild herumprobieren.

In der einen Woche ißt das Kind zum Beispiel ohne weiteres Eier oder Fleisch, um sich in der nächsten dann gegen Eier zu sperren, während es bereitwillig alle Arten von Milchprodukten ißt. Gelegentlich probiert es sogar Gemüse. Aber darauf ist kein Verlaß, und je hartnäckiger die Eltern sind, desto mehr bockt es. Auf einen Monat gesehen ernährt es sich vielleicht durchaus ausgewogen. Doch sollten sich die Eltern besser nicht zu sehr bemühen, seinen Speiseplan harmonisch zu gestalten. Denn das Kleinkind reagiert äußerst sensibel darauf, wie sie seine Ernährung gestalten. Sein Streben nach Unabhängigkeit zu respektieren ist in diesem Bereich offenbar besonders wichtig. Damit die Eltern sich leichter damit tun, dem Kind bei der Ernährung freie Hand zu lassen, habe ich versucht zu bestimmen, was das Kind an einem Tag mindestens zu sich nehmen muß. Im zweiten und dritten Jahr sieht diese Minimalkost zum Beispiel so aus:
1. Ein halber Liter Milch oder die gleichwertige Menge Käse, Joghurt oder Eiskrem.
2. Sechzig Gramm Eiweiß mit hohem Eisengehalt (Fleisch oder ein Ei) oder mit Eisen angereichertes Müsli.
3. Dreißig Gramm Orangensaft oder frisches Obst.
4. Falls das Kind zu wenig Gemüse ißt, empfehle ich zusätzlich eine Multivitamintablette.*

Wenn ich diesen Speiseplan einer gewissenhaften Mutter mit hochfliegenden Idealen vorstelle, fragt sie: „Und das soll alles sein, was sie in vierundzwanzig Stunden braucht?" Ich versichere ihr, daß in der Phase intensiven Trotzens der Grundnahrungsbedarf auf diese Weise zu decken ist. Später ist das Kind vielleicht weniger wählerisch, so daß Vitaminpräparate eigentlich überflüssig werden. Doch wenn die Eltern sie ihm geben, brauchen sie es nicht dazu anzuhalten, Gemüse zu essen. „Nicht einmal grünes Gemüse?" wird die Mutter fragen.

„Nicht einmal gelbes Gemüse?" Immer wieder weise ich Mütter darauf hin, daß Gemüse und eine ausgewogene Ernährung noch zu warten haben, weil vorläufig alles, was mit dem Essen zu tun hat, konfliktträchtig ist. Doch selbst wenn ich die Mütter überzeugen kann, machen die Großmütter sich nach wie vor Sorgen.

Wenn das Kind beim Essen seine Unabhängigkeit erprobt und trotzt, trifft es die Eltern an einem wunden Punkt. Deshalb können ihre Probleme mit seiner Ernährung zu einem wertvollen *Auftakt* werden. Sie spüren die Verpflichtung, das Kind stets satt zu bekommen. Wenn sie ihm die Wahl lassen, was und wieviel es zu sich nimmt, fühlen sie sich innerlich leer – als hätten sie es vernachlässigt. Ihre Aufgabe besteht darin, sich über diese Gefühle klar zu werden und sie auszuhalten.

Ich empfehle den Eltern eines Kindes in diesem Alter folgendes. Nehmen Sie es sofort aus seinem Hochstuhl, sobald es das Interesse am Essen verliert und Sie reizt, indem es das Essen fallenläßt und überall hinschmiert oder sich auf den Stuhl stellt. Wenn es feste Nahrung ißt, sollten Sie die Mahlzeit damit abschließen, daß Sie ihm die Flasche geben oder es an die Brust legen. Lassen Sie es dann los. Versuchen Sie nicht, es zu halten, damit es „nur noch ein bißchen mehr" zu sich nimmt. Zwischen den Mahlzeiten sollte es nichts mehr zu essen bekommen. Wenn es zwischendurch hungrig wird, merkt es dadurch, daß es die Essenszeiten nutzen muß. Es lernt schließlich, sich an dem Rhythmus zu orientieren, den Sie ihm vorgeben. Lassen Sie sich nicht aus der Fassung bringen. Das Kind stellt nämlich seinen Hunger gern auch eine Weile zurück, wenn es dafür dem weit aufregenderen Spiel nachgehen kann, Sie zu reizen. Wenn Sie ihm zwischen den Mahlzeiten etwas zu essen geben oder wenn es selbst an Essen herankommt, entwerten Sie damit nicht nur die Mahlzeiten. Das Kind wird auch leicht durchschauen, daß Sie es dazu bewegen wollen, mehr zu essen. Ihre Niederlage ist unausweichlich. Mit solchen Methoden bringen Sie das Kind rasch dazu, sich beim Essen zu widersetzen. Sein Verlangen, darüber zu bestimmen, was es zu sich nimmt und welche Rolle Sie dabei zu spielen haben, ist stärker als sein Hunger und sein Appetit.

Wenn es Essen im Mund behält oder ausspuckt, wenn es würgt und sich übergibt, sagt es Ihnen damit ganz deutlich, daß Sie es – ob bewußt oder unbewußt – bei den Mahlzeiten zu sehr unter Druck setzen. Nehmen Sie in einer ruhigen Minute Ihr eigenes Verhalten unter die Lupe.

185

Während dieser Monate sind die Eltern manchmal so besorgt, das Kind könnte nicht genug Milch trinken, daß sie es den ganzen Tag mit der Flasche herumlaufen lassen. Vermutlich erreichen sie damit nur, daß es noch weniger trinkt. Mir mißfällt dieses Vorgehen, weil es die Milch als Nahrungsmittel abwertet. Sie wird zum bloßen Trostspender oder zu einem Instrument, mit dem das Kind die Eltern reizen kann.

Sobald das Kind sich einmal daran gewöhnt hat, mit der Flasche herumzulaufen, ist es nicht so leicht wieder davon abzubringen. Es bettelt darum oder inszeniert sogar einen Wutanfall, damit es sie wieder bekommt. Die Eltern müssen ihm geduldig und entschieden klarmachen, daß es die Milchflasche ausschließlich bei den Mahlzeiten bekommt und in der übrigen Zeit sein Schmusetier haben kann. Eine Weile lang können sie die Flasche, wenn sie leer ist, an einer Puppe, einem Stofftier, einem Fell oder an einem anderen geliebten Gegenstand befestigen. Sobald das Kind nach einiger Zeit die Emotionen, die es mit der Flasche verbindet, auf diesen Gegenstand übertragen hat, wird es damit einverstanden sein, daß die Eltern die Flasche wieder weglassen. Falls es nicht genug Milch trinkt, können sie ihm statt dessen Joghurt, Eis oder Käse zu essen geben (10 Gramm Käse entsprechen im Nährwert 40 Gramm Milch). Wenn sie dem Kind die Flasche geben und es dabei im Arm halten, sollte dies Teil eines besonders zärtlichen Rituals sein.

Die Eltern brauchen gute Nerven, wenn das Kind nicht aufhört, bei den Mahlzeiten sein Essen zu zermanschen. Zunächst probiert es nur aus, was sich alles damit anfangen läßt, doch bald merkt es, daß das Vergnügen doppelt ist, weil es die Eltern damit ärgern kann. Sobald Sie sich ärgern, ist es gescheiter, die Mahlzeit zu beenden und das Kind aus seinem Hochstuhl herauszuheben, ohne irgendein Aufhebens davon zu machen, daß es mit dem Essen herumgespielt hat. Wenn Sie es dagegen zurechtweisen, prägt es sich ein, daß Sie auf diese Weise leicht zu necken sind.

Das Kind spielt gern mit einem Löffel, kann das Essen aber noch nicht richtig darauf balancieren. Das gelingt ihm erst mit fünfzehn oder sechzehn Monaten. Doch unterdessen übt es mit Besteck und anderen Utensilien bereits seine Handfertigkeit.

Jetzt ist nicht der rechte Zeitpunkt, dem Kind den Schnuller wegzunehmen, falls es daran gewöhnt ist. Es ist auch besser, nicht davon zu sprechen. Sonst merkt das Kind, daß es ein gutes Mittel in der Hand hat, die Geduld der Eltern auf die Probe zu stellen. Um die Turbulenzen des zweiten Lebensjahres zu überstehen, kann das Kind ein Hilfsmittel wie den Schnuller gut gebrauchen. Es hat seinen Spaß daran, den Eltern auf die Nerven zu fallen, indem es ihn verliert oder aus dem Bettchen fallen läßt, damit sie herbeikommen und ihn suchen müssen. Sie können ihm den Schnuller tagsüber ans Handgelenk binden und ihn nachts an seinem Schmusetier oder am Bettchen befestigen (mit einem *kurzen* Band, das nicht um den Hals des Kindes herumreicht). Sie sollten ihm zeigen, wie es allein an den Schnuller herankommt. Wenn sie so vorgehen, taugt der Schnuller nicht dazu, sie zu ärgern.

Zahnen

Im zweiten Jahr kommen die Backenzähne heraus. Indem das Kind auf etwas herumkaut, mildert es die Reizung des hinteren Zahnfleischs und massiert die Schwellungen heraus. Zum Kauen nimmt es alles, was ihm in die Finger kommt. Die Eltern müssen jetzt aufpassen, daß es nichts Giftiges ißt, wie zum Beispiel Bleifarbe, denn in diesem Alter entwickeln viele Kinder „Pica"[9], einen Appetit auf die absonderlichsten Dinge. Bleifarbe schmeckt süß, und was davon abblättert, wandert in den Mund des Kindes. Dies kommt heutzutage allerdings seltener vor, denn nur alte Häuser sind noch mit bleihaltigen Farben gestrichen. Falls Sie aber in einem solchen Haus wohnen, sollten Sie bei Ihrem Kind einen Bluttest machen lassen.

Sprechen

Das Sprachverständnis des Kindes beginnt sich zu entfalten. Wenn Sie es bitten, ein Spielzeug oder eine Windel herbeizuholen, ist zu erkennen, daß es Sie versteht, denn entweder kommt es Ihrer Bitte nach, oder es widersetzt sich ihr, weiß aber ganz offensichtlich, was Sie von ihm wollen. Anweisungen in mehreren Schritten sind noch zu komplex, doch eine Bitte, die nur eine Handlung von ihm verlangt, versteht es gut. Mit wachsender Begeisterung übt es sich im Sprechen.

[9] von lateinisch pica, Elster – A.d.Ü.

Mit erhobenem Arm steht es im Bett, und sein Tonfall und Sprechrhythmus hören sich an, als wollte es eine Rede halten. Nur wenige
Wörter sind auszumachen, doch es ist im Begriff, das Fundament zum
späteren Sprechen zu legen. Meist lassen sich ein paar Wörter wie
„Gagack", „Mama", „Beebie" und „nein" unterscheiden. Es weiß, welcher „Name" zu welcher Person gehört. Vielleicht deutet es auch mit
dem Finger und macht Gesten. Auf jeden Fall benutzt es auch Augenbewegungen und Mimik, um seine Äußerungen zu unterstreichen.

Es lernt, Gesten zu gebrauchen, um unmißverständlich auf etwas
hinweisen zu können. Wenn es die Aufmerksamkeit der Eltern gewinnen oder halten will, deutet es mit dem Finger auf etwas und sagt
ein „Wort". Ist dieses unverständlich, bieten ihm die Eltern stets das
„richtige" Wort an. Damit zeigen sie ihm, daß sie von ihm erwarten,
daß es sich nach und nach klarer auszudrücken vermag. Vielleicht
versucht es nachzusprechen, was die Eltern sagen, und kommt dabei
näher an das „richtige" Wort heran. Es brennt darauf, sprechen zu
lernen.

Lernen

Die Vorstellungen der Objekt- und Personpermanenz sind für das Kind noch immer nicht ganz selbstverständlich. Es geht um eine Ecke und ruft nach Ihnen, um sich zu vergewissern, daß Sie noch da sind. Es macht, während Sie in einem anderen Raum sind, ein Geräusch oder tut etwas, das Sie ihm verboten haben, damit Sie reagieren und zu ihm eilen müssen. Vielleicht dröhnt, nachdem es eine Weile lang eigentümlich ruhig war, plötzlich der Fernseher los. Wenn Sie zu ihm hingehen, bedeutet das ein Erfolgserlebnis für das Kind. Mögen Sie noch so sehr schimpfen – seinem Vergnügen daran, Sie herangelockt zu haben, tut das keinerlei Abbruch. Das Abschiednehmen, sowohl tagsüber als auch beim Schlafengehen, wird von neuem bedeutsam. Es hat dem Kind bisher vielleicht noch nie viel ausgemacht. Jetzt aber protestiert es stürmisch und tränenreich. Es hätte gern, daß das Abschiednehmen in *seiner* Macht liegt. Es möchte von Ihnen weggehen, doch wenn umgekehrt Sie von ihm weggehen, paßt ihm das ganz und gar nicht.

189

Ich rate Ihnen, dem Kind stets zu sagen, daß Sie weggehen, um ihm diese Phase leichter zu machen. Teilen Sie es ihm am besten sogar schon eine Weile vorher mit. Bereiten Sie es vor, ehe das Drama des eigentlichen Abschieds einsetzt, und kündigen Sie ihm an, daß Sie bald zurück sind. Wie wir schon in anderen Kapiteln ausgeführt haben, können Sie, falls das Kind sich sehr schwer tut, beim erstenmal vielleicht nur für fünfzehn Minuten weggehen. Erinnern Sie es bei der Rückkehr daran, daß Sie ihm versprochen haben, wiederzukommen. Sein Vertrauen wird mit jeder Rückkehr wachsen. Nach und nach wird es mit einem Abschied umgehen lernen. Bis dahin ist Protestieren die gesündeste Reaktion. Wenn Sie das Kind bei einer liebevollen Betreuerin zurücklassen, mit der es vertraut ist, sucht es schluchzend bei ihr Trost und Zuflucht und hat sich bald beruhigt. Mit jedem Mal wird es ein bißchen besser zurechtkommen. Erinnern Sie es stets daran, daß Sie wie versprochen zurückgekommen sind.

Horten. Das Kind entdeckt eine neue Methode. Halten Sie ihm zwei Gegenstände hin, nimmt es in jede Hand einen. Wenn Sie ihm bisher noch einen dritten Gegenstand anboten, packte es ihn und ließ dafür einen der beiden anderen fallen. Mit einem Jahr dagegen versucht das Kind einen Weg zu finden, alle drei Gegenstände zu behalten. Es steckt einen in den Mund, um nach dem dritten greifen zu können. Oder es verstaut, damit es die Hände für den dritten frei hat, einen oder alle zwei in der Ellenbeuge. Sind die Gegenstände klein genug, nimmt es zwei in eine Hand. Es hat gelernt zu sammeln.

Bauen. Das Kind versucht einen Bauklotz auf einen anderen zu setzen. Fällt er herunter, ist es frustriert und wendet sich rasch einem anderen Spiel zu. Doch mit der Zeit setzt es die Klötze immer präziser aufeinander.

Nachahmen. Weg-Da-Spiele und Gestenspiele fesseln das Kind zunehmend. Es versucht die Spielgebärden der Erwachsenen nachzuahmen, auch wenn ihm das nur teilweise gelingt. Dies zeigt sein wachsendes Interesse am Imitieren. In diesem Alter beginnt es, den älteren Geschwistern unzählige Dinge abzuschauen. Sie zeigen ihm, wie etwas geht, und es eifert ihnen nach, so gut es kann. Von ihnen übernimmt es Verhaltensweisen, die ihm die Eltern oder andere Erwachsene nie beibringen könnten. Was ältere Kinder tun, begeistert ein Kleinkind viel mehr als das, was es an Erwachsenen sieht!

Kausales Denken. Um ein Aufziehauto in Bewegung zu setzen, hat das Kind es bis jetzt einfach geschoben. Mit etwa einem Jahr kommt es darauf, daß Sie etwas mit dem Auto angestellt haben, damit es fährt. Vielleicht dreht es das Auto um und schaut es sich von unten an. Doch dann bekommen Sie es doch zurück, damit Sie machen, daß es fährt.

Ängste

Weil sich das Kind seine Umwelt in rasantem Tempo erschließt, wird ihm plötzlich noch wichtiger, daß die anderen ihm nicht zu nahe rücken. Dieses Bedürfnis nach Distanz ist gekoppelt mit seiner rasch zunehmenden Eigenständigkeit und seinem gleichzeitigen Angewiesensein auf die Eltern. Eigenständigkeit und Angewiesensein sind zwei Seiten derselben Medaille. Ein einjähriges Kind läßt zu, daß Sie es hochnehmen, doch wenn es merkt, daß es sich damit gewissermaßen in Abhängigkeit von Ihnen begibt, fängt es an zu zappeln und will wieder hinunter. Es will und will doch nicht. Jeden engen Kontakt und jeden Annäherungsversuch empfindet es rasch als Übergriff in seine persönliche Sphäre, und es fürchtet, daß ihm die Kontrolle über seine Welt entgleitet. Wenn es Fremde mustert und Zeit braucht, um ihre Gesichtszüge nach und nach zu erfassen, klammert es sich dabei an die Eltern, um sich sicher zu fühlen. Die bedrohlichsten „Fremden" sind solche, mit denen es *beinahe schon vertraut* ist – Tanten, Onkel oder Großeltern, die nur selten zu Besuch kommen. Diese „Fremden" müssen Geduld haben, bis das Kind sich über die augenfälligen und die feinen Unterschiede zwischen ihnen und anderen Personen genügend Klarheit verschafft hat. Es braucht dabei immer das Gefühl, daß es den Überblick behält.

Ausblick

Trotzen. Im nächsten Jahr wird das Streben des Kindes nach Eigenständigkeit noch zunehmen und einen Höhepunkt erreichen. „Nein" wird ein Lieblingswort. Die häufigste Geste ist das von einem „Nein" und einem finsteren Blick begleitete Kopfschütteln. Jede Bitte der Eltern kann Mißmut und unbeherrschten Trotz entfesseln. Darauf müssen sie vorbereitet sein. Sie werden sich nicht so viele Vorwürfe machen und sich weniger ohnmächtig fühlen, wenn ich diesen Gesprächstermin als einen *Auftakt* nutzen und ihnen die Gründe aufzeigen kann, weshalb ein braver Säugling sich in ein störrisches, aufsässiges Kleinkind verwandelt. Andernfalls sind sie durch das Trotzen gekränkt und versuchen es zu unterdrücken.

Wutanfälle. Sie sind typisch für das zweite Jahr, und alle Eltern bekommen das Gefühl, sie wären daran schuld. Daß sie aber nichts dafür können, haben wir bereits dargelegt. Ein Wutanfall offenbart, mit welcher Gefühlsintensität und Leidenschaft ein Kleinkind sogar die kleinste Entscheidung erlebt. Sie können zwar probieren, diese Trotzausbrüche abzufangen, ehe das Kind richtig loslegt, doch wird Ihnen das keineswegs immer gelingen. Wenn Sie Bestimmtheit und Gleichmut ausstrahlen, ist das am wirkungsvollsten, denn Sie sagen dem Kind damit: „Ich wollte, ich könnte dir helfen, aber ich kann nicht. Du mußt entscheiden, was du willst, und ich gehe dann entweder darauf ein, oder ich sage nein. Jedenfalls hilft dir das, zu einer klaren Entscheidung zu kommen." Ich weiß, es wirkt grausam, wenn Eltern einen stürmischen Wutanfall ignorieren, doch wenn Sie einmal probiert haben, einem tobenden Kind zu helfen, wissen Sie, daß das Ganze dadurch in der Regel nur noch länger dauert. Das beste ist oft, wegzugehen, bis der Anfall vorüber ist, oder eine Auszeit[10] einzusetzen.

---

[10] Aus dem Tierversuch stammende Methode, um die Häufigkeit unerwünschten Verhaltens herabzusetzen (englisch „time out", im Deutschen manchmal auch als „Erholungspause" bezeichnet). In der Regel wird das Kind für eine festgelegte Zeit in einen anderen Raum gebracht. Wenn es allein ist, hat es keine „Bühne" mehr für die als problematisch betrachtete Verhaltensweise, die damit ihren Sinn verliert. A.d.Ü.

Manchmal fragen Eltern, warum ihr Kind seine Wutanfälle ausgerechnet in der Öffentlichkeit bekommt. Zum einen ist es wohl überlastet, weil die Situation so viele Reize bietet. Zum anderen merkt es, daß die Eltern auf anderes konzentriert sind, und will ihre Aufmerksamkeit wieder auf sich lenken. Außerdem weiß es, daß die Eltern in der Öffentlichkeit, weil sie sich nicht blamieren wollen, leichter aus der Fassung zu bringen sind. Wenn Sie also peinlich berührt versuchen, die Wogen zu glätten, ziehen Sie damit den Wutanfall nur in die Länge. Die beiden besten Vorschläge für diesen Fall dürften Ihnen nicht praktikabel erscheinen: (1) Brechen Sie das Einkaufen ab. Tragen Sie das Kind zum Auto zurück, damit es sich dort ungestört abreagieren kann. Sagen Sie ihm gelassen, daß Sie nicht in dem Laden bleiben konnten. (2) Tun Sie so, als sei es nicht Ihr Kind, und ignorieren Sie es. Es wird sich sehr rasch wieder beruhigen. *Dann* können Sie sich mit ihm hinsetzen, es in den Arm nehmen und sagen: „Ich weiß, es ist furchtbar, so durcheinander zu sein." (Mehr über Wutanfälle in Kapitel 10.)

Disziplin. Zwar können die Eltern einige Konflikte mit dem emsigen Kleinkind umgehen, indem sie es im Stehen wickeln oder indem sie wertvolle und zerbrechliche Dinge aus seiner Reichweite entfernen. Doch sie kommen nicht darum herum, ihm auch Verbote zu erteilen. Damit diese Verbote auch wirklich Gewicht haben, sollten sie für wirklich gefährliche Dinge reserviert bleiben.

Das Kleinkind *muß* sich Gelegenheiten suchen, die Eltern zu reizen. Ich mache sie darauf aufmerksam, daß sich leicht voraussagen läßt, zu welchen Zeiten es am widerspenstigsten sein wird: wenn sie abends beide müde sind, wenn wichtiger Besuch da ist, wenn sie telefonieren oder wenn sie einkaufen gehen. Wenn es sie bei diesen Gelegenheiten unter Druck setzt, müssen sie nach Lösungen suchen. Sie können eine solche Situation zum *Auftakt* dazu werden lassen, sich über das klarzuwerden, was im Kind eigentlich vor sich geht.

Wenn ein Kleinkind in diesem Alter Sie ärgern will und damit Ihre Aufmerksamkeit auf sich zu lenken versucht, sollten Sie nicht ungehalten reagieren, sondern es in den Arm nehmen oder ihm ein kleines Zeichen geben, daß Sie verstanden haben, was es will. Mit körperlichen Strafen wie zum Beispiel Schlägen sagen Sie ihm zweierlei: erstens, daß Sie größer und stärker sind und sich das erlauben können, zweitens, daß Sie Gewalt für ein sinnvolles Mittel halten. Ich empfehle Ihnen folgendes: Schalten Sie ein Time-out ein, oder nehmen Sie das Kind in den Arm und setzen Sie sich mit ihm in den Schaukelstuhl. So verhindern Sie, daß es sich in seine Aufsässigkeit hineinsteigert. Auch Sie werden auf diese Weise ruhiger. Sagen Sie dem Kind, wenn Sie es zu bremsen versuchen: „Es tut mir leid. Ich habe dich gern, aber was du da tust, mag ich nicht. Ich muß dich so lange zurückhalten, bis du dich selbst zurückhalten kannst."

Unter den wirklich wichtigen Dingen, die Eltern einem Kind mit auf den Weg geben, steht Disziplin an zweiter Stelle. Liebe ist das wichtigste, Disziplin folgt erst danach. Disziplin bedeutet, das Kind anzuleiten, und nicht, es zu bestrafen. Das Ziel ist, daß das Kind seine Grenzen schließlich von sich aus erkennen kann. Wenn Sie dem Kind Grenzen setzen müssen, ist das also eine Gelegenheit, ihm etwas beizubringen. Setzen Sie sich, nachdem Sie es mit wenigen Worten zurechtgewiesen haben, mit ihm hin, um es in den Arm zu nehmen und zu trösten. Sagen Sie zu ihm: „Das darfst du nicht. Ich muß dich so lange zurückhalten, bis du gelernt hast, dich selbst zurückzuhalten."

Sauberkeitstraining. Schätzen Sie sich glücklich, falls Sie von Freundinnen und Verwandten bisher noch keine mehr oder weniger diskreten Hinweise zu hören bekommen haben, nun sei es aber an der Zeit, mit dem Sauberkeitstraining zu beginnen. *Es ist noch immer zu früh dafür.* Vielleicht wird das Kind am Ende des zweiten Jahres soweit sein, sich von allein aufs Töpfchen zu setzen. Bedenken Sie, was wir von ihm verlangen: Es soll Harndrang oder Stuhldrang registrieren, es soll den Harn oder den Stuhl zurückhalten, es soll an einen Ort gehen, den *wir* bestimmen, es soll sich dort hinsetzen und sich schließlich entleeren. Dann darf es nicht behalten, was es gerade hervorgebracht hat, sondern wir spülen es weg. Verlangen wir da nicht ein bißchen viel von dem Kind, während es doch gerade darum ringt, ein eigenständiges Individuum zu werden? Ich garantiere Ihnen: Wenn Sie warten, bis es von selbst auf die Idee kommt, aufs Töpfchen zu gehen, wird es am Ende weder einkoten noch bettnässen, und es wird den Stuhl weder verhalten noch mit ihm herumschmieren. Dagegen könnte es sehr wohl eine dieser Gewohnheiten annehmen, wenn Sie es zu früh unter Druck setzen. Es muß aus eigenen Stücken ans Ziel kommen. Haben Sie Geduld!

Beißen, Schlagen und Kratzen. Diese und andere unerfreuliche Verhaltensweisen werden bald auftauchen und gehören zum normalen Entwicklungsverlauf, so beschämend sie auch sind. Am Anfang probiert das Kind sie nur aus – es ist, wenn Sie so wollen, neugierig, was es alles kann. Diese Verhaltensweisen treten auf, wenn das Kind überlastet ist und sich nicht mehr in der Gewalt hat. Wenn auch Sie die Beherrschung verlieren, jagen Sie ihm Angst ein, und es tobt noch heftiger. Machen Sie sich also schon früh auf diese Verhaltensweisen gefaßt. Bestärken Sie das Kind dann weder durch Tadel noch durch Nachgiebigkeit, sondern nehmen Sie es in den Arm, halten Sie es fest, und sagen Sie so gelassen wie möglich: „Ich mag das nicht, und die andern mögen es auch nicht. Das darfst du einfach nicht tun. Ich werde dich jedesmal zurückhalten, bis du dich selbst zurückhalten kannst." Sie können das mit mehr Überzeugung sagen, wenn Sie sich klarmachen, daß solche Verhaltensweisen bei einem Baby nichts Ungewöhnliches sind.

10. Fünfzehn Monate

In meinem Wartezimmer kommen die Eltern kaum dazu, eine der Zeitschriften zur Hand zu nehmen. Sobald sie hereinkommen, sind sie auf der Hut, damit sie ihren kleinen Wirbelwind rechtzeitig abfangen können, bevor irgend etwas passiert. Ihre Fragen an mich und die Art, wie sie im Gespräch mit mir das Kind ständig im Auge behalten, verraten mir, daß sie den lieben langen Tag hinter dem Kind herjagen müssen, damit es sich nicht weh tut oder irgend etwas kaputtmacht. Sie sind kaum in der Lage, mir genau zuzuhören.

Auch die Aufmerksamkeit des Kleinkinds ist geteilt. Während es mit den Spielsachen beschäftigt ist, achtet es darauf, ob die Eltern ihm auch zuschauen. Außerdem argwöhnt es die ganze Zeit, ich könnte ihm möglicherweise zu nahe treten.

Während ich das Kind beim Spielen beobachte, versuche ich nicht nur einzuschätzen, wie es sich in neurologischer und körperlicher Hinsicht weiterentwickelt hat, sondern auch, wie geschickt es sich im Spiel anstellt. Rechnet es damit, die Aufgabe auch zu lösen, die es sich vorgenommen hat? Ist es ausdauernd? Erwartet es Beifall, wenn ihm etwas gelingt? Oder gibt es rasch auf? Versucht es, die Aufmerksamkeit der anderen von einer Aufgabe abzulenken, die es sich nicht zutraut? Merkt es, wenn es im Begriff ist zu scheitern, und erwartet es dafür die Mißbilligung der Eltern? Wenn das Kleinkind sich in meiner Praxis fremd und in die Enge getrieben fühlt, habe ich viel mehr Mühe, sein Verhalten und seine Entwicklung zu beurteilen. Deshalb setze ich alles daran, daß es gern zu mir kommt. Dann kann ich seine Eltern besser dabei unterstützen, für sein Wohlergehen zu sorgen. Die kinderärztliche Kunst sollte über körperliche Untersuchungen und Impfungen hinausgehen.

Falls das Kind schon laufen kann, bitte ich manchmal die Eltern, mit mir ins Sprechzimmer vorauszugehen und das Kind nachkommen zu lassen. Das klappt nicht immer, aber wir sollten die Eigenständigkeit des Kleinkindes so früh wie möglich respektieren.

Wenn die Eltern mir ankündigen, daß ihr Kind Angst vor mir haben wird, weiß ich schon, daß irgend etwas schiefgelaufen ist. Weil es im voraus eingeschüchtert wurde, wird es anfangen zu kreischen, sobald

ich in seine Nähe komme. Natürlich mag ein Kleinkind es nicht, untersucht und geimpft zu werden, und natürlich erinnert es sich daran, daß ihm das schon bei den früheren Terminen nicht gefallen hat. Doch oft unterschätzen die Eltern, wie gut sich das Kind in eine solche Situation hineinfinden kann. Außerdem steht jedes Kind gern im Mittelpunkt der Aufmerksamkeit. Wenn ich Rücksicht auf sein Mißtrauen nehme, kann ich meine Arbeit tun, ohne Angst bei ihm auszulösen. Es hat seit dem letzten Besuch bei mir auch nicht das Spielzeug in meiner Praxis und die Belohnung vergessen, die es nach der Untersuchung bekam. Außerdem ist es stolz auf sich, wenn es imstande ist, seine Angst zu bezwingen.

Während das Kind in meinem Sprechzimmer spielt, kann ich sehen, was es mittlerweile alles gelernt hat. Um aus dem Sitzen in den Stand zu gelangen, streckt es den Po hoch in die Luft und hält sich mit den Armen im Gleichgewicht. Sobald es die Beine gestreckt hat, richtet es sich auf. Dabei schwankt es ein wenig. Um wieder ins Gleichgewicht zu kommen, spreizt es die Beine. Wenn es erst seit kurzem laufen kann, breitet es im Vorwärtstappen die Arme aus, um nicht umzukippen. Geht es breitbeinig, ist das ein weiteres Zeichen dafür, daß es vor kurzem gelernt hat zu laufen. Mit zunehmender Geschicklichkeit wird es die Beine näher zusammenführen. Wenn es bereits ganz sicher ist, kann es die Füße nebeneinanderstellen und nach einem Spielzeug über seinem Kopf greifen. Zuvor hätte es dabei das Gleichgewicht verloren. An solchen Bewegungsmustern kann ich ablesen, wie lange es schon laufen kann.

Ich bemühe mich bei meiner Untersuchung, es zum Mitmachen zu bewegen und alle seine neuen kognitiven Fähigkeiten hervorzulocken. Bevor ich seinen Kopf abmesse (das Kopfwachstum ist ebenso wichtig wie das Längenwachstum, denn es ist Voraussetzung für die ungestörte Entwicklung des Gehirns; die Messung liefert auch eine Bezugsgröße, um das Ausmaß einer eventuellen Hirnschädigung einschätzen zu können), lege ich das Maßband um meinen eigenen Kopf. Das Kind lacht, weil das komisch aussieht. Dann darf ich das Band vielleicht um seinen Kopf legen. Mit dem Ohrenspiegel schaue ich erst einer Puppe, dann dem Vater oder der Mutter und schließlich dem Kind in die Ohren. Zum Wiegen bitte ich Vater oder Mutter, sich zuerst allein auf die Waage zu stellen, dann mit dem Kind, so daß ich sein Gewicht durch Subtraktion errechnen kann. Manchmal steigt das Kind aus Neugier sogar allein auf die Waage. Mit etwas Glück verläuft die gesamte Untersuchung reibungslos, ohne daß das Kind auch nur ein einziges Mal jammert.

In jedem Fall habe ich im Lauf der Untersuchung Gelegenheit zu vielerlei Beobachtungen. Ich kann erkennen, inwieweit das Kind in der Lage ist, aus eigenem Antrieb zu mir in Beziehung zu treten. Wollen die Eltern zu sehr nachhelfen, verweigert es sich – eine durchaus angemessene Reaktion. Das Kind zeigt mir auch, daß es sich die neue kognitive Möglichkeit des symbolischen Spiels erschlossen hat: Es stellt sich vor, daß die Puppe genauso Angst hat wie es selbst; deshalb legt sich seine Angst, wenn es dabei zuschaut, wie ich die Puppe untersuche. In diesem Alter neigt ein Kind im allgemeinen stark dazu, die Eltern zu imitieren. Wenn ich also zuerst so tue, als untersuchte ich die Eltern, achte ich darauf, inwieweit es sie nachzuahmen versucht. All dies zeigt, wie die kognitive Entwicklung des Kindes fortschreitet. Ich registriere auch, mit wieviel Gleichmut es eine Untersuchung über sich ergehen lassen kann, die eigentlich seine Körpergrenzen verletzt. Wenn es fähig ist, mit Streß fertigzuwerden, indem es sich von den Eltern, einer Puppe und mir helfen läßt, ist es auf einem guten Weg.

Wenn ich ihm am Ende die Impfung gegen Masern, Mumps und Röteln geben muß, ist das ein harter Schlag. Dem Kind kommt es vor, als hätte ich es getäuscht. Ich bitte die Eltern, es festzuhalten. Ich erkläre ihm, was ich vorhabe, und führe ihm die Spritze an einem Teddybär oder einer Puppe vor. Ich bitte die Eltern, das Kind im Moment des Einstichs zu kneifen und gleich, wenn ich fertig bin, mit ihm umherzutanzen, um es abzulenken. Wenn alles vorbei ist, biete ich dem Kind eine Belohnung an. Manche Kinder wollen sie nicht haben. Ihnen erkläre ich: „Ich weiß, daß du böse auf mich bist, und ich verstehe das auch, aber ich habe dich geimpft, damit du gesund bleibst. Ich will dein Freund *und* dein Arzt sein. Ein Arzt möchte, daß die Kinder gesund bleiben, damit sie spielen können. Und er hat sie gern." Nach dieser Erklärung nimmt das Kind mein Geschenk manchmal doch noch an. Viel wichtiger ist aber, daß die Eltern und ich nicht rücksichtslos über seine Ängste hinweggegangen sind. Wir haben respektiert, daß sein Bild von sich als einem eigenständigen Individuum noch nicht gefestigt ist.

Disziplin

Im zweiten Lebensjahr sind Fragen der Disziplin von großer Bedeutung. Doch ist dies erst der Anfang eines langwierigen Lernprozesses. Um eine klare Linie verfolgen zu können, müssen die Eltern vor allem begreifen, daß das Kind danach verlangt, Grenzen zu spüren. Wie sie im einzelnen vorgehen, ist gar nicht so wichtig. Ausschlaggebend sind die grundsätzlichen Vorstellungen und Erwartungen, mit denen sie an ihre Aufgabe herangehen. Deshalb würde ich, wie bereits erwähnt, darauf achten, daß die Auseinandersetzungen mit dem Kind sich auf wesentliche Punkte beschränken. Weil die Eltern sich in jedem Fall Sorgen machen, wie sie ihr wild um Eigenständigkeit ringendes Kleinkind bändigen sollen, haben wir hier einen besonders wichtigen *Auftakt* vor uns.

Vor allem Paare, die ihren ersten Nachwuchs recht spät bekommen, möchten ihre Lebensweise nicht vollständig umkrempeln. Sie würden dem Kind deshalb lieber beibringen, daß es die wertvolleren Dinge im Haus nicht anfassen soll. Vielleicht gelingt ihnen das sogar, aber sie werden sehr viel Kraft und Zeit darauf verwenden müssen, die sie

vielleicht besser für wichtigere Konflikte aufsparen sollten. Könnten sie die Kostbarkeiten nicht doch vorübergehend wegräumen? Dann gibt es jeden Tag ein paar Zusammenstöße weniger. Um Selbstdisziplin und Rücksichtnahme zu lernen, hat das Kind genügend andere Gelegenheiten. Die Eltern geben ihm jedesmal, wenn sie besonnen und wohlüberlegt handeln, ein Vorbild. Allerdings ist meist nicht sofort erkennbar, daß es daraus etwas lernt.

Manchmal fragen mich die Eltern eines eher ruhigen Kindes, woran sie denn erkennen sollen, wann Disziplin notwendig ist. Sie müssen nur genau hinschauen. Wenn das Kind etwas Verbotenes anfaßt und sich nach Ihnen umschaut, ob Sie das auch sicher mitbekommen, oder wenn es sich von Minute zu Minute provozierender verhält, bittet es Sie damit, einzuschreiten und zu sagen: „Halt, jetzt ist Schluß."

Die Eltern eines Kindes in diesem Alter denken darüber nach, ob sie es weiterhin in einen Laufstall setzen sollen, oder sie überlegen sich erst jetzt, ob sie nicht doch einen benutzen sollten. Ich rate davon ab. Natürlich braucht das Kleinkind einen sicheren Ort, wo sie es sich selbst und seinem Erkundungsdrang überlassen können. Wenn sie sein Zimmer nicht kindersicher machen oder einen Teil der Küche reservieren können, müssen sie es vielleicht tatsächlich in den Laufstall sperren. Aber ich hoffe, daß sie eine andere Möglichkeit finden. Der Laufstall ist eine Kränkung für das Kind, das in dieser Phase seine Bewegungsfreiheit sehr intensiv erlebt. Ich halte es auf jeden Fall für besser, das Kind seiner Neugier folgen zu lassen. Doch das heißt auch, daß immer ein Erwachsener in der Nähe sein muß.

Mit fünfzehn Monaten sind in der Regel schon die ersten Wutanfälle aufgetreten (siehe Kapitel 9). Passieren sie in der Öffentlichkeit, ist das für die Eltern äußerst peinlich. Alles schart sich um sie und starrt sie an, als wären sie der Kindesmißhandlung überführt. Die Eltern können kontern, indem sie den Umstehenden vorschlagen, sie könnten es ja selbst einmal mit dem Kind versuchen. Das Publikum dürfte sich daraufhin rasch zerstreuen.

Wenn die geplagten Eltern mir vom ersten Wutanfall berichten, erreichen wir damit einen weiteren *Auftakt*. Ich habe hier die große Chance, ihnen verständlich zu machen, daß die Wutanfälle zum ganz normalen Verhalten eines Kleinkindes gehören. Bei einem eher impulsiven Kind wäre es sogar verwunderlich, wenn sie jetzt nicht einsetzten. Ein Kind, das im zweiten oder dritten Jahr nie einen Wutanfall hat, macht diese Gefühlswirren möglicherweise erst viel später durch und ist dann in seiner Jugend oder im Erwachsenenalter aufbrausend und jähzornig. Wir wir bereits sagten, mögen die Eltern mit ihrem Verhalten oder mit einer Bitte den Wutanfall wohl ins Rollen gebracht haben, doch die eigentliche Ursache ist der innere Aufruhr, der im Kind vor sich geht. Nur das Kind selbst kann den Entscheidungskonflikt lösen, der hinter dem Wutanfall steckt – den grundlegenden Konflikt zwischen seinem Angewiesensein auf die Eltern und seinem Streben nach Eigenständigkeit. Indem es sich an diesem Konflikt abmüht, gewinnt es an Stärke und Selbstsicherheit.

Ich gebe den Eltern einige Hinweise, wie sie vorgehen können: Machen Sie sich zuerst klar, wie viele verschiedene Möglichkeiten Sie haben; das Grundprinzip sollte stets sein, dem Kind einen Freiraum zu lassen. Nehmen Sie es entweder auf den Arm, um es ruhig festzuhalten, oder tragen Sie es in eine sichere Ecke, wo es sich allein wieder fangen kann, oder gehen Sie für einen Moment aus dem Raum. Wenn es Sie nicht sieht, verliert der Wutanfall an Schwung. Kommen Sie dann rasch zurück und sagen Sie: „Es tut mir leid, aber mehr kann ich dir nicht helfen. Ich bin noch da, und ich habe dich gern, aber mit diesem Wutanfall mußt du selber zurechtkommen." Dem Kind Raum zu geben, damit es seine innere Zerrissenheit bewältigt, ist etwas anderes, als es damit völlig allein zu lassen. Machen Sie ihm deutlich, daß Sie ihm gerne helfen würden. Es weiß jedoch ebensogut wie Sie, daß Ihre Bemühungen den Wutanfall nur verlängern würden. Wenn Sie ihm klare Grenzen setzen, hat es keine Angst, es könnte ganz und gar die Kontrolle über sich verlieren.

Manche Eltern haben Mühe, sich aus dem Geschehen herauszuhalten, weil sie fürchten, das Kind könnte sich verletzen. Wenn es wild um sich schlägt oder den Kopf gegen den Boden haut, ist das beängstigend. Doch es ist unwahrscheinlich, daß das Kind tatsächlich Schaden nimmt. Falls es allzusehr tobt, können sie es auf einen Teppich oder in sein Bettchen setzen. Glücklicherweise hört das Kind in der Regel auf, ehe es die Beherrschung völlig verliert.

Vor einigen Jahren verbrachte ich in Oregon eine Woche mit den zwei Jahre alten Anderson-Fünflingen. Einer von ihnen hatte einen heftigen Wutanfall. Die anderen vier scharten sich um ihn und versuchten, ihn zu beruhigen. Das machte ihn nur noch wilder. Einer versuchte, seine Arme festzuhalten, ein anderer legte sich neben ihn und redete besänftigend auf ihn ein. Der dritte brüllte ihn an. Der vierte goß kaltes Wasser über ihn. Als nichts wirkte, gaben sie alle auf. Sofort hörte er auf zu schreien. Er stand rasch auf und spielte wieder mit ihnen, als wäre nichts geschehen. Das war für mich ein anschaulicher Beweis dafür, daß Wutanfälle innere Konflikte widerspiegeln. Das Kind braucht Unterstützung und keine Einmischung. Nachdem es sich beruhigt hat, können die Eltern ihm zeigen, daß sie verstehen, was es in diesem Alter innerlich durchleidet.

Wichtig ist, daß sie, um dem Kind Grenzen zu setzen, sichere und einfache Mittel finden, die nicht in Mißhandlungen umschlagen können. Wenn das Kind knapp zwei Jahre alt ist, setzen viele Eltern mit Erfolg die Methode „time out" ein (vgl. S. 192, Anm. 11). Um zu verhindern, daß das Kind sich in seinem Trotz völlig vergißt, können sie es energisch festhalten und in sein Zimmer oder sein Bettchen bringen. Wenn es sich dann wieder gefangen hat, sollten sie ihm klarmachen, warum sie eingegriffen haben, und es dann zärtlich in die Arme schließen.

Ängste

Während das Kleinkind seine Eigenständigkeit erprobt und mit wachsendem Begriffsvermögen seine Umgebung erkundet, stellen sich bei ihm zwangsläufig Ängste ein. Zum Beispiel ist eine Angst vor der Badewanne recht häufig. In diesem Fall ist es sinnvoll, gemeinsam mit dem Kind zu baden. Lassen Sie es dabei nicht aus den Augen, damit es nicht ausrutscht oder sich beim Stehen unsicher fühlt und Angst bekommt. Sie brauchen ihm nicht allzu oft die Haare zu waschen, weil dies zu ohrenbetäubendem Geschrei führt. Stützen Sie es beim Haarewaschen gut ab. In diesem Alter hat es eine Riesenangst davor, das Gleichgewicht zu verlieren, wenn Sie ihm zum Beispiel beim Ausspülen der Haare den Kopf nach hinten neigen.

Motorische Entwicklung

Wenn das Kind gerade laufen gelernt hat, ist es den ganzen Tag unterwegs, mit vorgestrecktem Bauch, Hohlkreuz und in dem bereits beschriebenen breitbeinigen Gang. Es sieht aus wie eine Ente mit nach außen gestellten Füßen. Wenn es sich ans Gehen gewöhnt hat und das Gleichgewicht besser halten kann, dreht es die Füße allmählich ein, bis sie parallel stehen. Erst nach einiger Zeit ist das Kind imstande, beim Gehen noch andere Handlungen ausführen. Es braucht einen Monat, bis es gleichzeitig ein Spielzeug halten kann. Mindestens zwei Monate vergehen, bis es dabei nach oben über den Kopf greifen oder nach oben schauen kann. Nach zwei bis drei Monaten kann es sich umdrehen und in die Hocke gehen.

Wie wir in Kapitel 9 dargelegt haben, lernt das Kind barfuß am besten laufen. Erst später sind Schuhe notwendig, um den Fuß zu stützen. Vorerst suchen die Zehen am Boden Halt und kräftigen damit das Fußgewölbe. Schuhe braucht das Kind zur Zeit nur auf kaltem oder kantigem Untergrund. Barfußlaufen ist die beste Übung für seine Füße.

Noch einmal möchte ich darauf hinweisen, daß Treppen nach oben und unten mit einem Gatter abzusperren sind. Klettern ist ein großer Spaß für das Kind, doch die Eltern sollten zuschauen, wenn es sich daran versucht. Auf Treppen mit Teppichboden hat das Kind weniger Mühe und ist weniger gefährdet.

Ernährung

Bei diesem Termin achte ich vor allem darauf, ob die Eltern dem Kleinkind beim Essen genügend Freiraum für eigenständige Entscheidungen lassen. Ich bespreche mit ihnen nochmals seinen Minimalbedarf, denn ich weiß, daß insbesondere die Mutter Mühe hat, dem Kind zu überlassen, was und wieviel es ißt.

Oft glauben die Eltern, sie müßten dem Kind wenigstens einige Löffel Breinahrung aufzwingen. Aber die braucht es in diesem Alter nicht mehr unbedingt. Mundgerechte Happen, die es mit eigenen Händen essen kann, und Vitaminpräparate bieten ihm dieselben Nährstoffe. Wenn die Mutter einwendet: „Ich ertrage es aber nicht, wenn ich mir die Mühe mache, extra für ihn etwas zu kochen, und dann will er es gar nicht", antworte ich ihr, daß sie sich eben nicht so viele Umstände machen sollte. Wenn das Kind ihre Kochkünste verschmäht, ist sie verletzt. Das eigentliche Problem besteht darin, daß sie gerne die Kontrolle darüber hätte, was es ißt. Sie sollte besser aufhören, eigens für das Kind zu kochen, und ernst nehmen, was es ihr mitzuteilen versucht: „Ich will das selbst entscheiden." Oft versuchen die Eltern es mit plumpen Mitteln zum Essen zu drängen: „Schau, wie sich die Mama für dich angestrengt hat!" „Willst du nicht ein paar von diesen leckeren Bohnen auf Papas Teller?" „Schau deine große Schwester an, wie *gern* sie ihr Gemüse ißt!" Dies sind sichere Methoden, um dem Kind das Essen zu verleiden und ernstere Probleme heraufzubeschwören. Wenn die Eltern dagegen gelassen sind und keinen Druck ausüben, wird das Kind auch genügend essen. Sie müssen nur darauf achten, daß die Nahrung, die sie ihm anbieten, den erwähnten Minimalbedarf abdeckt: Fleisch, Eier oder Müsli (wegen des Eisengehalts), Milch, Obst und Vitamine (siehe Kapitel 9).

Wenn das Kind, was selten vorkommt, keine Milch mehr will, können die Eltern ihm Joghurt, Käse, Eis oder anderes als Ersatz geben. Will es die Tasse selbst in die Hand nehmen, verschüttet aber das meiste davon, können sie entweder eine wasserdichte Plane um seinen Stuhl ausbreiten oder ihm die Tasse nur in der Badewanne geben. In den kommenden Monaten sollten sie auf Sauberkeit nicht übermäßig viel Wert legen, denn jetzt stehen wichtigere Dinge auf dem Spiel.

Dem Kind beim Essen keine Vorschriften zu machen fällt vielen Eltern, insbesondere Müttern, wirklich schwer. Sie glauben, sie hätten in ihrer Mutterrolle vollständig versagt, wenn das Kind nicht genügend ißt. Nun ist Unterernährung zwar ein furchtbares Menschheitsproblem, aber den Familien, die dieses Buch lesen, dürfte sie kaum drohen. Wenn Eltern nicht akzeptieren können, daß das Kind auf diesem entscheidenden Gebiet seine Eigenständigkeit erprobt, vermute ich, daß „Gespenster im Kinderzimmer" herumspuken, wie die Psychoanalytikerin Dr. Selma Fraiberg es nannte. Manche Mütter wissen schreckliche Geschichten davon zu erzählen, wie sie stundenlang am Tisch sitzen bleiben mußten, bis sie wirklich alles aufgegessen hatten. Wenn ein Kind über lange Zeit solchem Zwang ausgesetzt ist, leidet es später möglicherweise unter Magersucht. Diese tritt meist als Anorexia nervosa in der Pubertät auf und läßt sich auf Ernährungsprobleme in der Kindheit zurückführen.[11] Die Eltern sollten also kein Risiko eingehen. Damit sich Konflikte ums Essen nicht zu Dauerproblemen auswachsen, lassen sie das Kind am besten gewähren. Es wird von allein zu einer halbwegs ausgewogenen Ernährung finden und damit seine Eigenständigkeit behaupten. Auch wir Erwachsenen wissen, daß uns ein Essen besser schmeckt, das wir uns selbst ausgesucht haben.

Mit fünfzehn Monaten ist das Kind soweit, den richtigen Umgang mit Tasse und Löffel zu lernen. Falls die Eltern ihm nicht den Spaß verderben, wächst dabei sein Vertrauen in die eigenen Fähigkeiten. Bis es diese Gerätschaften aber tatsächlich gemeistert hat, kann es einfach weiterhin mit den Händen essen.

Schlaf

Wie schon bei vorherigen Terminen sprechen wir über Rituale, die dem Kind helfen können, sich ohne weitere Hilfe selbst zu beruhigen. Sobald es laufen kann, schläft es in der Regel wieder durch. Eine Schlafpause am Tag reicht nun aus, die am frühen Nachmittag liegen sollte, damit es abends nicht zu lange aufbleibt. Damit die ganze Familie genug Schlaf bekommt, dürften die Eltern gut daran tun, das Kind wie bisher noch einmal aufzuwecken, bevor sie selbst ins Bett gehen.

[11] Nach der neueren Forschung dürften die Entstehungsbedingungen für eine Magersucht komplexer sein, als Brazelton hier andeutet. A.d.Ü.

Eltern, die sich dafür entschieden haben, das Kind bei sich schlafen zu lassen, überlegen nun wahrscheinlich, ob das wirklich eine gute Idee war. Im Bett der Eltern wird das Kind um zwei Uhr oder fünf Uhr leichter wach und will dann gestillt, getröstet oder wieder in den Schlaf gewiegt werden. Manche Eltern sind untereinander uneins, ob sie auf die Wünsche des Kindes eingehen sollen. „Mein Mann kann das nicht haben", sagt die Mutter. „Er fühlt sich weggedrängt. Aber was soll ich machen? Ich kann doch nicht warten, bis sie sich müde geschrien hat." Das könnte ich auch nicht, und ich würde es auch nicht empfehlen. Aber ich finde, eine Familie sollte sich wegen einer solchen Angelegenheit nicht entzweien. Wenn ich die Mutter darauf aufmerksam mache, daß diese Situation mehrere Jahre anhalten könnte, sagt sie vielleicht: „Ach du lieber Gott, wenn das mein Mann wüßte! Der würde ja durchdrehen!" Als Übergangslösung können die Eltern das Kinderbett neben ihr Bett stellen. Sie können sich dann zu dem Kind hindrehen, wenn es in eine Halbschlafphase kommt, und es durch Streicheln wieder beruhigen. Wenn die Eltern Verlusterlebnisse oder in ihrer eigenen Kindheit Probleme mit dem Schlafen und mit Trennungen von den Eltern hatten, dann wird es ihnen mit Sicherheit schwerfallen, das Kind nachts ganz sich selbst zu überlassen. Bei jedem Mucks und jedem Wimmern eilen sie zu ihm hin, um es zu trösten. Und das Kind wird selbstverständlich darum kämpfen, daß diese Art der Zuwendung nicht abreißt.

Spiel

In meinem Sprechzimmer ist das Kind vor allem darauf aus, mich durch sein Spielen vom Gespräch mit den Eltern abzulenken. Jedesmal wenn es sich mit einem „Da! Da!" dem nächsten Spielzeug zuwendet, will es uns damit eine Reaktion entlocken. Es kann zwar die Aufmerksamkeit noch nicht für längere Zeit auf eine bestimmte Sache richten, doch achte ich darauf, ob es echtes Interesse an den Gegenständen erkennen läßt, die es in die Hand nimmt. Kann es sich wenigstens für eine kurze Weile mit einem Spielzeug beschäftigen und sich darauf konzentrieren, oder ist es zu angespannt und ängstlich?

In diesem Alter unterscheidet sich das durchschnittliche Kind mit seiner unbändigen Energie und seiner recht kurzen Aufmerksamkeitsspanne eindeutig von dem im eigentlichen Sinne hyperaktiven Kind. Denn das hyperaktive Kind kann sich nur für Sekundenbruchteile auf etwas Bestimmtes konzentrieren und hastet von einem Spielzeug zum nächsten. Es läßt sich keine Zeit, um die Spielsachen genauer zu untersuchen oder einmal etwas länger mit ihnen zu spielen. Seine Ablenkbarkeit kommt ihm dazwischen. Es läßt sich von jedem neuen Reiz gefangennehmen. Aufgrund dieser Ablenkbarkeit kann es nur wenige Informationen hintereinander erfassen. Es ist ständig in Bewegung und versucht auf diese Weise, seine Übersensibilität abzufangen. Meist schaut es bekümmert drein. Wenn es versucht, ein Spielzeug aufzuheben, zittern ihm die Hände ein wenig. Ein wirklich überempfindliches Kind erschrickt, wenn Sie mehrmals hintereinander in die Hände klatschen, jedesmal von neuem. Es vermag störende optische und akustische Reize nicht auszublenden und ist ihnen ausgeliefert. Seine Überaktivität scheint also daher zu rühren, daß sein Nervensystem zu empfindlich reagiert.

Wenn wir frühzeitig erkennen, daß ein Kind mit solchen Schwierigkeiten zu kämpfen hat, kann ich gemeinsam mit den Eltern überlegen, wie sie es am besten vor Reizüberflutung schützen. Nur unter diesem Schutz kann es konzentriert und aufnahmefähig sein und einigermaßen geordnet essen und schlafen. Mit der Zeit lernt es, seine Anspannung selbst abzubauen, wenn zu viele Reize auf es einstürmen – es verschafft sich Verschnaufpausen, klammert sich an ein

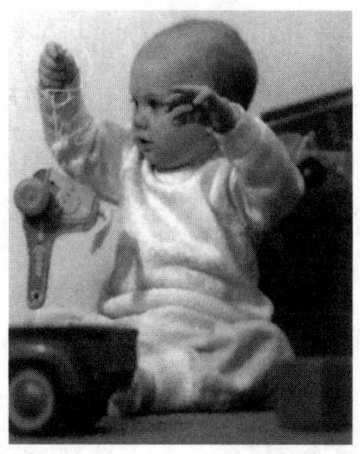 

Schmusetier oder versucht, sich den Reizen auf aktivere Weise zu entziehen. Wenn die Eltern sich nicht im klaren darüber sind, mit welchen Problemen das Kind zu kämpfen hat, denken sie vielleicht, sie hätten es verzogen oder das Ganze sei nur Theater. Ihre Überreaktionen bringen das Kind nur noch mehr aus dem Gleichgewicht, und in der Familie bricht das Chaos aus. Die Eltern eines solchen Kindes brauchen bei jedem Termin viel Ermunterung, und unter Umständen ist auch die Überweisung zu einer Frühintervention angezeigt (siehe Kapitel 26).

In diesem Alter kann das Kind in der Regel vier Bauklötze aufeinandersetzen. Wenn Sie ein Spielzeug unter ein Tuch legen und es dann, vor den Augen des Kindes, wieder hervorholen und unter einem zweiten Tuch verstecken, kommt das Kind meist dahinter und sucht unter dem zweiten Tuch. Das Kind hat viel Freude an diesem Spiel mit zwei „Objekt-Verschiebungen", und ich erhalte Aufschluß darüber, wie weit seine Vorstellung von Objektpermanenz inzwischen gediehen ist. Am Beginn des zweiten Jahres setzt auch das symbolische Spiel ein. Gibt das Kind einer Puppe die Flasche? Imitiert es die Eltern, indem es mit der Puppe redet und sie herumträgt? Baut es mit Klötzen eine Garage für die Spielzeugautos?

Weiß das Kind bei einem Spiel mit immer gleichem Verlauf – zum Beispiel „Hoppe hoppe Reiter" –, wie es endet? Lacht es, wenn Sie seine Hände fassen, rhythmisch damit klatschen und dann plötzlich innehalten? Merkt es also, ob ein Erwartungsmuster durchbrochen wird?

Sein Verständnis kausaler Zusammenhänge wächst. Wenn ein Aufziehspielzeug stehenbleibt, versucht das Kind wahrscheinlich zunächst, es selbst wieder aufzuziehen, und gibt es Ihnen erst dann zurück. Jeder Aspekt des Spiels von Kindern – nach Montaigne ist das Spiel „ihr ernstestes Tun"[12] – zeigt ihren Entwicklungsstand an. Ihre neuerworbenen Fähigkeiten und ihre motorischen und psychischen Reifungsschritte treten uns immer zuerst in ihrem Spiel entgegen.

[12] *Die Essays*, Stuttgart: Reclam, 1969, S. 64. A.d.Ü.

Sprechen

Das Kind redet immer noch in seinem Kauderwelsch, vor allem abends in seinem Bettchen. Es experimentiert mit Tonfall, mit „Wörtern" und „Sätzen" herum und bereitet sich so aufs Sprechen vor. Nach jedem Versuch korrigieren die Erwachsenen das Kind unwillkürlich. Sie machen ihm vor, wie es „richtig" heißt, und führen es damit zur nächsten Stufe des Sprechens hin. Meistens versucht es sich zunächst nicht an Verben, Adjektiven oder Adverbien, sondern an Substantiven, und sagt „Auto", „Mama", „Papa" oder „Wauwau". Ab und zu taucht allerdings ein „mehr" auf, und natürlich sagt es „nein". Das Kind läßt in diesem Alter große Ungeduld erkennen, daß es noch nicht sprechen kann. Seine Gesten sind klar verständlich, und es versteht beinahe alles, was Sie zu ihm sagen.

Ausblick

Im zweiten Jahr müssen die Eltern sich wieder ganz von neuem in ihre Rolle finden. Im verliebten ersten Jahr war das Verhalten des Kindes berechenbar. Auf ihre Anstrengungen reagierte es unmittelbar und meist zu ihrer Freude. Das hört nun auf. Von jetzt an bestimmt das Kleinkind selbst, was es will. „Ist er denn taub?" fragen sie. „Wenn er mich hört, warum reagiert er dann nicht? Was muß ich tun, damit er mir nicht auf der Nase herumtanzt?" Das „schreckliche zweite Jahr" kostet die Eltern viel Nerven, das Kind aber lernt in einem ungemein rasanten Tempo hinzu. In seinem Streben nach Eigenständigkeit entwickelt es eine wirklich bemerkenswerte Energie beim Erforschen und Begreifen seiner Welt. Um ihm in seinem zweiten Lebensjahr gerecht zu werden, müssen die Eltern bereit sein, aus ihren Fehlern lernen. Im ersten Jahr konnten sie sich am Kind selbst orientieren, das sie für ihre Anstrengungen unmittelbar belohnte und somit anspornte. Jetzt müssen sie lernen, ihm ganz anders gegenüberzutreten.

Die entscheidende Frage auf dieser Altersstufe ist, ob die Eltern meinen, sie müßten stets die Oberhand behalten, oder zulassen können, daß das Kind das Geschehen bestimmt. Wenn die Eltern glauben, sie müßten sich in jedem Fall durchsetzen, trotzt das Kind und sperrt sich. Deshalb bekommen sie das Gefühl, sie hätten versagt. Im zweiten Jahr müssen sie immer wieder von neuem ausprobieren, wie sie mit dem rebellierenden Kind am besten umgehen. Wenn sie nicht flexibel genug sind, erwartet sie in der Tat eine gräßliche Zeit. Doch kann es ein wundervolles Jahr werden, wenn sie vieles mit Humor nehmen. Daß sie in dieser Phase ihren Humor nicht verlieren sollen, ist natürlich leichter gesagt als getan. Sie berichten mir: „Er sträubt sich jedesmal, wenn ich ihn um etwas bitte. Mit dem ganzen Körper sagt er nein. Entweder läßt er sich wie ein nasser Sack hängen, oder er wird zum wilden Biest und versucht sich loszureißen." Das Kleinkind trotzt, weil es durch jede Bitte der Eltern in einen Zwiespalt gestürzt wird: „Soll ich, oder soll ich nicht? Will ich das tun, oder will ich doch nicht?" Manchmal hilft es, vom Kind genau das Gegenteil dessen zu verlangen, was Sie von ihm wollen. Bei wichtigen Dingen jedoch würde ich keine solchen Tricks anwenden und hart bleiben. Bei unwichtigen würde ich eher nachgeben. Je weniger Auseinandersetzungen, um so besser. Die verbleibenden Konflikte werden dann zu wichtigen Lernerfahrungen.

Sauberkeitstraining. Bei jedem Termin in diesem zweiten Jahr wiederhole ich, wie wichtig es ist, mit dem Sauberkeitstraining noch bis zum Ende des Jahres zu warten. Ungeduldige Eltern halten mir entgegen: „Er merkt aber doch schon, wenn er in die Windeln macht. Danach zieht er nämlich an der Hose herum." Oder sie sagen: „Wenn er in die Windeln macht, rennt er weg und versteckt sich." Doch sind das nur besonders klare Hinweise darauf, daß das Kind, wenn dann die Zeit gekommen ist, selbst bestimmen will, wann es aufs Töpfchen geht.

Allergien. Wie wir in den bisherigen Kapiteln gesehen haben, gehen Sie mit Allergien am besten so um, daß sie erst gar nicht richtig zum Ausbruch kommen. Viele von uns haben eine genetisch festgelegte Tendenz, unter gewissen Umständen allergisch zu reagieren – wenn wir unter Streß stehen, wenn bestimmte Pollen in der Luft sind, wenn wir die falschen Dinge essen oder einatmen. Doch bricht diese Tendenz nur selten durch, weil oft mehrere Auslöser zusammenkommen müssen. Bei verschiedenen milden Allergenen treten also bis zu einer gewissen Schwelle keine Symptome auf. Wenn dann aber ein anderer allergischer Reiz hinzutritt – Katzenhaare, Pelze, Staub, Schimmel, Federbetten, Roßhaarmatratzen, Eier, Fischspeisen, Streß, und so weiter –, ist der Körper überlastet und antwortet mit Atemnot, Heuschnupfen oder Ausschlag. Der Auslöser kann jedesmal ein anderer sein. Auch emotionale Belastungen, etwa Trennungserlebnisse, können beim Kind allergische Reaktionen hervorrufen. Viele Eltern haben Angst vor diesen psychosomatischen Auslösern. Sie neigen dazu, ihre Angst zu verdrängen, um nicht denken zu müssen, sie hätten dem Kind etwas Schreckliches angetan. Diese Verleugnungsstrategie hindert sie aber möglicherweise daran, die zahlreichen potentiellen Auslöser auszuschalten, und die Allergie bricht immer wieder aus.

Auch aus einem anderen Grund sollten die Eltern einer Allergie möglichst früh vorbeugen. Je älter das Kind wird, desto stärker müssen die Reize sein, die eine allergische Reaktion hervorrufen. Ich empfehle den Eltern, sich gerade am Anfang sehr zu bemühen, damit eine Allergie nicht vollständig zum Ausbruch kommt, und gebe ihnen die folgenden Tips: Nehmen Sie einen Hautausschlag stets ernst. Lassen Sie dann alle Nahrungsmittel weg, die für das Kind neu sind. Geht der Ausschlag nicht weg, sollten Sie nur noch Seife mit minimalem Allergierisiko verwenden und damit auch die Kleidung des Kindes waschen. Sortieren Sie wollhaltige Kleidungsstücke und Decken aus, entfernen Sie Federbetten, Steppdecken und Matratzen mit Tierhaar. Ist der Auslöser ein bestimmtes Spielzeug, sollten Sie es nach und nach durch ein anderes ersetzen. Falls die Heizung in Ihrem Haus mit Warmluft betrieben wird, können Sie mit einem Filter aus acht Lagen Baumwolltuch den Luftschacht im Kinderzimmer abdecken. In der Pollensaison sollten Sie diesen Schacht schließen und nachts das Fenster geschlossen halten. Auch ein Luftreiniger ist von Nutzen.

Zeigen Sie dem Kind, wenn es älter wird, wie es sich selbst schützen kann. Es soll Ihnen sagen, wenn es etwas gegen Hautjucken oder Atemnot braucht oder wenn ihm die Nase läuft. Wenn Sie dem Kind ein Medikament geben, sollten Sie ihm hinterher unbedingt sagen: „Siehst du, du hast gewußt, was wir tun müssen. Und es hat gewirkt."

Eine Allergie jagt dem Kind dann besonders große Angst ein, wenn alle anderen anscheinend ratlos sind, was sie dagegen tun sollen. Ich schlage den Eltern folgendes vor: Versuchen Sie, wie gerade beschrieben, zu verhindern, daß die Allergie richtig zum Ausbruch kommt. Rufen Sie, wenn sich Symptome zeigen, den Arzt an, und holen Sie sich rasch Hilfe. Lassen Sie das Kind wissen, was Sie tun und warum Sie es tun. Wenn es später weitgehend selbst darüber bestimmen kann, wie es mit seinen Symptomen umgeht, bedeutet das den besten Schutz gegen die Angst und das Gefühl der Hilflosigkeit, die mit allergischen Symptomen wie Asthma und Ekzemen einhergehen und sie noch verschlimmern (siehe Kapitel 14).

Sympathiegefälle. Fast jedes Kind verhält sich Mutter und Vater gegenüber sehr unterschiedlich. Weil die Mutter in der Regel mehr Zeit mit dem Kind verbringt und ihre Anwesenheit eher selbstverständlich ist, hat sie meist den undankbareren Part. Der Vater nimmt dann für das Kind eine Sonderstellung ein. Das kann zu Eifersucht führen. Die Eltern müssen sich klarmachen, daß es zur normalen Entwicklung des Kindes gehört, wenn es eine Person vorzieht. Auf diese Weise lotet es auch aus, wie tragfähig die Beziehungen zu den Eltern sind.

Die Familiendynamik wird sich in den bevorstehenden Monaten wieder verändern, denn das Kind, um das sich für die Eltern bisher alles gedreht hat, versucht sich jetzt gegen sie abzusetzen. Wenn zu diesem Zeitpunkt der Vater oder die Mutter noch zu Hause bleibt und sich um das Kind kümmert, wird er oder sie oft überlegen, ob es jetzt nicht doch besser wäre, eine Teilzeitbeschäftigung zu übernehmen oder das Kind in eine Spielgruppe zu geben. Vermutlich ist es kein Zufall, daß solche Gedanken gerade jetzt aufkommen. Das Kind drängt nach Eigenständigkeit und ist zugleich noch darauf angewiesen, daß eine Person es den ganzen Tag beaufsichtigt. Eine kleine Spielgruppe tut ihm jetzt sehr gut. In der kommenden Zeit kann es von Gleichaltrigen zahllose Dinge lernen. Wenn es sich daran gewöhnt hat, mit ein oder zwei anderen Kindern zu spielen, die ein vergleichbares Lerntempo haben, fällt es den Eltern leichter, sich nach einer Kindertagesstätte umzuschauen. Im zweiten Lebensjahr ist das Kind reif genug, um Beziehungen zu anderen Kindern zu knüpfen.

Persönlichkeitsunterschiede. Im zweiten Lebensjahr scheinen sich die Unterschiede zwischen den Kindern noch zu verstärken. Die aufmerksamen, ruhigen Kinder werden noch bedachtsamer und unbeirrbarer und sind auffällig anders als die aktiven, lebhaften Kinder, die immer in Bewegung sind. Letztere können kaum lange genug stillsitzen, um bereits sprechen zu lernen oder um in Ruhe vorzuführen, welche kognitiven Fortschritte sie gemacht haben. Sie sind immer auf Achse. Oft bezeichnen die Eltern sie als „hyperaktiv", weil sie ihre Aufmerksamkeit anscheinend nur sehr kurze Zeit auf etwas Bestimmtes richten können. Der Bewegungstrieb dieser Kinder ist ungeheuer groß. Die Energie der weniger zappeligen Kinder fließt statt dessen in die Entfaltung ihres feinmotorischen Geschicks und ihrer Beobachtungsgabe.

Die Eigenarten des Kindes können den Eltern durchaus Kopfzerbrechen machen. Vor allem, wenn es an einem der beiden Pole des beschriebenen Spektrums liegt, haben sie Zuspruch nötig. Sie vergleichen es immer wieder mit anderen Kindern. „Warum läuft unser Kind noch nicht?" „Er ist einfach nicht so viel auf den Beinen wie die anderen Kinder." „Nie kommt er zur Ruhe. Er kann nicht lange genug stillsitzen, um sich ein Buch anzuschauen, und auf meinem Schoß hält er es auch nicht aus. Alle anderen Kinder sind so verschmust!"

Da viele Eltern solche Vergleiche ziehen, frage ich mich, welchen Sinn das haben könnte. Das Vergleichen macht die Eltern zum einen im voraus auf Entwicklungsprozesse aufmerksam, die sie dann bei ihrem eigenen Kind verfolgen können. Zum anderen bekommen sie eine Vorstellung davon, wie breit das Spektrum möglicher Verhaltensweisen ist. Ich selbst habe viel für meine eigene Arbeit gelernt, indem ich die Kontraste zwischen unterschiedlichen Verhaltensstilen von Babys herausgearbeitet habe.[13] Bedenklich ist allerdings, wenn den Eltern bei ihren Vergleichen bange wird und sie sehr viel Energie auf ihre Ängste verschwenden, daß ihr Kind hinter anderen zurückbleiben könnte. Anstatt es zu akzeptieren, wie es ist, messen sie es an einem „Idealkind". Als Kinderarzt hoffe ich den Eltern zumindest in einem Punkt helfen zu können: Ich möchte ihnen die Augen für die Einzigartigkeit ihres Kindes öffnen. Das Vergleichen birgt nämlich die Gefahr in sich, daß das Kind sich bald minderwertig vorkommt. Beispielsweise sind die Jungen in ihrer motorischen Entwicklung fast durchweg etwas langsamer als die Mädchen. Gerade von einem Jungen aber möchten die Eltern, daß er flink und aktiv ist. Ich halte es für wichtig, daß die Eltern vor allem auf das Kind selbst schauen und sich an seinem allgemeinen Entwicklungsstil freuen, anstatt es unter Druck zu setzen, damit es sicher genauso wie das „Durchschnittskind" wird.

Wenn die Eltern anfangen, ihre Vergleiche zu ziehen, lenke ich sie ab, indem ich auf die Entwicklung *ihres* Kindes eingehe – auf seine Eigenarten, seine besonderen Schwierigkeiten und seine Triumphe.

---

[13] Siehe Brazeltons Buch *Babys erstes Lebensjahr*. A.d.Ü.

11. Achtzehn Monate

Das Kleinkind läuft in mein Sprechzimmer und fängt sofort an, es zu erkunden. Es geht zu meinem Schreibtisch, zur Lampe oder zum Bücherregal hin, streckt die Hand aus und verkündet: „Nein!" Dann weiß ich schon recht genau, welche Fragen die Eltern mir stellen werden. Fast alle werden sich um das zunehmende Trotzen des Kleinkinds drehen. „Sie hört mir einfach nicht mehr zu! Sie bringt mich so weit, daß ich ihr beinahe den Hintern versohle, aber das will ich auf keinen Fall. Doch sie reizt und reizt mich, bis ich irgend etwas tun muß. Und ihre Wutanfälle hat sie genau dort, wo es am peinlichsten für mich ist." Die Mutter ist den Tränen nahe, während sie davon spricht, wie das Kind sich verändert hat. Der Vater wird fragen, ob es sinnvoll ist, das Kind zu bestrafen. Ich weiß, daß ich mich ins Zeug legen muß, um den Eltern deutlich zu machen, weshalb das Kind sich in seinem Ringen um Eigenständigkeit gegen sie auflehnen muß. An ihren Fragen erkenne ich, daß sie die Situation gern besser im Griff hätten. Ich betrachte dies als einen *Auftakt*, als eine Gelegenheit also, mit ihnen noch einmal darüber zu sprechen, daß ihre Aufgabe auf Jahre hinaus sein wird, dem Kind klare Grenzen vorzugeben.

Ich betone auch, daß das Verhalten des Kindes „völlig normal ist – eine solche Phase macht jedes Kleinkind durch". Die Eltern nicken erleichtert. Doch mein Trost wird nicht lange vorhalten. Sie müssen vor allem begreifen, daß das Kind trotzt, um sich gegen sie abzusetzen. Mit großem Eifer lotet es aus, wie weit seine Eigenständigkeit reicht, und provoziert die Eltern, damit sie ihm Grenzen setzen. Sie müssen wirksame und sinnvolle Mittel finden, um ihm Selbstdisziplin beizubringen. Die innere Zerrissenheit, die bei Wutanfällen zum Vorschein kommt, verrät uns, mit welcher Leidenschaft das Kind nach Eigenständigkeit strebt. Die Eltern können dieses Ringen ihres Kindes bewundern und sich daran freuen, falls es mir gelingt, ihnen dafür die Augen zu öffnen.

Heutzutage sind viele Elternpaare ganztags berufstätig. Wenn sie abends ihr Kind wiedersehen, sehnen sie sich nach einem zärtlichen Empfang. Aber es kommt ganz anders. Ein gesundes Kleinkind behält sich seine intensivsten Gefühle für die Eltern vor. Wenn sie also in die

Tagesstätte oder nach Hause kommen, finden sie ein Baby vor, das den ganzen Tag darauf gewartet hat, seinen Gefühlen freien Lauf zu lassen. Sobald es die Eltern sieht, kennt es kein Halten mehr. Es wirft sich kreischend und strampelnd hin und haut mit dem Kopf auf den Boden. In der Tagesstätte haben die Eltern deshalb große Mühe, dem Kind den Mantel anzuziehen. Ein Vater erzählte mir, er habe seine Tochter einmal beinahe fallen lassen, als sie in seinen Armen zu toben anfing. „Und am liebsten hätte ich sie tatsächlich fallen lassen. Da hatte ich mich abgehetzt, um mit der Arbeit fertigzuwerden und sie abzuholen. Ich freute mich darauf. Was ich aber im Arm hatte, war nichts weiter als ein Schreihals, der mir auf die Nerven ging. Aber das Schlimmste war, daß ihre Betreuerin mich anschaute und sagte: ‚Bei mir macht sie das nie.‘ Ich fühlte mich absolut gräßlich."

Bei einer Betreuerin wird sich das Kind niemals so gehen lassen wie bei den Eltern. Mit ihrer Bemerkung will sie den Vater wohl nur beruhigen und ihm versichern, daß seine Tochter sich in der Tagesstätte durchaus wohl fühlt. Doch unter der Oberfläche ist auch zu erkennen, daß sie „Wache hält". Wir haben ja bereits beschrieben, wie die Eltern in unbewußter Konkurrenz um das Kind liegen. Dasselbe aber spielt sich zwischen Betreuerin und Eltern ab. Unglücklicherweise war der Vater ausgelaugt und besonders verletzlich, als die Betreuerin ihre Bemerkung fallenließ. Hätte sie statt dessen gesagt: „Sie konnte es nicht abwarten, bis Sie endlich kommen. So aus dem Häuschen war sie den ganzen Tag nicht", dann hätte der Vater verstanden, warum seine Tochter so ungestüm reagierte.

Einerseits trotzt das Kind oft, andererseits will es den Eltern durchaus auch Freude machen und hat sie gern. Diese gegensätzlichen Gefühle, die es erlebt, gehören nun einmal zu seiner stürmisch verlaufenden Entwicklung. Ohne eine intensive Trotzphase wird das Kind möglicherweise passiv und frißt die Konflikte in sich hinein, die im zweiten Lebensjahr eigentlich nach außen treten sollten. Die Eltern müssen sich darüber klarwerden, daß die Konflikte eine wichtige Funktion erfüllen. Sie müssen dem Kind aber auch Selbstdisziplin beibringen. Mit den Jahren wird es lernen, sich zu zügeln und Konflikte auszuhalten, aber anfangs geht es oft drunter und drüber. „Trotzige Kinder finden Sie ja anscheinend ganz toll", meinte eine Mutter irritiert, als ich den Eigensinn ihres Kindes bewunderte. Das stimmt – solange sie nicht meine eigenen sind.

Disziplin

Das Kleinkind muß ausprobieren, wie weit es bei den verschiedenen Erwachsenen gehen kann. Es verhält sich ihnen gegenüber ganz unterschiedlich. Zum Beispiel erzählt mir das Kindermädchen oder die Großmutter, sie habe herausbekommen, wie das überdrehte Kind wieder zu beruhigen sei. „Wenn ich sie einfach weitermachen lasse, steigert sie sich immer mehr hinein, sie macht Sachen kaputt, bekommt Wutanfälle und scheint sich sehr unbehaglich zu fühlen. Wenn ich sie aber im Arm wiege und ihr so eine Erholungspause verschaffe, ist sie wieder gut zu haben. Aber sobald die Eltern abends nach Hause kommen, fängt sie an, ihre Spielchen mit ihnen zu treiben, und sie fühlen sich überrollt von ihr. Ich finde es schrecklich, wenn sie so außer Rand und Band gerät, aber wie soll ich ihnen helfen?" Als erstes werde ich dieser Betreuerin versichern, daß das Kind von ihr offenbar sehr viel über Selbstdisziplin lernt. Zweitens weise ich sie darauf hin, daß Kinder auf die verschiedenen Erwachsenen, die sich um sie kümmern, auch ganz unterschiedlich reagieren. Drittens erkläre ich ihr, daß es mich nicht überrascht, wenn das Kind abends verrückt spielt. Ich empfehle ihr, sich im Hintergrund zu halten, wenn die Eltern heimkommen. Andernfalls entwickelt sich eine Dreieckssituation, in der die Erwachsenen überflüssigerweise miteinander rivalisieren. Ebenso wie das Kind von Mutter und Vater unterschiedliche Dinge lernt, profitiert es auch von der ganz persönlichen Art, wie die Betreuerin mit ihm umgeht.

Berufstätigen Eltern bleiben nur wenige Stunden, um sich dem Kind zu widmen. Ein konsequenter Umgang mit ihm erscheint ihnen deshalb vielleicht undenkbar. „Wir sind so froh, wenn wir wieder bei ihr sind. Aber wenn sie dann eine halbe Stunde lang um sich getreten und geschrien hat, würden wir sie am liebsten wieder allein lassen. An den Wochenenden ist es, als wollte sie sehen, wie weit sie gehen kann. Sie fordert uns immer wieder heraus, bis wir wütend und erschöpft sind. Ich weiß, sie bestraft uns dafür, daß wir die ganze Woche weg waren. Aber es macht wirklich keinen Spaß mehr miteinander." Die Situation spitzt sich zu, weil die Eltern sich schuldig fühlen. Das Kind in die Schranken zu weisen widerstrebt ihnen, wenn sie den ganzen Tag nicht zu Hause sind. Doch es ist unerläßlich, daß sie dem Kind Grenzen setzen. Wenn es ihre Geduld strapaziert, ist das ein klarer Appell

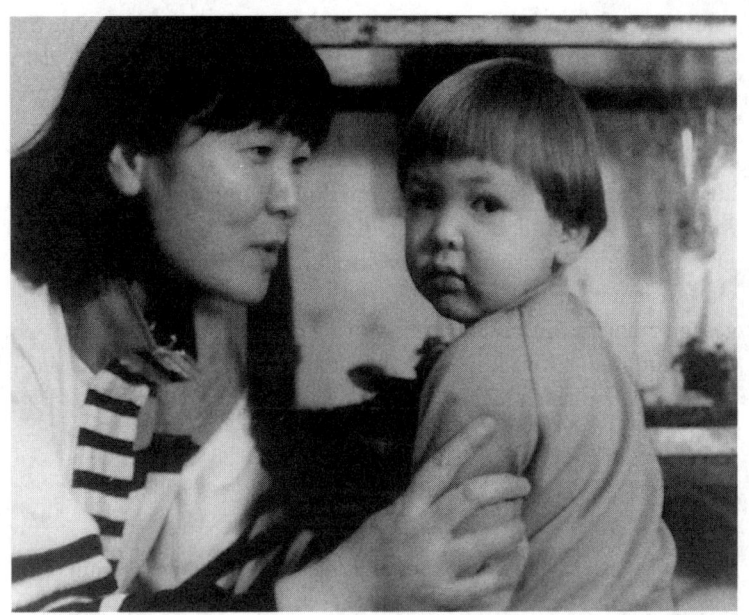

an sie; es braucht Hilfe, um unterscheiden zu lernen, was es darf und was es nicht darf. Das Kind zu bestrafen geht am Kern der Sache vorbei. Ihm beizubringen, wo es seine Grenzen überschreitet, hat mit Bestrafen wenig zu tun.

Wenn Sie dem Kind ruhig und konsequent Regeln vorgeben und sich bewußt sind, daß das ein notwendiger Teil Ihrer Liebe zu ihm ist, brauchen Sie keine Schuldgefühle zu haben. Ich rate Ihnen, nur in wichtigen Dingen auf Disziplin zu beharren. Schreiten Sie in diesen Fällen frühzeitig ein, wenn das Kind sich in sein provozierendes Verhalten hineinzusteigern beginnt. Nehmen Sie es hoch und halten Sie es fest. Wenn das keine Wirkung zeigt, hilft vielleicht eine Auszeit – in seinem Zimmer, in seinem Bett oder auf einem Stuhl. Setzen Sie sich danach mit ihm hin. Versuchen Sie ihm begreiflich zu machen, warum Sie es gebremst haben. Warten Sie damit nicht zu lange, und fassen Sie sich kurz. Lassen Sie das Kind merken, daß Sie es ernst meinen und von ihm erwarten, daß es sich beruhigt.

Wenn die Eltern sagen: „Aber das wird sie gar nicht zulassen, wenn sie mal in Fahrt ist! Sie ist dann genauso aufgebracht wie ich selber", schlage ich folgendes vor. Legen Sie sich im voraus zurecht, wie Sie vorgehen wollen, damit Sie dann keine Zeit verlieren. Sagen Sie dem Kind, daß Sie es gernhaben, aber sein Verhalten nicht hinnehmen können. Sollten Sie allerdings unschlüssig sein, ob Sie wirklich das Richtige tun, spürt es das. Schließen Sie es in die Arme, wenn es sich zusammennimmt. Setzen Sie sich mit ihm hin und wiegen Sie es. Das Kind muß wissen, daß Sie nicht die ganze Zeit böse mit ihm sind. Disziplin gehört zu einer liebevollen Erziehung dazu und verlangt viel Ausdauer. Eine Wundermethode gibt es nicht. Schläge sind, wie gesagt, zu nichts nütze. So vermitteln Sie dem Kind nur, daß sich nach Ihrer Auffassung Konflikte mit Gewalt aus der Welt schaffen lassen – und daran glaube ich nicht.

Ernährung

Der Ablauf der Mahlzeiten beschäftigt uns bei jedem Termin. Das Kind muß in seinem Eßverhalten alles mögliche ausprobieren. Mit achtzehn Monaten lernt es mit Löffel und Gabel umgehen, doch irgendwann will es das Essen wieder in die Hände nehmen. Die Eltern können ihm Speisen geben, die es nach Belieben entweder in die Hände nehmen oder mit der Gabel aufspießen kann.

Wenn die Mutter noch immer stillt, macht ihr das jetzt Sorgen. „Ich wollte sie das erste Jahr hindurch stillen. Jetzt aber fällt es mir schwer, ein Ende zu setzen. Immer wieder kommt sie zu mir und knöpft mir die Bluse auf. Das ist mir peinlich, aber ich weise sie nur ungern ab." Ich würde das Entwöhnen nur dann forcieren, wenn das Stillen das Kind in seinem Streben nach Eigenständigkeit behindert. Falls es in sämtlichen anderen Bereichen seine Eigenständigkeit behauptet, kann die Nähe zur Mutter, die das Kind beim Stillen erlebt, nur von Vorteil sein. Ich habe mich mit Kulturen beschäftigt, in denen die Mutter das neue Baby an die eine Brust legt und mit der anderen die übrigen Kinder bis zu fünf Jahren stillt. (Wenn sie über fünf sind, wollen sie nicht mehr.) Den Kindern geht es dabei prächtig, doch die Mutter wirkt ausgezehrt. Oft höre ich von einer stillenden Mutter: „Alle sagen mir, ich soll aufhören. Ich würde ja nur weiterstillen, weil ich das so genieße." Doch warum sollte sie es nicht genießen? Wenn sie abends von der Arbeit kommt oder wenn das Kind den ganzen Tag getrotzt und sich verausgabt hat, können sie beim Stillen wieder zueinanderfinden.

Bei einem Flaschenkind fragt die Mutter sich nun, wie sie es am besten entwöhnen soll. Viele Kinder nuckeln den ganzen Tag an der leeren Flasche herum, während sie durchs Haus wandern. Ich habe etwas dagegen, wenn die Flasche nur ein Notbehelf ist und das Kind gar keine Milch mehr daraus trinkt. Sie büßt ihre eigentliche Bedeutung ein, wenn die Verbindung zu den Mahlzeiten und der innigen Kommunikation dabei verlorengeht. Wie wir in Kapitel 9 gesehen haben, können Sie das Kind schrittweise an einen geeigneteren Gegenstand gewöhnen, indem Sie die Flasche an einer Decke, einer Puppe oder einem Schmusetier befestigen. Ich empfehle folgendes Vorgehen: Geben Sie dem Kind die Flasche nur bei den Mahlzeiten, und halten Sie es dabei auf dem Schoß. Sollte es zwischendurch nach der Flasche verlangen, so versprechen Sie ihm, daß es sie vor dem Mittagsschlaf und abends vor dem Zubettgehen bekommt. Fügen Sie aber hinzu, daß Sie ihm die Flasche selbst geben wollen. Machen Sie dies zu einem Teil des Einschlafzeremoniells. Schauen Sie sich zuerst im Schaukelstuhl zusammen ein Buch an und geben Sie dem Kind danach die Flasche. Dabei entspannt es sich und wird schläfrig. Lassen Sie niemals die Flasche bei ihm, wenn Sie aus seinem Zimmer gehen. Es hat ein Recht darauf, daß Sie bei ihm sind, wenn es daraus trinkt. Außerdem leiden, wie bereits erwähnt, seine Zähne darunter, wenn es über Nacht Milch im Mund hat. Ein inniges Einschlafzeremoniell ist aber vor allem wichtig, damit das Kind sich geborgen fühlt. Wenn es noch nach der Flasche verlangt, verlangt es damit nach Ihnen.

Schlaf

Wenn die Mutter oder der Vater verreist ist, wenn die Großmutter zu Besuch kommt, wenn das Kind einen aufregenden Tag in der Stadt oder eine turbulente Spielgruppe hinter sich hat, kurz, wenn viel Neues auf es eingestürmt ist, wacht es nachts auf und wandert in seinem Bett herum. Die Eltern sollten es dann zwar trösten, dürfen aber nicht zu nachgiebig sein. Das Ziel ist nach wie vor, daß das Kind in der Nacht unabhängig von ihnen ist. Sie sollten es tagsüber in seinem Streben nach Eigenständigkeit bestärken und es loben, wenn es sich selbst zu trösten vermag. Dann wird ihm eher einleuchten, daß sie auch nachts auf seine Eigenständigkeit zählen.

Mehr als eine Schlafpause pro Tag dürfen die Eltern im zweiten Jahr nicht vom Kind erwarten. Ich rate dazu, es nach einer frühen Mittagsmahlzeit von zwölf bis zwei ins Bett zu legen. Nach zwei oder halb drei sollte es dann nicht mehr schlafen. Sonst wird es immer schwieriger, es abends zu einer vernünftigen Zeit ins Bett zu bekommen.

Das Zubettgehen wird ohnehin problematischer. Ich halte die Eltern dazu an, das Gutenachtritual mehr denn je zu pflegen und *sich nicht erweichen zu lassen.* Je überdrehter das Kind vor dem Schlafengehen ist, desto länger dauert es, bis es sich geschlagen gibt. Ein Kind in diesem Alter ins Bett zu bringen ist nichts für zarte Gemüter. Der Schaukelstuhl und eine Gutenachtgeschichte erleichtern die Sache in der Regel. Das Schmusetier wird jetzt noch wichtiger. Das Kind kann sich mit ihm trösten, wenn es nachts aufwacht. Den Eltern ist das Schmusetier oft nicht ganz recht, besonders wenn es verlottert und schäbig aussieht. Sie glauben, ein Kind mit Schmusetier erwecke den Eindruck, daß die Eltern es vernachlässigen. Nach meiner Erfahrung trifft genau das Gegenteil zu. Wenn wir im Kinderkrankenhaus in Boston ein Kind beurteilen müssen, ohne irgendwelche Hintergrundinformationen zu haben, sind wir froh, wenn es sich durch Daumenlutschen oder mit einem Schmusetier selbst trösten kann. Wir wissen dann, daß es über innere Stabilität verfügt und daß daheim gut für es gesorgt wird. Wenn die Eltern die Fähigkeit des Kindes fördern, sich selbst zu trösten, erweisen sie ihm einen großen Dienst.

Motorische Entwicklung

Die Körperhaltung des Kleinkindes macht den Eltern Angst. Wird es den Bauch denn immer so vorstrecken? Das Hohlkreuz und der Spitzbauch bleiben bis ins dritte Lebensjahr erhalten. Dann streckt sich das Kind wie durch Zauberei, und der Bauch strafft sich.

Mit anderthalb bis zwei Jahren ist das Kind den ganzen Tag mit seinen Experimenten beschäftigt. Mit wachsender Begeisterung klettert es überall herum. Aber es macht sich wenig Sorgen, daß es irgendwo herunterfallen könnte, und die Eltern müssen darauf achten, daß es nicht verunglückt. Falls sie ihm erlauben wollen, seine Lieblingstreppe zu erklimmen, sollte diese gut abgepolstert sein. Das Kind rennt nun meistens, anstatt nur zu gehen.

Es tanzt und wirbelt herum und probiert alle seine neuen Bewegungsmöglichkeiten aus – es balanciert auf einem Bein, dreht sich um die eigene Achse und versucht sich im Dauerlauf. Sobald sich eine Gelegenheit bietet, zum Beispiel in einem Laden oder auf der Straße, läuft es von den Eltern weg. Sie müssen immer eine Hand für das Kind frei haben, sonst reißt es aus.

Abschiede

Das zweite Jahr ist oft die Zeit, in der das Kind am empfindlichsten auf Trennungen von den Eltern reagiert. Es protestiert mit äußerster Vehemenz. Ich hatte oft den Eindruck, daß ein Kind um so heftiger protestiert, je mehr Selbstvertrauen es hat. Mit anderen Worten, sein Protest ist eine gesunde Art, mit Trennungen umzugehen. Warum sollte es auch damit einverstanden sein, daß Sie es verlassen? Schließlich kann es sich mittlerweile vorstellen, mit Ihnen Schritt zu halten, und es würde gern seinerseits von Ihnen weggehen.

In einer Studie des Bostoner Kinderkrankenhauses haben wir untersucht, wie kleine Kinder protestierten, wenn die Mütter sie morgens in der Tagesstätte zurückließen. Wenn die Eltern das Kind zu Hause auf den Abschied vorbereiteten, stellte es sich innerlich darauf ein. Im Moment der Trennung war es dann bereit. Der Abschied von der Mutter verlief undramatisch – er zog sich nicht in die Länge, und der Protest des Kindes ebbte rasch ab. Bei den Kindern, die zu Hause nicht vorbereitet worden waren, beobachteten wir zweierlei Reaktionen. Die einen protestierten lauthals. Um die anderen aber, die sich in sich selber zurückzogen und trauerten, machten wir uns die meisten Sorgen. Sie bewältigten ihre Trauer nicht und waren nicht in der Lage, mit den anderen Kindern zu spielen.

Damit das Kind solche Trennungen aushält, sollten die Eltern es erstens darauf vorbereiten. Zweitens sollten sie auf einen gesunden Gefühlsausbruch gefaßt sein und ihn verstehen. Drittens sollten sie dem Kind versprechen, daß sie wiederkommen, und es dann später daran erinnern, daß sie ihr Versprechen gehalten haben. Das ist die Voraussetzung dafür, daß das Kind Vertrauen entwickelt.

Lernen und Spielen

Die Eltern setzen sich dem Ungestüm des Kindes aus, und dafür belohnt es sie mit gewaltigen Entwicklungsfortschritten. Wenn sie genügend innere Distanz aufbringen, um sein rasantes Lerntempo zu würdigen, braucht dies kein „schreckliches zweites Jahr" für sie zu werden. Durch Nachahmung lernt das Kind jetzt immer mehr von anderen Kindern. Es braucht den Kontakt zu Gleichaltrigen. Wenn es regelmäßig mit ein oder zwei Kindern spielen kann, reicht das aus. Die Zeit ist reif, daß es aus dem Kokon der Mutter-Vater-Kind-Idylle heraustritt und sich auf die oft genug ruppigen Begegnungen mit anderen Kindern einläßt. Das hat weniger Eile, wenn ältere Geschwister in der Familie sind, an denen es sich orientieren kann. Das Kind beginnt jetzt, sich selbst in Beziehung zu anderen zu erleben. Durch andere Kinder lernt es mehr über sich selbst als durch die Eltern.

Es gibt für mich nichts Schöneres, als zwei Kindern in diesem Alter zuzusehen, die oft eine ganze Zeitlang nebeneinander spielen. Scheinbar ist jedes nur mit sich beschäftigt. Aber ihr Spiel verläuft parallel. Sie scheinen nie zum andern hinzuschauen, und doch übernehmen sie komplexe Spielhandlungen voneinander. Es reicht offenbar aus, wenn sie diese am Rand ihres Gesichtsfelds wahrnehmen. Obwohl sie einander nicht direkt beobachten, kopieren sie ganze Spiel- und Kommunikationssequenzen. Das erste Kind hämmert mit einem Spielzeug auf den Boden. „Nein! Nein! Nein!" Das zweite tut es ihm nach. Das erste Kind baut aus Bauklötzen einen Turm; auch das zweite Kind baut einen Turm. Das erste Kind ruft „Nein!" und wirft den Turm um; das zweite Kind ruft ebenfalls „Nein!" und wirft seinen Turm um. Ihre gebieterischen Gesten, ihre Körperhaltungen und ihr Mienenspiel gleichen sich. Wenn Kinder einander so direkt nachahmen, laufen umfassende und intensive Lernprozesse ab.

Hildy Ross, eine kanadische Psychologin, ließ ein zweijähriges und ein einjähriges Kind nebeneinander spielen. In ihrem Verlangen, zueinander in Kontakt zu treten und einander zu imitieren, brachten sie ihr Spielverhalten in Einklang. Das zweijährige fiel zurück auf die Spielstufe eines fünfzehnmonatigen Kindes. Das einjährige wuchs um drei Monate über seine Altersstufe hinaus, um sich mit dem zweijährigen zu treffen; so sehr lag ihnen daran, Verbindung zueinander aufzunehmen. Diese Studie machte mir klar, wie wichtig für das Kind der Kontakt zu Gleichaltrigen sein kann.

In seinem Verlangen, die Reaktionen anderer auszuloten, schießt das Kind manchmal übers Ziel hinaus. Es zieht andere Kinder an den Haaren, beißt, kratzt und schlägt sie – vielleicht nur, weil es ein anderes Kind nachahmen will, bei dem es das gesehen hat. Oft ist das Opfer ausgerechnet der „beste Freund". Die Eltern und Betreuerinnen sind entsetzt und bestrafen das Kind. Aber diese Überreaktion wird eher dazu führen, daß solche Verhaltensmuster sich verfestigen. Denn das Verhalten des Kindes ist zunächst gar nicht im eigentlichen Sinn aggressiv, also gegen andere gerichtet. Es fängt an zu beißen oder zu schlagen, weil es überfordert ist und den Überblick verliert. Hinterher ist es genauso entsetzt wie das Opfer. Doch indem die Eltern sich einschalten, erzeugen sie beim Kind Schuldgefühle. Sobald es dann wieder überlastet ist, geschieht dasselbe noch einmal. Die Erwachsenen verstärken also durch ihre Einmischung das aggressive Verhaltensmuster.

Das Beißen ist besonders schlimm. Alle Eltern bekommen es mit der Angst zu tun, wenn ihr Kind beißt oder gebissen wird. Am meisten erschreckt sie der Gedanke, die Kinder könnten völlig außer Kontrolle geraten: „Wird das denn immer so weitergehen?" Ich würde in solchen Situationen versuchen, beide Kinder zu trösten, das Kind, das gebissen hat, und das Opfer. Das erste hat den Trost sogar noch nötiger als das Opfer, denn sein Kontrollverlust jagt ihm Angst ein. Setzen Sie sich mit dem Kind hin, und erklären Sie ihm: „Kein Kind mag das gern, wenn es gebissen wird. Dir würde das auch nicht gefallen. Bevor du das nächste Mal so etwas machen willst, denk dran, daß ich dir helfen will." Sie müssen das dem Kind immer wieder erklären. Eine findige Mutter kaufte ihrer Tochter einen Hundeknochen aus Gummi, auf den sie beißen konnte, anstatt über die anderen Kinder herzufallen.

Früher hatte ich in meiner Praxis Listen der zwei Jahre alten Kinder, damit Spielgruppen zusammengestellt werden konnten. Der Lerneffekt ist am größten, wenn zwei oder drei Kinder zusammenkommen, die etwa auf dem gleichen Entwicklungsstand sind. Es ist auch sinnvoll, zwei Kinder zusammenzubringen, die andere beißen, oder zwei, die öfters zuschlagen. Wenn das eine Kind überreizt ist, beißt es das andere. Doch das Opfer beißt zurück. Daraufhin starren sie einander an, als wollten sie sagen: „Das tut weh! Warum hast du das gemacht?" Und sie werden es nie wieder tun. Ich glaube, einem Kind in diesem Alter ist zunächst gar nicht recht klar, daß es anderen Schmerz zufügt. Es will ihnen eigentlich gar nicht wehtun, und ist es dann passiert, bekommt es Angst. Da das Schlagen oder Beißen durch einen Kontrollverlust zustande kommt, läßt es sich kaum vorhersehen und abfangen. Doch das Kind will und kann allmählich lernen, sich rechtzeitig zu bremsen. In ebenbürtigen Beziehungen zu anderen Kindern lernt es das am besten. Wenn Erwachsene sich einmischen, stören sie diese Lernprozesse nur.

Manchmal fragt mich eine Mutter, ob sie vielleicht zurückbeißen soll, wenn das Kind sie beißt. Nein! Damit würde sie sich auf sein Niveau begeben, und das ist für das Kind ebenso erniedrigend wie für sie. Ihre Aufgabe besteht vielmehr darin, dem Kind gelassen beizubringen, daß sein Verhalten nicht akzeptabel ist, und ihm etwas anzubieten, an dem es seine überschüssige Energie getrost austoben kann, also etwa ein Spielzeug, auf dem es herumhämmern darf.

Das Spiel ist nach wie vor das wirkungsvollste Lerninstrument des Kindes. Es erprobt darin viele verschiedene Situationen und Handlungen und sucht nach den besten Varianten. Der Wert des Spiels für ein Kleinkind ist gar nicht hoch genug einzuschätzen.

Selbstbild. Der Psychologe Michael Lewis ersann ein geniales Experiment, um zu untersuchen, wie sich das Bild des Kindes von seinem

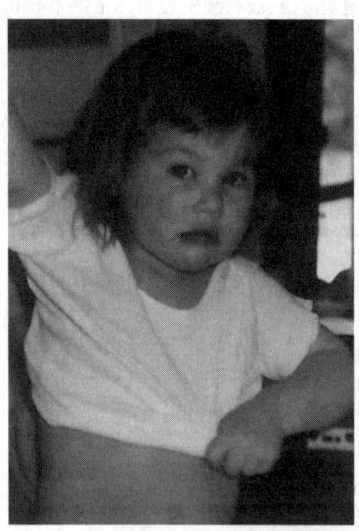 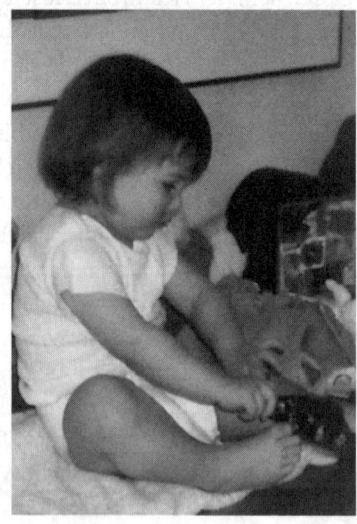

eigenen Körper entwickelt. Zunächst ließ er die Kinder in einen Spiegel schauen. Dann tupfte er ihnen, ohne daß sie das merkten, Rouge auf die Nase. Wenn er sie nun erneut in den Spiegel schauen ließ, reagierten sie je nach Alter unterschiedlich. Mit einem Jahr betrachtet das Kind aufmerksam sein Spiegelbild und bemerkt die seltsame Farbe auf dessen Nase. Mit fünfzehn Monaten berührt es den Spiegel, um das Rouge von der Nase des Spiegelbilds zu wischen. Es erkennt sich aber im Spiegel und ahnt, daß sich etwas verändert hat. Mit achtzehn Monaten schließlich versucht es das Rouge von der eigenen Nase zu wischen.

Mit wachsender Neugier erkundet das Kind seinen Körper, insbesondere Augen, Nase und Mund. Wenn es nackt ist, untersucht es mit großem Interesse Bauchnabel und Genitalien. Hat ein Junge in diesem Alter keine Windel an, beschäftigt er sich fasziniert mit seinem Penis; Mädchen erkunden mit dem Finger ihre Vagina. Diese Körperregion muß das besondere Interesse der Kinder erregen, denn sie ist die meiste Zeit bedeckt, so daß sie sie selten sehen und kaum einmal an sie herankommen. Die Eltern brauchen dieses Forschen nicht zu unterbinden. Auch die Genitalien gehören zum Körper des Kindes, und es muß sich mit ihnen vertraut machen.

Ausblick

Sauberkeitstraining. Ich rate den Eltern, noch ein bißchen abzuwarten. Die meisten sehen dann durchaus ein, warum es sinnvoll ist, sich in Geduld zu üben, bis das Kind begreifen kann, was wir von ihm erwarten, und aus eigenem Antrieb aufs Töpfchen geht. Manche aber packt die Ungeduld. „Ich will nicht, daß sie am Ende der Schulzeit immer noch Windeln anhat." Ganz direkt können die Eltern dadurch unter Druck kommen, daß die meisten vorschulischen Einrichtungen ein Kind erst aufnehmen, wenn es sauber ist. Viele Tagesstätten erwarten, daß das Kind spätestens mit zweieinhalb sauber ist. Wenn möglich, würde ich mir eine Einrichtung aussuchen, in der darauf Rücksicht genommen wird, daß das Kind den Beginn des Sauberkeitstrainings selbst bestimmen sollte. Es gibt keinen vernünftigen Grund, warum es mit zweieinhalb unbedingt soweit sein muß. Das Entscheidende ist, daß der Zeitpunkt ihm selbst überlassen bleibt. Die wenigsten Eltern werden direkten Zwang ausüben, es sei denn, unbewußte Motive treiben sie an, das Kind auf alle Fälle rasch sauber und trocken zu bekommen. Allerdings werden sich auch geduldigere Eltern kleine Versuche, der Sache ein wenig nachzuhelfen, nicht ganz verkneifen können.

Den Eltern wird ihre Aufgabe in den nächsten Monaten leichter fallen, wenn sie eine Vorstellung davon haben, was auf sie zukommt und worauf sie achten sollten.

Mit etwa zwei Jahren treffen beim Kind verschiedene Entwicklungsstränge zusammen, und die Zeit ist gekommen, das Kind mit seinem Sauberkeitstraining beginnen zu lassen.

1. Das Laufen ist nicht mehr ganz so neu und aufregend, und das Kind ist bereit, sich auch einmal hinzusetzen.

2. Es ist in der Lage, zum Beispiel folgende Wörter und Begriffe zu erfassen: „Das ist dein Töpfchen. Das große ist meins. Irgendwann gehst du genauso auf dein Töpfchen, wie ich auf meins gehe."

3. Kinder in diesem Alter wollen alles so wie die Eltern machen. Der Junge ahmt den Gang des Vaters, das Mädchen den der Mutter nach. In vielen kleinen Details machen sie sich das Verhalten der Erwachsenen zu eigen. Sie wollen die Kleider der Eltern anziehen und übernehmen auch Gesten von den Erwachsenen in ihrer Umgebung. Dieser Hang zum Nachahmen läßt sich auch darauf lenken, wie die Erwachsenen auf die Toilette gehen.

4. Das Kind fängt an, Dinge an ihren Platz zu tun. Es hat eine Vorstellung davon, was es heißt, das Haus in Ordnung halten, und es weiß, daß für die Eltern ein bestimmter Gegenstand immer an denselben Ort gehört. Der Ordnungssinn des Kindes, mit dem es den Eltern nacheifert, läßt sich auch auf Körperausscheidungen übertragen.

5. Wenn das Kind zwei Jahre alt ist, läßt seine Neigung zum Trotzen zwischendurch auch einmal nach. Bis zu diesem Alter jedoch flammt sein Widerstand beim kleinsten Anlaß auf. Mit dem Sauberkeitstraining anzufangen, wenn es noch unentwegt trotzt, würde unweigerlich in einem Fiasko enden.

Damit das Kind sich den Anforderungen der Gesellschaft anpassen lernt, am Tag wie in der Nacht sauber und trocken zu sein, können sich die Eltern alle diese Entwicklungsphänomene zunutze machen.

„Woran erkenne ich, daß sie soweit ist?" fragen die Eltern. Wenn das Kind ächzt und an der Hose herumzieht, während es in die Windeln macht, nimmt es offensichtlich wahr, daß es sich entleert. Wenn es in eine relativ ruhige Entwicklungsphase kommt – also nicht zu trotzig oder zu reizbar ist –, würde ich darauf achten, ob es Interesse erkennen läßt, wenn Sie auf die Toilette gehen. Fängt es an, auf Ordnung Wert zu legen? Versucht es Sie in vielem nachzuahmen? Ist es in der Lage, zwei oder mehr zusammenhängende Anweisungen zu befolgen? Kann es beispielsweise der dreiteiligen Bitte nachkommen, zum Schrank zu gehen, Ihre Hausschuhe zu suchen und sie Ihnen zu bringen? Dann sind sein Sprachverständnis und seine Merkfähigkeit weit genug gediehen.

Weil beim Sauberkeitstraining so viel schiefgehen kann, überlegen manche Eltern, ob sie besser gar nichts tun sollten, um Fehler zu vermeiden. Doch dann begreift das Kind möglicherweise nicht, was sie von ihm erwarten. Sie müssen ihm die einzelnen Schritte durchaus zeigen, ohne es freilich zu etwas zu zwingen, das es nicht will. Da die Eltern eines anderthalb- bis zweijährigen Kindes sich eigentlich gar nicht vorstellen können, daß es bei irgend etwas bereitwillig mitmachen könnte, anstatt nur zu trotzen, schieben sie das Sauberkeitstraining am besten noch auf, bis es wirklich bereit dazu ist.

Augenblicke, in denen Sie unnachgiebig sein müssen. In manchen Situationen, zum Beispiel beim Überqueren einer Straße, können Sie nicht warten, bis das Kind weiß, was es will. Machen Sie ihm in diesen Fällen klar, daß Sie nicht mit sich reden lassen. Verschmäht es ein neues Gemüse, brauchen Sie sich nicht durchzusetzen, doch in bestimmten Momenten müssen Sie Ihre Autorität nun einmal geltend machen. Manchmal rufen mich Eltern an, die verzweifelt sind, weil ihr Kind ein Medikament nicht nehmen will. Geht es um etwas derart Wichtiges, müssen Sie dem Kind klarmachen, daß Sie jetzt, anders als beim Essen, nicht mit sich verhandeln lassen. Es *muß* die Medizin schlucken. Falls es nicht anders geht, müssen Sie das Kind hinlegen, um ihm die Medizin zu verabreichen. Wenn es sie wieder ausspuckt, müssen Sie die Prozedur wiederholen, bis es das Medikament geschluckt hat. Auch ich als Kinderarzt wurde oft immer kribbeliger und gereizter, wenn ich einem widerstrebenden Kind ein Medikament geben mußte. Eine unserer Töchter spuckte die Tabletten immer wieder sofort aus und sah mir dabei jedesmal direkt in die Augen. Schließlich gab sie nach. Ich kann nicht sagen, ob nun ihre oder meine Erleichterung größer war, als ich sie danach in die Arme nahm.

Eine andere Methode, dem Kind ein Medikament zu geben, besteht darin, daß eine Person das Kind in einem Doppelnelson auf dem Schoß festhält. Das heißt, sie führt ihre Arme unter denen des Kindes durch und hält seinen Kopf fest. Wenn der Kopf des Kindes nach hinten geneigt ist, kann es die Medizin nicht ausspucken. Wenn eine zweite Person sie ihm einflößt, bekommt es entweder keine Luft, oder es schluckt die Medizin. Es wird die richtige Wahl treffen.

Das klingt alles sehr gewalttätig, und solche Methoden sind nur im *wirklichen Notfall* angezeigt (siehe Kapitel 27). Wenn das Kind weiß, das es Ihnen ernst ist, gibt es seinen Widerstand in der Regel rasch auf.

In diesem Alter fängt das Kind an, aus seinem Gitterbett zu klettern; Sie sollten also Kissen oder Decken davorlegen. Natürlich kommt es vor, daß ein Kind beim Herausklettern herunterfällt, aber das ist selten. Sobald das Klettern anfängt, müssen Sie das Seitengitter herunterklappen. Dann wird, wenn Sie die Tür mit einem Gatter absperren, sozusagen das ganze Zimmer zum Bett des Kindes. Ich hoffe immer, daß das nicht allzu früh passiert. Das Schöne an einem Gitterbett ist, daß es dem Kind sagt: Hier ist nachts dein Platz. Sobald das Kind in einem unvergitterten Bett oder auf dem Boden schläft, ist es eigentlich nicht mehr an einen bestimmten Schlafplatz gebunden. Das Gitterbett ist ein Symbol dafür, daß das Kind nachts zu seinem Schutz Grenzen braucht. Es gibt nichts Gefährlicheres, als wenn das Kind allein im Haus herumwandert.

Ein Kind von anderthalb Jahren ist tollkühn. Auf der Treppe tritt es furchtlos ins Leere und kann leicht hinabstürzen. Nehmen Sie es an der Hand und bringen Sie ihm bei, wie es kriechend oder aufrecht die Treppe hinauf- und hinunterkommt. Das lernt es recht schnell. Aber Sie müssen die Treppen noch immer absperren. Seine Verwegenheit und seine unbändige, unerschöpfliche Energie sind bewundernswert, aber Sie müssen sie eindämmen. Gatter, Gitterbetten und Ihre Arme bieten dem Kind Sicherheit, zugleich aber schränken sie es ein.

12. Zwei Jahre

Je weiter der letzte Termin mit dem Kind zurückliegt, desto spannender und aufregender ist es für mich, zu beobachten, welche Fortschritte es in der Zwischenzeit gemacht hat. Die Eltern führen sie mir liebend gern vor, denn ich bin ein interessierter Zuschauer. Sie strahlen, wenn ich sage: „Ist er nicht phantastisch?"

Bei Zweijährigen ist besonders entzückend, wie sie hereinstolziert kommen und dabei den Gang der Mutter oder des Vaters nachahmen. Oft ist verblüffend, wie viele geschlechtstypische Verhaltensweisen sie sich bereits angeeignet haben. Ein Junge geht, gestikuliert und lächelt wie der Vater, ein Mädchen wie die Mutter. Schon jetzt identifizieren sie sich also in vielen kleinen Details mit den Eltern.

Das Trotzen steht noch immer stark im Vordergrund, aber das Kind ebenso wie die Eltern wissen nun besser damit umzugehen. Wir müssen noch einmal darüber sprechen, doch die Ängste der Eltern sind nicht mehr so groß wie beim letzten Termin, als sie sich noch fragten: „Wird das unser Leben zugrunde richten?" Normalerweise spielt das Kind äußerst konzentriert in der Spielzeugecke, während die Eltern mit mir sprechen. Falls es dagegen zu sehr an ihnen klebt oder sich nicht traut, von ihnen wegzugehen, ist es Zeit, daß wir uns über die Gründe Gedanken machen. Eigentlich sollte es schon unabhängiger sein. Ich bin froh, wenn die Eltern Fragen stellen wie die folgenden: „Wie sehr sollen wir ihn zur Eigenständigkeit anhalten?" „Wie weit sollen wir ihn gewähren lassen?" „Auf welche Art müssen wir ihm Grenzen setzen?" Ist ein Kind in diesem Alter allzu „artig", mache ich mir ernsthafte Sorgen.

Wenn das Kind mein Sprechzimmer betritt, achte ich darauf, ob es Zuversicht und Sicherheit ausstrahlt und die Erwartung erkennen läßt, daß es im Leben gut zurechtkommen wird. Ich brauche nur einen Augenblick, um mir dazu mein Urteil zu bilden. Denn ich habe bereits folgendes beobachtet:

1. *Selbstvertrauen* – Wenn das Kind mein Sprechzimmer betritt, muß es mit seinen Erinnerungen an die früheren Besuche bei mir fertig werden. Ein selbstsicheres Kind stürmt hinüber in die Spielecke, als

gehörte ihm das Zimmer. Es ist vor seinen Eltern eingetreten, nimmt aber ganz selbstverständlich an, daß sie ihm folgen. Sein fester Schritt zeigt, daß es sich der neuen Situation gewachsen fühlt. An seiner Neugier auf die Spielsachen sehe ich, daß es sich gerne mit neuen Aufgaben und Herausforderungen auseinandersetzt.

2. *Geschicklichkeit* – Der Schritt des Kindes ist entschlossen, die Beine führt es eng aneinander vorbei. Die Arme hält es an der Seite, die Haltung ist aufrecht. Wenn es zu den Spielsachen stürzt, sich nach ihnen bückt und sie packt, sind seine Bewegungen koordiniert und sicher.

3. *Sprechen* – Sein „Hallo" oder „Auto" oder „Nein" ist nicht schrill, sondern volltönend, melodiös und von einladendem Wohlklang.

4. *Identifikation mit der Geschlechtsrolle* – Ein Junge lehnt sich bereits an das Verhalten des Vaters an, ein Mädchen an das der Mutter. Bei einem Zweijährigen sind diese Identifizierungsvorgänge augenfällig. Sie belegen, wie stark das Verhalten des Kindes durch Nachahmung geprägt wird und wie früh ihm sein Geschlecht bewußt ist.

5. *Händigkeit* – Ein rechtshändiges Kind greift mit der Rechten nach einem neuen Spielzeug. Vielleicht hat es sie mir auch zur Begrüßung hingestreckt. Mit ebensolcher Sicherheit setzt das linkshändige Kind die Linke ein. Falls jedoch ein Kind verwirrt ist und mal die eine, dann wieder die andere Hand nimmt, muß ich das im Auge behalten, denn möglicherweise wird darunter seine Geschicklichkeit leiden.

Das Spielen des Kindes und sein Entwicklungsstand

So ziehe ich wichtige Schlüsse aus dem Spiel des Kindes, während ich mit den Eltern rede. Ich sehe, wie es die kognitiven Aufgaben bewältigt, vor die ein zweijähriges Kind gestellt ist. Zum Beispiel fügt es Bauklötze zu einem Rechteck, einer Art Zimmer zusammen. In das Zimmer setzt es eine Mädchenpuppe. „Nach Hause", sagt es, während es eine Jungenpuppe heranführt. „Tock tock! Reinkommen?" Es schiebt einen Bauklotz zur Seite, um den Jungen eintreten zu lassen. Die beiden Puppen umarmen sich.

Mit dieser Szene zeigt das Kind seine Fähigkeit zum *symbolischen Spiel*. Es ahmt mit den Puppen die Menschen in seinem Alltag nach. Das große Ereignis für dieses Kind ist offenbar, wenn der Vater abends nach Hause kommt. Im symbolischen Spiel wird sein Vermögen zu *imitieren* sichtbar. Es stellt *Geschlechtsunterschiede* dar und drückt im Verhalten der Puppen seine Phantasien aus. Bei vielen Gelegenheiten ahmt es Fragen und Redensarten der Eltern nach, eignet sich also ihr Verhalten durch Beobachtung an. Es übernimmt auch feine Nuancen ihres Tonfalls. Wenn es den Bauklotz zur Seite schiebt, um den Jungen ins Haus zu lassen, zeigt es damit, daß es eine Vorstellung von *Mittel und Zweck* (es muß etwas Bestimmtes tun, um die gewünschte Veränderung zu erreichen) und von *Kausalität* hat (wenn es die Tür öffnet, dann kann die Puppe eintreten).

Selbst an kleinen Verhaltensausschnitten werden also zahlreiche Fortschritte deutlich, die das Kind gemacht hat. Es fährt vielleicht einen Laster zum Aufziehen vor das „Haus". Behutsam plaziert es die Puppen auf den Laster. Es legt sie flach auf die Ladefläche, damit sie nicht herausfallen. Dann zieht es den Laster auf und läßt ihn losfahren. Solche Phantasiespiele zeigen, wie das Kind sich einen Begriff von den Ereignissen und Verhaltensweisen macht, die es um sich herum wahrnimmt. Nicht nur seine kognitiven Fähigkeiten kommen dabei zum Vorschein, sondern auch seine psychische Bewegungsfreiheit. Das Phantasiespiel eines angespannten, unglücklichen Kindes ist, falls überhaupt vorhanden, kaum entwickelt.

An der Gewandtheit, mit der das Kind Spielsachen handhabt, und an dem *feinmotorischen Geschick*, mit dem es zum Beispiel den Laster aufzieht, kann ich ablesen, daß sein neuromotorisches System intakt ist und ihm ein zielbewußtes Handeln leicht macht. Ein Kind mit einer leichten Schädigung des Gehirns oder irgendeiner anderen neurologischen Störung bewegt sich unbeholfen und zitterig, hat oft Mühe, gezielt vorzugehen, und schießt übers Ziel hinaus. All dies läßt sich in kurzer Zeit aus seiner Art zu spielen ablesen.

Ich nehme auch wahr, wieviel Energie das Kind aufbringen muß, um Informationen aufzunehmen, einzuordnen und für sein Handeln zu nutzen. Mit anderen Worten, wie leistungsfähig ist sein Nervensystem beim Registrieren und Auswerten von Informationen? Muß es kleine Stockungen bei der Informationsverarbeitung überwinden? Ein Kind, das mit seiner Aufmerksamkeit bei einem Spielzeug verweilen und alle anderen Spielsachen ausblenden kann oder sich für eine Szene, die es darstellen will, zielsicher Spielsachen aussucht, vermag seine Reizaufnahme gut zu steuern. Ist sein Nervensystem dagegen überempfindlich, läßt sich das Kind von jedem neuen optischen oder akustischen Reiz ablenken. Es springt von einem Spielzeug zum anderen. Wenn wir uns in seiner Nähe unterhalten, kommt es aus dem Konzept. Manchmal hat ein solches Kind mit zwei Jahren freilich schon gelernt, sich von akustischen Reizen nicht ablenken zu lassen. Zum Beispiel geht sein Blick zwar mit einem Ruck zu uns hinüber, sobald wir etwas sagen. Doch dann zwingt es den Kopf nach vorne zu den Spielsachen hin, um gegen den Einfluß unserer Stimmen auf sein empfindliches Nervensystem anzukämpfen. Es kann zwar nicht anders, als zunächst auf die akustischen Reize anzusprechen, aber es unterdrückt seine Reaktionen, indem es sich mit verdoppelter Aufmerksamkeit wieder dem Spielzeug zuwendet (eine kraftzehrende, aber wirksame Strategie). Es versucht seine Überempfindlichkeit auch durch gesteigerte motorische Aktivität zu bewältigen. Zum einen kann es dadurch seine Übererregbarkeit teilweise abdämpfen, zum anderen baut es auf diese Weise Spannung ab, die aus den Überreaktionen entsteht. Dies alles weist auf eine sogenannte Aufmerksamkeitsdefizitstörung hin und läßt eine eingehende Untersuchung ratsam erscheinen. Wenn ein solches Kind in den Kindergarten und in die Schule kommt, müssen wir wachsam sein. In einer Gruppe von Kindern hat es möglicherweise Mühe, die Vielfalt von Reizen zu bewältigen.

Um festzustellen, ob das Kind überempfindlich reagiert, klatsche ich mehrmals in die Hände und achte darauf, ob es diese Wiederholungsreize mit der Zeit ausblenden kann. Um zu sehen, ob es Schwierigkeiten beim Ordnen von Informationen hat, gebe ich ihm ein einfaches Puzzle; ein Kind, das mit den räumlichen Beziehungen darin nichts anfangen kann, verliert bald die Lust. Um herauszubekommen, ob es Schwierigkeiten hat, das Gleichgewicht zu halten, achte ich darauf, ob es sich mit einer Hand „verankern" muß, um mit der anderen ungestört spielen zu können.

All dies kann ich feststellen, während das Kind spielt und die Eltern mir von ihren Sorgen berichten. Falls sich ein entsprechender Verdacht ergibt, untersuche ich das Kind auf kleinere neurologische Defizite und auf Störungen der Informationsverarbeitung oder der Aufmerksamkeit. Stoße ich auf ernstzunehmende Symptome, überweise ich das Kind zu einer gründlicheren Untersuchung. Ich bin fest davon überzeugt, daß es für ein Kind von Vorteil ist, wenn wir solche Störungen früh erkennen. Oft ist den Eltern bereits etwas aufgefallen. Viele berichten mir, ihnen sei schon sehr früh klar gewesen, daß dem Kind einfache Aufgaben schwerer fielen als seinen Geschwistern. Sie beobachten, daß das Kind (1) die Stirn runzelt, während es sich an einer Aufgabe abmüht, (2) für eine bereits bekannte Aufgabe doppelt so lange braucht, wie sie erwarten, (3) rasch aufgibt und sich lieber mit etwas beschäftigt, was es schon oft geübt hat und gut kann, (4) sie auf alle möglichen Arten abzulenken versucht, wenn sie ihm ein Puzzle geben, das es sich nicht zutraut. Alle diese Berichte von Eltern haben mir klargemacht, wie beherzt und einfallsreich ein Kind seine Schwierigkeiten bei der Informationsaufnahme und -verwertung angeht. Wenn ich den Eltern ihre Befürchtungen bestätige, sind sie in der Regel erleichtert, denn jetzt können wir darüber reden, wie dem Kind zu helfen ist.

Hat es offenbar nur geringe Schwierigkeiten, empfehle ich den Eltern folgendes: Versuchen Sie den Druck, dem das Kind ausgesetzt ist, zu verringern und ihm stärker unter die Arme zu greifen. Zum einen sollte es Ihr Verständnis dafür spüren, daß es schwer zu kämpfen hat, und Ihre Zuversicht, daß es die Hindernisse trotzdem bewältigen wird. Zum anderen sollten Sie Zeiten nutzen, zu denen weder das Kind noch Sie selbst von anderen Dingen abgelenkt sind. Setzen Sie sich mit ihm in eine ruhige, nicht überladene Ecke, um sich mit ihm an eine gut ausgewählte Aufgabe zu machen. Sprechen Sie mit ruhiger Stimme und wenden Sie sich jeweils auf nur einer Ebene an das Kind – mit der Stimme, mit Gesten oder mit den Augen. Setzen Sie es nicht zu sehr unter Druck, denn es verliert sonst die Lust, und führen Sie ihm die Aufgabe Schritt für Schritt vor. Lassen Sie es dann die ersten Versuche machen. Wenn es ein- oder zweimal gescheitert ist, zeigen Sie ihm von neuem langsam einen Schritt nach dem anderen. Hat es einen Schritt geschafft, ermutigen Sie es, ohne es dabei aber zu sehr vorwärtszudrängen. Spornen Sie es nach jedem kleinen Schritt an, den nächsten zu versuchen. Mit jedem kleinen Schritt, den es weiterkommt, gewinnt es Selbstsicherheit für den nächsten, und sein schon arg ramponiertes Vertrauen in die eigenen Fähigkeiten nimmt wieder zu. Lassen Sie zu, daß es davonläuft, sich ausruht und wieder an die Aufgabe zurückkehrt.

Das richtige Tempo ist für ein solches Kind wesentlich. Damit sein Nervensystem nicht überlastet wird, muß es unbedingt lernen, sich sein Tempo selbst vorzugeben. Die Versuchung für die Eltern ist groß, es überzubehüten. Wenn es sich ziemlich ungeduldig an einem Problem abmüht, müssen sie sich zurückhalten, damit es dann auch das Gefühl hat, den Durchbruch *selbst* und nicht nur aufgrund ihrer Hilfe geschafft zu haben. Sie müssen es herumprobieren lassen, ohne immer gleich einzugreifen. Eltern eines solchen Kindes zu sein ist keine leichte Aufgabe. Doch wenn sie ihm das Gefühl vermitteln, daß es letztlich auch erreichen kann, was es sich vornimmt, bereiten Sie es gut auf spätere Situationen vor. Natürlich sollten sie ihm am Anfang und am Schluß immer Aufgaben geben, die es gut bewältigt (siehe Kapitel 18, 26 und 34).

Wie das Kind seine Angst vor der Untersuchung bewältigt

Im Sprechzimmer sollte das zweijährige Kind selbst bestimmen können, auf wessen Schoß es sitzen möchte und ob es sich auf den Untersuchungstisch legen will. Wenn ich ihm beim Anziehen oder Ausziehen helfen darf, ist das für mich ein Zeichen, daß es mich als einen Freund betrachtet, dem es vertrauen kann. Die Windel ziehe ich ihm nicht aus, denn meiner Erfahrung nach ist sie ein wichtiges Symbol dafür, daß ich seine persönliche Sphäre nicht antaste. Wenn ich Glück habe, hat es ein verschlissenes Schmusetier dabei. An dessen schmutzigem Gesicht und zerfleddertem Körper ist zu sehen, wie lieb es dem Kind ist. Hat es kein Schmusetier dabei, wird sich eines in meinem Sprechzimmer finden. Ich frage: „Soll ich Teddys Doktor sein?" Meist lächelt das Kind dann und sagt etwas wie: „Teddy Doktor." Ich deute das als Zustimmung und frage: „Willst du ihn vielleicht mit dem Stethoskop abhören?" Das Kind darf erst mit dem Stethoskop, dann mit dem Ohrenspiegel hantieren. „Kannst du Teddy mal so halten, daß er keine Angst bekommt, wenn ich ihm in die Ohren schaue?" Das Kind drückt das Schmusetier an sich und dreht erst dessen eines Ohr, dann das andere zu mir hin. Danach ist es ein leichtes für mich, die Ohren des Kindes zu untersuchen. „Zeig Teddy, wie er den Mund aufmachen muß – *ganz weit*. Wenn du ihm zeigst, wie er den Mund richtig weit aufmachen kann, brauchen wir keinen Mundspatel." Wenn wir das alles hinter uns haben, wird das Kind auch zulassen, daß ich zuerst den Bauch des Schmusetiers, dann seinen eigenen Bauch und seine Genitalien untersuche. „Teddy ist ganz toll! Und du bist auch ganz toll." Das Kind wird vor Stolz strahlen und, da es die Untersuchung nun überstanden hat, zur Waage hinübertänzeln, damit ich sein Gewicht und seine Größe messen kann. Ich brauche ihm am Ende eigentlich gar keine Belohnung zu geben, so zufrieden ist es mit sich, die Streßsituation gemeistert zu haben. Wenn unsere Beziehung tragfähig ist und wenn ich die Ängste des Kindes ernst nehme, wird die Untersuchung zu einem *Auftakt:* Das Kind hat ein Erfolgserlebnis, und ich gewinne wichtige Einblicke in seine Entwicklung.

Sprechen

Das zweijährige Kind bildet schon Sätze mit Verben, mit Adjektiven und Adverbien. „Einkaufen gehen." „Schönes Kleid." „Das will ich haben. Das ist toll." Wie räumliche Beziehungen mit Adverbien auszudrücken sind, entgeht ihm noch, doch sagt es vielleicht „Auf!", wenn die Eltern es hochnehmen sollen, und „Runter!", damit sie es wieder absetzen. Eine dreigliedrige Aufforderung wie „Hol im Zimmer nebenan ein Spielzeug, bring es hierher und leg es auf den Tisch" dürfte es ohne weiteres verstehen. Allerdings ist das Entwicklungstempo bei jedem Kind wieder ganz anders. Die Psychologin Dr. Elizabeth Bates aus San Diego hat mich darauf hingewiesen, daß ich bei einem Kind, das noch nicht spricht, die Gestensprache beobachten und auf diese Art diagnostizieren kann, ob tatsächlich eine Störung vorliegt. Sind die Gesten klar verständlich, setzt das Kind also Körpersprache ein, um sich mitzuteilen, so hat es die Regeln zwischenmenschlicher Verständigung bereits erfaßt und wird über kurz oder lang anfangen zu sprechen. Seine geistige Entwicklung ist nicht verzögert. Auch Kinder, die schon sprechen, benutzen Gesten, wenn sie nicht recht ausdrücken können, was sie meinen. Wenn sie mit dem Finger deuten und gestisch etwas darstellen, begreifen die Erwachsenen oft ungefähr, was sie im Sinn haben.

Die Eltern können das Kind ermuntern, statt einer Geste das betreffende Wort zu benutzen: „Ich glaube, ich weiß, was du willst, aber du mußt es mir sagen. Versuch es. Ist es ein Laster – oder ein Haus – oder eine Puppe?" Oft läßt sich das Kind auf diese Weise dazu bringen, das Wort nachzusprechen.

Es lernt keineswegs nur im Dialog mit den Eltern sprechen. Katherine Nelson, Psychologin an der City University of New York, nahm ein Mädchen im Alter von 21 Monaten bis drei Jahren auf Tonband auf, unter anderem auch seine langen Selbstgespräche im Bett. Frau Dr. Nelson analysierte die Aufnahmen gemeinsam mit prominenten Kollegen, unter ihnen Jerome Bruner und Daniel Stern. Über ihre Ergebnisse berichten sie in dem Buch *Narratives from the Crib* („Erzählungen aus dem Kinderbett"; siehe Literaturverzeichnis). Sie gelangten zu der hochinteressanten These, daß das Kind in solchen Monologen nicht einfach nur Laute übt und mit ihnen spielt, sondern auch zu verarbeiten und zu verstehen versucht, was es den Tag über erlebt hat.

Vieles deutete darauf hin, daß das Mädchen seine Welt im Sprechen
wiedererstehen ließ. Es erzählte Schlüsselerlebnisse nach, zum Beispiel wie die Eltern es (im Alter von 32 Monaten) im Kindergarten
zurückließen, und gab ihnen eine Deutung:

„Die Mama und der Papa von dem Mädchen ... bleiben die ganze Zeit da ... aber meine Mama und mein Papa nicht. Sie sagen mir nur, daß sie jetzt wegmüssen, und dann gehen sie gleich zur Arbeit, weil ich, weil ich, weil ich nicht weine."

Durch solche Selbstgespräche verleiht das Kind seinen Erlebnissen Bedeutung und entwickelt ein Bewußtsein von sich selbst als Individuum.

Fängt ein Kind erst spät an zu sprechen, kann das viele Gründe haben:

1. Falls irgendwelche Zweifel bestehen, daß das Kind nicht gut hört, sind diese *unbedingt* auszuräumen.

2. Ein Kind, dessen Sprachverständnis und Körpersprache gut entwickelt sind, weigert sich möglicherweise aus Trotz, zu sprechen. Die Eltern sollten sich überlegen, ob sie es zu sehr umsorgen und ihm alles so leicht machen, daß es gar nicht sprechen muß, um seine Wünsche erfüllt zu bekommen.

3. Das dritte oder vierte Kind in einer Familie wird wahrscheinlich erst spät anfangen zu sprechen. Ständig drücken die älteren Geschwister an seiner Stelle aus, was es meint. Die Eltern sollten darauf achten, inwieweit es sich ihnen durch Gesten mitteilen kann.

4. In zweisprachigen Familien fängt ein Kind bis zu einem Jahr später zu sprechen an. Es muß ganz verschiedene Arten von Lauten benutzen lernen, um Wörter zu formen. Dazu braucht es länger. Ich glaube, das Warten lohnt sich, denn am Ende wird es zwei Sprachen beherrschen.

5. Die Verzögerung kann auch daher rühren, daß die Verarbeitung akustischer Reize gestört ist. Dies muß ein Facharzt für Hör- und Lernstörungen prüfen. Die Eltern sollten den Kinderarzt um eine Überweisung bitten, falls das Kind keine Fortschritte macht.

Oft machen die Eltern sich Sorgen, weil das Kind stottert. Doch die meisten Zwei- und Dreijährigen stottern und stammeln, denn das Sprechen entfaltet sich mit solcher Rasanz, daß sie motorisch gar nicht Schritt halten. Ganz ähnlich stolpern sie beim Laufenlernen über die eigenen Füße. Das Kind gerät nur noch mehr unter Druck, wenn die Erwachsenen es korrigieren oder die Wörter, die es nicht herausbekommt, an seiner Stelle aussprechen. Sie sollten ihm Zeit lassen und es nicht antreiben. Unbewußt setzen freilich alle Erwachsenen ein Kind unter Druck, das sprechen lernt. Jedesmal, wenn es etwas sagt, berichtigen wir es sofort. Wir sind sozusagen programmiert, es zur

Erwachsenensprache hinzuführen. Forcieren wir das aber zu sehr, werden aus vorübergehenden Schwierigkeiten leicht chronische Störungen. Die meisten Schwierigkeiten geben sich allerdings mit der Zeit. Lernt das Kind wirklich nur ganz langsam, andere zu verstehen und sich auszudrücken, ist eine umfassende Untersuchung ratsam. Ein Sprachtherapeut kann die betreffenden Fähigkeiten eines zweijährigen Kindes sehr gut einschätzen.

Die meisten Eltern benutzen dem Kind gegenüber eine Art Babysprache. Machen sie es ihm dadurch schwer, wie die Erwachsenen sprechen zu lernen? Ich glaube nicht. Indem wir mit dem Kind Babysprache sprechen, sagen wir ihm: „Jetzt meine ich nicht die anderen, sondern nur *dich*." Von einem bestimmten Punkt an ändern wir dann unsere Sprechweise. Damit geben wir dem Kind zu verstehen: „Ich bin stolz auf dich, weil du heranwächst und richtig sprechen willst." Nun kann sich das Kind an uns orientieren, um sich die Erwachsenensprache anzueignen.

Schlaf

Die Fortschritte im Sprechen machen sich auch bemerkbar, wenn das Kind in eine Halbschlafphase kommt und versucht, wieder in den Tiefschlaf zu gelangen. Ohne ganz wach zu werden, fängt es an zu reden und probiert alle seine neuen Wörter aus. So kommt es von sich aus wieder zur Ruhe.

Mittlerweile wird das Kind vielleicht des öfteren von Nachtangst geplagt. Dieses nächtliche Aufschrecken ist quälend für das Kind wie auch für die Eltern. Es tritt im Tiefschlaf auf und geht mit unkontrolliertem Schreien und Umsichschlagen einher. Im Elektroenzephalogramm zeichnet es sich in Form kleiner Anfälle ab. Sind diese Episoden sehr beunruhigend, können die Eltern sich an einen Schlafexperten wenden. Im allgemeinen aber reicht es aus, wenn sie das Kind aufwecken. Ihre Gegenwart wirkt besänftigend. Das Kind sieht sie, fühlt sich getröstet und schläft wieder ein. Nachtangst tritt meist nach einem harten und belastenden Tag auf, zum Beispiel wenn Besuch da war oder wenn die Eltern vor dem Schlafengehen streng mit dem Kind waren. Durch die Nachtangst scheint es die Anspannung abzureagieren, die noch in ihm steckt.

Ist das Kind bereits soweit, daß es die Eltern nicht mehr zum Einschlafen braucht, so können sie sich nun daran freuen, wie es sich in den Schlaf redet. Nach dem Einschlafzeremoniell liegt es im Bett und geht noch einmal durch, was es am Tag alles erlebt hat. Dieses bereits erwähnte „Geschichtenerzählen im Kinderbett" richtet sich manchmal an eine Puppe oder ein Stofftier. Für die Eltern sind Anklänge an die Ereignisse des Tages erkennbar. Die Selbstgespräche dauern manchmal bis zu einer halben oder dreiviertel Stunde. Dann schläft das Kind ein. Alle Anstrengungen der Eltern, ihm das eigenständige Einschlafen beizubringen, zahlen sich jetzt aus. Weil sie seine Autonomie gefördert haben, erschließt sich ihm nun eine faszinierende neue Fähigkeit: Indem es die Erlebnisse des Tages noch einmal vor sich vorbeiziehen läßt und deutet, kann es die übriggebliebene Enttäuschung oder Anspannung bewältigen.

Ernährung

Wenn ich die Eltern bei diesem Termin frage, wie das Kind sich beim Essen benimmt, sagen sie: „Er ist ein Ferkel." Wenn dem Kind etwas von der Gabel fällt, verliert es die Geduld. Es fängt dann an, das Essen überall hinzuschmieren, oder es wirft den ganzen Teller auf den Boden. Es will sich nicht helfen lassen. Wenn die Eltern eine Bemerkung oder einen Vorschlag machen, wie es zum Beispiel die Gabel anders halten könnte, gerät es außer sich. Sie mischen sich also besser nicht ein. Das Kind ist so bemüht, das Besteck zu meistern, daß es jeden kleinen Mißerfolg als Desaster empfindet. Was die Eltern ihm vormachen, will es unbedingt auch können.

Dem Kind so viel Freiraum zu gewähren ist sehr schwierig. Doch den Eltern bleibt eigentlich gar nichts anderes übrig. Je mehr Mühe sie sich machen, dem Kind „etwas ganz Besonderes" vorzusetzen, desto mehr wird es protestieren. Es *muß* sich durchsetzen und selbst darüber bestimmen können, wie und was es ißt. Es wittert Gefahr, wenn die Eltern gerne hätten, daß es „etwas ganz Besonderes" ißt. Sie brauchen ihm auch nur einen kleinen Hinweis zu geben, zum Beispiel, Erbsen seien mit dem Löffel leichter zu essen als mit der Gabel, und es fängt auf der Stelle an zu bocken: „Erbsen nein!" Wenn sie nicht lockerlassen, handeln sie sich nur langwierige Konflikte um das Essen ein. Sie sollten verstehen, daß das Kind in seinem Bemühen, wie die Erwachsenen essen zu lernen, selbst bestimmen will, wie es dabei vorgeht. Wenn sie sich außerdem damit abfinden, daß das Kind beträchtliches Chaos anrichtet, bis es mit dem Besteck umgehen kann, werden die Mahlzeiten über kurz oder lang erfreulicher ablaufen. Sie müssen unbedingt abwarten, bis es von allein Tischmanieren entwickelt. Ihnen mag es vorkommen, als brauche das Kind eine Ewigkeit dafür, doch in etwa einem Jahr dürfte es damit beginnen. Wenn sie es jetzt noch immer zum Essen drängen, beschwören sie vermutlich Eßprobleme herauf, die es sein ganzes Leben nicht mehr loswird.

Sauberkeitstraining

Wie wir vielleicht schon zu oft betont haben, kann nur das Kind selbst entscheiden, wann das Sauberkeitstraining zu beginnen hat. Was Großeltern, Kindergärtnerinnen und wohlmeinende Bekannte dazu zu sagen haben, sollten die Eltern besser ignorieren. Wenn das Kind schließlich aufs Töpfchen geht, *muß* das seine, nicht ihre Leistung sein.

Das Sauberkeitstraining sollte erst dann einsetzen, wenn sämtliche im letzten Kapitel geschilderten Reifezeichen vorliegen (das Sprachverständnis und das Imitieren nehmen zu, der Ordnungssinn erwacht, das Trotzen läßt nach). Vermutlich ist das Kind irgendwann im Laufe des dritten Jahres soweit. Wenn ich mit den Eltern über diesen wichtigen *Auftakt* spreche, rate ich ihnen zu folgendem Vorgehen:

Erstens. Stellen Sie dem Kind ein Töpfchen auf den Boden, das es überallhin mitnehmen kann. Gewöhnen Sie es daran, daß dies *sein* Töpfchen ist. Der große Topf ist für Sie, die Eltern, der kleine ist für das Kind zum Lernen.

Zweitens. Etwa eine Woche später lassen Sie das Kind *ganz angezogen* auf seinem Topf sitzen, während Sie daneben auf dem Ihren sitzen. Lesen Sie ihm etwas vor oder geben Sie ihm einen Keks, damit es eine kleine Weile sitzen bleibt. Damit gewöhnen Sie es zunächst einmal daran, sich täglich auf das Töpfchen zu setzen. Es mit nacktem Po darauf zu setzen ist zu viel auf einmal, und Sie würden es damit möglicherweise verschrecken.

Drittens. In der nächsten Woche fragen Sie das Kind, ob es ihm recht ist, wenn Sie ihm die Windel abnehmen, damit es mit nacktem Po einmal am Tag auf das Töpfchen sitzt. Wieder sitzen Sie auf Ihrer Toilette, das Kind auf seiner. Erklären Sie immer wieder: „Siehst du, das tut Mama jeden Tag. Und Papa auch. Und Oma auch. Dein Schmusetier kann es auch. Alle gehen auf den Topf, wenn sie so groß sind wie du."

Viertens. In der dritten Woche gehen Sie mit dem Kind, wenn es in die Windeln gemacht hat, zu seinem Töpfchen, ziehen ihm die Windel aus und lassen sie ins Töpfchen fallen. Sagen Sie dazu ungefähr folgendes: „Hier drauf kannst du einmal später dein Geschäft machen, so, wie das Mama und Papa jeden Tag machen. Das ist dein Topf. Und hier ist meiner." Spülen Sie den Stuhl des Kindes nicht hinunter, während es zuschaut. Manche Eltern meinen zwar, ihr Kind sei ganz fasziniert, wenn ihr „A-A" so verschwindet. Das mag sein, doch das Kind wird sich auch fragen, wohin sein Geschäft denn verschwindet. Es macht sich möglicherweise jahrelang Gedanken darüber. Jedes Kind hat das Gefühl, daß seine Exkremente ein Teil seiner selbst sind. Betätigen Sie die Spülung also erst, wenn es das Interesse verloren hat und weggegangen ist.

Fünftens. Wann der fünfte Schritt erfolgt, sollte völlig im Ermessen des Kindes liegen. Überhaupt lassen Sie das Sauberkeitstraining besser ruhen, sobald es irgendeinen Schritt nicht mitmachen will. Sie führen ihm lediglich jeden Schritt vor, damit es ihn dann aus eigenen Stücken nachvollziehen kann. Wenn es nun die bisherigen Schritte interessiert mitgemacht hat, können Sie ihm vorschlagen, daß Sie es ausziehen und es mit nacktem Po herumrennen lassen. Bieten Sie ihm an, das Töpfchen in sein Zimmer oder, wenn es im Freien ist, in den Garten zu stellen. Sagen Sie ihm, daß es sich darauf setzen kann, wenn es will. Dann würde ich ihm anbieten, es jede Stunde daran zu erinnern, daß es aufs Töpfchen gehen wollte. Falls das Kind soweit ist, wird es auch bereitwillig mitmachen. Macht es etwas ins Töpfchen, sollten Sie es darin lassen, damit das Kind es bewundern kann. Beglückwünschen Sie das Kind, ohne dabei aber zu übertreiben. Wenn Sie es zu sehr loben, tritt in den Hintergrund, daß es das aus eigenem Antrieb geleistet hat.

Sechstens. Wenn das Kind wirklich soweit ist, können Sie es immer länger ohne Hosen herumlaufen lassen. Ziehen Sie ihm gleich wieder eine Windel an, wenn es „klein" oder auch „groß" auf den Boden macht. Machen Sie nicht viel Worte darum. Sagen Sie einfach: „Wir probieren es noch einmal. Es eilt ja nicht. Eines Tages machst du es genauso wie Mama und Papa und Oma." Bauen Sie darauf, daß es die Menschen, die ihm wichtig sind, nachahmen möchte.

Wann der richtige Zeitpunkt für einen der Schritte gekommen ist, hängt stets vom Kind ab. Stecken Sie sofort zurück, wenn es verzagt oder störrisch reagiert. Manche Kinder beschäftigt das Sauberkeitstraining bald so sehr, daß sie Wutanfälle bekommen, weil sie nicht wissen, ob sie nun aufs Töpfchen gehen sollen oder nicht. Sie gehen zum Töpfchen hin, hüpfen auf der Stelle und rufen: „Ich will auf den Topf!" Der gequälte Gesichtausdruck und das widersprüchliche Verhalten zeigen, daß das Kind Ihnen einfach nicht den Gefallen tun kann, widerstandslos mitzumachen. Setzen Sie es jetzt aufs Töpfchen, wird es den Stuhl zurückhalten. Versuchen Sie also gar nicht erst, es anzuspornen. Es ist ohnehin überreizt. Wie jeder Wutanfall wird auch dieser nur heftiger und dauert länger, wenn Sie sich einmischen. Beim Sauberkeitstraining ist unerläßlich, daß Sie die Autonomie des Kindes nicht verletzen. Es muß seinen inneren Kampf allein durchstehen und zu einer eigenständigen Entscheidung kommen. Durch Einmischung ziehen Sie diesen Kampf, genauso wie die Wutanfälle, nur in die Länge. Das Kind muß sich erst, so qualvoll das auch sein mag, zu dem Entschluß durchringen, aufs Töpfchen zu gehen, damit es diesen Schritt auch wirklich aus freien Stücken vollzogen hat. Bieten Sie ihm an, daß es, vor allem beim Mittagsschlaf und in der Nacht, wieder eine Windel anziehen kann. Lassen Sie das Sauberkeitstraining für eine Weile ruhen. Das Kind weiß, was Sie von ihm erwarten, doch wann die Zeit reif ist, muß es selbst bestimmen können.

Oft sagt die Mutter zu mir: „Wenn er groß muß, hält er es zurück. Er steht vor seinem Töpfchen und schreit, als hätte er Schmerzen. Ich sage: ‚Bübchen, versuch's doch einfach. Du weißt, wie es geht. Wenn du jetzt aufs Töpfchen gehst, tut dir nichts mehr weh.'" Doch das geht am Kern der Sache vorbei. Denn die eigentlichen Qualen des Kindes spielen sich in seinem Kopf ab; es leidet darunter, daß es sich einfach nicht entscheiden kann. Wenn die Mutter zu sehr Anteil nimmt, verschärft sie diesen Konflikt nur. Sie sollte sich besser heraushalten und dem Kind wieder Windeln anziehen. Wenn sie sagt: „Er führt sich auf, als sei das eine Strafe, daß er wieder Windeln anhat", hat sie vielleicht dem Kind gegenüber das Sauberkeitstraining als zu wichtig hingestellt. Ihr bleibt nichts übrig, als sich zurückzuhalten und abzuwarten, bis das Kind ihr signalisiert, daß es einen neuen Versuch starten will. Sie kann ihm sagen: „Wenn ich dir die Windel anziehe, ist es einfacher für dich. Du kannst immer aufs Töpfchen gehen, wenn du das möchtest." Manche Eltern fragen mich: „Meinen Sie, daß er immer noch Windeln brauchen wird, wenn er in die Schule kommt?" Daran sehe ich, wie verkrampft sie mit dem Sauberkeitstraining umgehen. Sie müssen sich über ihre eigenen Gefühle klarer werden, damit sie fähig sind, sich zurückzunehmen und dem Kind den nötigen Freiraum zu lassen. Die meisten von uns sind zu früh oder unter Zwang aufs Töpfchen gesetzt worden, und es ist dementsprechend schwierig, das bei unseren Kindern nicht genauso zu machen. Versuchen Sie trotzdem, sich herauszuhalten.

Wenn das Kind den Stuhl verhält, reagiert es damit auf das Drängen der Eltern, oder es setzt sich selbst unter Druck. Falls die Eltern sich nicht eingemischt haben, hat das Kind das Ziel des Sauberkeitstrainings vielleicht bereits erfaßt und will es auf seine Weise erreichen, ohne aber schon reif dafür zu sein. Die Gefahr beim Stuhlverhalten ist, daß daraus rasch eine Verstopfung wird. Allerdings ist es ein Märchen, daß Verstopfung den Körper vergiftet. Ein Kind kann nur einmal pro Woche Stuhlgang haben und ansonsten völlig gesund sein. Der Dickdarm paßt sich an, indem er sich weitet. Wenn der Ausscheidungsrhythmus sich normalisiert, geht der Dickdarm auf seine übliche Größe zurück. Daher halten sich die Eltern am besten zurück, um den Widerstand des Kindes nicht anzuheizen.

Problematisch ist, daß der verhaltene Stuhl meist zu einer großen und steinharten Masse wird. Beim Austritt verletzt sie den Schließmuskel. Ein Riß am After ist schmerzhaft. Sobald das Kind dann wieder Stuhldrang spürt, weckt der Riß die Erinnerung an jene besonders schmerzhafte Entleerung. Folglich spannt sich der Schließmuskel an und hält den Stuhl erneut zurück. Ein Teufelskreis kommt in Gang: Das Stuhlverhalten aus psychischen Gründen wird durch die Reflexreaktion des Schließmuskels noch verstärkt; und weil so die Verstopfung anhält, kommt es immer wieder zu neuen Rissen am After. Dies kann sich am Ende zu einem Beschwerdebild namens Megacolon verschärfen.

Wenn sich ein solcher Teufelskreis aufbaut, müssen Sie das Kind unbedingt von sämtlichem Druck entlasten. Ziehen Sie ihm, jedenfalls zum Mittagsschlaf und zur Nacht, wieder Windeln an. Sagen Sie ihm: „Dir passiert nichts, wenn du das nächste Mal aufs Töpfchen gehst. Ich gebe acht, daß es dir nicht weh tut." Bieten Sie ihm an, auf den Afterriß Vaseline zu schmieren. Lassen Sie sich vom Kinderarzt ein wirksames Gleitmittel verschreiben, das den Stuhl weicher macht. Dies müssen Sie vielleicht über einen langen Zeitraum einsetzen, bis das Kind *und* der Schließmuskel die schmerzhafte Stuhlentleerung vergessen haben. Der Stuhl des Kindes muß weich sein, damit er den Schließmuskel nicht noch einmal verletzt. Sie können dem Kind ruhig gestehen: „Weil wir soviel Wirbel darum gemacht haben, hat es dir wehgetan, aufs Töpfchen zu gehen. Jetzt sorgen wir dafür, daß es nicht mehr wehtut, damit du dann aufs Töpfchen gehen kannst, wenn du selber willst. Du gehst, wenn du willst, nicht wenn wir wollen."

Siebtens. Um das Wasserlassen auf der Toilette zu lernen, sollte ein Junge sich dazu anfangs hinsetzen. Denn wenn er es im Stehen lernt, wird er sich danach nicht mehr hinsetzen wollen. Es macht ihm zu viel Spaß, im Stehen den Klodeckel (oder die Wand) vollzuspritzen, Spritzgeräusche zu machen und auszuprobieren, was er mit dem Penis alles anstellen kann. Wenn er dann soweit ist, auf dem Töpfchen Wasser zu lassen, kann ihm der Vater vormachen, wie er im Stehen pinkelt.

Manchmal ist sich der Vater nicht sicher, ob er seine Befangenheit ablegen kann. Er kommt über seine Scham hinweg, wenn er sich klarmacht, daß der kleine Junge überglücklich sein wird, wenn er seinem Vater so nacheifern darf. Falls der Junge sich nicht mehr hinsetzen will, weil ihm das Stehen und Herumspritzen so gut gefällt, kann ihm der Vater auch das Wasserlassen im Sitzen vormachen. Der Junge wird sich ganz selbstverständlich am Vater orientieren.

Der Vater sollte darauf vorbereitet sein, daß der Junge einen Größenvergleich anstellen will. Vielleicht will er den Penis des Vaters sogar anfassen. Der Vater kann einfach sagen: „Meiner ist größer als deiner, weil ich ja auch größer bin – meine Füße, meine Hände, alles ist größer als bei dir. Eines Tages ist bei dir alles so groß wie bei mir." Wenn der Junge etwas über das Schamhaar wissen will, kann der Vater hinzufügen: „Eines Tages bekommst du Haare im Gesicht, am Körper und um den Penis herum, genau wie ich." Auf diese Weise ermutigt er den Jungen, Fragen zu stellen.

Achtens. Das Sauberkeitstraining in der Nacht sollte erst beginnen, wenn das Kind beim Mittagsschlaf trocken bleibt und auf irgendeine Weise zu erkennen gibt, daß es auch nachts trocken bleiben will. Warten Sie, bis es wirklich bereit ist – es sollte tagsüber für einen Zeitraum von mindestens vier bis sechs Stunden nicht in die Windeln machen oder Wasser lassen. Das Kind muß auch in der Nacht wirklich mithelfen wollen, damit der Versuch sich lohnt. Solange es Sie nicht bittet, ihm zu helfen, oder nachts nicht spontan trocken bleibt, würde ich abwarten, bis es drei Jahre oder älter ist. Die meisten Kinder sind erst mit vier oder fünf Jahren reif genug, um trocken bleiben zu können.

Die meisten Mädchen sind früher sauber als Jungen. Wir wissen nicht genau, warum das so ist. Es bedarf einfach großer Reife, nachts ein- bis zweimal oder öfter aufzuwachen, aufzustehen und auf die Toilette zu gehen. Nachdem das Kind seine Ausscheidungsfunktionen tagsüber unter Kontrolle bekommen hat, vergeht noch eine ganze Weile, ehe es nachts auf ein inneres Signal zum Aufwachen zu reagieren vermag, so daß es aufstehen und die Blase entleeren kann. Diesen Lernprozeß können Sie ihm nicht abnehmen, indem Sie es nachts zur Toilette tragen. Ihre Aufgabe ist getan, wenn Sie ihm die einzelnen Schritte gezeigt haben. Danach sollten Sie sich heraushalten. Beim Sauberkeitstraining können Kinder in ihrem Entwicklungsverlauf ein Jahr und mehr auseinanderliegen. Unsere Gesellschaft ist in diesem Punkt viel zu verkniffen. Im Grunde finde ich auch den Ausdruck „Sauberkeitstraining" unpassend. Eigentlich sollte es „Sauberkeitslernen" heißen.

Wenn Sie mehr als ein Kind haben, ist das Sauberkeitstraining vielleicht nur beim ersten notwendig, weil das jüngere Kind sich am älteren orientiert. Allerdings müssen Sie unter Umständen darauf achten, daß das ältere Kind vom jüngeren nicht zu viel erwartet. Von den älteren Geschwistern lernt ein Kind erstaunlich viel, und zwar ohne sich dabei sonderlich anstrengen zu müssen.

Sexualität

Bei Mädchen wie bei Jungen wächst durch das Sauberkeitstraining das Interesse an den eigenen Genitalien. Masturbieren und eingehendes Untersuchen der Genitalien sind, wie auch andere Entwicklungsphänomene in diesem Alter, völlig normal. Der kleine Junge spielt mit seinem Penis herum. Das kleine Mädchen entdeckt seine Vagina und steckt sogar Gegenstände hinein. All dies gehört zur allgemeinen kindlichen Neugier. Die Eltern fragen: „Wo ist die Grenze?" Wenn das Kind sich von Aktivitäten abwendet, die es eigentlich sehr interessieren sollten, und sich zurückzieht, um zu masturbieren, oder wenn es in der Öffentlichkeit masturbiert, um Sie und andere zu reizen, deutet das auf Spannungen in seinem Leben hin. Versichern Sie dem Kind, wenn es vor fremden Leuten anfängt zu masturbieren, es sei völlig in Ordnung, wenn es seinen Körper erkunde und an sich herumspiele. Doch das sei etwas ganz Privates, und Sie wünschten, daß es das nur dort tue, wo keine Leute seien. Diese Leute würden ihm nämlich nicht gerne dabei zuschauen. Falls es sehr oft masturbiert, sollten Sie nach den Gründen dafür suchen. Ähnlich wie wenn es zuviel am Daumen lutscht, ständig wippt oder den Kopf gegen irgend etwas schlägt, kann exzessives Masturbieren ein Zeichen dafür sein, daß es zuviel Druck aushalten muß. Grundsätzlich sind dies alles normale, gesunde Verhaltensmuster, mit denen das Kind am Ende des Tages oder in Streßmomenten Spannung abbauen kann. Doch wenn sie permanent und übermäßig oft auftreten, sollten die Eltern jeglichen Druck auf das Kind mindern und ihm zum Beispiel keine Fortschritte in Tischmanieren, Benehmen und Sauberkeit abverlangen. Im Lauf der Zeit wird das Kind andere, weniger anstößige Wege finden, um Spannung abzubauen.

Die Eltern brauchen sich keine Sorgen zu machen, wenn das Mädchen anfängt, Gegenstände in seine Vagina zu stecken, denn es wird sich weder verletzen noch das Jungfernhäutchen zerreißen. Sind sie peinlich berührt, sollten sie besser lernen, solche Dinge nicht allzu schwer zu nehmen. Falls es übermäßig viel masturbiert, sollten sie, wie gesagt, nach den Ursachen dafür forschen. Doch jedes kleine Mädchen versucht herauszufinden, „wo das Pipi ist" und warum es eine Vagina hat. Ebenso erkundet jeder kleine Junge seine Genitalien. Manchmal löst das Masturbieren auch eine Erektion aus. Immer mit der Ruhe, sage ich zu den Eltern. Weichen Sie nicht aus, wenn das

Kind Fragen stellt. Achten Sie darauf, daß Ihre Antworten nicht zu langatmig oder zu kompliziert ausfallen. Das Kind wundert sich sonst, warum dieser Teil seines Körpers Ihnen so viel Kopfzerbrechen bereitet.

Bei einem Kind in diesem Alter haben wir alle Bedenken, wir könnten sein Interesse an der Sexualität zu sehr anstacheln. In meiner Praxis habe ich eine Puppe mit einem Loch im Rücken. Eigentlich wollte ich sie wegwerfen, weil sie den Vorstellungen zuwiderläuft, die sich ein Kleinkind vom menschlichen Körper macht. Doch jetzt verwende ich die Puppe zu diagnostischen Zwecken. Wenn das Kind sie zweifelnd betrachtet, sage ich: „Du möchtest wissen, warum da ein Loch ist, nicht wahr? Du und ich, wir wissen, daß wir alle an anderen Stellen Löcher haben – am Bauchnabel, am Po und am Penis oder an der Vagina. Die Puppe ist anders als wir, meinst du nicht auch?" Schon bei anderthalbjährigen Kindern habe ich den Eindruck, daß sie mir für diese Bemerkung dankbar sind. Sie wissen schon, wo ihr After und ihre Vagina sind. Sie möchten, daß wir für ihre Neugier Verständnis aufbringen und auf ihre Fragen zu den rätselhafteren Körperteilen wie dem Bauchnabel oder den Genitalien eingehen.

Trotzen und Aggression

Auch mit zwei Jahren kann die Stimmung des Kindes noch immer unvermittelt umschlagen. Von einer Minute zur anderen wird es wütend und gerät außer sich. Wollen die Eltern ihm helfen, fängt es an zu beißen, zu treten oder den Kopf gegen irgend etwas zu hauen.

Vielleicht hält das Kind auch die Luft an. Damit erschreckt es die Eltern zu Tode. Sie haben Angst, es könnte nicht wieder anfangen zu atmen. Wird es blau anlaufen und einen Hirnschaden davontragen? Wohl kaum. Sobald die Atmung aussetzt, entspannt es sich; und selbst wenn es das Bewußtsein verliert, wird es wieder anfangen zu atmen. Der Kreislauf kommt dann sofort wieder in Gang. Das Luftanhalten ist furchterregend, wird dem Kind aber kaum schaden. Die verschreckten Eltern grübeln, ob sie wohl zu streng mit dem Kind waren. Doch ist dies ein äußerst ungünstiger Moment, um zögerlich und nachgiebig zu sein, denn das Kind braucht nach wie vor Disziplin. Vielleicht müssen die Eltern von jetzt an sogar früher und konsequenter einschreiten und dafür das Kind mehr trösten oder in den Arm nehmen. Wenn es die Luft anhält, besteht die wirksamste Methode darin, es hochzunehmen, in sein Zimmer zu bringen, wo es sicher ist, und dann wegzugehen. Die Eltern sollten zu ihm sagen: „Wenn du damit fertig bist, komme ich wieder. Was du da machst, gefällt mir nicht, und helfen kann ich dir offenbar nicht." Wenn alles vorbei ist, können sie das Kind trösten und ihm sagen: „Eines Tages kriegst du heraus, wie du dich selbst beherrschen kannst."

Einem Kind, das sich in einer Gruppe aggressiv verhält, den anderen Kindern alles wegnimmt und sie zu Boden stößt, wenn sie sich zur Wehr setzen, ist vielleicht nur nicht klar, wie es sich selbst bremsen kann. Die Eltern der anderen Kinder trauen ihm nicht und mögen es nicht. Das ist schlimm für das Kind, denn es merkt durchaus, daß es unbeliebt ist. Die Eltern können mit dem Kind reden, *bevor* es wieder in eine Gruppe kommt, und es daran erinnern, daß die anderen Kinder nicht gerne herumgeschubst werden. Sie sollten ankündigen, daß sie mit ihm heimgehen werden, sobald es damit anfängt. Wird das Kind dann tatsächlich wieder aggressiv, müssen sie konsequent sein. Sie müssen mit ihm die Gruppe verlassen und ihm klarmachen, daß es lernen muß, sich zusammenzunehmen. Sie können sich auch nach einem Spielgefährten umschauen, der genauso aggressiv ist. Die beiden Kinder begreifen dann eher, welche Auswirkungen ihre Aggression hat, und lernen voneinander, sich zu zügeln.

Wenn ein Kind nicht mit anderen teilen will, schlage ich den Eltern vor, sich mit ihm abzusprechen, bevor ein anderes Kind zu Besuch kommt. Zusammen mit den Eltern soll es entscheiden, mit welchen Sachen das andere Kind spielen darf. Die anderen Spielsachen räumen sie dann weg. Mit anderen zu teilen bedeutet für Kinder eine schwere Aufgabe. Aber wenn es von ihnen erwartet wird, lernen sie es auch. Jetzt ist der Zeitpunkt gekommen, diesen Lernprozeß in Gang zu setzen.

Ausblick

Im Haushalt helfen. Wann kann ein Kind anfangen, im Haushalt mitzuhelfen? Es ist nicht zu früh, wenn das im dritten Lebensjahr geschieht. Einer Familie, in der die Eltern berufstätig sind, wird dies bald sehr zugute kommen. Die Selbstachtung des Kindes wächst außerordentlich, wenn es sich nützlich machen und sein Geschick unter Beweis stellen kann.

Am Anfang müssen die Eltern natürlich *zusätzliche* Energie aufbringen. Sie müssen Zeit dafür einplanen, das Kind in die kleinen Aufgaben einzuführen, die es übernehmen könnte. Sie könnten ihm beibringen, den Tisch zu decken, einen Teller zu spülen (der am besten zunächst aus Plastik ist) oder Salatblätter kleinzuzupfen. Sie sollten es dafür loben, daß es einen Beitrag zu der Hausarbeit leistet, die in der Familie getan werden muß. Jeder Augenblick, in dem sie das Kind auf diese Weise anleiten, ist eine Zukunftsinvestition. Jungen und Mädchen, die heutzutage lernen, im Haushalt mitzuhelfen, bereiten sich damit auf eine Familienwelt vor, in der meist beide Eltern Geld verdienen müssen. Sie werden sich ganz selbstverständlich die Hausarbeit teilen und nicht erwarten, daß sie bedient werden.

Fernsehen. Für kleine Kinder ist Fernsehen sehr anstrengend. Es ist ein Medium, das ihre Augen und Ohren völlig in Beschlag nimmt. Beobachten Sie einmal ein Kleinkind nach einer Fernsehsendung, die es aufmerksam verfolgt hat. Es ist reizbar und hat sich nicht in der Gewalt.

Die meisten von uns wissen, wie es ist, aus einer Kinovorstellung wieder ins Tageslicht hinauszukommen. Wir fühlen uns durchgeschüttelt und müssen erst wieder in den Rhythmus der Außenwelt hineinfinden.

Glücklicherweise bleiben die meisten Kleinkinder nicht allzu lange vor dem Fernseher sitzen. Selbst aktiv zu sein macht ihnen zu viel Spaß. Falls ein Kind tatsächlich ununterbrochen fernsehen will, stimmt etwas nicht. Kein Kleinkind sollte länger als dreißig Minuten hintereinander fernsehen, und schon nach dieser kurzen Zeit braucht es hinterher Trost und Zuwendung. Wenn die Eltern den Fernseher als Babysitter einsetzen, sollten sie sich klarmachen, daß das Kind dabei mit Reizen überflutet wird und teuer dafür bezahlt.

Andererseits können Kinder sicherlich auch Sinnvolles aus dem Fernsehen lernen. Ebenso wie sie aggressives und gewalttätiges Verhalten nachahmen, das sie im Fernsehen mitbekommen, wird sich beispielsweise etwas vom Einfühlungsvermögen einer liebenswürdigen, väterlichen Figur (wie etwa Mr. Rogers[14]) auf sie übertragen. Sie nehmen auch bereitwillig auf, was die *Sesamstraße* ihnen vermitteln will. Sie sehen ein A in einem Buch und fangen an, das A-Lied aus der *Sesamstraße* zu singen. Da das Fernsehen einen derart großen Einfluß auf das Kind haben kann, müssen die Eltern um so mehr darauf achten, daß das Kind zum einen geeignete, zum anderen nicht zu viele Sendungen anschaut. Sie sollten das Programm sorgfältig auswählen. Das Kind sollte höchstens zweimal am Tag fernsehen, und jeweils nicht länger als eine halbe Stunde. Am günstigsten wäre es, wenn sich die Eltern zumindest eine der zwei Sendungen gemeinsam mit dem Kind anschauen.

Ein Geschwisterchen kommt. „Wann ist der geeignetste Zeitpunkt für das nächste Baby?" fragt die Mutter. „Geeignet für wen?" frage ich meistens zurück. „Nun ja, ich hätte gern, daß auch der Junge sich das Baby wünscht – daß er weiß, daß es zu ihm gehört." Das ist bloßes Wunschdenken. Das erstgeborene Kind hat immer etwas dagegen, daß sich ein zweites Kind in sein Leben drängt. Die Eltern sollten nur danach gehen, ob sie selbst sich einem weiteren Kind gewachsen fühlen. Oft sind sie besorgt, ob nicht die enge Beziehung zum ersten

---

[14] Der „Gastgeber" der Kindersendung *Mr. Rogers' Neighborhood.* A.d.Ü.

Kind erschüttert wird. Das höre ich gern, denn Eltern, die ihr Kind durch dieses zweite Jahr hindurch zu lieben vermögen, lieben es wirklich! Wenn sie glauben, ein zweites Kind bewältigen zu können, wird auch das erste Kind damit zurechtkommen. Sie werden es nicht leicht haben, doch auf lange Sicht gesehen machen sie dem ersten Kind mit einer Schwester oder einem Bruder ein großes Geschenk. Es wird lernen müssen zu teilen. Ein Einzelkind lernt nicht in jedem Fall, mit anderen zu teilen. Geschwistern aber bleibt gar keine andere Wahl.

Das ältere Kind wird versuchen, es den Eltern gleichzutun und sich ebenso wie sie um das Baby zu kümmern. Vielleicht mag es das neue Baby nicht, aber mit der Zeit findet es sich damit ab, daß es nun einen Bruder oder eine Schwester hat, und es lernt viele neue Dinge hinzu (siehe Kapitel 36).

13. Drei Jahre

Oft erleben die Eltern gerade um den dritten Geburtstag des Kindes herum mit ihm eine Art zweite Flitterwochen. Trotzen und Widersetzlichkeit scheinen sich auf wundersame Weise in Wohlgefallen aufzulösen. Das zweieinhalb- bis dreijährige Kind wird in vielen Situationen so sanft und umgänglich, daß die Eltern das Gefühl bekommen, daß die Kämpfe der vorangegangenen anderthalb Jahre sich gelohnt haben. Sie können es gar nicht glauben. Sie fühlen sich in die Romanze der Mitte des ersten Jahres zurückversetzt, als das Zusammenleben rosig und wundervoll war. Dieser friedliche Abschnitt leitet vom trotzigen zweiten Jahr zur mittleren Kindheit über, die im Alter zwischen vier und sechs Jahren beginnt. Dann ist es vorbei mit der Ruhe, denn das Kind muß darum ringen, sich in seine Geschlechtsrolle zu finden und seine aggressiven Impulse zu steuern. Doch bis dahin bleiben den Eltern unter Umständen drei wohltuende und entspannte Jahre.

Falls die Familie bestimmte Schwierigkeiten noch nicht bewältigt hat, ist jetzt ein günstiger Zeitpunkt, sich ihnen noch einmal zu stellen und sie anzugehen. Im Kinderkrankenhaus in Boston haben wir eine klinische Abteilung für Kinder mit Störungen, die sich in den ersten drei Lebensjahren zeigten. Nach dieser Zeit sind anscheinend viele Eltern imstande, sich mit hinausgeschobenen Problemen auseinanderzusetzen. Zuvor konnten sie dafür weder den inneren Abstand gewinnen noch die Zeit noch die Kraft aufbringen, weil ihre eigenen und die Lernprozesse des Kindes so rasant abliefen.

Eines der ungelösten Probleme könnte darin bestehen, daß das Kind noch immer nicht *ohne Hilfe durchschläft*. Wie wir in früheren Kapiteln ausgeführt haben, muß das Kind, um acht oder zwölf Stunden durchzuschlafen, mehrere Schlafzyklen durchlaufen und über die Halbschlafphasen hinwegkommen, in denen es nahe am Aufwachen ist. Falls es tatsächlich aufwacht, muß es sich damit abfinden, daß die Eltern nicht bei ihm sind, und mit Ängsten vor „Ungeheuern" und mit Erinnerungen an Konflikte des vergangenen Tages fertigwerden. Dieser Entwicklungsabschnitt mag zwar äußerlich friedvoll verlaufen, aber das Kind hat auch jetzt Konflikte durchzustehen.

Vielleicht leidet es auch nachts unter *Ängsten*. Dem Dreijährigen werden allmählich seine aggressiven Regungen bewußt. Wenn die aggressiven Impulse in ihm aufsteigen, hat es Angst um sich selbst. Nachts spielt es diese Ängste in Phantasien und Träumen durch. Im dritten und vierten Lebensjahr stören Träume aggressiven Inhalts und die sie begleitenden Ängste in den REM-Phasen den Schlaf, falls das Schlafmuster des Kindes noch instabil ist. Steht es unter Streß oder muß es sich einer ungewohnten Situation anpassen, so dringen seine Ängste nachts an die Oberfläche. Bis es gelernt hat, wie es sich dann selbst beruhigen und trösten kann, braucht es möglicherweise längere Zeit (siehe Kapitel 37).

Sobald die Eltern feststellen, daß bei einem Konflikt mit dem Kind keine positive Wendung in Sicht ist, sollten sie sich Gedanken machen, was hier eigentlich geschieht. Um ein positives Selbstbild zu entwikkeln, braucht das Kind Eigenständigkeit. Die Eltern müssen zwar steuernd eingreifen, aber sie sollten dabei auf sein Streben nach Autonomie Rücksicht nehmen. Diese beiden Aufgaben brauchen nicht im Widerspruch zu stehen, falls nicht „Gespenster", das heißt, ungelöste Konflikte aus ihrer eigenen Kindheit, die Eltern verfolgen. Zu einer Lösung im Konflikt mit ihrem Kind finden sie oft erst, wenn sie sich mit diesen „Altlasten" auseinandersetzen.

Mahlzeiten

Mit drei Jahren ist das Kind reif genug, daß es im allgemeinen nur dann ißt, wenn auch die Eltern essen. Jetzt können die Mahlzeiten für die Familie zum Gemeinschaftserlebnis werden. Das Kind braucht zwischendurch nichts zu essen, auch keine Süßigkeiten oder anderes „Junk food". Es sollte sich auf die Gespräche und die vergnügte Atmosphäre bei den Mahlzeiten freuen können. Es ist wichtig, daß die Eltern seinen Tagesablauf entsprechend einrichten. Wenn alle etwas früher aufstehen, können sie entspannt zusammen frühstücken; ebenso können alle zusammen zu Abend essen, wenn zuvor eine kleine Zwischenmahlzeit dem Kind über die Runden geholfen hat. Die Eltern können dem Kind erklären: „In unserem Haus kochen und essen wir alle gemeinsam. Wir helfen alle zusammen, und wir sind stolz darauf, wie wir unsere Mahlzeiten gestalten."

Ein Kind, das beim Essen sehr wählerisch ist, muß nicht allzuviel zu sich nehmen: Es genügt ein halber Liter Milch, 60 Gramm Protein, etwas Vollkornbrot oder Müsli, etwas Obst und ein Multivitaminpräparat. Letzteres braucht das Kind nur, wenn es wenig ißt.* Auch bei der Ernährung des Kindes sollten die Eltern vor „Gespenstern" aus ihrer eigenen Kindheit auf der Hut sein. Eine solche quälende Erinnerung könnte zum Beispiel sein, daß die Mutter seinerzeit das Kind zwei Stunden lang am Eßtisch sitzen ließ, um dann die Reste zornig wegzuräumen und ihm später noch einmal aufzutischen. Verzweiflung und Erniedrigung von damals steigen in den Eltern wieder auf, wenn sich nun ihr eigenes Kind weigert zu essen. Wenn sie dies erkennen, werden sie ihr Kind nicht demselben Zwang aussetzen. Um nicht in solche überkommenen Verhaltensmuster zu fallen, sollten sie sich selbst und dem Kind Regeln vorgeben:

Regeln für das Kind

Keine Zwischenmahlzeiten (falls sie nicht dazu dienen, die Zeit bis zu einem späten Abendessen zu überbrücken).

Hat das Kind den Tisch einmal verlassen, kann es sich die Sache nicht noch einmal anders überlegen. Es muß nicht auf seinem Stuhl sitzen bleiben, aber sobald es aufsteht, ist damit die Mahlzeit beendet.

Regeln für die Eltern

Versuchen Sie, dem Kind mit Ihren Tischmanieren ein Vorbild zu geben, ohne deshalb aber an ihm herumzunörgeln.

Versuchen Sie nicht, ihm etwas aufzuschwatzen, und bitten Sie es nicht, Ihnen zuliebe etwas zu essen.

Kochen Sie keine besonderen Speisen für das Kind – wenn es sie dann nicht essen mag, sind Sie nur enttäuscht.

Falls der Eßtisch nicht zum Schlachtfeld der Familie geworden ist, fängt das dreijährige Kind an, sein Verhalten nach dem der anderen auszurichten. Es ißt, was alle anderen auch essen. Es übernimmt sogar einige Tischmanieren. Die Eltern haben keine Probleme zu befürchten, falls es ihnen gelingt, die Mahlzeiten in vergnügter und angenehmer Atmosphäre verlaufen zu lassen. Das ist nicht leicht zu erreichen, wenn sie berufstätig sind, ihre Tagesabläufe aufeinander abstimmen

müssen und unter Zeitdruck stehen. Doch eine oder zwei gemeinsame Mahlzeiten sind um so wichtiger, je mehr äußeren Zwängen die Familie ausgesetzt ist.

Solche Zwänge sind gerade auch ein Grund, das Kind zum Mithelfen anzuhalten. Die Eltern sollten ihm nicht jeden Handgriff abnehmen. Wenn es den Tisch deckt und abräumt oder einfache Speisen zubereitet, hat es wertvolle Übungsfelder. Allerdings müssen die Eltern, um es anzuleiten, vielleicht noch immer doppelt soviel Zeit aufwenden, wie wenn sie alles selber machen. Um seine Mithilfe sollten sie weder betteln noch es dazu überreden. Statt dessen können sie ganz selbstverständlich voraussetzen, daß es täglich mithelfen wird, und es dabei anleiten und ermuntern. Es sollte dafür auch belohnt werden. Ihr gesamter Zeit- und Kraftaufwand zahlt sich auf lange Sicht mit Sicherheit aus.

Manche Eltern sorgen sich, ihr Kind könnte von Gleichaltrigen verspottet werden, weil sie ihm die üblichen Süßigkeiten und Limonaden vorenthalten. Sie sollten ihm erklären, daß die anderen Familien eben „anders sind als wir". Wenn die Leute von nebenan oder die Großeltern glauben, sie täten dem Kind mit Keksen, Schokolade oder

Fast food etwas besonders Gutes, sollten die Eltern ganz offen mit ihnen reden und ihnen erklären, wie sie dem Kind vernünftige und regelmäßige Ernährungsgewohnheiten beizubringen versuchen. Zeigen sich die Ermahnten nicht einsichtig, dann wissen die Eltern wenigstens, daß sie sich nach anderen Verbündeten umschauen müssen. Auch Betreuerinnen des Kindes sollten stets wissen, wie die Eltern in diesem Punkt denken.

Sauberkeitstraining

Das Kind glaubt, es sei eigentlich schon immer sauber gewesen, zumindest tagsüber. Wenn einem Dreijährigen ein Malheur passiert, bedeutet das einen schweren Schlag für ihn. Ein solcher Rückschritt im Sauberkeitstraining hängt stets mit einem bestimmten Ereignis zusammen, zum Beispiel mit der längeren Abwesenheit von Vater oder Mutter oder mit der Geburt eines neuen Babys. Die Eltern müssen dem Kind helfen, das Mißgeschick zu verarbeiten. Sonst wird es nicht damit fertig und hat mit Schuldgefühlen zu kämpfen. Falls es die Gründe für seinen Ausrutscher nicht begreift, nimmt es ihn so schwer, daß ihm dasselbe immer wieder passiert. Das geschieht auch dann, wenn die Eltern zuviel Druck auf das Kind ausüben oder wenn es einfach noch gar nicht reif dafür ist, sauber zu bleiben. Die Eltern dürfen ihm nicht das Gefühl des Versagens vermitteln. Wenn sie ihm wieder Windeln anziehen, sollte das nicht wie eine Strafe wirken, sondern wie ein Mittel, ihm die Angst vor einem Malheur zu nehmen. Wenn es seine Ausscheidungen wieder besser in der Gewalt hat, sollten sie betonen, wieviel es aus eigener Kraft schon erreicht hat, und ihm erklären, wie stolz sie auf seine Leistung sind.

Sobald das Kind sich zutraut, seine Ausscheidungsfunktionen zu beherrschen, ist es reif für Höschenwindeln. Das Vorteilhafte daran ist, daß das Kind sie ohne Mühe selbst herunterlassen kann. Sie ihm zu früh zu geben kann allerdings sämtliche Fortschritte zunichte machen. Falls das Kind durch die Höschenwindeln hindurch auf den Boden näßt, war es eigentlich noch nicht bereit dafür und wird nun das Gefühl haben, es hätte versagt. Vermutlich resigniert es und fängt wieder an, groß und klein in die Windeln zu machen. Ich rate Ihnen, stets einen Schritt hinter dem Kind zu bleiben. Wenn Sie dagegen seine

Entwicklung forcieren wollen und immer schon beim nächsten Schritt sind, fühlt es sich unter Druck gesetzt.

Das Sauberkeitstraining kann sich also um einiges länger hinziehen, als die Eltern sich das vorgestellt hatten. Dies kann für sie der Auftakt zu einem tieferen Verständnis dafür sein, daß ihr Kind sein ganz eigenes Entwicklungstempo hat. Ich kann ihnen auch helfen, bestimmten Störungen wie nächtlichem Einnässen (Enuresis) und Verstopfung vorzubeugen. Das Kind wird sie wissen lassen, wenn es nachts keine Windeln mehr anhaben möchte. Zunächst wird es während des Mittagsschlafs und in den ersten Stunden des Nachtschlafs trocken bleiben. Die Eltern müssen abwarten, bis sie sicher sind, daß das Kind wirklich reif genug ist. Sie werden das daran feststellen können, daß es, wenn es tagsüber zur Toilette muß, das Wasser eine Weile halten kann. Sie müssen auf das Signal des Kindes warten, daß es nachts trocken bleiben will, und sich von ihm leiten lassen.

Irgendwann regt sich im Kind der Wunsch, „groß" zu werden. Es will genauso wie alle anderen sein. Den meisten Kindern liegt im vierten Lebensjahr viel daran, nachts nicht mehr einzunässen. Im Kindergarten setzen schon die Dreijährigen einander unter Druck: „Hast du nachts immer noch Windeln an? Ich nicht. Das hab' ich nicht mehr nötig!" Die anderen werden rot und sagen: „Ich auch nicht", selbst wenn sie noch einnässen. Diese Art Gruppendruck setzt schon früh ein. Die Eltern tun dem Kind keinen Gefallen, wenn sie in die gleiche Kerbe hauen.

Sie haben, ganz gleich, wie oft ich sie in diesem Punkt zu beruhigen versuche, stets das Schreckbild vor sich, ihr Kind werde womöglich nie ohne Windeln auskommen. Sie sind sich eben nie ganz sicher, daß es den nächsten Entwicklungsschritt auch wirklich bewältigen wird. Sind sie sich in einer derart heiklen Angelegenheit wie dem Bettnässen ihrer Ängste nicht bewußt, so beschwören sie durch ihre Überfürsorglichkeit Konflikte herauf. Die Blase eines Jungen in diesem Alter ist manchmal noch unreif (bei Mädchen ist dies anscheinend seltener der Fall). Deshalb lernt er nur sehr langsam, nachts acht Stunden lang das Wasser zu halten. Es kann durchaus vorkommen, daß seine Blase erst mit sechs oder acht Jahren reif dafür ist. Andere Kinder schlafen so fest, daß sie nicht wach werden, wenn sie Wasser lassen müssen. Auch auf solche unreifen Schlafrhythmen sollten die Eltern Rücksicht nehmen. Wenn Eltern und Gleichaltrige ein bettnässendes Kind unter Druck setzen, bekommt es nur noch mehr Schuldgefühle. Die Eltern sollten beruhigend auf es einwirken, damit sein Selbstwertgefühl nicht zu sehr leidet. Sie sollten ihm nur dann Tips geben, wenn es sie darum bittet: „Jedesmal wenn du tagsüber mußt, kannst du versuchen, es ein bißchen länger zurückzuhalten als beim letzten Mal." Auf diese Weise „schult" das Kind ganz bewußt seine Blase. Doch die Eltern müssen vorsichtig sein, wenn sie dem Kind solche Hinweise geben, damit es nicht meint, es hätte in ihren Augen versagt. Der Schritt muß ihm aus eigener Kraft gelingen, sonst kommt es sich unfähig vor.

Wenn ein Junge mit besonderen Schwierigkeiten zu kämpfen hat, empfehle ich den Eltern, folgendermaßen vorzugehen: Sobald er Interesse daran erkennen läßt, können Sie ihm anbieten, einen Nachttopf neben sein Bett zu stellen. Denn selbst wenn die Toilette vielleicht nur wenige Schritte entfernt ist, muß er sich erst einmal aufraffen, dorthin zu gehen. Wenn Sie ihm eigens einen Nachttopf hinstellen, zeigen Sie damit, daß Sie ihm helfen wollen. Vielleicht hat er Lust, den Topf nach seinem Geschmack mit Leuchtfarbe anzumalen. Schlagen Sie ihm auch vor, daß Sie ihn noch einmal aufwecken, bevor Sie selbst zu Bett gehen. Wenn er das wirklich möchte, wird er in diesem Moment auch wach werden. Andernfalls hat es keinen Sinn. Ihn zur Toilette zu tragen, damit er seine Blase entleert, nützt nichts. Denn eigentlich wollen Sie ihm ja beibringen, nachts *von sich aus aufzuwachen*. Wenn er reif dafür ist, spürt er im Halbschlaf, daß die Blase voll ist, steht auf und geht zur Toilette. Auch am Morgen wird dies das erste sein, was er tut. Lassen Sie nachts auf keinen Fall die Windeln weg, bevor er nicht mühelos ohne sie zurechtkommt. Denn wenn er einige Nächte hintereinander ins Bett macht, wird seine Motivation untergraben. Von einem bestimmten Zeitpunkt an liegt dem Jungen sehr viel daran, nicht mehr einzunässen. Passiert es dann trotzdem, empfindet er das als einen schrecklichen Fehlschlag.

Eine weitere mögliche Komplikation besteht darin, daß das Kind den Stuhl verhält. Es ist, wie ich in früheren Kapiteln bereits erwähnt habe, ganz natürlich, daß ein Kind in einen Zwiespalt gerät, wenn es seine Ausscheidungen der Toilette überantworten soll. Warum das eine Kind damit Schwierigkeiten hat und das andere nicht, habe ich nie recht begriffen, doch sollten wir solche inneren Konflikte lieber respektieren. War der Stuhlgang einmal schmerzhaft, hat das Kind Angst, daß sich das wiederholen könnte. Rasch kommt ein Teufelskreis in Gang, bei dem der Stuhl infolge des Zurückhaltens massig und hart wird und das Ausscheiden tatsächlich jedesmal weh tut. Durch die Furcht vor den Schmerzen, die dem Kind durchaus bewußt ist, wächst seine unbewußte Neigung, den Stuhl zu verhalten. Wenn dieser Teufelskreis einmal erkannt ist, muß er so schnell wie möglich durchbrochen werden. Die Eltern sollten sich an dem orientieren, was ich im letzten Kapitel zu Gleitmitteln, die den Darminhalt weicher machen, zu ballaststoffreicher Kost und zur Verwendung von Vaseline bei einem wunden After empfohlen habe. Sie sollten dem Kind versichern, daß diese Maßnahmen dafür sorgen werden, daß der Stuhlgang nicht mehr weh tut. Indem sie offen über diese Dinge reden, wirken sie sowohl den bewußten als auch den unbewußten Ängsten des Kindes entgegen. Am besten lassen sie den Stuhl in der Toilette, bis es das Interesse daran verloren hat. Vielleicht will es, um sich zu entlasten, lieber wieder Windeln anziehen; die Eltern können ihm diese zum Mittagsschlaf und zur Nacht anbieten. Wie gesagt treten solche Schwierigkeiten eher bei Jungen als bei Mädchen auf, ohne daß wir die Gründe dafür angeben könnten (siehe Kapitel 42).

Ängste und Phobien

Während das Kind sich seine Welt erschließt, treten neue Ängste und Phobien auf. Mögliche Angstauslöser sind zum Beispiel die Sirenen von Feuerwehrautos, bellende Hunde, fremde Orte oder die Arztpraxis. Diese Ängste können durchaus reale Gründe haben, und die Eltern müssen dem Kind helfen, indem sie Verständnis zeigen und es auf furchteinflößende Situationen vorbereiten. Sie sollten sich aber keine allzu großen Hoffnungen machen, daß die Ängste dadurch verschwinden. Diese Ängste weisen möglicherweise auf schwerere Probleme hin, an denen sich das Kind abmüht.

So machen ihm vielleicht die Babys in der Nachbarschaft Angst, und es macht einen großen Bogen um das Haus nebenan, weil dort ein Neugeborenes ist. Seine kleine Schwester ist schon neun Monate alt, und die Eltern können sich keinen Reim darauf machen, daß es mit einemmal so durcheinander ist. Sie denken, es müsse eigentlich mittlerweile an die Schwester „gewöhnt" sein. Doch ein Kind gewöhnt sich nie ganz an das Nächstgeborene. In jedem Entwicklungsstadium

wird die Rivalität wieder von neuem aufbrechen. Wenn die Schwester also mit neun Monaten mobiler wird und die Aufmerksamkeit und Bewunderung der Eltern verstärkt auf sich zieht, fühlt sich das ältere Kind von neuem zurückgesetzt. In die Angst des dreijährigen Kindes vor Neugeborenen spielt auch hinein, daß es seine aggressiven Regungen zu bezwingen versucht. Es unternimmt immer größere Anstrengungen, sich im Zaum zu halten. Doch hat dies seinen Preis. Seine Bemühungen, unerwünschte Gefühlsregungen zu beherrschen, lassen Ängste, Phobien und Alpträume aufsteigen.

Die Eltern können mit dem Kind über solche Gefühle sprechen und es auf die Ängste vorbereiten, die zum Beispiel Feuerwehrautos oder Hundegebell in ihm auslösen. Es muß auch lernen, seine Gefühle und Aggressionen auf ungefährliche Weise zu äußern. Ich empfehle den Eltern folgendes: Zum einen kann sich das Kind daran orientieren, wie Sie selbst Ihre Aggressionen zum Ausdruck bringen. Nehmen Sie es mit, wenn Sie joggen oder Wettkampfsport treiben. Zum anderen sollten Sie mit ihm darüber sprechen, wie es gefährliche Impulse am besten zu beherrschen lernt. Vielleicht versteht das Kind Sie nicht ganz, doch ein Gespräch mit Ihnen wird es als tröstlich empfinden. Wenn sich dann Aggressionen in ihm regen, wird es sie eher in Worte fassen können und sich mit seinen Fragen an Sie wenden.

In dieser Phase ist es wichtiger denn je, den Fernsehkonsum des Kindes einzuschränken. Wenn es Sendungen anschaut, die Angst auslösen könnten, müssen die Eltern neben ihm sitzen. Das Maximum sollte eine Stunde pro Tag sein. Die Hälfte der Zeit sollten die Eltern gemeinsam mit ihm fernsehen und sich danach mit ihm über die Sendungen unterhalten. Diese Gespräche beruhigen das Kind nicht nur, sondern es erkennt dabei auch, welche Moralvorstellungen Sie vertreten.

Phantasie

Dies ist das Alter, in dem die Vorstellungskraft des Kindes erwacht. Es nimmt die anderen auf neue Weise wahr. Es beobachtet sie nicht nur, sondern malt sich ganze Geschichten mit ihnen aus. Was es dabei lernt, fließt in sein Phantasiespiel ein. Im zweiten Jahr setzte bereits das symbolische Spiel ein (in dem das Kind mit Spielsachen und Puppen Ereignisse und zwischenmenschliche Beziehungen darstellte). Jetzt kann es Menschen wie Symbole behandeln und sich imaginäre Gestalten ausdenken.

Viele erstgeborene Kinder haben in diesem Alter imaginäre Freunde. Der imaginäre Freund kann zaubern. Er kann alle die bösen Dinge tun und alle die schönen Dinge erleben, von denen das dreijährige Kind nur träumt. Es spricht vom imaginären Freund, als sei er wirklich vorhanden. Die Eltern, die daran gewöhnt sind, dem Kind das Wichtigste zu sein, sind vielleicht sogar eifersüchtig auf diesen geliebten Gefährten und machen sich Sorgen, das Kind könnte den Bezug zur Realität verlieren. Doch ihre Sorgen sind unbegründet. Vor allem erstgeborene Kinder neigen dazu, sich einen Freund zu erfinden. Auf ihn können sie sich verlassen. Das zweite oder dritte Kind wird sich kaum einen imaginären Freund ausdenken, weil es ältere Geschwister hat. Für das erste Kind erfüllt der imaginäre Freund vielfältige Funktionen. Er kann alles erleben, was es sich in seiner Phantasie ausmalt.

Die Erwachsenen müssen Verständnis dafür haben, daß das Kind sich solche ganz eigenen Phantasien macht. Sie sind kostbar. Wenn die Eltern Fragen zu dem imaginären Freund stellen, stören sie diese private Phantasiewelt, weil sie sie an der Realität messen. Imaginäre Freunde verflüchtigen sich, wenn die Erwachsenen über sie reden. Nachdem das Kind einmal von seinem Gefährten gesprochen hat, erwähnt es ihn vielleicht nie wieder. Entweder behält es sein Geheimnis nun für sich, oder der Zauber ist verflogen. Als ich einmal meinen Enkel fragte, wie sein „Freund" aussehe, spottete er: „Opa! Er ist doch reine Phantasie!" Ralph Waldo Emerson hat gesagt: „Habe Achtung vor dem Kind… Dring nicht in seine Einsamkeit vor."[15]

An der überschäumenden Phantasie des Kindes fallen zwei neue Merkmale auf. Sein Sinn für Humor entfaltet sich, und es beginnt, sich in andere einzufühlen. Wenn ein Baby schreit, will das Kind zu ihm hineilen. Wenn andere Kinder sich weh tun, paßt es genau auf, wie sie mit dem Schmerz umgehen, und zeigt vielleicht sogar Mitleid. Nach diesen beiden Merkmalen halte ich Ausschau, wenn ich beurteilen will, ob ein Kind dieses Alters geistig flexibel ist und über ein gutes Selbstbild verfügt.

Woher kommen diese neuen Persönlichkeitsmerkmale? Sie stammen aus den vielen Quellen, über die wir bereits gesprochen haben: Das Kind identifiziert sich mit den Eltern und mit anderen Menschen in seinem Leben und beobachtet sorgfältig, wie diese in entsprechenden Situationen reagieren; ihm werden auch immer komplexere innere Regungen bewußt, zum Beispiel Aggressionen und der Drang, über die Stränge zu schlagen. Doch die stärkste Quelle für Humor, Einfühlungsvermögen und Mitgefühl ist die Einbildungskraft des Kindes, die ihm mannigfache Erfahrungen eröffnet.

Beziehungen zu Gleichaltrigen

Im dritten und vierten Lebensjahr werden die Erfahrungen des Kindes mit Gleichaltrigen immer wichtiger und unentbehrlicher. Es kann sich nicht nur Verhaltensweisen von ihnen abschauen, sondern auch ge-

---

[15] „Education", in: *Lectures and Biographical Sketches*, Boston und New York: Houghton, Mifflin and Co., 1904, Vol. X, S. 143. A.d.Ü.

fahrlos erproben, wie sein eigenes Verhalten bei ihnen ankommt. Alle Dreijährigen piesacken einander. Sie treiben die anderen Kinder an Grenzen, die sie selbst nicht auszutesten wagen. Sie ärgern einander. Sie bringen einander zum Weinen. Sie können es nicht abwarten, bis sie sich wieder begegnen. Wenn sie sich umarmen, umklammern sie einander ungestüm mit Armen und Beinen. Sie lernen voneinander, ihre neuen und komplexen Gefühlsregungen so auszudrücken, daß sie anderen damit nicht schaden. Freundschaften werden wichtig, und Rivalität gehört unbedingt zu ihnen dazu. Wenn sich ein dreijähriges Kind mit einer Freundin gut versteht, weist es ihr alle möglichen Rollen zu – einmal ist sie Rivalin, dann wieder ein Baby, das zu bemuttern ist, oder auch die Mutter oder der Vater. Bei diesem spielerischen Lernen erwacht bald auch die sexuelle Neugier. Die meisten Dreijährigen spielen irgendeine Art „Doktorspiel". So erkunden sie auf harmlose Weise den Körper der anderen.

Durch dieses spielerische Erkunden und Begreifen der anderen lernt das Kind sich selbst besser kennen. Wenn es in diesem Alter noch nicht beginnt, Freundschaften zu schließen, stimmt vermutlich irgend etwas nicht. Falls die anderen Kinder es nicht mögen, sollten die Eltern dieses Signal ernst nehmen. Kinder spüren, ob ein anderes Kind nicht mit sich zurechtkommt, und halten sich von ihm fern. Ein ängstliches oder zorniges Kind bedroht das Gleichgewicht, zu dem sie im Ringen mit ihren eigenen Ängsten und Aggressionen gefunden haben. Wenn sie ein gleichaltriges Kind meiden, geschieht das nicht von ungefähr.

Manchmal können die Eltern ihrem Kind seine ersten Gruppenerfahrungen erleichtern. Hat es noch keinerlei Erfahrung mit Gleichaltrigen, sollten sie es zunächst nur mit einem einzigen Mitglied einer Gruppe zusammenbringen, das ihm vom Wesen her ähnlich ist. Das zu arrangieren erfordert möglicherweise einige Anstrengung. Sie können dann mit den beiden Ausflüge machen, damit sie einander kennenlernen. Sobald ihr Kind sein Verhalten besser zu steuern vermag und sich mit dem einen Gruppenmitglied gut versteht, kann es sich mit dessen Hilfe der Gruppe anschließen.

Falls das Kind nicht gern mit anderen teilt, können die Eltern ihm erklären, daß eigentlich kein Kind gerne teilt, und ihm Tips geben. Sie können ihm anbieten, daß es ein oder zwei seiner liebsten Spielsachen mitnimmt, an die es die anderen nicht heranlassen muß. Sein übriges Spielzeug soll es aber mit ihnen teilen. Wenn es sich auch nur ein wenig auf das Teilen einläßt, sollten die Eltern das anerkennen. Das Teilenlernen gehört zum Schwersten im Leben.

Wenn das Kind freiwillig zu teilen beginnt, bedeutet das, daß sich sein Einfühlungsvermögen entfaltet. Natürlich haben die Eltern ihm immer wieder gesagt: „Du mußt lernen zu teilen." Doch ganz unvermittelt sind ihre Ermahnungen nicht mehr nötig. „Willst du von meinem Keks abbeißen?" Das Kind beobachtet das Gesicht des Freundes, um zu sehen, ob seine neue Großherzigkeit sich auch lohnt. Es weiß, daß es einen Freund will und braucht. Dies ist das erste Aufblitzen einer sehr wichtigen kognitiven Fähigkeit, des altruistischen oder uneigennützigen Denkens.

Ausblick

Die Eltern eines dreijährigen Kindes können überzeugt sein, daß die nächsten drei Jahre eine Periode intensiver Entwicklung sein werden. Diese stürmischen Lernprozesse sind nach meiner Erfahrung ein Vorgeschmack auf den Aufruhr des Jugendalters. Das vier- oder fünfjährige Kind hat eine bestimmte charakteristische Art, in der es sich mit Sexualität und Aggression auseinandersetzt und die später wahrscheinlich wiederzuerkennen ist. Für manche Eltern sind das beängstigende Aussichten: „Ich wollte, Sie hätten mir das nicht gesagt." Doch wenn sie vor allem die großen Entwicklungsfortschritte des Kindes im Auge haben, wird es ihnen Freude machen, sie mitzuverfolgen und ihren Beitrag dazu zu leisten. Sie haben wundervolle Erfahrungen vor sich, wenn es ihnen gelingt, sich von dem Herumprobieren, dem inneren Aufruhr und dem Widerstand des Kindes nicht kränken zu lassen.

Die Aneignung der Geschlechtsidentität. Was bedeutet es für das Kind, in diese Entwicklungsphase einzutreten? Es muß lernen, sicherer und reifer mit starken Gefühlsregungen umzugehen als im Kleinkindalter. Es muß lernen, wie es den Eltern nachstreben kann. Es muß erspüren, was in ihnen vorgeht, damit es ihnen ähnlich und doch anders als sie werden kann. Wie bringt es das fertig? Es lehnt sich einmal an den Vater, dann wieder an die Mutter an. Es konzentriert sich also eine Zeitlang mit seiner ganzen Begeisterung allein auf den Vater und eifert ihm nach, während es die Mutter ignoriert; dann orientiert es sich wiederum ausschließlich an ihr. Bei genauem Hinsehen sind in der Art des Kindes zu gehen, in seinem Sprechrhythmus, seinen Vorlieben beim Essen und in vielen anderen Details kleine Eigenarten des Vaters oder der Mutter wiederzuerkennen. Doch bald schwenkt es wieder völlig um und tut so, als sei die Mutter gar nicht mehr vorhanden, so daß jetzt nur der Vater in seiner Gunst steht. Er ist ihm in allem der Liebste, und alles, was die Mutter tut, gilt dem Kind nichts mehr. Es ignoriert sie, um jede Geste und jedes Wort des Vaters begierig in sich aufzunehmen. Warum muß das Kind die Eltern abwechselnd bevorzugen? Mir erscheint sein Vorgehen ökonomisch. Um die Eigenschaften von Vater oder Mutter in sich aufnehmen zu können, muß es seine Aufmerksamkeit bündeln. Wollte es sich auf beide zugleich konzentrieren, würde es sich verzetteln, und es müßte mehr Energie aufwenden. Die Phasen, in denen das Kind sich dem gegengeschlechtlichen Elternteil zuwendet, hat Freud „ödipal" genannt. Im Jugendalter fallen sie sogar noch intensiver aus. Dieser erste „Probelauf" bereitet das Kind – und die Eltern – auf das spätere Ringen um seine Geschlechtsidentität vor.

Natürlich empfinden die Eltern solche Sympathieverschiebungen oft als schrecklich kränkend. „Wenn ich heimkam, hat sie immer auf mich gewartet", sagt der Vater wehmütig zu mir. „Sie war so fröhlich und lustig, wenn ich kam. Jetzt wendet sie sich von mir ab. Es ist albern, aber ich fühle mich zurückgestoßen." Wenn die Eltern verstehen, was vor sich geht, und diese leidenschaftlichen Umschwünge geduldig hinnehmen, sind sie nicht so verletzt. Ich ermuntere sie: Geben Sie nicht auf. Das Kind kommt zurück zu Ihnen. Geben Sie acht, daß das Kind sich nicht seinerseits von Ihnen zurückgewiesen fühlt. Nehmen Sie das Schwinden seines Interesses an Ihnen nicht allzu persönlich. In einem ruhigen Moment können Sie sagen: „Ich möchte, daß wir eine Zeit für uns allein haben." Lesen Sie ihm abends etwas vor, oder reservieren Sie am Wochenende eine bestimmte Zeit dafür, mit dem Kind eine Weile wegzugehen. Erwarten Sie nicht zu viel. Doch auf diesem Weg können Sie Ihre Beziehung zu ihm festigen, während es sich auf seine Weise bemüht, beide Eltern umfassend kennenzulernen. Nach einigen Monaten tritt ein neuer Sympathieumschwung ein. Steht dann der Vater für das Kind im Mittelpunkt, kann er die Mutter stützen und mit ihr darüber sprechen, wie er selbst sich zuvor zurückgewiesen fühlte.

Manchmal ist es gar nicht so angenehm, vom Kind bevorzugt zu werden. Der Vater fühlt sich vielleicht unbehaglich, wenn seine kleine Tochter sich kokett und verführerisch gibt. Doch kann er sich daran freuen, wenn er darin die ganz normalen Versuche der Tochter erkennt, sich mit der Mutter zu identifizieren. Möglicherweise kokettiert sie nicht mit dem Vater, sondern nur mit anderen Männern. Sie neckt ihn damit und verbirgt ihre intensive Zuneigung zu ihm, anstatt sie direkt zu zeigen.

Aggressive Regungen. Das Bändigen von Wut und Aggression ist in dieser Phase die schwierigere Aufgabe für das Kind, doch dringt davon recht wenig nach außen. Um sein Ziel zu erreichen, wird es geraume Zeit brauchen und die verschiedensten Taktiken erproben. Um herauszubekommen, welche Verhaltensweisen akzeptabel sind und welche nicht, reizt es zum Beispiel die Eltern so lange, bis sie eine Reaktion zeigen. Oder seine Wutanfälle leben wieder auf. Vielleicht wird es auch mißmutig und unberechenbar. Oder es ist allzu lieb und gefügig; dies würde mich am meisten beunruhigen. Ich sehe es lieber, wenn das Kind in diesem Alter wütend wird und die Eltern reizt und provoziert. Wenn es seinen inneren Aufruhr nach außen trägt, lernt es dadurch mehr. Dagegen tut es sich keinen Gefallen, wenn es nur eifrig darauf bedacht ist, alle anderen zufriedenzustellen. Es wird dafür ihre Geduld später auf die Probe stellen müssen (siehe Kapitel 19).

Angewohnheiten. Viele „Symptome" wie Stottern, Lügen, Stehlen und Masturbieren werden in den kommenden Jahren vermehrt auftreten. Ich betrachte alle diese Verhaltensweisen als Erkundungsversuche des Kindes. Es macht die Symptome durch, um sie dann hinter sich zu lassen und etwas Neues auszuprobieren. Falls die Eltern einmal selbst mit solchen Symptomen zu kämpfen hatten, neigen sie zu Überreaktionen, und die Symptome schlagen in Unarten um. Wenn die Eltern sich zu viele Gedanken machen, drängen sie das Kind entweder dazu, die Symptome zu unterdrücken, oder sind sorgsam bemüht, sie zu ignorieren. In jedem Fall spürt das Kind ihre Anspannung und reagiert darauf, indem es das Symptom wiederholt, das sich dann wahrscheinlich zu einer Angewohnheit verfestigt.

In einem solchen Fall rate ich den Eltern folgendes: Setzen Sie sich mit dem Kind zusammen hin, um mit ihm über das Problem zu sprechen. Betonen Sie, daß Sie eigentlich gar nicht so barsch reagieren

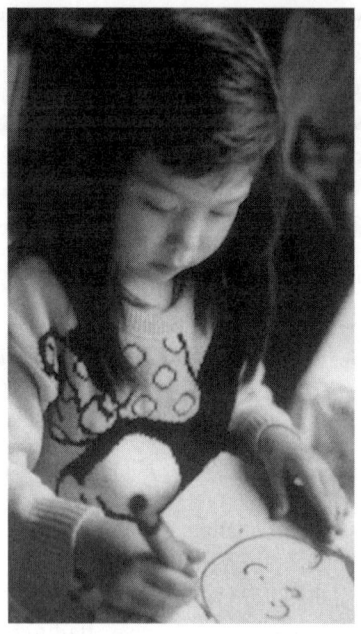

wollten. Erklären Sie dem Kind, daß Sie es nicht für „böse" halten und daß es das Problem sicher bewältigen wird, wenn es älter ist. Es sollte unbedingt spüren, daß Sie viel von ihm halten und ihm zutrauen, das Problem von sich aus zu lösen. Halten Sie sich zurück, und helfen Sie ihm nur, wenn es das auch möchte. Das dreijährige Kind muß immer wieder spüren, daß Sie es gern haben, so wie es ist, und daß Sie für seine Eigenarten Verständnis haben (siehe Kapitel 24).

Kognitive Entwicklung. Viele Eltern von dreijährigen oder jüngeren Kindern fragen sich heutzutage, ob sie ihnen nicht schon Lesen und Schreiben beibringen sollen. Ich rate ihnen, abzuwarten, bis das Kind danach verlangt. Oft wird ein Kind zu früh mit Buchstaben und Zahlen konfrontiert. Entscheidend ist für mich nicht, zu welchem Zeitpunkt das Kind anfängt, sich damit zu beschäftigen, sondern ob es das aus eigenem Antrieb tut. Achten Sie unbedingt darauf, daß die Initiative dazu vom Kind selber kommt. Ein nachgiebiges Kind läßt sich nur allzu leicht dazu drängen. Doch der Schaden ist dann größer als der Nutzen, wie wir seit einiger Zeit wissen.

In den sechziger Jahren ging der Trend dahin, früh mit der Unterweisung zu beginnen. Dafür machte sich vor allem Dr. O. K. Moore stark, ein Professor an der Yale University. Er war der Auffassung, daß Kinder, die früh lesen und schreiben lernten, bei Schuleintritt konkurrenzfähiger sein würden. Damit hatte er recht. Dreijährige lernten, um den Erwachsenen eine Freude zu machen, lesen und schreiben. Sie schienen zwar nicht zu verstehen, was sie lasen, aber sie konnten lesen. Wenn sie dann in die erste Grundschulklasse kamen, waren sie den anderen Kindern voraus und bekamen von den Erwachsenen die gewohnte Anerkennung. Allerdings mochten die anderen Kinder sie nicht besonders, und viele dieser „frühreifen" Kinder hatten nicht gelernt, sich mit Gleichaltrigen zu vertragen. Sie waren auf Erwachsene fixiert.

In der zweiten und dritten Klasse gingen ihre Leistungen zurück. Das Auswendiglernen, auf das sie sich bis dahin gestützt hatten, taugte nicht für die komplexeren Aufgaben, die sie nun zu bewältigen hatten. Sie schienen über ihre primitiven Lernmethoden nicht hinauszukommen. Da sie nicht mehr Klassenbeste waren, büßten sie die Anerkennung der Erwachsenen ein, für die sie ihre Leistungen erbracht hatten. Diese bedauernswerten Kinder waren bald die Letzten der Klasse. Sie waren nicht mehr die Stars; die anderen Kinder mieden sie; die Erwachsenen waren enttäuscht und ließen sie mit ihrem Kummer allein. Obwohl später noch mehrfach nachgewiesen wurde, daß verfrühtes Lernen einen hohen Preis hat, sind auch heute viele Eltern erpicht darauf, ihren Sprößling mit einem „Vorsprung" ins Rennen zu schicken. Die Flut der Bücher und Lernprogramme vom Schlag „Ihr Baby lernt lesen" nimmt kein Ende. Lassen Sie die Finger davon.

Das Kind, das *für sich selbst* und nicht andern zuliebe lernt, kommt am schnellsten vorwärts. Seine Lernmethode ist das Spiel. Im spielerischen Lernen probiert es verschiedene Strategien aus, um festzustellen, welche *für seine Zwecke* die beste ist. Wenn ihm etwas nicht gelingt, ist es enttäuscht. Die Frustration treibt es dazu, weiterzuforschen. Wenn es schließlich erreicht, was es im Sinn hatte, fühlt es sich fabelhaft: Ich habe es *selbst* gekonnt! Dies ist der denkbar stärkste Ansporn für das Kind, sich weiteren Herausforderungen zu stellen. Ehrgeizige Eltern müssen lernen, sich im Hintergrund zu halten und dem Kind dabei zuzuschauen, wie es seine eigenen Erfahrungen macht. Das mag ihnen schwerfallen, doch es gibt dazu keine sinnvolle Alternative. Ihre Aufgabe besteht darin, das Kind zwar gebührend zu bewundern und zu loben, es aber nicht anzutreiben.

Bei der Wahl eines Kindergartens können die Eltern nach denselben Prinzipien vorgehen. Das Spiel ist für das Kind der Schlüssel zu den wichtigsten Lernerfahrungen dieses Alters: Es lernt dabei, mit anderen Kindern und mit Erwachsenen umzugehen und sich als soziales Wesen zu begreifen. Es steht vor gewaltigen Aufgaben: Es muß (1) in seine Kultur hineinwachsen, (2) Erfahrungen mit Aggressionen sammeln und (3) lernen, sich in die anderen einzufühlen. Dies sind emotionale und keine geistigen Aufgaben. Ich würde bei der Wahl eines Kindergartens vor allem auf die Personen achten, die ihn leiten und die

die Kinder betreuen, und weniger auf den angebotenen Lernstoff. Wenn die Kinder unter Leistungs- und Lerndruck gesetzt werden, haben sie zu wenig Zeit, sich selbst kennenzulernen. Die Eltern sollten den Kindergarten besichtigen und selbst nachprüfen, wieviel Zeit die Kinder haben, um ohne Anleitung zu spielen und sich als menschliche Wesen zu erkunden. Im Vorschulalter sind vor allem solche Erfahrungen bedeutsam, durch die das Kind sich und die Gleichaltrigen begreifen lernt. Allen Kindern dieses Alters wünsche ich das Gefühl: Ich bin wichtig! Alle mögen mich!

II.
HÜRDEN

14. Allergien

Der wichtigste Teil der Behandlung von Allergien sind die vorbeugenden Maßnahmen. Ist eine Allergie einmal richtig ausgebrochen, ist sie viel schwieriger zu behandeln. Ich habe in meiner Praxis stets viel Wert darauf gelegt, mit den Eltern zusammenzuarbeiten, um mögliche Allergien beim Kind frühzeitig zu erkennen. Allerdings besteht dabei auch die Gefahr, daß die Eltern eines völlig gesunden Kindes sich einbilden, es sei besonders empfindlich. Wird dies vermieden, können vorbeugende Maßnahmen oder eine früh einsetzende Behandlung verhindern, daß sich das Kind ohnmächtig und zerbrechlich fühlt und in einen Teufelskreis aus Symptomen, Depressionen und psychosomatischen Folgeerscheinungen der Allergie gerät.

Allergien und Ängste

Für das künftige Wohlbefinden des Kindes ist es sehr wichtig, daß es möglichst nicht durch Asthma-Anfälle oder Ekzeme verängstigt wird. Uns stehen heutzutage so viele Behandlungsmöglichkeiten zur Verfügung, daß es sich lohnt, sofort mit den ersten Symptomen alles daranzusetzen, die Allergie einzudämmen. Denn sobald sie einmal in Gang gesetzt ist und kein Gegenmittel anschlagen will, wachsen die Angst und das Gefühl der Hilflosigkeit des Kindes, und die psychosomatischen Aspekte der Krankheit tun ihre Wirkung.

Ängste können also eine Störung wie Asthma überlagern, so daß sie nach einigen beängstigenden Episoden zu einem teilweise psychosomatisch bedingten Leiden wird. Doch ich möchte betonen, daß Asthma oder Ekzeme meiner Ansicht nach nicht durch psychische Schwierigkeiten des Kindes oder familiäre Konflikte *verursacht* werden. Vielmehr ist die Anfälligkeit des Kindes in der Regel genetisch bedingt und verstärkt sich durch den Kontakt mit Allergenen. Erst wenn die Erkrankung ausbricht, treten dann Ängste auf, durch die sich die Symptome immer weiter verstärken.

Ein asthmatisches Kind äußert seine Ängste in der Regel recht demonstrativ und „nutzt" das Symptom, um die Eltern auf alle möglichen Arten unter Druck zu setzen – es provoziert sie damit, rebelliert, spielt seine Erschöpfung gegen sie aus oder zieht einfach ihre Aufmerksamkeit auf sich. Die Eltern können sich dem um so weniger entziehen, je mehr ihre eigene Angst wächst. Wenn sie die Symptome des Kindes nicht mildern können, führen ihre Schuldgefühle, ihre Wut und ihre Besorgnis dazu, daß die Spannungen in der Familie sich verschärfen. So wird das Asthma des Kindes allzuleicht zum psychosomatischen Konfliktherd für die ganze Familie.

Bei einem allergischen Kind ziehen sich einfache Infektionserkrankungen oft in die Länge, und Komplikationen treten hinzu. Zum Beispiel wird es zwei oder drei Wochen lang eine Erkältung nicht los, die dann gleich in die nächste übergeht, so daß die Verstopfung der Atemwege sich nicht löst, sondern noch weiter verstärkt. Auch eine einfache Halsentzündung kann sich durch die Verengung der Atemwege komplizieren und eine Woche länger hinziehen. Die Schleimhäute schwellen an, so daß das Kind schnarcht; die Rachenmandeln vergrößern sich und verengen die Gänge zum Innenohr oder zu den Nebenhöhlen. Unter Umständen muß mit Antibiotika gegen eine Innenohrentzündung vorgegangen werden, damit die Schwellung abklingt, die schmerzhaften Druck auf das Trommelfell ausübt.

Ernstere allergische Symptome sind Ekzeme und Asthma. Oft halten sie sich gewissermaßen von selbst in Gang: Ein juckendes Ekzem verleitet zum Kratzen, und dieses verschlimmert das Ekzem. Schon bei Säuglingen und Kleinkindern kann sich das Kratzen zu einer automatischen, gewohnheitsmäßigen Reaktion auf Angst, ja selbst auf Langeweile oder Enttäuschung entwickeln.

Das asthmatische Kind atmet pfeifend und bekommt nur schlecht Luft. Das jagt ihm Angst ein; durch die Angst wiederum bekommt es noch schlechter Luft. Es fühlt sich hilflos und unfähig, die Krankheit oder seine Angst vor ihr zu bewältigen. Es ist nicht verwunderlich, daß seine Allergie schon nach ganz wenigen Erfahrungen dieser Art „psychosomatisch" ist.

Doch müssen Asthma oder Ekzeme beim Kind erst gar nicht voll zum Ausbruch kommen. Falls andere Familienmitglieder zu allergischen Reaktionen neigen, kann ich die Eltern auf die beruhigende Tatsache hinweisen, daß die allergischen Symptome wohl um so schwächer ausfallen und um so leichter zu behandeln sein werden, je älter das Kind bei ihrem ersten Auftreten ist. Wenn bei einem Kind ein

Ekzem sich im ersten Lebensjahr noch über den ganzen Körper ausgebreitet hätte, hat es nur noch einen leichten Ausschlag in den Hautfalten der Ellenbeuge und der Kniekehle, falls das Ekzem dann erst im zweiten Lebensjahr auftritt.

Die Toleranzschwelle für allergische Reize scheint sich mit zunehmendem Alter allmählich zu erhöhen. Eine Kombination von Allergenen überschreitet diese Schwelle eher als irgendein einzelnes Allergen. Manche Kinder reagieren zwar auf einen einzelnen Auslöser – wie Katzenhaar oder Schokolade oder Fisch – ausgesprochen allergisch und zeigen schon nach dem ersten Kontakt heftige Symptome, aber in den meisten Fällen baut sich eine Allergie schrittweise auf. Es ist, als ob nach und nach ein Baustein auf den andern gesetzt würde, und ein Turm wächst empor. Das Kind zeigt zunächst vielleicht gar keine Symptome, obwohl es gegen einige Stoffe leicht allergisch ist. Doch wenn es sich zum Beispiel eine Atemwegsinfektion zuzieht, zu viele Eier ißt oder ein Daunenkissen bekommt, gerät der Turm ins Wanken, und ein allergisches Symptom bricht hervor.

Vorbeugung

Die Vorbeugung muß früh einsetzen. Stammt die Mutter aus einer zu Allergien neigenden Familie, empfehle ich ihr, das Kind zu stillen. Ein Baby, das gegen Muttermilch allergisch war, habe ich noch nie gesehen, dafür aber viel zu viele Babys, die Kuhmilch nicht vertrugen und mit einer verstopften Nase reagierten, mit Erbrechen, Durchfall oder, was am schlimmsten ist, mit einem ausgeprägten Ekzem. Diese Symptome gehen sehr rasch zurück, wenn die Kuhmilch durch Sojamilch ersetzt wird, doch bis sie ganz verschwunden sind, kann mehr als eine Woche vergehen. Ich bin sicher, daß die Entwicklung eines Ekzems bei einem Baby aufzuhalten ist, denn unter den mehreren tausend Kindern, die ich in den letzten fünfzehn Jahren behandelt habe, litt nur ein einziges unter einem generalisierten Ekzem.

Abgesehen vom Stillen besteht für Eltern aus allergieanfälligen Familien die wichtigste Vorbeugungsmaßnahme darin, das Bett des Babys von allergieauslösenden Spielsachen freizuhalten. Sein Schmusetier oder seine Schmusedecke sollte aus synthetischen Materialien bestehen. Zum Baden und für seine Kleidung müssen die Eltern reine, milde Seife verwenden. Spuren von Waschmittel, die in den Kleidern zurückbleiben, lösen bei empfindlichen Kindern Hautausschläge aus. Auch bestimmte Babyöle, Babypuder und Lotionen enthalten Stoffe, die einen Ausschlag hervorrufen können. Sie sind ohne Schwierigkeiten mit Stärkemehl und medizinischem Öl zu ersetzen.

Bei einem Kind unter einem Jahr ist die wahrscheinlichste Ursache für einen Hautausschlag ein neues Nahrungsmittel. Vier oder fünf Tage nachdem die Eltern es eingeführt haben, tritt der Ausschlag auf. Das Nahrungsmittel ist, um unser Bild vom Turm zu verwenden, der eine Baustein, der zu viel ist und das ganze Gebäude ins Wanken bringt.

Damit dieses Problem nicht schon in den ersten fünf Monaten auftritt, lege ich den Eltern stets nahe, das Füttern von Babynahrung so lange wie möglich hinauszuschieben. Eine Milchallergie wird in der Regel in diesen ersten Monaten erkennbar; manchmal zeigt sie sich allerdings auch erst, wenn weitere Allergene hinzukommen, wie etwa bestimmte Zusätze in Fertignahrung oder Getreide-Ersatzstoffe. Im einzelnen empfehle ich den Eltern folgendes Vorgehen: Führen Sie immer nur ein einziges neues Nahrungsmittel ein, und warten Sie mindestens eine Woche oder zehn Tage, bis Sie zum nächsten übergehen. Füttern Sie kombinierte Nahrungsmittel nur dann, wenn Sie sicher sind, daß nur ein einziger der Bestandteile neu für das Kind ist. Sie können sich sehr rasch Probleme einhandeln, wenn Sie ihm Getreidemischungen oder andere kombinierte Nahrungsmittel zu essen geben, zum Beispiel Obst mit Mehl oder mit Tapioka[1]. Lesen Sie bei Babynahrung die Etiketten, und kaufen Sie das Produkt, das am reinsten ist. Oder noch besser, bereiten Sie die betreffende Speise selbst zu. Sie müssen nicht für jede Mahlzeit kochen. Frieren Sie mehrere Tagesportionen in einer Eiswürfelschale ein, und wärmen Sie jeweils einen oder zwei Würfel auf.

Bei Eiern und Weizen kommt es am häufigsten zu Unverträglichkeitsreaktionen. Nach dem ersten halben Jahr ist das Risiko aber geringer. Die Eltern sollten mit diesen Nahrungsmitteln also abwarten. Dies ist ein weiteres Beispiel dafür, wie die Toleranzschwelle des Kindes mit zunehmendem Alter höher wird. Ich bitte die Eltern, neun Monate zu warten, ehe sie dem Kind Weizenbrot zu essen geben, weitere zwei Wochen, ehe sie einen Versuch mit Eigelb machen, und noch einmal zwei Wochen, bevor sie Eiweiß hinzufügen. Ruft dann eines der neuen

---

[1] Stärkemehl aus den Knollen des Maniokstrauches. A.d.Ü.

Nahrungsmittel einen Ausschlag oder akute Magen-Darm-Beschwerden hervor, erleichtert das schrittweise Vorgehen die Diagnose. Sie können sofort zu einem einfacheren Speiseplan zurückkehren, so daß sich das allergische Symptom gar nicht erst verfestigen und zum massiven Problem auswachsen kann. Der Ausschlag geht zurück, und sie haben dem Kind viel Kummer und Unannehmlichkeiten erspart. Zum Glück nimmt der allergieauslösende Effekt von Nahrungsmitteln im Lauf der Monate normalerweise ab, und die leichten allergischen Neigungen der meisten Kinder verschwinden im zweiten Lebensjahr.

Kontrolle über die Allergien gewinnen

Ist ein allergisches Symptom einmal richtig ausgebrochen, ist ihm schwerer beizukommen. Wir müssen dann nicht nur die unmittelbare Ursache ausschalten, sondern auch alle anderen Auslöser, die einen geringeren Teil zum Symptom beitragen. Wenn die Eltern hierzu bereit und in der Lage sind, wird das Kind das stärkere Allergen vielleicht von Zeit zu Zeit verkraften können. Bekommt ein Kind also bei jeder Erkältung Heuschnupfen oder bricht immer ein Ekzem aus, wenn es Nahrung aus Weizen zu sich nimmt, oder hat es einen Asthmaanfall, sobald es sich aufregt, so zielen unsere vorbeugenden Maßnahmen darauf, möglichst *alle* Allergene auszuschalten, mit denen es zu tun hat, auch wenn es die meiste Zeit nicht auf sie anspricht.

Ich rate Ihnen, sich als erstes das Bett und das Schlafzimmer des Kindes vorzunehmen, weil es dort einen Großteil seiner Zeit verbringt. Viele Dinge müssen weichen: Daunen, Roßhaarmatratzen, Kapok, Wolldecken und Tagesdecken, Stofftiere, soweit sie nicht mit Schaumstoff oder synthetischen Materialien gefüllt sind, Haustiere, Puppen mit Echthaar, wuschelige Spielzeugtiere, weil sie Staubfänger sind, und Blütenpflanzen. Tritt keine Besserung ein, dann müssen Sie auch Teppiche und Vorhänge (die Staubfänger sind) hinausräumen und den Boden jede Woche mit einem Öl wischen, um Staub und Schimmel einzudämmen. Klimaanlagen und Luftfilter sind teuer, doch sie helfen, Kinder vor verschmutzter Luft und den darin enthaltenen infektionsauslösenden Allergenen zu schützen.

Das alles klingt zwar einschüchternd und deprimierend, aber es muß in Erwägung gezogen werden, wenn sich bei einem Kind ein

Teufelskreis mit Heuschnupfen oder Asthma aufbaut. Ich rate dringend zu diesen Maßnahmen, falls das Kind schon zweimal eine Bronchitis mit leichten Atemwegsinfektionen oder zwei Erkältungen hatte, die in Ohrenbeschwerden mündeten oder mit einer lange anhaltenden Verstopfung der Atemwege einhergingen. Außerdem empfehle ich, dem Kind Antihistaminika zu geben; wenn es ungehindert atmen kann, wird es eine Erkältung leichter überwinden.

Das Wesentliche an einer solchen auf Vorbeugung ausgerichteten Vorgehensweise ist, daß die Eltern und auch das Kind das Gefühl bekommen, daß sie die allergischen Symptome beeinflussen kön-

nen. Unterbinden die Eltern die Ausweitung der Symptome, kann die Erkrankung durchaus ohne zusätzliche psychische Belastungen ablaufen.

Wie wichtig das Gefühl ist, den Symptomverlauf beeinflussen zu können, habe ich von einem kleinen Jungen gelernt, den ich Timothy nennen möchte. Tim war lebhaft, spielte gern Ball und neckte mit Vorliebe seine Freunde. Als er zu einer Routineuntersuchung kam, war er zunächst durchaus zu Späßen aufgelegt. Doch er hatte Asthma. Als er anfing zu keuchen, veränderten sich sein Aussehen und sein Verhalten völlig. Er wirkte resigniert und vergrämt und bekam einen gequälten Blick. Er wurde bleich, und als ich mit der Untersuchung begann, wich er meinem Blick aus.

Tim saß mit hochgezogenen Schultern auf meinem Tisch und atmete mit leichtem Pfeifen. Die Brust bewegte sich heftiger auf und ab, als sein Asthma das hätte erwarten lassen. „Tim", sagte ich, „du bist anscheinend sehr besorgt." „Das wärst du auch", sagte er, „wenn keiner weiß, was er mit dir tun soll – und wenn nichts hinhaut, was sie versuchen." Mit diesen wenigen Worten teilte Tim mir viel darüber mit, wie verängstigt, entmutigt und hilflos er war. Als ich ihm Adrenalin spritzte, um das Keuchen zu lindern, erklärte ich ihm, wie das Medikament wirken werde. Als es ihm dann tatsächlich Erleichterung verschafft hatte, sagte ich: „Siehst du, wir wissen doch etwas, was dir hilft. Jetzt müssen wir herausbekommen, was du und deine Eltern tun können, damit das Keuchen rasch aufhört und du mich gar nicht mehr brauchst."

Ich sprach mit ihm über die Medikamente, die seine Eltern ihm geben konnten. Vor allem betonte ich, daß er sich anders fühlen würde, sobald die Medikamente anschlugen. Danach empfahl ich ihm ein paar Dinge, die er selbst erledigen konnte: sein Zimmer putzen; sich von Katzen fernhalten, die Gift für ihn waren; den Luftreiniger anschalten, wenn *er* das Gefühl hatte, daß er ihn brauchte; die Eltern ohne Zögern um die Asthmamedizin bitten, wenn er spürte, daß das Keuchen wieder einsetzte. Mit diesen Tips ging es ihm danach besser. Bei unseren späteren Terminen sprachen wir darüber, wie *er selbst* sein Keuchen überwinden konnte.

Eines Tages stürmte Tim in meine Praxis. Er war erkältet und keuchte ein wenig, sprühte aber vor guter Laune und meinte schelmisch: „Doktor Brazelton, daß du mir ja nicht wieder diese Spritze gibst. Ich habe eine Medizin in der Tasche, die nehme ich gleich. Aber *erst* mußt du mir zuhören. Jetzt hör meine Lunge ab, und dann will ich dir zeigen, wie ich das Keuchen selbst abstellen kann!" Ich untersuchte ihn. Dann schluckte er stolz die Medizin, die er mitgebracht hatte, und wollte eine Weile im Wartezimmer Platz nehmen. Dreißig Minuten später rief ich ihn zu mir herein und hörte seine deutlich freier atmende Lunge ab. Mit funkelnden Augen schaute er zu mir auf, als wollte er sagen: „Jetzt haben wir's raus, nicht wahr?"

Tims Asthma legte sich in seinen Jugendjahren, wie das bei vielen Kindern geschieht, wenn ihre Allergien hinreichend eingedämmt werden. Ich lernte von ihm sehr viel darüber, was in einem Kind vor sich geht, wenn es von einer Krankheit immer wieder heimgesucht wird und die Erwachsenen in seiner Umgebung nicht wissen, was sie tun sollen. Ich erkannte auch, wie ein Kind mit entsprechender Unterstützung das Gefühl der Hilflosigkeit ablegen kann.

Hier noch einmal meine Empfehlungen für Eltern, die eine Allergie bei ihrem Kind eindämmen wollen:

1. Sie müssen Ihre eigene Panik bezwingen, damit sie sich nicht auf das Kind überträgt. Das ist der erste und vielleicht schwerste Schritt.

2. Sorgen Sie dafür, daß das Bett des Kindes frei von typischen Allergenen ist. Dazu gehören Staub, Schimmel, Fette, Pollen, Tierhaar oder Pelze, Spielzeugtiere mit Kapok- oder Federfüllung, Daunenkissen, Wolldecken und Matratzen mit Tierhaar.

3. Wenn sich bei einem kleinen Kind eine Atemwegsinfektion länger als eine Woche hinzieht oder zu pfeifendem Atem und ungewöhnlich starker Verengung der Atemwege führt, sollten Sie den Arzt prüfen lassen, ob hier Allergien mit beteiligt sind. Wenn das der Fall ist, dürfte ein energisches Vorgehen gegen jede neuerliche Infektion der oberen Atemwege verhindern, daß die Symptome sich weiter verschärfen.

4. Wenn das Kind Asthma bekommt, sollten Sie unverzüglich die typischen Allergene aus seiner Umgebung entfernen und wirksame Medikamente verabreichen. Die Infektion muß möglicherweise mit Antibiotika behandelt werden, das Keuchen mit antiallergischen Medikamenten. Tritt eine Besserung ein, sollten sie das Kind darauf aufmerksam machen, daß die Medikamente Wirkung gezeigt haben. Wenn sie dem Kind versichern: „Wir wissen, was zu tun ist", hat es das Gefühl, daß die Situation zu bewältigen ist, und wird besser mit der Panik fertig, die das Keuchen und die Atemnot naturgemäß auslösen.

5. Wenn die Medikamente, die Sie dem Kind zu Hause geben, nicht anschlagen, sollten Sie mit dem Arzt darüber sprechen, ob eine Behandlung mit Adrenalin oder Aminophyllin sinnvoll wäre. Der Teufelskreis von Atemnot und Panik ist um so leichter zu durchbrechen, je früher wirksame Medikamente gefunden werden.

6. Wenn weder die Medikamente wirken, die Sie dem Kind zu Hause geben können, noch diejenigen, die es vom Arzt erhält, sollten Sie sich an einen Facharzt für Allergien wenden. Er kann austesten, gegen welche Allergene das Kind empfindlich ist, und eine differenziertere Therapie planen.

7. Haben Sie Geduld, und denken Sie daran, daß die Pubertät oft eine Wende zum Besseren bringt. Viele Kinder kommen in dieser Zeit über ihre Allergien hinweg.

15. Bettnässen

Nächtliches Einnässen (Enuresis nocturna) ist ein beunruhigendes Problem. Vor allem ist zu fragen: Wessen Problem? Zunächst einmal ist es das Problem der Eltern. Spätestens wenn ihr Kind drei oder vier Jahre alt ist, erfahren sie von gleichaltrigen Kindern, die nachts schon trocken sind, und machen sich Gedanken, warum das ihr eigenes Kind noch nicht erreicht hat. Zum Problem des Kindes wird das nächtliche Einnässen erst, wenn der Gruppendruck der Gleichaltrigen einsetzt. In einer Spielgruppe von drei- bis vierjährigen Kindern entspinnt sich bald ein Wettstreit. „Ich brauche keine Windel mehr. Und du?" „Ich auch nicht." „Machst du nachts noch in die Hosen?" „Nein." Oft wissen die zuhörenden Erwachsenen, daß das antwortende Kind (meist ein Junge) in Wirklichkeit noch einnäßt. Es glaubt, es hätte etwas falsch gemacht, und fühlt sich von den Gleichaltrigen unter Druck gesetzt. Und ist es auch mit fünf Jahren nachts noch nicht trocken, wird sein Bettnässen schließlich, zumindest in unserer Gesellschaft, für alle Personen, die mit dem Kind zu tun haben, zum Problem.

Die nötige Reife

Ab wann müssen die Eltern sich wirklich wegen des Bettnässens Sorgen machen? In der Regel wird ein Kind mit drei Jahren soweit sein, daß es tagsüber trocken bleibt, falls das Sauberkeitstraining sich am Kind selbst orientiert und falls es ihm überlassen bleibt, wann es den nächsten Schritt tun will. Läßt sich vorhersagen, wann es nachts trocken bleiben wird? Viele Kinder sind noch nicht „reif", wenn wir den Zeitpunkt eigentlich für gekommen halten. Dr. Ronald MacKeith aus England hat als einer der ersten darauf hingewiesen, daß viele Kinder eine unreife Blase haben und daher nachts das Wasser nicht gut halten können. Bei anderen Kindern ist der Schlafrhythmus noch nicht ausgereift. Es gelingt ihnen noch nicht, aus dem REM-Schlaf in den Wachzustand überzuwechseln, um dann aufzustehen und auf die Toilette zu gehen. Wir sollten Verständnis dafür aufbringen, daß ein solches Kind seinem eigenen Entwicklungstempo folgen muß. Wenn

Gleichaltrige und Eltern das Kind bedrängen, entwickelt es sich deshalb nicht schneller; es hat dann allerdings das Gefühl, daß es etwas falsch macht, und kommt sich wie ein Versager vor. Die Eltern müssen Geduld mit ihm haben. Sie müssen ihm auch helfen, zu verstehen, warum es noch keinen „Erfolg" hat. Sonst leidet sein Selbstbild darunter, und es hält sich für eine Niete. Ein sechsjähriger Junge fragte mich in meiner Praxis einmal mit flehendem Blick: „Werde ich das denn jemals hinkriegen?" Was er „hinkriegen" wollte, war, nachts trocken zu bleiben und die Erwachsenen zufriedenzustellen. Er war erst sechs Jahre alt, doch aus seinem Blick sprachen Resignation und Hilflosigkeit!

Bei anhaltendem Bettnässen sollte der Urin auf Infektionen untersucht werden. Diese Routineprozedur gehört zu einer sorgfältigen Kontrolluntersuchung und ist besonders wichtig, wenn das Kind Harnwegsprobleme hat. Mit Hilfe der Urinanalyse läßt sich bei Jungen wie Mädchen ausschließen, daß Erkrankungen der Nieren oder der Blase vorliegen und daß sie aus diesem Grund den Harn nicht zurückhalten können.

Für Mädchen scheint es einfacher zu sein, am Tag trocken zu bleiben (im Durchschnitt sind sie 2,46 Monate früher soweit als Jungen). Dasselbe gilt für die Nacht. Zum Teil liegt dies wohl an den anatomischen Unterschieden, doch ist es sicherlich auch auf die unterschiedlichen gesellschaftlichen Erwartungen an Jungen und Mädchen, auf die feinen Unterschiede in geschlechtstypischen Verhaltensmustern und auf die dementsprechenden Erwartungen zurückzuführen, die kleine Jungen an sich selber stellen. Ein Fünfjähriger wird anfangen, seinen „Defekt" zu verheimlichen. Er leugnet ihn ab und will seine Scham und sein Versagen unbedingt für sich behalten. Betritt ein bettnässender Junge meine Praxis, kann ich erkennen, wie sehr er auf der Hut ist. Er schlägt die Beine übereinander, wenn ich seinen Penis untersuchen will. Er errötet oder bricht in lärmende Aktivität aus, wenn wir über den Stand seines Sauberkeitstrainings sprechen. Er fühlt sich angreifbar und hat Schuldgefühle. Wenn die Eltern beobachten, wie ihn sein Problem mehr und mehr bedrückt, können sie sich an ihren Arzt wenden, damit er körperliche Ursachen ausschließt. Sie sollten sich bewußt machen, daß auch bei vielen anderen Kindern Blasenkontrolle und Schlafrhythmus noch nicht ausgereift sind. Dann werden sie ihrem Kind das Gefühl geben können, daß es sich nicht zu schämen braucht, und alles daransetzen, Scham und Schuldgefühle zu verringern, die auf ihm lasten. Außer einer routinemäßigen Urinanalyse sind nur wenige Tests erforderlich. Röntgenaufnahmen bringen nur selten einen Defekt zum Vorschein. Der entscheidende Schritt besteht meistens darin, daß die Eltern dem Kind helfen, in seinem Schlafverhalten die nächste Reifungsstufe zu erreichen.

Wie die Eltern dem Kind helfen können

Maßgeblich ist, daß ein Kind nachts aus eigenem Antrieb trocken bleiben will und nicht, weil die Eltern oder die soziale Umgebung das von ihm erwarten. Die Eltern müssen zu einer gewissen Gelassenheit finden. Wenn das unmöglich erscheint, sollten sie den Rat eines Experten suchen und sich Tips holen, wie sie das Kind von übermäßigem Druck entlasten und selbst gelassener an die Sache herangehen können. Ihre Aufgabe besteht darin, auf die Gefühle des Kindes zu achten und es bei seinen eigenständigen Bemühungen zu unterstützen.

Hat das Kind mit einem negativen Selbstbild, mit psychischer Unreife oder einer Tendenz zur Selbstentwertung zu kämpfen, müssen diese Probleme ernst genommen werden. Setzt die Umgebung – die Schule, die Gleichaltrigen oder die Familie – das Kind zu vielen Zwängen aus, sind diese soweit wie möglich abzubauen. Bei einem Jungen ist es wichtig, daß der Vater die Beziehung zu ihm vertieft. Wenn sie zusammen regelmäßig jede Woche einen Ausflug unternehmen, kann der Junge seine Identifizierung mit dem Vater festigen, und der Vater erhält Einblick in das Selbstbild seines Sohnes. Die Eltern sollten allerdings nicht in das Innenleben des Kindes vordringen, sondern umgekehrt seine Fragen bereitwillig beantworten.

Zum Schluß noch einige weitere Empfehlungen, die ich vor allem den Eltern eines Jungen gebe:
1. Bitten Sie das Kind, das Wasser tagsüber etwas länger zu halten, damit es die Blase beherrschen lernt.
2. Lassen Sie sich vom Kind die Erlaubnis geben, es abends aufzuwecken, wenn Sie selbst schlafen gehen. Dies hat aber nur Sinn, wenn es dann aus eigenem Antrieb auf die Toilette geht. Tragen Sie es nicht dorthin.

3. Wenn Sie mit dem Kind eigens losziehen, um einen „Nachttopf" zu kaufen, den es mit Leuchtfarbe anstreichen darf, kann das Kind begreifen, daß Sie ihm helfen wollen. Sie können es dann nachts aufwecken, damit es auf den Nachttopf geht. Wichtig dabei ist, daß Sie es *nicht* drängen, sondern ihm nur „assistieren". Der Nachttopf kann großen Symbolwert haben, selbst wenn die Toilette gleich neben seinem Zimmer liegt.

4. Sie können neben seinem Bett einen Wecker auf zwei Uhr morgens stellen, doch erst, wenn das Kind auch reif dafür ist. Wenn Sie zu früh damit anfangen, erzielen Sie den gegenteiligen Effekt.

5. Ein Junge wird in der Nacht Fortschritte machen, wenn Sie behutsam sein „männliches" Selbstbewußtsein stärken und die Fortschritte hervorheben, die er am Tag schon vorzuweisen hat. Übertreiben Sie dies auch wieder nicht, sonst beobachtet er seine Blasenfunktion zu eingehend und wird infolgedessen gehemmt.

6. Wenn das Kind empfänglich dafür ist, können Sie mit ihm über seine Gefühle reden und über die Zwänge, denen es sich ausgesetzt sieht. Erklären Sie ihm, daß seine Blase vielleicht erst noch wachsen muß und daß es vielleicht noch ein bißchen Zeit braucht, bis es nachts rechtzeitig aufwachen kann. Wenn dies ein wirklich offenes Gespräch ist, gewinnt das Kind an Sicherheit.

7. Machen Sie dem Kind klar, daß der fünfte oder sechste Geburtstag keine magische Grenze ist, ab der ausnahmslos alle Kinder trocken sein müssen. Für ein kleines Kind ist es zu viel verlangt, wenn es von seiner Umgebung unter Druck gesetzt und zusätzlich noch mit entsprechenden Erwartungen der Eltern konfrontiert wird.

8. Wenn das Bettnässen mit sieben oder acht Jahren noch immer auftritt oder die psychische Entfaltung eines Kindes darunter leidet – so daß sein Selbstbild, seine Beziehungen zu Gleichaltrigen oder, bei einem Jungen, das Vertrauen in die eigene „Männlichkeit" beeinträchtigt sind –, ist es Zeit, sich an einen Kinderpsychiater, Psychologen oder entsprechend geschulten Kinderarzt zu wenden. Das kann dem Kind Kraft für die wichtige Entwicklungsphase geben, in der es steht.

16. Schreien

Ein schreiendes Baby bringt die Erwachsenen aus der Fassung. Doch alle Babys schreien, und manchmal müssen sie anscheinend schreien. Wann sollten Sie sich Sorgen machen, und wann dürfen Sie das Baby sich selbst überlassen?

Damit uns das Schreien eines Kindes nicht von vornherein als ein Problem erscheint, müssen wir uns klarmachen, daß Schreien eine universelle, der Anpassung an die Umwelt dienende Verhaltensweise und die wirkungsvollste Kommunikationsform des Babys ist. Wie wir in Kapitel 2, 3 und 4 gesehen haben, sind beim Säugling mindestens sechs Schreimotive zu unterscheiden: Schmerz, Hunger, Koliken, Langeweile, Unbehagen sowie Dampfablassen am Ende eines belastenden Tages. Oft kann die Mutter schon nach drei Wochen sämtliche Arten des Schreiens auseinanderhalten. Untersuchungen haben ergeben, daß eine Mutter bereits nach drei Tagen am Schreien ihr eigenes Baby von den anderen Babys im Säuglingssaal des Krankenhauses unterscheiden kann.

Die Sprache des Schreiens

Oft läßt sich aus dem Schreien eines Neugeborenen eine Diagnose ableiten. Die Merkmale des Schreiens erlauben Rückschlüsse auf die Funktionsfähigkeit des zentralen Nervensystems (ZNS). Ein Baby mit einer leichten oder schwereren Hirnstörung gibt ein typisches hohes, gequältes Schreien von sich, das seinen inneren Aufruhr widerspiegelt und in den Erwachsenen Wut und Verwirrung auslösen kann. Derart qualvoll schreiende Kinder werden nicht selten mißhandelt und vernachlässigt. Im Zuge des heute weitverbreiteten Crack- und Kokainkonsums wächst die Zahl der Babys rasch, die ein solch durchdringendes, hohes, beharrliches Schreien von sich geben und damit alle Personen, die sich um sie kümmern, auf eine harte Probe stellen. Eltern oder Pflegeeltern können dieses Schreien kaum ertragen. Das Schreien des Neugeborenen ist ein wichtiges Signal an die Gesellschaft und die Familie; es verrät, in welch kritischer Verfassung das Baby ist.

Bei der Untersuchung des Neugeborenen beurteilen wir sein Schreien – nach dem Rhythmus, der Klangfarbe und der Latenz (der Zeitspanne, bis das Schreien in Gang gekommen ist) – sowie seine Fähigkeit, sich selbst zu beruhigen und sich von anderen beruhigen zu lassen. Ausgehend vom Klang des Schreiens und der Fähigkeit des Neugeborenen, sich besänftigen zu lassen, kann der Untersuchende zwei wichtige Prognosen stellen, und zwar erstens zum künftigen Temperament des Kindes und zweitens zum „Aufwand", der für die Eltern nötig sein wird, um es zu trösten. Ein impulsives, ungestümes Baby zeigt in der Regel ein hohes Aktivitätsniveau und eine kurze Latenz beim Schreien; sein Schrei klingt laut und hoch, und es ist nur schwer zu besänftigen. Ein ruhiges und empfindsames Baby dagegen kommt langsamer in Fahrt, und sein Schreien klingt tiefer, aber nachdrücklicher. Es versucht vielleicht immer wieder, sich selbst zu beruhigen, indem es am Daumen saugt, um sich schaut oder seine Körperposition verändert. Wenn es keinen Trost findet, wird sein Klagen hartnäckig und verstörend. Solche Merkmale kennzeichnen den Verhaltensstil des Säuglings. Da er also immer wieder auf ähnliche Weise reagiert, läßt sich sein künftiges Temperament recht präzise vorhersagen. (Diese Merkmalsunterschiede zwischen Kindern beschreibe ich recht ausführlich in *Babys erstes Lebensjahr*.) Die Reaktionsmuster des Kindes prägen auch das Bild, das sich die Eltern von ihm machen, und leiten sie bei ihren Versuchen, sich auf das Neugeborene einzustellen.

Aus den Schreien des Neugeborenen heraushören zu lernen, was es braucht, gehört zu den ersten Hürden, die ein Elternpaar zu nehmen hat. Ist es hungrig? Fühlt es sich unwohl? Müssen sie seine Windeln wechseln? Ist es müde oder gelangweilt? Oder hat es vielleicht Schmerzen? Diese drängenden Fragen treiben den Adrenalinspiegel der Eltern in die Höhe und lösen eine „Alarmreaktion"[2] aus, die sie sozusagen zwingt, nach einer Antwort zu suchen. Jedesmal, wenn ein Versuch zum Erfolg führt, fühlen sie sich ermutigt. Schlägt er fehl, probieren sie eine Taktik nach der anderen aus und werden dabei meist immer ängstlicher und angespannter. Doch ich glaube, daß

---

[2] Wenn wir uns einer Notsituation gegenübersehen, mobilisiert eine Alarmreaktion in kürzester Zeit unsere Aufmerksamkeit, steigert die Blutzirkulation und den Blutdruck und führt dem Gehirn vermehrt Sauerstoff zu.

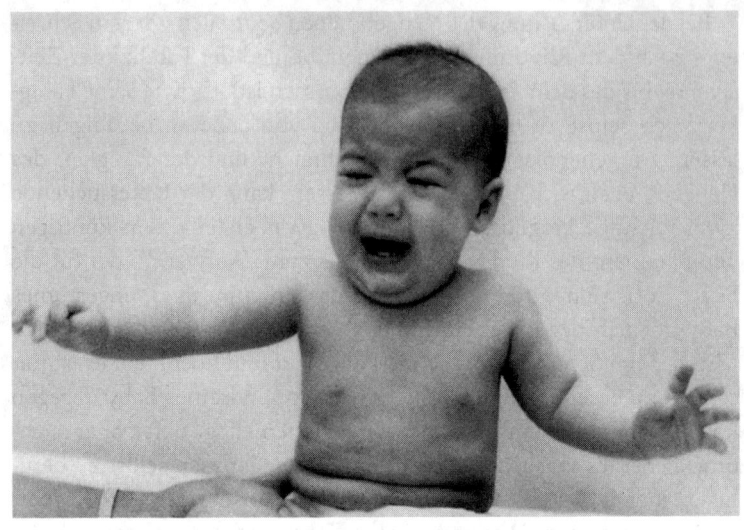

Eltern aus Fehlschlägen mehr lernen als aus Erfolgen. Wenn sie nicht gleich eine Lösung finden, halten sie inne, gehen etwas auf Abstand, überlegen, was sie als nächstes tun sollen – und lernen, das Kind genau zu beobachten. Dadurch verstehen sie immer besser, wie es reagiert und was es braucht.

Anhaltendes oder quengelndes Schreien

Das gereizte, quengelnde Schreien, das bei 85 Prozent der Säuglinge am Ende des Tages auftritt, wird oft Kolik genannt und auf Magen-Darm-Beschwerden oder Hyperaktivität zurückgeführt. Es stellt die Fähigkeit der Eltern, für das Kind zu sorgen, auf eine harte Probe. In Kapitel 4 und 5 habe ich erläutert, wie ich den Eltern dabei zu helfen versuche, die im Alter von drei bis zwölf Wochen regelmäßig auftretenden Schreiepisoden zu bewältigen. Wenn das Kind zwei bis drei Wochen alt ist, bereite ich die Eltern auf diese Quengelphasen vor, in denen es „Dampf abläßt" und Tag für Tag sein unreifes Nervensystem wieder ins Gleichgewicht bringt. Ich hoffe den Eltern die Gründe für das Verhalten des Kindes nahebringen zu können, damit sie nicht Qualen leiden und panisch reagieren, wenn das Quengeln aus heiterem Himmel einsetzt und ihre Beruhigungsversuche nichts fruchten. Sie neigen dann dazu, ihre Bemühungen zu übertreiben, sollten sich aber besser eine Zeitlang zurückhalten und das Kind schreien lassen, bis es sich von allein wieder beruhigt.

Wenn diese Schreiepisoden einsetzen, müssen die Eltern entscheiden, wie sie damit umgehen sollen. Sie gewinnen an Sicherheit, wenn ich ihnen ankündige, daß das Kind mit etwa zwölf Wochen psychisch und körperlich so weit gereift sein wird, daß es die Quengelphase nicht mehr braucht. Die beste Lösung ist in der Regel, die Menge der Reize einzuschränken, die auf das Kind einstürmen.

Wenn das Schreien die Eltern in Konflikte und Ängste stürzt, reagieren sie oft so unangemessen, daß sie es noch verstärken. Am Ende des Tages ist das Nervensystem des Babys wie wundgescheuert. Wenn die überängstliche Fürsorglichkeit der Eltern das Kind noch weiter überlastet, kann es keine Reize mehr aufnehmen und verwerten. Die Folge ist eine „Kolik". Damit werden die Weichen dafür gestellt, daß die Kommunikation zwischen Eltern und Kind mißlingt. Indem sie sich unausgesetzt um das Kind bemühen, verhindern die Eltern möglicherweise, daß es selbst einen Weg findet, sich zu trösten und zu beruhigen.

Oft setzen die Eltern, wenn das quengelnde Schreien über die übliche Zeitdauer hinaus anhält, ihre übertriebene Aktivität weiter fort, oder sie lassen sich entmutigen. Jedenfalls löst das Schreien des Babys bei ihnen keine angemessenen Reaktionen mehr aus. Entweder sie eilen zu schnell zu ihm hin und überschütten es mit Reizen, oder sie sind gleichgültig und gehen nur unvollkommen auf es ein. Das Baby begreift rasch, daß sie niedergeschlagen oder wütend sind, und schreit noch mehr. Außerdem ist sein Schreien immer schwerer zu deuten. Wenn dieser Kreislauf sich verfestigt, ist das Ergebnis ein verängstigtes und überempfindliches Kind.

Wenn das Schreien in dieser Entwicklungsphase zu häufig und zu lang ist und die üblichen Maßnahmen der Reizreduktion es weder unterbinden noch abschwächen können oder wenn das abendliche Schreien sich über mehr als zwei Stunden hinzuziehen beginnt, sind weitere diagnostische Schritte anzuraten. Falls das Kind deshalb so viel schreit, weil es überempfindlich und rasch überlastet ist, empfiehlt sich ein betont ruhiger, unaufdringlicher Umgangsstil. Die Erwachsenen sollten vermeiden, es gleichzeitig anzuschauen *und* zu ihm zu sprechen *und* es zu wiegen. Am besten bieten sie ihm nur auf einer dieser Ebenen unaufdringliche Reize an. Falls auch dies nicht zum Erfolg führt, kann möglicherweise der Magen-Darm-Trakt des Kindes bestimmte Stoffe nicht verdauen, oder es leidet unter einem noch ernsteren Problem – zum Beispiel darunter, daß sein Nervensystem überempfindlich, unangepaßt und übertrieben reagiert.

Bei manchen Babys ist das Schreien eine Reaktion darauf, daß ihre Umgebung sie am Gedeihen hindert. Sie sind nicht zu beruhigen, weil die Eltern zu chaotisch vorgehen oder mutlos sind. Die Eltern von Babys mit schweren Koliken leiden oft unter Depressionen und brauchen Hilfe, weil sie den Bedürfnissen eines aktiven, ungestümen Babys nicht gerecht werden. Ein Kinderarzt kann prüfen, inwieweit diese Probleme auf Entwicklungsstörungen des Kindes selbst zurückgehen, und sich notfalls nach einem Therapeuten oder einer anderen Unterstützung für die überforderten Eltern umschauen. Viele Mütter leiden unter einer nachgeburtlichen Depression. Wenn eine schwerere Depression unerkannt bleibt, kann das zu ernsten Belastungen für die Mutter und das Baby führen (zum Beispiel zu selbstzerstörerischen Verhaltensmustern, zu ehelichen Spannungen oder zu Entwicklungsverzögerungen beim Baby). Sie lassen sich vermeiden, wenn die nachgeburtliche Depression entsprechend aufgefangen und behandelt wird. Leider schützt und unterstützt unsere Gesellschaft die jungen Eltern nicht genügend dabei, in ihre neue Rolle hineinzuwachsen.

Bei einem überempfindlichen Baby kann jedes ungewohnte Ereignis, jede Veränderung in seinem Leben und jedes fremde Gesicht untröstliches Schreien und pausenlose, ziellose Aktivität auslösen. Es weicht dem Blick der Eltern aus, verfällt in monotone, „autistische" Bewegungs- oder Verhaltensmuster (beispielsweise läßt es den Kopf unausgesetzt kreisen oder schlägt ihn gegen irgend etwas, es zieht sich an den Haaren oder zupft und kratzt an Gesicht und Körper herum). Keine der üblichen Beruhigungsmaßnahmen – ihm besänftigend zuzureden, ihm die Arme festzuhalten, um Schreckreaktionen zu unterbinden, es zu wickeln, zu füttern oder ihm einen Schnuller zu geben – zeigt noch Wirkung. Mit seinem Schreien scheint das Kind um tieferes Verständnis zu flehen.

Mit einem solchen Baby und seinen Eltern sollte sich ein Kinderpsychologe oder Kinderpsychiater befassen, der darin geschult ist, ein

Kind zu beobachten, seine Defizite einzuschätzen und den Eltern zu erklären, was das Baby und was sie selbst zu der Problemsituation beitragen. Manchmal reagiert ein Elternpaar auf ein Neugeborenes instinktiv mit tiefverwurzelten zwiespältigen Gefühlen. Wenn sie mit der Hilfe des Experten verstehen lernen, wo in ihrer eigenen Vergangenheit die Ursachen für ihre Ambivalenz liegen (welche „Gespenster" sie heimsuchen), können sie sich besser auf das Baby einlassen. Diese Art der Therapie entwickelt sich derzeit zu einer neuen Disziplin namens Säuglingspsychiatrie. Als Kinderarzt würde ich den Ausdruck Psychiatrie hier lieber vermeiden, weil er an chronische psychische Störungen denken läßt. Ich glaube vielmehr, daß gegen die Schwierigkeiten des Babys ungeheuer viel auszurichten ist, falls die Eltern sich früh um Hilfe bemühen.

Schreien als Entwicklungselement

Auch im späteren Säuglingsalter spiegelt das Schreien den inneren Zustand des Babys und ist ganz ähnlich wie beim Neugeborenen ein Appell an die Eltern. Werden die verschiedenen Arten des Schreiens mit einem Schallspektrographen aufgezeichnet, ergeben sich typische Kurven für Hunger, Schmerzen, Langeweile, Erschöpfung, Unbehagen und Aufmerksamkeitsappell. Das Schreien aufgrund von Schmerzen zum Beispiel hat einen äußerst charakteristischen Verlauf: nach einem schrillen Schrei kommt eine kurze Apnoe (Atemstillstand), gefolgt von mehreren gequält klingenden Schreien und einem weiteren schrillen, durchdringenden Schrei. Die Verlaufskurve ist anders als bei allen übrigen Arten des Schreiens. Im Gegensatz zu diesen hört das schmerzvolle Schreien nicht auf, wenn Sie das Baby hochnehmen.

Während das Baby sich fortentwickelt, müssen sich die Eltern darüber klarwerden, wieviel Aufmerksamkeit sie dem Schreien jeweils widmen müssen und in welchen Situationen das Kind „lernen" könnte, sich selbst zu trösten. Ich bin immer wieder erfreut, wenn ich beobachte, daß ein sechs- bis neunmonatiges Baby über Mittel verfügt, sich zu trösten – mit dem Daumen oder dem Schnuller, mit einer Decke, einem Teddy oder auch mit einem bestimmten Verhaltensmuster, das ihm hilft, zur Ruhe zu kommen. Wenn wir im Kinderkrankenhaus in Boston ein solches Baby vor uns haben, wissen wir, daß es geliebt wird und sich innere Hilfsquellen erschlossen hat, auf die es zurückgreifen kann, wenn es einsam oder bekümmert ist. Ein Baby dagegen, das vernachlässigt wird oder nicht genug Aufmerksamkeit bekommt, kann nicht lernen, in seiner Umgebung oder bei sich selbst Trost zu finden. Aus dem Schreien eines solchen Kindes ist eine Art leere Hoffnungslosigkeit herauszuhören; es weckt in Ihnen den Wunsch, die Hände nach dem Kind auszustrecken und es in die Arme zu nehmen. Doch wenn Sie das versuchen, wendet es sich ab, zieht sich in sich selbst zurück und läßt sich kaum im Arm halten, weil sein körperliches Widerstreben so stark ist. Bei diesen Babys müssen wir früh eingreifen, damit sie sich psychisch weiterentwickeln können und beziehungsfähig werden.

Das Kind schreit auch in jenen regressiven Phasen, die mit Entwicklungsschüben einhergehen und die wir in Teil 1 beschrieben haben. Während dieser *Auftakte* gerät sein Verhalten meist außer Rand und Band, und sein Schreien ist den Eltern oft ein Rätsel. Doch wenn sie sich davon aus der Fassung bringen lassen, dauert es eher länger und nimmt an Nachdruck zu. Wenn das Baby einen bestimmten Entwicklungsstand erreicht hat, müssen sie es dazu anhalten, sich selbst zu beruhigen. Dabei kann der Daumen oder ein Schnuller eine große Hilfe sein. Die Eltern sollten das Kind tagsüber, wenn es nicht zu durcheinander ist, um irgend etwas zu lernen, im Gebrauch von Daumen oder Schnuller „unterweisen". Später können sie es dann dazu anhalten, auch abends und nachts darauf zurückzugreifen. Sollten wir das Kind tatsächlich ermuntern, sich an einen „Notbehelf" wie den Daumen oder den Schnuller zu gewöhnen? Ich glaube, wir können das mit Ja beantworten. Wir leben in einer streßgeplagten Zeit, und schon das Baby muß sowohl selbst einiges verkraften als auch damit zurechtkommen, daß seine Eltern unter Streß stehen.

Wenn das Kind im zweiten oder vielleicht schon im ersten Jahr offenbar nur schreit, um die Aufmerksamkeit der Eltern auf sich zu ziehen, kann sie das auf die Palme bringen. Wenn ein ängstliches Kind, das sich schlecht selber zu helfen weiß, in dieser Weise schreit, wirkt es „verzogen". Sein forderndes Schreien zielt zwar darauf, die Erwachsenen zu einer Reaktion zu bewegen, doch klingt es zugleich nach: „Ihr könnt mich ja doch nicht zufriedenstellen." Ein Kind ist dann verzogen oder verwöhnt, wenn es seine Grenzen noch nicht erfahren hat und wenn eine überbehütende Umgebung es überlastet. Die Eltern versuchen aufgrund ihrer Ambivalenz oder ihrer inneren Konflikte, ihm jede Mühe zu ersparen. Oft greifen sie dem Kind allzu rasch unter die Arme, bevor es überhaupt den Wunsch entwickeln kann, etwas selbst zu bewältigen. Sie verwehren ihm die Erfahrung, daß es zwar Frustrationen einstecken und immer wieder neue Versuche starten muß, dafür aber am Ende das überaus wichtige Gefühl genießt: „Ich habe es *selbst* hingekriegt!" Dieses Gefühl würde sein Selbstbild und den Stolz auf die eigenen Fähigkeiten stärken. Ein überbehütetes Kind neigt dazu, viel zu jammern und zu quengeln.

Manchmal schießen die Eltern in ihrem Engagement übers Ziel hinaus. Sie weichen dem Kind nicht von der Seite, weil es einen schweren Start ins Leben hatte, weil es eine Krankheit durchgemacht hat oder weil sie ein anderes Kind verloren haben und in dem Neugeborenen nun ein wundersames „Geschenk von oben" sehen. Sie lassen nicht zu, daß das Kind Frustrationen erfährt und daß es ein Wehwehchen auch mal allein verkraften oder sich, wenn es hingefallen ist, selber hochrappeln und wieder auf den Weg machen muß. Wir nennen dies das Syndrom des vulnerablen Kindes. Das heißt, das Kind läuft durch seine Empfindlichkeit Gefahr, psychische Symptome zu entwickeln. Es sieht traurig und unglücklich aus und schreit viel. Sein Schreien ist ein ständiger Appell an die Aufmerksamkeit der Eltern, als hoffte es die Leere aufzufüllen, die durch sein schwaches Selbstbild entsteht. Es stellt die Erwachsenen auf die Probe und provoziert sie. Es wirkt verzogen, weil es mit aller Kraft nach Grenzen sucht und Vertrauen in die eigenen Fähigkeiten gewinnen will.

Viele dieser Kinder brauchen klare Grenzen, die ihnen nur ein konsequentes Vorgehen der Eltern vermitteln kann. Nach den ersten neun Monaten und vor allem im zweiten Lebensjahr des Kindes wird Disziplin zur zweitwichtigsten Aufgabe der Eltern. Wie wir in Kapitel 19 sehen werden, bedeutet Disziplin Anleiten, nicht Bestrafen. Das Ziel ist, dem Kleinkind Grenzen vorzugeben, die es verinnerlichen kann. Ein Kind, das Grenzen spürt, ist ein geborgenes Kind. Ein „verwöhntes" Kind testet deshalb Grenzen aus, weil es nach dieser Geborgenheit verlangt. Wenn es die Eltern unablässig auf die Probe stellt oder ständig schreit, um ihre Aufmerksamkeit auf sich zu lenken, müssen sie sich ernstlich Gedanken machen. (Siehe Kapitel 19, wo ich verschiedene Strategien vorschlage, das Kind Grenzen erfahren zu lassen.)

Wenn ein Kind offensichtlich keine Fortschritte macht und weiterhin unentwegt schreit und die Eltern provoziert, sollten sie überlegen: Dringen wir überhaupt zu ihm durch? Leidet es unter einem tiefergehenden Problem, bei dem es eigentlich unsere Hilfe braucht? Ich würde versuchen, dem Problem auf die Spur zu kommen und dem Kind zu helfen, die eigenen Schwierigkeiten besser zu verstehen. (Auf diese Weise wird es zum Beispiel leichter mit der Ankunft eines neuen Babys zurechtkommen, mit einer längeren Abwesenheit des Vaters oder der Mutter, mit dem Eintritt in den Kindergarten oder damit, daß eine Freundin böse zu ihm war.) Die Eltern können das Kind um Hilfe bitten, damit sie gemeinsam einen Weg finden, es abzufangen, bevor es die Kontrolle über sich verliert, zu schreien anfängt und verrückt spielt. Wenn es ihnen irgendeine Lösung vorschlägt, müssen die Eltern unbedingt von ihr Gebrauch machen. Und wenn sein Vorschlag zum Erfolg führt, müssen sie es dafür loben, daß das vor allem sein Verdienst war.

Mit der Zeit dürfte den Eltern klarer werden, worauf das Schreien des Kindes jeweils abzielt und wie sie am besten darauf reagieren. Wenn ein älteres Kind ohne erkennbares Motiv schreit und nicht zufriedenzustellen ist, würde ich das als Symptom einer tiefgehenden Traurigkeit werten und mich an eine Beratungsstelle wenden. In einer Phase jedoch, in der ein neuer Entwicklungsschritt bevorsteht oder das Kind mit Veränderungen zurechtkommen muß, sollten die Eltern dieses Schreien als angemessenes Verhalten auffassen und dafür sorgen, daß sie dadurch ihr Verständnis für das Kind vertiefen können.

17. Depression

Die Depressionen eines Kindes können bei den Eltern große Ängste auslösen. Wann müssen sie sich ernsthafte Sorgen machen? Jedes Kind ist ab und zu traurig und deprimiert. Es braucht dann mehr Trost und Zärtlichkeit als sonst. Rührt die Niedergeschlagenheit von den ganz normalen, in der Kindheit unvermeidlichen Enttäuschungen her, wird sie bald wieder verflogen sein. Die Eltern sollten einfühlsam und verständnisvoll reagieren.

Kennzeichen einer Depression

Weinen ist eine aktive, gesunde Reaktion, wenn das Kind traurig ist oder seine Bedürfnisse anmelden will. Daher bin ich beruhigt, wenn ein Kind, das betrübt ist, zu weinen anfängt. Ein ernstlich depressives Kind dagegen wird mehrere der folgenden Symptome zeigen:

Rückzug – Das Kind verschließt sich gegenüber Eltern, Geschwistern, Gleichaltrigen und anderen.

Glanzloser, träger Blick – Den Augen fehlt das Strahlen; Mimik und Körperbewegungen sind spärlich.

Energiemangel – Das Kind ist über Gebühr müde und phlegmatisch.

Hoffnungslosigkeit, Zweifel am eigenen Wert, Schuldgefühle – Das Kind unternimmt wenig Versuche, diese Empfindungen zum Ausdruck zu bringen.

Rückschritte beim Essen, Schlafen oder auch beim Sauberkeitstraining – Durch die Depression können alle diese Bereiche in Mitleidenschaft gezogen werden.

Kopfweh oder Bauchweh – Sie stellen sich ein, sobald etwas Neues auf das Kind zukommt, zum Beispiel bevor es in den Kindergarten, auf den Spielplatz oder zu einer Party geht.

Bedrückende Wirkung auf andere – Die Personen, die mit dem Kind zu tun haben, fühlen sich niedergeschlagen. Es läßt sie nicht an sich heran.

Veränderungen im Äußeren – Das Kind ist schmutzig und ungekämmt. Was es anhat, paßt nicht zusammen.

Diese Symptome geben Anlaß zur Sorge, wenn sie sich nicht rasch wieder verlieren und auch nicht zu erkennen ist, auf welche Enttäuschung in seinem Leben das Kind damit reagiert.

Die Eltern können sich verschiedene Fragen stellen, um herauszufinden, ob die beobachteten Symptome tatsächlich auf eine ernstzunehmende Depression hindeuten. Erstens: Wann ist das Kind traurig? Falls die Traurigkeit nur nach Tadel oder unangenehmen Ereignissen auftritt, ist sie eine angemessene Reaktion. Bedenklich ist, wenn die Gründe nicht nachvollziehbar sind oder die Verstimmung sehr lang anhält. Vielleicht will uns das Kind mitteilen, daß wir uns mehr bemühen sollen, zu verstehen, was in ihm vorgeht. Die Eltern sollten hellhörig werden, wenn das Kind auch bei Erlebnissen, die eigentlich Anlaß zur Freude wären, nicht aus seiner trübseligen Stimmung herausfindet.

Zweitens: Gibt es einen einleuchtenden Grund für die Traurigkeit des Kindes? Ist zum Beispiel der Hund der Familie gestorben, hat es ein Lieblingsspielzeug eingebüßt, ist die Mutter oder der Vater länger außer Haus, muß es die Ankunft eines neuen Babys bewältigen, hat es eine Freundin im Kindergarten verloren? Gibt es also Ereignisse – im Kindergarten, in der Nachbarschaft oder zu Hause –, die seine Traurigkeit erklären könnten? Vielleicht kommen auch mehrere Faktoren zusammen. Wenn die Eltern ihnen auf die Spur kommen und dem Kind Mut machen können, mit ihnen darüber zu sprechen, liegt wahrscheinlich keine eigentliche Depression vor, und dem Kind wird es bald besser gehen. Auch ein sonst heiteres, kontaktfreudiges Kind kann kürzere trübsinnige Phasen haben, ohne daß die Eltern sich deswegen Gedanken machen müßten.

Bedenklich ist allerdings, wenn die Traurigkeit oder die Verschlossenheit des Kindes wesentlich länger anhält, als dies das auslösende Ereignis zu rechtfertigen scheint, und offenbar eine Eigendynamik entwickelt. Zwei Wochen lang können die Eltern ohne weiteres zuschauen und abwarten, doch dann sollte die Beklommenheit abklingen. Aufmerken sollten sie, wenn bei einem Kind, das ohnehin schon eher ruhig, schüchtern oder eigenbrötlerisch ist, diese Tendenzen sich noch verstärken. Ein Kind mit einer Lernbehinderung oder einer Aufmerksamkeitsstörung hat durchaus Gründe, traurig und verschlossen zu sein. Sein Selbstbild ist bereits schweren Belastungen ausgesetzt. Jedem Anzeichen dafür, daß es noch bekümmerter wird, sollten die Eltern große Aufmerksamkeit schenken.

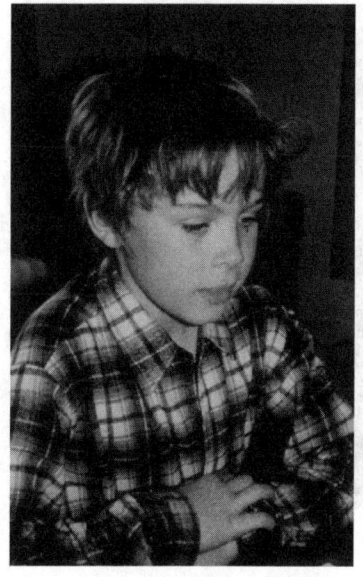

Auf Trauer und Niedergeschlagenheit
des Kindes eingehen

Die Eltern sollten die Symptome des Kindes beobachten und überlegen, ob sie fachkundige Hilfe brauchen. Doch sie können ihm auch
wertvolle Unterstützung geben.

1. Nehmen Sie das Kind ernst. Versuchen Sie ihm nicht mit Späßen über
seine Verfassung hinwegzuhelfen, denn damit entwerten Sie nur seine
Empfindungen. Wenn Sie Einblick in die Art seiner Traurigkeit gewinnen, können Sie ihm oft auch helfen, sich selber darüber klarzuwerden.

2. Ermuntern Sie das Kind zu Aktivitäten, die ihm Spaß machen und
bei denen es Erfolgserlebnisse hat. Setzen Sie es aber nicht unter Druck.
Fördern Sie seine Selbstachtung, indem Sie auf seine kleinen Triumphe
eingehen und ihm zeigen, daß Sie seine Fähigkeiten bewundern.

3. Zeigen Sie ihm, daß Sie wissen, daß es traurig ist.

4. Drängen Sie das Kind nicht, Ihnen die geheimsten Gründe für seine
Traurigkeit zu offenbaren, wenn Sie gar nicht mit ihnen umgehen
könnten. Wenn Sie Angst vor dem verspüren, was hinter seinem Un-
glück stecken könnte, müssen Sie sich nach Hilfe umschauen.

5. Geben Sie dem Kind das Gefühl der Sicherheit und Geborgenheit. Sagen Sie ihm: „Ich weiß, wie es dir geht, und wir können und wollen dir helfen. Wir sind für dich da, und wir haben dich gern."

Traurigkeit und Depression sind ein Hilferuf. Jedes Kind erlebt Gefühle von Verlust, Einsamkeit, Unzulänglichkeit, unsagbarer Wut und Niedergeschlagenheit. Doch die Eltern müssen darauf achten, ob das Kind mit diesen Gefühlen zu Rande kommt und sich wieder von ihnen lösen kann oder ob es durch sie gelähmt ist. Wenn die Symptome anhalten oder wenn sie an seinem ohnehin wackeligen Selbstbewußtsein rütteln und einen problematischen Entwicklungsverlauf weiter komplizieren, sollte ein Therapeut sich des Kindes annehmen. Kind wie Eltern werden erleichtert sein, wenn der Therapeut die Traurigkeit des Kindes versteht und es gegen seine Ängste und Schuldgefühle schützen kann, die durch das Gefühl der Hilflosigkeit noch verschlimmert werden. Ein Arzt oder eine Praxisschwester kann die Eltern an einen Kinderpsychiater oder einen Psychologen verweisen, der auf Kindertherapie spezialisiert ist. Auch Kinderkliniken können eine Therapie vermitteln.*

18. Entwicklungsbehinderungen

Wenn eine Verzögerung in der Entwicklung[3] Ihres Kindes Sie fortwährend beunruhigt, sollten Sie nicht lange warten. Lassen Sie das Kind zuerst von einem Kinderarzt und dann, falls nötig, von einem Entwicklungsexperten beurteilen.* Da Gesundheit und Wohlbefinden des Kindes schließlich vor allem von Ihnen abhängen, sollten Sie der eigenen Beobachtungsgabe und Intuition vertrauen. Rufen Sie Ihren Arzt an, oder machen Sie einen Termin mit ihm aus, wenn irgendein Aspekt der Entwicklung des Kindes – in Motorik, Kognitionen, Emotionen oder Verhalten – Sie beunruhigt. Wenn der Arzt oder ein anderer Experte keinen krankhaften Befund feststellt, das Problem aber weiter bestehenbleibt, sollten Sie um eine Überweisung bitten.

Einschätzung des Entwicklungsstandes

Vorausgegangene Kapitel dieses Buches haben Ihnen eine ungefähre Vorstellung davon gegeben, wann die verschiedenen Entwicklungsschritte des Kindes üblicherweise zu erwarten sind. Es liegen verschiedene Modelle der kindlichen Entwicklung vor, an Hand derer sich die Fortschritte eines Kindes beurteilen lassen. Eines der ersten Modelle, die die Entwicklung des Kindes in ihrer Gesamtheit beschreiben, stammt von Arnold Gesell. Andere arbeiteten es später weiter aus, zum Beispiel Nancy Bayley: Sie schuf die sogenannte Bayley-Skala, einen Entwicklungstest für die ersten Lebensjahre. Jean Piaget hat den Weg zum Verständnis der kognitiven Entwicklung des Kindes gewiesen, und viele andere, unter ihnen Jerome Bruner, Jerome Kagan und Howard Gardner, haben unser Wissen darüber erweitert. So haben wir recht genaue Vorstellungen davon, wie sich der Verstand

---

[3] Dieses Kapitel richtet sich an Eltern, denen eine Entwicklungsverzögerung ihres Kindes Sorgen macht. Es soll keine erschöpfende Beschreibung der möglichen Ursachen für eine solche Verzögerung sein, sondern den Eltern helfen zu entscheiden, ob sie das Kind untersuchen lassen sollten.

des Kindes in den ersten Jahren entfaltet. Von der emotionalen Entwicklung haben wir ein weniger klar umrissenes Bild, doch Psychoanalytiker wie Selma Fraiberg und Stanley Greenspan und andere Vertreter der neu entstehenden Disziplin Säuglingspsychiatrie haben versucht, erste Orientierungslinien vorzugeben. Aus dieser Forschung sind viele Tests und diagnostische Instrumente hervorgegangen, mit denen sich die Entwicklung eines Kindes einschätzen läßt.

Die Erkenntnisse, die wir in jüngster Zeit darüber gewonnen haben, wie das reifungsverzögerte Nervensystem eines Kindes seine Defizite wettmacht, sprechen dafür, daß eine Intervention so früh wie möglich einsetzen sollte. Ein Kind kann über viele motorische, kognitive oder emotionale Entwicklungsprobleme hinwegkommen. Je früher die Probleme erkannt und Mittel und Wege gefunden werden, das Kind zu stützen und seine Defizite auszugleichen, desto vollständiger wird es sich erholen. Deshalb ist es sehr wichtig, daß Sie sich nach Hilfe umschauen, wenn Sie besorgt sind.

Das Erkennen von Entwicklungsbehinderungen

Wenn die Eltern keine Hilfe bekommen, kann ihre Ängstlichkeit dazu führen, daß sich die Entwicklung des Kindes noch weiter verzögert. Ohne es zu merken, umsorgen sie das Kind entweder zu sehr, oder sie treiben es an, „aufzuholen". Beides ist wenig sinnvoll und schadet dem Selbstbild des Kindes. Denn wenn es „aufzuholen" versucht und dabei scheitert, kommt es sich unzulänglich vor. Weil es sich infolgedessen ratlos und ohnmächtig fühlt, verschärfen sich seine Probleme noch. In den folgenden Abschnitten beschreibe ich einige Symptome, die eine diagnostische Bewertung notwendig machen.

Ernstzunehmende Verzögerungen der motorischen Entwicklung. Problematisch sind sowohl schlaffe als auch hypertone (überaktive) Muskeln. So kann zum Beispiel ein Baby einen Arm oder ein Bein nicht bewegen, oder es kann den Kopf oder einen anderen Teil des Körpers nicht vom Bett anheben. Sind bestimmte Muskelpartien ständig angespannt? Wenn das Baby sie ab und zu lockerlassen kann, leidet es wahrscheinlich nicht unter einer neurologischen Störung. Doch wenn die angespannten Muskeln es daran hindern, neue Bewegungen

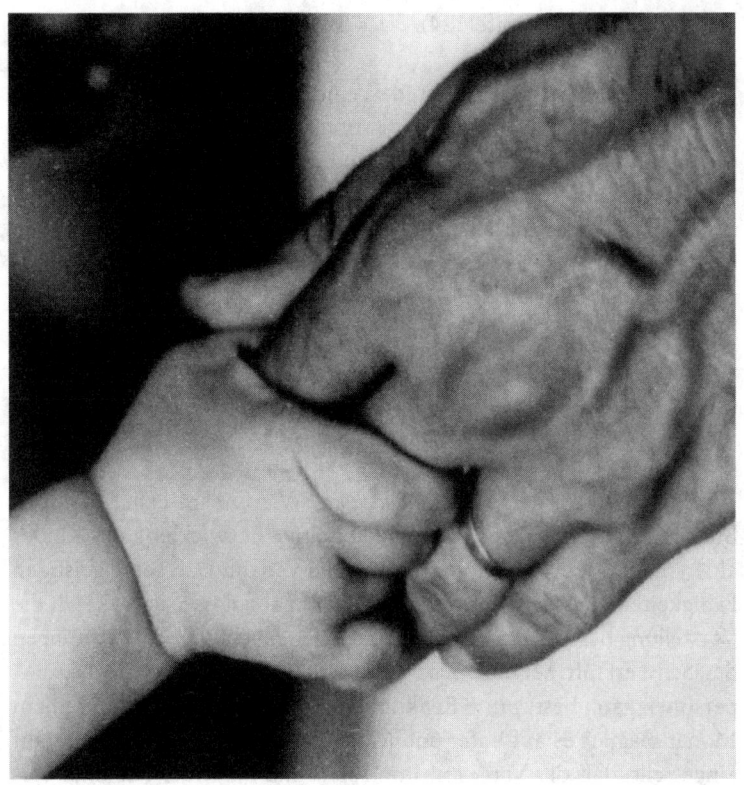

auszuprobieren und zu lernen, ist eine Überprüfung notwendig. Schießen seine Bewegungen übers Ziel hinaus, wenn es nach Gegenständen greift? Bewegt es sich ruckhaft und unsicher, wenn es nach irgend etwas greift oder zu stehen versucht? Nimmt diese Ruckhaftigkeit und Unsicherheit zu, wenn es unter Streß steht oder Fieber hat? Dies könnte bedeuten, daß eine neurologische Beeinträchtigung vorliegt, die das Kind unter Optimalbedingungen wettmachen kann, die aber zum Vorschein kommt, sobald sein Nervensystem zusätzlichen Belastungen ausgesetzt ist. Ein Kind mit einer gestörten Balance zwischen Beuge- und Streckmuskeln (Dyskinesie) muß beim Aneignen motorischer Fertigkeiten unterstützt werden. Zu den nicht auf Anhieb erkennbaren Störungen, die die motorische Entwicklung verzögern können, gehören leichte Zerebralparesen, Bewegungsstörungen (siehe auch Kapitel 24), Tics und das Gilles-de-la-Tourette-Syndrom.

Wenn der Kinderarzt glaubt, daß eine Störung vorliegt, verweist er die Eltern an einen Neurologen, der unter Umständen zu einer Therapie raten wird.* Am wirksamsten sind Therapieformen, die von den Stärken des Kindes ausgehen und seine Motivation dadurch wecken, daß sie das Verlangen ansprechen, die eigenen Stärken zu erproben und auszubauen. Das Kind zu Leistungen zu drängen, zu denen es noch gar nicht imstande ist, hat wenig Sinn. Der Therapieprozeß kommt dann ins Stocken, weil es den Mut verliert und glaubt, daß es ohnehin nichts hinbekommt. Deshalb ist es wichtig, daß gut geschulte Fachleute sich Interventionstechniken überlegen und die Eltern bei deren Anwendung anleiten.

Verzögerungen der kognitiven Entwicklung. Wie wir im ersten Teil des Buches gesehen haben, nimmt die kognitive Entwicklung des Kindes einen mehr oder weniger vorhersagbaren Verlauf. Daß seine geistigen Fähigkeiten wachsen, beispielsweise daran abzulesen, daß es sich die Vorstellung der Objektpermanenz zu eigen macht und die Wirkungen der Schwerkraft begreift. Das Baby lernt auch, von seinen Bezugspersonen ganz bestimmte Reaktionen zu erwarten. Schon mit einem Monat reagiert es auf Vater und Mutter unterschiedlich. Es ist darauf eingestellt, daß der Vater mit ihm spielt und die Mutter es eher versorgt, und verhält sich entsprechend unterschiedlich. Wenn der Vater sich ihm nähert, schaut es ihn vergnügt und gespannt an. Dagegen empfängt es die Mutter mit einem ernsten Blick, der zu sagen scheint: „Kommen wir zur Sache." Mit fünf Monaten hat es bereits sehr ausgeprägte Erwartungen, was Sie daran erkennen können, daß es einen fremden Ort prüfend inspiziert oder daß es zusammenfährt, wenn es eine fremde Stimme hört. In den folgenden Monaten entwickeln sich Nachahmungs- und Gedächtnisleistungen und ein Sinn für kausale Zusammenhänge.

Wenn diese Erwartungen und Fähigkeiten auf sich warten lassen, ist das Auffassungsvermögen des Kindes möglicherweise gehemmt, weil es durch eine Lernschwäche oder eine andere Störung im Nervensystem Informationen nicht richtig verarbeiten kann; vielleicht konnte es auch nicht genügend Erfahrungen mit Spielsachen oder mit Menschen sammeln. Anders läßt sich eine mehr als zweimonatige Verzögerung im Auftreten der beschriebenen Erwartungen und Fähigkeiten kaum erklären, falls gut für das Kind gesorgt ist und falls es zum Beispiel auch keine Frühgeburt war.

Eine Verzögerung oder Behinderung der motorischen Entwicklung muß keineswegs mit einer Verzögerung der kognitiven Entwicklung einhergehen. So wird sich ein Baby, das keine Arme und Beine hat oder aus anderen Gründen keine motorischen Erfahrungen gewinnen und auf seine Umgebung direkt einwirken kann, trotzdem die Vorstellungen von Objektpermanenz und Kausalität aneignen. Ich untersuchte einmal ein achtmonatiges Mädchen, das ganz dünne und zarte Ärmchen und anstelle der Beine nur Stümpfe hatte. Wenn ein Spielzeug zu Boden fiel, schaute sie hinunter, um nachzusehen, wo es geblieben war. Mit einem Aufziehspielzeug prüfte ich außerdem ihr Verständnis von Kausalität. Sie schaute dem Spielzeug fasziniert zu und folgte ihm mit dem Kopf, wie es über den Tisch rollte. Als es stehenblieb, schaute sie zu mir hoch und brummte, als wolle sie sagen: „Mach, daß es wieder läuft." Sie streckte Kopf und Hals vor und blickte mir in die Augen. Ihre Mutter sagte: „Ja, das macht sie, wenn sie will, daß wir ein Spielzeug in Gang setzen." Das Mädchen hatte allein durch Beobachtung eine Vorstellung von kausalen Zusammenhängen entwickelt.

Einem anderen Mädchen gleichen Alters dagegen konnte ich keine der beiden Reaktionen entlocken. Da sie in ihrer Entwicklung nicht gefördert worden war, lag sie wegen einer Gedeihstörung im Krankenhaus. Sie verfügte weder über Erfahrungen mit Gegenständen, noch vermochte sie sich vorstellen, daß sie etwas dazu tun konnte, daß ein Spielzeug sich in Bewegung setzte. Aufgrund der aufmerksamen Pflege im Krankenhaus erwachte ihr Interesse an Spielsachen und an Menschen. Nach zehn Tagen war sie lernbereit. Innerhalb eines Tages erwarb sie die Vorstellung der Objektpermanenz. Ein paar Tage später begriff sie das Prinzip eines Aufziehspielzeugs. Erst schaute sie mich an, um sich zu vergewissern, ob sie mir trauen konnte. Dann gab sie mir das Spielzeug, damit ich es zum Laufen brachte.

Die möglichen Ursachen für eine Verzögerung der kognitiven Entwicklung sind zu zahlreich, als daß ich sie hier alle aufführen könnte. Das Down-Syndrom und andere geistige Behinderungen gehören dazu, ebenso Aufmerksamkeitsstörungen (siehe Kapitel 26), das foetale Alkoholsyndrom und verschiedene Lernstörungen wie zum Beispiel die minimale zerebrale Dysfunktion (MCD). Falls Eltern und Kinderarzt sich einig sind, daß eine Entwicklungsverzögerung vorliegt, oder falls die Besorgnis der Eltern anhält, sollte, je nach Art des Problems, umgehend eine Überweisung an einen Neurologen, Kinderpsychiater oder Kinderpsychologen erfolgen.*

Natürlich kann die kognitive Entwicklung auch deshalb schleppend verlaufen, weil das Sehen, das Hören oder andere Sinne beeinträchtigt sind, ohne daß das bei der Geburt schon diagnostiziert worden wäre. Wenn wir früh eingreifen, wird das Kind Wahrnehmungsdefizite besser ausgleichen können. Der Kinderarzt kann ein paar einfache Hör- und Sehtests durchführen, doch komplexere Störungen kann nur der Augenarzt, der Audiologe oder der Hals-Nasen-Ohren-Arzt diagnostizieren (zu Sprech- und Hörproblemen siehe Kapitel 39).

Verzögerungen der emotionalen und sozialen Entwicklung. Verschiedene Faktoren können das Baby in seiner emotionalen Entwicklung und in der Entfaltung seiner zwischenmenschlichen Fähigkeiten hemmen. Wenn es im Mutterleib großem Streß ausgesetzt war oder zu früh geboren wurde, ist es besonders verletzlich. Reagiert es überempfindlich auf akustische und optische Reize, auf Berührungen, Bewegungsempfindungen und auf die Stimulierung der Mundregion, wird sich die Bindung an die Eltern nur langsam festigen. Vielleicht wendet es den Blick ab, wenn sie sich ihm zuwenden; vielleicht fängt es an zu zittern oder wird ganz starr, wenn sie mit ihm schmusen wollen. Wenn sie es hochnehmen, sträubt es sich entweder, oder es rutscht ihnen wie ein Mehlsack beinahe aus den Armen. Wenn es ausspuckt, was sie ihm gerade gefüttert haben, wenn es das Essen von sich wegschiebt oder Schwierigkeiten beim Schlucken hat, fühlen sie sich zurückgestoßen. Es fällt ihnen immer schwerer, sich auf zärtliche und spielerische Weise mit dem Kind zu beschäftigen, weil Wut in ihnen aufsteigt und sie das Gefühl haben, trotz ihrer Liebe zu ihm zu versagen. Die Entwicklungsprobleme des Babys werden sich dadurch noch verschärfen.

Manche dieser Probleme sind, falls die Eltern um die Ursachen wissen und Geduld aufbringen, nur von kurzer Dauer. Wie wir in Kapitel 2 gesehen haben, ist die Kontaktaufnahme zum Neugeborenen erschwert, wenn die Mutter bei der Entbindung bestimmte Medikamente bekommen hat, wenn es unter Sauerstoffmangel zu leiden hatte oder wenn es im Mutterleib Mangelzuständen ausgesetzt war.

Nach solchen Belastungen dürfte das Neugeborene beim Füttern matt und teilnahmslos sein. Es saugt schlecht, würgt und neigt zum Speien. Auf soziale Reize reagiert es, wenn überhaupt, nur verhalten. Es ist nicht in der Lage, die Hände zum Mund zu führen. Wenn es ins Sitzen hochgezogen wird, bleibt der Kopf im Nacken hängen. Es zeigt keine Reaktionen, die den Sehnsüchten der eifrigen, besorgten Eltern entgegenkommen. Falls ihnen die Gründe für das Verhalten ihres Kindes nicht erläutert werden, bekommen sie Angst, es könne bleibende Schäden davontragen. Ein Arzt oder eine Krankenschwester sollte ihnen erklären, daß bei den meisten dieser unzugänglichen Babys eine Besserung eintritt, sobald ihr Ernährungszustand sich normalisiert, die Wirkungen der Medikamente sich verlieren und sich in ihrem Nervensystem ein neues Regelgleichgewicht eingestellt hat. Falls das Kind jedoch nicht ansprechbarer wird, sollten die Eltern einen Neurologen* zu Rate ziehen. Schließt dieser eine neurologische Schädigung aus, kann ihnen vielleicht ein Spezialist für verhaltensmedizinische Kinderheilkunde oder für Säuglingspsychiatrie weiterhelfen.**

Bei der Beurteilung eines Babys, das einen schweren Start ins Leben hatte, halten wir Ausschau nach bestimmten Anzeichen für ein intaktes Nervensystem. Zum Beispiel sollten sich die Fähigkeiten zum zwischenmenschlichen Kontakt in den ersten Lebensmonaten weiter entfalten. Ein Baby lernt in den ersten Wochen, seine Aufmerksamkeit für immer längere Zeit auf soziale Reize zu richten. Wir erkennen an seinem Lächeln und der gesamten Mimik, an den Lautäußerungen und an den Bewegungen, die auf die Eltern gerichtet sind, daß es über die nötigen Fähigkeiten verfügt, zu ihnen in Beziehung zu treten. Falls es jedoch nicht aufmerkt, sobald es die Stimme der Mutter hört, und falls ihm beim Anblick des Vaters keine gespannte Erwartung anzusehen ist, müssen wir den Gründen dafür nachgehen. Wenn sein Nervensystem überempfindlich ist, wird es zum Beispiel Blicken ausweichen, oft die Stirn runzeln und sich von sozialen Reizen abwenden. Diese Phänomene können aber auch dadurch verursacht sein, daß die Erwachsenen das Baby entweder überfordern oder unangemessen auf es eingehen und ihm so das Gefühl vermitteln, daß seine Kommunikationsanstrengungen ohnehin vergeblich sind.

Bedenklich ist, wenn Spielsachen und vertraute Menschen dem Baby gleichgültig zu sein scheinen und wenn es nur schwache Gefühlsreaktionen zeigt. Entwickelt es zudem monotone Angewohnheiten – es wippt beispielsweise, während die Augen ziellos umherirren, mit dem Kopf oder mit dem ganzen Körper, es zwirbelt sein Haar, oder es hält die Hände vor das Gesicht oder über die Ohren –, ist eine eingehende Untersuchung ratsam (siehe Kapitel 24). Bei einem Baby, das nicht lächelt, keinen Kontakt aufnimmt und auf soziale Reize mit eintönigen, sinnlosen Verhaltensweisen und einem glasigen, stumpfen Blick reagiert, könnte eine neurologische Schädigung oder eine Entwicklungsstörung, die wir Autismus nennen, vorliegen (siehe weiter unten).

Derartige Symptome werden sich in den folgenden Monaten vermutlich nicht bessern, sondern noch steigern. Der Gesichtsausdruck eines depressiven oder verschlossenen Kindes ist lustlos, der Körper hat keine Spannung. Es streckt die Hand nicht nach dem Gesicht der Eltern aus, um es zu erkunden. Wenn Sie sich über das Kind beugen, um ihm ein Lächeln oder einen Laut zu entlocken, dreht es sich mit betrübtem Blick weg. Es sträubt sich, wenn Sie es halten oder im Arm wiegen wollen. Es sperrt sich vielleicht auch bei den Mahlzeiten und verliert an Gewicht. Am Ende kann dies zu einer Gedeihstörung führen. Sie kommt bei Babys mit neurologischen und psychischen Problemen und auch bei vernachlässigten Babys vor. Dr. George Engel aus Rochester, New York, hat nachgewiesen, daß die Verdauung eines Babys nicht richtig funktioniert, wenn Sie es in einer unbehaglichen Umgebung füttern, ohne weiter auf es einzugehen. Wenn Sie es dagegen beim Füttern im Arm halten, zu ihm sprechen und mit ihm spielen, werden die Verdauungssäfte abgesondert, die zum Aufnehmen von Nährstoffen notwendig sind. Dies zeigt uns, daß das Eingehen auf das Kind genauso entscheidend ist wie die Nahrung. Die Reaktionen der Eltern müssen dabei dem Auffassungsvermögen des Babys angemessen sein.

Um festzustellen, welche Störung das Kind in seiner emotionalen Entwicklung hemmen könnte, muß ich sein Verhalten sorgfältig beobachten und die Eltern auf einfühlsame Weise befragen. Während ich mir auf diese Weise ein Bild zu machen versuche, kann ich die Eltern dabei anleiten, so auf das Baby einzugehen, wie das seinen Fähigkeiten entspricht.

Wenn ein Kind von etwa acht bis sechzehn Monaten noch wenig Interesse an Spielzeug und auch an Menschen zeigt, ist das bedenklich. Wenn Sie ihm ein Spielzeug anbieten, und es reagiert lustlos und apathisch darauf, weiß wenig damit anzufangen, macht immer dasselbe damit und stört sich kaum daran, wenn es ihm hinunterfällt, dürfte seine affektive (emotionale) Entwicklung beeinträchtigt sein. Zeigt ein Kind dieses Alters Zeichen einer Depression oder eines ausgeprägten Rückzugs in sich selbst, müssen sich die Eltern nach Hilfe umschauen. Dies gilt insbesondere dann, wenn es monotone, sinnlose Bewegungen vollführt, sich Eltern und Fremden gegenüber gleich verhält und keine Trotzphasen durchmacht.

Die gerade geschilderten Symptome – flache Emotionalität, monotone Bewegungen und mangelndes Interesse an Menschen – sind auch Indizien für *Autismus*. Ein autistisches Kind meidet außerdem Körperkontakt, kann nur schwer in Beziehung zu anderen treten, ist in seiner sprachlichen Entwicklung verzögert und reagiert auf Sinnesreize in schwer nachvollziehbaren Extremen. Bei bestimmten Geräuschen oder beim Anblick bestimmter Gegenstände gerät es außer sich, während es andere nicht einmal zu bemerken scheint.

Autismus ist nicht leicht zu diagnostizieren, und die Ursachen sind noch ungeklärt. Eine Sinnesbehinderung wie zum Beispiel Taubheit muß ausgeschlossen werden. Zunächst sollte am besten ein auf Entwicklungsstörungen spezialisierter Kinderarzt das Kind untersuchen. Es kann sein, daß dann noch ein Psychiater, ein Neurologe, ein HNO-Arzt, eventuell ein phoniatrisch ausgebildeter HNO-Arzt, bei der Diagnose und der Behandlung mitwirken müssen.

Spätere Entwicklungsprobleme. Bei manchen Kindern verläuft die motorische, kognitive und emotionale Entwicklung in den ersten Monaten zwar normal, doch zu einem späteren Zeitpunkt treten psychische Probleme auf. Ich wäre beunruhigt, wenn ein zwei- oder dreijähriges Kind „überbrav" ist. Wenn es nicht trotzt und wütet, ist sein Drang nach Autonomie möglicherweise verschüttet. Ein Kind, das sich vor anderen Kindern duckt oder lieber allein bleibt, fühlt sich offenbar so isoliert und ist so passiv, daß es unsere Aufmerksamkeit braucht. Falls die anderen Kinder es meiden, ist das ein besonders bedeutsames Indiz. Ein Kind, das insgeheim mit emotionalen Problemen ringt, sitzt zum Beispiel vor dem Fernseher und lutscht dabei am Daumen, zwirbelt sein Haar oder fingert an Nase und Gesicht herum. Es zieht sich aus jeder Situation zurück, die Anstrengung erfordert, etwa wenn es den Großeltern, Fremden oder anderen Kindern begegnet. Der Muskeltonus ist niedrig, die Gesichtsfarbe ungesund, und es ißt wenig. Es ist lustlos und unempfänglich und für nichts zu begeistern.

Am anderen Ende des Spektrums stehen Kleinkinder mit extremen Gefühlsäußerungen und ständigen Stimmungsumschwüngen, die zur jeweiligen Situation in keinem Verhältnis stehen. Sie springen von Weinen über Lachen zu leerem Vorsichhinstarren und gehen mit Spielsachen und Menschen im wesentlichen gleich um. Sie geraten rasch außer sich und sprechen auf die behutsamen, fürsorglichen Bemühungen der Eltern nicht an. Sie scheinen von den Menschen um sie herum abgeschnitten zu sein. Kichern, hysterisches Gelächter, Weinen oder Schreien münden leicht in Wutanfälle. Andererseits haben sie depressive Phasen, die sich nicht hinreichend mit den jeweils auslösenden Situationen erklären lassen.

Wenn das Kind in solchen Verhaltensweisen gefangen scheint, sind die Eltern meist verängstigt und wissen nicht, wo sie sich hinwenden sollen. Wenn sie bei Freunden oder einem psychologisch wenig beschlagenen Arzt Rat suchen, bekommen sie vielleicht zu hören: „Kein Grund zur Sorge. Das gibt sich mit der Zeit von allein." Halten die Symptome aber an, sollten sie ihrem eigenen Urteil trauen und um eine Überweisung an einen Kinderpsychiater bitten. Mit einer eingehenden Untersuchung kann er den zugrundeliegenden emotionalen Problemen auf die Spur kommen, und die Therapie kann beginnen, bevor die Probleme sich noch weiter zuspitzen.

19. Disziplin

Gleich nach der Liebe ist Diziplin das zweitwichtigste Geschenk der Eltern an das Kind. Doch die Disziplin wirft viel schwierigere Fragen auf. In welchem Lebensalter des Kindes sollten die Eltern damit beginnen, ihm Grenzen vorzugeben? Wann sind sie „zu streng"? Wie sollten sie es sinnvollerweise bestrafen? Nach meiner Erfahrung stellen sich viele Eltern diese Fragen. Die meisten wissen zwar, wie entscheidend es ist, dem Kind Grenzen zu setzen, doch dabei konsequent und wirkungsvoll vorzugehen, gehört zu den schwierigsten Aufgaben für Eltern. Wir hätten alle gerne „wohlerzogene" Kinder, machen uns aber zugleich Sorgen, wir könnten ihren Elan brechen oder sie allzuoft bremsen und dadurch einschüchtern.

Meinem Eindruck nach hat sich dieses Dilemma, in dem die Eltern stecken, während der letzten zehn Jahre noch verschärft. Wenn sie beide ganztags berufstätig sind, finden sie es schrecklich, in der kurzen Zeit, wenn sie zu Hause sind, auch noch auf Disziplin beharren zu müssen. Doch das Kind wird sein provozierendes Verhalten den ganzen Tag lang aufsparen, um es dann in einer sicheren, liebevollen Umgebung zu erproben. Sind also die Eltern tagsüber nicht da, nimmt das Bedürfnis des Kindes, Grenzen zu erfahren, sogar noch größere Bedeutung an.

Manche Eltern sind im Zwiespalt, weil sie schmerzliche Erinnerungen daran haben, daß sie selbst zu streng erzogen wurden. Sie wollen nicht, daß sich die Vergangenheit wiederholt. Wenn sie als Kinder mißhandelt wurden, haben sie Angst, genauso wie ihre Eltern die Beherrschung zu verlieren. Sie brauchen möglicherweise Hilfe, um sich bewußt mit den „Gespenstern" aus der eigenen Kindheit auseinanderzusetzen und so dem Bedürfnis ihres Kindes nach Disziplin gerecht werden zu können.

Fördern der Selbstdisziplin

Disziplin bedeutet Anleiten, nicht Bestrafen. Was Sie in jedem Einzelfall tun, ist nicht so wichtig wie die grundsätzliche Linie, die Sie dabei

verfolgen. In bestimmten Fällen muß zur Disziplin auch eine Strafe gehören, doch sollte diese unmittelbar auf das Fehlverhalten folgen, kurz sein und auf die Gefühle des Kindes Rücksicht nehmen. Nach jeder Bestrafung dieser Art (zum Beispiel einem Time-out oder dem Vorenthalten von etwas, was das Kind besonders mag) sollten Sie sich zusammen mit dem Kind hinsetzen und ihm versichern: „Ich habe dich gern, aber das kann ich dich nicht machen lassen. Eines Tages wirst du dich selbst zurückhalten können, und ich brauche das nicht mehr an deiner Stelle zu tun."

Ein Kind spürt, daß es Diziplin lernen muß, und versucht die Eltern mit allen möglichen Mitteln dazu zu nötigen, ihm Grenzen zu ziehen. Irgendwann am Ende des zweiten Lebensjahres bringt es dieses Bedürfnis zum Ausdruck, indem es die Eltern ganz offensichtlich herausfordert. Ob es nun an den Knöpfen des Fernsehers herumspielt, Essen auf den Boden fallen läßt oder andere beißt – in einer rauschhaften Mischung von Erregung und Furcht probiert das Kind aus, was erlaubt und was verboten ist. Sobald es krabbeln oder laufen kann, ist immer Gefahr im Verzug.

Wenn die Eltern ihm keine klaren Regeln vorgeben, fängt es im zweiten Lebensjahr an, sich „verzogen" aufzuführen. Voller Anspannung bemüht es sich, die Eltern zu provozieren, damit sie ihm Grenzen setzen. Es weiß sehr wohl, daß es sich diese nicht selbst setzen kann. Ich habe solche rastlosen Kinder beobachtet und weiß daher, wie wichtig es ist, ihnen mit Entschlossenheit und Verständnis Grenzen vorzugeben. Dies tut der Persönlichkeitsentwicklung des Kindes keinen Abbruch, solange die Eltern nur in wichtigen Dingen auf konsequenter Disziplin bestehen; es trägt ganz im Gegenteil wesentlich dazu bei, daß das Kind sich selbst kennenlernt.

Selbstdisziplin, das Ziel der elterlichen Erziehungsanstrengungen, entwickelt sich in drei Stadien: (1) das Kind erkundet seine Grenzen durch Herumexperimentieren; (2) es reizt andere, damit sie ihm deutlich machen, welches Verhalten akzeptabel ist und welches nicht; und (3) es verinnerlicht diese Verhaltensschranken, die es zuvor nicht kannte. Als zum Beispiel eine unserer Töchter zu krabbeln anfing, wurde natürlich der Herd ein besonderer Anziehungspunkt. Jedesmal wenn sie schnurstracks darauf zusteuerte, fiel unsere Reaktion, zu ihrer Befriedigung, recht dramatisch aus. Weil sie mit dieser Reaktion rechnete und sicher gehen wollte, daß wir ihr auch zuschauten, blickte sie sich um, bevor sie die Hand ausstreckte. Wenn wir nicht in ihre Richtung schauten, krabbelte sie entweder vom Herd weg, oder sie zog mit einem Laut unsere Aufmerksamkeit auf sich. Bis wir das „Nicht anfassen!" sagten, auf das sie wartete, war sie sehr angespannt. Wenn wir nur ein bißchen zögerten, streckte sie die Hand nach dem Herd aus, um uns zu einer Reaktion zu bewegen. Wenn wir ungehalten reagierten, weil wir am Ende eines langen Tages müde waren, zerfloß sie in Tränen. Doch während sie schluchzte, wanderten die Augen über unsere Gesichter, und ihr war, so hatten wir den Eindruck, eine gewisse Erleichterung anzusehen. Nach ein paar Monaten, als sie nicht mehr krabbelte, sondern schon laufen konnte, schoß sie des öfteren zum Herd hin, blieb davor stehen, sagte zu sich selbst laut „Nein!" und wackelte davon zu anderen Abenteuern. Sie hatte die Grenzen verinnerlicht, die wir ihr vorgegeben hatten. Im nachhinein verstanden wir, daß unser Zögern sie im ungewissen gelassen hatte. Wenn wir in wichtigen Punkten wie dem heißen Herd mit Entschiedenheit vorgingen, spürte sie das und machte sich die Grenzen zu eigen, die wir ihr zogen.

Meist liegen die Dinge allerdings nicht so klar. Die meiste Zeit drangsaliert das Kind die Eltern wegen Dingen, denen sie keine große

Bedeutung beimessen. Sie sind sich unschlüssig: Ist das jetzt einen Clinch wert? Wenn wir ihr hier ihren Willen lassen, kommt sie dann gleich mit dem nächsten an? Soll ich jetzt unnachgiebig bleiben, damit sie dann auch auf mich hört, wenn es um etwas wirklich Wichtiges geht? Wenn das Kind spürt, daß die Eltern auch nur ein bißchen schwankend sind, wiederholt es sein provozierendes Verhalten oder intensiviert es sogar. Mit Sicherheit werden Sie manchmal den ganzen Tag damit zubringen, „Nein" zu dem Kleinkind zu sagen, während es seinerseits den ganzen Tag damit beschäftigt ist, Sie zu reizen.

Ich rate Eltern: Beharren Sie auf Disziplin nur in solchen Fällen, auf die es wirklich ankommt, damit Sie dann auch unnachgiebig und entschlossen sein können; das Kind wird wissen, daß es Ihnen ernst ist, und Ihre Zurechtweisung wird Wirkung zeigen. Disziplin funktioniert dann, wenn Sie nicht wankend werden und das Kind merkt, daß es von Wichtigkeit ist, Ihrer Entscheidung zu folgen. Wenn Sie es davon abhalten, sich selbst oder anderen weh zu tun oder Gefahren heraufzubeschwören, kommt das seinem Wunsch entgegen, an Grenzen zu stoßen.

Disziplin in den verschiedenen Entwicklungsstadien

In jedem Entwicklungsstadium gibt es Verhaltensweisen, bei denen das Kind zu aggressiv und entfesselt scheint, die aber dennoch normal sind. Das Kind experimentiert eigentlich nur herum, doch wenn Sie übertrieben reagieren, bestärken Sie es damit womöglich in seinem Verhalten. Kinder müssen die verschiedensten aggressiven Verhaltensweisen ausprobieren. Je nach Altersstufe beißen und zwicken sie andere, lügen, stehlen oder sagen unanständige Wörter; später werden sie Rauchen und Sex ausprobieren und abends zu spät heimkommen. Das „probeweise" Handeln des kleinen Kindes muß zunächst gar nicht als Provokation gemeint sein. Löst es bei den anderen aber heftige Reaktionen aus, ist das Kind verwundert. Es probiert noch einmal dasselbe, als müßte es herausfinden, warum die Reaktionen beim ersten Versuch so stark ausfielen. Wenn es das Verhalten ständig wiederholt, wird es immer angespannter dabei, und ein unbewußter Zwang zur Wiederholung kann sich aufbauen. Das zunächst wenig bedeutsame Verhalten bekommt etwas Getriebenes und wird mit innerer Erregung aufgeladen. Mit der Zeit verliert das Kind die Gewalt darüber. Das Verhalten löst soviel Zorn in den anderen aus, daß ein Teufelskreis in Gang kommt. Kind und Eltern fahren sich fest. Wenn es so weit gekommen ist, müssen die Eltern sich klarmachen, daß das Kind mit dem Verhalten seine Angst vor etwas auszudrücken versucht, das es nicht recht begreift und dem es ausgeliefert ist. Es kann nicht anders, als zwanghaft zu reagieren.

Sie können eine solche Situation vermeiden oder entschärfen, indem Sie angemessen reagieren, wenn das Kind die betreffende Verhaltensweise zum erstenmal ausprobiert. Es folgen Beispiele für ganz normales „Fehlverhalten" des Kindes und Tips, wie Sie ihm Grenzen vorgeben können, ohne das Problem weiter zu forcieren.

Vier bis fünf Monate. Oft beißen Kinder in diesem Alter beim Stillen in die Brustwarze. Die ersten Zähne sind gerade durchgekommen und müssen ausprobiert werden. Die Mutter kann dem Baby klarmachen, daß sie das Beißen nicht mag, indem sie es von der Brust wegzieht. Ziehen Sie das Kind, ohne dabei übertrieben zu reagieren, mit Entschiedenheit weg, sobald es Sie wieder beißt. Lassen Sie es statt dessen auf Ihren Finger beißen.

Acht bis zehn Monate. Ohne Ihnen wehtun zu wollen, zieht das Baby Sie an den Haaren, langt Ihnen ins Auge oder haut Ihnen ins Gesicht. Haare, Augen und Gesichter üben einfach eine große Anziehungskraft auf es aus. Wenn Sie übertrieben reagieren, steigert das den Reiz des Ganzen nur. Machen Sie dem Kind gelassen und mit Entschiedenheit klar, daß das weh tut. Sagen Sie ihm, daß seine Neugier in Ordnung ist, das Wehtun aber nicht. Wenn es trotzdem weitermacht, halten Sie seine Hände fest, bis es lernt, sich zu bremsen. Sagen Sie jedesmal: „Ich mag das nicht, und ich halte immer deine Hand fest, bis du soweit bist, daß du mich nicht mehr so arg an den Haaren ziehst oder kratzt oder haust." Das Kind wird allmählich begreifen. Setzen Sie es ab, falls nötig, bis es nicht mehr so erregt ist, nehmen Sie es dann wieder zärtlich auf den Arm, und erklären Sie ihm, warum Sie so gehandelt haben.

Zwölf bis vierzehn Monate. Wenn das Kind Sie ins Gesicht oder in die Schulter beißt oder zwickt, probiert es das Beißen oder Zwicken an sich aus, will aber auch sehen, ob und wie Sie reagieren. Damit können Sie in ähnlicher Form umgehen. Setzen Sie das Kind ab und sagen Sie ihm, daß Sie es gerne in den Arm nehmen, aber nicht gebissen werden wollen.

Sechzehn bis vierundzwanzig Monate. Das Kind probiert jetzt vielleicht aus, wie das ist, andere Kinder zu beißen, zu kratzen oder sie an den Haaren zu ziehen. Es sucht in dieser Phase nach Wegen, die anderen besser zu verstehen, und will herausfinden, wie es ihre Aufmerksamkeit auf sich ziehen kann. Wenn es ein anderes Kind nicht kennt und nicht recht weiß, wie es seine große Wißbegierde befriedigen soll, verfällt es oft, in einer Überreaktion auf diesen Streß, in aggressive Handlungen. Diese treten also meist in ungewohnten oder angespannten Situationen auf. Wenn die Eltern, was allzuleicht geschieht, ihrerseits überreagieren – die Mütter sind meist völlig entsetzt, vor allem wenn es ihr erstes Kind ist –, verängstigt das beide Kinder. Das Kind, das gebissen wurde, braucht natürlich Trost, doch wir sollten ihm vielleicht auch helfen zu verstehen, daß das andere Kind aus Neugier so gehandelt hat. Das Kind, das gebissen hat, wird den meisten Trost brauchen, denn das, was es getan hat, jagt ihm ebenso Angst ein wie die Reaktion des anderen Kindes. Nehmen Sie es auf den Arm, und erklären Sie ihm, daß das Beißen wehtut und dem anderen Kind gar nicht gefallen hat. Beruhigen Sie es, bis es sich wieder gefangen hat, und versuchen Sie ihm dann zu zeigen, wie es sich dem anderen Kind auf sanftere Weise nähern kann. Ihr Kind wird noch viele Erfahrungen mit anderen Kindern sammeln müssen. Sie sollten ihm auch sagen, daß Sie mit ihm weggehen werden, wenn es sich nicht im Zaum halten kann. Doch je weniger die Erwachsenen sich einmischen, desto besser. Wenn das aggressive Verhalten sich nicht legt, sollten Sie sich nach einem gleich alten und gleich großen Kind umschauen, das andere ebenfalls beißt, kratzt oder an den Haaren zieht. Bringen Sie die beiden zusammen, und lassen Sie sie voneinander lernen. Wenn das eine beißt, wird das andere vermutlich zurückbeißen. Beide werden verblüfft sein, wie weh das tut, und es sich beim nächsten Mal überlegen, bevor sie andere beißen.

Achtzehn bis dreißig Monate. In diesem Alter setzen Wutanfälle und heftiges Trotzen ein. Ein ungestümes Streben nach Unabhängigkeit im zweiten und dritten Lebensjahr ist ganz natürlich und wichtig. Das

Kind versucht sich innerlich von Ihnen abzusetzen und selbst über sich zu bestimmen. Belanglosigkeiten, die aber *für das Kind selbst* große Bedeutung annehmen, stürzen es oft in heftige Entscheidungskonflikte.

Wutanfälle vermeiden zu wollen ist zwecklos. Legen Sie sich *nicht* neben das Kind auf den Boden, um an ihnen Anteil zu nehmen. Versuchen Sie auch *nicht*, das Kind mit Schockmethoden zur Besinnung zu bringen, indem Sie es zum Beispiel mit kaltem Wasser bespritzen. Je mehr Sie sich ins Geschehen hineinziehen lassen, desto länger wird der Wutanfall dauern. Das Gescheiteste ist oft, sich zu vergewissern, daß das Kind sich nichts tun kann, und dann einfach aus dem Zimmer zu gehen. Der Wutanfall oder das aggressive Verhalten wird dann wahrscheinlich bald abklingen. Gehen Sie nach einer Weile zu dem Kind zurück, nehmen Sie es zärtlich in die Arme, und setzen Sie sich mit ihm in einen Schaukelstuhl, um es zu besänftigen. Sobald es aufnahmefähig ist, können Sie ihm Ihr Verständnis dafür zeigen, daß es sich mit seinen zwei oder drei Jahren oft nicht schlüssig ist, was es eigentlich will, und deshalb viel durchzustehen hat. Sagen Sie ihm aber auch, daß es irgendwann lernen wird, rascher zu einem Entschluß zu kommen, und daß es nicht so schlimm ist, wenn es bis dahin ab und zu die Kontrolle über sich verliert.

Drei bis sechs Jahre. In diesem Alter werfen manche Kinder, wenn sie zornig werden, mit Gegenständen um sich oder zerstören sie. Wenn zum Beispiel abends ihre Energie erschöpft ist, haben sie sich nicht mehr in der Gewalt. Auf die Freude an der aggressiven Handlung folgt Angst, wenn das Kind merkt, was es getan hat.

Machen Sie ihm zunächst klar, daß es das nicht darf – und daß Sie beim nächsten Mal versuchen werden, ihm rechtzeitig zu helfen und es daran zu hindern. Halten Sie es so fest im Arm, daß ihm nichts übrig bleibt, als sich wieder zu beruhigen. Setzen Sie sich mit ihm hin, und halten Sie es auf Ihrem Schoß, bis es imstande ist, Ihnen zuzuhören. Erklären Sie ihm, warum es Ihrem Eindruck nach so aggressiv geworden ist, und warum das nicht in Ordnung ist. Sagen Sie ihm, daß Sie wissen, wie schlecht es sich fühlt, weil es so destruktiv und unbeherrscht gehandelt hat. Versichern Sie ihm, daß Sie versuchen wollen einzugreifen, bevor es die Gewalt über sich verliert. Bitten Sie es, zu überlegen, wie sein aggressives Verhalten am besten zu bremsen wäre. Wenn seine Idee funktioniert, hat es ein großes Lob verdient. So sorgen Sie dafür, daß es sein Verhalten bald wieder ohne Ihre Hilfe steuern kann.

Die richtigen Maßnahmen treffen

Viele Eltern fragen sich, wenn sie ihr Kind zurechtweisen müssen: Ersticke ich seine Vitalität, wenn ich zu streng bin oder es zu oft strafe? Liebevolle Eltern wollen nicht, daß ihr Kind passiv wird. Auf die Frage, ob sie ein aggressives Kind haben wollen oder nicht, antworten die meisten Eltern: „Nicht *zu* aggressiv, aber ich möchte durchaus, daß sie sich ihrer Haut wehren kann." Natürlich müssen sie auf die Aggressionen oft mit Strafen reagieren. Sie dürfen dabei aber das Durchsetzungsvermögen und die aggressiven Impulse des Kindes nicht unterdrücken, sondern müssen ihm helfen, die Impulse in akzeptable Verhaltensweisen umzusetzen.

Wenn die Eltern fragen, woran sie erkennen können, ob sie zu streng sind, schlage ich ihnen vor, auf folgende Anzeichen zu achten:

• Das Kind ist zu brav oder zu ruhig oder traut sich nicht, negative Gefühle zum Ausdruck zu bringen.

• Das Kind reagiert schon auf den leisesten Tadel sehr empfindlich.

• Das Kind provoziert sie nicht in der seinem Alter entsprechenden Weise.

• Das Kind hat keinen Sinn für Humor und keine Freude am Leben.

• Das Kind ist meistens reizbar oder ängstlich.

• Das Kind läßt in anderen Bereichen – beim Essen, Schlafen oder beim Sauberkeitstraining – erkennen, daß es sich zu sehr vorangetrieben fühlt; vielleicht fällt es auf eine frühere Verhaltensstufe zurück und benimmt sich wie ein Baby oder ein viel jüngeres Kind.

Jedes dieser Symptome ist ein Signal, daß die Eltern Druck vom Kind nehmen und nur in wesentlichen Punkten auf Disziplin beharren sollten.

Wenn die Eltern mich nach festen Disziplinregeln fragen, gebe ich ihnen die folgenden Ratschläge.

• *Beachten Sie, in welchem Entwicklungsstadium sich das Kind befindet,* und machen Sie sich insbesondere klar, in welcher Form es jeweils versucht, neue Erfahrungen zu sammeln.

• *Die Zurechtweisung sollte auf den Entwicklungsstand des Kindes zugeschnitten sein.* Probieren Sie zum Beispiel bei einem Säugling oder einem Kleinkind zunächst, es abzulenken und mit etwas anderem zu beschäftigen. Wenn dies nicht glückt – es glückt eher selten –, müssen Sie es vielleicht vom Ort des unerwünschten Verhaltens entfernen. Wenn Sie ein Kind zurechtweisen, das über zwei Jahre alt ist, sollten Sie ihm stets eine Erklärung dafür anbieten, warum es „verrückt gespielt hat"; versuchen Sie zu verstehen, was das aggressive Verhalten des Kindes ausgelöst hat, und bieten Sie ihm die Chance, das selbst zu begreifen.

- *Die Zurechtweisung muß dem Wesen des Kindes angemessen sein.* Greifen Sie auf das zurück, was Sie über das Temperament und die wunden Punkte Ihres Kindes wissen. Auf ein empfindsames Kind kann eine Strafe verheerend wirken, die für ein aktives, quirliges Kind durchaus angemessen wäre.
- *Versuchen Sie sich im Hintergrund zu halten, wenn Ihr Kind mit anderen Kinder zusammen ist.* Wenn Sie sich einmischen, kompliziert das den Austausch zwischen den Kindern erheblich, weil das Verhalten Ihres Kindes dann mindestens zur Hälfte auf Sie zielt.
- *Zeigen Sie dem Kind, wie Sie selbst vorgehen würden.* Es kann sich an Ihnen orientieren und so lernen, sich zu zügeln oder sich in heiklen Situationen richtig zu verhalten. Wie Sie ihm beim Lösen eines Konflikts zur Seite stehen, sagt ihm oft mehr als viele, viele Worte. Mit einem direkten, entschlossenen, aber liebevollen Vorgehen sind Sie ihm das beste Vorbild.
- *Nachdem Sie das Kind zurechtgewiesen haben,* können Sie ihm helfen zu verstehen, was gerade vorgefallen ist. Damit anzufangen, noch während Sie es zurechtweisen oder bestrafen, hat wenig Sinn, weil Ihre eigene Anspannung diejenige des Kindes noch steigern würde. Doch wenn alles vorbei ist und Sie sich gemeinsam klarmachen, was da vor sich gegangen ist, wird sein Gesicht sich aufheitern. Das ist für Sie ein Beweis, daß Ihnen ein Durchbruch gelungen ist und das Kind sich selbst und seine aggressiven Regungen besser versteht.
- *Setzen Sie ein Time-out ein,* das aber nur kurz sein sollte. Umarmen Sie das Kind danach, und erklären Sie ihm, warum das Time-out notwendig war.
- *Fragen Sie das Kind um Rat, was beim nächsten Mal helfen könnte.* Probieren Sie seinen Vorschlag aus. Loben Sie das Kind, wenn es klappt.
- *Körperliche Strafen haben ganz reale Nachteile.* Überlegen Sie, was es für ein Kind bedeutet, wenn Sie die Fassung verlieren und zu körperlicher Aggression greifen. Das Kind erkennt, daß Sie eigentlich an Macht und rohe Gewalt glauben.
- *Senden Sie keine mehrdeutigen Botschaften.* Wenn Sie sagen „Du sollst nicht hauen" oder „Laß das sein", sich aber insgeheim nicht sicher sind, ob Sie das vom Kind auch verlangen können, wird seine Selbstdisziplin eher noch schwächer werden.
- *Halten Sie inne, und gehen Sie mit sich zu Rate, wenn Ihre Maßnahmen wirkungslos bleiben.* Reagieren Sie zu oft oder zu ungeschickt auf die

Provokationen des Kindes? Versucht das Kind Ihnen, indem es verrückt spielt, mitzuteilen, daß es Angst hat, sich nicht zu helfen weiß oder mehr Zuwendung braucht?

* *Nehmen Sie das Kind, nachdem Sie es zurechtgewiesen haben, zärtlich auf den Arm.* Das ist schwer, aber entscheidend. Während Sie es wiegen und festhalten, sagen Sie ihm, daß es eben leider sehr *mühselig* ist, Selbstdisziplin zu lernen. Das Kind muß wissen, daß Sie es gern haben und respektieren, während es darum ringt, mit sich ins reine zu kommen. „Ich habe dich gern, aber ich kann nicht zulassen, daß du dich so benimmst. Wenn du gelernt hast, dich selbst zurückzuhalten, muß ich das nicht mehr für dich tun."

Vergessen Sie nicht, dem Kind Bestätigung zu geben, wenn es Sie nicht provoziert. „Jetzt schau dich an. Du versuchst dich wirklich zusammenzunehmen! Ich bin stolz auf dich."

20. Scheidung

Eine Scheidung ist eine Niederlage für alle Beteiligten. Die Kinder leiden unweigerlich darunter. Judith Wallersteins Längsschnittstudien zeigen, daß Scheidungskinder sich oft noch nach vierzehn oder fünfzehn Jahren danach sehnen, daß die ursprüngliche Familie wiederhergestellt wird. Auch wenn das Leben in ihr spannungsreich und belastend war, träumt das Kind davon, beide Eltern wieder für sich zu haben. Wenn die Beziehung der Eltern an einen toten Punkt gelangt, sollten sie überlegen, welche Auswirkungen eine Scheidung auf die Kinder hätte und wie sie, die Eltern, damit umgehen würden. Oft fragen Eltern mich: „Ist es nicht besser für das Kind, wir gehen auseinander, als daß wir zusammenbleiben und streiten?" Da ich nicht die gesamte Situation kenne, habe ich darauf keine Antwort. Ehe die Eltern sich trennen, sollten sie vielleicht zu einem Familientherapeuten gehen, der ihre Beziehung mit unvoreingenommenem Blick betrachten kann. Kinder verkraften die Trennung der Eltern nur schwer. Auch wenn die Eltern wieder heiraten und „Mischfamilien" entstehen, ist das für die Kinder wie für die Erwachsenen nicht einfach. Falls die Eltern auseinandergehen, sind sie verpflichtet, die Kinder so weit wie möglich zu schützen.

Die Verantwortung der Eltern

Den meisten Schaden fügen die Eltern dem Kind zu, wenn sie es benutzen, um ihre Konflikte auszutragen. Allzu leicht wird es zum Spielball ihrer Rivalität und ihrer Wut auf den anderen. Das kann nicht spurlos an ihm vorübergehen. Wenn die entzweiten Eltern derart unsensibel vorgehen, leidet darunter seine künftige Beziehungsfähigkeit. Ein solcher Umgang mit Kindern erhöht die Wahrscheinlichkeit, daß ihre späteren Ehen ebenfalls keinen Bestand haben. Wenn sie in die Zwietracht ihrer Eltern hineingezogen werden, wachsen sie mit der Erwartung auf, daß sie als Erwachsene ebenso wütend, unsicher und streitsüchtig sein werden. Die Eltern haben die Pflicht, dem entgegenzuwirken, falls sie sich scheiden lassen.

In den Kindern bleibt der Wunsch nach der „alten" Familie wach. Sie fühlen sich von dem Elternteil, der nur Besuchsrecht hat, im Stich gelassen und haben Angst, auch der Elternteil, bei dem sie wohnen, könnte sie noch verlassen.[4] „Wenn er mich verlassen kann, warum sollte sie nicht dasselbe tun?" Kurzzeitige Trennungen nehmen für das Kind übergroße Bedeutung an. Jedesmal wenn die Mutter weggeht, fragt es sich: Geht sie für immer fort? Warum verläßt sie mich? Wollen sie alle nichts von mir wissen, weil ich böse und schlecht bin? Wird sie auch nicht vergessen, zurückzukommen? Wer würde sich sonst um mich kümmern? Die Mutter muß das Kind auf jede Trennung so sorgsam wie möglich vorbereiten. Nach der Rückkehr sollte sie ihm sagen: „Ich habe dich vermißt. Hast du mich auch vermißt? Du weißt noch, daß ich dir gesagt habe, daß ich dann und dann wiederkomme, und jetzt bin ich wieder da. Du hast dir bestimmt Sorgen gemacht." Dann sollte sie dem Kind Raum dafür lassen, zu äußern, wie verlassen es sich vorgekommen ist. Jedesmal wenn es solchen Gefühlen Luft macht, ist das für die Mutter eine Gelegenheit, ihm zu zeigen, daß das Verlassenwerden nicht notwendigerweise zu jeder Beziehung dazugehört.

Der Vater muß ähnlich verantwortungsvoll vorgehen. Bei seinen Besuchen sollte er sich an die Absprachen halten und zuverlässig und pünktlich sein. Eine Viertelstunde warten zu müssen kommt einem kleinen Kind wie eine Ewigkeit vor. Der Besuch des Vaters wird zum Symbol, das seine größte Angst bannen soll – die vor dem Verlassenwerden. Falls er sich verspätet, sollte er anrufen und bei seiner Ankunft dann sagen, daß ihm die Verspätung sehr leid tut. Er sollte mit dem Kind sprechen, bevor er mit seiner Ex-Frau spricht.

Das Kind fürchtet, der Vater sei davongegangen, weil er es nicht liebt, weil es böse ist. Es bezieht alles auf sich. Es wird immer wieder die Schuld bei sich selbst suchen, ganz gleich, wie oft ihm gesagt wird, daß es an der Trennung oder Scheidung nicht schuld ist. Erst Jahre später wird es wagen, seine Ängste in Worte zu fassen: „Ich wußte, daß sie sich nie hätten trennen müssen, wenn ich ihnen weniger Kum-

---

[4] Um das unschöne „Elternteil" (für englisch „parent") zu vermeiden, gehe ich im folgenden meist von dem häufigeren Fall aus, daß die *Mutter* das Sorgerecht hat. Entsprechend gebe ich „step-parent" mit „Stiefvater" wieder. A.d.Ü.

mer gemacht hätte." „Daß sie sich genau zu der Zeit getrennt haben, war meine Schuld. Ich ging weg in die Schule und ließ sie im Stich." „Sie beschlossen, sich scheiden zu lassen, als sie mich beim Rauchen erwischt hatten." Ein kleines Kind fühlt sich verantwortlich für die Trennung der Eltern, auch wenn es das noch nicht so auszudrücken vermag. Beide Eltern müssen ihm immer wieder erklären: „Wir haben dich gern, und wir wollten eigentlich nie von dir weggehen. Aber wir zwei Erwachsenen konnten nicht länger miteinander leben, obwohl beide von uns gern zusammen mit *dir* leben würden. Daran wird sich niemals etwas ändern, ganz gleich, was du tust."

Die geschiedenen Eltern müssen darauf achten, daß nicht in Gegenwart des Kindes ihre Wut auf den anderen durchbricht, weil es sonst Angst bekommt. Es würde das auf sich beziehen: „Wenn Mama und Papa miteinander böse sind, können sie auch auf mich böse sein. Ich muß ein ganz liebes Kind sein, sonst bin ich dran." Bei jeder kleinen Dummheit und jedem Fehlverhalten steigt das Schreckbild in ihm auf, es könnte entbehrlich sein. Die Eltern sollten ihm das Gefühl geben, daß es nicht versuchen muß, perfekt zu sein. Wenn es immer wieder merkt, daß es nicht mit Gewalt etwas an sich verändern muß, wird ihm das guttun, zumal das Trauma der Scheidung bei ihm eine Regression auslösen dürfte. Meist regrediert es in dem Entwicklungsbereich, in dem es seine letzten Fortschritte gemacht hat. War es gerade soweit, nachts nicht mehr einzunässen, fängt es nun wieder damit an. Hatte es beim Sprechen keine Schwierigkeiten mehr, beginnt es nun zu stottern. Es verhält sich entweder zu brav oder zu provozierend. Dies sollten die Eltern verständnisvoll akzeptieren und dem Kind deutlich machen, daß sein Verhalten normal und begreiflich ist.

Dem Kind helfen, die Veränderung zu bewältigen

Nach den Wirren einer Scheidung bekommt das Kind vermutlich Schlafprobleme. Vielleicht will es dann bei der Mutter schlafen, die ihrerseits einsam ist und meint, das Kind zu „brauchen". Halten Sie jedoch dieser Versuchung stand. Der Raum zwischen zwei einsamen Menschen bietet ihnen einen entscheidenden Schutz. Das Kind muß seine Unabhängigkeit entfalten und sie schätzen lernen, und die Mutter muß mit ihren Problemen allein zu Rande kommen. Ein Kind, das für die Bedürfnisse seiner einsamen Mutter dasein muß, wird in seiner Identitätsentwicklung behindert. Insbesondere die Beziehung eines Jungen zur Mutter, also zum gegengeschlechtlichen Elternteil, kann allzu intensiv werden, wenn der Vater nicht mehr da ist und die schützende Spannung des Beziehungsdreiecks fehlt; Entsprechendes gilt für ein Mädchen, das beim Vater lebt. Das tiefe Bedürfnis des Kindes, sich an *beiden* Eltern zu orientieren, kommt zu kurz. Möglicherweise empfindet es auch, anders als zu der Zeit, als sie noch alle drei zusammenlebten, die Nähe zum Vater oder zur Mutter als bedrohlich.

Die Scheidung führt beim Kind nicht nur zu Verhaltensauffälligkeiten. Seine innere Spannung äußert sich auch in einer Schwächung der Immunabwehr. Erkältungen, Mittelohrentzündungen und andere Erkrankungen treten auf und setzen die Familie noch mehr unter Streß. Die Immunabwehr des Kindes wird sich schließlich erholen, wenn die neuen familiären Verhältnisse sich stabilisiert haben.

Wenn es zur Scheidung kommt, gewinnen Geschwister und Verwandte noch größere Bedeutung für das Kind. Geschwister können einander in ihrer Angst vor einer Trennung beistehen, und sie rücken enger zusammen. Die Rivalität, die dabei zum Vorschein kommt, ist als Begleiterscheinung dessen zu sehen, daß sie einander brauchen und sich um den anderen kümmern. Nehmen die Eltern solche Unstimmigkeiten aber zu ernst, erscheinen sie als weiterer Beweis dafür, wie instabil die Beziehungen in dieser auseinanderbrechenden Familie sind. Die Eltern müssen sich aus den Geschwisterrivalitäten heraushalten und die Kinder ihre eigenen Lösungen finden lassen. Allzu leicht wird das älteste Kind in die Rolle des abwesenden Vaters geschoben. Einer solchen Last aber ist das Kind noch nicht gewachsen. Es würde sich zwar abrackern, um dieser Rolle gerecht zu werden, und seine jüngeren Geschwister zu beschützen versuchen. Doch ist es nicht zumutbar, ihm das abzuverlangen, denn es braucht selbst Zeit, um sich zu erholen. Es verlangt vielleicht genauso wie seine Geschwister danach, regredieren zu dürfen und sich umsorgen zu lassen.

Großeltern, Tanten und Onkel, Cousinen und Cousins können für das Kind während und nach der Scheidung zu wichtigen Stützen werden. Sie können ihm nicht nur helfen, die Trennung der Eltern besser zu begreifen. Der enge Kontakt zu ihnen kommt auch seinem Bedürfnis nach verläßlichen, mitfühlenden Menschen entgegen, die es treu durchs Leben begleiten. Seine unvermeidliche Furcht vor dem Verlassenwerden wird durch sie erträglicher. Auch die Eltern und Verwandten des Vaters sind für das Kind weiterhin wichtig. Die Mutter muß sich mit ihnen entsprechend arrangieren, weil das Kind den Kontakt zu den Verwandten braucht.

Nach einer Scheidung neigen die Großeltern dazu, die Kinder zu „verwöhnen", und bemühen sich nicht mehr um Disziplin. Die Mutter kommt dann in Bedrängnis, weil die Kinder bei der Oma alles dürfen: „Oma gibt mir, was ich will. Du bist gemein, und du merkst ja gar nicht, was ich durchmache." In einem solchen Fall weise ich die Mutter auf verschiedene Probleme hin, die in ihrer Situation typischerweise auftreten, und gebe ihr folgenden Rat: Weil Sie selber ziemlich angeschlagen sind, reagieren Sie auf die Kritik des Kindes doppelt empfindlich, und Sie kochen innerlich. Falls es die Schwiegereltern sind, die dem Kind alles durchgehen lassen, sind Sie wahrscheinlich noch wütender darüber, daß Ihre Regeln derart unterlaufen werden. Sprechen Sie möglichst mit ihnen darüber. Bitten Sie sie, Ihre Bemühungen zu unterstützen, dem Kind klare Regeln vorzugeben. Denn wenn eine Ehe auseinandergeht, wird Disziplin für das Kind noch wichtiger und ist noch schwieriger durchzuhalten. Wenn die Disziplin fehlt, hängt das Kind in der Luft: Es muß sich seine Grenzen selbst suchen, gerade jetzt, da es erlebt, wie die Familie zerfällt. Wenn Sie das Kind auf rücksichtsvolle Art zurechtweisen („Es tut mir leid, aber diese Regeln gelten hier *immer noch*"), kann es sich geborgen fühlen.

Gehen Sie behutsam vor, wenn Sie das Kind mit Ihrem neuen Freund bekannt machen wollen. Warten Sie, bis Sie sich einigermaßen sicher sind, daß das Kind sich auf Ihre Beziehung auch verlassen kann. Ein Scheidungskind ist nur allzu kontaktbereit, wenn der Vater nicht mehr da ist und ein neuer Mann in sein Leben tritt. Hält Ihre Beziehung dann nicht, ist es tief enttäuscht. Doch auch wenn Ihre Beziehung stabil ist, sollten Sie das Kind darauf hinweisen, daß ein Stiefvater oder ein Freund der Mutter nicht dasselbe ist wie ein Vater, obgleich es auch schön ist, beides zu haben. Sprechen Sie mit dem Kind über seine Angst, Sie könnten sterben oder es verlassen. Sagen Sie ihm, daß Sie unter *keinen* Umständen von ihm weggehen werden.

Suchen Sie nach Büchern über Scheidungsfamilien, oder bringen Sie das Kind mit Familien wie der Ihren in Kontakt. Heutzutage sind die Kinder aus geschiedenen Familien keine kleine Minderheit mehr. Ihr

Kind profitiert davon, wenn es andere Kinder kennenlernt, die die Scheidung ihrer Eltern zu verwinden haben.

Versuchen Sie schließlich, Ihr Kind nicht zu sehr zu behüten. Lassen Sie ihm Raum für seine eigenen Bemühungen, sich auf die neue Situation einzustellen, und loben Sie es ab und zu. Wenn es den Streß und die Veränderungen bewältigt, stärkt das sein Selbstbild. Sie müssen es nicht überbehüten, um ihm Ihre Liebe und Ihren Respekt zu zeigen oder um die Disziplin zu wahren.

Gemeinsames Sorgerecht*

In Scheidungsfällen hat der Richter oft nicht genügend Zeit oder Informationen, um zu entscheiden, welcher Elternteil geeigneter ist, das Sorgerecht für das Kind zu übernehmen. So teilt er, weil er fair sein möchte, die Woche des Kindes auf. Dies habe ich schon allzu oft erlebt. Jede halbe Woche wieder umzuziehen fällt dem Kind sehr schwer, ganz gleich, wie alt es ist. Es hat dann kein eigenes Territorium, wo es sich auf Dauer einrichten kann. Ich erinnere mich an ein vierjähriges Mädchen, das die eine Wochenhälfte beim Vater, die andere bei der Mutter verbrachte. Wie ein Wachhund stand sie in der Tür ihres Zimmers. Wir verstanden uns gut und mochten uns. Ich glaube, weil sie mir vertraute, fühlte sie sich sicher genug, zu mir zu sagen: „Du kannst hier nicht reinkommen. Die anderen auch nicht. Das ist *mein* Zimmer." Ich begriff, daß ihr ungeheuer viel an ihrem eigenen Territorium lag, weil sie zwischen zwei Haushalten hin- und herwechseln mußte. Wenn die Eltern vorhaben, sich das Sorgerecht zu teilen, sollten sie überlegen, ob sie nicht jeweils selbst ins Haus einziehen und wieder ausziehen könnten, damit die Kinder auf ihrem Territorium bleiben können.

Wenn Ihnen das nicht praktikabel erscheint, sollten Sie zumindest dafür sorgen, daß in den zwei Zimmern des Kindes nie etwas ohne sein Einverständnis geändert wird. Wenn es das Zimmer mit anderen teilen muß, sollten Sie darauf achten, daß es seinen eigenen Bereich darin hat. Sie könnten ein Schild mit einer Aufschrift wie „Johnnys Zimmer" an die Tür machen. Beim Umziehen kann das Kind immer seine Lieblingsspielsachen mitnehmen. Beide Eltern müssen darauf achten, daß diese nicht vergessen werden.

Die täglichen Routineabläufe und die Regeln in beiden Haushalten sollten sich so weit wie möglich gleichen. Zwar kann der Erziehungsstil von Vater und Mutter nie derselbe sein, doch das Kind kommt besser mit sich zurecht, wenn es von beiden ungefähr die gleichen Reaktionen erwarten kann. Reißen Sie Geschwister nicht auseinander, ganz gleich, wie Sie konkret vorgehen wollen, denn sie brauchen einander. Hin und wieder ist es allerdings auch tröstlich für sie, allein mit der Mutter oder dem Vater zu sein. Der Zeitplan sollte regelmäßig und klar abgesprochen sein. Ein Kalender, auf dem die Tage in den beiden Häusern mit Rot und Grün markiert sind, gibt dem Kind einen Überblick über seine Woche.

Verhandeln und streiten Sie nur, wenn das Kind nicht dabei ist. Jeder Wechsel zwischen den Haushalten nimmt das Kind sehr mit. Rechnen Sie damit, daß das Kind nach jedem Wechsel eine Weile lang in Verhaltensweisen zurückfällt, die es eigentlich schon abgelegt hatte. Sprechen Sie mit ihm darüber, doch lockern Sie die Disziplin deswegen nicht.

Versuchen Sie nicht, wie groß auch immer Ihre Wut auf den anderen Elternteil sein mag, das Kind davon abzuhalten, sich an ihm zu orientieren. Damit würden Sie das Selbstbild des Kindes untergraben. Es braucht Sie beide. Wenn der andere Elternteil nicht in der Nähe wohnt oder wenn er unzuverlässig ist, sollten Sie dem Kind zuliebe sogar ein geschöntes Bild von ihm zeichnen. „Er wollte, er könnte dich öfter sehen." „Sie ist weit weg, aber sie hat dich gern." Überwinden Sie sich dazu, der Zukunft des Kindes zuliebe.

Stiefeltern

Ein Stiefvater darf nicht erwarten, daß die Stiefkinder ihn ohne weiteres akzeptieren oder ihm dankbar sind. Sie werden ihn viel eher als Eindringling empfinden, der ihnen die Mutter wegnimmt. Je anlehnungsbedürftiger sie sind, desto mehr Groll werden sie gegen ihn hegen. Das Märchen von Aschenputtel und ihrer bösen Stiefmutter gibt solche elementaren Erfahrungen wieder. Diese Konflikte lassen sich aber offen ansprechen und bewältigen. Bei der Disziplin, beim Schlafen und Essen und in praktisch jedem Entwicklungsbereich des Kindes dürften sich Reibungspunkte ergeben. Ein kluger Stiefvater hält sich im Hintergrund und überläßt es der Mutter, zu entscheiden, wann und wo er eingreifen soll.

Bei einer offenen Konfrontation werden die Kinder keinen Zweifel daran lassen, daß sie dem neuen Partner der Mutter nicht gehorchen müssen und nicht gehorchen wollen. Mutter und Stiefvater müssen ihr Vorgehen abstimmen, noch bevor es zu solchen Machtproben kommt. Doch irgendwann wird er sicher auch das Gefühl haben, daß sie nicht hinter ihm steht. Falls sie ihre Kinder zu sehr in Schutz nimmt, hat er noch mehr Mühe, Disziplin durchzusetzen. Aus allen diesen Gründen kommt das Paar oft besser miteinander aus, wenn die Kinder nicht dabei sind. Diese wenigen Momente der Zweisamkeit sind sehr wichtig.

Mark Rosens Buch *Stepfathering* („Stiefvater sein", siehe Literaturverzeichnis) bietet einige ausgezeichnete Ratschläge für Stiefeltern. Einige davon gebe ich in der folgenden Liste wieder.

1. Aufgrund des angeborenen Temperaments sind – wie wir in Teil 1 gesehen haben – bereits bei Säuglingen markante Persönlichkeitsunterschiede zu erkennen. Das bedeutet, daß Unterschiede zwischen Stiefkindern und leiblichen Kindern nicht durchweg auf die unterschiedlichen Erziehungsstile zurückgehen.

2. Erwachsene reagieren auf jedes Kind anders. Das heißt, der Unterschied zwischen Stiefkindern und leiblichen Kindern ist nicht der einzige Grund dafür, daß der Stiefvater unterschiedlich auf die Kinder reagiert.

3. Nach einer Wiederverheiratung fühlen sich Ihre Stiefkinder sicherer, und ihr Verhalten wird sich allmählich verändern.

4. Wie Sie als Paar miteinander auskommen, hat direkten Einfluß auf Ihre Beziehung zu den Stiefkindern. Wenn die Mutter der Kinder nicht mit Ihnen einig ist und andere Vorstellungen als Sie davon hat, welche Rolle Sie im Leben Ihrer Stiefkinder spielen sollten, stehen die Chancen schlecht, daß Sie sich gut mit ihnen verstehen werden.

5. Im Bewußtsein der Familie wird der leibliche Vater stets präsent bleiben. Je besser die Beziehung zwischen ihm und seiner Ex-Frau ist, desto weniger Streß haben die Kinder auszuhalten.

6. Richten Sie sich darauf ein, daß die Kinder größere Umstellungen – zum Beispiel durch Besuche beim leiblichen Vater – nur mit Mühe durchstehen. Davor und danach sollten Sie mit ihnen eingehend darüber sprechen. Andere Veränderungen, etwa die Ankunft eines neuen Babys, erfordern noch mehr Vorbereitung und Geduld.

Wenn Kinder im Verlauf einer Scheidung geliebt und gestützt und später, wenn sich eine neue Familie bildet, ermuntert werden, auf ihre eigene Weise in sie hineinzuwachsen, können sie sogar besondere Stärken entwickeln. Schließlich haben Scheidungsfamilien kein Monopol auf Streß und Krisen. Keinem Kind bleibt es erspart, um die Selbstgewißheit, Flexibilität und Unabhängigkeit zu ringen, ohne die es in einer Welt raschen, ständigen Wandels nicht auskommen wird.

21. Manipulationsversuche

„Du hast mich nicht gern! Wenn du mich gern hättest, dürfte ich aufbleiben und fernsehen. Alle anderen Kinder dürfen das. Ihre Eltern haben sie gern, aber du hast mich nicht gern!"
Solche unverhohlenen Erpressungsversuche sind keinem Elternpaar fremd. Das Kind macht dabei ein unglückliches, bedrücktes Gesicht. Wie die Plumpheit des Manövers verrät, weiß das Kind schon, daß es mit seinem Wunsch nicht durchkommen wird. Doch es trifft die Eltern in einem wunden Punkt, und oft reagieren sie ärgerlich.

Unter Manipulation verstehen wir im allgemeinen den Versuch, andere mit raffinierten, unfairen und hinterhältigen Mitteln zu beeinflussen. Daß ein Kind die Eltern zu etwas herumzukriegen versucht, ist aber ganz normal, und solange die Eltern nicht überreagieren, wird es dabei auch nicht allzu heimtückisch vorgehen. Das Kind erprobt seine Möglichkeiten. Es versucht die Eltern zu manipulieren, weil es feststellen will, wo ihre Geduld endet.

Die Eltern sollten sich vor Augen halten, daß sie oft ihrerseits das Kind „zu seinem eigenen Besten" unter Druck setzen. Sie versuchen, sein Verhalten mit Belohnungen, Lob, Bestechungsversuchen oder Drohungen zu beeinflussen. Das Kind lernt bald, es den Eltern gleichzutun. Schon das Kleinkind weiß, daß die Eltern leichter von ihrem Gespräch abzulenken sind, wenn es mit seinem Lieblingsbuch zu ihnen kommt, als wenn es einfach um ihre Aufmerksamkeit bittet. Andere wirksame Taktiken sind, traurig dreinzuschauen oder sich neben den Eltern auf das Sofa zu kuscheln. Niemand würde einem Kind, das sich so verhält, Verschlagenheit oder Arglist unterstellen.

Wenn das Kind beim Einkaufen im Supermarkt einen Wutanfall bekommt und sich von den Eltern mit dem Versprechen beruhigen läßt, daß es eine „Belohnung" bekommt, wenn es „nur fünfzehn Minuten" lieb ist, wer manipuliert dann eigentlich wen? Erwartet das Kind oder erwarten die Eltern, den Kampf mit ihren Tricks tatsächlich für sich entscheiden zu können? Ich glaube kaum. Ich halte solche Auseinandersetzungen eher für eine bestimmte Art, sich miteinander zu verständigen. Zumindest wird das Einkaufen dadurch erheblich aufregender. Wenn die Drohung eines Wutanfalls stets in der Luft liegt und wenn die Eltern ihr Glück mit immer neuen verlockenden Belohnungen versuchen, belebt dies das lästige tägliche Einerlei. Dabei erkundet jede Partei, wie weit sie bei der anderen gehen kann.

Die ersten Manipulationsversuche des Kindes

Wann fängt ein Baby frühestens an, andere zu manipulieren? Bei der Tagesstätten-Studie, von der ich in Kapitel 6 berichtet habe, beobachteten wir viermonatige Babys und stellten fest, daß sie gegenüber den Betreuerinnen oder beim Spielen nie besonders starke Gefühlsregungen zeigten. Wenn eine Betreuerin zu ihnen sprach, lächelten sie freundlich und gaben Laute von sich, aber ihre Bewegungen blieben verhalten. Wir begriffen, daß sie sich ihre Gefühlsenergie aufsparten. Wenn dann die Mutter (manchmal auch der Vater) nach der Arbeit eintraf, um das Baby abzuholen, schaute es sie ein paar Sekunden lang sehnsüchtig an und fing dann sogleich an zu schreien. Das Schluchzen hörte erst auf, wenn die Mutter es hochnahm. Es wand sich in ihren Armen, als fühle es sich unbehaglich, und drehte den Kopf weg, wenn sie ihm einen Kuß geben wollte. Jede Mutter sagte dasselbe: „Sie ist zornig, daß ich den ganzen Tag nicht bei ihr war." Eine einfühlsame und kluge Betreuerin wird die Mutter darauf aufmerksam machen, daß das Baby seine intensiven Gefühle den ganzen Tag zurückgehalten hat. Jetzt, wo es sich sicher und geliebt fühlt, kann es ihnen freien Lauf lassen. Es schreit und tobt, weil es sich geborgen fühlt. Im Verlauf unserer Studie sagte eine Mutter: „Sie meinen also, er will mich mit diesem Schreien unter Druck setzen? Aber er ist doch erst vier Monate alt. Wie kann er wissen, daß mir das so viel ausmacht?" Sie schaute zu ihm hinunter, versetzte ihm einen Kinnstüber und sagte zärtlich: „Du böser Junge! Du freust dich also, daß ich wieder da bin!"

Das ist nur ein Beispiel dafür, wie wichtig es für ein Kind ist, die eigene Macht zu spüren. Wenn diese Babys in den Armen ihrer Eltern zu toben anfingen, merkten sie, welch starke Gefühle sie auslösten. Babys und Kleinkinder müssen die Grenzen ihrer Macht erkunden: Komme ich damit durch – oder nicht? Wie weit kann ich gehen? Schau nur, wie Mamas Gesicht ganz rot wird, wenn ich ihr sage, daß ich mir die Hände nicht waschen will. Ob Papa wohl *jedesmal* wütend wird,

wenn ich meine Schuhe im Flur liegenlasse und er sie dort beim Nachhausekommen findet? Wie weit kann ich gehen? Indem das Kind
die Eltern reizt und unter Druck setzt, prüft es, wieviel ihnen an
jeder einzelnen Regel liegt, die es verletzt. Wenn sie auf sein Verhalten

nicht reagieren, verliert dieses seinen Reiz. Oft kann es durch solche Manipulationsmanöver erreichen, daß die Eltern, obwohl sie eigentlich überarbeitet sind, sich trotzdem ständig mit ihm beschäftigen. Falls sie von der Arbeit heimkommen und sich sogleich in die Küchenarbeit stürzen, verstärken sie damit diese Tendenz des Kindes noch. Denn wenn es den ganzen Tag in der Tagesstätte oder im Kindergarten war, hat es den Eltern viele aufregende Dinge zu berichten und tut sein Bestes, um dafür ihre Aufmerksamkeit zu gewinnen.

Oft gelingt es einem Kind auch, einen Streit zwischen den Eltern auszulösen. Auf diese Weise bekommt es heraus, ob es von ihnen eher Strenge oder Nachgiebigkeit erwarten kann. „Mama hat gesagt, ich darf. Jetzt sagst du mir, ich darf nicht. Wenn sie so lieb ist, wieso bist du dann so gemein?" Kann es mit dieser Frage einen Streit zwischen den Eltern provozieren und unterstützt die Mutter die strengere Linie des Vaters nicht, wird das Kind sich das merken. Es weiß nun, daß die Eltern sich eher streiten werden als auch einmal eine Entscheidung mitzutragen, die ihnen gegen den Strich geht. Es erkennt, daß es oft seinen Willen bekommen wird, wenn es Zwietracht zwischen den Eltern sät. Es spürt eine gefährliche Macht über sie, von der es berauscht, zugleich aber auch eingeschüchtert ist. Ein solches Kind wird ängstlich und unsicher.

Die gegenseitigen Manipulationsversuche lassen sich bei den verschiedensten Gelegenheiten beobachten. Bei Tisch etwa wirft das Kind Essen auf den Boden, um zu beobachten, ob die Eltern es wohl aufheben werden. Ein älteres Kind sagt zum Beispiel: „Den Hamburger esse ich nicht, aber wenn ich einen Hot dog kriege, esse ich auch den Hamburger." Ein typischer Satz von Eltern ist: „Nachtisch bekommst du erst, wenn du den Teller leer gegessen hast." Wenn es ins Bett muß, will das Kind noch ein Glas Wasser oder sagt: „Ich muß nochmal auf die Toilette." Diese Spielchen sind leicht zu durchschauen, erfüllen aber ihren Zweck, das Schlafengehen hinauszuschieben. Die Eltern wenden im Grunde dieselbe Taktik an, wenn sie sagen: „Ich lasse dich noch eine halbe Stunde länger fernsehen, wenn du diesmal gleich ins Bett gehst."

Welchen Nutzen haben Eltern und Kind von ihrem Machtkampf? Sie brauchen ihn beide, um ihre Belastungsgrenzen kennenzulernen. Wenn ich manche Eltern frage, warum sie den endlosen Dramen um das Zubettgehen nicht ein Ende setzen, geben manche zu, daß sie das Kind nur widerwillig dem Schlaf überlassen und eigentlich nicht möchten, daß sein Tag schon zu Ende ist. „Wenn ich zu früh einen Schlußstrich ziehe, fühlt sie sich ungeliebt und allein gelassen, wenn sie schlafen geht." Ich glaube aber nicht, daß ein Kind sich ungeliebt oder allein gelassen fühlt, wenn das Gutenachtritual ihm einen klaren, eindeutigen Rahmen vorgibt. Aber ich sehe ein, daß diese Trennung den Eltern und dem Kind möglicherweise etwas leichter fällt, wenn sie zuvor noch eine Weile darum gerungen haben. Unbewußt scheuen sie vor dem Schmerz des Abschiednehmens zurück, weil sie Angst vor den noch schmerzlicheren Trennungen haben, die in der Zukunft notwendig sein werden. Es ist so lange her, daß meine Kinder darum baten, ich solle ihnen noch ein Glas Wasser ans Bett bringen. Ich denke mit Wehmut daran zurück.

„Zu ihm bist du immer netter als zu mir. Ihm läßt du alles durchgehen, aber auf mich bist du immer böse." Solche ungerechten Vergleiche sind typische Manipulationsversuche. Was erreicht das Kind damit? Für die Eltern steckt in seiner Anklage immer auch ein Körnchen Wahrheit, weil sie nie ganz sicher sind, ob sie auch richtig gehandelt haben. Wir wissen alle, daß wir in unserem Verhalten kleine Unterschiede zwischen unseren Kindern machen. Dem Vorwurf der Ungerechtigkeit können wir uns deshalb nicht ohne weiteres entziehen. Das nutzt das Kind aus und appelliert an unser Schuldbewußtsein. Seine Chancen steigen, daß es bekommt, was es will. Wenn es schlau ist, hebt es sich diese Taktik für wichtige Gelegenheiten auf.

Auf Manipulationsversuche reagieren

Sollten Sie zulassen, daß das Kind Sie so unter Druck setzt? Das hängt ganz davon ab, wie die Situation aussieht und ob es um etwas Wichtiges geht. Es gibt keinen Grund, warum Sie nicht mitspielen und dem Kind seinen Stolz darauf gönnen sollten, daß es Sie dahin gebracht hat, wo es Sie haben wollte. Die Fähigkeit, andere mit Geschick und Raffinesse zu beeinflussen, wird dem Kind später von Nutzen sein. Sie haben aber wahrscheinlich auch den Wunsch, ihm auseinanderzusetzen, daß seine Vorwürfe nicht gerechtfertigt sind. Erklären Sie ihm also, daß Sie nicht ein Kind wie das andere behandeln oder immer auf die gleiche Weise reagieren müssen und daß Sie sich daher ein wenig über seinen Versuch ärgern, Ihnen ein schlechtes Gewissen zu machen. Erklären Sie ihm, daß Sie andererseits seine Schlauheit durchaus bewundern und zu schätzen wissen und daß Sie, auch wenn Sie vielleicht trotzdem nicht nachgeben, seine Beweggründe verstehen. Auf diese Weise erkennt es die Vor- und Nachteile seines Manipulationsversuchs, und Sie zeigen ihm, daß Sie es respektieren.

Wie bereits erwähnt läßt sich das Loben als ein Mittel der Eltern verstehen, um das Kind „anzuleiten". Wenn es sich die Schuhe selbst binden möchte, werden sie es darin bestärken. „Das hast du schon großartig gemacht, Susi. Jetzt laß mich dir zeigen, wie du einen Knoten machst." Ihr Lob hält sein Interesse wach, so daß es versuchen wird, ihnen den nächsten Schritt nachzumachen. Dies ist eine wirkungsvolle Methode, seinen Lerneifer in eine bestimmte Richtung zu lenken. Doch gerät dabei leicht aus dem Blick, daß die *eigene* Freude des Kindes daran, daß es eine Aufgabe gemeistert hat, seine stärkste Lernmotivation ist. Kommen Sie ihm mit Ihrem Lob ständig zuvor, ist es nicht mehr *sein* Triumph. Wenn Sie es bestechen, damit es sich an eine Aufgabe macht – so als sei es nicht lernbegierig genug, um von sich aus einen Versuch zu wagen –, ist das besonders demoralisierend. Sie unterstellen ihm damit, bei ihm sei nur mit Bestechung etwas zu bewirken, nicht mit Argumenten.

Die Eltern im Supermarkt, die ich zu Beginn des Kapitels erwähnte, könnten ihr Kind auf die anstrengende Tour vorbereiten und sein Interesse wachhalten, indem sie ihm Gelegenheiten zum Mitmachen geben. Statt zu warten, bis es überlastet ist und zu quengeln anfängt, könnten sie es zu einer kleinen „Teepause" an der Snackbar einladen, als Belohnung für seine Hilfe und Geduld. Sie können demnach die eigenen Manipulationsversuche einfühlsam und rücksichtsvoll oder aber plump und entmutigend gestalten.

Die folgenden Vorschläge werden Ihnen vielleicht helfen, das Kind zum Mitmachen anzuregen und seine Manipulationsversuche einzuschränken.

1. Reden Sie über strittige Punkte, bevor echte Probleme daraus werden. Sagen Sie dem Kind offen, welche Verhaltensalternativen es hat und welche Sie vorziehen würden. Besprechen Sie die Streitpunkte nicht mitten in einem Machtkampf mit ihm, sondern wenn es sich wieder beruhigt hat.

2. Achten Sie darauf, wie weit seine Fähigkeit entwickelt ist, zwischen Alternativen zu wählen. Wenn Sie ihm Entscheidungsmöglichkeiten anbieten, sollten Sie berücksichtigen, wie alt es ist, wie gut es sich schon unter Kontrolle hat und ob es sich später wohl auch an die Entscheidung erinnern kann, die es getroffen hat.

3. Vergessen Sie nicht, daß das Kind sich provozierend verhält, um sich und seine Grenzen zu erkunden.

4. Bringen Sie den Ungezogenheiten des Kindes auch genügend Verständnis und Geduld entgegen? Vielleicht reagieren Sie auf manche Dinge zu heftig.

5. Wenn Sie wollen, daß das Kind etwas Bestimmtes tut, sollten Sie dabei mitmachen. So kann es sich an Ihrem Vorbild orientieren, und Sie kommen einander näher.

6. Machen Sie sich klar, daß das Kind um so trotziger wird, je mehr Sie es unter Druck setzen oder Ihrerseits zu manipulieren versuchen. Lassen Sie ihm Entscheidungsfreiheit.

7. Wenn Sie *unbedingt* wollen, daß das Kind etwas tut, dürfen Sie nicht fragen: „Wirst du das tun?" Sagen Sie statt dessen: „Jetzt ist es Zeit."

8. Loben Sie es, wenn es mitmacht.

Wenn wir als Eltern selbst Manipulationsversuche unternehmen, laufen wir Gefahr, das Vertrauen des Kindes zu uns zu untergraben, und behindern es dabei, aus eigenen Kräften mit der betreffenden Situation zu Rande zu kommen. Zeigen die Eltern dagegen dem Kind direkt und aufrichtig, was sie von ihm erwarten, spürt es, daß sie großes Vertrauen in es setzen. Gelingt ihnen diese Offenheit, schaffen sie damit die besten Voraussetzungen für die Kommunikation mit dem Kind. Denn wenn es eine Entscheidung trifft, kann es denken: „Ich will das selbst so." Erreicht es sein selbstgestecktes Ziel dann, ist das ein großes Erfolgserlebnis für das Kind. Zudem haben die Eltern ihm ein Beispiel dafür gegeben, wie es auch ohne Manipulationsversuche auskommen kann.

22. Ängste

Jedes Kind macht Phasen durch, in denen es unter Ängsten leidet. Das ist ganz normal, und die Ängste helfen ihm, Entwicklungsprobleme zu lösen. Zudem machen sie die Eltern auf seine Schwierigkeiten aufmerksam, so daß sie ihm zur rechten Zeit Unterstützung geben können.

Universelle Ängste

Die Angst vor dem Fallen ist jedem Baby angeboren, was sich in einer komplexen Klammerbewegung zeigt, dem sogenannten Moro-Reflex, den wir in Kapitel 2 beschrieben haben. Wenn das Baby aufgedeckt wird oder erschrickt oder wenn Sie es plötzlich nach unten sacken lassen, breitet es blitzschnell die Arme aus und führt sie dann nach vorn zusammen, als wolle es sich am nächstbesten Gegenstand oder an der nächstbesten Person festhalten. Das Affenjunge klammert sich durch diesen Reflex an der Mutter fest, die es mit sich herumträgt. Mit dem erschreckten Aufschrei, der den Reflex begleitet, lenkt das Baby die Aufmerksamkeit der Eltern auf sich. So ist das Neugeborene durch seine instinktive Angst, fallengelassen oder nicht ausreichend gestützt zu werden, bereits dafür gerüstet, sich die Hilfe anderer Menschen zu sichern.

Da die gesamte Kindheit von Angstphasen durchzogen ist, sollten die Eltern eine Vorstellung von der Art dieser Ängste haben. Andernfalls lassen sie sich in sie hineinziehen, und das Kind verstrickt sich noch weiter darin. Ängste treten meist an ganz bestimmten Punkten seiner Entwicklung auf. Sie treiben den Adrenalinspiegel in die Höhe, damit das Kind rascher herausfinden kann, wie die Ängste zu beherrschen sind. Dieser Lernprozeß kommt jedoch nicht zustande, wenn die Angstreaktion das Kind lähmt. Die Eltern können dem Kind seine Ängste zwar nicht völlig nehmen, doch sie können dazu beitragen, daß seine Angstreaktionen weniger stark ausfallen und daß es aus ihnen lernt.

Das ist nicht einfach, unter anderem weil die Ängste des Kindes unbewältigte Ängste der Eltern wachrufen können. Auch sie haben sich einst vor Hexen, Gespenstern oder Ungeheuern gefürchtet. Wenn das Kind nun aufwacht und schreit und von einem „Ungeheuer in meinem Zimmer" redet, werden die Eltern an ihre eigene Angst vor Ungeheuern erinnert und neigen deshalb dazu, ihre Trostbemühungen zu übertreiben. Das Kind spürt ihre Anspannung, so daß die seine sich noch weiter steigert. In den folgenden Nächten nimmt das „Ungeheuer" mehr und mehr Gestalt an. Die Schilderungen des Kindes werden immer lebendiger und regen die Phantasie der Eltern an, die sich immer weiter in seine Ängste hineinziehen lassen. Ihre Überreaktion verleiht den Ängsten eine gewisse Glaubwürdigkeit und hindert das Kind daran, allein einen Ausweg zu finden. Wenn die Eltern merken, daß sie übertrieben reagieren, und sich darüber klarwerden, daß die Ängste Teil eines Lernprozesses sind, werden sie dem Kind besser helfen können.

Ängste stellen sich unweigerlich in Phasen rascher Lernfortschritte ein. Weil seine Eigenständigkeit und seine Fähigkeiten so rapide zunehmen, gerät das Kind aus dem Gleichgewicht. Ängste mobilisieren die Energie, die es braucht, um sich auf die neue Situation einzustellen. Indem es mit seiner Angst ringt, lernt es, sich zu beherrschen und seine Lernfortschritte zu verarbeiten. Vielleicht bekommt es schließlich sogar das Gefühl, einen Meilenstein in seiner Entwicklung erreicht zu haben. Es sagt dann: „Davor hatte ich immer Angst. Jetzt habe ich keine mehr." Wenn ich in meiner Praxis einem Kind eine schmerzhafte Spritze gebe, ohne daß es die Fassung verliert, sage ich stets zu ihm: „Das hast du gut gemacht! Es hat weh getan, und zuerst hast du geschrien. Aber dann hast du dich zusammengenommen, und jetzt weinst du nicht mehr. Du bist schon ganz groß!" Das Kind schaut mich voller Stolz an und sagt: „Vor Spritzen habe ich gar keine Angst mehr!" Auf diese Weise probiert es, sich bis zur nächsten Spritze Mut zu machen, doch ist es jedenfalls stolz auf seine Leistung und verdient unsere Anerkennung. Seine Eltern und ich freuen uns mit ihm.

Der Psychologe Jerome Kagan und andere haben kürzlich gezeigt, daß Schüchternheit und Scheu vor neuen Situationen vermutlich angeboren sind. Das würde bedeuten, daß die Kinder scheuer und empfindsamer Eltern oft gleichermaßen scheu und empfindsam sind. Wenn die Eltern sich bewußt sind, daß ihr Kind eine Neigung zur Schüchternheit hat, laufen sie weniger Gefahr, diese Tendenz durch ihre eigenen Ängste noch zu verstärken. Sie können viel dazu beitragen, daß das Kind geeignete Bewältigungsstrategien entwickelt, indem sie ihm zeigen, wie sie selbst mit neuen und furchteinflößenden Situationen umgehen.

Fremdeln

Fremdeln ist eines der ersten klar erkennbaren Anzeichen dafür, daß ein Baby Ängste auszustehen hat. Wie in früheren Kapiteln erwähnt, läßt sich am Verhalten eines vier bis sechs Wochen alten Babys ablesen, daß es Eltern und Fremde bereits auseinanderhalten kann. Wir haben ein bis sechs Monate alte Babys gefilmt, während sie auf Erwachsene reagierten, die mit ihnen spielten. Wir stellten fest, daß ein Baby schon mit einem Monat unterschiedlich auf Mutter, Vater und Fremde ansprach. Daß es die Gesichter, die Stimmen und das typische Verhalten seiner Eltern bereits kannte, sahen wir an den deutlichen Unterschieden in seinen Reaktionen. Wenn Kinder mit fünf und acht Monaten und erneut mit einem Jahr fremdeln, bedeutet das nicht, daß ihnen von jetzt auf nachher Unterschiede zwischen Fremden und Eltern auffallen; das Fremdeln entsteht vielmehr dadurch, daß sie die Handlungen anderer und die eigenen Möglichkeiten, auf sie zu reagieren, bewußter wahrnehmen. Wie wir in Kapitel 6 gesehen haben, muß das fünfmonatige Baby in der Praxis des Arztes die Mutter immer direkt im Blick haben, sonst gerät es außer sich und fängt an zu schreien. Das Interesse, mit dem es jetzt den Menschen und Gegenständen in seiner Umgebung zusieht und zuhört, ist von einer neuen Qualität. Die das Baby abgöttisch liebenden Großeltern oder die Babysitterin tun gut daran, nicht auf das Baby zuzustürzen, um es auf den Arm zu nehmen, und sie sollten es erst nach einer „Aufwärmphase" direkt anschauen. Kluge Eltern bleiben in seinem Gesichtskreis, sobald es in eine ungewohnte Situation kommt.

Der nächste Höhepunkt des Fremdelns kommt mit etwa acht Monaten. Diesmal sind die Wirkungen viel weitreichender. Kennt das Baby einen Ort nicht oder schaut auch nur eine Passantin zu ihm hin, gerät es unvermittelt außer sich. Es fühlt sich bedroht, selbst wenn die Mutter es auf dem Arm hat. Es nimmt unbekannte Orte und unbekannte Menschen bewußter wahr. Die Eltern sollten es in dieser Zeit nicht bei Fremden lassen, ohne daß es zuerst Gelegenheit bekommt, sich auf seine Weise mit ihnen vertraut zu machen. Dabei braucht es zunächst die unmittelbare Nähe der Eltern, bis es bereit ist, sich von ihnen zu lösen. Nach dieser etwa einmonatigen Phase reagiert es auf neue Erfahrungen noch immer scheu, doch kann es nun besser mit ihnen umgehen. Ein Kind, das bereits in einer Kinderkrippe oder bei einer Tagesmutter ist, hat vielleicht schon gelernt, sich auf fremde Menschen und Situationen einzustellen. Doch irgendwann beginnt der Abschied von den Eltern ihm mehr auszumachen. Weil es seine Umgebung bewußter wahrnimmt als zuvor, müssen sie es ausgiebiger vorbereiten und trösten, ehe sie es bei der Betreuerin zurücklassen.

Mit zwölf Monaten kommt dieses Bewußtsein des Babys, wie wichtig ihm die vertrauten Menschen und die angemessene Distanz zu anderen sind, erneut zum Vorschein. Das ganze zweite Lebensjahr hindurch, während es die neue Welt erkundet, die sich ihm durch das Laufenlernen eröffnet, legt es großen Wert auf seine wachsende Eigenständigkeit und hat zugleich Angst vor ihr. Während es einerseits lernt, von den Eltern wegzulaufen, verstärkt sich andererseits seine Abhängigkeit von ihnen. In meinem Sprechzimmer klammert es sich an sie und merkt, an was für einem fremden und furchterregenden Ort es eigentlich ist. Wenn ich mich dem Kind nähere, um es zu untersuchen, muß es auf dem Schoß der Eltern sitzen. Ich schaue es nie direkt an, sondern knapp an ihm vorbei. Mit dem Stethoskop höre ich seine Puppe oder seinen Teddy ab, dann die Brust des Vaters oder der Mutter. Wie wir in Kapitel 9 gesehen haben, kann es eine Weile dauern, bis das Kind schließlich bereit ist. Doch der Vorteil ist, daß dieses Vertrauen zu mir, das es in seinem zweiten Lebensjahr faßt, nie mehr verlieren wird. Wenn die Eltern akzeptieren, daß das Kind auf eine einschüchternde neue Erfahrung furchtsam reagieren muß, helfen sie ihm dadurch, seine Angst zu überwinden und Bewältigungsstrategien für die nächsten angsterregenden Situationen zu entwickeln.

Im zweiten und dritten Jahr muß das Kind lernen, sich gegenüber Gleichaltrigen zu behaupten. Natürlich hat es Angst, wenn es in eine Gruppe ihm unbekannter, lärmender Kinder kommt. Ich rate den Eltern, so vorzugehen: Seien Sie erstens darauf gefaßt, daß es Ihnen buchstäblich am Rockzipfel hängt. Sagen Sie ihm, was auf es zukommt und welche Kinder es treffen wird. Falls Sie nicht bei ihm bleiben werden, dürfen Sie das nicht verschweigen. Sagen Sie ihm, wie lange es sich an Sie klammern kann und wie Sie ihm helfen werden, sich an die neue Situation zu gewöhnen.

Falls Sie es mit gleichaltrigen Kindern zum Spielen zusammenbringen, sollten Sie zulassen, daß es sich an Sie klammert, bis es mit einem der Kinder Kontakt aufnimmt. Es wird sich dem anderen Kind langsam nähern, falls es aufgeschlossen erscheint. Versuchen Sie, bevor Sie sich zurückziehen, Ihr Kind dazu zu bringen, daß es mit mindestens einem anderen Kind spielt. Räumen Sie dann so rasch wie möglich das Feld, und überlassen Sie das Kind sich selbst. Falls es mit einem anderen Kind aneinandergerät, sollten Sie sich heraushalten und die zwei ihren Streit unter sich austragen lassen. Ihr Kind lernt mehr über sich, wenn es auf sich selbst gestellt ist, als wenn Sie es ständig beschützen und ihm Ratschläge geben. Kleinkinder sind offen dafür, sich im Umgang miteinander neue Verhaltensweisen anzueignen. In kleinen Gruppen von Gleichaltrigen können sie lernen, wie sie eine Situation, die sie zunächst überfordert, Schritt für Schritt bewältigen können. Eine regelmäßige Spielgruppe mit zwei oder drei Kindern wird ihr Kind mit Sicherheit davor bewahren, daß es schüchtern und voller Angst vor anderen Kindern aufwächst. Wenn ihm allerdings zu viele aggressive Kinder das Leben schwermachen, kann es seine Ängstlichkeit und Scheu vermutlich nicht ablegen.

Typische Ängste des Kindes

Im Alter von drei und sechs Jahren macht jedes Kind Ängste durch. Weil es seine eigenen aggressiven Regungen kennenlernt, fühlt es sich von anderen Menschen und in bestimmten Situationen bedroht. Die Ängste helfen ihm auch, mit der Erfahrung seiner wachsenden Eigenständigkeit fertigzuwerden. Die Konflikte dieses Lebensabschnittes sind mit denen der Pubertät vergleichbar.

Angst vor Hunden und anderen Tieren, die beißen könnten. Das Kind muß lernen, seine Triebregungen zu zügeln und zum Beispiel nicht mehr andere zu beißen, wenn es unter Streß steht. Im Verlauf dieses Lernprozesses entwickelt sich unter Umständen eine Angst vor allem, was seiner Vorstellung nach beißen könnte. Alles, was neu und ungewohnt ist, kann diese Angst vor dem Gebissenwerden auslösen. Weil ein

unbekannter Hund oder ein anderes Tier es beißen könnte, traut es das auch einem fremden Kind oder „merkwürdig" aussehenden Menschen zu. So sah ein zweijähriges Mädchen in der Straßenbahn einige Nonnen in langen schwarzen Gewändern. Es hatte noch nie eine Nonne gesehen. Fragend schaute es seine Mutter an: „Beißen Baby?"

Angst vor lauten Geräuschen. Feuerwehrautos, Krankenwagen und knallende Türen lösen beim Kind heftige Angstreaktionen aus. Es wird daran erinnert, wie es zuweilen selbst mit einem Schlag die Kontrolle über sich verloren hat, und wenn die Geräusche sich wiederholen, hat es das Gefühl, sie hingen irgendwie mit den eigenen unbändigen Impulsen zusammen. Ganz ähnlich beschwören Gewaltszenen im Fernsehen oder die Aggressionen älterer Kinder das Schreckbild herauf, seine eigenen aggressiven Regungen könnten hervorbrechen. Das Kind ist verängstigt, wenn es diese Regungen an anderen wahrnimmt.

Angst vor der Dunkelheit, vor Ungeheuern, Hexen und Gespenstern. Diese Ängste brechen nachts hervor. Das Kind glaubt, daß bedrohliche Gestalten, die es in seinen Träumen gesehen hat, in der Dunkelheit seines Zimmers lauern. Solche Ängste treten auf, wenn das Kind rasche Fortschritte in seiner Eigenständigkeit macht. Denn weil es sich zugleich der Abhängigkeit von den Eltern bewußt wird, hat es heftige innere Konflikte durchzustehen.

Höhenangst. Die Angst davor, aus dem Fenster oder von Möbeln herunterzuspringen (in der Geschichte von Peter Pan werden daraus Phantasien vom Fliegen), entwickelt sich im Kindesalter und bleibt unter Umständen auch bestehen. Manche Erwachsene haben noch immer Höhenangst und verspüren den erschreckenden Impuls, sich in die Tiefe zu stürzen. Diese Ängste entstehen, wenn einem Kind die Gefahr bewußt wird, die von großen Höhen ausgeht, und wenn es erkennt, daß es schon eigenständig genug ist, um sich selbst in acht nehmen zu müssen.

Angst vor dem Tod der Eltern. Die Angst, Mutter oder Vater könnten sterben, kommt in Schulphobien zum Vorschein oder in Ängsten, das Haus zu verlassen, zu Partys zu gehen oder Besuche zu machen. Auch Schüchternheit und die ganz natürliche Angst, von einer Situation überfordert zu werden, spielen dabei eine Rolle. Die Angst vor dem Tod der Eltern hat zudem mit sogenannten ödipalen Wünschen zu tun. Das Kind hängt ebenso an der Mutter wie am Vater, aber sein eigener Wunsch, sie oder ihn loszuwerden, jagt ihm Angst ein. Etwa mit fünf Jahren tritt die Angst hinzu, es könne selbst sterben. Sie kann damit zu tun haben, daß es Vergeltung für seine „bösen" Wünsche fürchtet. Diese Regungen sind zu tief verwurzelt, um sie dem Kind zu Bewußtsein zu bringen. Doch die Eltern können sich damit beruhigen, daß solche Empfindungen normal sind. Dann werden sie auch nicht so leicht zu Überreaktionen neigen, wenn das Kind plötzlich Angst bekommt, es selbst, die Mutter oder der Vater könnten sterben. Sie sollten ihm versichern, daß sie da sind, um es zu beschützen, und daß sie weder zulassen, daß es in Gefahr gerät, noch sich davonmachen werden.

Wenn ein Familienmitglied oder ein geliebtes Haustier stirbt, sollten die Eltern auf die Gefühle und die Angst eingehen, die ein solches Ereignis beim Kind auslöst. In diesen Momenten können sie mit ihm darüber sprechen, wie sie selbst mit ihren Ängsten umgehen (siehe Kapitel 29).

Angst vor Fremden und vor Belästigung. Heutzutage sind viele Eltern derart besorgt, Fremde könnten ihrem Kind etwas antun, daß wir uns überlegen müssen, wie wir das Kind zum einen vor Belästigung, zum anderen aber auch vor übertriebener Angst bewahren können. Ein kleines Kind sollte nicht entscheiden müssen, welchen Personen es vertrauen kann und welchen nicht. Es ist vielmehr Sache der Eltern, das Kind zu schützen, so gut sie können.

Wenn es fünf oder sechs Jahre alt ist, müssen sie ihm allmählich beibringen, sich vor Fremden in acht zu nehmen. Doch verfallen sie dabei nur allzu leicht in Übereifer. Ich habe Sorge, daß die Generation, die jetzt aufwächst, nie den Mut aufbringen wird, auf Unbekannte zuzugehen, wenn wir ihr zu viel Angst vor „fremden", unvertrauten Menschen einimpfen. Ein kleines Kind sollte einer möglicherweise gefährlichen Situation besser gar nicht erst ausgesetzt werden. Wenn die Eltern ihm den Rat geben, sich von Unbekannten nicht berühren zu lassen, dürfen sie es nicht zu sehr einschüchtern, weil es sonst anfängt, seinen Körper überängstlich zu bewachen. Sicherlich sollte es sich vor Fremden in der Schule oder auf dem Spielplatz in acht nehmen, bei denen es ein ungutes Gefühl hat, doch andererseits muß es spüren, daß es Menschen gibt, die es von ganzem Herzen lieben und denen es rückhaltlos vertrauen kann. Das Kind ist wohl am besten vor Überforderung geschützt, wenn es weiß, daß es sich mit *sämtlichen* Ängsten und Sorgen sofort an die Eltern wenden kann, die ihm zuhören und auf es eingehen.

Angst vor aggressiven Kindern. Im Laufe der Kindheit werden die Beziehungen zu Gleichaltrigen immer wichtiger und komplexer. Das Kind muß vom zweiten Lebensjahr an lernen, mit anderen auszukommen, sonst ist es später in der Schule einsam und isoliert. Ich gebe den Eltern verschiedene Tips, die ich bereits erwähnt habe: Bringen Sie Ihr Kind mit ein oder zwei anderen Kindern zusammen, damit es lernt, sich in eine Gruppe hineinzufinden. Ist es schüchtern, müssen Sie ihm Zeit lassen. Finden Sie ein Kind, das ihm ähnlich ist, und helfen Sie den beiden, sich anzufreunden. Versuchen Sie Ihrem Kind außerdem dabei zu helfen, daß es auf irgendeinem Gebiet besondere Fertigkeiten entwickelt. Denn wenn es sich zum Beispiel in einer Sportart oder beim Musizieren hervortut, werden andere Kinder Achtung vor ihm haben. Wenn es niedergedrückt nach Hause kommt, weil es gehänselt wurde, sollten Sie es darauf hinweisen, daß nun einmal jedes Kind lernen muß, mit solchen Dingen umzugehen. „Das ist immer so, daß Kinder versuchen, die anderen zu reizen." Erklären Sie ihm, daß es wahrscheinlich seltener gehänselt wird, wenn es sich nicht aus der Fassung bringen läßt.

Angst zu versagen. Jedes Kind kennt die Angst zu versagen. Wir alle haben ab und zu diese Angst, und das ist ganz normal. Wir können sie als Antrieb nutzen, um etwas zu erreichen oder besser zu machen. Doch kann diese Angst auch zerstörerisch wirken. Einem Kind, das von Versagensangst gelähmt ist, fehlt es an grundlegendem Selbstvertrauen. Zeigen Sie ihm, daß Sie es so schätzen, wie es ist. Loben Sie seine kleinen Erfolge, und setzen Sie es nicht unter Druck. Wenn es weniger Erfolgsdruck spürt und wenn Sie es stets loben, sobald ihm ein neuer Schritt gelungen ist, kommt es wahrscheinlich rascher vorwärts. Vielleicht braucht es auch mehr Gelegenheiten, um kleine Erfolgserlebnisse zu sammeln, beispielsweise im entspannten Spiel mit Kindern, mit denen es mithalten kann, oder bei Aufgaben, die es ohne Schwierigkeiten meistern kann. Außerdem können Sie es, solange es sich dadurch nicht unter Druck gesetzt fühlt, anspornen, seine besonderen Talente und Fertigkeiten weiterzuentwickeln, um sich so in der Gruppe hervorzutun. Wenn sein Zutrauen in die eigenen Fähigkeiten wächst und es Ihre Wertschätzung spürt, wird es langsam und Schritt für Schritt das nötige Selbstvertrauen gewinnen.

Angst vor Krieg und Atomkatastrophen. Kinder spüren die Ohnmacht ihrer Eltern angesichts der Hochrüstung unseres Landes. Über die Medien bekommen sie mit, welche Zerstörungen militärische Aggression anrichten kann. Kleine Kinder wissen die betreffenden Ängste noch nicht recht einzuordnen. Die Angst vor der Auslöschung, die wir alle in uns tragen, paßt für sie zusammen mit ihrer Angst vor den eigenen gewaltsamen Impulsen, für die sie, wie sie glauben, Strafe verdient haben. Sie sind also beunruhigt, und wenn die Erwachsenen um sie herum eben-falls beunruhigt sind, geraten die Phantasien der Kinder völlig aus den Fugen. Deshalb müssen wir kleinen Kindern deutlich machen, daß es Kräfte gibt, die der Aggression in der Welt Grenzen setzen. Als Eltern müssen wir ihnen vermitteln, daß für unsere Gesellschaft Hoffnung besteht und daß wir die Gewalt um uns herum nach und nach ab-bauen können, wenn wir uns für unsere Mitmenschen verantwortlich fühlen.

Dem Kind helfen, mit seiner Angst umzugehen

Die folgenden Ratschläge richten sich nicht nur an Eltern, sondern an alle Erwachsenen, die einem Kind helfen wollen, mit seinen Ängsten zurechtzukommen: Hören Sie dem Kind zunächst immer aufmerksam und verständnisvoll zu, wenn es von seiner Angst erzählt. Helfen Sie ihm als erstes, zu begreifen, daß es ganz natürlich ist, Angst zu haben und sich wegen mancher Dinge Sorgen zu machen. Im nächsten Schritt können Sie ihm dann versichern, daß das, was ihm jetzt so unheimlich und übermächtig vorkommt, in den Griff zu bekommen ist und daß es im Lauf der Zeit über seine Angst hinwegkommen wird. Natürlich können Sie zusammen mit dem Kind unter dem Bett oder im Schrank nachschauen, ob Hexen oder Ungeheuer dort lauern, doch sollten Sie sich nicht zu sehr in die Aufregung des Kindes hineinziehen lassen. Sagen Sie ihm, Sie beide wüßten ja, daß dort gar keine Hexen oder Ungeheuer sind, aber jedes Kind mache sich solche Gedanken.

Unterstützen Sie das Kind dabei, nach Wegen zu suchen, wie es seine Ängste bewältigen kann. Lassen Sie zu, daß es in frühere Ent-wicklungsphasen zurückfällt. In solchen Momenten soll es sich ruhig an Sie hängen, sein Schmusetier an sich drücken und wieder ein Baby sein. Doch das wird es bald wieder leid sein. Während Sie es im Arm halten, merken Sie, wie es sich Ihnen wieder entwinden will. Sie können es dann dafür loben, wie tapfer und „groß" es schon ist.

Helfen Sie dem Kind zu verstehen, was hinter seinen Ängsten steckt, und weisen Sie es zum Beispiel darauf hin, daß es sich in ungewohnten und ziemlich furchteinflößenden Situationen zurecht-finden muß. Sprechen Sie darüber, wie es Neues wagt, wie es sich zu behaupten und von Ihnen zu lösen versucht und wie angsterregend das alles ist. Sprechen Sie seine Sprache. Vermeiden Sie Begriffe, die seinen Horizont übersteigen, sonst werden Sie nichts bei ihm ausrichten.

Versichern Sie ihm, daß alle Kinder in seinem Alter mit Ängsten zu kämpfen haben. Schlagen Sie ihm vor, es könne seine Freunde fragen, wie sie mit ihren Ängsten fertigwerden. Erzählen Sie ihm, welche Ängste Sie in seinem Alter hatten und wie Sie gelernt haben, sie zu bewältigen. „Mir war immer mulmig, wenn ich zu einer Party ging. Sogar jetzt noch bleibe ich an der Tür stehen, bis ich Leute sehe, die ich kenne. Dann gehe ich zu denen hin und rede mit ihnen. Du wirst das auch bald können. Ich weiß, wie dir zumute ist."

Gehen Sie jede Woche einmal mit dem Kind aus dem Haus und unternehmen Sie etwas zusammen. Das gibt ihm die Möglichkeit, sich Ihnen anzuvertrauen. Doch noch wichtiger ist, daß es sich an Ihnen ein Beispiel nehmen kann. Während es sich mit den eigenen Aggressionen auseinandersetzt, kann es an Ihnen beobachten, wie Sie Aggressionen äußern, ohne sich und andere in Gefahr bringen. Sie müssen Ihr Vorgehen nicht einmal erklären; das Kind kann sich selbst ein Bild davon machen.

Wenn es eine bestimmte Angst überwunden hat, sollten Sie es darauf hinweisen, damit es aus seinem Erfolg lernen kann. Wenn Sie seine Leistung auf diese Weise anerkennen, rücken Sie die Angst selbst in den Hintergrund und heben den Triumph des Kindes hervor. Außerdem unterstreichen Sie damit, daß sein Lernprozeß nach einem bestimmten Muster abgelaufen ist. Dieses Muster können Sie sich dann gemeinsam in Erinnerung rufen, wenn neue Ängste auftauchen.

Falls das Kind durch seine Ängste oder eine ganz allgemeine Furchtsamkeit ernstlich beeinträchtigt wird oder falls Ängste über lange Zeit (sechs Monate) anhalten oder es daran hindern, sich mit anderen Kindern anzufreunden, würde ich mich an einen Experten wenden. Die Ängste könnten ein Hilferuf des Kindes an Sie sein. Bitten Sie Ihren Arzt oder die Praxisschwester, Ihnen bei der Suche nach einem Therapeuten zu helfen.*

23. Eßprobleme

Von dem Moment an, da die Mutter das Neugeborene zum erstenmal an die Brust legt, weiß sie instinktiv, daß die liebevollen Signale, die das Füttern begleiten, für das Wohlergehen ihres Babys ebenso wichtig sind wie die Nahrung selbst, denn das psychische und sogar das körperliche Wachstum des Kindes käme durch die Nahrung allein nicht voran.

Das Füttern als prägende Erfahrung

Bei der in Kapitel 5 bereits erwähnten Gedeihstörung haben wir zum Beispiel ein verhutzeltes achtmonatiges Baby vor uns, das noch genausoviel wiegt wie bei der Geburt. Es hat wohl genügend Nahrung bekommen, mußte aber zärtliche Zuwendung entbehren. Wenn es ins Krankenhaus kommt, ist das Gesicht ganz und gar teilnahmslos, die Augen sind glanzlos, es schaut an den Betreuerinnen vorbei und ist nicht imstande, Verbindung zu ihnen aufzunehmen. Es scheut vor jedem Kontakt mit anderen Menschen zurück, als sei er schmerzhaft. Weil es keine liebevolle Fürsorge erfährt, passiert die Nahrung den Darm, ohne verdaut zu werden. Sobald aber eine liebevolle Betreuerin dem Kind gezeigt hat, daß es wagen kann, sie direkt anzuschauen, und daß ihm nichts geschieht, wenn sie ihm beim Füttern etwas vorsingt, wenn sie es wiegt oder an sich drückt, hört es auf, den Blick abzuwenden und sich wegzudrehen. Es nimmt zu und blüht auf. Bald wird es Zufriedenheit und Zuversicht ausstrahlen. Dieses Extrembeispiel macht deutlich, daß Signale der Zuneigung das Füttern begleiten müssen, damit es den Bedürfnissen des Kindes gerecht wird. Die Nahrung ist lebenswichtig, doch das künftige Wohl des Kindes hängt auch davon ab, ob die Eltern ihm zugleich mit der Nahrung die nötige Zuwendung geben.

Die Eltern möchten wohl, daß ihr Baby beim Füttern zufrieden ist, doch gehen sie vermutlich nicht ganz unbefangen an die Sache heran. Denn sie sind von den Erfahrungen geprägt, die sie selbst als Kinder mit dem Essen gemacht haben und die nun ihr Verhalten bestimmen, wenn sie ihr Kind füttern. Sie reagieren nicht aufgrund bewußter Über-legung, sondern aufgrund von Erinnerungen an die eigene Kindheit: „Du bleibst jetzt da sitzen, bis du dein Gemüse gegessen hast. Wenn du deine Milch nicht trinkst, wirst du nicht groß und stark." Diese Behauptung hatte vor fünfzig Jahren *vielleicht* eine gewisse Gültigkeit, aber heutzutage trifft sie einfach nicht mehr zu. Bekommt das Kind die geeigneten Vitaminpräparate, braucht es kein einziges Gemüse, um gesund zu bleiben. Es hat sich zwar mittlerweile herumgespro-chen, daß Kinder durchaus ohne den Spinat, der Popeye stark machte, auskommen können. Aber wir lassen uns in unserem Verhalten noch immer von vielen anderen Ammenmärchen leiten. Und weil wir uns für die Gesundheit des Kindes verantwortlich fühlen, beschwören wir unnötige Konflikte herauf. Daß wir in unserem Bemühen, es gut und richtig zu ernähren, übers Ziel hinausschießen, ist *nur zu verständlich*. Schließlich sind wir im Glauben aufgewachsen, eine „gute Mutter" habe vor allem dafür zu sorgen, daß ihr Kind satt wird.

Wenn die Eltern bei der Ernährung des Kindes auf ein Problem stoßen, bekommen sie es mit den eigenen „Gespenstern" zu tun. Sie müssen begreifen, daß sie darum nicht herumkommen, wenn sie gute Eltern sein wollen. Gelingt es ihnen, sich ihre Kindheitserfahrungen in Erinnerung zu rufen, dann werden sie ihr Kind nicht unbewußt den-selben Situationen aussetzen. Ein Kind zum Essen zu drängen ist die sicherste Methode, ein Problem heraufzubeschwören. Damit das Kind mit Freude ißt, muß es selbst bestimmen können, was es essen und was es nicht essen will und wann es genug hat.

Es liegt in der Natur der Sache, daß die Mahlzeiten zum Schauplatz werden, auf dem die Eltern und das Kind den fortwährenden Konflikt zwischen Abhängigkeit (gefüttert werden) und Eigenständigkeit (allein essen) austragen. Das Essen ist der Entwicklungsbereich, in dem dieser Konflikt am ehesten zutage tritt. Die Eigenständigkeit muß den Sieg davontragen. Das Vorgehen der Eltern bei den Mahlzeiten kann sogar einen Einfluß darauf haben, ob das Kind mit einem gesunden Selbst-bild aufwächst und auf die eigenen Fähigkeiten vertraut. Daß es bei den Mahlzeiten seine Bedürfnisse zur Geltung bringen kann, ist für seine Entwicklung ebenso entscheidend wie die Zahl der Kalorien, die es zu sich nimmt. Doch die besorgten Eltern haben Mühe, sich das klarzumachen. Ihre Aufgabe besteht darin, jede Mahlzeit zu einem befriedigenden Erlebnis für das Baby zu machen; wenn es dann größer

wird und allein essen will, findet es heraus, daß es sich dieses befrie-
digende Gefühl selbst verschaffen kann.

Die Frage, ob die Mutter stillen soll oder nicht, läßt sich unter demselben Blickwinkel betrachten. Beim Stillen treten Mutter und Baby in
engen, zärtlichen und innigen Kontakt. Da die Muttermilch außerdem
den Bedürfnissen des Kindes angepaßt ist – sie enthält die richtigen
Nährstoffe, ist leicht zu verdauen, löst keine Allergien aus und bietet
einen natürlichen Schutz gegen Infektionen –, sollte jede Mutter, wenn
möglich, dem Stillen den Vorzug geben. Doch wenn sie, aus welchen
Gründen auch immer, kein gutes Gefühl dabei hat oder wenn das Stillen für sie selbst oder das Baby unangenehm ist, dürfen wir darüber
nicht hinweggehen. Denn ihre Gefühle teilen sich dem Baby mit und
erschweren ihm unter Umständen den Start ins Leben. Auch ein Baby,
das mit der Flasche gefüttert und dabei liebevoll und zärtlich gehalten
wird (bauen Sie *niemals* die Flasche einfach vor ihm auf, damit es allein
trinken soll), wird sich sehr gut entwickeln, wie wir in früheren Kapiteln gesehen haben.

Die Ernährung in den verschiedenen
Entwicklungsstadien

Beim Neugeborenen muß sich der Zeitplan der Mahlzeiten ganz nach seinen Bedürfnissen richten. Während Sie mit dem Baby vertraut zu werden versuchen, finden Sie *nach und nach* heraus, wie es jeweils schreit, wenn es Hunger hat oder sich langweilt oder müde ist. Am Anfang und in späteren Krisenphasen füttern Sie das Baby am besten immer dann, wenn es danach verlangt. Doch sobald Sie ein Gefühl für seine Bedürfnisse entwickelt haben, können Sie beginnen, es zu einem regelmäßigen Rhythmus anzuhalten. Die ganze Familie ist erleichtert, wenn sich feste Zeiten einpendeln, zu denen das Baby ißt, schläft oder spielen will. Im Tagesablauf eines ausgetragenen Babys sollte nach sechs Wochen eine gewisse Regelmäßigkeit einkehren, und die Intervalle zwischen seinen Mahlzeiten sollten ungefähr vier Stunden betragen. Mit zwölf Wochen sollte es nur noch fünfmal am Tag und immer zu denselben Zeiten trinken. Mit zwanzig Wochen muß das Baby in der Regel nur noch viermal gefüttert werden, um 7 Uhr, 12 Uhr, 17 Uhr und 22 Uhr; mit sechs oder sieben Monaten sollte es um 7 Uhr, 12 Uhr und 17 Uhr feste Nahrung und um 19 Uhr Milch bekommen. Danach sollten Sie es gleich schlafen legen.

Wenn wir ausschließlich von ernährungswissenschaftlichen Gesichtspunkten ausgehen, braucht ein Kind im ersten halben Jahr keine feste Nahrung. Sie zu schlucken kann es erst nach etwa drei Monaten lernen. Davor saugt es sie hinunter, bringt aber kein aktives Schlucken zustande. Mit vier oder fünf Monaten aber brauchen viele Babys feste Nahrung, damit sie die Nacht durchschlafen oder die Intervalle zwischen den Milchmahlzeiten ausdehnen können. Wenn das Baby einmal bei einem vierstündigen Mahlzeitenzyklus und einer nächtlichen Schlaflänge von acht Stunden angelangt ist und dann wieder zu kürzeren Zeitabständen wechselt, würde ich einen Versuch mit fester Nahrung unternehmen. Milch allein reicht nun wohl nicht mehr aus.

Mit acht Monaten kann das Baby Daumen und Zeigefinger im Kneifzangengriff einsetzen. Wenn Sie ihm, sobald Sie es an den Tisch gesetzt haben, zwei oder drei weiche Happen vorlegen – die es befingern, in die Hand nehmen, zermanschen und sich schließlich in den Mund stecken kann –, ist es völlig gefesselt. Es beschäftigt sich mit diesen paar Bissen bis zu einer Stunde lang, denn die Entdeckung, daß es jetzt allein essen kann, ist ungeheuer befriedigend. Es wird sich von Ihnen sogar nebenbei mit Brei füttern lassen, während es sich in seinen neuentdeckten Fähigkeiten übt. Falls Sie das Kind nicht spätestens am Ende des ersten Jahres anfangen lassen, allein zu essen, handeln Sie sich Probleme im zweiten Jahr ein. Mit einem Jahr schüttelt es den Kopf, kneift den Mund zu, wirft mit Essen nach Ihnen und gibt Ihnen also klar und deutlich zu verstehen: „Ich will nicht mehr bevormundet werden, ich will allein essen."

Mit einem Jahr sollte das Kind in der Lage sein, ohne Hilfe mit mundgerechten kleinen Happen zurechtzukommen. Weiche Bissen, die es mit dem Zahnfleisch zerkleinern kann, bekommt es gut hinunter. Sind die Speisen zu kompakt oder zu zäh, können sie ihm im Hals steckenbleiben. Geben Sie also acht, daß die Happen weich genug sind. Mit einem Jahr fängt es an, Speisen zurückzuweisen – im einen Monat Gemüse, im andern Fleisch, im nächsten Eier. Es zeigt Ihnen erneut, daß es das Gefühl braucht, selbst entscheiden zu können, was es ißt. Lassen Sie es das ganze zweite Lebensjahr hindurch *auswählen und ablehnen*; so gehen Sie Problemen aus dem Weg. Doch das bedeutet, *daß Sie nicht versuchen dürfen, die Situation zu bestimmen*. Das Kind muß allein essen. Da es mit einer Gabel oder einem Löffel erst ab etwa sechzehn Monaten zurechtkommen wird, muß es zwischen verschiedenen kleinen Happen wählen können. Geben Sie ihm etwas von dem, was Sie selbst essen, falls es nicht zu zäh ist. Wenn es nichts davon will und quengelt, damit Sie ihm etwas anderes geben, sagen Sie einfach: „Bei der nächsten Mahlzeit kannst du's haben." Versuchen Sie nicht, ihm etwas aufzudrängen, das es nicht mag.

Bei seinen Mahlzeiten weigert sich das Kleinkind immer wieder, etwas zu essen, und es trotzt und reizt die Eltern, um zu sehen, wie weit es gehen kann. *Natürlich* will es immer genau das essen, was Sie nicht parat haben. Ärgern Sie sich nicht darüber – dem Kind geht es letzten Endes gar nicht um die Speisen selbst, sondern um das Spiel, das sich mit ihnen spielen läßt. Wenn Sie wollen, können Sie sich natürlich auch auf einen Schlagabtausch mit dem Kind einlassen und sich auf seine Ebene begeben. Doch Sie machen sich die Sache leichter, wenn Sie dem Kind klare Grenzen setzen. Sagen Sie einfach: „Das gibt es jetzt nun einmal zu essen. Wenn du Erdnußbutter willst, gebe ich sie dir bei der nächsten Mahlzeit." Wenn Sie ihm die Erdnußbutter dann anbieten, wird das Kind sie gar nicht mehr wollen.

Eltern können die Sprunghaftigkeit des Kindes beim Essen viel gelassener hinnehmen, wenn ihnen klar ist, daß sein Nahrungsbedarf in diesem Alter eigentlich recht einfach aussieht. Wie in Kapitel 9 erwähnt, ist sein Tagesbedarf bereits durch die folgenden vier Dinge gedeckt:

1. ein halber Liter Milch oder ein gleichwertiger Ersatz dafür (120 Gramm Käse, ein halber Liter Joghurt oder Eiskrem, usw.).

2. 60 Gramm Fleisch oder ein Ei; verschmäht das Kind beides, können Sie das Ei in seine Milch quirlen oder ihm ein Eisenpräparat geben, um seinen Bedarf an Eisen abzudecken.*

3. 30 Milliliter Orangensaft oder ein Stück frisches Obst führen ihm ausreichend Vitamin C zu.

4. Ein Multivitaminpräparat enthält alles, was es in dieser Trotzphase ansonsten über verschiedene Gemüse aufnehmen müßte.*

Viele Kinder weigern sich im zweiten Jahr, Gemüse zu essen. Vielleicht lassen Ihre Mutter oder Ihre Schwiegermutter Andeutungen fallen, daß Sie etwas falsch machen, wenn Ihr Kind sich nicht „ausgewogen ernährt" und kein grünes und gelbes Gemüse ißt. Ich habe nur sehr wenige Kleinkinder erlebt, deren Ernährung derart „ausgewogen" war – und Tausende, die sich prächtig entwickelten, obwohl sie ein Jahr oder länger *überhaupt kein Gemüse* aßen. Vielleicht wird bald eine Generation von Kleinkindern, weil sie nicht mehr dazu gezwungen wird, von sich aus Gemüse essen wollen.

Falls Sie den Eßtisch nicht zu einem Schauplatz erregter Kämpfe haben werden lassen, wird das Kind mit vier oder fünf Jahren anfangen, neue Speisen zu probieren und die berühmte „ausgewogene Kost" zu sich nehmen. Doch was die Nährstoffe angeht, ist das noch immer nicht notwendig – mit den erwähnten vier Grundkomponenten kann es die ganze frühe Kindheit hindurch auskommen.

Sparen Sie sich die Mühe, dem Kind vor dem dritten oder vierten Lebensjahr Tischmanieren beibringen zu wollen. Es wird sie sich schließlich von Ihnen abschauen. „Tu dies, tu das" hilft ihm nicht weiter. Ich würde allerdings klare Grenzen ziehen, wieviel Essen das Kind in die Gegend werfen oder zermanschen darf. Einem besonders trotzigen Kleinkind würde ich jeweils nur zwei Happen überlassen. Nehmen Sie es vom Stuhl und beenden Sie die Mahlzeit, sobald es anfängt, das Essen auf dem Tisch zu verreiben oder damit herumzuwerfen. Falls Sie ihm tatsächlich Grenzen klarmachen wollen, müssen Sie darauf achten, daß es nicht zwischendurch irgendwelche Kleinigkeiten ißt. Zwischenmahlzeiten sind etwas für Vier- und Fünfjährige, die mit dem Rhythmus von drei Mahlzeiten pro Tag bereits gut zurechtkommen.

Eltern, die auf ihre Kochkünste stolz sind – und diejenigen, die das Kinderkriegen aufgeschoben haben, bis sie über dreißig waren –, sind oft verletzt, wenn die schmackhaften Ergebnisse ihres Könnens keinen Anklang finden. Die Situation wird entschärft, wenn Sie sich bewußt machen, daß Sie persönlich gekränkt sind und deshalb natürlich überreagieren. Sagen Sie dem Kind, falls es nicht eine der gerade erwähnten vier Grundkomponenten von sich weist, daß es nun auf die nächste Mahlzeit warten muß. Machen Sie ihm klar, daß es stets ablehnen kann, was Sie ihm vorsetzen, sich aber nicht nach Belieben aussuchen kann, was es statt dessen essen möchte. Weisen Sie es darauf hin, daß es genausogut wie Sie weiß, was für ein Spiel es da treibt.

Essen und Eigenständigkeit

Manche kleinen Kinder werden wie süchtig nach einem Nahrungsmittel und wollen zum Beispiel zwei Wochen lang nur Erdnußbutter haben. Ein gutgenährtes Kind wird das ohne weiteres verkraften. Aber hinter dem Fimmel stecken oft andere Dinge – es will wie seine Freunde sein, es will Ihnen trotzen, oder es will Sie auf die Probe stellen, um auszuprobieren, ob es Sie am Eßtisch in eine Zwangslage manövrieren und Sie manipulieren kann. Dies sind übliche und ganz normale Gründe für einen solchen Tick. Lassen Sie dem Kind seinen Willen und helfen Sie ihm, wenn möglich, zu verstehen, *warum* es diesen Fimmel hat. Warten Sie ab, bis es die monotone Kost satt hat. Mühen Sie sich nicht ab, dem Kind einen Ersatz dafür zu bieten. Denn es wird auch damit nicht zufrieden sein und wieder etwas anderes von Ihnen haben wollen.

Die Launen des Kindes beim Essen – es fixiert sich zum Beispiel auf ein einziges Nahrungsmittel, ist wählerisch oder verschmäht bestimmte Speisen – sind völlig normale Entwicklungsphänomene. Es muß beim Essen seine Eigenständigkeit unter Beweis stellen. Es muß seinen Platz in der Familie finden, seine eigenen Entscheidungen treffen und die Grenzen Ihrer Toleranz austesten. Die Atmosphäre bei den

Mahlzeiten wird viel angenehmer, wenn Sie sich dies vor Augen halten. Sollten Sie jedoch zu den vielen Eltern gehören, die völlig aus der Fassung geraten oder unwillig werden, weil ihr Kind so wenig gegessen hat, werden an Ihrem Eßtisch wohl die Fetzen fliegen. Vielleicht bringen Sie mit geschickter Überredung, mit schmackhaften Extraspeisen, mit Bestechungen und Ablenkungen das Kind eine Weile dazu, brav zu essen. Doch auf lange Sicht werden Sie damit Schiffbruch erleiden und sich unnötige Konflikte um das Essen einhandeln. Allein zu essen ist für das Kind etwas Kostbares und Aufregendes, und es muß in diesem Bereich seine Autonomie entfalten können. Sonst wird der Eßtisch zum Schlachtfeld – *und das Kind wird so oder so gewinnen.*

Wenn das Kind freilich mehrere Monate hintereinander sogar die beschriebenen unabdingbaren Nahrungskomponenten verweigert, sollten Sie sich nach Hilfe umschauen. Wenn es nicht zunimmt und sein Gewicht unter den Normbereich seiner Altersgruppe abfällt, brauchen Sie fachlichen Rat. Ihr Arzt wird Ihnen sagen, welcher Kinderpsychiater oder Psychologe Ihnen helfen kann. Der Arzt wird jedoch erst ausschließen wollen, daß irgendeine körperliche Störung vorliegt, weil auch diese das Eßverhalten beeinflussen kann. Falls er nichts findet, kann ein Therapeut sich dem Kind widmen und Ihnen allen helfen, mit den Eßproblemen besser zu Rande zu kommen. Verzweifeln Sie nicht, und warten Sie nicht zu lange.

24. Angewohnheiten

Im Verlauf seiner Entwicklung erkundet das Kind eine große Bandbreite von Verhaltensweisen. Um Spannung abzubauen oder sich selbst zu trösten, probiert es verschiedene monotone Handlungen wie Saugen und Wippen aus oder schlägt zum Beispiel in einem fort den Kopf gegen irgend etwas. Falls die Eltern dem keine zu große Aufmerksamkeit schenken und das Kind kein außergewöhnlich starkes Bedürfnis nach selbsttröstenden Verhaltensmustern hat, läßt es bald wieder davon ab und geht zu seinem nächsten Experiment über. Auf diese Weise erkundet es eine breite Palette von Verhaltensmustern. Es wird sich nur dann auf ein bestimmtes versteifen, wenn zuviel Aufhebens davon gemacht wird.

In Teil 1 habe ich erläutert, wie wichtig es ist, daß sich das Kind zum Beispiel mit Daumenlutschen oder mit einem Schmusetier oder einer Schmusedecke trösten kann. Dies sind Sicherheitsventile, über die es Streß abbaut und die wir nicht zum Problem aufbauschen sollten. Zu den anderen Angewohnheiten, die sich festsetzen können, wenn die Eltern auf das normale Herumexperimentieren des Kindes zu heftig reagieren oder wenn das Kind unter zu großer Belastung steht, gehören zum Beispiel Masturbieren, Nägelkauen und nervöses Zucken.

Masturbieren

Im zweiten Lebensjahr fängt jedes Kind, sobald es einmal die Windeln los ist, sogleich an, den eigenen Körper zu erkunden. Manchmal löst der Junge eine Erektion aus, wenn er mit dem Penis herumspielt. Er schaut zunächst ganz erstaunt drein und ist dann sichtlich zufrieden mit sich, weil er eine neue Empfindung entdeckt hat. Das Mädchen steckt die Finger in die Vagina und entdeckt, indem es mit glasigen Augen vor und zurück wippt, daß dieser Teil ihres Körpers besondere Empfindungen birgt. Weil die Genitalien in den ersten zwei Jahren meist unter den Windeln verborgen sind, ist das Kleinkind von den neuentdeckten Gefühlen um so mehr fasziniert. Es verkriecht sich in eine Ecke, um seinen Körper zu erkunden. Wenn es spürt, daß den Eltern das ganz und gar nicht paßt, wird seine Neugier nur noch weiter angestachelt.

Selbst wenn die Eltern dieses Verhalten daheim zu tolerieren vermögen, machen sie sich Sorgen, daß es überhandnehmen und in der Öffentlichkeit auftreten könnte. Sie tun sich oft schwer, weil diese ganz normale Sache in ihrer eigenen Kindheit von Peinlichkeit und Geheimnistuerei umgeben war.

Ich erinnere mich an ein ernst dreinschauendes Elternpaar, das sich in tiefer Besorgnis an mich wandte. Ihre fünfzehn Monate alte Tochter legte sich immer wieder auf den Boden, wippte mit dem Körper und stimulierte sich mit einem Kissen oder mit den Fingern. Da sie dabei ganz weit weg zu sein schien und rot im Gesicht wurde, bekamen die Eltern Angst. Sie dachten, das seien Anfälle. Als ich die „Anfälle" beobachtete, stellte ich fest, daß das Mädchen einfach nur masturbierte.

Dieses Mädchen lebte in einem geschäftigen Haushalt voller Aufregungen, mit drei älteren Kindern und sechs Erwachsenen. Ständig spielten die anderen mit ihr, neckten sie und zwangen sie, zu reagieren. Zum Ausgleich floh sie in ihre eigene Welt und benutzte das Masturbieren als ein Mittel, um sich in sich selber zurückzuziehen. Ich erklärte den Eltern, das sei ganz normal. Allerdings empfahl ich ihnen, dafür zu sorgen, daß ihre Tochter weniger Aufregung und Wirbel zu verkraften hatte. Sie sollten sie zweimal am Tag in ihr Zimmer bringen, damit sie allein sein und sich ausruhen konnte. „Wird sie dann nicht einfach in ihrem Zimmer masturbieren?" fragten die Eltern. Ich erwiderte, das könne durchaus sein, doch sie brauche nun einmal irgendeine Möglichkeit, zur Ruhe zu kommen und sich dem ganzen Druck der anderen zu entziehen. Natürlich fragten die Eltern sich auch, was sie tun sollten, falls sie in der Öffentlichkeit so zu wippen anfing. Ich meinte, sie sollten das als ein Zeichen dafür auffassen, daß zu viele Reize auf ihre Tochter eindrangen und sie sich zurückziehen mußte. Sie sollten sie hochnehmen, umarmen und an einen ruhigeren Ort bringen. Die Eltern probierten meine Vorschläge aus, und innerhalb einer Woche war das Symptom „verschwunden".

Wenn Eltern sich sorgen, weil ihr Kind masturbiert, ist meine erste Empfehlung: Machen Sie kein Aufhebens davon. Äußern Sie keine Mißbilligung, und versuchen Sie nicht, das Kind daran zu hindern.

Wenn es sehr oft masturbiert, sollten Sie überlegen, welche Gründe das hat. Ist das Kind sehr angespannt? Ist es zu vielen Reizen ausgesetzt? Verfügt es über andere Mittel, sich selbst zu trösten?

Wenn es unter Anspannung steht, können Sie es trösten, indem Sie es ruhig festhalten, wiegen und besänftigen. Gehen Sie, wenn es in der Öffentlichkeit masturbiert, mit ihm von dem Ort weg, der es mit zu vielen Reizen überschwemmt. Bringen Sie es in sein Zimmer oder an einen anderen ruhigen Ort. Zerbrechen Sie sich nicht den Kopf darüber, was es dort tut; sagen Sie ihm vielmehr, daß es ruhig masturbieren kann, wenn es für sich ist.

Achten Sie darauf, ob andere dieser Angewohnheit des Kindes zuviel Bedeutung beimessen. Vielleicht reagieren Kinder oder andere Erwachsene in Ihrem Haushalt übertrieben darauf und sagen dem Kind, das dürfe es nicht tun. Anstatt ihm zu helfen, fixieren sie das Kind damit auf das Masturbieren.

Falls das Kind exzessiv masturbiert und sich dabei von Aktivitäten zurückzieht, die es eigentlich interessieren müßten, ist das bedenklich, besonders wenn es oft vorkommt. Versucht das Kind immer wieder, auf diese Weise mit Streß und Überlastung fertig zu werden? Dann sollte es vielleicht daraufhin untersucht werden, ob es unter Überempfindlichkeit oder einer Form von Autismus leidet. Haben Sie schon einen Urintest bei ihm machen lassen? Hat Ihre Tochter möglicherweise eine Scheidenentzündung? Gelegentlich hat das exzessive Masturbieren, bei Jungen wie bei Mädchen, eine körperliche Ursache.

Nägelkauen

Jedes Kind kaut zeitweise an den Fingernägeln. Es sitzt vor dem Fernseher oder im Bett und nagt wie wild an einem Fingernagel herum. Wenn die Eltern das mit ansehen, geht ihr Adrenalinspiegel hoch. Sie können nicht anders, als dem Kind den Finger aus dem Mund zu ziehen. Oder sie sagen zu ihm: „Tust du dir denn nicht weh damit?" Das Kind nickt stumm und sucht weiter nach einer Stelle, wo es den abgekauten Nagel noch einmal mit den Zähnen zu packen bekommt. Die Eltern reißen sich zusammen und verkneifen sich ihre Kommentare, doch irgendwann können sie sich nicht länger beherrschen: „Weißt du noch, wie das letzte Mal dein Finger geblutet hat?" Wieder nickt das Kind stumm. Es hat mittlerweile angefangen, leicht zu wippen, seine Augen sind glasig und starren in die Ferne. Die Eltern fühlen sich mißachtet und werden sogar eifersüchtig. Vielleicht versuchen sie noch einmal, sich zurückzuhalten und nichts zu sagen. Doch am Ende, in einem letzten Versuch, das Verhalten abzustellen und wieder Kontakt zu dem Kind zu bekommen, platzen sie heraus: „Jetzt hör endlich auf damit!"

Da werden die Augen des Kindes lebendig. Es hält inne und schaut die Eltern direkt an, als wolle es fragen: „Wieso soll das denn ein Problem sein?" Unwillkürlich geht der noch nasse Finger wieder Richtung Mund. Doch diesmal versucht es sich im Zaum zu halten. Es schiebt die Hand widerwillig unter den Po und setzt sich darauf. Ungeduldig wartet es darauf, daß diese Situation endlich vorbei ist. Wenn die Mutter aus dem Zimmer geht, ist es erleichtert und nimmt die Suche nach einem Fetzen Fingernagel wieder auf.

Durch ihren Protest haben die Eltern das Verhalten des Kindes verstärkt und aus einem unbewußten Zustand, durch den es sich zu trösten, zu beruhigen oder zu bremsen, also zu steuern versucht, eine bewußte Handlung gemacht. Diese wird es nun einsetzen, um sich gegen ihre unerwünschte und ihm unverständliche Einmischung zur Wehr zu setzen.

Auf diese Weise entwickeln sich die meisten Unarten. Wir haben fast alle erlebt, wie sich unsere Eltern auf dieselbe Art eingemischt haben. Wenn wir das Rückzugsverhalten des Kindes sehen, liegt der Wunsch natürlich nahe, dieses Verhaltensmuster zu durchbrechen und so wieder in Kontakt zum Kind zu gelangen. Die Erwachsenen halten ein solches Verhalten meist für ein Zeichen, daß das Kind sich irgendwie „vernachlässigt" fühlt. Sie glauben, nur ein zu kurz gekommenes, einsames Kind würde so hartnäckig daran festhalten. Doch das stimmt nicht. Daumenlutschen, Nägelkauen, Wippen und anderes sind Verhaltensmuster, um sich auf eine ganz nach innen gekehrte Weise zu trösten, und die meisten Kinder und viele Erwachsene brauchen sie zu gewissen Zeiten. Es läßt sich absehen, an welchen Punkten in der Entwicklung des Kindes sie vermutlich wieder auftauchen werden. Wenn die Außenwelt diese Verhaltensweisen übelnimmt und sie zu stören versucht, verfestigen sie sich zu Unarten.

Tics

Ein Tic besteht darin, daß Muskeln – im Gesicht, am Hals oder in den Schultern – immer wieder unvermittelt und unwillkürlich zucken. Bei einem Kind treten Tics oft auf, wenn es sich konzentriert oder unter Anspannung steht. Meist wird dem Kind das Zucken nicht bewußt. Wenn die Eltern es darauf aufmerksam machen, steigert sich das Zucken. Sie fangen an, sich Sorgen zu machen. Oft fragen sie sich, ob die Zuckungen von einem Anfall herrühren. Ihre Ängstlichkeit überträgt sich auf das Kind, und das Problem verschärft sich weiter. Schaffen sie es dagegen, den Tic zu ignorieren, klingt er nach einer Weile wieder ab. Gewöhnlich treten Tics ab dem vierten oder fünften Lebensjahr auf und verschwinden mit dem sechsten oder siebten wieder. Ein bereits abgeklungener Tic kann wieder hervorbrechen, wenn das Kind unter großem Streß steht und zum Beispiel in den Kindergarten oder in die Schule kommt oder sich auf ein neues Baby einstellen muß. Da er also zu einer Zeit wieder auftaucht, in der auch die Eltern sich gestreßt fühlen, neigen sie um so mehr dazu, die Aufmerksamkeit des Kindes auf den Tic zu lenken, ihm zu sagen, daß sie sich deswegen Sorgen machen, oder ihn auf andere Weise zu verstärken.

Falls Tics nicht mit anderen auffälligen Symptomen einhergehen, sollten Sie sie ignorieren. Halten sie längere Zeit an, sollten Sie zu verstehen versuchen, warum das Kind innerlich angespannt ist, und es darauf ansprechen. Steckt es in einer Phase, in der es mit größeren Veränderungen zurechtkommen muß, dann braucht es viel Unterstützung und Zuwendung von Ihnen. Sie dürfen ihm aber zutrauen, daß es mit den Belastungen allein fertig wird und aus ihnen lernen kann.

25. Krankenhausaufenthalte

Ein Kind und seine Eltern haben viele Ängste auszustehen, wenn es ins Krankenhaus muß. Diese Erfahrung kann aber auch ihre positiven Seiten haben. In der fürsorglichen Atmosphäre, von der heutzutage die meisten Kinderkliniken bestimmt sind, kann das Kind lernen, seine Ängste vor dem Krankenhaus zu bewältigen, und dadurch an Selbstachtung und Reife gewinnen. Am Kinderkrankenhaus in Boston haben wir gelernt, wie wir den Kindern helfen können, aus der Erfahrung des Krankenhausaufenthalts mit einem gestärkten Selbstvertrauen hervorzugehen. Verschiedene Studien, die wir durchführten, haben ergeben, daß unsere Bemühungen Erfolg haben. Wenn das Kind sein Zuhause verlassen muß, krank oder verletzt ist und nicht von den Eltern, sondern von anderen Erwachsenen versorgt wird, ist das stets ein Trauma, mit dem es erst einmal fertigwerden muß. Die Aufgabe der Eltern besteht also darin, das Kind so zu unterstützen, daß es diese Erfahrung bewältigen und für sich nutzen kann.

Das Kind auf das Krankenhaus vorbereiten

Ausgehend von meinen Beobachtungen und Erfahrungen biete ich solchen Eltern folgende Ratschläge an. Zunächst einmal: Bereiten Sie *sich selbst* vor. Bevor Sie dem Kind helfen können, müssen Sie die eigene Angst vor der Trennung von ihm und vor den bevorstehenden Ereignissen bewältigen. Fragen Sie bei Ihrem Arzt oder im Krankenhaus nach, welche Maßnahmen bei Ihrem Kind vorgesehen sind. Richten Sie es so ein, daß Sie zu kritischen Zeitpunkten bei ihm sein können, zum Beispiel am Tag der Aufnahme, am Tag einer Operation und wenn es schmerzhafte Prozeduren über sich ergehen lassen muß. Planen Sie ein, daß Sie zumindest die erste Nacht bei ihm verbringen, bis es sich eingelebt hat. Vielleicht müssen Sie darum kämpfen, daß das Krankenhaus dies zuläßt, doch ich würde es Ihnen in jedem Fall empfehlen. Kein Krankenhaus sollte einem Kind zumuten, daß es die erste Eingewöhnungsphase oder irgendeine schmerzhafte, beängstigende Maßnahme ohne die Eltern durchstehen muß. Die Anwesenheit der Eltern ist unabdingbar, wenn das Kind aus seiner gewohnten Umgebung gerissen wird und schmerzhafte Prozeduren zu erdulden hat. Bereiten Sie das Kind so gut wie möglich vor. Wiederholen Sie, was Sie ihm gesagt haben, während Sie ihm dann bei all dem zur Seite stehen, was es über sich ergehen lassen muß.

Wir wissen aus Erfahrung, daß die beste Vorbereitung für das Kind darin besteht, ihm so aufrichtig und vollständig wie möglich zu schildern, was ihm bevorsteht. Je nach Alter des Kindes können Sie beispielsweise folgendes sagen: „Du kommst auf eine Station, wo noch andere kranke Kinder sind. Sie haben Verbände und Schläuche, die in die Blutgefäße im Arm hineingehen. Vielleicht wirst du Angst haben, aber ich bin bei dir. Nach einer Operation hast du dann auch Schläuche im Arm, denn so ernähren dich die Krankenschwestern und die Ärzte, während du dich erholst und keine Lust zum Essen oder Trinken hast. Du mußt dich auch ab und zu mit einer Nadel stechen lassen – manchmal in den Finger, manchmal in den Arm. Das tut weh, aber nicht lange. Du kannst die Krankenschwester oder den Arzt bitten, daß sie dir zeigen, was sie mit deinem Blut machen. Sie brauchen es, um herauszubekommen, wie krank du bist und was sie machen können, damit es dir wieder besser geht. Es ist unangenehm, wenn du in den Finger gestochen wirst. Ich werde deine andere Hand halten, wenn sie mir das erlauben, und wenn du meine Hand so fest drückst, daß es *mir* wehtut, dann tut es dir vielleicht selber nicht so weh. Wir werden sehen, ob du so fest zudrücken kannst! Und wenn du willst, dann weine ruhig! Es ist ganz in Ordnung, wenn du weinst!"

Fragen Sie, falls Ihr Kind eine Vollnarkose bekommt, den Anästhesisten, welche Methode vorgesehen ist. Bereiten Sie das Kind auf die Injektion des Betäubungsmittels oder auf die Betäubungsmaske vor, und sagen Sie ihm, daß Sie vorhaben, zu diesem Zeitpunkt bei ihm zu sein. Kämpfen Sie darum, daß Ihnen das erlaubt wird. Versichern Sie dem Kind, daß Sie da sein werden, wenn es aufwacht, und daß Sie sich in den ein oder zwei Tagen nach der Operation, wenn es sich elend fühlt, seiner annehmen werden; wenn es ihm dann wieder besser geht, kann es Eiskrem und andere Dinge haben. Das Kind fühlt sich aufgefangen, wenn es weiß, daß Sie in der Nähe sein werden, um es so gut wie nur möglich beschützen. In den meisten Kinderkliniken gibt es mittlerweile Krankenschwestern, die darauf geschult sind, Kinder im

Krankenhaus zu beschäftigen, und die sich mit den Reaktionen von Kindern auf Schmerzen und medizinische Maßnahmen besonders gut auskennen. Bitten Sie sie, Ihnen zu helfen.

Um Problemen schon im Vorfeld zu begegnen, bieten heute viele Kinderkrankenhäuser, falls eine Aufnahme im voraus geplant werden kann, den Eltern und dem Kind einen Rundgang an. Diese Rundgänge sind eine großartige Sache. Mitarbeiter gehen mit dem Kind in die Aufnahme und in das Stockwerk, wo sein Zimmer sein wird; wenn sie ihm den Operationssaal, den Behandlungsraum, sein Bett und schließlich das Spielzimmer zeigen, sind die Eltern dabei, um ihm Rückhalt zu bieten. Die Mitarbeiter geben ihm und den Eltern einen Überblick darüber, was geschehen wird, wenn es ins Krankenhaus aufgenommen wird. Weiter oben habe ich die Studien erwähnt, in denen wir die Genesung von Kindern nach einer Operation untersuchten. Wir konnten feststellen, daß sich ein Kind körperlich wesentlich besser und rascher erholt, wenn es auf die Maßnahmen vorbereitet wird, die ihm bevorstehen. Die Symptome, die nach der Entlassung gewöhnlich auftreten – zum Beispiel Bettnässen, Verschüchterung, Nachtangst und Zurückfallen in babyhaftes Verhalten –, sind kurzlebig, wenn das Kind gut auf die Einweisung vorbereitet wurde. Dieselben Studien zeigen, daß das Kind unseren Erläuterungen sehr bereitwillig zuhört, *falls* seine Eltern dabei sind. Es muß spüren, daß seine Eltern das, was ihm bevorsteht, verstehen und gutheißen. Dann wird es Vertrauen fassen, daß ihm keine allzu große Gefahr droht.

Was tun, wenn keine Zeit für solche Vorbereitungen bleibt? Über die Hälfte der Einweisungen ins Krankenhaus sind Notaufnahmen. Unser Kindermuseum in Boston hat eine eigene Abteilung, die Kindern vorführt, was in einem Krankenhaus vor sich geht. Dort gibt es Stethoskope, Arbeitskittel für Ärzte und Krankenschwestern, einen vollständig eingerichteten Operationssaal, ein Krankenhausbett, das sich hoch- und herunterkurbeln läßt, und sogar ein Labor mit einem Mikroskop zur Untersuchung des Blutes, das bei der Aufnahme abgenommen wird. Wir denken, daß dies für Kinder eine wertvolle Vorbereitung auf eine mögliche Notaufnahme ist. Ich würde Eltern empfehlen, mit ihrem Kind in eine solche Ausstellung zu gehen, während es gesund ist.

Was sich bei einem Notfall im einzelnen abspielen wird, läßt sich natürlich nicht voraussagen. In einem solchen Moment braucht das Kind daher seine Eltern am allernötigsten. Wenn Sie bei ihm sind, können Sie ihm nacheinander jede einzelne Maßnahme erklären und ihm beistehen.

Im Krankenhaus

Wenn Sie bei Ihrem Kind im Krankenhaus sind, können Sie ihm begreiflich machen, warum es Medikamente bekommt oder warum ihm Blut abgenommen wird. Sie können ihm erklären, warum es intravenös ernährt wird oder eine Infusion notwendig ist, was für Stoffe ihm da zugeführt werden, ob es sich auf Schmerzen gefaßt machen muß und ob sie bald wieder nachlassen werden. Sagen Sie ihm, warum die einzelnen Maßnahmen notwendig sind und wie sie ihm helfen werden. Gratulieren Sie ihm, wenn es eine Prozedur hinter sich gebracht hat. Betonen Sie, daß das eine große Strapaze war und das Kind trotzdem damit fertiggeworden ist.

Die Eltern sollten wissen, daß das Kind jedesmal, wenn es krank ist, von Ängsten vor Verstümmelung geplagt wird, und sie sollten mit ihm darüber sprechen.* Außerdem hat das Kind das Gefühl, die Krankheit dauere ewig. Wenn ihm elend ist, kann es sich nicht mehr vorstellen, daß es sich jemals anders gefühlt hat. Ihm kommt es vor, als könne es der Krankheit nicht mehr entrinnen. Diese Hilflosigkeit, die mit der Krankheit einhergeht, ist für das Kind einschüchternd und erschreckend. Es wird unweigerlich glauben, es werde für irgend etwas bestraft, was es getan hat. Wenn die Eltern sagen: „Hättest du doch nur deine Stiefel angezogen ...", hört das Kind das nur zu gut. Eine solche Bemerkung bestätigt ihm, was es ohnehin schon glaubt: Kinder werden in Wahrheit krank, weil sie böse waren.

Weil es sich selbst die Schuld an seiner Krankheit gibt und keinen Einfluß darauf hat, was nun mit ihm geschehen wird, wächst seine Überzeugung, es werde nie mehr gesund. Es verzagt und versinkt in Resignation, so daß es über weniger Energie verfügt, um der Krankheit die Stirn zu bieten und sich wieder zu erholen. Es weigert sich, seine Medikamente zu nehmen. Es macht Theater, ist trotzig und eigensinnig und provoziert Bestrafungen. Wird es bestraft oder zurechtgewiesen, wirkt es beinahe erleichtert. Wenn sich ein solches Verhal-

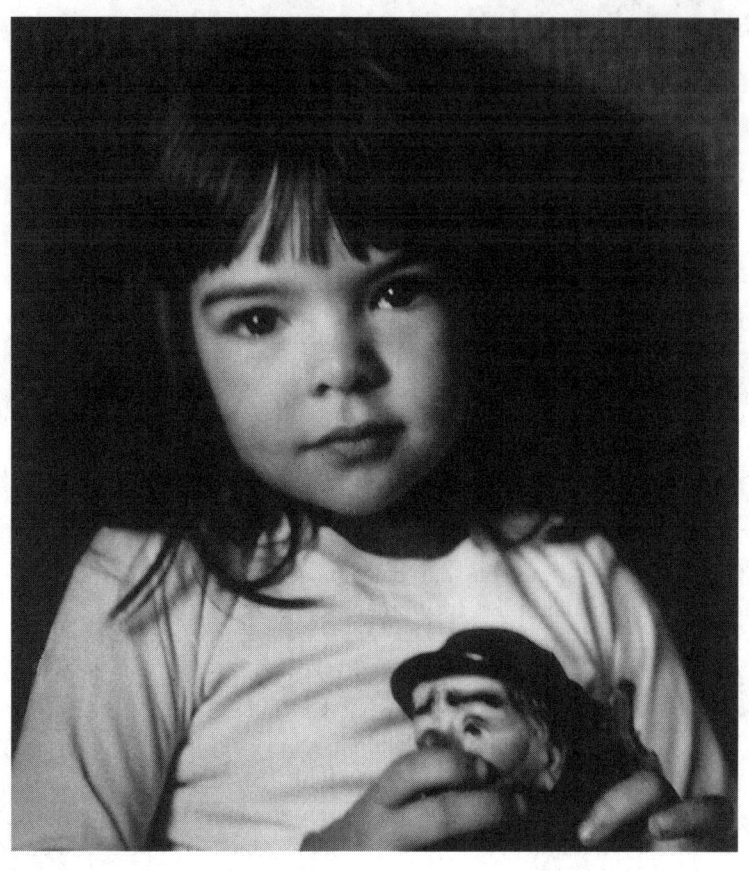

tensmuster bei ihm entwickelt, müssen Sie sich zu ihm setzen und sich mit ihm aussprechen. Machen Sie ihm klar, daß es für seine Krankheit nichts kann. Bringen Sie es dazu, über seine Gefühle zu sprechen. Versichern Sie ihm, daß Sie und sein Arzt wissen, was zu tun ist, damit es ihm bald wieder besser geht. Nimmt seine Bereitschaft zum Mitmachen daraufhin wieder zu, können Sie ihm erklären, daß es sich dadurch selber hilft. Weisen Sie, falls es tatsächlich wieder gesund wird, darauf hin, daß Sie und das Kind selbst wußten, was zu tun ist, und daß es ihm nun viel besser geht. Vermitteln Sie dem Kind nach einer Krankheit oder einem Klinikaufenthalt vor allem das Gefühl, daß es die Krankheit bezwungen und einen Sieg davongetragen hat. So gewinnt es an Zuversicht und wird auch künftigen Schwierigkeiten besser gewachsen sein.

Wie erwähnt haben die meisten Kinderkrankenhäuser ein Spielzimmer und einen Spiel-Spezialisten, der sich um die Aktivierung der Kinder kümmert. Er kennt sich in der kindlichen Entwicklung und in therapeutischen Spieltechniken aus. Fragen Sie ihn, welche Art von Spielen Ihrem Kind helfen könnte, mit seinen Gefühlen richtig umzugehen. Im Spielzimmer gibt es meist Puppen mit Verbänden, mit Schienen und sogar mit Spritzen und Infusionsbestecken. Das Kind kann sich im Spielzimmer sicher fühlen und mit anderen Kindern zusammenkommen, die Ähnliches durchmachen. Es kann sich mit seiner Krankheit auseinandersetzen und Zuversicht gewinnen, daß es die Kraft hat, sie zu bewältigen.

Vermitteln Sie dem Kind so oft wie möglich das Gefühl, daß es einen gewissen Einfluß auf sein Schicksal und auf das nehmen kann, was in seiner Welt geschieht. Selbst ein Kind, das sich nicht rühren kann, weil es rundum bandagiert und geschient ist, kann gegen ein Mobile blasen oder in eine Blechbüchse spucken. Lassen Sie es, soweit es dazu in der Lage ist, zum Beispiel mit Fingerfarben malen oder Bauklötze umstoßen. Wenn es auch nur ein bißchen das Gefühl bekommt, daß es etwas bewirken kann, ist es der qualvollen Welt der Krankheit nicht mehr völlig ausgeliefert.

Bleiben Sie, wie gesagt, mindestens die erste Nacht bei ihm. Damit erweisen Sie ihm einen großen Dienst, auch wenn Sie die ganze Nacht im Stuhl sitzen müssen. Am Tag kann Sie dann ein anderes Familienmitglied ablösen, damit Sie nach Hause gehen und schlafen können. Wichtig ist, daß Sie dem Kind geholfen haben, diese erste schreckenerregende Nacht zu überstehen. Muß es länger im Krankenhaus bleiben, sollten Sie aufpassen, daß Sie sich nicht übernehmen. Planen Sie ein, daß Sie das Kind zu bestimmten Zeiten allein lassen. Eine Verschnaufpause während des Tages kann für Sie ein Geschenk des Himmels sein, und das Kind wird auf diese Weise angehalten, sich auch auf die Krankenschwestern, die Ärzte und den Spiel-Spezialisten zu stützen. Es fühlt sich sicherer, wenn auch Sie Vertrauen in diese Menschen setzen.

Bereiten Sie das Kind immer auf Ihr Weggehen vor. Lügen Sie es niemals an, und versuchen Sie nicht, sich hinauszuschleichen. Es muß sich auf Sie verlassen können. Sagen Sie ihm, wann Sie wiederkommen, und versuchen Sie, pünktlich zu sein. Helfen Sie ihm, bevor Sie gehen, zu einer bestimmten Krankenschwester oder zu einer Betreuerin im Spielzimmer Kontakt aufzunehmen. Helfen Sie ihm, in seinem Arzt und in den Krankenschwestern Menschen zu sehen, denen an seinem Wohl gelegen ist. Wenn Sie dann weg sind, weiß das Kind, daß Sie mit den Leuten einverstanden sind, die Sie „ersetzen". Erinnern Sie das Kind bei Ihrer Rückkehr an Ihr Versprechen, wiederzukommen. Die Angst des Kindes vor dem Verlassenwerden steigert sich noch, wenn es sein Zuhause vermißt und an einem so fremden, bedrohlichen Ort ist. Jedesmal wenn Sie Ihr Versprechen erfüllt haben, daß Sie wiederkommen, wird es sich sicherer fühlen.

Sorgen Sie dafür, daß die anderen Mitglieder der Familie, wenn möglich, das Kind oft besuchen. In vielen Krankenhäusern sind Besuche der Geschwister erlaubt. Nichts muntert ein krankes Kind mehr auf, als seinen Bruder oder seine Schwester zu sehen.

Wenn das Kind wieder nach Hause kommt

Seien Sie auf eine Reaktion gefaßt, wenn das Kind nach Hause kommt. In der Regel wird es in eine frühere Entwicklungsphase und hinter seine letzten Fortschritte zurückfallen. Ein Kind zum Beispiel, das seit ein paar Monaten trocken war, fängt möglicherweise wieder an, Hosen und Bett einzunässen. Ein vierjähriges Kind, das über seine Ängste und Alpträume gerade hinweg war, sieht nachts in seinem Zimmer Ungeheuer und wacht mehrere Male schreiend auf. Diese Reaktionen sind normal und sogar heilsam. Stellen Sie sich nicht nur darauf ein, daß sie eintreffen werden, sondern helfen Sie ihrem Kind, zu begreifen, daß sie nach einem Krankenhausaufenthalt in Ordnung und völlig normal sind. Damit öffnen Sie ihm gleichsam eine Tür, damit es sich selbst besser verstehen kann. Es muß sich dann wegen seines regressiven Verhaltens nicht schuldig fühlen.

Heilsam für das Kind ist auch, wenn es sich über seine leidvollen Erlebnisse und die Trennung von seinem Zuhause mit Ihnen aussprechen oder sie im Spiel darstellen kann. Vielleicht können Sie ihm ein kleines Krankenhaus aufbauen, wo es den Teddybär oder die Puppe seine eigenen Erfahrungen durchleben lassen kann. So kann es seine Ängste verarbeiten, während es sich zu Hause geborgen fühlt. Es kann alles zum Ausdruck bringen, die Panik, die Schmerzen und die Furcht, noch einmal ins Krankenhaus zu müssen. Es kann sich vergewissern, daß es alles gut hinter sich gebracht hat. So wächst sein Vertrauen in die eigene Belastbarkeit, und es wird sich nicht mit einem bleibenden Trauma herumquälen müssen.

26. Überempfindlichkeit und Hyperaktivität

Allen Eltern kommt ihr Kind ab und zu (vor allem nach dem Essen!) „hyperaktiv" vor. Doch Hyperaktivität ist mehr als übersprudelnde Energie. Ein wirklich hyperaktives Kind kann sich nur kurze Zeit auf irgend etwas konzentrieren und wird von rastloser Geschäftigkeit, unkontrollierbarer Impulsivität und emotionaler Sprunghaftigkeit vorwärtsgetrieben. Dadurch treten im Leben des Kindes zu Hause, in der Schule und mit anderen Kindern und Erwachsenen Störungen auf.

Hyperaktivität und Überempfindlichkeit erkennen

Bei Jungen kommt Hyperaktivität wesentlich häufiger vor als bei Mädchen, von denen nur sehr wenige im eigentlichen Sinne überaktiv sind. Hyperaktivität ist wahrscheinlich auf ein „bloßliegendes", überempfindliches Nervensystem zurückzuführen, das nicht anders kann, als auf jeden aufgenommenen Reiz anzusprechen. Das Kind ist nicht imstande, unwichtige Reize auszublenden, und kann sich daher nicht auf die wesentlichen und ergiebigeren Reize konzentrieren. Vieles weist darauf hin, daß die Störung mit den sogenannten Neurotransmittern, den Botenstoffen im Gehirn, zu tun hat. Sämtliche eintreffenden Signale werden einfach weitergeleitet, ohne daß eine Auslese erfolgt. Auf ähnlich unkontrollierte und chaotische Weise werden die Impulse des Nervensystems dann in Handlungen umgesetzt. Das Gehirn ist also auf keiner Funktionsebene imstande, seine Aktivität sinnvoll einzugrenzen. Sehr vereinfacht gesagt entsteht dieses neurologische Problem dadurch, daß eine oder mehrere kleine Hirnregionen geschädigt sind, zum Beispiel weil der Fötus den Einwirkungen von Drogen oder von Giften wie etwa Blei ausgesetzt war oder weil es bei der Geburt Komplikationen gab. Wir kennen die Gründe nicht immer. Durch die Reparaturprozesse im Gehirn entstehen um die geschädigten Regionen herum überempfindliche Zonen. Diese Überempfindlichkeit breitet sich dann auf das gesamte Nervensystem aus.

Hyperaktivität, die oft erst im Kindergarten oder in der Schule diagnostiziert wird, ist zu unterscheiden von der Überempfindlichkeit von Säuglingen, die in der Gebärmutter darunter zu leiden hatten, daß die Nahrungszufuhr unzureichend war. Bei geeigneter Pflege erholen sich diese Kinder mit der Zeit weitgehend. Aufgrund der Belastungen, denen sie in der Gebärmutter ausgesetzt waren, sind sie zunächst extrem überempfindlich. Diese rasch überlasteten Babys, die bei ihrer Geburt lang und dünn sind, nennen wir Mangelgeborene. Die Plazenta, die sie nährte, war klein und unzulänglich; die Gründe hierfür sind völlig ungeklärt.

Am Kinderkrankenhaus in Boston haben wir viele Mangelgeborene untersucht. Zwar können auch Fehlernährung, Unfälle, Alkohol, Rauchen, Drogen und Infektionen die Funktion der Plazenta in ähnlicher Weise stören, doch bei den Müttern, die wir untersuchten, spielte keiner dieser Faktoren eine Rolle. Ihre Babys hatten vor der Entbindung nicht genügend Fett gespeichert. Die Haut war trocken und schälte sich, das Haar war spärlich, und das Gesicht wirkte müde, alt und bekümmert. Bei jedem stärkeren Reiz schreckten sie zusammen. Die Fähigkeit, einen Reiz auszublenden, wenn er öfter wiederholt wurde, war auffallend gering entwickelt (siehe die Ausführungen zur Habituation in Kapitel 2). Aufgrund ihrer starken Ablenkbarkeit konnten sie weder in den Tiefschlaf gelangen noch ihre Aufmerksamkeit für längere Zeit auf interessante Reize richten. Aus dem ruhigen Wach- oder aus einem Schlafzustand schossen sie förmlich hoch in einen Zustand, in dem sie nur schrien und kein Kontakt zu ihnen herzustellen war. Es schien, als könnten sie die auf sie eindringenden Reize nur durch Schreien unter Kontrolle halten. Diese raschen Wechsel zwischen Bewußtseinszuständen ließen den Eltern keine Zeit, um mit Berührungen, mit der Stimme oder über optische Reize Verbindung zu den Babys aufzunehmen. Die Besorgnis der Eltern wuchs, und so steigerten sie ihre Bemühungen noch weiter. Das Ergebnis war, daß Überempfindlichkeit und überhöhte Reaktionsbereitschaft die ganze frühe Kindheit hindurch anhielten.

Bei unseren Forschungen suchten wir nach Möglichkeiten, den Teufelskreis von überhöhter Reaktionsbereitschaft des Kindes und überängstlichen Bemühungen der Eltern aufzubrechen. Wenn wir mit diesen Babys sehr behutsam umgingen, konnten wir ihnen helfen, Ordnung und Struktur in ihr Verhalten zu bringen. Wir stellten fest, daß wir die Reizmenge verringern mußten, um in Kontakt zu ihnen zu treten. Wenn wir in einem abgedunkelten, ruhigen Raum mit ihnen spielten oder sie dort fütterten, fanden wir Zugang zu ihnen. Waren sie dagegen von vielen Geräuschen und ablenkenden Reizen umgeben, wandten sie den Blick ab und widersetzten sich allen unseren Versuchen, Kontakt aufzunehmen; unternahmen wir diese Versuche während des Fütterns, spuckten sie die Milch wieder aus. Das Quengeln in dem Zeitabschnitt zwischen der dritten und zwölften Woche war bei diesen Babys besonders stark ausgeprägt. In ihren langen Schreiphasen war nicht an sie heranzukommen. Das Schreien war anscheinend eine Schutzmaßnahme gegen Überreizung.

Auch nachdem diese Schreiphasen sich gelegt hatten, blieben die Babys hochempfindlich und leicht ablenkbar. Als wir sie mit fünf und neun Monaten erneut untersuchten, waren sie noch immer nicht imstande, sich optischen und akustischen Reizen zu entziehen. Sie bauten ihre sich aufstauende, aus Überreizung entstehende Anspannung nun nicht mehr so sehr durch Schreien, sondern durch erhöhte Aktivität ab.

Hilfe für überempfindliche und hyperaktive Kinder

Wenn Sie sich über die Überempfindlichkeit des Kindes im klaren sind, können Sie mit seiner übersteigerten Reaktionsbereitschaft im Säuglingsalter und auch später besser umgehen. Sie können das Kind nach und nach beruhigen und Kontakt zu ihm aufnehmen, indem Sie ihm jeweils nur einen Reiz von geringer Intensität anbieten und sogleich das Tempo drosseln, sobald es die Stirn runzelt, in einen anderen Bewußtseinszustand wechselt oder seine Reaktionsgeschwindigkeit sich verändert. Nehmen Sie das Baby langsam und behutsam hoch, und halten Sie es zärtlich im Arm, bis es sich zu guter Letzt entspannt. Erst dann können Sie ihm ins Gesicht schauen. Vielleicht versteift es sich zunächst wieder, doch schließlich wird es wieder lockerer. Beginnen Sie dann, langsam und sanft zu singen oder zu summen. Vielleicht erstarrt es erneut, um sich dann wieder zu entspannen. Schließlich können Sie das Baby gleichzeitig wiegen, anschauen und ihm etwas vorsingen. Es hat nun „gelernt", mehrere Reize auf einmal zu verarbeiten. In unseren Studien führen wir den Eltern dieses zeitraubende Vorgehen vor. Denn in ihrer Besorgnis tun sie meist zu viel des Guten, um in Kontakt mit dem Baby zu kommen, und sowohl bei ihnen selbst als auch beim Baby stellt sich daraufhin das Gefühl des Versagens ein. Nachdem wir den Eltern demonstriert haben, daß sie dem Kind nur jeweils einen Reiz vorgeben dürfen, sind sie meist imstande, ihre Vorgehensweise zu ändern. Wenn Sie das Kind füttern, wickeln, wiegen, mit ihm spielen und es schlafen legen, sollte das stets in einer schützenden, ruhigen, wenig ablenkenden Umgebung geschehen. Gehen Sie bei allen diesen Aktivitäten behutsam und gemächlich vor, damit das Baby lernen kann, mit seinem angeschlagenen Nervensystem zu Rande zu kommen.

Die Eltern sind gefordert, sich von ihrer durchaus verständlichen übermäßigen Besorgtheit zu lösen. Das fällt ihnen schwer, weil sie sich fragen, ob sie wohl an der Überempfindlichkeit ihres Babys Schuld tragen. Auf diese Frage haben wir meist keine Antwort. Doch wir wissen, daß viele dieser überempfindlichen Kinder, *falls* ihre Umgebung ihnen den nötigen Schutz bietet, mit der Zeit immer besser zurechtkommen. Unser Ziel ist erreicht, wenn ein Kind zuversichtlich davon ausgeht, daß ihm das, was es sich vornimmt, trotz seiner Schwierigkeiten gelingen wird.

Hat die Überempfindlichkeit und Hyperaktivität organische Ursachen – sind also Hirnfunktionen beeinträchtigt –, so ist eine langjährige Behandlung erforderlich. Die Hyperaktivität wird, wie gesagt, manchmal erst erkannt, wenn das Kind in die Schule kommt. Wenn die Eltern oder der Kinderarzt jedoch genau hinschauen, bemerken sie die Anzeichen dafür schon viel früher. Das Kind – in der Regel ein Junge – kann nicht anders, als auf jeden Reiz anzusprechen. Wenn ich in meinem Sprechzimmer in die Hände klatsche, während das Kind mit den Spielsachen hantiert, schreckt es auf. Klatsche ich weiter in die Hände, werden die Schreckreaktionen sich zwar abschwächen, aber dennoch erkennbar bleiben. Ein normales Kind vermag das Geräusch ab dem dritten oder vierten Mal auszublenden; einem ängstlichen Kind gelingt das ab dem fünften oder sechsten Mal. Ein wirklich hyperaktives Kind dagegen blinzelt beim zehnten oder fünfzehnten Klatschen immer noch. Bis zum fünften oder sechsten Klatschen fährt es zusammen, doch dann findet es einen Weg, die Wirkung des Reizes abzudämpfen. Es fängt an zu singen, dreht mir den Rücken zu oder wird auf andere Weise aktiv, um die sich wiederholenden Geräusche auszublenden. Wenn ich das Klatschen einstelle, verfällt das Kind unweigerlich in lautstarke Aktivität, als müsse es die Anspannung loswerden, die sich in ihm angestaut hat.

Zur Hyperaktivität gehört meistens auch eine gewisse Achtlosigkeit. Das Kind stolpert oft oder stößt an Möbeln an. Wenn es irgendwo dagegenschlägt oder eine Aufgabe nicht bewältigt, scheint es das gar nicht zu bemerken. Es hat sich daran gewöhnt, daß ihm vieles danebengeht. Ein Indiz für seine Mißerfolgserwartung ist, daß es versucht, seinen Fehlschlag zu verheimlichen oder Sie davon abzulenken. Es drängt Ihre Aufmerksamkeit auf andere Dinge oder macht sich rasch an eine andere Aufgabe. Wenn es auch an dieser scheitert, kann es sich nicht mehr im Zaum halten und steigert sich in einen Zustand emotionaler Labilität hinein. Mit Weinen, Lachen und Umherrennen versucht es dann, seine haltlose Impulsivität abzureagieren. Es kann sich nicht unter Kontrolle halten.

Hyperaktivität geht oft mit Konzentrationsstörungen einher. Weil das Kind unwichtige Reize nicht auszublenden vermag, ist seine Aufmerksamkeitsspanne kurz. Es fängt mit irgendeiner Tätigkeit an, läßt gleich wieder davon ab und wird reizbar oder ruhelos. Falls die Konzentrationsstörungen schwerwiegend sind und anscheinend daher rühren, daß die Auslesemechanismen des Gehirns unzureichend entwickelt sind, sprechen wir, wie in Kapitel 12 erwähnt, von einer *Aufmerksamkeitsdefizitstörung* (attention deficit disorder, ADD). Eine solche Konzentrationsstörung ist oft, aber durchaus nicht immer mit Hyperaktivität verknüpft.

Welche dieser Probleme dem Kind zu schaffen machen, können nur Fachleute klären, die über große Erfahrung verfügen. Ich würde Ihnen empfehlen, das Kind bald von einem solchen Experten untersuchen zu lassen, falls es sich rasch ablenken läßt, sich Reizen nicht entziehen kann, emotional labil ist, sich nicht zügeln kann und in fiebrige Aktivität verfällt, weil sein Nervensystem offenbar rasch überlastet ist.

Am besten lassen Sie das Kind von verschiedenen Experten beurteilen, unter denen ein Kinderarzt und ein Psychologe sein sollten. Landet das Kind am Ende aber lediglich in einer diagnostischen Schublade, hat das wenig Sinn. Das Ziel sollte sein, die Stärken wie die Schwächen des Kindes ausfindig zu machen und davon ausgehend einen Behandlungsplan zu erstellen.

Die Behandlung kann folgende Elemente einschließen: eine Familienberatung, um den Eltern zu helfen, eine förderliche Umgebung für das Kind zu schaffen; spezielle pädagogische Maßnahmen; Psychotherapie; in manchen Fällen Medikamente wie zum Beispiel Ritalin. Die Medikation sollte stets ein Arzt verordnen und überwachen, und das Kind muß in die betreffenden Entscheidungen einbezogen werden. Die Eltern sollten ihm erklären, daß die Medikamente ihm helfen können, das zu erreichen, um was es sich so sehr bemüht: seine hektische Aktivität zu bremsen und konzentrierter zu sein. Falls dann die Medikation die gewünschte Wirkung zeigt, ist es dem Kind möglich, sich einen Teil dieses Erfolges selbst zugute halten.

Die Aufgabe der Eltern ist, dem Kind zum einen eine ruhige, nicht überreizende Umgebung zu bieten und es zum andern für jeden kleinen Fortschritt zu belohnen. Selbst für die einfachste willkommene Verhaltensweise sollten sie es loben, zum Beispiel wenn es während einer kurzen Mahlzeit still sitzen bleibt oder eine leichte Aufgabe bewältigt. Sie müssen dem Kind zeigen, wie stolz sie sind, wenn es seine Unstetigkeit zu bezwingen vermag. Weil die Erziehung eines überempfindlichen oder hyperaktiven Kindes zeitraubend und strapaziös ist, müssen Mutter wie Vater Pausen für sich einplanen, in denen sie verschnaufen und neue Kräfte sammeln können. Wenn die Eltern von den Stärken ihres Kindes überzeugt sind und ihren Beitrag zu dem Behandlungsprogramm nicht zaghaft und ängstlich, sondern voller Optimismus leisten, spürt das Kind das, und es wird ihm zunehmend gelingen, seine Impulse zu bändigen.

Die schwerwiegendsten Komplikationen, die sich aus dieser Störung entwickeln können, rühren daher, daß das Kind sich gegenüber der Störung ohnmächtig fühlt. Es wächst mit der Erwartung auf, daß es immer wieder scheitern muß. Diese überschattet alle seine Bemühungen, zu lernen und sich anzupassen. Die Mißerfolgserwartung und sein schwaches Selbstbild schaden dem Kind unter Umständen mehr als die eigentliche Störung selbst. Denn die Hyperaktivität legt sich im Laufe der Ausreifung des Gehirns. Wenn das Kind aber davon ausgeht, daß es unweigerlich Schiffbruch erleiden muß, eignet es sich Verhaltensmuster an, die den Mißerfolg dann tatsächlich heraufbeschwören.

Wenn ein solches Kind drei oder vier Jahre alt ist, schlage ich den Eltern vor, daß sie sich eine Übersicht anlegen und notieren, (1) wie das Kind sich verhält, während seine Anspannung sich bis zum Höhepunkt aufschaukelt, (2) wie es sich an diesem Höhepunkt verhält, wenn die Anspannung sich entlädt, und (3) was es danach tut. Wenn sie das alles festgehalten haben, stelle ich ihnen ein paar Fragen: Ist das Kind nach dem Abreagieren in der Lage, sich zu beruhigen und sich wieder zu konzentrieren? Könnten Sie ihm vielleicht einen „Notanker" (ein Schmusetier) anbieten oder ihm Verhaltensmuster beibringen, auf die es rechtzeitig zurückgreifen kann, wenn es merkt, daß seine Anspannung wieder auf einen Höhepunkt zutreibt? Könnten Sie das Kind, wenn seine Anspannung sich aufstaut, darauf hinweisen, daß es jetzt am Daumen lutschen, sich sein Schmusetier holen oder auf seinem Stuhl wippen kann? Wenn das Kind sich fängt, noch bevor es den Gipfelpunkt erreicht und in fieberhafte Aktivität ausbricht, kann es seine Aufmerksamkeit vielleicht wieder sammeln und zur Ruhe kommen. Gelingt es ihm nach einiger Zeit regelmäßig, sich auf diese Weise zu zügeln, hat es Ihr Lob verdient. Sagen Sie ihm, daß es durch seine gewaltigen Anstrengungen mit einer sehr beunruhigenden Störung fertiggeworden ist. Falls es sich mit fünf oder sechs Jahren bereits so weit in der Gewalt hat, dürfte es der Schule und ihren Anforderungen an seine Konzentrationsfähigkeit gewachsen sein. Vielleicht muß es noch viel Mühe aufwenden, bis es schließlich die nötige Ausdauer aufbringt. Es braucht viel Ermunterung und geduldigen Zuspruch. Und es braucht die Zuversicht, daß es Erfolg haben wird.

27. Krankheiten

Kinder werden ganz unvermittelt krank[5] – fast immer am Abend, wenn kein Arzt mehr Sprechstunde hat. Eben haben sie noch voller Elan gespielt, und im nächsten Moment sind sie schon übellaunig und durcheinander. Sie können sich mit einemmal kaum mehr auf den Beinen halten oder legen sich sogleich hin. Die Augen werden glasig, das Gesicht läuft rot an oder ist kreidebleich. Die Atemfrequenz verdoppelt sich, und sie scheinen nach Luft zu ringen. Kleine Kinder fangen an zu wimmern und sind gar nicht mehr zu trösten, oder sie weinen überhaupt nicht. Sie können Ihnen nicht sagen, was ihnen fehlt. Klar ist nur, daß sie sich gräßlich fühlen. Der Zusammenbruch kommt so plötzlich, weil sie sich ihm zuvor beim Spielen entgegengestemmt haben. Wenn sie ihre Gegenwehr schließlich aufgeben, sind sie nur noch ein Häufchen Elend. Falls die Eltern nicht schon sehr viel Erfahrung haben, sind sie in einem solchen Moment äußerst bestürzt.

Notfälle erkennen und richtig handeln

Was müssen Sie tun? Ich weise Eltern immer darauf hin, daß es nur einige wenige Notsituationen gibt, in denen sie nicht zuerst einmal abwarten und beobachten können, um den Ernst der Lage einzuschätzen. Drei dieser wichtigen Ausnahmen sind Bewußtlosigkeit, Blockierung der Atmung und Krämpfe. In diesen Situationen empfehle ich folgende Schritte:

Wenn das Kind bewußtlos ist, ohne daß eine äußere Verletzung vorliegt, muß es sofort ins nächste Krankenhaus gebracht werden. Falls Sie wissen oder für möglich halten, daß Kopf oder Rückgrat verletzt sind, dürfen Sie das Kind *nicht bewegen*. Rufen Sie sofort den Rettungsdienst.

---

[5] Dieses Kapitel ist keine Anleitung zur Pflege eines kranken Kindes. Der Zielrichtung des Buches entsprechend weist es vielmehr auf einfache erste Schritte hin, die Ängste abzumildern, mit denen die Eltern und das kranke Kind normalerweise zu kämpfen haben. Fragen Sie in jedem einzelnen Fall bei Ihrem Arzt nach.

Falls ein kleines Kind keine Luft bekommt, halten Sie es an den Beinen hoch und klopfen ihm auf den Rücken, damit es den Fremdkörper herauswürgen kann. Ich rate davon ab, den HeimlichHandgriff bei Kindern anzuwenden, da die Verletzungsgefahr zu groß ist.

Weiterreichende Erste-Hilfe-Maßnahmen werde ich, da dies sonst den Rahmen des Buches sprengen würde, nur noch bei Krämpfen erläutern (siehe unten). Auf jeden Fall sollten Sie aber folgende Vorkehrungen treffen:

1. Bei jedem Telefon in Ihrer Wohnung sollten die Rufnummern des Arztes, der Unfallstation des nächsten Krankenhauses und der Vergiftungszentrale zur Hand sein.

2. Erklären Sie jeder Person, die das Kind betreut, wo diese Telefonnummern stehen.

3. Kaufen Sie sich einen zuverlässigen Ratgeber für Notfälle[6], und lesen Sie darin die Ratschläge zur Vorbereitung auf Notsituationen.

Wenn Sie so gerüstet sind, werden Sie im Notfall ruhiger und handlungsfähiger sein. Dennoch ist es ganz normal, daß Sie große Angst bekommen. Dadurch steigt der Adrenalinspiegel, so daß Sie der Situation besser gewachsen sind.

Fieber

Fieber ist keine Krankheit, sondern ein Zeichen dafür, daß der Körper sich gegen eine Infektion wehrt. Kinder bis drei Jahre neigen zu hohem Fieber, weil bei ihnen die Mechanismen der Temperaturregulation noch nicht ausgereift sind. Fieber ist eine gesunde Reaktion des Immunsystems auf Virus- oder Bakterieninfektionen. In 95 Prozent der Fälle sind keine Antibiotika oder andere medizinische Maßnahmen erforderlich. Sie tun gut daran, Ihr Kind die meisten Erkrankungen aus eigenen Kräften abwehren zu lassen, damit sich sein Immunsystem entfalten kann. Wird ein fieberndes Kind allzu früh zu mir gebracht, kann ich oft noch nicht abschätzen, wo der Infektionsherd sein wird und ob das Kind allein damit zurechtkommen kann oder Hilfe braucht. Falls keine zu starken Symptome vorliegen, schaue ich mir das Kind lieber erst an, wenn es schon mindestens vierund-

[6] Siehe Anmerkung 5 zu Kapitel 3, S. 70.

zwanzig Stunden allein gegen die Krankheit angekämpft hat. Dann kann ich eine verläßliche Diagnose stellen und entscheiden, ob eine Behandlung notwendig ist.

Fieber messen. Ehe das Kind fünf oder sechs ist, sind Mundthermometer zu gefährlich, weil es sich vielleicht nicht an Ihre Anweisungen halten wird. Im Handel sind auch Fieberteststreifen erhältlich, die aber nicht immer zuverlässig sind.[7] Stecken Sie, falls das geht, dem Kind das Thermometer unter die Achselhöhle, legen Sie ihm den Arm eng an die Brust und halten Sie es zwei bis drei Minuten lang gegen sich. Das ist schwer durchzuhalten, wenn es sich loszuwinden versucht. Falls Sie die Temperatur rektal messen, legen Sie das Kind auf den Bauch über Ihren Schoß. Führen Sie die mit Vaseline eingeschmierte Thermometerspitze nur zwei Zentimeter weit in den After ein. Halten Sie das Thermometer mit Daumen und Zeigefinger gut fest. Die Hand sollte auf dem Gesäß aufruhen, damit sie mitsamt den Fingern, die das Thermometer halten, den Bewegungen des Kindes folgen kann, falls es zu zappeln anfängt. So rutscht Ihnen das Thermometer nicht aus der Hand und kann nicht zerbrechen oder das Kind verletzen.

Bei einem kleinen Kind Fieber zu messen ist nicht einfach! Es ist allerdings auch nicht immer notwendig. Um abzuschätzen, ob ein Fieber gefährlich ist, sollten Sie nicht allein nach dem Temperaturwert gehen. Dieser ist letztlich nicht ausschlaggebend. Hat ein Kind hohes Fieber, ist aber offenbar ganz bei sich und reagiert auf seine Umgebung, ist das viel weniger besorgniserregend als leichtes Fieber bei einem matten und apathischen Kind. Mit anderen Worten, der wichtigste Anhaltspunkt ist das Verhalten des Kindes.

Die meisten Kinder bieten ein dramatisches Bild, wenn sie plötzlich hohes Fieber bekommen. Sie zittern, während ihr Körper sich bemüht, Wärme zu mobilisieren; oft sind sie zunächst dösig und kaum ansprechbar. Achten Sie in diesem Fall auf drei Dinge:
1. Ist der Hals des Kindes versteift? Können Sie ihn nach vorn auf die Brust beugen? Bei einem Kind mit Hirnhautentzündung geht das

---

[7] In Deutschland sind Fieberteststreifen seit einigen Jahren nicht mehr im Handel. Sie können ein Thermometer nicht ersetzen, denn wenn sie gegen die Stirn gehalten werden, zeigen sie lediglich an, ob das Kind Fieber hat oder nicht. A.d.Ü.

nicht; einem Kind, dem von einer Grippe alles weh tut, ist das Beugen zwar unangenehm, doch es macht ihm keine Schwierigkeiten. Ein wirklich steifer Hals ist ein Warnzeichen.

2. Ist die Atmung behindert? Die Atmung des Kindes ist bei einem Fieber stets beschleunigt, doch wenn außerdem bei jedem Atemzug ein Pfeifen oder ein Rasseln zu hören ist, braucht es möglicherweise ärztliche Hilfe.

3. Zieht das Kind an seinen Ohren, als würden sie ihm weh tun? Dann sollten Sie es bald untersuchen lassen, denn Ohrinfektionen mit hohem Fieber müssen medikamentös behandelt werden.

Rufen Sie den Arzt an, falls Ihr fieberndes Kind eines dieser Symptome zeigt. Ist das nicht der Fall, können Sie vorläufig ruhig Ihre eigenen Heilmittel anwenden. Warten Sie mindestens vierundzwanzig Stunden ab, ob es dem Kind von allein wieder besser geht.

Wenn Ihr Kind krank wird, sollte Ihr erster Schritt sein, es in den Arm zu nehmen, zu trösten und ihm zu versichern, daß Sie ihm helfen werden, wieder auf die Beine zu kommen. Die Krankheit drängt Kind und Eltern dazu, die Nähe zueinander zu suchen, und das Kind wird sich sein ganzes Leben daran erinnern, wie die Eltern sich seiner angenommen haben, als es krank war. Berufstätige Eltern müssen einen Weg finden, um zu Hause bei ihm bleiben zu können.

Austrocknung. Die größte Gefahr bei einem Fieber ist, daß der Körper austrocknet. Führen Sie dem Kind so bald wie möglich klare Flüssigkeit zu. Die Austrocknung ist einer der Hauptgründe, warum Kinder, die Fieber haben, so erbarmenswert aussehen. Sie muß fortwährend bekämpft werden, damit das Kind die Infektion besser abwehren kann, von der das Fieber verursacht ist. Bei Säuglingen kann Austrocknung sogar lebensbedrohend sein. Geben Sie dem Kind klare Flüssigkeit zu trinken, und zwar immer nur in kleinen Schlucken, denn zum Fieber tritt oft eine Magenverstimmung hinzu. Ist dem Kind übel und übergibt es sich, müssen Sie sogar noch entschiedener gegen die Austrocknung angehen. Flößen Sie ihm während der ersten Stunde alle fünf Minuten einen Teelöffel Flüssigkeit ein, oder lassen Sie es selber trinken, und zwar *keine* Milch und *kein* Wasser, sondern entweder ein süßes Getränk wie zum Beispiel Ginger Ale, dem Sie etwas Salz beigeben, einen schwachen, gesüßten Tee oder eine Mischung von einem halben Liter Wasser mit einem Eßlöffel Zucker und einem halben

Teelöffel Salz. In der zweiten Stunde geben Sie dem Kind alle fünf Minuten einen Eßlöffel Flüssigkeit und in der dritten und vierten Stunde alle paar Minuten etwa drei Eßlöffel, um die Magenverstimmung und die Austrocknung in Schach zu halten. Damit der Körper nicht austrocknen kann, sollte ein Kind mit Fieber pro Tag etwa einen Liter Flüssigkeit zu sich nehmen.

Fühlt das Kind sich weiterhin elend, können Sie ihm ein Aspirin-Ersatzpräparat geben (in bestimmten seltenen Fällen scheint das Auftreten des sogenannten Reye-Syndroms mit der Einnahme von Aspirin zusammenzuhängen); richten Sie sich dabei nach den Anweisungen auf dem Beipackzettel oder nach dem Rat Ihres Arztes. Gelingt es Ihnen, das Fieber durch ein Aspirin-Ersatzmittel oder durch ein Bad in lauwarmem Wasser zu senken, fühlt das Kind sich vermutlich besser. Sieht das Kind aber nach vierundzwanzig Stunden, auch wenn das Fieber vielleicht gefallen ist, noch immer sehr schlecht aus, braucht es ärztliche Hilfe.

Krämpfe. Bei kleinen Kindern löst hohes Fieber (über 40 Grad Celsius) manchmal Fieberkrämpfe aus. Sie kommen am ehesten bei Kindern unter drei Jahren vor, und auch manche etwas älteren Kinder neigen dazu. Solche Anfälle sind beängstigend. Das Kind wird ganz steif, krümmt sich und hört auf zu atmen; wenn die Atmung wieder einsetzt, treten am ganzen Körper wiederholte krampfartige Zuckungen auf. Während eines solchen Krampfes verliert es das Bewußtsein. Lagern Sie es in jedem Fall auf der Seite, so daß der Kopf tiefer liegt und die Atemwege frei bleiben. Daß die Zunge nach hinten fallen und ihm die Luft abstellen könnte, ist ein Ammenmärchen.

Anders als bei den bisher erwähnten Notfällen können und sollten die Eltern bei einem Fieberkrampf etwas unternehmen. Setzen Sie das Kind, um das Fieber rasch zu senken, behutsam in eine Wanne mit lauwarmem Wasser. Falls es ihm daraufhin deutlich besser geht, können Sie den Anruf beim Arzt noch aufschieben. Falls das Fieber jedoch nicht heruntergeht, lassen Sie einen Nachbarn den Krankenwagen oder die Feuerwehr[8] holen, und rufen Sie selbst Ihren Arzt an, damit er die nötigen Vorbereitungen im Krankenhaus trifft. Höchstwahr-

---

[8] In den USA übernimmt die Feuerwehr oft auch solche Nottransporte. A.d.Ü.

scheinlich ist der Fieberkrampf vorüber, bevor Sie hinkommen, aber falls dies der erste Anfall ist, sollten Sie das Kind in jedem Fall im Krankenhaus untersuchen lassen.

Wenn Sie nicht zuerst versuchen, das Fieber zu senken, sondern das Kind auf der Stelle ins Krankenhaus bringen, verlängern Sie den Anfall damit unter Umständen. Lassen Sie das Kind, sobald es bei Bewußtsein und ansprechbar ist, klare Flüssigkeit trinken, und geben Sie ihm ein Aspirin-Ersatzmittel. Befolgen Sie dabei unbedingt die Anweisungen auf dem Beipackzettel.

Falls dies nicht der erste Fieberanfall ist, würde ich empfehlen, dem Kind alle vier Stunden ein Aspirin-Ersatzmittel zu geben. Auf diese Weise können Sie jedesmal, wenn es krank wird, einen plötzlichen Fieberanstieg verhindern, der Krämpfe auslösen würde. Sprechen Sie auch mit Ihrem Arzt darüber, wie Sie mit den Fieberkrämpfen umgehen und ihnen vorbeugen können. Viele Ärzte lassen Kinder, die zum Krampfen neigen, regelmäßig Phenobarbital einnehmen. Denn bei einem Kind, das ein hohes Fieber ohne Fieberkrampf übersteht, ist die Wahrscheinlichkeit deutlich geringer, daß beim nächsten Fieber einer auftritt.

Wenn das Kind nicht trinken will. Vor diesem Problem stand ich, als eine meiner Töchter zwei Jahre alt war. Ich wußte, daß ihr Körper am Austrocknen war, denn sie hatte seit achtzehn Stunden kein Wasser mehr gelassen, ihre Lippen waren trocken, die Augen eingesunken. Wir wußten, daß wir sie ins Krankenhaus bringen mußten, wenn sie nichts trinken würde.

In meiner Praxis hatte ich Eltern des öfteren gesagt, wenn sie entschlossen genug seien, werde ihr Kind das merken und einlenken. Doch jetzt hatte ich selber eine zweijährige Tochter. Ich wußte, wenn ich sie nicht dazu brachte, daheim etwas zu trinken, würden die im Krankenhaus das übernehmen. Also kündigte ich ihr an, ich würde ihr, falls sie das warme, schale Ginger Ale nicht freiwillig trinke, die Nase zuhalten und es ihr einflößen. Sie sperrte sich erneut, und so hielt ich sie auf meinem Schoß fest und träufelte ihr das Ginger Ale mit einem Truthahn-Fettgießer in den Mund. Sie erbrach es und sah mir dabei direkt in die Augen. Ich hielt ihr die Nase zu und flößte es ihr ein zweites Mal ein. (Solange das Kind bei sich ist, brauchen Sie sich keine Gedanken zu machen, es könne ersticken.)

Wiederum fing sie an, die Flüssigkeit auszuspucken, doch ich versicherte ihr mit aller Entschiedenheit, daß ich sie einfach wieder hineinschütten würde. Schließlich begann sie zu trinken. Bald hatte sie ihren Wasserverlust ausgeglichen und war guter Dinge. Mein brutales Verhalten trug sie mir anscheinend nicht nach. Ich hatte aber trotzdem lange Zeit ein schlechtes Gewissen, obwohl ich ihr das Krankenhaus erspart hatte!

Erkältungen

Eine normale Erkältung dauert bei älteren Kindern in der Regel eine Woche, bei Kleinkindern und Babys zwei Wochen. Für die Familie ist das eine anstrengende Zeit. Wenn das Kind in die Tagesstätte oder in den Kindergarten kommt, wird es sich des öfteren anstecken. Damit es sich wohler fühlt, sollten Sie es ermutigen, viel zu trinken, ihm alle vier Stunden ein Aspirin-Ersatzmittel geben und einen Luftbefeuchter einsetzen, damit es freier atmen kann. Oft ist es sinnvoll, dem Kind in dieser Zeit nichts zu essen zu geben, damit es mehr trinkt. Ein Luftbefeuchter steigert das Wohlbefinden des Kindes erheblich, denn die Sekrete verflüssigen sich, so daß sie nach draußen kommen. Ich bin gegen das Absaugen der Nase, solange es nicht absolut notwendig ist,

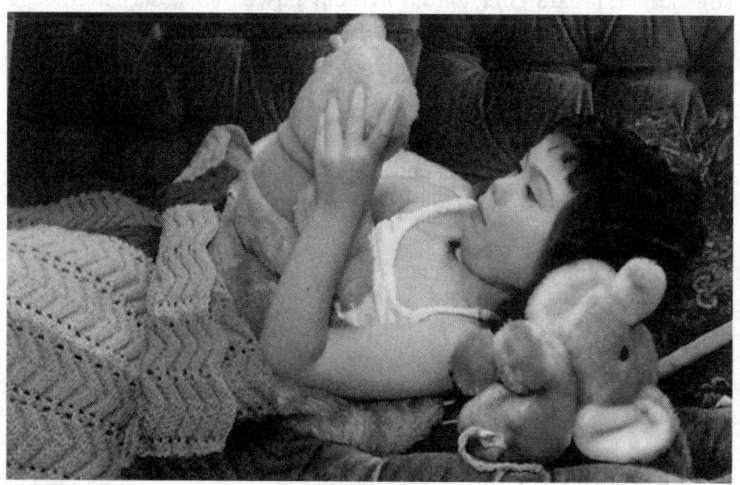

denn die Saugvorrichtung reizt die Nasenmembran, so daß die Prozedur unterm Strich keine Erleichterung bringt.

Die Verstopfung der Nase löst sich leichter, wenn Sie das Kind so betten, daß der Kopf etwas höher liegt als die Füße. Tropfen Sie ihm vor den Mahlzeiten Salzwasser in die Nase (ein halber Teelöffel Salz auf einen Viertelliter abgekochtes Wasser), oder nehmen Sie dazu Nasenspray, das mit der gleichen Menge Wasser verdünnt ist. So kann das Kind trotz der verstopften Nase trinken und essen. Doch wie gesagt hat das Essen keinen Vorrang, wenn das Kind erkältet ist; eigentlich braucht es nur Flüssigkeit.

Auch nachts müssen Sie dem Kind möglicherweise alle vier Stunden die Nasentropfen geben, damit es besser Luft bekommt. Falls Sie Ihre Hausmittel zwei oder drei Tage angewendet haben und die Erkältung noch nicht merklich zurückgegangen ist, sollten Sie sich an Ihren Arzt wenden. Eine Erkältung hat durchaus auch ihre positive Seite: Sie stärkt das Immunsystem des Kindes. Doch ist das ein schwacher Trost, wenn jedesmal Komplikationen hinzutreten – was bei vielen Kindern der Fall ist.

Krupphusten

Der Krupphusten ist eine für Eltern wie Kinder besonders beängstigende Erkrankung. Er wird durch ein Zuschwellen der Atemwege verursacht und tritt oft als Komplikation zu einer Erkältung hinzu. Das Kind kann keine Luft in die Lungen ziehen, ohne in einen rauhen, krächzenden Husten auszubrechen, der mit dem Bellen eines Seehundes verglichen worden ist. Die Stimme ist heiser. Nicht genug Luft zu bekommen ist erschreckend für das Kind; durch die Panik verkrampfen sich die Atemwege noch mehr, und das Atmen wird noch mühsamer.

Das Problem verschärft sich noch, wenn auch die Eltern Angst bekommen. Falls einmal eines Ihrer Kinder solche Hustenanfälle bekommen hat, ohne daß Sie auf dieses Symptom vorbereitet waren, dürfte Ihnen das als einer der schrecklichsten Momente Ihres Elterndaseins im Gedächtnis geblieben sein. Wenn Sie allerdings wissen, was zu tun ist, nimmt Ihnen das viel von Ihrer Angst. Die folgenden Schritte zeigen bei den meisten Kindern Wirkung.

1. Stellen Sie einen Stuhl, am besten einen Schaukelstuhl, ins Bad.
2. Drehen Sie die heiße Dusche voll auf, damit der Raum rasch mit Wasserdampf eingenebelt wird.
3. Setzen Sie sich mit dem Kind in den Armen in die Nähe der Dusche, schaukeln Sie mit ihm und singen Sie ihm etwas vor, um es zu beruhigen.
4. Geben Sie ihm einen Lutscher. Wenn es daran schleckt, wirkt das lindernd auf den Hals, und es kann sich leichter entspannen.

Nach einer Stunde sollte der Husten nachlassen. Andernfalls brauchen Sie Hilfe; rufen Sie sofort Ihren Arzt an.

Unter Umständen müssen Sie Ihr Kind in dieser Verfassung ins Krankenhaus bringen. Versuchen Sie zu erreichen, daß es so ruhig und gelassen wie möglich bleibt. Seine Angst wird zunehmen, wenn sich an einem fremden Ort fremde Menschen seiner annehmen. Bleiben Sie also bei ihm. Falls es in ein Sauerstoffzelt kommt, sollten Sie mit ihm hineingehen, damit die Situation weniger schreckenerregend ist.

Bauen Sie, falls der Husten auch zu Hause nachläßt, ein „Kruppzelt" um die Wiege oder das Bett des Kindes herum. Machen Sie ein Laken oben und an zwei Seiten der Wiege oder an den Bettpfosten fest. Lassen Sie zwei Seiten offen, damit die Luft zirkulieren kann. Plazieren Sie einen Luftbefeuchter so, daß er den Dampf unter das Laken bläst. Stützen Sie das Kind im Rücken mit Kissen ab, und setzen Sie sich daneben, um es zu trösten; denn wenn es weint, können sich dadurch die Atemwege wieder verengen. Bleiben Sie die Nacht durch in seiner Nähe. Wenn es die Nacht auf diese Weise gut hinter sich bringt, wird sein Befinden am Morgen erheblich besser sein. In den folgenden Nächten wird sich seine Verfassung wohl wieder verschlechtern, doch die Beschwerden und die Angst werden nicht mehr so schlimm sein wie in der ersten Nacht. Die meisten Fälle von Krupphusten (95 Prozent) sind ohne Medikamente zu Hause zu bewältigen, doch wenn der Zustand des Kindes sich verschlechtert und wenn es Fieber bekommt, müssen Sie den Arzt hinzuziehen.

Durchfall

Austrocknung ist die Hauptgefahr bei einem Kind mit Durchfall. Wenn es bis zu viermal am Tag Stuhlgang hat, tritt dieses Problem wahrscheinlich noch nicht auf. Doch wenn es mehr als sechsmal Durchfall hat oder kein Wasser mehr läßt, trocknet es aus. Halten Sie es dazu an, klare Flüssigkeit zu trinken (wie oben beschrieben), und geben Sie ihm keine Milch oder feste Nahrung. Sein Verdauungssystem braucht eine Pause und sollte das, was ihm zugeführt wird, leicht absorbieren können. Am besten sind klare Flüssigkeiten: Bouillon, süßer Tee, abgestandenes Ginger Ale, verdünnte klare Säfte wie etwa Apfelsaft.

Ein Kind, das erst seit kurzem sauber ist, muß vielleicht wieder Windeln anziehen. Bieten Sie ihm das nur an, und machen Sie keinen Wirbel darum.

Blut und Schleim im Stuhl sind Alarmzeichen, ebenso wie ein schwerer Durchfall, der länger als vierundzwanzig Stunden anhält. Rufen Sie in diesem Fall Ihren Arzt an.

Ohrenschmerzen

Die meisten von uns wissen noch, wie sie als Kinder unter Ohrenweh gelitten haben. Ohrenschmerzen treten bei Kindern sehr häufig auf. Wenn sie noch ganz klein sind, können sie Ihnen noch nicht sagen, was ihnen fehlt, aber sie fingern an den Ohren herum und weinen. Die Ursache von Ohrenschmerzen *ohne Fieber* ist meistens, daß Ohrenschmalz den Gehörgang verengt und sich dahinter Wasser staut. Falls also kein Fieber mit den Ohrenschmerzen einhergeht, würde ich folgendermaßen versuchen, den Ohrschmalzpfropf zu lösen: Geben Sie vier- oder fünfmal täglich mit einem Augentropfer vier oder fünf Tropfen Wasserstoffsuperoxyd in jedes Ohr, um das Schmalz und die Flüssigkeit herauszuspülen. Falls das nur teilweise zum Erfolg führt, bekommen Sie den Rest vielleicht heraus, indem Sie Alkohol zum Einreiben anwärmen und als Ohrentropfen verwenden. Für ernstere Fälle gibt es antibiotische Ohrentropfen, die Ihnen aber ein Arzt verschreiben muß. Führen Sie nie irgendeinen Gegenstand ins Ohr ein. Rufen Sie den Arzt an, falls die Schmerzen nicht nachlassen.

Der zweithäufigste Grund für Ohrenschmerzen ist, daß das Ohr vom Nasen-Rachen-Raum her blockiert ist, weil das Kind eine Erkältung oder eine verstopfte Nase hat. Das Gewebe im Rachen schwillt an und versperrt die Öffnung der Ohrtrompete, die direkt ins Ohr hineinführt. Können Sie dieses Gewebe zum Abschwellen bringen, so läßt der schmerzhafte Druck nach. Zwei Maßnahmen sind erfolgversprechend: (1) Antihistamine oder andere Substanzen, um die Schwellung des Rachens zu verringern, und (2) verdünnte Nasentropfen, um die Blockierung der Ohrtrompete direkt anzugehen. Das Kind muß sich dazu auf den Rücken legen. Geben Sie in jedes Nasenloch abschwellende Nasentropfen, die mit der gleichen Menge Wasser verdünnt sind, und drehen Sie den Kopf des Kindes dann rasch auf das blockierte Ohr. Halten Sie das Kind ein paar Minuten in dieser Position, damit das abschwellende Mittel wirken kann. Wiederholen Sie diese Prozedur alle drei bis vier Stunden.

Wenn die Ohrenschmerzen länger als zwölf Stunden anhalten, hat das Kind möglicherweise einen Ohrabszeß oder eine Mittelohrentzündung und braucht ärztliche Behandlung.

Wenn Ohrinfektionen immer wieder auftreten, müssen Sie sich an einen Hals-Nasen-Ohren-Arzt wenden. Zu den üblichen medizinischen Maßnahmen gehören milde Antibiotika und, in schweren Fällen, die Entfernung der Rachenmandeln, falls sie die Mündungen der Ohrtrompeten blockieren. Gegen chronische Ohrinfektionen helfen Röhrchen, die in die Trommelfelle eingesetzt werden.

Nasenbluten

Auch Nasenbluten ist besorgniserregend, und es scheint immer doppelt so schlimm zu sein, wie es wirklich ist. Versuchen Sie die Blutung zunächst zu stoppen, indem Sie die Nase zusammenpressen, um auf die Blutgefäße darin Druck auszuüben. Kühlen Sie den Nasensattel und den Nacken mit Eis. Das Kind soll sich auf den Rücken legen. Falten Sie etwas Toilettenpapier zu einem etwa einen Zentimeter breiten Quadrat zusammen, und schieben Sie es fest unter die Oberlippe, damit es auf die Nasenscheidewand drückt. Wenn Sie das Nasenbluten gestoppt haben, sagen Sie dem Kind, daß es sich eine Zeitlang die Nase nicht putzen soll, weil sie sonst bestimmt gleich wieder blutet. Hält das Nasenbluten länger als eine Stunde an, wird der Arzt es stillen müssen.

Damit das Nasenbluten nicht immer wieder auftritt, streichen Sie morgens und abends Vaseline in die Nase, entlang der Scheidewand.

Das hilft, wenn die Luft, ob nun drinnen oder draußen, heiß und trocken ist, oder wenn Ihr Kind unter einer Erkältung oder einer allergischen Reaktion leidet. Tritt das Nasenbluten trotzdem immer wieder auf, sollten Sie Ihren Arzt um Rat fragen.

Wann Sie den Arzt hinzuziehen sollten

Heutzutage verfügen viele Eltern über gute medizinische Kenntnisse und machen sich oft darüber Gedanken, ob eine Erkrankung nicht „überbehandelt" wird, welche Nebenwirkungen ein Medikament hat und ob eine Untersuchung überflüssig ist. Viele unnötige Untersuchungen ordnen die Ärzte auch deshalb an, weil die Zahl der Kunstfehlerprozesse zugenommen hat und sie in einem entsprechenden Klima arbeiten müssen.

Solche Dinge werden Ihnen zwangsläufig in den Sinn kommen, wenn Sie entscheiden müssen, ob Sie Ihr Kind zu einem Arzt beziehungsweise ins Krankenhaus bringen sollen. Wenn Sie Ihrem eigenen Urteil trauen und gegebenenfalls Hausmittel anwenden, statt Hals über Kopf zum Arzt oder ins Krankenhaus aufzubrechen, ersparen Sie dem Kind beängstigende Situationen und geben ihm außerdem das beruhigende Gefühl, daß Sie wissen, was zu tun ist.

Solche Überlegungen sind natürlich nicht angebracht, wenn ein Notsituation vorliegt oder der Gesundheitszustand des Kindes sich aus unerklärlichen Gründen verschlechtert. In diesem Fall sollten Sie sich umgehend an einen Arzt wenden. Hierfür gibt es manchmal auch bei den üblichen Kinderkrankheiten gute Gründe, zum Beispiel bei hartnäckigen Infektionen; wenn das Kind schon recht lange gegen sie ankämpft, drohen Komplikationen, und ein späterer Rückfall muß verhindert werden. Darüber hinaus wirkt das Eingreifen des Arztes, falls alle Ihre Bemühungen erfolglos geblieben sind, der Verunsicherung des Kindes entgegen.

Ein Arzt oder eine Praxisschwester kann erkennen, ob das Kind so krank ist, daß es behandelt oder weiter untersucht werden muß; sie übernehmen die Verantwortung für das, was mit dem Kind geschieht, und können die Situation objektiver beurteilen, als Ihnen das möglich ist. Zudem kann ihre Autorität Sie und das Kind von der Befürchtung entlasten, sie hätten irgendeine Schuld an der Krankheit. Ein kleines

Kind glaubt, es sei „böse" gewesen und habe es deshalb verdient, krank zu sein. Gegen diese Vorstellung kommen die Eltern manchmal kaum an, denn schließlich sind sie es, die dem Kind gegenüber Disziplin durchsetzen müssen und es also des öfteren für sein „Bösesein" bestrafen. Auch bei den Eltern selbst treten ganz normale Schuldgefühle zutage, wenn ihr Kind krank wird. Indem der Arzt ruhig erklärt, was dem Kind fehlt, kann er der Familie ihre Schuldgefühle nehmen und sie beruhigen.

28. Imaginäre Freunde

Fast alle drei- und vierjährigen Kinder erfinden sich einen Freund. Mich freut das immer, wenn ich es mitbekomme, weil es ein Zeichen dafür ist, daß sich die Vorstellungskraft des Kindes entfaltet. Der imaginäre Freund erinnert uns daran, daß dem Kind seine ganz persönliche Sphäre wichtig ist und es nicht möchte, daß wir darin eindringen.

Die Bedeutsamkeit imaginärer Freunde

Bei seinem Ausflug ins Reich der Phantasie fühlt sich das Kind meist zu verletzbar, um die Eltern daran teilhaben zu lassen. Ihm sind seine ganz private Sprache und sein Freund sehr kostbar, und die Erwachsenen müssen das respektieren. Unglücklicherweise bekommen die älteren Geschwister oft Wind von solchen Phantasiewesen und machen sich über sie lustig. Damit zerstören sie diese Möglichkeit des Kindes, seine Vorstellungskraft frei schweifen zu lassen. Das erstgeborene Kind hat noch die Freiheit, in seiner erwachenden Phantasie zu schwelgen. Das zweite oder dritte Kind aber ist nie allein, und die Geschwister werden es immer wieder unsanft in die Realität zurückholen.

Auch die Eltern haben etwas gegen imaginäre Freunde. Was ist der Grund dafür? Ich glaube, sie fühlen sich meist ausgeschlossen und sind eifersüchtig. Das Kind loszulassen ist eine der schwierigsten Aufgaben, vor die die Eltern gestellt sind. Je weniger es sie an seiner privaten Sprache und an seinen imaginären Begleitern teilhaben läßt, desto mehr fühlen sie sich beiseite gedrängt. Bei ihrem ersten Kind bekommen sie außerdem Angst, wenn seine Kreativität auf eine so neuartige Weise in Erscheinung tritt. Sie fragen sich, ob es den Unterschied zwischen der Realität und den Gebilden seiner Phantasie wirklich „weiß". Wird es sich im Unwirklichen verlieren? Wird es einen „bösen" Freund benutzen, um sich aus Schwierigkeiten herauszulügen? Wird es seine Phantasien der Realität vorziehen und sich von anderen Kindern absondern?

Wie ich in Kapitel 13 sagte, sollten wir imaginäre Freunde willkommen heißen. Was die kognitive Entwicklung angeht, so ist die Ein-

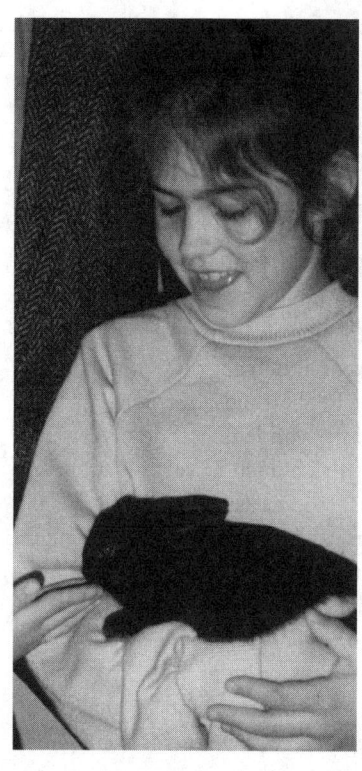

bildungskraft eines Kindes in diesem Alter ein wichtiger Hinweis auf seine komplexer werdenden Denkprozesse. Es versucht, über das nur konkrete Denken hinauszukommen, von dem seine Welt die meiste Zeit bestimmt ist. Wenn die Phantasie im dritten Lebensjahr erwacht, ist die Fähigkeit des Kindes, Realität und Wunschdenken auseinanderzuhalten, noch nicht sehr weit entwickelt. Wenn es sich eine imaginäre Welt erfinden, sich Phantasiegestalten ausdenken oder mit einer geliebten Puppe sprechen kann, als sei sie lebendig, so sind das Hinweise auf seine sich rasch entfaltende Fähigkeit, die Grenzen seiner Welt zu erproben. Es entdeckt, wie es die Dämonen, die es bedrängen – Haß, Neid, Lügen, Selbstsucht und Unreinlichkeit –, austreiben kann, indem es sie einem imaginären Freund zuschreibt. Oder es besteht darauf, es sei selbst der imaginäre Freund, um auf diese Weise seine Missetaten von sich zu schieben. Wir können dies als den ersten

Versuch des Kindes bezeichnen, sich an dem auszurichten, was die anderen von ihm erwarten, und Richtig und Falsch auseinanderzuhalten. Es steht dabei noch auf schwankenden Füßen. Es will sich allein zurechtfinden und muß seinen Erkundungen unabhängig von den Eltern nachgehen können. Ihre Einmischung würde es daran hindern, auf eigene Faust Erfahrungen zu sammeln.

In der emotionalen Entwicklung des Kindes erfüllen imaginäre Freunde einen sehr wichtigen Zweck. Es kann durch sie auf ungefährliche Art entdecken, wie es selbst sein möchte. Es bestimmt über sie und lenkt sie nach seinen Wünschen, und ihnen gegenüber kann es ohne Gefahr böse oder gut sein. Es kann ihnen gegenüber in die Rolle von Kindern schlüpfen, die es in der Realität einschüchtern. Es kann sich ohne Risiko in ein anderes Kind verwandeln. Auf dem Weg über solche imaginären Gestalten denkt es sich auch in seine Mutter und seinen Vater hinein. Es probiert aus, wie es ist, eine Frau oder ein Mann zu sein. Auf diese Weise kann es alle Seiten seiner Persönlichkeit erproben. Dies ist eines der Mittel, durch die ein vier- und fünfjähriges Kind zu seiner Identität findet.

Falls das Kind dabei allerdings einzelgängerisch wird, besteht tatsächlich Anlaß zur Sorge. In diesem Alter sollte es viel Umgang mit Gleichaltrigen haben. Doch muß es auch noch ab und zu allein sein. Falls das Kind allerdings seine imaginären Freunde nicht aufgeben kann, um sich wirklichen Kindern zuzuwenden, wäre auch ich beunruhigt. Wenn es sich im Kindergarten zurückzieht oder sich beim Spielen nicht beteiligt, sind seine imaginären Freunde möglicherweise ein Symptom von Isolation und Einsamkeit. Doch wenn es seine Privatwelt hinter sich lassen kann, um mit anderen zu spielen, würde ich mir keine Gedanken machen.

Welche Auswirkungen hat das Fernsehen in diesem Zusammenhang? Dem Kind bleibt durch das Fernsehen zweifellos weniger Zeit, seine eigenen Phantasien zu erkunden. Und wenn es zu oft fernsehen darf, hat es nicht mehr genügend Zeit und Energie, um die Welt selber zu erforschen. Das Fernsehen zwingt das Kind in eine Art lähmende Passivität. Bruno Bettelheim hat darauf hingewiesen, daß Märchen und Gutenachtgeschichten ein Kind bei den Entwicklungsaufgaben dieses Alters anspornen, nämlich sich mit seinen Aggressionen auseinanderzusetzen und seine Identität auszubilden. Fernsehen hat, außer in kleinen Dosen, den gegenteiligen Effekt, weil es dem Kind eine künstliche Welt von Gewalt und realitätsfernen Kämpfen zwischen Gut und Böse aufdrängt und seinen eigenen Phantasieabenteuern ihren Zauber nimmt.

Wie Sie auf imaginäre Freunde reagieren können

Was können Sie tun, wenn das Kind einen imaginären Freund benutzt, um sich aus einer unangenehmen Situation herauszulügen? Dies kommt bei Kindern dieses Alters sehr häufig vor. Die Eltern werden sich fragen, ob das Kind Wunsch und Realität auseinanderhalten kann. Im Lügen tritt sein Wunschdenken unverhohlen zutage. Ohne das Kind vor den Kopf zu stoßen, können die Eltern es auf seinen Wunsch hinweisen, daß die Dinge anders laufen sollen. Indem sie also sein Wunschdenken respektieren, um das Kind sodann auf den Boden der Tatsachen zurückholen, helfen sie ihm, sich über seine Grenzen innerhalb der realen Welt klarzuwerden. Die Botschaft, die beim Kind ankommen sollte, lautet: „Du brauchst nicht zu lügen. Ich habe dich gern, selbst wenn mir das nicht gefällt, was du getan hast." Das Kind kann unbekümmert seine Ausflüge in die irreale Welt unternehmen, wenn es weiß, daß seine Eltern es in die Realität zurückholen werden.

Sollten die Eltern bei den Phantasien des Kindes mitspielen? Sollten sie den Tisch für den imaginären Freund decken oder besser darauf pochen, daß er gar nicht existiert? Ich würde mich nach dem richten, was das Kind möchte. Oft will es, daß die Eltern sich aus der Welt seines imaginären Freundes heraushalten. Doch falls sie Respekt für den Freund erkennen lassen und sich nicht über ihn lustig machen, wird das Kind sie vielleicht bitten, den Freund mit am Tisch sitzen zu lassen. Darauf würde ich in jedem Fall eingehen. Wenn sie sein Spiel mitspielen, wird es deshalb nicht den Unterschied zwischen imaginären und „echten" Freunden vergessen. Imaginäre Freundschaften können für das Kind vielmehr eine Vorbereitung auf künftige reale Freundschaften sein.

Falls die Eltern das Gefühl haben, daß sie dem Phantasiespiel des Kindes Schranken setzen müssen, weil es sich zu sehr hineinsteigert oder sich dadurch von anderen Kindern absondert, schlage ich ihnen folgende Schritte vor.

1. Sprechen Sie mit ihm über das Problem und äußern Sie Ihren Wunsch, daß es mehr Spielgefährten findet. Machen Sie ihm deutlich, daß Sie seine imaginären Freunde und seine wunderbaren Phantasien zu schätzen wissen, sich zugleich aber wünschen, daß es mehr „echte" Freunde hat. Vielleicht haben diese dann selber imaginäre Freunde, und die Kinder können sie miteinander teilen.

2. Bringen Sie Ihr Kind regelmäßig mit ein oder zwei Spielgefährten zusammen, die von ähnlichem Temperament sind, die es also nicht einschüchtern oder zu aggressiv sind. Drängen Sie es nicht dazu, doch bieten Sie ihm regelmäßig die Möglichkeit, diese Kinder näher kennenzulernen. Helfen Sie ihm, die eigene Schüchternheit und die Gründe zu verstehen, weshalb es sich nicht sogleich auf eine Gruppe einlassen kann. Weil viele Kinder in diesem Alter noch wenig Erfahrung im Umgang mit anderen Kindern haben, brauchen sie Unterstützung. Wenn Sie zu hohe Erwartungen an Ihr Kind haben, fühlt es sich unzulänglich und schuldig, weil es Sie nicht zufriedenstellen kann. Sagen Sie ihm, wenn es schließlich mit den anderen Kindern klarkommt, daß Sie stolz auf es sind, weil es diesen schweren Schritt geschafft hat.

3. Stellen Sie das Kind nicht zur Rede, wenn es sich hinter seinen imaginären Freunden versteckt. So nehmen Sie ihm nicht diese Möglichkeit, sich auf eine aktive Weise zurückzuziehen, wenn es das Bedürfnis danach hat. Erklären Sie ihm folgendes: Sie verstehen, warum es die Phantasiegestalten braucht; Sie haben das Kind und seine imaginären Freunde gern, aber Sie möchten auch, daß es sich traut, mit anderen Kindern zu spielen; Sie werden ihm helfen.

Imaginäre Freunde bereichern, um es kurz zu sagen, das Leben eines Kindes. Bei einem drei- bis sechsjährigen Kind sind sie Zeichen einer gesunden emotionalen und kognitiven Entwicklung. Die Eltern brauchen sich keine Sorgen zu machen, solange das Kind sich nicht einigelt. Doch müssen sie mit ihren eigenen Empfindungen im klaren sein, falls das Kind ihnen den Zugang zu seiner Privatwelt verwehrt. Sie können mit ihrer ganz natürlichen Eifersucht besser umgehen, wenn sie begreifen, welch wichtige Funktion diese wundervollen Phantasiegestalten für die Entwicklung des Kindes erfüllen.

29. Verlust und Trauer

Trauer und Verlust zu erleben kann eine wichtige Lernerfahrung für das Kind sein. Dies ist auch eine Gelegenheit für die ganze Familie, die Gefühle, Überzeugungen und Abwehrstrategien miteinander zu teilen, die für das Bewältigen der Trauer notwendig sind.

Als 1986 die Raumfähre „Challenger" explodierte, wurde ich von den Medien gebeten, Eltern einen Rat zu geben, wie sie die Bestürzung ihrer Kinder über diese Tragödie lindern könnten. Der Tod von einer der zwei Frauen an Bord, einer Lehrerin und Mutter, war ein persönlich erlebter Verlust für alle Kinder, die den Raketenstart im Fernsehen mitverfolgt hatten. Wie viele andere Erwachsene war ich mir sicher, daß alle Kinder in den USA sich mit den Kindern der Lehrerin und mit ihren Schülern identifizieren würden, die zugesehen hatten, als die Rakete explodierte.

„Warum ist denn diese Mami fortgegangen? Wo ist sie jetzt?"

„Warum hat sie ihre Kinder allein gelassen? Sind sie böse gewesen?"

„Warum hat unser Präsident zugelassen, daß diese Mami umgekommen ist?"

Hinter all diesen Fragen stehen die Ängste, die in jedem Kind angesichts eines Todesfalls aufsteigen: Wird meine Mama mich verlassen? Würde sie das tun, weil ich böse bin? Wenn ich mich nicht bremse und auf Papa wütend werde, wird er dann ebenfalls weggehen? Die Kinder vor dem Fernseher dachten darüber nach, ob auch ihre Eltern so sterben würden. Sie überlegten sich, ob sie selbst so sterben könnten und weshalb eine Autoritätsfigur wie eine Mutter, ein Vater oder ein Präsident das wohl zulassen würde. Wo geht der Körper hin? Was ist der Tod überhaupt? Solche Ereignisse können beim Kind Alpträume vom Sterben auslösen.

An jenem Abend riet ich jeder Familie, sich zusammenzusetzen und sich gemeinsam mit ihren Empfindungen angesichts der Tragödie auseinanderzusetzen. Die Kinder verlangten danach zu hören, daß ihre Eltern sie nicht allein lassen würden. Die Eltern sollten ihnen versichern, daß die Katastrophe nicht auf die bösen Taten oder Wünsche eines Kindes zurückging. Es war notwendig, daß die Familie an der Trauer jener Kinder Anteil nahm, die ihre Mutter oder ihre Lehrerin verloren hatten. Wir können unsere Kinder nicht davon abhalten, sich in andere, die einen großen Verlust erlitten haben, hineinzufühlen und mit ihnen mitzuleiden. Ebensowenig sollten wir sie daran hindern, über ein eigenes Verlusterlebnis zu trauern. Trauer ist ein wesentlicher und unvermeidlicher Teil des Lebens. Das Interesse des Kindes an seinen Mitmenschen gewinnt eine wesentliche neue Dimension, wenn es sich nach Menschen sehnt, die es vorübergehend oder für immer verloren hat.

Im Alltag unseres Landes sind kaum Gelegenheiten vorgesehen, mit unseren Kindern diese persönliche Trauer zu teilen. Doch wir können ihnen gegenüber die Überzeugungen in Worte fassen, die uns befähigen, Verlust und Tod gegenüberzutreten. Wir können von unseren Vorstellungen über den Tod sprechen, von unseren religiösen Überzeugungen, von unseren Gedanken über ein Leben nach dem Tod und davon, wie die Toten für uns in der Erinnerung lebendig bleiben. Wenn ein Mitglied der Familie stirbt, sind die Eltern möglicherweise so von ihrer eigenen Trauer überwältigt, daß sie nicht imstande sind, sich der Trauer ihrer Kinder zu stellen. Eine nationale Tragödie wie die Explosion der „Challenger" oder ein Todesfall in seinem Wohnort kann für das Kind eine Vorbereitung auf Tragödien in seiner unmittelbaren Umgebung sein.

Ein Trauerfall in der Familie

Wenn die Mutter oder der Vater, ein Großvater oder eine Großmutter, eine Tante oder ein Onkel sterben, ist es wichtig, daß die Erwachsenen die Kinder an ihren Gefühlen teilhaben lassen. Die eigene Verlassenheit und Niedergeschlagenheit vor ihnen verbergen zu wollen kann verheerende Folgen haben. Die Kinder merken nur zu gut, ob die Mutter oder der Vater bedrückt ist oder eine Krise durchmacht. Wenn die Eltern versuchen, ihre Gefühle oder gar das Ereignis selbst geheimzuhalten, lassen sie das Kind im Grunde im Stich. Oft sagen Eltern zu mir: „Ist sie denn nicht zu jung, um sich schon mit dem Tod auseinanderzusetzen?" Ich versichere ihnen dann, daß ein Kind, dem die trauernden Eltern von einem Todesfall erzählen, besser dran ist als eines, dessen Eltern sich von ihm zurückziehen, ohne ihm den Grund dafür zu nennen. Die Vorstellungen des Kindes vom Tod sind primitiver als die der Erwachsenen. Es setzt den Tod gleich mit Verlassen-werden. Gehen die Eltern auf Distanz zu ihm, ohne zu erklären, was in ihnen vorgeht, so bestätigen sie seine schlimmsten Befürchtungen: Großmutter ist gestorben, und jetzt ist Mutter so traurig, daß sie vielleicht auch sterben wird.

Wenn die Eltern das Kind an ihrer Trauer Anteil nehmen lassen und an den Gedanken, die sie sich über den Tod, über das Weiterleben der Verstorbenen in der Erinnerung und über den Sinn des Leidens machen, kann sich das Kind *in Geborgenheit* mit diesen Fragen auseinandersetzen, die uns alle quälen. Es empfindet den tiefen Schmerz und Kummer der Eltern mit. Die Eltern erleben, wie wunderbar es ist, in dieser Situation ein Kind um sich zu haben: In einer trauernden Familie läßt es die anderen Zuversicht und Vertrauen auf die Zukunft schöpfen. Wenn es die weinende Mutter zum Lächeln bringt und, vielleicht auch nur für einen Augenblick, ihre Stimmung hebt, spürt das Kind wie sonst nur selten den Einfluß, den es auf die Eltern hat. Wie ein kleines Kind versucht, seine gramgebeugten Eltern zu trösten, fasziniert mich immer wieder.

Ich weiß noch, wie ich in unserem Krankenhaus einmal die Runde machte und mir eine junge Mutter vom Tod ihres Babys erzählte. Sie begann leise zu schluchzen. Ihr zweijähriger Sohn spielte still in einer Ecke des Zimmers. Als er die Tränen seiner Mutter sah, kam er zu ihr herübergetappt. Er kletterte auf ihren Schoß, tätschelte ihr unbeholfen die Wange und wischte ihr die Tränen ab. Sie schaute zu ihm hinunter, lächelte und zog ihn an sich. Er hatte sie daran erinnert, daß er da war und sie deshalb über ihrem Verlust nicht verzweifeln mußte.

Was Sie dem Kind über den Tod erzählen, sollte seinem Alter angemessen sein. Ich würde ihm so viel sagen, wie es Ihrem Gefühl nach verstehen kann. Ihre Erklärung sollte ihm nicht zu viel Angst machen. Sie müssen es darauf vorbereiten, daß es bei den Gesprächen der Erwachsenen so manches aufschnappen wird. Sie können zum Beispiel sagen: „Opa war so alt, daß er nicht mehr alles hinbekam, was er wollte. Wenn wir alt werden, werden wir ziemlich müde. Jetzt kann er sich ausruhen." Das Kind fragt vielleicht: „Aber warum ist er von uns weggegangen? Hätte er sich nicht in unserem Haus ausruhen können? Er fehlt mir, und ich will so spielen, wie ich immer mit ihm gespielt habe." Antworten Sie aufrichtig: „Wir wissen nicht, warum Menschen, die wir lieben, sterben und uns verlassen müssen. Dem

Körper geht einfach die Kraft aus. Wir alle fühlen uns jetzt furchtbar traurig und einsam. Wir alle machen uns Gedanken, wo er hingegangen ist und ob er jetzt glücklicher und zufriedener ist. Wir wollen, daß er seinen Frieden hat, aber genau wie du finden wir es schrecklich, daß wir uns von ihm trennen müssen. Ich habe mir vorgenommen, daß ich ihn so gut wie möglich im Gedächtnis behalten will. Ich würde gerne über all die Dinge reden, an die wir uns erinnern können, damit er uns weiter begleitet. Fallen dir jetzt ein paar Dinge ein, die du mir über ihn erzählen möchtest?"

Wenn die Eltern mit dem Kind über einen Todesfall sprechen, sollten sie darauf achten, ob es womöglich befürchtet, seine Gedanken oder Taten seien für den Verlust verantwortlich. Das Denken eines drei- bis sechsjährigen Kindes ist von magischen Vorstellungen geprägt. Sie müssen ihm immer wieder versichern, daß es keine schlimme Rache zu fürchten hat, wenn es einmal böse ist, und daß zornige Gedanken nicht bewirken können, daß Menschen sterben.

Früher oder später macht sich das Kind über seinen eigenen Tod Gedanken: Wann werde ich sterben? Was werde ich empfinden, wenn ich sterbe? Wohin gehe ich? Werde ich ganz allein sein? Solche Fragen sind für aufmerksame Eltern stets eine Gelegenheit, dem Kind mit ihren Antworten einiges von seiner Angst zu nehmen und ihm zu zeigen, daß Tod und Verlust in ihnen ganz ähnliche Gefühle auslösen wie in ihm. Falls Sie religiöse Vorstellungen vom Tod oder einem Leben nach dem Tod haben, ist jetzt die richtige Zeit, das Kind daran teilhaben zu lassen. Wenn Sie eher Trost in der Natur, in Mythen oder in Erinnerungen suchen, sollten Sie versuchen, dies dem Kind nahezubringen. Kinder hören sehr gern zu, wenn Sie von früher erzählen. Sprechen Sie darüber, wie es damals war, als Sie noch ein Kind und Ihre Eltern jung waren und für Sie sorgten. Lassen Sie Ihre Kindheit für Ihr Kind lebendig werden; es wird verstehen, warum Sie ihm davon erzählen, und Trost daraus schöpfen.

Der Tod eines Haustiers

Dies sollte so ernst genommen werden wie der Verlust eines Menschen. Belügen Sie das Kind niemals, sonst verliert es das Vertrauen in Sie. Erzählen Sie ihm, was Sie über das Leben und den Tod des Tieres wissen. Ermutigen Sie das Kind, seine Trauer und seine Wut über den Verlust des geliebten Tieres nicht zu unterdrücken. Gestehen Sie ihm eine Trauerzeit zu, ehe Sie ein anderes Haustier in die Familie bringen. Es ist wichtig, daß das Kind sich über den Verlust klar wird und das Gefühl der Anhänglichkeit erlebt, das damit einhergeht. Stellen Sie sich auch in diesem Fall darauf ein, daß es sich persönlich für den Tod des Tieres verantwortlich fühlen könnte, und erklären Sie ihm, ob das Tier durch einen Unfall oder eines natürlichen Todes gestorben ist.

Der Tod eines anderen Kindes

Wenn ein Kind krank ist oder im Sterben liegt, löst das in anderen Kindern tiefe Ängste aus. Sie identifizieren sich mit ihm und fragen sich: Bin ich die nächste? Wird mir dasselbe zustoßen? Warum lassen ihre Eltern zu, daß sie stirbt? Hat sie es verdient, weil sie böse war? Ich wünschte, ich wäre nie gemein zu ihr gewesen. Vielleicht bin ich schuld, daß sie stirbt.

Viele dieser Gedanken wirken irrational, weil das Kind keine realen Anhaltspunkte für sie hat. Doch Erwachsene, die schon einmal einen schweren Verlust verwinden mußten, werden die universellen Ängste erkennen, die hinter den Fragen des Kindes stehen. Wir alle fühlen uns verantwortlich, wenn andere sehr krank sind und leiden müssen. Uns beschleicht dann das Gefühl, wir hätten Strafe für unsere Missetaten oder unsere unzureichende Fürsorge verdient. Wenn die Eltern ihrem Kind Krankheit oder Tod eines anderen Kindes erklären, können sie ihm dadurch zeigen, daß ihnen seine Gefühle vertraut sind. Es wäre ein großer Fehler, die Realität der Krankheit oder die Trauer und Angst der Erwachsenen abstreiten oder verbergen zu wollen.

Die Schule kann Kindern sehr dabei helfen, mit ihren Ängsten vor Krankheit und Tod zurechtzukommen. Eine meiner Patientinnen erzählte mir, wie eine Schule in ihrem Wohnort damit umgegangen war, daß ein sechsjähriger Schüler einen inoperablen Hirntumor hatte. Er hatte häufig Kopfschmerzen und konnte daher oft nicht in die Schule kommen. Als er eines Tages wieder zum Unterricht kam, hatte er im Klassenzimmer einen Krampfanfall, den die ganze Klasse miterlebte. Danach war er zu krank, um noch einmal in die Schule zurückzukehren. Die Lehrerin erkannte, daß die Klasse niedergeschmettert war, weil alle den Anfall gesehen und mitbekommen hatten, daß der Zustand des Jungen sich unaufhaltsam verschlimmerte. Sie sprach über seine Krankheit und versuchte sie zu erklären, so gut sie konnte. Doch die niedergedrückte Stimmung hielt an, und einige Kinder waren weiterhin gehemmt und verängstigt. Die Lehrerin rief alle Eltern zusammen, um ihnen von dem kranken Jungen zu berichten, und bat sie eindringlich, sich der Trauer ihrer Kinder anzunehmen. Sie wies die Eltern darauf hin, daß den Kindern wahrscheinlich bestimmte Gefühle und Ängste zu schaffen machen würden: Schuldgefühle, Gedanken, daß es ihnen genauso ergehen könnte wie dem sterbenden Jungen, und

Befürchtungen, sie seien für seine Krankheit mitverantwortlich. Im Gespräch mit den Eltern ging der Lehrerin auf, daß die Kinder eine Möglichkeit haben mußten, Abschied zu nehmen. Sie nahm ihren Mut zusammen, ging zu den Eltern des Jungen und bat sie darum, ihn mit den Kindern besuchen zu dürfen. Die Eltern waren bewegt, denn sie wußten, wieviel das ihrem Sohn bedeuten würde. Sie wählten einen Tag, an dem er in relativ guter Verfassung war. Die ganze Klasse besuchte ihn. Jeder Schüler hatte ein kleines Geschenk für ihn gemacht. Einer nach dem anderen setzte sich zu ihm, berührte ihn und gab ihm ein Geschenk zum Zeichen dafür, wieviel er ihnen allen bedeutete. Nach diesem Besuch war er erschöpft, aber selig. Sein Zustand verschlechterte sich rasch, doch zu den Eltern sprach er ständig von „meinen Freunden". Die Kinder in seiner Klasse hatten nun das Gefühl, daß er „zu uns" gehörte, wenn sie über ihn sprachen und die Erinnerung an ihn wachhielten. Sie hatten sich von ihm verabschiedet und Anteil an seiner Krankheit genommen.

Im Kinderkrankenhaus in Boston haben wir Familienbesuche eingeführt. Alle Familienmitglieder können kommen und das kranke Kind besuchen. Den Eltern legen wir natürlich nahe, so oft wie möglich bei ihm zu sein (siehe Kapitel 25). Als wir die Angestellten des Krankenhauses fragten, ob sie mit Besuchen der Geschwister einverstanden wären, sprachen sie sich zunächst dagegen aus. Sie wiesen auf die Gefahr hin, daß die Kinder Infektionen einschleppen. Außerdem würde der Wirbel, den gesunde, lärmende Kinder machten, dem kranken Kind nicht guttun. Wir baten darum, solche Besuche ausprobieren zu dürfen.

Damals war ein zweijähriger, unheilbar krebskranker Junge bei uns, den wir Willie nennen wollen. Durch die Bestrahlung und die Chemotherapie hatte er alle Haare verloren. Er war schrecklich dünn, praktisch nur noch Haut und Knochen. Doch er hatte ein liebenswertes, gewinnendes Lächeln. Er war ein Liebling aller Krankenschwestern und Ärzte. Es war schön zu sehen, wie seine Eltern sich um ihn kümmerten. Eines Tages fragten sie, ob sie seine vier und sechs Jahre alten Brüder mitbringen könnten. Sie fürchteten wie wir, daß Willie nicht mehr nach Hause kommen würde, und berichteten uns, wie niedergeschmettert die beiden älteren Jungen waren. Dies sollte unser Testfall werden.

Als die Eltern eintrafen, saß Willie in einem Laufstall in der Mitte des Stationszimmers. Sein zartes Gesicht hellte sich etwas auf, als die Mutter zu ihm trat und ihm über den kahlen Kopf strich. Der winzige

Junge streckte die Hände nach dem Vater aus, der sie sachte berührte. Wir sahen, daß der Vater fast Angst hatte, Willie hochzunehmen, weil er so zerbrechlich und schwach aussah. Die Mutter sagte: „Will, wir haben eine Überraschung für dich!" Seine Augen leuchteten ein wenig auf, und er legte den Kopf schief, als wolle er fragen, was das denn für eine Überraschung sei. In diesem Moment kamen seine zwei älteren Brüder aus dem Fahrstuhl und stürmten auf den Jungen zu, der fast nur noch ein Skelett war. Als er sie sah, brach er in Tränen aus. Er zog sich an der Seite des Laufstalls hoch und hing, die Arme nach seinen Brüdern ausgestreckt, über dem Gitter. Immer wieder rief er: „Oh! Oh! Oh!", als könne er nicht glauben, daß sie wirklich da waren. Der vierjährige Bruder strich Willie mit der Hand über Kopf und Gesicht. Wieder und wieder mußte er seinen kleinen Bruder anfassen. Willie gab unter jeder Berührung nach und schmiegte sich ihr an, als könne er nicht genug davon bekommen. Verzückt schaute er zu seinem anderen Bruder hoch, als hätte er ihn viel zu lange nicht gesehen. Dieser sechsjährige Bruder zog einen Stuhl zum Laufstall hin und setzte sich neben Willie hin. Er fragte seine Eltern, ob er Willie im Arm halten dürfe. Inzwischen standen uns allen, die wir zuschauten, die Tränen in den Augen. Die Stationsschwester nickte den Eltern zustimmend zu. Der Vater hob Willie behutsam hoch und setzte ihn seinem Bruder auf den Schoß, der anfing, Willie zu wiegen und ihm etwas vorzusingen, als sei er noch ein Säugling. Willie kuschelte sich an ihn. Mit seinen viel zu zarten Händen betastete er das Gesicht seines Bruders, erforschte seine Augen, sein Haar, seinen Mund. Schließlich ließ er erschöpft den Kopf auf die Schulter seines Bruders sinken.

Seitdem dürfen bei uns alle Kinder von ihren Geschwistern besucht werden. Wir sahen alle mit eigenen Augen, was diesem Jungen seine Brüder bedeuteten, und was er ihnen bedeutete. Wir verstanden, wie wichtig es für jedes sterbende Kind und die anderen Kinder in der Familie ist, sich noch einmal sehen und Abschied voneinander zu nehmen zu können.

In unserem Krankenhaus haben wir ein wundervolles Programm namens „Good Grief"[9]. Es hilft nicht nur Eltern und Kindern, sich ihrer Trauer gemeinsam zu stellen, sondern wendet sich auch an Menschen,

---

[9] Der Ausruf „good grief!" („ach du liebe Güte!") wird, wörtlich genommen, zu „Gute Trauer". A.d.Ü.

die in Krankenhäusern und Schulen arbeiten und mit dem Tod von Kindern oder von deren Eltern konfrontiert werden. Dieses Programm leitet dazu an, die Gefühle angesichts eines Verlustes offen miteinander zu besprechen und gemeinsam zu tragen – auf Krankenhausstationen, zu Hause und in Schulen (siehe die im Literaturverzeichnis genannten Bücher von Viorst, Grollman und LeShan).

30. Lügen, Stehlen und Betrügen

Die Einbildungskraft des Kindes erfüllt in jeder Phase raschen Lernens eine wichtige Funktion. In der Phantasie kann es ausprobieren, was ihm in den Sinn kommt. Sie bietet ihm Sicherheit. Es braucht seine Einfälle nicht in die Tat umzusetzen, wenn es sie in Träumen und Tagträumen durchspielen kann. Mittels Phantasie und magischem Denken kann das Kind in neue Bereiche vorstoßen, ohne daß es in seinem Eifer in Gefahr käme, Schaden anzurichten. Es kann in seinen Träumen in der Nacht ein mächtiger, furchterregender Wolf sein. Es macht die Sirene eines Feuerwehrautos nach. Es lernt aufregende Dinge über Hexen und Räuber und findet auf diese Weise Vergnügen daran, sich mit seinen Ängsten auseinanderzusetzen. Wenn es ein lebendiges Vorstellungsvermögen hat, kann es in einem einzigen Traum oder in einer einzigen Phantasie in die Rolle eines Ungeheuers, eines gefährlichen Tieres und der bewunderten Eltern schlüpfen. Mit vier oder fünf Jahren eröffnet sich ihm die kognitive Fähigkeit des Symbolisierens, so daß in seinen Augen ein Spielzeugtier, ein Spielzeugauto oder eine Puppe etwas ganz anderes darstellen kann, als es in der Wirklichkeit ist.

Spiel und Phantasie sind notwendig, um sich und die eigenen Grenzen kennenzulernen. Die Ziele dieses stürmischen Entwicklungsabschnitts sind, daß das Kind Sicherheit über die eigene Geschlechtsidentität gewinnt und seine aggressiven Impulse steuern lernt. Damit es diese Ziele erreichen kann, muß es sich unter anderem mit der Bedeutung von Lügen, Stehlen und Betrügen auseinandersetzen. Bei vier- und fünfjährigen Kindern sind dies ganz normale Verhaltensweisen, die den Eltern Gelegenheit geben, dem Kind Verantwortungsgefühl für andere beizubringen. In diesem Punkt haben auch wir Erwachsenen niemals ausgelernt.

Wenn diese Verhaltensweisen zum erstenmal auftreten, haben die Eltern vor allem Schwierigkeiten, nicht übertrieben zu reagieren, denn in ihnen steigen Erinnerungen an die eigene Kindheit hoch. Sie wurden damals sicherlich bei ähnlichen Handlungen ertappt, beschämt und bestraft; ihre Eltern erzählten ihnen vielleicht von ungeratenen Kindern, denen es übel ergangen war. Aufgrund ihrer eigenen quälenden, unverarbeiteten Ängste reagieren die Eltern also jetzt mit Entsetzen, wenn das Kind zum erstenmal lügt, betrügt oder stiehlt. Doch wenn sie in ihre eigene Vergangenheit zurückdenken, wird es ihnen leichter fallen, die Beweggründe des Kindes zu verstehen.

Lügen

Jedes vierjährige Kind lügt hin und wieder. Eine lebendige Einbildungskraft ist in diesem Alter ein Zeichen seelischer Gesundheit – obgleich sie das Kind des öfteren dazu bringt, die Unwahrheit zu sagen.

Nehmen wir einen Jungen, den wir Alex nennen wollen und der zuschaut, wie der Vater jeden Abend an seinem neuen Personalcomputer spielt. Der Vater ist völlig vertieft, er lächelt, runzelt die Stirn und lacht sogar laut auf, wenn sein Computer ihm unerwartete Ergebnisse präsentiert. Eines Morgens, nachdem sein Vater zur Arbeit gegangen ist, stiehlt sich Alex in das Arbeitszimmer, um sich den Computer näher anzuschauen. Er ahmt seinen Vater nach und spielt mit den Knöpfen und Tasten herum. Mit einemmal fängt der Computer an zu dröhnen, zu klingeln und zu brummen. Als abends die Eltern nach Hause kommen, brummt er noch immer. Eingeschüchtert von

den Geräuschen, gegen die er nichts auszurichten vermag, hat Alex sich versteckt. Der Vater fragt sich entsetzt, was wohl mit seinem Computer los ist, kommt tobend an den Eßtisch und beschuldigt nacheinander alle Familienmitglieder. Als die Reihe an Alex ist, verkündet der verängstigte kleine Junge, die Babysitterin sei dort reingegangen und habe den „Puter" kaputtgemacht. Alex wünscht sich mittlerweile so sehr, daß seine Geschichte wahr wäre, daß er sie mit Details ausschmückt, um sie glaubhafter zu machen. Als die Babysitterin schließlich kommt und klarstellt, daß sie mit der Sache nichts zu tun hat, ist der Vater fassungslos, was für ein Lügengespinst Alex ersonnen hat. Er bestraft ihn streng. Den Jungen aber hat sein Wunschdenken inzwischen dazu gebracht, daß er selber glaubt, was er erfunden hat. Er fühlt sich ungerecht behandelt, als habe der Vater gar keinen Grund, wütend zu sein. Folglich ist er kaum in der Lage, aus dem Vorfall etwas zu lernen. Er hat gelogen, um dem ursprünglichen Verdacht des Vaters zu entgehen. Diese durchaus kreative Leistung zielte darauf, den Vater zufriedenzustellen; Alex wollte ungeschehen machen, was er bei seinem Versuch, die Hingabe des Vaters an seinen Computer nachzuempfinden, angerichtet hatte. Der Vater wird mit seiner Wut Alex nur dazu bringen, seine Lügengeschichte weiter auszuspinnen.

Die Eltern vier- und fünfjähriger Kinder müssen auf solche Lügen vorbereitet sein. Unter Umständen können sie sich sogar daran freuen, was für wundersame Blüten das magische Denken des Kindes treibt. Wenn sie dagegen übertrieben reagieren, verfestigt sich das Lügen leicht zur Gewohnheit.

Was tun, wenn ein Kind lügt? Versuchen Sie zunächst zu verstehen, welche Umstände es zum Lügen veranlaßt haben. Gehen Sie davon aus, daß das Kind es gut gemeint hat, und gehen Sie seinen Beweggründen nach, das heißt, seinen Phantasien und seinem Wunschdenken. Helfen Sie ihm, seine Beweggründe auch selber zu begreifen.

Treiben Sie das Kind nicht in die Enge, und werden Sie nicht handgreiflich. Das Gewissen ist in diesem Alter noch im Entstehen begriffen; Schuldgefühle kommen beim Kind erst auf, *nachdem* es etwas getan hat, weil es dann merkt, daß die anderen nicht damit einverstanden sind. Das langfristige Ziel ist, daß das Kind Normen verinnerlicht und ein Gewissen entwickelt – daß, wie die Psychoanalyti-

kerin Selma Fraiberg sagt, „der Polizist von außen nach innen wandert".
Zu hohe Anforderungen an das Kind oder zu strenge Strafen führen
zu einem der drei folgenden Resultate: (1) ein Gewissen, das zu strikt
und unerbittlich ist, (2) wilde Rebellion, die den Eindruck erweckt, das
Kind sei gar nicht in der Lage, sich moralische Grundsätze anzueignen,
oder (3) häufiges und zwanghaftes Lügen.

Wenn Sie merken, daß Sie das Kind zu hart getadelt oder bestraft
oder ihm etwas zu Unrecht vorgeworfen haben, sollten Sie ihm das
eingestehen. Nutzen Sie diese Gelegenheit, um ihm zu sagen, wieviel
Ihnen sein Flunkern ausmacht. Versichern Sie ihm jedoch, daß Sie
seine Beweggründe nachvollziehen können. Denken Sie daran, daß
das Kind seine Eltern mehr liebt als sich selbst und daß Sie sein Selbstvertrauen nur allzuleicht untergraben können, wenn Sie sich unzufrieden mit ihm zeigen.

Sie werden große Fortschritte erzielen, wenn Sie nach jedem Lügen
des Kindes mit ihm darüber sprechen und ihm helfen zu verstehen,
weshalb es lügt. Wenn es anfängt zuzugeben, daß die Dinge in Wahrheit etwas anders liegen, wissen Sie, daß Sie auf dem richtigen Weg
sind. In einem späteren Entwicklungsstadium wird es dann beginnen,
die Gefühle und Rechte anderer zu respektieren.

Lügt das Kind allerdings wieder und wieder, wird dabei immer
heimtückischer und ergründlicher und entfernt sich weiter von
der Realität, so üben Sie wahrscheinlich zuviel Druck aus. Andere
Anzeichen dafür, daß es sich nicht geborgen genug fühlt, um sich die
Welt der Phantasie in seinem eigenen Tempo zu erschließen, können
sein: Es bestraft sich selbst, zieht sich in sich selber zurück, wird unzugänglich, ist durchweg angespannt, wird immer furchtsamer, leidet
unter Nachtangst und mag sich selbst nicht. In diesem Fall müssen Sie
aufhören, das Kind hart zu bestrafen, und sich Gedanken darüber
machen, ob Ihre Reaktionen angemessen sind. Überlegen Sie auch,
was derzeit im Leben des Kindes vor sich geht und welchen Zwängen
es ausgesetzt ist. Lassen Sie ihm überall da mehr Freiraum, wo es
um weniger wichtige Dinge geht. Gestehen Sie dem Kind ein, daß Sie
überzogen reagiert haben. Manchmal können Sie mit Hilfe von Puppen oder Geschichten die Probleme spielerisch angehen.

Lassen Sie das Kind von einem Experten beurteilen, falls Sie sich
große Sorgen machen. Denken Sie daran, daß ständiges Lügen nur ein
Symptom ist und darauf hinweist, daß das Kind verschüchtert ist oder

Ängste auszustehen hat. Sie sollten das Symptom nicht unterdrücken, sondern ernst nehmen.

Stehlen

Wenn kleine Kinder stehlen, tun sie das aus mindestens zwei Gründen. Erstens „gehört" einem drei- oder vierjährigen Kind alles, solange die anderen es nicht eines Besseren belehren. Wenn es also in einem Laden Spielzeug sieht oder im Lebensmittelgeschäft an einer Packung Kekse vorbeigeschoben wird, betrachtet es diese Sachen als seinen Besitz – bis ihm beigebracht wird, daß sie anderen gehören. Bis es das von allein weiß, vergeht geraume Zeit. Eine traumatische Strafe wird, wie beim Lügen, das betreffende Verhalten nur unterdrücken. Viel wirkungsvoller ist, dem Kind freundlich zu erklären, daß es das Eigentum anderer respektieren muß, und ihm zugleich eindeutige Grenzen zu setzen.

Ein zweiter, weniger offensichtlicher Grund für das Stehlen ist der Wunsch, wie andere zu sein. Weil bei einem Kind im Kindergartenalter das Verlangen, sich mit Eltern, Geschwistern oder Spielgefährtinnen zu identifizieren, immer stärker wird, nimmt es Dinge an sich, die ihnen gehören. Da sein Denken am Handgreiflichen orientiert ist, glaubt es, daß es wie die anderen ist, wenn es etwas von ihnen hat. Es hat noch kein Gewissen. Schuldgefühle stellen sich erst hinterher ein, wenn die anderen von ihm enttäuscht sind.

Das Stehlen tritt bei den meisten Kindern erstmals mit vier oder fünf Jahren auf. Dahinter stecken eher Neugier und simples Habenwollen als böse Absicht. Wenn Sie explodieren, jagen Sie dem Kind Angst ein, und es wird immer wieder dasselbe tun. Natürlich werden Sie erschrecken, wenn Ihr Kind ein anderes bestiehlt, besonders wenn es dazu noch lügt und demnach sehr wohl weiß, was es getan hat. Doch wenn Sie begreifen, daß praktisch alle Kinder in diesem Alter stehlen, und sich über seine Motive im klaren sind, werden Sie Überreaktionen vermeiden, die nur eine Fixierung auf sein Verhalten bewirken würden. Wie beim Lügen ist jeder Vorfall für die Eltern eine Gelegenheit, das Kind anzuleiten. Wenn Sie ihm helfen, die eigenen Beweggründe für das Stehlen zu erfassen, ohne daß Sie dabei überwältigende Schuldgefühle in ihm auslösen, wird es Ihnen auch zuhören, wenn Sie von den Rechten anderer sprechen. Mit den Jahren lernt das Kind, den Besitz und das Territorium anderer zu respektieren. Sie helfen ihm bei diesem Lernprozeß, wenn Sie nach jedem seiner kleinen Diebstähle mit Fingerspitzengefühl vorgehen.

Dem Stehlen vorbeugen. Machen Sie dem Kind erstens keine große Szene, die es lediglich verschrecken würde. Stempeln Sie es nicht als Dieb ab, wenn Sie mit ihm reden, und vermeiden Sie es, im nachhinein immer wieder auf dem Vorfall herumzureiten. Es ist nicht klug, das Kind zur Rede zu stellen und es zu fragen, ob es gestohlen hat; damit zwingen Sie es möglicherweise nur, zu lügen. Stellen Sie einfach klar, daß Sie wissen, woher es den betreffenden Gegenstand hat, bitten Sie es, falls nötig, ihn beizubringen, und sagen Sie: „Es gefällt mir nicht, daß du etwas genommen hast, was dir nicht gehört."

Helfen Sie dem Kind dann, den Gegenstand seinem Besitzer zurückzugeben und um Entschuldigung zu bitten, selbst wenn das bedeutet, daß Sie peinlicherweise mit ihm ins Lebensmittelgeschäft zurückgehen müssen, um die Ware zurückzugeben oder zu bezahlen. Lassen Sie das Kind die eventuellen Kosten abarbeiten, indem es im Haushalt hilft. Seien Sie stets konsequent.

Um dem Stehlen vorzubeugen, müssen Sie große Geduld aufbringen. Zeigen Sie dem Kind, wie es um das bitten soll, was es haben will. Geben Sie ihm einfache Regeln zum Teilen mit anderen vor, zum Beispiel: „Du nimmst die Spielsachen eines anderen Kindes nicht, ohne es zu fragen und ihm eines von deinen anzubieten." Erklären Sie ihm das Prinzip des Borgens und Zurückgebens: „Du fragst sie, ob du damit spielen darfst. Wenn sie nein sagen, hast du Pech gehabt. Wenn sie ja sagen, mußt du ihnen anbieten, daß du es ihnen zurückgibst." „Wenn wir in einem Geschäft sind und du willst irgendwelche Kekse haben, fragst du mich, ob du sie bekommen kannst. Wenn ich ja sage, nimmst du sie erst, wenn ich sie bezahlt habe." Auf diese Weise bringen Sie dem Kind Respekt für das Eigentum anderer bei, zeigen ihm, wie es höflich um etwas bitten kann, und lehren es, seine Bedürfnisse geduldig eine Weile zurückzustellen.

Es ist auch wichtig, dem Kind zu erklären, weshalb solche Regeln notwendig sind: „Den anderen sind ihre Spielsachen kostbar, genauso wie dir deine kostbar sind." Wenn Ihr Kind dann doch etwas stiehlt, können Sie es mit einem Time-out zurechtweisen; setzen Sie sich aber bald danach mit ihm hin, um mit ihm über den Vorfall zu sprechen. Ihr Ziel ist nicht, das Kind zu bestrafen, sondern ihm beizubringen, das Eigentum anderer zu respektieren und seine Besitzwünsche zu zügeln. Versuchen Sie, seine Beweggründe nachzuvollziehen und sie ihm selber klarzumachen. Helfen Sie ihm, Ihren Standpunkt zu verstehen: Sie können ihm nicht erlauben, anderen etwas wegzunehmen. Machen Sie deutlich, daß Sie auch seine Sicht der Dinge zu begreifen versuchen. Fragen Sie das Kind sodann, wie es vorhat, mit dem Problem umzugehen; übertragen Sie ihm selbst einen Teil der Verantwortung dafür, daß es sich im Zaum hält. Gelingt ihm dies, sollten Sie ihm unbedingt sagen, daß Sie stolz auf seine Leistung sind.

Geht das Stehlen weiter, müssen Sie nach den möglichen Gründen dafür suchen. Wird das Kind von Schuldgefühlen gequält, ist es verängstigt und handelt aus einer Art Wiederholungszwang heraus? Ist es so unsicher, daß es sich den Besitz anderer aneignen muß, um sich als ganzer Mensch zu fühlen? Distanzieren sich andere bereits von ihm und stempeln es als Dieb ab? Wenn es nicht aufhört zu stehlen, ist das vielleicht ein Hilferuf. Warten Sie nicht, bis es sich als Versager vorkommt und den Ruf eines Diebes nicht mehr los wird. Holen Sie sich Hilfe, indem Sie sich von Ihrem Arzt oder der kinderpsychiatrischen Abteilung einer Klinik an einen Therapeuten überweisen lassen.*

Betrügen

Damit das Kind versteht, daß es sich unbeliebt macht, wenn es andere betrügt, muß es reif genug sein, die Regeln zu verstehen, die beim Spielen und in der Schule gelten. Es muß die provozierenden Verhaltensweisen des dreijährigen Kindes hinter sich gelassen haben. Mit fünf oder sechs kann das Kind allmählich lernen, mit anderen offen zu verhandeln, anstatt sie auszutricksen. Es ist nun imstande, logischer zu denken. Es läßt den Egozentrismus des Dreijährigen hinter sich und lernt, den Blickwinkel anderer nachzuvollziehen. Es entwickelt ein moralisches Empfinden und beginnt, auf andere Rücksicht zu nehmen.

Die Aufgabe der Eltern besteht darin, seinen neuen Blick auf die anderen zu fördern. Sie hemmen diesen Entwicklungsprozeß, wenn sie das Kind in unangemessener Weise oder zu streng bestrafen. Sinnvoller ist es, das Betrügen behutsam und offen anzusprechen. Erklären Sie dem Kind, ohne es zu verurteilen, was sein Betrügen für Konsequenzen hat:

„Das ist eigentlich nicht fair, wie du sie behandelst, und sie wird dich nicht mehr nett finden."

„Wäre dir das recht, wenn er dich so übers Ohr haut?"

„Was dir zusteht, das steht auch den anderen zu."

„Wenn du nur gewinnst, weil du mogelst, will sie vielleicht nie mehr mit dir spielen, oder sie findet heraus, wie sie selber mogeln kann. Möchtest du das?"

„Versuchst du, deine Lehrer wütend zu machen? Oder meinst du im Grunde mich? Ich bin einfach enttäuscht, denn ich weiß, daß das eigentlich nicht deine Art ist."

„Kannst du mir irgendeinen Tip geben, wie ich dir helfen könnte?"

Rollenspiele sind ein wirkungsvolles Mittel, um dem Kind Rücksichtnahme beizubringen. Sie können ihm dabei auch angemessene Verhandlungsmethoden aufzeigen. Lassen Sie das Kind vorspielen, wie Sie es am besten zurechtweisen und ihm helfen sollen, verantwortungsvoll zu handeln.

Während das Kind sein moralisches Empfinden entfaltet, orientiert es sich an Ihnen und den anderen Familienmitgliedern. Geben Sie ihm die Möglichkeit, sich – auf seine Weise – Ihre Vorstellungen über Mitmenschlichkeit zu eigen zu machen.

31. Umgangsformen

In den meisten Kulturen besteht ein wichtiger Teil der frühen Erziehung darin, dem Kind Umgangsformen beizubringen. Die respektvolle Verbeugung eines japanischen Kindes, die herzliche Begrüßungsgeste eines afrikanischen Kindes und der Knicks eines europäischen Kindes bezeugen dem Gegenüber Achtung und Anerkennung.

In Umgangsformen und Manieren kommen unsere Wertvorstellungen zum Ausdruck, und sie zeigen, wie wir unsere Beziehungen zueinander gestalten. Wir brauchen sie das ganze Leben hindurch immer wieder, um Zugang zu einer Gruppe zu finden und uns in sie einzufügen. Umgangsformen spiegeln die sozialen Strukturen wider, die unser zwischenmenschliches Handeln bestimmen. Mit ihnen signalisieren wir dem Gegenüber unseren Respekt, und wir brauchen sie, um seine Anerkennung zu finden.

Umgangsformen spielen schon bei zweijährigen Kindern eine Rolle. Sie stehen an der Rutschbahn an und achten darauf, daß sie der Reihe nach drankommen. Wenn ein aggressives Kind sich vordrängelt, entscheiden die Kinder in der Schlange, ob sie das erlauben oder das vorwitzige Kind aus der Gruppe ausschließen wollen. Sie erwarten also von Gleichaltrigen bereits, daß sie sich an die Spielregeln halten. Durch Spielregeln wird, genauso wie durch Umgangsformen, das Verhalten umrissen, das die anderen von uns erwarten. Ein Kind, das sich nicht an die Regeln hält, entweder weil es zu aggressiv oder weil es zu zaghaft ist, macht sich bei den anderen Kindern unbeliebt.

Wir können uns von Regeln und Verhaltensnormen nicht ganz freimachen, doch wir können für uns entscheiden, welche wir für wesentlich halten und welche nicht. Unsere Kinder werden sich an unseren Entscheidungen orientieren.

Tischmanieren

Schon im Säuglingsalter eignet sich das Kind Verhaltensregeln an, die die Eltern ihm vorgeben. Meist sind sie sich dessen gar nicht bewußt. Wenn zum Beispiel ein fünf Monate altes Baby der Mutter beim Stil-

len in die Brustwarze beißt, ist sie von seiner Aggressivität schockiert und überrascht. Sie zieht das Baby von der Brust weg und ermahnt es: „Nein, das darfst du nicht!" Sie gibt dem Baby Regeln vor, wie das Stillen abzulaufen hat. So lernt es bereits, auf andere Rücksicht zu nehmen.

Erst wenn das Kind im zweiten Jahr anfängt, die Eltern zu reizen und Grenzen auszutesten, machen sie sich bewußt daran, ihm Umgangsformen beizubringen. Wie in früheren Kapiteln erwähnt, ist das Eßzimmer eines der ersten „Schlachtfelder", auf denen sich dieser Lernprozeß abspielt. Das Kind muß, wenn es sich Regeln aneignet, zuerst einmal sämtliche Möglichkeiten durchprobieren. Es muß Essen über den Rand seines Tabletts fallen lassen, seine Tasse ausleeren, sich Essen ins Haar schmieren und erst diese, dann jene Speise zurückweisen. Weil es an Grenzen stoßen will, stellt es jede Regel auf die Probe.

413

Im zweiten Jahr ist für die Entwicklung des Kindes entscheidend, daß es Grenzen erkunden und seine Autonomie erproben kann. Wir sollten daher noch nicht von ihm erwarten, daß es sich Manieren aneignet. Wenn es dann mit vier oder fünf Jahren das nötige Geschick beim Essen entwickelt hat, wird es anfangen, die Tischmanieren der Eltern und der älteren Geschwister zu übernehmen. Es greift von sich aus zur Serviette, um sich den Mund abzuwischen, es benutzt Gabel und Löffel richtig, und es fragt, ob es vom Tisch aufstehen darf. In diesem Alter will es unbedingt alles genauso machen wie die anderen um es herum. Jedes vitale vierjährige Kind wird jedoch rebellieren, wenn Sie es mit „Tu das" und „Laß das" herumkommandieren; etwas allein zu lernen und zu bewältigen ist für das Kind viel zu wichtig und zu fesselnd, als daß es sich einfach fügen könnte. Deshalb können Sie ihm angemessenes Verhalten am besten dadurch beibringen, daß Sie als Vorbild wirken. Wenn Sie ein drei- oder vierjähriges Kind haben, würde ich Ihnen also empfehlen, mit gutem Beispiel voranzugehen. Seien Sie aber zurückhaltend mit Kommentaren, wenn es Fortschritte in seinen Manieren macht.

Regeln für den Umgang mit anderen Menschen

Sobald das Kind mit etwa vier Jahren bei Tisch, beim Zubettgehen und im Badezimmer gewisse Grundregeln einhält, können Sie ihm einige Regeln für den Umgang mit anderen Menschen nahebringen.

Eine exzellente Gelegenheit dafür ist ein Besuch bei den Großeltern. Erzählen Sie ihm vorher eine kleine Geschichte darüber, was wohl geschehen wird, wenn es ins Haus der Großeltern kommt, und was dort von ihm erwartet wird. Helfen Sie ihm einzuüben, wie es sich verhalten soll. „Oma und Opa werden sich sehr freuen, daß du zu ihnen kommst. Wirst du sie umarmen und dir einen Kuß von ihnen geben lassen? Oder willst du lieber wegrennen und dich verstecken? Viele Kinder in deinem Alter sind schüchtern, aber deine Großeltern haben so lange darauf gewartet, dich zu sehen, daß sie dich eben sehr gerne umarmen und dir einen Kuß geben wollen."

Weisen Sie das Kind darauf hin, daß bei den Großeltern vielleicht auch andere Leute sein werden, die es begrüßen sollte. „Erinnerst du dich noch an Herrn Green, der im Haus nebenan wohnt? Er wird wohl auch da sein, und ich bin sicher, er streckt dir die Hand hin – so wie ich jetzt. Wir nennen das Händeschütteln.[10] Papa wird Herrn Green die Hand geben, dann siehst du, wie Erwachsene das tun. Du kannst es dann vielleicht selber probieren."

Wenn Sie mit Ihrem Kind auf diese Weise gutes Benehmen üben, sollten Sie es zwar bestätigen, wenn es etwas gut macht, aber nicht überschwenglich loben. Zeigen Sie ihm, was von ihm erwartet wird, ohne allzuviel Aufhebens davon zu machen. Nörgeln Sie nicht an ihm herum, falls es sich dann nicht an Ihre Vorschläge hält. Sagen Sie ihm einfach, Ihnen liege nach wie vor daran, daß es sich diese Umgangsformen aneignet, und Sie würden hoffen, daß es nächstes Mal dasselbe tut „wie alle anderen auch". Wenn Sie das Kind zu sehr unter Druck setzen oder es zu überschwenglich loben, vermitteln Sie ihm in beiden Fällen den Eindruck, es könne mit Ihnen aushandeln, ob es sich nun gut benehmen wird oder nicht. Doch sollten angemessene Umgangsformen, ähnlich wie der Ablauf der Mahlzeiten und des Schlafengehens, für das Kind zur Routineangelegenheit werden, die sich nicht für Machtspielchen mit Ihnen eignet.

Wenn der Besuch bei den Großeltern zu Ende geht, erklären Sie Ihrem Kind, wie es sich beim Abschied verhalten soll. „Es wäre schön, wenn du dich bei Oma und Opa für das gute Essen bedankst und sie zum Abschied umarmst. Oma und Opa haben mir gesagt, daß ihnen aufgefallen ist, was für ein großes Mädchen du schon bist!"

Wenn der Großvater oder die Großmutter eine Behinderung hat oder am Stock oder an Krücken geht, ist das eine Gelegenheit, Ihr Kind zur Rücksichtnahme anzuhalten. Zum Beispiel könnten Sie ihm sagen: „Opa muß jetzt an Krücken gehen, weil ihm die Beine wehtun, aber er schämt sich ein bißchen, weil er die Krücken braucht. Manchmal schämen sich auch Erwachsene, wenn bei ihnen etwas anders ist als bei den anderen. Wir verhalten uns also am besten so, daß wir mitfühlend und hilfsbereit sind, aber nicht zu viel über Opas Krücken sprechen. Du kannst ihn fragen, wie es ihm geht, und darauf achten, wann er Hilfe braucht. Wenn zum Beispiel die Krücken auf den Boden fallen, könntest du sie aufheben und ihm geben."

[10] In den USA ist diese Form der Begrüßung unüblich und daher einem vierjährigen Kind nicht unbedingt vertraut. A.d.Ü.

Mit vier oder fünf Jahren springen dem Kind Unterschiede bei anderen Menschen ganz besonders ins Auge. Es ist dann entweder peinlich berührt oder denkt nicht daran, sein Erstaunen zu verbergen. Zum Beispiel sieht es eine blinde Frau auf der Straße und verkündet laut: „Guck mal, Mama, die Frau hat einen Stock!" Solche Situationen können Sie stets dazu nutzen, dem Kind Rücksichtnahme beizubringen: „Ja, sie benutzt einen Stock, weil sie nicht sehen kann. Mit dem Stock stellt sie fest, wo der Randstein ist oder eine Wand, damit sie nicht dagegenstößt. Mach mal die Augen zu, dann merkst du, wie schwer das wäre, ohne Hilfe deinen Weg zu finden. Ist es nicht toll, daß sie das so allein kann?" Wenn Sie dem Kind auf diese Weise helfen, seine Empfindungen zu verarbeiten, wird es sogar erleichtert sein. Seine Anspannung und Besorgnis läßt nach, weil Sie ihm zeigen, was für ein Verhalten in der Situation angebracht ist.

Freude an angemessenen Umgangsformen vermitteln

Gute Manieren machen das Leben einfacher und angenehmer. Wenn Sie dies dem Kind begreiflich machen können, erreichen Sie mehr, als wenn Sie gutes Benehmen als eine lästige Pflicht erscheinen lassen. Sagen Sie zum Beispiel „Entschuldigung", wenn Sie im Supermarkt aus Versehen Leute anrempeln, so wird Ihr Kind Ihnen das nachmachen. Eine Entschuldigung kommt bei den meisten Leuten gut an, und sie reagieren mit einem Lächeln. Das Kind wird merken, daß es durch freundliches Benehmen nicht nur besser mit anderen auskommt, sondern auch mit ungewohnten, belastenden Situationen leichter fertig wird. Denn die Umgangsformen geben ihm zum einen eine Orientierung, wie es in vertrauten Situationen reagieren kann; zum anderen helfen sie ihm, mit unvorhergesehenen Ereignissen umzugehen. Ein Kind, das mit den Routineregeln für den Alltag keine Schwierigkeiten hat, wird sich bei außergewöhnlichen Vorfällen angemessener verhalten. Wenn Ihr Kind sich einer solchen Ausnahmesituation gewachsen zeigt, sollten Sie das unbedingt anerkennen. Ein Satz wie „Alle fanden es ganz toll, wie du dem kleinen Jungen geholfen hast, als er gestolpert ist und sich das Knie aufgeschlagen hat!" wird einem Kind sehr guttun. Wenn das Kind von den Eltern richtiges Benehmen lernt, ohne daß sie es unter Druck setzen, ist es nachher stolz auf diese Fertigkeiten, die es sich angeeignet hat. Seine Manieren sind ihm nicht künstlich von Erwachsenen aufgezwungen, sondern sie kommen nun von innen. Es kann sie steuern und empfindet sie als Teil seiner selbst. Vor allem aber hat es die Sicherheit, daß es immer auf seine Umgangsformen wird zurückgreifen können. Sie helfen ihm, die Achtung und Zuneigung anderer zu gewinnen.

Ungezogenheit

Wird ein Kind unter übermäßigen Druck gesetzt, damit es Manieren lernt, benimmt es sich oft absichtlich daneben. Sobald es ahnt, was von ihm erwartet wird, rebelliert es und ist ungezogen und unverschämt. Es weiß also, was es eigentlich tun sollte, kann aber den Druck nicht aushalten und greift zu Wörtern und Handlungen, die die Erwachsenen zwingen zu reagieren.

In einem solchen Fall können Sie sagen: „Du kannst dir denken, daß ich enttäuscht bin. Du weißt, und ich weiß, daß du das eigentlich besser kannst. Vielleicht hast du das Gefühl, daß ich sehr viel von dir verlange. Ja, ich erwarte tatsächlich viel von dir. Ich möchte nämlich, daß andere dich achten und mögen. Ich weiß, daß du klasse bist, und ich will, daß die anderen das auch sehen. Ich finde es schade, daß du dich so benommen hast, und ich hoffe, daß du nächstes Mal mehr Rücksicht auf die anderen nimmst." Beim ersten Anzeichen von Widerstand sollten Sie das Kind aber nicht weiter zurechtweisen. Das Kind ist dann nicht imstande, das aufzunehmen, was Sie ihm sagen, und Sie sollten sich Ihre kleine Standpauke für einen späteren Zeitpunkt aufheben.

Bedenklich ist, wenn ein Kind fortwährend ungezogen ist. Benimmt ein vier- oder fünfjähriges Kind sich ständig gefühllos gegen andere, sollten Sie sich nicht damit abfinden. Dies weist darauf hin, daß es mit sich nicht zu Rande kommt, und wenn sich nichts ändert, sollten Sie sich nach Hilfe umschauen. Wenn es sich nur noch danebenbenimmt, dürfte es angebracht sein, sich an einen Kinderpsychologen oder einen Psychiater zu wenden.* Durch sein rüdes Verhalten schottet sich das Kind von seiner Umgebung ab, und seine Ängste verstärken sich.

Ordinäre Sprache

Vier- und fünfjährige Kinder machen eine Phase durch, in der sie mit Vorliebe die schlimmsten Wörter benutzen, die sie kennen. Mit geradezu unheimlicher Zielsicherheit finden sie genau das Wort, mit dem sie die Eltern oder die älteren Geschwister am meisten vor den Kopf stoßen können. Begeistert beobachten sie, wie die anderen reagieren. Am liebsten probieren sie die Wörter in der Öffentlichkeit aus: Alles schweigt. Die Eltern werfen sich entsetzte Blicke zu. Sie wagen nicht, zu den betretenen Großeltern oder den kichernden Erwachsenen hinzuschauen. Das Kind weiß, daß es Aufsehen erregt. Es wiederholt das Wort, bis einer der Anwesenden sich genügend gefangen hat und es zurechtweist. Nach ein paar derartigen Vorfällen dürften anstößige Wörter zum festen Vokabular des Kindes gehören. Es wird sie bei jeder nur denkbaren Gelegenheit einsetzen.

Daß vier- bis sechsjährige Kinder fluchen und „schmutzige" Wörter ausprobieren, um zu rebellieren und andere zu provozieren, ist normal und unvermeidlich. Dieses Verhalten hält nur deshalb so lange an, weil Eltern und andere Erwachsene übertrieben reagieren. Die beste Methode ist, das Verhalten zu „löschen", indem Sie keinerlei Reaktion zeigen. Weihen Sie die anderen ein, damit auch sie das provozierende Verhalten ignorieren. Hinterher können Sie dann dem Kind erklären, daß Ihnen und den anderen nicht gefällt, was es da tut. Zeigen Sie Verständnis dafür, daß es neue Wörter, die es gelernt hat, ausprobieren will, und machen Sie ihm klar, daß manche Wörter nicht für fremde Ohren bestimmt sind. Geben Sie ihm die Erlaubnis, die Wörter zu Hause auszuprobieren. Wenn Sie seinen „Tests" wenig Aufmerksamkeit schenken, dürften sie bald aufhören.

Falls das Kind jedoch nicht davon abläßt, müssen Sie sich überlegen, wie Sie es am besten auffordern, sich zu benehmen, und wie Sie es, falls Ihre Ermahnung nichts fruchtet, zur Ordnung rufen können. Reden Sie mit ihm, bevor Sie zusammen irgendwohin gehen. Entscheiden Sie gemeinsam, was Sie und das Kind tun werden, falls es wieder ordinäre Wörter in den Mund nimmt, und halten Sie sich konsequent an diese Abmachung. Sagen Sie ihm, daß Sie ihm dabei helfen wollen, sich zu zügeln. Gratulieren Sie ihm, wenn es sich tatsächlich beherrscht.

Jungen benutzen unanständige Wörter anscheinend häufiger als Mädchen. Das liegt vielleicht daran, daß wir von Mädchen mehr

Zurückhaltung erwarten und die Jungen unbewußt in ihrem „dreisten" Verhalten bestärken. Kraftausdrücke sind bei Jungen in diesem Alter – und später – Teil ihres Machogehabes.

Viele Eltern machen sich Sorgen, daß das ordinäre Reden sich womöglich nicht verlieren, sondern bald zur Persönlichkeit des Kindes gehören könnte. Diese Gefahr besteht tatsächlich, falls das Kind immer wieder Aufmerksamkeit auf sich ziehen kann und so für sein Verhalten belohnt wird. Die ordinäre Ausdrucksweise kann aber auch ein Symptom von Unsicherheit und Unzufriedenheit sein. Falls das Kind in unnötig provozierender Weise und an unpassenden Orten Kraftausdrücke von sich gibt, würde ich das als einen Hilferuf auffassen. Lassen Sie einen Experten beurteilen, ob das Kind möglicherweise an einer Depression oder unter einem negativen Selbstbild leidet.

Wie wir am Beginn des Kapitels sagten, spiegeln Umgangsformen allgemein akzeptierte Überzeugungen wider, die unserem Sozialverhalten zugrunde liegen. Wie die Umgangsformen im einzelnen aussehen, ist eher nebensächlich. Doch sie sind für das Kind der Schlüssel, um aus dem engen Kreis der Familie heraustreten zu können. Angenehme Umgangsformen sind wie ein Paß, der ihm erlaubt, sich auch außerhalb der Familie frei zu bewegen und Zugang zu anderen Menschen zu finden. Tritt ein Kind in die Welt hinaus, das sich in andere einfühlen kann und „gute Manieren" hat, werden ihm mehr lächelnde als finstere Gesichter begegnen, und es wird neue Freundschaften schließen und nicht nur auf Argwohn stoßen.

32. Frühgeburt

Die vorzeitige Geburt eines Babys ist ein Schock. All die sorgsamen Vorbereitungen auf die Wehen und auf die Ankunft des Babys finden ein jähes Ende. Das frühgeborene Baby wie auch seine Eltern haben viele Hürden vor sich, die sie bewältigen müssen.

Die Ängste der Eltern

Die Mutter macht sich zwangsläufig Gedanken, ob sie nicht für die frühzeitige Geburt verantwortlich ist: Warum war ich nicht imstande, das Kind weiter in mir zu tragen? Stimmt mit mir etwas nicht – oder mit ihm? Habe ich mich nicht genug geschont? Habe ich mich nicht richtig ernährt? Was habe ich diesem Baby nur angetan? Es kann nicht ausbleiben, daß die Mutter in Trauer verfällt. Sie macht sich Vorwürfe, fühlt sich ohnmächtig, und Wut steigt in ihr auf – gegen sich selbst, aber auch gegen die ganze Welt. Wahrscheinlich wird sie ihre Schuldgefühle auf ihren Ehemann und auf diejenigen projizieren, die das Baby versorgen. Wenn sie fragt: „Warum tun die nicht mehr für mein Kind?", ist das ein leicht durchschaubarer Versuch, dem Gefühl der eigenen Unzulänglichkeit zu entrinnen.

Sobald die Eltern die Sicherheit haben, daß ihr Baby durchkommt, beginnen sie sich zu sorgen, ob es wohl „normal" sein wird. Die unvermeidlichen Vergleiche mit normalen, ausgetragenen Babys setzen ein – und werden das Kind vielleicht sein ganzes Leben lang begleiten. Aufgrund des Traumas, das die Geburt eines so zerbrechlichen Kindes bei ihnen hinterläßt, werden die Eltern es auf Jahre hinaus unwillkürlich als besonders anfällig und verletzlich ansehen. Die Gefahr ist groß, daß sie es überbehüten und so das „Syndrom des vulnerablen Kindes"[11] hervorrufen. Die Eltern haben Unterstützung nötig, damit sie ihre Aufmerksamkeit auf die tatsächliche Entwicklung des Babys richten und nicht darauf, „was wohl aus ihm geworden wäre". Sie werden einige Zeit brauchen, bis ihnen das gelingt. Wenn sie sich

[12] Siehe Kapitel 16, S. 295.

420

auf das Baby konzentrieren, das sie vor sich haben, anstatt sich vorzustellen, wie es hätte sein können, werden sie ihm mit all ihrer Kraft dabei helfen, seine Wachstums- und Entwicklungspotentiale auszuschöpfen.

Vergleichen die Eltern dagegen ihr Baby ständig mit den Kindern befreundeter Paare, stoßen sie unweigerlich auf irgendein Defizit bei ihm. Sie glauben, sie müßten ihm unbedingt helfen, dieses Manko wettzumachen. Sie lassen es nicht aus den Augen, damit ihm nur ja nichts danebengeht. Sie eilen ihm zu Hilfe, bevor es überhaupt den Wunsch entwickeln kann, sich an einer Aufgabe zu erproben. Sie lassen ihm nicht die Zeit, erst einmal zu scheitern, für einen neuen Anlauf genügend Energie zu sammeln und nach wiederholten Mißerfolgen schließlich ans Ziel zu gelangen. Der Erfolg ist jedesmal ihrer, nicht seiner. Allmählich wird auch das Kind selbst sich als hilfloses, unzulängliches „Ex-Frühchen" betrachten und aufgrund dieses schwachen Selbstbildes tatsächlich sehr verletzbar sein.

Die einschüchternde High-tech-Umgebung der Neugeborenen-Intensivstation bestärkt die Eltern noch darin, auf die Zerbrechlichkeit ihres Babys zu starren. Erst wenn sie auch seine Stärken wahrnehmen können, werden sich ihre Ängste legen. Diejenigen von uns, die auf solchen Stationen arbeiteten, haben sich in den letzten Jahren dafür eingesetzt, die Eltern stärker einzubeziehen und die Umgebung für die Babys so zu gestalten, daß sie nicht von zu hellem Licht, zu vielen Geräuschen und anderen Reizen überflutet sind. Die besorgten Eltern können gleich zu Anfang an der Betreuung des Frühgeborenen Anteil nehmen. Sie können verfolgen, wie es sich erholt, und dabei selbst wieder Kraft schöpfen. Ist das Baby noch sehr klein und sehr krank, müssen sie sich zunächst vor allem dadurch schützen, daß sie die Situation verleugnen. Wenn es sich dann allmählich erholt, brauchen sie diese Abwehrstrategie bald nicht mehr. Krankenschwestern und Kinderärzte sollten sich die Zeit nehmen, die Eltern bei den Untersuchungen des Kindes einzubeziehen und sie miterleben zu lassen, wie sich sein Verhalten nach und nach ordnet, bis es schließlich alle die Verhaltensweisen zeigt, die bei ausgetragenen Neugeborenen zu beobachten sind (siehe Kapitel 2).

Erholungsprozeß und Wachstum

In der ruhigen Atmosphäre einer modernen Neugeborenen-Intensiv-station, in der Licht und andere Reize abgedämpft sind, findet das labile Nervensystem des Frühgeborenen rascher zu einem geordneten Funktionieren. Das Baby lernt nach und nach, seine Aufmerksamkeit abwechselnd von der Außenwelt abzuziehen und ihr dann wieder zuzuwenden. Ein frühgeborenes Baby, das nicht mit Reizen überlastet wird, durchläuft die sechs Bewußtseinszustände, die auch bei anderen Neugeborenen zu beobachten sind. Während es sich von der verfrüh-ten Geburt erholt, lernt es langsam, angenehme Reize aufzunehmen, die von anderen Menschen ausgehen.

Jedes Baby, das große Belastungen auszuhalten hat, reagiert über-empfindlich (siehe Kapitel 2 und 26). Je attraktiver der Reiz (zum Beispiel Stimmen und Gesichter), desto heftiger die Überreaktion. Wie bereits ausgeführt, müssen wir Intensität, Rhythmus und Dauer eines jeden Reizes herunterschrauben, damit das Baby diese Information nutzen kann, um etwas über sich und seine Umgebung zu lernen. Wir haben festgestellt, daß wir ein frühgeborenes oder überlastetes Baby nur auf jeweils einer Sinnesebene ansprechen können – also entweder durch Berühren *oder* mit der Stimme *oder* über Blickkontakt *oder* durch Hochnehmen – und uns dabei sehr sorgsam seinen Reaktionen anpas-sen müssen. Wenn es rasch und heftig atmet oder die Farbe wechselt, heißt das: „Ich habe genug."

Der Tiefschlaf kann für das Frühgeborene ein Mittel sein, sich zu schützen. Auch durch Quengeln und Schreien kann es sich von der Außenwelt abschotten, was allerdings viel Energie kostet. Damit Lern-prozesse ablaufen, muß es hin und wieder in den aufmerksamen Wachzustand übergehen können, doch kann auch dieser eine Über-forderung sein. Die jeweilige Betreuerin muß Rücksicht darauf neh-men, daß die Belastungsschwelle des Babys niedrig ist. Wenn sie sich mit ihm beschäftigt, muß sie auf Anzeichen von Erschöpfung achten.

Die Erschöpfung des Babys ist auch an seinen Bewegungen zu erkennen; der Muskeltonus ändert sich, und die Bewegungen verlieren an Spannung oder werden ruckhaft. Diese sichtbaren Veränderungen sind Teil der „Sprache" des Frühgeborenen.

Während es sich allmählich erholt, kann es immer mehr zulassen, daß die Eltern es berühren, zu ihm sprechen und es direkt anblicken.

Läßt es diese Reize alle auf einmal an sich heran, hat es sich bereits erholt, und sein Nervensystem ist gut gerüstet.

Die Eltern werden ermuntert, täglich auf die Intensivstation zu kommen, beim Füttern und Windelwechseln dabei zu sein und das Kind zu liebkosen. Allmählich überwinden sie ihre ganz verständliche Angst, es etwas fester anzupacken. Während sie erleben, wie es sich erholt, bekommen sie auch mit, wo seine Stärken liegen und über welche Entwicklungspotentiale es verfügt. Damit es den Eltern leichter fällt, das individuelle Wesen des winzigen Geschöpfes zu erkennen, sind Kleinigkeiten von Nutzen wie die Strickmützchen, die auf manchen Intensivstationen zu sehen sind, Namen und Bilder auf den Brutkästen oder auch Spielsachen, die sie dem Kind mitbringen.

Wir haben in den letzten Jahren viele neue Erkenntnisse gewonnen. Auch Kinder mit einer bleibenden Behinderung können von den neuen Methoden der Frühintervention profitieren. Es deutet immer mehr darauf hin, daß das Nervensystem eines Frühgeborenen äußerst widerstandsfähig ist. Die Verschaltungen darin zeichnen sich durch Redundanz aus, das heißt, die Funktionen eines geschädigten Sektors können von anderen Sektoren übernommen werden, falls unsere Intervention früh genug einsetzt. Natürlich kann das Baby geschädigte Nervenzellen nicht regenerieren. Aber so wie ein blindes Baby eine erhöhte Sensibilität von Tastsinn und Gehör entwickelt, können wir heute Babys helfen, neurologische Beeinträchtigungen auszugleichen. Die betreffenden Methoden müssen so früh wie möglich eingesetzt werden. Aus diesem Grund sollte bei allen Frühgeborenen vor ihrer Entlassung aus der Klinik geprüft werden, ob eine Frühintervention notwendig ist. Die Eltern haben ein Recht zu erfahren, wie sie zu einem solchen Baby in Beziehung treten und ihm helfen können, seine Stärken zu nutzen. Es besteht sonst die Gefahr, daß das Kind mit der Zeit resigniert und das Gefühl bekommt, alle seine Anstrengungen seien zum Scheitern verurteilt. Wenn wir früh eingreifen, können wir ihm Zuversicht vermitteln, damit es seine Fähigkeiten so weit wie möglich entfalten kann.

Die Entwicklung eines frühgeborenen Babys verläuft in der Regel langsamer, weil es viel Kraft dafür braucht, sein wackeliges Nervensystem zu festigen und zu ordnen. Sind die Eltern hierauf vorbereitet, haben sie weniger Ängste auszustehen. Um zu bestimmen, welchen Entwicklungsstand das Baby zu einem bestimmten Zeitpunkt erreicht haben sollte, müssen wir die Zeit zwischen Geburt und errechnetem Geburtstermin sowie die Zeit auf der Intensivstation von seinem Alter abziehen. Aus EEG-Studien geht hervor, daß das Gehirn eines Babys auf demselben Stand verharrt und nicht weiterreift, während es akut krank oder an intensivmedizinische Apparate, zum Beispiel an ein Atmungsgerät, angeschlossen ist. Die gesamte Energie geht in die körperliche Genesung. Erst wenn seine Verfassung sich gebessert hat, entwickelt sich das Gehirn weiter und kann „aufholen". Wenn die Eltern auf eine deutliche Entwicklungsverzögerung gefaßt sind, werden sie sich weniger den Kopf darüber zerbrechen, wann ihr Kind wohl die Gleichaltrigen einholen wird. Sie können auf seinen tatsächlichen Entwicklungsstand eingehen und seine Fortschritte würdigen.

Die meisten Frühgeborenen entwickeln sich nach einiger Zeit normal. Aber das Risiko ist größer als bei ausgetragenen Babys, daß später Lernbehinderungen, Konzentrationsstörungen oder Hyperaktivität auftreten. Wir sollten auf Anzeichen für diese Störungen achten. Haben die Eltern einen Verdacht, sollten sie das Kind von einem geeigneten Experten beurteilen lassen. Wenn der Experte ihnen die Probleme verstehen hilft, mit denen das Kind zu kämpfen hat, können sie diesem beistehen, seine Schwierigkeiten zu meistern. Ein Kind kann wie gesagt lernen, solche Handikaps auszugleichen. Wenn wir sie früh erkennen, können wir ihm helfen, seine Fähigkeiten zu entfalten, anstatt einen Mißerfolg an den anderen zu reihen (siehe Kapitel 18 und 26).

33. Kindergarten- und Schulreife

Bevor die Eltern ihr Kind in den Kindergarten geben, sollten sie verschiedene Überlegungen anstellen. Ist das der richtige Kindergarten? Ist unser Kind soweit? Kann es die Trennung von zu Hause verkraften? Ist es reif genug, um von den Lernangeboten des Kindergartens profitieren zu können? Wird es mit den anderen Kindern auskommen? Hat es Verhaltensprobleme, die ihm dabei im Weg sein könnten?

Allen diesen Fragen müssen die Eltern sich stellen, bevor das Kind in den Kindergarten kommt. Vor dem Schuleintritt werden sie erneut auftauchen. Der Eintritt in einen Kindergarten oder in eine Vorschule verlangt dem Kind Anpassungsleistungen ab, die seine Fähigkeit, auch spätere Übergangsphasen zu bewältigen, stark erweitern.

Wenn Sie die Wahl zwischen verschiedenen Kindergärten haben, sollten Sie sich jeden einzelnen anschauen. Achten Sie auf ein Gleich-

gewicht zwischen kognitiven und sozialen Lernangeboten. Wenn der Akzent zu sehr auf dem kognitiven Lernen liegt, kommt das Bedürfnis des Kindes, sich als soziales Wesen zu entfalten, zu kurz. Die Vorgehensweise eines Kindergartens können Sie daran ablesen, wie er eingerichtet ist und inwieweit der Zeitplan von Aktivitäten, Unterrichtsphasen und Erholungsphasen ein Eingehen auf einzelne Kinder erlaubt. Beobachten Sie, wie die Erzieherinnen sehr aktiven oder sehr stillen Kindern helfen, sich einzufügen. Achten Sie vor allem darauf, wie liebevoll und geduldig eine Erzieherin mit den Kindern umgeht und ob sie jedes Kind ermutigt, seine ganz eigene Wesensart zu entfalten. Wird sie wohl Zuneigung zu Ihrem Kind fassen können? Dies können Sie am besten abschätzen, wenn Sie von Ihrer eigenen gefühlsmäßigen Reaktion auf die Erzieherin ausgehen. Denn wenn es in dieser entscheidenden Lebensphase des Kindes darum geht, sein Selbstbild zu stärken, ist die Persönlichkeit der Erzieherin wichtiger als ihr Talent zum Unterrichten. Ich würde Ihnen also empfehlen, Ihr Augenmerk eher auf die emotionale als auf die kognitive Entwicklung Ihres Kindes zu richten. Ein aufgewecktes Kind mit intaktem Selbstwertgefühl ist stets auch lernbegierig.

Die erforderliche Reife

Viele Eltern sind heutzutage von der Idee besessen, sie müßten ihr Kind schon früh auf den Wettbewerb mit anderen vorbereiten, damit es gleich vom Start weg Erfolg hat. Nur wenige können es sich verkneifen, ihrem Kind beizubringen, was es sonst erst in der Schule lernen wird – Lesen, Schreiben und Rechnen. Wenn sie dem Kind schon im voraus solche Leistungen abverlangen, betrügen sie es meiner Meinung nach um viele Möglichkeiten, auf spielerische Weise die eigenen Fähigkeiten zu erkunden und sich Wissen durch Herumexperimentieren zu erwerben. Die Frustration oder Langeweile, die auf einen Fehlschlag folgt, kann für das Kind ein Anreiz sein, bei der nächsten geeigneten Gelegenheit großen Lerneifer zu entfalten. Wie früh es eigentlich schon in der Lage wäre, das Schulwissen aufzunehmen, ist nicht entscheidend. Vielen „frühreifen" Kindern geht später die Puste aus. Entscheidend sind vielmehr die eigene Lernmotivation und das Selbstbild des Kindes. Es muß das Gefühl haben, die Lernprozesse selbst steuern zu können.

Der Kindergarten verlangt dem Kind viel ab. Es muß sich konzentrieren und zuhören. Es braucht Ausdauer und Geduld, um über längere Zeitspannen sitzen bleiben zu können, und es muß sich dem Rhythmus von Aktivität und Erholungspausen anpassen. Es muß in der Lage sein, zwei- und dreigliedrigen Anweisungen zu folgen, Aufgaben auszuführen, die ihm aufgetragen werden, die Dinge in Ordnung zu halten, die ihm gehören, und mit seiner Kleidung allein zurechtzukommen.

Feinmotorische Tätigkeiten wie Ausschneiden, Malen und Schreiben setzen beträchtliche neurologische und emotionale Reife voraus. Es wäre ein Irrtum zu glauben, daß alle Kinder zur gleichen Zeit soweit sein müssen. Wir sollten vielmehr feststellen, welche von ihnen „Spätzünder" sind, und auf deren langsameres Entwicklungstempo Rücksicht nehmen. Dies kann großen Einfluß auf ihr Selbstbild haben. Dem Kind ein Jahr länger Zeit zum Heranreifen zu lassen ist unter Umständen sinnvoller, als die Vorschulzeit so zu planen, daß es auf jeden Fall mit sechs Jahren in die Schule kommt. Ziel der Eltern sollte sein, daß das Kind aus eigenem Antrieb heraus lernen möchte. Zu oft werden Kinder zum Lernen gedrängt, die zwar geistig weit genug entwickelt, im übrigen aber noch keineswegs reif und bereit sind.

Bei der Überlegung, ob das Kind reif für Kindergarten, Vorschule oder Schule ist, sprechen die folgenden Gründe dafür, ihm noch Zeit zu lassen:

• Ein langsames Entwicklungstempo ist in Ihrer Familie und Verwandtschaft nichts Ungewöhnliches („Spätzünder").

• Das Kind war eine Frühgeburt oder hatte in der ersten Zeit mit körperlichen Problemen zu kämpfen.

• Körperwachstum oder körperliche Entwicklung sind verzögert.

• Motorische Unreife: Das Kind ist linkisch und stellt sich zum Beispiel beim Fangen und Werfen eines Balls, beim Malen oder Papierschneiden unbeholfen an.

• Es ist leicht ablenkbar und kann sich nur kurze Zeit auf irgendeine Sache konzentrieren.

• Es hat Schwierigkeiten, linke und rechte Hand oder Hand und Auge miteinander zu koordinieren, etwa wenn es einen Kreis oder eine Raute abzeichnen soll.

• Es hinkt in seiner sozialen Entwicklung hinterher: Es hat Schwierigkeiten beim Spielen mit anderen Kindern, wartet nicht, bis es an der

Reihe ist, und will nicht mit ihnen teilen. Falls die Gleichaltrigen Ihr Kind meiden, müssen Sie das ernst nehmen.

All dies sind Gründe, einem Kind noch ein Jahr Zeit zu lassen, ehe es in den Kindergarten kommt, oder den Schulanfang hinauszu- schieben. Falls solche Verzögerungen oder Behinderungen den Fort- schritt des Kindes jedoch auch weiterhin stören, sollten Sie eine sorgfältige neurologische und psychologische Untersuchung vorneh- men lassen. Vielleicht wird sich das Problem mit den Jahren einfach geben, aber es ist wichtig, sich Klarheit über die Gründe für die Verzögerung wie auch über die Stärken des Kindes zu verschaffen. Es gibt viele Förderprogramme für Kinder mit Konzentrationsstö- rungen, motorischen Entwicklungshemmungen und Lernbehinderun- gen (siehe Kapitel 18). Versuchen Sie ein Programm zu finden, das auf die Schwierigkeiten Ihres Kindes zugeschnitten ist und es in positiver Weise anregt. Lassen Sie die Finger von einem, das die Kinder zum „Erwachsenwerden" oder „Liebsein" oder „Aufpassen" anhält. Solche Programme arbeiten oft mit Bestrafung, anstatt das Kind für seine Erfolge zu belohnen. Wenn seine Mißerfolge hervorgehoben werden, führt das nur zu weiteren Fehlschlägen. Das Programm sollte sein Selbstvertrauen stärken und Ihnen zudem helfen, Ihr Kind besser zu verstehen.

Das Kind vorbereiten

Damit das Kind den Kindergarten- oder Schuleintritt gut verkraftet, muß es nicht nur die nötige Reife haben, sondern die Eltern müssen auch bereit sein, es loszulassen. Sie fragen sich: Wie wird unsere Toch- ter wohl bei den anderen ankommen? Werden sie merken, wie ge- witzt und großartig sie ist, oder nur ihre problematischen Seiten sehen? Wird die Erzieherin oder Lehrerin freundlich sein und sie anspornen, oder wird sie ihren Mut brechen? Daß die Eltern sich solche Sorgen machen, ist ganz normal, da sie ihr Kind der Obhut anderer anvertrauen müssen. Ihre Trennungsängste spielen dabei ebenso eine Rolle wie die unvermeidliche Rivalität mit den Erziehe- rinnen oder Lehrern. Die Eltern haben das Gefühl, mit dem Eintritt des Kindes in die Tagesstätte, den Kindergarten oder die Schule gehe ihre innige Beziehung zu ihm zu Ende. „Im Nu wird sie ein Teenager sein!

Und ehe wir uns versehen, ist sie aus dem Haus." Die Eltern müssen sich ihren eigenen Trennungsängsten stellen, ehe sie dem Kind bei den seinen helfen können.

In der Schule wird sich das Kind wesentlich besser zurechtfinden, wenn Sie es auf die Trennung von Ihnen vorbereiten und auf das, was dort auf es zukommt. Sagen Sie ihm, soweit Sie das wissen, was es zu erwarten hat. Gehen Sie mit ihm im voraus zu seinem Lehrer, und zeigen Sie ihm das Klassenzimmer. Stellen Sie sicher, daß es mindestens eine oder zwei seiner Klassenkameraden bereits im voraus kennt. Machen Sie die Kinder, falls nötig, miteinander bekannt, indem Sie mit ihnen in ein Museum oder in einen Zoo gehen (siehe Kapitel 45). Vielleicht können die Mutter des Klassenkameraden und Sie die Kinder gemeinsam zu ihrem ersten Schultag bringen. Lassen Sie Ihr Kind irgend etwas von zu Hause mitnehmen, was eine besondere Bedeutung für es hat. Stellen Sie es dem Lehrer und einigen anderen Kindern vor, und zeigen Sie ihm das Fach, wo es seine Sachen aufbewahren kann, und das Spielgelände. Bringen Sie dem Lehrer Ihr Vertrauen zum Ausdruck mit einem Kompliment wie: „Ich sehe, Sie haben einen spannenden Tag für die Kinder geplant. Ich glaube, wir haben großes Glück, daß Georgia in Ihre Klasse kommt."

Wenn Sie aus der Schule weggehen, müssen Sie das dem Kind unbedingt sagen. Ziehen Sie aber Ihren Abschied nicht in die Länge. Sagen Sie ihm, wann Sie wiederkommen, und *seien Sie dann rechtzeitig da!* Nach dem Abschied sollten Sie sogleich gehen und sich nicht noch einmal umdrehen. Loben Sie das Kind hinterher, wie gut es die Situation bewältigt hat. Es hat einen großen Schritt getan! Lassen Sie es von seinem Tag erzählen. In den ersten paar Tagen sollten Sie es noch nicht per Bus in die Schule fahren lassen, sondern erst, wenn es sich das zutraut.

Viele Kinder kommen zunächst gut zurecht, doch dann machen sich zu Hause Zeichen von Regression bemerkbar. In Bereichen, die anscheinend nichts miteinander zu tun haben, treten Symptome auf, die längst überwunden waren; beispielsweise schläft das Kind wieder schlecht, rebelliert beim Essen oder hat Wutanfälle. Meinem Eindruck nach weisen diese Regressionen darauf hin, daß das Kind Energien mobilisiert, um sich einer Herausforderung stellen zu können. Wenn es eine neue Situation bewältigen muß, fällt es vorübergehend in eine frühere Entwicklungsphase zurück, als müsse es für die wichtige Anpassungsleistung erst Kräfte sammeln. Auf diese Weise kann es sich die nötige Unterstützung der Eltern sichern und sich neu orientieren. Die Regression jagt den Eltern oft Angst ein, doch falls sie nicht zu lange anhält, ist sie kein Grund zur Besorgnis. Die Lernprozesse, die in dieser Phase der Umorientierung ablaufen, wiegen das Wiederauftauchen der alten Symptome zur Genüge auf. Vermutlich werden sich diejenigen Entwicklungsprobleme wieder einstellen, die das Kind als letzte überwunden hatte. Wenn die Ängste in der Nacht sich gerade gelegt hatten, sieht es nun wieder Ungeheuer. Wenn es gerade mit dem Nägelkauen aufgehört hatte, fängt es wieder damit an. In dieser Phase besteht Ihre Aufgabe darin, dem Kind die Gründe für seine Symptome begreiflich zu machen, während es die Herausforderungen des Schulalltags zu bewältigen versucht. Wenn ihm dies mehr und mehr gelingt, sollten Sie ihm sagen, wie stolz Sie auf es sind.

Manche Kinder bekommen morgens, bevor sie in die Schule müssen, Bauchweh oder Kopfweh (siehe Kapitel 40). Vielleicht betteln sie dann darum, zu Hause bleiben zu dürfen. Wenn dies häufiger vorkommt oder wenn die Regressionssymptome zunehmen, ist das vermutlich ein Zeichen dafür, daß das Kind unter zu großem Druck steht. Der erste Schritt sollte dann sein, mit dem Lehrer zu sprechen. Versuchen Sie dahinterzukommen, ob das Kind in der Schule starken Belastungen ausgesetzt ist und ob Sie ihm helfen können, besser damit fertigzuwerden. Kommt es mit den anderen Kindern klar? Kommt es im Unterricht mit? Gibt es Anzeichen dafür, daß es sich der Situation nicht gewachsen fühlt?

Gehen Sie nicht auf Konfrontationskurs zu dem Lehrer. Sollte das Kind sich beklagt haben, daß er „so gemein zu mir ist", ist nichts gewonnen, wenn Sie das dem Lehrer entgegenhalten. Sagen Sie dem Kind, daß Sie und der Lehrer sich bemühen werden, ihm das Leben in der Schule leichter zu machen.

Sprechen Sie mit dem Kind über seine Symptome. Zeigen Sie ihm, daß Sie die Gründe dafür verstehen und ihm helfen möchten. Erklären Sie ihm, daß das Zuhausebleiben keine wirkliche Lösung ist und daß Sie von ihm erwarten, daß es weiterhin in die Schule geht. Versichern Sie ihm, daß alle Kinder solche Phasen durchmachen, wenn die Schule noch neu und furchteinflößend ist; sie sind deswegen nicht böse oder faul, sondern müssen sich in einen neuen Lebensabschnitt finden, der hohe Ansprüche an sie stellt, und die Geborgenheit der Familie hinter sich lassen. Wenn das Kind offenbar Angst hat, von zu Hause wegzugehen, sollten Sie den Gründen dafür nachspüren. Fragen Sie das Kind: „Hast du Angst, mir könnte etwas zustoßen? Du brauchst keine Angst zu haben, denn das lasse ich nicht zu." „Machst du dir Gedanken, daß ich dich vergessen könnte, während ich mit deiner kleinen Schwester spiele? Ich könnte dich aber nie vergessen. Ich bin doch so stolz auf mein großes Mädchen. Ich denke die ganze Zeit an dich, aber ich *erwarte* auch von dir, daß du selbständiger wirst und bereit bist, von zu Hause wegzugehen. Deine Schwester wird das genauso lernen müssen, und du kannst ihr dann dabei helfen."

Da auch das körperliche Befinden des Kindes Einfluß darauf haben kann, ob es dem Streß des morgendlichen Abschieds gewachsen ist, sollten Sie sichergehen, daß es nicht unterzuckert und abgespannt ist. Denn der Blutzuckerspiegel vieler Kinder in diesem Alter ist nach dem Aufwachen sehr niedrig. Dies kann zu Kopf- oder Bauchschmerzen beitragen. Angst drückt den Blutzuckerspiegel noch weiter herunter. Ich gebe Eltern den Rat, dem Kind ein Glas Ginger Ale oder Orangensaft ans Bett zu stellen. Dieses sollte es gleich nach dem Aufwachen trinken, bevor es aufsteht. Dann fühlt es sich wohler, kann beim Frühstück mehr essen und kommt mit dem Abschied von zu Hause und dem Streß in der Schule besser zurecht.

Manche Kinder sind während der ersten Eingewöhnungszeit in der Schule kaum zu bändigen. Die Eltern machen sich Sorgen, der Lehrer könnte ein falsches Bild von ihrem Kind bekommen, wenn es so ungestüm ist. Sie ermahnen es zu Hause, es solle „gut aufpassen und brav sein". Das hat wenig Sinn. Machen Sie sich statt dessen klar, daß manche Kinder länger brauchen als andere, um sich auf eine neue Situation einzustellen. Machen Sie Ihr Zuhause zu einer einladenden Oase der Geborgenheit und Wärme. Das Kind soll hier Dampf ablassen dürfen, damit es dem Druck der Schule besser gewachsen ist. Verlangen Sie von ihm nicht, daß es in sämtlichen Lebensbereichen zugleich Ihren Erwartungen nachkommt, sondern lassen Sie ihm Freiräume. Stärken Sie seine Selbstachtung, die sich ohne Ihre Unterstützung nicht entwickeln kann.

In den Kindergarten oder die Vorschule zu gehen, ist für ein Kind die erste und wichtigste Gelegenheit zu lernen, wie es sich in der Welt draußen zurechtfinden kann. Es lernt, sich in eine Gruppe einzufügen, soziale Signale zu deuten, den Erwartungen und Vorschriften von Erwachsenen zu entsprechen, die Verhaltensregeln von Gleichaltrigen zu durchschauen sowie seinen eigenen Stil zu entwickeln, in dem es Freundschaften schließt und pflegt. Wenn die Zeit reif dafür ist, wird es auch spezielle Fertigkeiten entfalten und sich dem angebotenen Lernstoff gewachsen zeigen. Das Kind wird sein Leben lang von dieser Erfahrung zehren, daß es eine ungewohnte Situation bewältigt und seinen Platz in einer Gruppe gefunden hat (siehe auch Kapitel 35).

34. Selbstachtung

Wenn ein Baby sich vom Rücken auf den Bauch rollt, einen Keks packt oder Bauklötze aufeinandertürmt, ist ihm die Erregung anzumerken, die das Meistern dieser Aufgaben in ihm auslöst. Solche Erfahrungen sind letztlich die Basis des Selbstwertgefühls oder der Selbstachtung. Bestärken die Eltern ein Baby, das gerade ganz allein einen Lernschritt bewältigt hat, so fördern sie damit ein positives Selbstbild. Wenn es nach längerem Ringen mit einer Aufgabe schließlich triumphiert, beginnen die Augen zu leuchten. Von den Erwartungen und den eigenen Erfahrungen der Eltern hängt es ab, ob sie dem Kind Raum lassen können, zu experimentieren, Frustrationen zu erleben und am Ende aus eigener Kraft zur Lösung zu gelangen. Ohne diese Mischung aus Freiheit und Ermunterung wird das Kind bald passiv alles über sich ergehen lassen oder sich daran gewöhnen, daß ihm nichts gelingt.

Ein positives Selbstbild fördern

Wie können Sie dem Kind Freiraum lassen und es zugleich unterstützen? Was können Sie tun, um sein Selbstbild zu stärken? Zärtlich und liebevoll mit ihm umzugehen ist sicherlich ein erster Schritt. Doch Sie müssen ihm auch bestimmte Denkweisen und Lösungsstrategien für Probleme vermitteln. Das Kind eignet sich diese meist auf dem Weg der Identifikation mit den Eltern an. Außerdem spielt dabei auch sein Selbstbild eine wichtige Rolle. Nehmen Sie zum Beispiel ein Baby, das sich mit einem einfachen Puzzle beschäftigt. Es ist unbedingt notwendig, daß Sie sich im Hintergrund halten und dem Baby nur zuschauen, wie es die Teile zusammenzufügen versucht, sie hin- und herdreht und frustriert fallenläßt. Wenn es die Teile dann wieder aufnimmt, um einen neuen Versuch zu wagen, befühlt es sie mit dem Mund und betrachtet das Puzzle, als sei es ein Widersacher. Schließlich versucht es sein Glück. Es legt das Teil auf die Unterlage, dreht es herum, und es paßt! Triumphierend blickt es um sich. In diesem Moment sagen Sie am besten leise: „Du hast es hinbekommen – ganz allein!" So bestärken Sie das Baby darin, seine eigene Leistung anzuerkennen.

Hätten Sie vorher eingegriffen – um ihm die Lösung zu zeigen oder auch nur, um es am Aufgeben zu hindern –, hätten Sie seinen Triumph halbiert. Doch so hat das Baby *aus eigenem Antrieb* nicht lockergelassen und die Aufgabe *selbst* bewältigt. Für die Eltern ist es sehr schwer, sich zurückzuhalten und das Kind seine Frustrationen und Fehlschläge erleben zu lassen, ehe es zum Erfolg kommt. Doch sein Erfolgserlebnis ist dann um so intensiver. Frustration ist ein positives Moment im Lernprozeß des Kindes, solange sie nicht überhandnimmt.

Wie können die Eltern den feinen Unterschied erkennen, ob die Frustration das Kind nun anspornt oder blockiert? Sie müssen darauf achten, ob es Neugier, Beharrlichkeit und Zuversicht erkennen läßt oder ob es resigniert und träge wirkt. Wenn sie das Kind zu sehr anfeuern oder unter zu großen Druck setzen, ersticken sie damit seine Eigeninitiative.

Die richtige Mischung von Lob und Kritik

Die Eltern untergraben die Selbstsicherheit des Kindes, wenn sie es zu früh zum Lesen- und Schreibenlernen oder zu anderen Leistungen drängen, die seinem Alter und Entwicklungsstand nicht angemessen sind. Zwar ist es durchaus möglich, einem Kind schon sehr früh beizubringen, zu lesen, zu schreiben oder ein Instrument zu spielen. Für seine Leistungen wird es von allen Lob und Anerkennung einheimsen. Doch diese Frühreife hat ihren Preis. Das Kind vollbringt seine Leistungen wahrscheinlich, weil es anderen gefallen will, und nicht aus einer ureigenen Neugierde heraus. Daß beim Spielen auch einmal etwas danebengeht und es allein nach Lösungswegen suchen muß, sind unabdingbare Lernerfahrungen für das Kind. Dieses Erlebnis, eine Leistung aus eigenem Antrieb vollbracht zu haben, bleibt ihm dagegen verwehrt, wenn es sich Fertigkeiten nur aneignet, um anderen zu gefallen.

Ein bestimmtes Maß an Belohnung, etwa durch Lob oder Komplimente, steigert die Genugtuung des Kindes über seinen eigenen Erfolg. Doch zu viel Lob schmälert, wie erwähnt, seine Befriedigung und wirkt nicht ermutigend, sondern setzt es unter Druck. Andererseits führt Tadel beim Kind oft eher zur Passivität, als daß er es anregt, die Probleme mit größerer Energie anzugehen. Woran merken Sie, wann Sie das Kind kritisieren und wann Sie es loben sollten? Achten Sie wiederum auf sein Verhalten. Wenn es reizbar wird, steht es wahrscheinlich zu sehr unter Druck. Ist es seiner selbst nicht sicher, sollten Sie es auf konstruktive Weise ermutigen und sich mit Kritik zurückhalten.

In immer mehr Studien zeigt sich, wie sehr Kinder sich am Verhalten der Erwachsenen in ihrer Umgebung orientieren. Wenn wir zum Kritisieren neigen, wird das Kind dieses Verhaltensmuster von uns übernehmen und als ganz normal betrachten. Wenn wir ihm zu sehr unseren Willen aufdrängen, leiden darunter seine Wißbegier und seine Kreativität; es versucht dann hinter einer widerspenstigen Trägheit zu verbergen, daß es sich eigentlich unzulänglich fühlt. Stellen wir dagegen an uns selbst oder an das Kind zu spärliche Erwartungen, verliert es möglicherweise seine ursprüngliche Entdecker- und Lernfreude.

Wir können zwar unseren Verhaltensstil und unsere Lebensauffassung dem Kind zuliebe nicht einfach umkrempeln, doch wir können lernen, seine Eigeninitiative und seine Selbstachtung zu stärken. Ermuntern Sie das Kind stets, wenn es sich an einer neuen Aufgabe

435

versucht, doch geben Sie ihm nicht vor, wie es die Aufgabe anzugehen hat, und setzen Sie es nicht unter Druck. Loben Sie es behutsam, wenn es Erfolg hat. Lassen Sie es verschiedene Lösungswege ausprobieren und ruhig immer wieder scheitern, bis es die richtige Methode gefunden hat. Eilen Sie ihm nicht zu Hilfe, wenn es ins Stocken gerät oder sich in eine Sackgasse manövriert. Lassen Sie es selbst entdecken, daß es in der Klemme sitzt, und loben Sie es, wenn es einen neuen Anlauf unternimmt. Lassen Sie es auf seine eigene, unbeholfene Art herumprobieren. Lassen Sie zu, daß es die Schnürsenkel verheddert, die Milch verschüttet (gießen Sie ihm immer nur wenig ein!), die Banane zermanscht, den Turm aus Bauklötzen umstößt oder den Buntstift abbricht. Natürlich können Sie es nur so lange gewähren lassen, wie es auf andere Rücksicht nimmt und sie oder sich selbst nicht gefährdet. Doch vergessen Sie nie, welche enorme Energie ein kleines Kind, das um Vertrauen in die eigenen Fähigkeiten ringt, aus seiner Frustration zu ziehen vermag.

Die Selbstachtung des Kindes auf den verschiedenen Altersstufen stärken

Im folgenden deute ich in großen Zügen die zahlreichen Möglichkeiten an, die Selbstachtung eines Kindes beim Spielen, bei den Mahlzeiten und bei Begegnungen mit anderen Kindern zu stärken.

Spiele in der Säuglingszeit

1–4 Monate: Beugen Sie sich über das Baby, um ihm einen Laut oder ein Lächeln zu entlocken. Wenn es lächelt, lächeln Sie zurück. Warten Sie dann aber sein nächstes Lächeln oder seinen nächsten Laut ab, um darauf mit einer *behutsamen* Nachahmung zu antworten. Während es sein Verhalten in einem fort wiederholt, können Sie an seinem Gesicht ablesen, wie ihm klar wird, daß es den Verlauf dieses Wechselspiels mitbestimmt. Überfordern Sie es aber nicht.

4–6 Monate: Beugen Sie sich über das Baby und sprechen Sie es mit gedämpfter Stimme an. Warten Sie ab, ob es versucht, Sie nachzuahmen. Wenn es antwortet, zeigen Sie ihm mit Ihrem Gesichtsausdruck, daß seine Äußerung bei Ihnen angekommen ist.

6–8 Monate: Spielen Sie mit ihm Weg-Da-Spiele, und zwar so, daß es Ihr Verhalten nachahmen kann. Überlassen Sie sodann ihm die Führung.

8–10 Monate: Nehmen Sie für ihr Weg-Da-Spiel ein Tuch, das Sie über sein Gesicht legen, und lassen Sie dann das Baby den Spielverlauf bestimmen.

Mahlzeiten

5–8 Monate: Geben Sie dem Baby einen Löffel oder eine Tasse in die Hand, während Sie es füttern.

8 Monate: Lassen Sie es versuchen, zwei oder drei kleine Happen allein zu essen, die Sie ihm vorlegen. Wenn es sie auf den Boden fallen läßt, macht das nichts.

10–12 Monate: Lassen Sie das Baby, indem es an einer Tasse nippt oder mit einem Löffel hantiert, Ihr Verhalten nachahmen. Legen Sie mundgerechte Happen vor es hin, aus denen es auswählen kann, doch bieten Sie ihm jeweils nur ein paar auf einmal an.

12 Monate: Geben Sie dem Baby weiterhin kleine Happen, die es allein essen kann; lassen Sie es seine Flasche selber halten und Sie beim Trinken aus einer Tasse nachahmen.

16 Monate: Lassen Sie es mit einer Gabel hantieren, auf die es das Essen spießen kann. Überlassen Sie ihm die Entscheidung, was es essen will und was nicht, probieren Sie aber nicht hundert Dinge aus, um es zufriedenzustellen.

Andere Kinder

1–2 Jahre: Geben Sie ihm Gelegenheiten zum Parallelspiel mit Gleichaltrigen. Bereiten Sie es auf die Begegnung mit den anderen Kindern vor. Überlassen Sie es erst dann sich selbst, wenn es sich in der Spielgruppe sicher genug fühlt, und ermuntern Sie es, bei den anderen Kindern zu bleiben, auch wenn Sie nicht in der Nähe sind. Mischen Sie sich nicht in das Spiel der Kinder ein. Selbst wenn sie sich gegenseitig beißen, kratzen und an den Haaren ziehen, kann Ihr Kind etwas aus der Situation lernen, falls Sie sich heraushalten. Lassen Sie es allerdings nicht dauernd mit einem besonders aggressiven oder passiven Kind spielen. Dabei lernt es weniger, als wenn es sich mit Kindern auseinandersetzt, die ihm ungefähr ebenbürtig sind. Drängen Sie es nicht, andere an seine Spielsachen heranzulassen. Vertrauen Sie darauf, daß die anderen Kinder ihm das Teilen beibringen werden.

3–5 Jahre: Ermuntern Sie das Kind, mit Geschwistern oder Gleichaltrigen zu spielen, ohne dabei Ihre Hilfe zu suchen. Halten Sie sich aus ihren Streitigkeiten heraus. Belohnen Sie das Kind für seine Lernfortschritte im Umgang mit anderen. Sorgen Sie dafür, daß eine oder zwei Spielgefährten regelmäßig zu ihm kommen, damit es sie näher kennenlernen, verstehen und Vertrauen zu ihnen fassen kann. So gewinnt es die Sicherheit, daß es mit anderen Menschen gut zurechtkommt, und es lernt, zu teilen und auf die Interessen anderer Rücksicht zu nehmen.

35. Abschiede

In der Kindertagesstätte

„Nichts ist mir je so schwergefallen, wie meine kleine Tochter in die Obhut anderer zu geben. Ich ertrage es kaum, mich im Weggehen umzudrehen und zu sehen, wie eine andere Frau sie in den Armen hält. Es ist, als würde ich einen Teil von mir zurücklassen. Ich weiß wirklich nicht, ob ich das Tag für Tag über mich bringen kann."

Diese Mutter faßt in Worte, was viele Mütter empfinden, wenn sie wieder berufstätig sind und ihr Baby in eine Tagesstätte geben. Sie bringt auch deutlich zum Ausdruck, daß der Trennungsschmerz vor allem *sie* trifft. Falls das Baby in der Tagesstätte in guten Händen ist, verkraftet es die Trennung rascher als die Eltern.

Beiden Eltern bleibt das Trauern darum, daß sie ihr Kind anderen anvertrauen müssen, nicht erspart. In seinen ersten Lebensmonaten fassen sie eine leidenschaftliche Zuneigung zu ihm. Die fürsorglichen Empfindungen, die in den Eltern aufsteigen, sind so überwältigend, daß manche sagen: „Nie zuvor war ich so verliebt." Für ein kleines Kind sorgen zu lernen ist die faszinierendste und zugleich anspruchsvollste Aufgabe, der junge Erwachsene sich zu stellen haben. Die Zuneigung zu ihm kann zugleich berauschen und weh tun.

Zu jeder intensiven Zuneigung gehört auch eine große Verlustangst. Diese Kehrseite der Medaille kommt unweigerlich zum Vorschein, wenn die Eltern sich auf ihre tiefen Gefühle der Fürsorge einlassen. Was ist, wenn die Beziehung zu meinem Kind schwächer wird? Wird die Trennung für das Kind genauso schmerzlich sein wie für mich? Oder wird es die Menschen, bei denen ich es lasse, mehr lieben als mich? Der erste wirkliche Abschied wird eine Trauerreaktion bei den Eltern auslösen. Wenn sie es einer Betreuerin übergeben, fühlen sie sich einsam, schuldig und hilflos, und sie werden sogar wütend: Warum muß ich das nur tun? Gegen diese intensiven Gefühle schützen sie sich im allgemeinen mit folgenden Abwehrstrategien:

1. *Verleugnung* – Sie reden sich ein, daß die Trennung weder dem Baby noch ihnen etwas ausmacht.

2. *Projektion* – Sie stilisieren die Fähigkeiten der anderen, das Baby zu betreuen, hoch und spielen die eigenen herunter, oder umgekehrt. Einerseits bewundern sie die Fähigkeiten der Betreuerinnen, doch zugleich nehmen sie ihnen ihre Rolle übel und verdächtigen sie, das Kind in Gefahr zu bringen.

3. *Distanzierung* – Sie versuchen, ihre intensiven Gefühle abzudämpfen, um den Trennungsschmerz erträglicher zu machen.

Nach der Begeisterung der ersten Wochen und Monate, die sie mit dem Baby verbringen konnten, sind solche Abwehrreaktionen wahrscheinlich. Sie laufen gewöhnlich unbewußt ab, zehren jedoch Energie auf und verschlechtern auf diese Weise die Stimmung der Eltern.

Ich versuche die Eltern dazu zu bringen, sich diese Gefühle einzugestehen und sie zuzulassen. Wenn sie sich klar darüber sind, welchen Kummer ihnen die Abschiede vom Kind bereiten werden, können sie sich den eigenen Reaktionen stellen und sie bewältigen. Schieben sie dagegen ihre Gefühle beiseite, kann sie das im Alltag erheblich behindern. Ihr Berufsleben leidet, und die Atmosphäre zu Hause ist angespannt, weil sie beide ihre Gefühle zu unterdrücken versuchen. Der Abschied vom Kind und das Wiedersehen werden zu ausgesprochen belastenden Ereignissen. „Warum dreht sie sich immer weg, wenn ich sie abholen komme? Ist sie böse auf mich? Haben wir uns voneinander entfernt? Wird sie später darunter leiden müssen, daß ich jetzt etwas falsch mache?"

Wenn wir solche ganz normalen, typischen Gefühle in Worte fassen, werden sie weniger bedrohlich. Indem wir die Trauer über die Trennung und unsere Abwehrmanöver gegen sie begreifen, können wir lernen, so damit umzugehen, daß die Beziehung zum Kind sich nicht abschwächt. Wenn berufstätige Mütter mir erzählen, wie schuldig sie sich fühlen, weil sie nicht bei ihrem Baby bleiben können, beruhige ich sie. Schuldgefühle sind ein machtvoller Antrieb. Sie zwingen die Eltern dazu, nach Lösungen zu suchen, wie sie die Trennung bewältigen können. Wenn sie mit der Trennung zurechtkommen, wird es auch dem Baby gelingen. Es kann sich tagsüber auch an andere Menschen anlehnen, doch es braucht die Sicherheit, daß die Eltern sich ihm jeden Abend widmen.

In der Tagesstätte oder bei der Tagesmutter wird das Baby selbst Mittel und Wege finden, um die Trennung von Ihnen zu bewältigen.

Sein Protest, wenn Sie es dort zurücklassen, ist notwendig und gesund; es wird sich dann aber seiner Betreuerin zuwenden. Es ist wichtig, daß das Baby eine herzliche Beziehung zu ihr entwickelt (siehe Kapitel 6 bis 9). Zusammen mit Kollegen habe ich in Tagesstätten beobachtet, wie Babys lernen, mit der Trennung von den Eltern zurechtzukommen. Wie in Kapitel 6 beschrieben, scheinen sie tagsüber ihr emotionales Engagement im Austausch mit anderen Menschen herunterzuschrauben. Sie investieren beim Spielen weniger Energie, als wenn die Eltern dabei wären. Sie schlafen nicht so tief wie zu Hause. Ihre stärkeren Reaktionen heben sie sich für das abendliche Wiedersehen auf. Wenn dann die Eltern auftauchen, wendet sich das Baby oft in einer markanten Geste ab, als seien seine Gefühle bei diesem lang erwarteten Wiedersehen mit den wichtigsten Personen in seinem Leben einen Moment lang übermächtig. Und dann „explodiert" es. Es hat sich seinen Protest und seine stärkeren Gemütsregungen den ganzen Tag über für die Menschen aufgespart, denen es vertrauen kann. Kein Wunder, daß Betreuerinnen oft sagen: „Bei mir macht sie das aber nie!" Die Eltern müssen wissen, daß solche heftigen Reaktionen unbedingt zum Wiedersehen mit dem Kind dazugehören.

Wenn Sie begreifen, daß der Trennungsschmerz in erster Linie Ihr Problem und nicht das des Kindes ist, können Sie damit umgehen lernen. Unter anderem müssen Sie dahin kommen, daß Sie die verschiedenen Bereiche Ihres Lebens klar voneinander trennen können. Dem Kind gelingt diese Aufteilung, wie wir gesehen haben, und auch Ihnen kann sie glücken. Sobald Sie einmal die bestmögliche Pflege für Ihr Kind gefunden haben und sicher sein können, daß es dort in guten Händen ist, sollten Sie darauf vertrauen, daß die Betreuerin sich auch liebevoll um es kümmern wird. Dieses Vertrauen wird Ihnen schwerfallen, denn bei jedem Abschied und jedem Wiedersehen regt sich Ihre natürliche Rivalität mit der Betreuerin wieder.

Sie können sich die Abschiede durch bestimmte Schritte leichter machen.

• Stehen Sie früh genug auf, um mit dem Baby ein paar Minuten schmusen und entspannt spielen zu können, ehe Sie es in die Tagesstätte bringen.

• Lassen Sie ihm durchgehen, daß es etwas nicht essen mag. Tolerieren Sie, daß es beim Anziehen Theater macht. Wenn es ein paar Momente lang seinen Willen hat, hat es das Gefühl, daß es seinen

Tagesablauf mit beeinflussen kann. In der Tagesstätte traut es sich möglicherweise nicht zu trotzen.

• Sobald es alt genug ist, sollten Sie stets im voraus davon sprechen, daß Sie es zurücklassen werden. Fügen Sie immer hinzu: „Ich komme wieder." Das tut Ihnen genauso gut wie ihm. Sie bereiten so das Kind und sich selbst auf die Trennung vor.

• Versuchen Sie in der Tagesstätte zusammen mit der Betreuerin ein Abschiedsritual zu entwickeln. Ziehen Sie dem Kind die Jacke aus, umarmen Sie es, übergeben Sie es der Betreuerin und sagen Sie dann: „Tschüs, bis heute nachmittag. Frau – – – ist für dich da, bis ich wiederkomme." Gehen Sie dann sogleich weg. Ziehen Sie den Abschied nicht in die Länge, sonst fällt er Ihnen viel schwerer. Seien Sie auf den Protest des Kindes gefaßt. Wenn Sie unverzüglich gehen, kann es protestieren, um sich dann aber gleich den Aktivitäten in der Tagesstätte zuzuwenden. Kinder sind in einer Umgebung, in der einfühlsam auf ihre Bedürfnisse Rücksicht genommen wird, außerordentlich belastbar.

Im Kindergarten

Die erste Trennung von zu Hause fällt einem Kind nie leicht, ganz gleich, in welchem Alter sie eintritt. Doch wenn es älter wird, braucht es die Gleichaltrigen mitsamt den neuen Spielmöglichkeiten, die Sie selbst ihm nicht bieten könnten (siehe Kapitel 13). Auch ältere Geschwister können ihm die Gleichaltrigen nicht ersetzen. Im Umgang mit Gleichaltrigen lernt es ungemein viel über sich selbst. Deshalb wird der Trennungsschmerz dadurch gemildert, daß das Kind *und auch Sie* spüren, daß die Trennung notwendig ist. Die anderen Kinder, die Spiele und die Gruppenaktivitäten üben eine solche Anziehungskraft auf das Kind aus, daß es den Kummer darüber verwinden kann, die wohlige Geborgenheit seines Zuhauses verlassen zu müssen. Wiederum können Sie die Trennung auf verschiedene Weise erträglicher gestalten:

• Kommen Sie zuerst mit ihren eigenen Gefühlen ins reine, damit Sie sich auf die Gefühle des Kindes einlassen können.

• Lesen Sie ihm Geschichten vor, die von Trennung und von der Faszination des Spielens mit anderen Kindern handeln.

• Machen Sie es mit mindestens einem Kind in dem Kindergarten oder der Spielgruppe bekannt. Unternehmen Sie irgend etwas mit beiden zusammen.

• Machen Sie Ihr Kind im voraus mit der Betreuerin oder Erzieherin bekannt, und geben Sie ihm zu erkennen, daß Sie diese mögen. Bleiben Sie in der ersten Woche bei ihm, bis es sich eingewöhnt hat.

• Lassen Sie Regressionen zu: Helfen Sie ihm, wenn es sich nicht mehr allein anziehen will, und setzen Sie es bei den Mahlzeiten nicht unter Druck.

• Lassen Sie es jeden Tag ein Schmusetier mitnehmen oder eine Erinnerung an zu Hause, vielleicht sogar ein Bild von Ihnen.

• Ziehen Sie ihm Anorak oder Jacke aus, sobald Sie im Kindergarten ankommen. Achten Sie darauf, daß die Betreuerin oder Erzieherin das Kind begrüßt.

• Umarmen Sie es, und achten Sie darauf, daß es sich nach dem Abschied gleich einem Kind oder einer Erwachsenen zuwenden kann.

• Kündigen Sie ihm noch einmal an, wann Sie zurückkommen.

• Gehen Sie unverzüglich, halten Sie sich nicht länger auf.

• Nehmen Sie es in die Arme, wenn Sie es abholen, und lassen Sie zu, daß es gegen Sie wütet. Umarmen Sie es, bis diese Explosion vorbei ist, und sagen Sie dann: „Jetzt gehen wir nach Hause und sind wieder eine Familie. Ich habe dich vermißt, und ich weiß, daß du mich auch vermißt hast. Aber den Abend werden wir immer für uns haben."

In der Regel reagiert das Kind mit Verzögerung auf die erste Trennung von zu Hause. Seine neuerliche Unselbständigkeit dürfte für Sie überraschend kommen. Lange nachdem es sich eigentlich schon an alles gewöhnt hatte, klammert es sich nun wieder protestierend an Sie, wenn Sie es in den Kindergarten bringen wollen. Regressive Symptome können wieder auftauchen: Einkoten, Bettnässen, vermehrtes Schreien oder Daumenlutschen, zunehmende Selbsttröstung mit einem Schmusetier oder der Flasche, Schlafprobleme, Nachtangst und Alpträume. Hierin zeigt sich, unter welchem Streß das Kind steht, während es mit neuen Gefühlen zu Rande kommen muß. Sehen Sie seine Regression als normal an. Versichern Sie ihm, daß diese sich geben wird, sobald es seine Gefühle wieder besser unter Kontrolle hat; in der Zwischenzeit werden Sie ihm beistehen.

Wenn diese verzögerte Reaktion kommt, müssen Sie möglicherweise sämtliche Schritte der Trennung noch einmal vollziehen. Reden Sie mit der Betreuerin oder Erzieherin darüber, und fragen Sie, ob Sie noch einmal ein paar Tage mit im Kindergarten bleiben sollen, um die Trennung für das Kind abzumildern. Sprechen Sie auch mit dem Kind darüber, damit es begreift, was da in ihm vorgeht.

Mutter und Vater sollten sich nun an jedem Tag sowie am Wochenende bestimmte Zeiten reservieren, zu denen sie jeweils allein mit dem Kind sind. Dies kann etwa beim Gutenachtritual oder zu einem anderen besonderen Zeitpunkt sein. Fragen Sie das Kind nach seinen Erlebnissen im Kindergarten. Diese besonderen Momente erlauben ihm, sich intensiver mit der Mutter wie mit dem Vater zu identifizieren. Am Wochenende sollten Sie beide mindestens eine Stunde allein mit ihm verbringen. Richten Sie sich in dieser Stunde nach *seinen* Wünschen. Nutzen Sie die Gelegenheit, die Beziehung zu ihm zu vertiefen. Sprechen Sie auch unter der Woche davon, daß „wir zwei dann wieder Zeit füreinander haben".

Nach einer Ferienpause werden die ersten Tage stets schwierig sein. Das Kind muß sich erst wieder in die starren Routineabläufe und Verhaltensanforderungen des Kindergartens oder der Schule finden. Dies ist jedesmal eine Art Übergangsritus, der das Kind daran erinnert, daß wachsende Reife und Eigenständigkeit von ihm verlangt werden. An solchen Tagen hat es vermutlich große Mühe, die Geborgenheit

seines Zuhauses hinter sich zu lassen. Wenn es jüngere Geschwister hat, wird es sich fragen: Was tun sie, während ich weg bin? Werden meine Eltern mich vermissen? Der Schritt in die Welt hinaus ist erregend für das Kind, doch spürt es auch, daß es etwas verliert. Ein bittersüßes Gefühl steigt jedesmal in ihm auf, wenn es die behagliche Sicherheit seines Zuhauses aufgibt, um sich in die Welt zu wagen (siehe auch Kapitel 33).

Bei einem Umzug

Es kann ein Kind in seiner Entwicklung durchaus zurückwerfen, wenn es aus einer vertrauten Wohngegend wegziehen und Freundschaften aufgeben muß. Auf einen Umzug sollten Sie es daher lange genug im voraus vorbereiten. Geben Sie ihm so bald wie möglich Gelegenheit, sich in der neuen Nachbarschaft mit einem Kind anzufreunden. Doch erwarten Sie nicht von ihm, daß es die alten Freundschaften aufgibt.

Ich würde eine Abschiedsparty geben, ehe Sie wegziehen. Nach dem Umzug würde ich, wenn möglich, mit dem Kind seine alten Freunde und das alte Haus besuchen, und zwar selbst dann, wenn Sie dazu weit reisen müssen. Wohnen die alten Freunde nicht allzuweit weg, sollten Sie wenigstens versuchen, ob diese Ihr Kind nicht ein- bis zweimal die Woche besuchen können. Es wird nicht lange dauern, bis seine neuen Freundschaften in den Vordergrund rücken. Versuchen Sie ein oder zwei Kinder zu finden, mit denen Ihr Kind wohl etwas anfangen könnte; unternehmen Sie einmal pro Woche etwas mit den Kindern, bis sie gut miteinander auskommen. Zugang zu einer bereits bestehenden Gruppe findet ein Kind nur durch die Vermittlung eines anderen. Ermuntern Sie Ihr Kind, von der alten Nachbarschaft und den alten Freunden zu sprechen. Holen Sie Fotos von ihnen hervor, damit seine Erinnerung angeregt wird. Rufen Sie sie an. Schreiben Sie ihnen eine Zeitlang. Enge Beziehungen aufzugeben kann für ein Kind eine schmerzliche Erfahrung sein. Allerdings geht ihm dabei auch auf, wie wichtig Freundschaften sind (siehe auch Kapitel 45).

36. Geschwisterrivalität

Geschwisterrivalität ist normal und unvermeidbar. Die Kinder sammeln dabei Erfahrungen mit sich selbst und den anderen. Gleichzeitig lernen sie auch, aneinander Anteil zu nehmen. Trotzdem bringen es die Eltern kaum fertig, sich aus dem Gezänk ihrer Kinder herauszuhalten. Warum ist das so? Der Psychoanalytiker Erik Erikson hat mich darauf hingewiesen, daß Eltern das Gefühl nie loswerden, sie könnten mehr als einem Kind überhaupt nicht gerecht werden. Bricht zwischen den Geschwistern Streit aus, dann verspüren die Eltern aufgrund ihrer Schuldgefühle den Impuls, das eine oder das andere Kind in Schutz zu nehmen. So entsteht im Nu ein Konfliktdreieck. Die Kinder werden in ihrer Rivalität angestachelt, weil sie merken, daß sie die Eltern mit hineinziehen können.

Die Rivalität akzeptieren

Das Empfinden der Eltern, sie könnten mit ihrer Liebe nur einem Kind wirklich gerecht werden, regt sich bereits, wenn die Mutter mit dem zweiten Kind schwanger ist. Wenn in meiner Praxis eine Mutter stolz verkündet, daß sie das zweite Kind erwartet, spüre ich manchmal diese Sorge. Ich frage: „Und wie geht es Ihrem Jungen damit?" Die Mutter errötet und blickt traurig drein. Vielleicht fängt sie auch an zu weinen. Der Gedanke, daß das zweite Kind das innige Liebesverhältnis mit dem ersten empfindlich stören wird, ist ihr unerträglich. Solche Gefühle der Eltern werden die Geschwisterrivalität noch verstärken. Zunächst richtet sich der Zorn des älteren Kindes nur gegen die Eltern, die es im Stich zu lassen scheinen. Wenn dann das Baby mobiler wird und sich an die Spielsachen des älteren Kindes heranmacht, sinnt dieses auf Mittel und Wege, das Baby zu quälen und so die Eltern in die Geschwisterrivalität hineinzuziehen. Auf irgendeine Weise wird ihm das auch gelingen. Wenn die Anziehungskraft des Babys für Außenstehende immer größer wird (das zweite Kind lernt meist früh, dem ersten sein Publikum abspenstig zu machen), wird das Gesicht des älteren Kindes immer länger, und der ganze Körper erschlafft. Wenn dann Besuch kommt, zieht es sich, mit dem Daumen im Mund, auf den Schoß der Eltern zurück und schaut zu, wie die Erwachsenen fröhlich mit dem reizenden Baby spielen.

Mit Geschwistern auskommen zu müssen ist eine der wichtigsten Gelegenheiten zum Lernen, die einem Kind geboten werden. Oft lernt ein Kind heutzutage nicht mehr, mit anderen Kindern zu teilen. Denn viele Eltern sind allzusehr bemüht, das Kind vor Konkurrenzsituationen zu bewahren. Das Ziel ist aber, daß das Kind lernt, sich für seine Geschwister und das Wohlergehen der ganzen Familie mitverantwortlich zu fühlen. Verantwortungsgefühl für andere ist vielleicht das Wichtigste, was Sie ihm beibringen können, und es entsteht, wenn das Kind mit Geschwistern teilen lernt.

Falls Sie mehrere kleine Kinder haben, möchte ich Ihnen folgende Anregungen geben. Übertragen Sie dem ersten Kind, je nachdem wie alt es ist, verschiedene Aufgaben: Es kann das Baby füttern, Windeln holen, beim Halten des Babys helfen und es liebkosen, wenn es unruhig ist. Lassen Sie es auswählen, was das Baby anziehen soll; beim Anziehen kann es Ihnen dann behilflich sein, indem es sich neben das Baby legt und ihm zuredet. Beim Füttern kann es das Baby eine Zeitlang halten, und es kann den Kinderwagen schieben helfen.

Wenn Sie mit beiden Kindern weggehen, sollten Sie das ältere vorbereiten: „Fast alle fremden Leute sind ganz verrückt auf Babys. Das heißt nicht, daß sie dich nicht mögen. Wenn du dich einsam fühlst, weil sie dich nicht beachten, oder wenn du eifersüchtig bist, darfst du auf meinen Arm." Nehmen Sie dann, während alle sich entzückt um das Baby scharen, das ältere Kind hoch.

Wenn Sie den ganzen Tag zu Hause bei den Kindern sind, werden Sie ganz spezielle Sorgen haben. Wie können Sie gleichzeitig verschiedenen Temperamenten und Altersstufen gerecht werden? Den ganzen Tag mit Kindern unterschiedlichen Alters und Temperaments zusammenzusein ist keineswegs einfach. Außerdem erwarten Sie, wenn Sie zu Hause bleiben, daß sich das für die Kinder auch bezahlt macht, denn sonst könnten Sie es ja auch bleiben lassen. Rivalisieren nun aber die Kinder miteinander, bekommen Sie das Gefühl, sich vergeblich abzumühen. Und wenn sie um Ihre Aufmerksamkeit kämpfen, was sie mit Sicherheit tun werden, kommt Ihnen Ihr ganzer Einsatz sinnlos vor.

Wenn Sie berufstätig sind, sollten Sie sich klarmachen, was Ihre Rückkehr jeden Abend bei den Kindern auslöst. Seien Sie darauf gefaßt, daß sie verrückt spielen, sobald Sie zur Tür hereinkommen, und sich eine heftige Rivalität zwischen ihnen entspinnt. Setzen Sie sich, ruhig und ohne sich beirren zu lassen, mit einem Kind an jeder Seite hin und fragen Sie sie, wie der Tag verlaufen ist. Nachdem Sie mit beiden geredet haben, können Sie sich an die abendlichen Pflichten im Haushalt machen. Die Kinder sollten Ihnen dabei helfen. Überlassen Sie es ihnen, welche Aufgaben sie übernehmen wollen, und belohnen Sie sie für die Mithilfe. Richten Sie es so ein, daß Sie am Ende des Tages ein wenig Zeit allein mit jedem Kind haben.

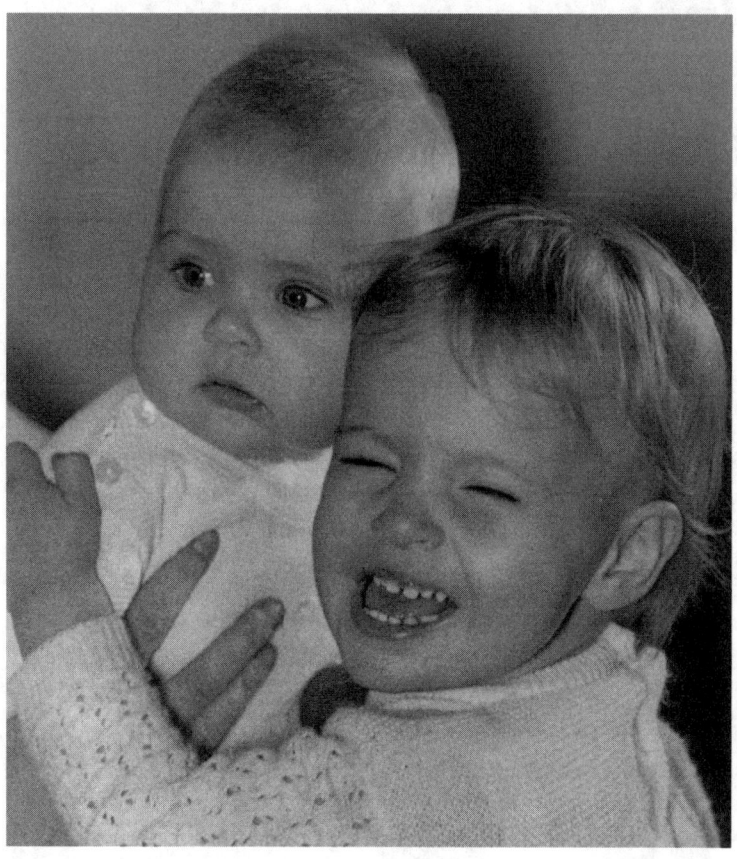

Mutter wie Vater sollten für das Wochenende Zeit einplanen, die sie *allein* mit jedem der Kinder verbringen. Sprechen Sie die ganze Woche davon als von der „Zeit, die wir nur für uns haben werden". Achten Sie darauf, daß diese Stunden auch wirklich jedesmal etwas Besonderes haben. Dies sind Gelegenheiten, die ganz persönliche Beziehung zu dem Kind zu vertiefen.

Der Individualität des Kindes Raum lassen

Oft denken Eltern darüber nach, wie es gelingen kann, jedes Kind gleich zu behandeln. Die einfache Antwort ist: Das geht überhaupt nicht. Jedes Kind hat seine eigene Wesensart, die eine besondere Umgangsweise verlangt. Das „Hin- und Herschalten" kann freilich durchaus ermüdend sein. Wenn Sie die Unterschiede zwischen Ihren Kindern offen ansprechen, ohne dabei zu werten, können Sie viel bei ihnen bewirken. Zum Beispiel könnten Sie zu dem einen sagen: „Für dich ist es wichtig, daß ich sanft mit dir rede", und zu dem anderen: „Du willst mich immer dazu bringen, daß ich in ärgerlichem Ton mit dir rede." Auf diese Weise gewinnen die Kinder mit der Zeit Einsicht in die eigenen Verhaltensmuster.

Wenn das zweite Kind Ihnen dann in den Ohren liegt: „Zu ihm bist du aber immer netter als zu mir", können Sie ihm antworten: „Ihr seid sehr unterschiedlich, und das ist ganz prima. Ich muß euch also auch unterschiedlich behandeln. Mit dir rede ich lauter, damit du mir auch tatsächlich zuhörst, aber ich meine das genauso liebevoll, wie wenn ich leiser reden würde." Wenn Sie selbst sich nicht in Schuldgefühle verrennen, nur weil Sie jedem Kind gegenüber anders empfinden, werden sich auch die Kinder nicht schuldig fühlen. Für Kinder, die in großen Familien oder mit vielen anderen Kindern um sich herum aufwachsen, scheint es leichter zu sein, die Unterschiede zu anderen zu akzeptieren.

Wenn Sie Ihre Kinder auf jeweils unterschiedliche Weise unterstützen, erweisen Sie ihnen einen großen Dienst. Lernen Sie die Individualität eines jeden Kindes schätzen, und lassen Sie es dann spüren, wo Sie seine ganz persönlichen Stärken sehen. Wenn Sie diese Stärken hervorheben, kann das Kind sie selbst wahrnehmen und schätzen lernen. Selbst wenn Sie aufgrund eigener Erfahrungen bestimmten

Eigenschaften des Kindes höheren Wert beimessen, brauchen Sie seine übrigen Wesenszüge deswegen nicht als negativ abzustempeln. Wenn Sie sich klarmachen, warum Sie bestimmte Persönlichkeitsmerkmale anderen vorziehen, ist die Gefahr geringer, daß das Kind sich in bestimmten Bereichen von Ihnen abgelehnt fühlt.

Wenn Sie frei von Skrupeln sind, Sie könnten womöglich ein Kind zu kurz kommen lassen, fällt es Ihnen leichter, sich aus den Geschwisterkämpfen herauszuhalten. Solange Sie Ihre Hand mit im Spiel haben, sind Sie Teil einer Dreiecksbeziehung, in der Sie sich den Manipulationsversuchen beider Kinder aussetzen. Außerdem haben die beiden Kinder dann nie die Möglichkeit, die Sache unter sich auszufechten. Mischen Sie sich also besser nicht in ihre Auseinandersetzungen ein. Sagen Sie: „Ich weiß einfach nicht, wer von euch recht oder unrecht hat. Das müßt ihr selber entscheiden." Gehen Sie dann aus dem Zimmer. Sie werden feststellen, daß die Kinder sich wesentlich weniger streiten, wenn der Anreiz Ihrer Anwesenheit fehlt. Mir ist kein Fall bekannt, bei dem Geschwister einander je ernsthaft verletzt hätten, während die Eltern nicht bei ihnen oder nicht in unmittelbarer Nähe waren.

Geschlechtsunterschiede. Obwohl viele Eltern durchaus klare Unterschiede im Verhalten von Jungen und Mädchen zu erkennen glauben, wollen sie ihr Kind nicht mit Klischeevorstellungen beeinflussen. Diese Unterschiede sind allerdings eine komplexe Angelegenheit.

Moderne Eltern haben zwar den Wunsch, Mädchen und Jungen gleich zu behandeln, aber ein Kind des jeweils anderen Geschlechts übt eine ganz eigene Anziehungskraft aus. Es kann daher nicht ausbleiben, daß Sie Mädchen und Jungen unterschiedlich behandeln. Allerdings darf das nicht dazu führen, daß Sie ein Kind aufgrund seines Geschlechts geringer schätzen. Wie jedes kleine Mädchen einen Vater braucht, der es bewundert, so braucht jeder kleine Junge eine Mutter, die glaubt, daß er der großartigste Junge von allen ist.

Petzen und Zanken. Belohnen Sie ein Kind niemals, wenn es andere verpetzt. Halten Sie ihm vor Augen, daß es selber sehr gekränkt wäre, wenn die anderen es verraten würden, und erklären Sie ihm, daß Sie nicht auf diese Weise in die Konflikte der Kinder hineingezogen werden möchten. Da Sie aus Sicherheitsgründen in der Nähe bleiben müssen, wenn die Kinder miteinander spielen, ist es schwer für Sie, sich aus Zankereien herauszuhalten und nicht auf jedes Gejammer zu reagieren. Haben Sie ein Ohr auf ungewöhnliche Geräusche (oder eine bedrohliche Stille), aber versuchen Sie, die Kinder so weit wie möglich allein miteinander spielen zu lassen.

Wenn Geschwister einander ohne Ende reizen, sollten Sie es vermeiden, für eines der Kinder Partei zu ergreifen. Trennen Sie sie, wenn nötig, für eine Weile durch ein Time-out. Überlegen Sie, ob Sie nicht Freunde der Kinder zu sich einladen könnten. Wenn für jedes Kind ein gleichaltriger Spielgefährte da ist, wird sich die Lage entspannen. Belohnen Sie ein Kind, wenn es Rücksicht gegenüber den Geschwistern bewiesen hat. Halten Sie sich heraus, wenn es die Geschwister ärgert. Wenn Sie sich hineinziehen lassen, heizen Sie die Rivalitäten nur weiter an.

Die Position in der Geschwisterreihe. Die Beziehung eines Kindes zu den anderen Familienmitgliedern hängt wesentlich von seinem Alter und seiner Position in der Geschwisterreihe ab. Das älteste Kind wird bei den Eltern immer eine Sonderstellung einnehmen, was für das Kind Vor- und Nachteile hat. Es ist zwar zunächst ganz allein dem Druck der frischgebackenen Eltern ausgesetzt und hat möglicherweise unter ihren Anfangsfehlern zu leiden, doch baut sich auch eine ganz besondere Beziehung zu ihnen auf. Vermutlich halten die Eltern es dazu an, ab und zu auf seine jüngeren Geschwister aufzupassen, mit für sie zu sorgen und im Haushalt mitzuhelfen. Wenn es auf diese Weise Verantwortung übernimmt, kann das sein Vertrauen in die eigenen Fähigkeiten stärken und ihm das bleibende Gefühl vermitteln, den Eltern wichtig zu sein.

Das zweite Kind beklagt sich vielleicht immer wieder, es würde nicht geliebt und käme immer „an zweiter Stelle". Ist es das mittlere Kind, wird es sich noch benachteiligter fühlen. Wenn die Eltern kein schlechtes Gewissen bekommen und das Kind daher in seinem Klagen nicht bestärken, wird es am Ende selbst dafür sorgen, daß es nicht zu kurz kommt. Die meisten Zweitgeborenen werden recht ehrgeizig und können in der Konkurrenz zum ersten Kind ihren „Rückstand" wettmachen.

Später geborene Kinder haben natürlich das Gefühl, daß sie in der Rangordnung tiefer stehen. Der Vorteil für sie ist, daß sie viele „Eltern" haben. Sie lernen unzählige Dinge von ihren älteren Geschwistern. Die Eltern brauchen keine Schuldgefühle zu haben, daß sie den Jüngeren zu wenig zu geben hätten. In einer eng miteinander verbundenen Familie hat das dritte oder vierte Kind eine reiche Auswahl an Menschen, die sich seiner annehmen.

Oft wird das letzte Kind als „das Baby" behandelt und verhätschelt. Dann müssen Sie aufpassen, daß Sie ihm genausoviel abverlangen wie den anderen Kindern. Wenn es eine Sonderstellung innerhalb der Familie erlangt, weil es stets mit Nachsicht behandelt wird, betrachtet es sich bald selbst als „verwöhnt" und zweifelt am eigenen Wert. Weisen Sie es möglichst immer wieder darauf hin, daß es sehr zu seinem Vorteil ist, wenn es lernt, zu teilen und wie die anderen seinen Beitrag zu leisten.

Wenn auch ältere Kinder noch ständig miteinander streiten und Sie zur Verzweiflung treiben, können Sie sich in einem ruhigen Moment mit ihnen hinsetzen. Bitten Sie sie, Ihnen einen Rat zu geben, was Sie tun sollen: eingreifen oder die Sache ihnen überlassen? Auf diese Weise geben Sie ihnen das Gefühl, daß sie für ihr Verhalten selbst verantwortlich sind.

Wenn Sie die Kinder sich selbst überlassen, werden sie lernen, einander zu respektieren und sich um den anderen zu kümmern. Die Geschwisterrivalität wird schließlich in den Hintergrund treten, wenn sie „gemeinsame Sache machen". Ich erinnere mich, wie ich unsere Kinder ein Komplott gegen uns schmieden hörte. Das empfand ich als einen großen Fortschritt! Wenn das Zanken aufhört und die Geschwister eine geschlossene Front gegen die „Kinderfresser" bilden, sind sie auf dem richtigen Weg.

37. Schlafprobleme

Wenn Eltern mich anrufen und verzweifelt fragen, wie sie ihr Kind nachts nur zum Schlafen bringen sollen, kann ich mir schon denken, was sie mir erzählen werden. Sie haben in der Regel etliche turbulente Nächte hinter sich, wenn sie sich an mich wenden: Das schreiende Kind weckt sie um zwei oder drei Uhr auf, sie schleppen sich zu ihm hin, wiegen es, reden ihm zu und singen ihm etwas vor, damit es wieder einschläft. Oft berichten die Eltern auch, daß das Kind, sobald sie in sein Zimmer treten, gewinnend, reizend und allerliebst ist; es hat genug geschlafen und würde nun gern ein paar Stunden lang spielen. Wenn dann aber sein Charme bei den entnervten Eltern nichts auszurichten vermag, fängt es wieder an zu wimmern oder zu heulen, als hätte es Schmerzen. Oder es starrt sie anklagend an, als wollte es sagen: „Wie kannst du mich allein lassen, wo du doch siehst, wie sehr ich dich bei mir haben will?" Mit allen Mitteln versucht es den Eltern zu zeigen, daß es Bedürfnisse hat, die sie ihm noch nicht erfüllt haben; wenn sie in ihrer Schläfrigkeit sein Klagen nicht recht an sich herankommen lassen, appelliert es nur noch heftiger an sie.

Die Eltern erzählen mir, sie hätten „alles ausprobiert". Sie versuchen sogar zu warten, bis das Kind sich „müde geschrien" hat, doch nach ein paar Nächten geben sie das wieder auf, wenn das Schreien ein oder zwei Stunden lang anhält und nichts darauf hindeutet, daß das Kind sich von allein wieder beruhigen wird. Sie geben ihm die Flasche und lassen in seinem Zimmer nachts eine Lampe brennen, doch auch das hilft nichts. Nur wenn sie das Kind mit in ihr Bett nehmen, ist es zufrieden. Dort kann es sitzen und ein oder zwei Stunden für sich spielen, und sie können wenigstens schlafen.

Doch da es in unserer Kultur mit einem Tabu belegt ist, daß die Eltern das Kind immer in ihrem Bett schlafen lassen, sind viele Mütter und Väter bemüht, dies zu vermeiden. Sie merken, daß sie das Kind nicht so lange besänftigen müssen, wenn sie zu ihm gehen, noch bevor es völlig außer sich ist. Viele Eltern berichten mir, daß sie nach zwei Uhr morgens alle zwei Stunden zu ihm gehen, es besänftigen, ihm Milch geben, es eine Weile wiegen und so erreichen, daß es in seinem Zimmer bleibt. Sie planen ihr Eingreifen so geschickt, daß sie alle zwei

Stunden nur dreißig Minuten lang beim Kind bleiben müssen; wenn sie dagegen warten, bis es schreit und außer sich ist, müssen sie eine Stunde bei ihm verbringen!

Was geht hier vor sich? Warum stellen nicht alle Kinder solche Ansprüche an ihre Eltern? Wie kommt es, daß in einer Familie mit mehreren Kindern oft nur eines Probleme mit dem Durchschlafen hat? Ist das ein Zeichen dafür, daß das Kind verunsichert ist, und gibt es den Eltern zu verstehen, daß es den Tag über nicht genug Liebe und Aufmerksamkeit bekommen hat? Warum strapazieren bestimmte Kinder, die um 18 Uhr abends schlafen gehen, die Geduld ihrer Eltern, indem sie typischerweise um 22 Uhr, um 2 Uhr und um 6 Uhr wieder aufwachen?

Schlafrhythmen

Wie bereits beschrieben, durchläuft jedes Baby einen charakteristischen Zyklus von Leicht- und Tiefschlafphasen. Er ist gleich nach der Geburt zu beobachten, da während der Schwangerschaft der Fötus sich auf die Tagesrhythmen der Mutter eingestellt hat. Die Zyklen des Fötus sind gewöhnlich gegenläufig zu denen der Mutter, das heißt, er schläft, wenn sie aktiv ist, und wacht, wenn sie sich ausruht. Wenn ihre Aktivitätsphase endet, beginnt die seine. So hat schon das Neugeborene einen Schlaf-Wach-Rhythmus. Die Eltern halten das Baby dann dazu an, eher tagsüber wach zu sein und seine nächtlichen Schlafzyklen immer länger auszudehnen.

Im Alter von vier Monaten oder früher pendelt sich ein Schlafrhythmus mit aufeinanderfolgenden Zyklen von gewöhnlich drei oder vier Stunden Länge ein. Den mittleren Abschnitt des Zyklus bilden eine bis anderthalb Stunden Tiefschlaf, in dem sich das Baby sehr wenig bewegt und fast kein Reiz es aufzuwecken vermag. Davor und danach ist es jeweils eine Stunde lang in einer Leichtschlaf- und Traumphase, in der es hin und wieder Aktivität zeigt. Am Ende jedes vierstündigen Zyklus steht eine halbwache Phase, in der es beinahe zu sich kommt und leicht aufzuwecken ist. Jedes Baby hat in dieser Phase sein eigenes Aktivitätsmuster: Es saugt an den Fingern, oder es fängt an zu schreien, zu wippen oder rhythmisch den Kopf gegen die Wand des Bettes zu schlagen. Ältere Babys wandern im Bett umher, probieren neue Fähigkeiten wie Stehen und Laufen aus, fangen an zu quengeln oder reden mit sich selbst.

Alle diese Verhaltensweisen scheinen dem Kind dazu zu dienen, Energie abzubauen, die noch von den Aktivitäten am Tag übrig ist, um daraufhin in den nächsten Schlafzyklus eintreten zu können. Wenn es ihm gelingt, diese halbwachen Intervalle selbst zu überbrücken, stabilisiert sich sein Schlafrhythmus, so daß es schließlich acht oder sogar zwölf Stunden durchschlafen kann.

Die Forschung hat gezeigt, daß dazu eine Art Konditionierung erforderlich ist. Wenn jedes Aufwachen des Babys mit Füttern oder einem anderen Entgegenkommen belohnt wird, dann hat es wenig Anlaß, von sich aus wieder in Schlaf zu fallen. Doch wenn keine Reaktion erfolgt, muß es selber sehen, wie es überschüssige Energie abbauen und sich trösten kann, um in den nächsten Schlafzyklus einzutreten.

Wie in früheren Kapiteln erwähnt, gibt es im ersten Lebensjahr typische Zeitpunkte, zu denen ein Baby nachts wieder anfängt aufzuwachen, nachdem es zuvor durchgeschlafen hatte. Mit acht oder neun und dann wieder mit zwölf Monaten erlebt es einen rapiden Zuwachs seiner Wahrnehmungsfähigkeit (und reagiert empfindlich auf Fremde, auf unbekannte Situationen oder Orte und auf Abweichungen vom gewohnten Tagesablauf); damit fallen entscheidende Fortschritte in seiner motorischen Entwicklung zusammen (zum Beispiel Krabbeln und Sitzen mit acht Monaten, Stehen, Gehen und Klettern mit zwölf bis vierzehn Monaten). Es wird aktiver und ist nun imstande, den sicheren Hafen von Mutter und Vater hinter sich zu lassen. Die Aufregung und Angst, die das auslöst, kann seinen Schlafrhythmus vorübergehend durcheinanderbringen.

Studien zu den normalen Schlafrhythmen von US-amerikanischen Kindern haben ergeben, daß 70 Prozent der dreimonatigen und 83 Prozent der sechsmonatigen Babys in der Nacht acht Stunden durchschlafen. Mit einem Jahr schlafen nur 10 Prozent noch nicht durch.

Die meisten Kinder lernen durchzuschlafen, weil verschiedene Faktoren zusammenkommen: Zum einen dauert es in der Nacht länger, bis die Eltern auf sie eingehen, zum anderen gibt es kaum andere Reize, die ihre Aufmerksamkeit fesseln könnten, und schließlich haben sie von sich aus das Bedürfnis, irgendwo im vierundzwanzigstündigen Tageszyklus eine längere Schlafphase zu entwickeln.

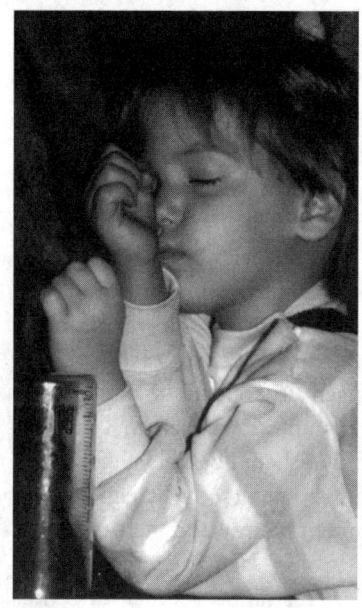 

Nächtliches Aufwachen

Etwa 17 Prozent der sechsmonatigen und 10 Prozent der einjährigen Babys schlafen also noch nicht durch. Vermutlich spielen auch hier mehrere Faktoren zusammen. So kann ein frühgeborenes Baby möglicherweise nicht genug Nahrung auf einmal zu sich nehmen, um so lange zu schlafen. Vielleicht widerstrebt es den Eltern auch, die Eigenständigkeit des Kindes zu fördern und es ohne Hilfe in den Schlaf zurückfinden zu lassen. Oft leiden solche Eltern aufgrund eigener Kindheitserlebnisse sehr darunter, in der Nacht von ihrem Kind getrennt zu sein. Die Mutter erinnert sich vielleicht daran, wie sie sich damals von ihren Eltern im Stich gelassen fühlte, und der Vater entsinnt sich seiner Ängste, wenn die Eltern des Nachts nicht zu ihm kamen. Manche berufstätigen Mütter und Väter sehnen sich sehr danach, dem Baby nachts nahe zu sein. Alleinerziehende Mütter oder Väter, die sich einsam fühlen, weil sie die tägliche Sorge um das Kind allein bewältigen müssen, geben das nächtliche Füttern nur ungern auf.

Konflikte um Autonomie und Unabhängigkeit sind demnach oft der eigentliche Grund für Schlafprobleme. Unsere Gesellschaft vermittelt zwar den Eltern auf vielfältige Art ein Schuldgefühl, wenn ihre Beziehung zum Kind sehr innig ist oder sie es nicht schon früh zur Eigenständigkeit drängen. Trotzdem bringen es die meisten Eltern kaum übers Herz, ihr fünf- oder sechsmonatiges Baby, das nachts zu schreien anfängt, dazu anzuhalten, sich allmählich selbst zu trösten. Es ist ganz natürlich, die innige Nähe zueinander zu suchen. Die meisten Eltern sehnen sich insgeheim nach dem wunderbar tröstlichen Gefühl, ein schlafendes Baby neben sich zu haben. Eltern von Babys, die nicht ohne weiteres durchschlafen, sind deshalb in einer schwierigen Lage. Ihnen helfen vielleicht die Empfehlungen am Ende des Kapitels.

Drei Gruppen von Babys mit jeweils unterschiedlichem Temperament neigen dazu, in der Nacht aufzuwachen. Die Babys der ersten Gruppe sind sehr aktiv und strotzen von Energie. Ihr Lerneifer ist so groß, daß sie sich buchstäblich nicht mehr bremsen können, wenn sie eine neue Aufgabe vor sich haben. In der Nacht werden sie dann offenbar genauso wie am Tag von der Frustration darüber umgetrieben, daß sie die Aufgabe – meistens geht es um einen motorischen Entwicklungsschritt – noch nicht bewältigt haben. Zum Beispiel stützt sich das Kind, kurz bevor es laufen lernt, im halbwachen Zustand auf Hände und Knie ab und wippt frustriert vor und zurück, oder es zieht sich ständig am Bettgitter hoch – bis es schließlich ganz aufwacht. Das nächtliche Erwachen ist hier ein ganz normaler Bestandteil des Aufruhrs, der jedem neuen Meilenstein in der Entwicklung des Kindes vorausgeht.

Diese Art Schlafprobleme können auch nach dem Laufenlernen noch auftreten, falls die Eltern das Kind nicht dazu anhalten, seinen Schlafrhythmus zu stabilisieren. Denn auch im zweiten und dritten Jahr und noch später kann das Kind von einer genauso großen Ungeduld wie vor dem Laufenlernen erfaßt werden, während es sich an einem neuen Reifungsschritt abmüht. Waren Schlafstörungen im ersten Lebensjahr ein Ventil für seine Frustration, werden sie auch weiterhin diese Funktion erfüllen.

Die Eltern sollten erkennen, daß ein solches Kind noch länger wachbleibt, wenn sie nachts zu ihm eilen und es trösten. In der Nacht geht das Kind durch mehrere halbwache Phasen, die nur kurz dauern, *falls* es sich selbst beruhigen und wieder in tieferen Schlaf gelangen kann.

Wenn aber die Anwesenheit der Eltern sein Interesse erregt, so daß es ganz aufwacht und spielen will, wird die Nacht für das Kind zum Tag, und ein Teufelskreis kommt in Gang. Es wird immer wacher, während die Eltern angespannt versuchen, es wieder zu beruhigen, und ihre Nervosität sich unweigerlich auf das Kind überträgt; es spürt ihre Aggressionen und bleibt wach, um sie zu reizen, um mit ihnen zu spielen oder um die Nähe zu ihnen zu suchen.

Die zweite Gruppe von Babys, die nachts oft aufwachen und nach Trost verlangen, wendet tagsüber wenig motorische Energie auf. Ruhig, wach und achtsam nehmen sie alles auf, sinnen darüber nach und bewegen sich nicht sehr viel. Da sie am Tag also kaum aktiv sind, werden sie nicht müde genug, um nachts durchzuschlafen. Auch ihre Sensibilität im Denken kann dazu beitragen, daß sie in einer halbwachen Phase leichter vollends wach werden. Wenn sie jedesmal anfangen zu schreien oder zu quengeln, können sie dadurch die Eltern herbeiholen. Zunächst scheinen Kinder wie Eltern davon zu profitieren, daß sie einander auf diese Weise nahe sind. Doch wenn die Eigenständigkeit der Kinder im zweiten Jahr erwacht, sollten die Eltern sie auch nachts zu größerer Unabhängigkeit anhalten.

Die dritte Gruppe von Babys, die Schwierigkeiten mit dem regelmäßigen Durchschlafen haben, sind empfindsame Kinder, die rasch außer sich geraten. Weil ein solches Baby empfindlich auf unvertraute Situationen reagiert, lehnt es sich sehr an die Eltern an, die es möglicherweise unbewußt darin bestärken. Jedesmal wenn es gefordert ist – sei es durch einen bevorstehenden Reifungsschritt oder eine ungewohnte soziale Situation –, fällt es am Tag wie in der Nacht in eine frühere Entwicklungsphase zurück. Die Eltern wollen ihm helfen und versuchen daher vielleicht, ihm ungewohnte Situationen, die ihm viel abverlangen, zu ersparen. Wenn es überfordert ist, trösten sie es sogleich, so daß ihm oft gar kein Raum für Versuche bleibt, allein zurechtzukommen.

Auch in der Nacht spielen sich solche Verhaltensmuster des Kindes und der überbehütenden Eltern aufeinander ein. Selbst wenn das Baby die Gegenwart und den Trost der Eltern eigentlich gar nicht mehr braucht, verlangt es noch danach, und ihnen fällt es schwer, nicht auf seine Überempfindlichkeit einzugehen. Sie nehmen es zu sich ins Bett oder lassen sich erweichen, vier- oder fünfmal in der Nacht zu ihm zu gehen. Weil sie erschöpft sind, werden sie ärgerlich auf sich selbst und das Kind. Es spürt ihre Ambivalenz und fühlt sich deshalb noch unbehaglicher, und die Eltern werden von ihrer Ambivalenz dazu getrieben, sämtlichen Wünschen des Kindes nachzukommen.

Eigenständigkeit lernen

Daß ein Kind lernt, allein zu schlafen, gehört zumindest in unserer Gesellschaft zur Entfaltung von Eigenständigkeit dazu. Diese Betrachtungsweise läßt sich sicherlich in Frage stellen, doch wenn das Kind oder die Eltern vom allgemeinen Konsens abweichen, laufen sie Gefahr, daß sie an Selbstachtung verlieren und sich dem Ziel der Autonomie nicht gewachsen fühlen.

Wenn Schlafprobleme auftreten, fällt es in der Regel sowohl den Eltern als auch dem Kind schwer, zu glauben, das Kind könne allein damit zurechtkommen. Eltern, die tagsüber berufstätig sind, fühlen sich oft hin- und hergerissen, ob sie das Kind nun allein in seinem Bett oder doch bei sich schlafen lassen sollen. Wenn das Kind durch eine belastende Phase geht und deshalb, was ganz natürlich ist, eine Zeitlang öfter aufwacht, wird die Trennung in der Nacht von neuem zum Problem.

Ich würde den Eltern empfehlen, sich zuerst mit den Gefühlen auseinanderzusetzen, die die erwachende Eigenständigkeit und Autonomie des Kindes in ihnen auslöst, ehe sie sich überlegen, wie sie nachts am besten vorgehen. Das Kind zum Durchschlafen anzuhalten verlangt von der ganzen Familie Konsequenz. Die Eltern müssen sich sicher sein, daß sie beide am gleichen Strang ziehen. Sie müssen auch überzeugt davon sein, daß dieser Schritt für das Kind wichtig, ja unumgänglich ist.

Schon am Anfang meiner kinderärztlichen Privatpraxis und meiner Klinikarbeit konnte ich beobachten, wie oft eine ganze Familie aus dem Gleichgewicht gerät, wenn das Kind in der Nacht immer wieder wach ist und Aufmerksamkeit fordert. Ich wußte, daß ich solchen Familien helfen konnte, die Beziehung zum Kind zu klären, indem ich ihnen begreiflich machte, wo die Wurzeln der momentanen Konflikte lagen. Ich machte mir damals allerdings nicht klar, daß manche Eltern es *gar nicht für richtig halten*, das Kind dazu anzuspornen, daß es allein schläft.

Diese Eltern sehen wenig Sinn darin, daß unsere Gesellschaft fordert, kleine Kinder sollten allein schlafen, und sie meinen, das sei *nicht unbedingt* von Vorteil für die Kinder. Wenn ihr Kind also nachts nach ihnen verlangt, halten sie es für wichtiger, ihm beizustehen, als sich darum zu kümmern, ob sie damit den Erwartungen unserer Gesellschaft gerecht werden. Sie versichern, es tue ihnen und dem Kind gut, nachts diesen Familienzusammenhalt zu spüren; das Kind werde die Gewohnheit, bei ihnen zu schlafen, irgendwann von selbst ablegen – ohne daß es seelische Narben davontrage.

Ich habe sehr viel von den Eltern gelernt, die diesen Standpunkt vertraten. Ich denke wie sie, daß Schlafprobleme ein Hinweis darauf sind, daß das Kind eine Streßphase durchmacht, in der es nicht das Gefühl bekommen sollte, von den Eltern im Stich gelassen zu werden. Auch ich mache mir Gedanken darüber, daß unsere Gesellschaft in manchem sehr hohe Anforderungen an kleine Kinder stellt, zum Beispiel, indem sie von ihnen verlangt, in einem separaten Zimmer zu schlafen. Doch ich glaube auch, daß wir die Bedürfnisse der Eltern im Auge behalten müssen sowie das Ziel der Eigenständigkeit, zu dem ja die meisten Eltern ihr Kind letztendlich hinführen wollen.

Die Eltern sollten sich klarmachen, welche Probleme auftauchen können, falls sie ihr Kind bei sich schlafen lassen. Wird es sich nicht auch tagsüber mehr an sie hängen, wenn es nachts so nahe bei ihnen ist? Das muß nicht unbedingt so sein. Doch das Risiko besteht, und ich lege den Eltern ans Herz, sich davor in acht zu nehmen. Falls das Kind freilich tagsüber schon recht eigenständig ist, dürften meine Einwände weniger Gewicht haben.

Wird ein Kind, das das Bett mit den Eltern teilt, später Schwierigkeiten haben, sich von ihnen zu lösen? Tatsächlich besagt eine gängige, auf psychoanalytischem Gedankengut beruhende Auffassung, daß das Kind sich dann nicht mehr von Mutter und Vater trennen will und sich nicht kampflos aus ihrem Bett vertreiben läßt; da es sich mit zunehmendem Alter seiner ödipalen Regungen bewußter wird, merkt es, daß es ihnen im Weg ist, und hat durchaus auch den Wunsch, zwischen sie zu treten.

Damit die Eltern dieser Tendenz des Kindes entgegenwirken können, sollten sie sich, falls sie es weiterhin bei sich schlafen lassen, unbedingt darüber einig sein, daß dies ihnen und dem Kind noch immer guttut. Daß sie das Kind bald als störend empfinden werden, ist durchaus möglich; wenn das eintritt, wird das Kind darunter mehr leiden, als wenn sie es von ihrem Bett „entwöhnen" und in seinem eigenen Zimmer schlafen lassen. Falls also nicht beiden Eltern wohl dabei ist, daß das Kind bei ihnen schläft, und falls es zu Reibereien kommt, weil sie sich nicht einig sind, dann wird, dessen bin ich mir sicher, seine Entwicklung darunter zu leiden haben. Aus diesem Grund lege ich den Eltern nahe, in regelmäßigen Abständen offen und sachlich darüber zu reden, ob sie das Kind weiterhin bei sich schlafen lassen wollen. Eine gute Beziehung zwischen den Eltern ist für die Entwicklung des Kindes vermutlich entscheidender als die Schlafgewohnheiten in der Familie.

Die Eltern müssen auch darauf achten, ob das Kind Zeichen von Anspannung erkennen läßt, wenn es weiterhin bei ihnen schläft. Es wird ihnen schließlich deutlich machen, daß es ihren Trost in der Nacht nicht mehr benötigt und nach größerer Eigenständigkeit verlangt. Falls wir von anderen Kulturen (der indischen und der mexikanischen beispielsweise, wo die Kinder üblicherweise bei den Eltern schlafen) auf die unsere schließen dürfen, ist das Kind wohl im dritten oder vierten Jahr soweit, allein zu schlafen. Vermutlich müssen die Eltern in der Übergangsphase etwas nachhelfen, indem sie beim Schlafengehen mit dem Kind sprechen, ihm ein Spielzeug ins Bett legen, das ihm besonders am Herzen liegt, oder eine Lampe brennen lassen. Falls ein über vierjähriges Kind nachts noch immer die Nähe der Eltern sucht, würde ich mir Sorgen um sein Selbstbild machen. Die Trennung fällt ihm später wahrscheinlich um so schwerer.

Ich halte unabhängiges Denken und Handeln für ein entscheidendes Entwicklungsziel, und die Regelung der Schlafgewohnheiten gehört meiner Ansicht nach zu den wichtigsten Gelegenheiten, die Eigenständigkeit des Kindes zu fördern. Letzten Endes dürfte nicht so entscheidend sein, ob das Kind nun allein oder bei den Eltern schläft. Vielmehr muß das Kind vor allem lernen, in der Nacht mit seinen Bedürfnissen zurechtzukommen und in halbwachen Phasen ohne Hilfe wieder in Schlaf zu fallen.

Empfehlungen

Wenn das nächtliche Erwachen des Kindes zum Problem wird, können die im folgenden beschriebenen Schritte dazu beitragen, daß es lernt, von allein wieder einzuschlafen. Denken Sie daran, daß es von der speziellen Situation und besonders vom Kind selbst abhängt, inwieweit meine Vorschläge sinnvoll sind. Setzen Sie diese Schritte einzeln nacheinander und ohne Hast um.

1. Klären Sie, ob Sie auch wirklich beide die geplanten Maßnahmen mittragen können. Wenn Sie sich nicht einig sind, wird das Kind das spüren.

2. Schauen Sie sich den Tagesablauf des Kindes an. Ist sein Mittagsschlaf zu lang, oder fängt er zu spät an? Bei Babys, die älter als ein Jahr sind, sollte der Mittagsschlaf früh beginnen (etwa um ein Uhr) und höchstens ein oder zwei Stunden dauern. Er kann ganz wegfallen, wenn das Kind über zwei ist. Jede Ruhe- oder Schlafpause nach 15 Uhr wird den Aktivitätszyklus des Kindes mit Sicherheit durcheinanderbringen und sein Bedürfnis herabsetzen, nachts ohne Unterbrechung und tief zu schlafen.

3. Achten Sie darauf, daß das Einschlafzeremoniell entspannend und liebevoll ist. Falls das Kind schon alt genug dafür ist, sollten Sie nun mit ihm darüber sprechen, welche Schritte Sie vorhaben, damit es lernt, in seinem eigenen Bett und ohne Ihre Hilfe durchzuschlafen. Wenn Sie mit dem Kind raufen und spielen, sollte darauf noch eine geruhsame, entspannende Phase folgen, die immer auf dieselbe Weise abläuft. Eine Gutenachtgeschichte ist dafür sehr geeignet, Fernsehen dagegen nicht.

4. Lassen Sie das Kind lernen, von sich aus einzuschlafen, nachdem Sie es hingelegt haben. Lassen Sie es nicht in Ihren Armen oder beim Stillen in Schlaf fallen. Warten Sie, bis es ruhig wird, doch legen Sie es dann ins Bett und setzen Sie sich zu ihm. So helfen Sie ihm, einen Weg zu finden, wie es ohne Ihre Hilfe einschlafen kann. Geben Sie ihm ein Schmusetier, oder regen Sie es an, die Finger in den Mund zu nehmen. Tätscheln Sie es besänftigend, damit es liegenbleibt. Versichern Sie ihm, wenn es protestiert: „Du bekommst das schon selber hin."

5. Wecken Sie das Kind auf, ehe Sie selbst zu Bett gehen. Sie können einen Teil des Einschlafzeremoniells wiederholen – also zum Beispiel mit dem Kind sprechen, es umarmen oder ihm die Flasche oder etwas zu essen geben. Auf diese Weise beruhigen Sie Ihr Gewissen und liegen nicht grübelnd wach: Geht es ihr gut? Hat sie vielleicht Hunger? Habe ich genug getan?

6. Halten Sie das Kind dazu an, in das Ritual, mit dem es sich selbst tröstet, eine Schmusedecke, ein Schmusetier oder eine Puppe einzubeziehen. (Doch lassen Sie, wie in früheren Kapiteln erwähnt, das Kind

nicht mit der Milchflasche im Mund schlafen, denn dies führt zu schweren Zahnschäden.) Das Kind sollte auch nur einen einzigen, heißgeliebten Gegenstand bei sich im Bett haben, denn wenn viele weitere Spielsachen hinzukommen, entwerten sie ihn und nehmen ihm seine Bedeutung.

7. Stellen Sie sich darauf ein, daß das Kind alle drei bis vier Stunden unruhig wird und zu schreien anfängt, um 22 Uhr, um 2 Uhr und um 6 Uhr. Falls Sie es zuvor auf Ihre Maßnahmen vorbereitet haben und auch selbst wirklich bereit dafür sind, sollten Sie nun so wenig wie möglich auf das Kind eingehen, wenn es aufwacht. Nehmen Sie es beispielsweise nicht aus dem Bett, um es zu wiegen. Beruhigen und streicheln Sie es, aber lassen Sie es *im Bett*. Das wird ihm nicht gefallen, doch es wird begreifen, was Sie damit bezwecken. Bleiben Sie neben seinem Bettchen stehen und erklären Sie ihm, daß es lernen kann und lernen muß, allein wieder einzuschlafen.

8. Nachdem Sie eine Weile lang jedesmal zu ihm hingegangen sind, können Sie anfangen, ihm nur noch etwas zuzurufen. Sagen Sie ihm, daß Sie da sind und daß Sie es gern haben, jetzt aber *nicht* zu ihm kommen, und erinnern Sie es an sein Schmusetier. Ich finde es erstaunlich, wie ein Kind nach einer Weile anstelle unserer Anwesenheit bereits mit unserer Stimme zufrieden ist.

9. Vertrauen Sie schließlich darauf, daß es sich selbst zu helfen weiß. Warten Sie mindestens fünfzehn Minuten, ehe Sie zu ihm ins Zimmer gehen. Wiederholen Sie dann nüchtern und ohne viel Aufhebens das gerade skizzierte Vorgehen, und ermuntern Sie es wieder, sich mit dem Schmusetier zu trösten.

Nach vierzig Jahren als praktizierender Kinderarzt bin ich heute überzeugt, daß die Eigenständigkeit des Kindes für die Eltern zwar nicht leicht zu akzeptieren, für das Kind selbst aber ein aufregendes und lohnendes Ziel ist. Wenn es nachts allein zurechtkommt, trägt das zu einem positiven Selbstbild und einem Gefühl der eigenen Stärke bei. Dieses Erfolgserlebnis für das Kind können Sie noch steigern, indem Sie ihm tagsüber Mut machen. Sobald es soweit ist, daß es Sie nachts nicht mehr braucht, hat es Ihre ganze Anerkennung und alles Lob verdient, das Sie aufbieten können.

38. Familienplanung

Ich habe festgestellt, daß Eltern mir die Frage, wann sie das zweite
Kind bekommen sollen, meist in ganz bestimmten Phasen der Entwicklung ihres ersten Kindes stellen. In diesen Phasen unternimmt
dieses Kind seine ersten Versuche, eigenständiger zu werden. In der
allerersten Zeit haben sich die Eltern zunächst auf ihr erstgeborenes
Kind einstellen müssen. Wenn sie dann die ersten Monate mit vielen
schlaflosen Nächten und einem stark schwankenden Tagesrhythmus
hinter sich haben, sind sie glückselig verliebt in ihr Baby. Jedesmal
wenn sie ihr viermonatiges Kind anschauen, lächelt es und himmelt
sie an. Auf jeden Laut der Eltern antwortet es mit einem Seufzer oder
mit einem „ooh". Der ganze Körper kommt in Bewegung, wenn es versucht, mit den hingebungsvollen, zärtlich besorgten Eltern in Kontakt
zu treten. Wenige Momente im Leben sind so herrlich wie diese
Minuten der wechselseitigen Kommunikation mit einem „mitteil-
samen" Säugling. Die Eltern fühlen sich, als gehörte ihnen die ganze
Welt. Doch während sie bis über beide Ohren verliebt sind, plagt sie
insgeheim schon die Angst davor, daß das früher oder später zu Ende
gehen muß. Unsere vom Calvinismus geprägte Gesellschaft ist durchdrungen von Vorahnungen, daß wir früher oder später für unser Glück
bezahlen müssen.

Der Wunsch nach einem zweiten Kind

Es ist ganz typisch, daß die Mutter eines fünf Monate alten Babys sagt:
„Jetzt, da Johnny größer wird, überlege ich, wann ich das nächste Baby
bekommen sollte." Daß sie das Gefühl hat, sie müsse Johnny aufgeben, verrät sich in dem Wort *sollte*. Es ist, als sei das zweite Kind eine
Art Pflicht oder Buße – als müsse sie für die Wonne bezahlen, die ihr
die Sorge um das erste Kind bereitet. Daß sie das gerade zu diesem
Zeitpunkt sagt, scheint zunächst widersinnig, wenn ich mir Johnny
anschaue. Er ist wohlgerundet, seine Haut ist zart, und überall, an
Wangen, Kinn und Armen, hat er kleine Grübchen. Während er auf
dem Untersuchungstisch liegt, blickt er sich aufmerksam und mit

ernstem Gesicht im Raum um und mustert jeden unbekannten Gegenstand. In Abständen von etwa einer Minute blickt er zur Mutter oder zum Vater, die sich neben ihm auf den Tisch stützen und mit mir reden. Mit einem beruhigenden Blick antworten sie ihm. Fältchen breiten sich über sein Gesicht aus, die Augen werden sanft, er lächelt sie dankbar an, und Beine und Arme zappeln, während er ihnen mit dem ganzen Körper seine Dankbarkeit zeigt. Das dauert nur ein paar Sekunden. Dann macht er sich wieder an seine Aufgabe, die Informationen über diesen unbekannten Ort zu verarbeiten, und die Eltern wenden sich wieder dem Gespräch mit mir zu.

Diese Episode zeigt mir, wie tief die gegenseitige Bindung dieser drei Menschen verwurzelt ist. Eine starke Zuneigung ist in den Eltern wie im Kind aufgestiegen, und sie haben gespürt, wie wichtig jeder für den anderen ist. Das Baby hat mit den Augen gesagt: „Ihr seid meine Zuflucht. Ich kann an einem so fremden und aufregenden Ort nur sein, weil ihr bei mir seid, wenn ich euch mit dem Blick suche!" Die Eltern haben spüren dürfen, wie immens wichtig sie für dieses kleine Wesen sind. Ist es nicht erstaunlich, daß die Eltern gerade jetzt fragen: „Glauben Sie, wir sollten ein zweites Kind bekommen?" Dies ist auch ein typischer Zeitpunkt dafür, daß eine stillende Mutter fragt: „Wann sollte ich ihn abstillen?" Wenn ich diesen Fragen dann zusammen mit den Eltern nachgehe, stellt sich heraus, daß sie eigentlich noch gar kein weiteres Kind wollen und daß die Mutter auch noch nicht abstillen möchte. Die Fragen sind eine Art Schutz, damit sie sich nicht in ihrer Zuneigung zum Kind verlieren und von ihr überwältigt werden.

Wie wir in Kapitel 6 gesehen haben, regt sich beim vier- oder fünfmonatigen Baby zum erstenmal der Drang nach Eigenständigkeit. Beim Trinken legt es immer wieder Pausen ein, blickt um sich, horcht auf eine Tür, die sich im Zimmer nebenan schließt, schaut glucksend zur Mutter hoch, lächelt strahlend zu seinem Vater hinüber. Für die Mutter sind diese Pausen Signale, daß das Baby sie nicht mehr so sehr braucht. Doch in der Entwicklung des Babys bedeuten sie zunächst einmal, daß es die Gegenstände und Menschen in seiner Umgebung bewußter wahrnimmt. Die Pausen gemahnen die verzückten Eltern daran, daß das Kind irgendwann tatsächlich unabhängig von ihnen sein wird.

Oft wird eine stillende Mutter um diese Zeit herum wieder schwanger, ohne das schon zu wollen. Ich habe viele Fälle von solchen ungeplanten zweiten Schwangerschaften mitbekommen. Die Mutter denkt, sie sei während der Stillzeit geschützt, und sie kann den Eisprung nicht zutreffend vorhersagen, weil die Menstruation noch nicht wieder eingesetzt hat. Wenn sie nicht aufpaßt, ist das zweite Baby schon unterwegs, ehe sie bereit ist, sich vom ersten zu lösen.

Zwei Kinder, die nur vierzehn bis achtzehn Monate auseinander liegen, sind beinahe wie ungleichaltrige Zwillinge. Zweifellos können die Eltern auch dieser Erziehungsaufgabe gerecht werden und hin und wieder sogar Vergnügen daran empfinden, doch werden sie schwer zu kämpfen haben, solange die Kinder klein sind. Es ist eine körperliche und emotionale Strapaze, sich um zwei stark auf sie angewiesene Kinder unterschiedlichen Alters zu kümmern. Die Gefahr besteht, daß die erschöpfte Mutter die Kinder über einen Kamm schert und beide wie Säuglinge behandelt. Oder sie drängt das etwas ältere Kind dazu, sich rascher zu entwickeln. Wenn es sich dann widersetzt und sich genauso wie der Säugling gebärdet, nimmt die Mutter ihm das unbewußt übel und versucht ihm mehr Verantwortung aufzubürden, als es schon tragen kann.

Beim Planen des zweiten Kindes sollten die Eltern auf die Grenzen ihrer Belastbarkeit und ihrer Geduld achten. Am besten gehen sie wohl von ihren ganz praktischen Motiven aus, weshalb sie den Abstand zum nächsten Kind klein halten oder ausdehnen möchten. Falls eine Mutter, die ihre Kinder lieber rasch hintereinander bekommen möchte, damit sie wieder berufstätig sein kann, zu viele Jahre zu Hause festsitzt, wird sie mißmutig und läßt ihren Ärger wahrscheinlich indirekt an der Familie aus. Vielleicht möchten die Eltern aber auch die Abstände zwischen den Kindern größer halten, um in der Zwischenzeit ihre finanzielle Situation verbessern zu können, und haben das Gefühl, daß sie sich jeweils nur einer der beiden Aufgaben intensiv widmen können. Das Problem für die meisten Eltern besteht allerdings darin, daß sie gar nicht abschätzen können, wie weit ihre Energiereserven und ihre Geduld reichen werden.

Empfehlungen für die Familienplanung

Aufgrund meiner Erfahrung habe ich jungen Familien ein paar Ratschläge anzubieten, die ihnen helfen könnten, klug zu planen.

Machen Sie sich zunächst einmal darauf gefaßt, daß die intensive Beziehung zum ersten Kind, die Ihnen und ihm solche Wonne bereitet hat, in dieser Form zu Ende gehen muß. Das ist schmerzlich für das Kind und schmerzlich für Sie selbst. Leichter wird es für Sie, wenn Sie sich sagen können, daß Sie Ihr Möglichstes für das Erstgeborene getan haben. Mit anderen Worten: Wenn Sie das Gefühl haben, daß Sie sich ihm aus ganzem Herzen gewidmet haben und seine Eigenständigkeit schon weit gediehen ist, haben Sie mehr Raum für das nächste Baby. Das Neugeborene wird Ihre Zeit und emotionale Energie natürlich stark beanspruchen. Beinahe genauso unvermeidlich ist, daß die Mutter das ältere Kind antreibt, sich rascher zu entwickeln. In vormodernen Kulturen ist meist ein Ritual dafür vorgesehen, daß eine Mutter, die wieder schwanger ist, das vorhergehende Kind entwöhnt. Mittels einer symbolischen Handlung überträgt sie die Verantwortung für das ältere Kind einem anderen Familienmitglied, also einer Großmutter, einer Tante oder einem älteren Geschwister des Kindes. Sie sagt damit: „Ich muß mich nun von dir abwenden, damit ich mich dem Kleinen widmen kann." Diese Rituale sind oft recht schroff, doch wie ich festgestellt habe, kann die Mutter ihren Schmerz darüber, daß sie das Kind aufgeben muß, manchmal nicht ganz verbergen. Sie weiß aber, daß sie sich zwingen muß, es „im Stich zu lassen", weil sie sonst ihrer großen Verantwortung nicht gerecht wird und nicht genügend Energie für die Sorge um den Säugling bleibt.

Bei den Überlegungen, wann Sie Ihr zweites Kind bekommen möchten, müssen Sie auch berücksichtigen, daß das erste Kind in seinem zweiten Lebensjahr ungestüm um seine Eigenständigkeit ringen und Ihnen trotzen wird. Es braucht Zeit, um mit sich ins reine zu kommen: Will es denn wirklich eigenständig sein? Meint es das wirklich, wenn es so energisch „nein" sagt, oder meint es im Grunde „ja"? Wer außer den Eltern könnte ihm denn, wenn es von einem stürmischen Trotzanfall erschöpft ist, dabei helfen, die Gründe für diesen Ausbruch zu begreifen, und wer sonst könnte ihm beibringen, sich im Zaum zu halten? Wer sonst könnte ihm neue Kraft dafür geben, die eigenen Grenzen und Stärken zu erkunden, durch die es erst ein eigenständiges Individuum werden kann?

Wenn die Eltern nicht in der Lage sind, auf das Kleinkind einzugehen, und seinen Kampf um Eigenständigkeit weder für wichtig halten noch fasziniert davon sind, werden sie und der Säugling das gesamte zweite Jahr des älteren Kindes hindurch unter Streß und Frustration zu leiden haben. Statt dieses zweite Jahr als eine abwechslungsreiche Zeit des Lernens und Ausprobierens mitzuerleben, verlieren sie ihren Sinn für Humor, den sie bitter nötig hätten, um nicht im täglichen Einerlei unterzugehen. Die Eltern sollten also die Geburt des zweiten Kindes so planen, daß das erste Kind dann bereits einiges von diesem Wirrwarr hinter sich gebracht hat.

Falls die Eltern einen Abstand von zweieinhalb bis drei Jahren - erwägen, fragen sie sich vielleicht, ob die Kinder, wenn sie älter werden, genug miteinander anfangen können. Aufgrund meiner eigenen Erfahrungen glaube ich, daß auch Geschwister mit etwas größerem Altersabstand hervorragend miteinander auskommen können, wenn die Eltern bei ihrer Familienplanung ein gutes Gefühl haben. Sind die

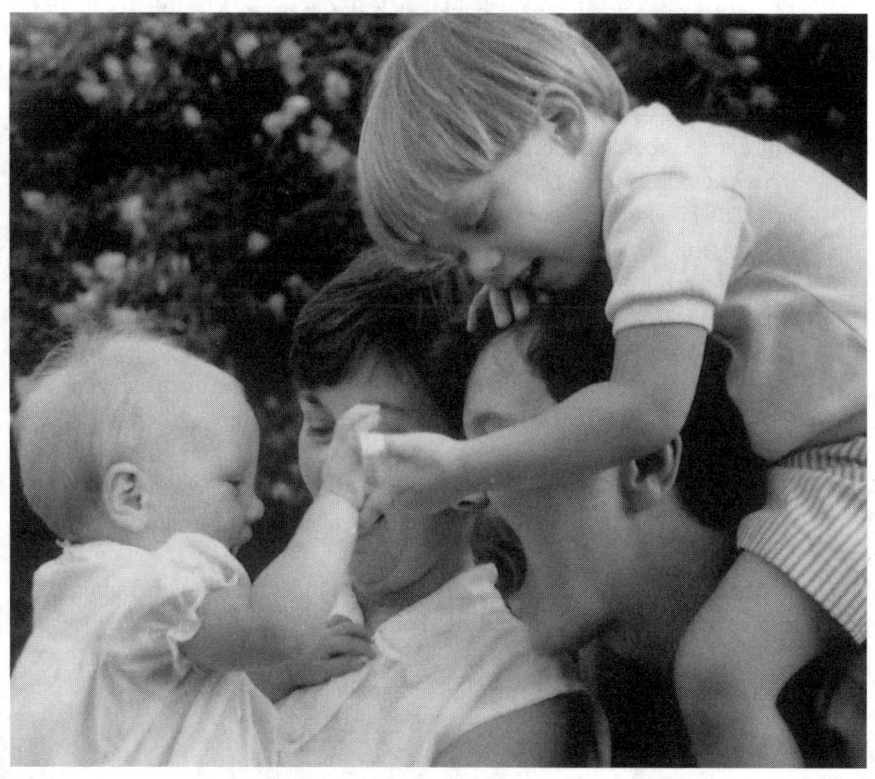

Eltern dagegen durch zu viele Kinder überfordert, deren Altersabstand zu gering ist, werden die Geschwisterrivalitäten kein Ende nehmen. Denn wie wir in Kapitel 36 gesehen haben, zielen diese Zankereien oft auf die Eltern. Geschwister neigen zwar ohnehin zum Rivalisieren, aber sie werden allein damit fertig, solange sich die Eltern nicht einmischen. Haben die Eltern das Gefühl, sie würden nicht jedem der Kinder gerecht werden, lassen sie sich in die Rivalitäten hineinziehen und verstärken diese nur noch. Mit anderen Worten, bei der Familienplanung sollten die Eltern mehr auf ihren eigenen Energiehaushalt als darauf achten, daß die Kinder möglichst viel voneinander haben.

Wie Ihr Kind sich leichter an sein Geschwister gewöhnt

Mit zwei oder zweieinhalb haben sich die meisten Kleinkinder im wesentlichen von den Eltern gelöst. Sie sind mobil, ihr Spiel ist vielgestaltig, sie sind imstande, auch allein zu spielen, sie haben autonome Eß- und Schlafgewohnheiten, und viele möchten von sich aus schon mit dem Sauberkeitstraining anfangen. Außerdem sind sie mit zwei Jahren soweit, daß sie mit Gleichaltrigen in einer Gruppe spielen können. Die Spielgruppe kann der Höhepunkt in der Woche eines Kleinkindes sein. In einer solchen kleinen Gruppe lernen die Kinder voneinander, tragen Konflikte aus und müssen ihren Trotz bewältigen. Dies zeigt, wieviel Kinder dieses Alters bereits voneinander profitieren. Die Eltern können sich also mit anderen Eltern zusammentun, um regelmäßige Spielgruppen zu bilden, und sie können ihr Kind auch ruhigen Gewissens in eine Tagesstätte oder zu einer Tagesmutter geben. Dies ist für das Kind genauso gewinnbringend wie für die Eltern, die dann mehr Zeit für das neue Baby haben. Ein Altersabstand von zwei bis drei Jahren zwischen den Kindern kann also allen in der Familie zugute kommen.

Mit vier oder fünf Jahren ist ein Kind imstande, bei der Versorgung eines Säuglings mitzuhelfen. Es bekommt das Gefühl, daß das Baby zu ihm gehört. Es lernt, das Baby zu füttern, zu halten, zu wiegen, zu wickeln, zu trösten und mit ihm zu spielen. Sobald es die Enttäuschung darüber verwunden hat, daß das Baby nicht in seinem Alter und also den Spielen nicht gewachsen ist, die es geplant hat, läßt es sich auf das Spiel ein, gemeinsam mit den Eltern das Baby kennenzulernen und zu beobachten, wie dieses einen Entwicklungsschritt nach dem anderen bewältigt.

Ich erinnere mich an einen fünfjährigen Jungen, der in mein Sprechzimmer gestürmt kam und verkündete: „Doktor Brazelton, schau, wie mein Kleiner laufen kann! Jetzt fällt er nicht mehr hin!" Er sprang zu seinem elf Monate alten Bruder hin und streckte die Hände aus. Der Kleine strahlte über das ganze Gesicht, als sein Held sich ihm zuwandte. Dankbar und begierig zog er sich an den ausgestreckten Händen seines Bruders in den Stand hoch. Indem er sich an sie klammerte und so mit Müh und Not das Gleichgewicht hielt, tappte er vorwärts. Im Rückwärtsgehen gluckste der Ältere vor Vergnügen: „Siehst du, siehst du?" Ich konnte miterleben, wie er dem Baby nicht nur das Laufen beibrachte, sondern ihm auch die Lust am Lernen vermittelte, und dachte bei mir: Ist es nicht ein großes Glück für ein kleines Kind, das Abenteuer des Lebens auf solche Weise entdecken zu können? Diese Brüder lernten nicht nur voneinander, sie erfuhren auch, was es bedeutet, sich ganz aufeinander einzulassen.

Mit vier oder fünf entfaltet sich die natürliche Fähigkeit des Kindes, für ein kleineres Kind Sorge zu tragen und es anzuleiten. Die Anthropologin Margaret Mead erklärte mir einmal, zu den schwerwiegendsten Mängeln unserer Kultur gehöre, daß Kinder zwischen vier und sieben Jahren so selten Gelegenheit haben, sich um kleinere Kinder zu kümmern. Sie wies darauf hin, in den meisten anderen Gesellschaften auf der ganzen Welt werde von den älteren Geschwistern erwartet, daß sie Verantwortung für die jüngeren tragen. Auf diese Weise lernen sie, was zur Versorgung eines Kindes nötig ist, und sind besser auf die eigene Elternschaft vorbereitet.

Diese Erfahrungen wird ein Kind ganz automatisch machen, wenn der Altersabstand zwischen den Geschwistern mehrere Jahre beträgt. Das große Privileg der Jüngeren ist, daß sie von den Älteren lernen können. Unser letztes Kind, ein Junge, hat sich seine Fertigkeiten und seine Wertvorstellungen überwiegend durch die sorgsame, geduldige Unterweisung seiner älteren Schwestern angeeignet. Ein kleines Kind hegt für seine älteren Geschwister blinde Bewunderung und ist deshalb begierig, von ihnen zu lernen. Wenn wir als Eltern ihm dieselben Dinge beizubringen versuchen, ist dabei viel mehr Konfliktpotential im Spiel. Ich war stets sehr beeindruckt von den eifrigen, sehnsuchtsvollen Blicken, mit denen ein Säugling oder ein Kleinkind ältere Kinder beobachtet. Und ich staune darüber, mit welcher Geschwindigkeit das jüngere Kind durch Nachahmung zu lernen vermag, wenn das ältere kurze Zeit innehält und ihm etwas Neues zeigt.

Bereiten Sie, wenn Sie wieder ein Baby erwarten, das ältere Kind darauf vor, daß Ihre Beziehung zu ihm sich verändern und weniger innig sein wird. Geben Sie ihm die Möglichkeit, für das Baby ebenfalls Sorge zu tragen und sich dabei mit Ihnen zu identifizieren. Schieben Sie es nicht beiseite, „damit dem Baby nichts passiert", sondern lassen Sie es lernen, zärtlich und behutsam mit dem Baby umzugehen, es zu halten, zu wiegen und zu füttern.

Wenn das Baby aus der Klinik nach Hause kommt und unzählige Dinge Ihre Zeit und Energie in Anspruch nehmen, sollten Sie trotzdem Zeit erübrigen, die Sie *allein* mit dem älteren Kind verbringen, ohne daß das Baby in der Nähe ist. Einem jeden älteren Kind steht es zu, mit der Mutter und mit dem Vater ein wenig Zeit allein zu haben. Die Dauer ist weniger wichtig, doch es muß fest auf diese Zeiten der Zweisamkeit rechnen können. Eine Stunde mit der Mutter und eine Stunde mit dem Vater pro Woche kann von unschätzbarem Wert sein, um die Beziehung zu ihnen zu festigen. Es muß jeweils *allein* mit ihnen sein und sollte selbst bestimmen dürfen, wie es diese Zeit nutzen will. Die Eltern sollten die ganze Woche hindurch immer wieder davon sprechen: „Ich habe jetzt keine Zeit für dich und muß das Baby weiter füttern. Aber denk dran, daß wir demnächst wieder unsere Zeit zu zweit haben. Diese Zeit verbringe ich nur mit dir, ohne das Baby. Denn du bist mein erstes Baby, und ich habe dich genauso gern wie früher schon."

Die Individualität des Kindes stärken

Falls Sie mehr als ein Kind haben, bekommen Sie möglicherweise Skrupel, weil Sie nicht jedem von ihnen dieselben Empfindungen ent-gegenbringen. Eltern verspüren meist den unwillkürlichen Wunsch, das jüngere Kind in Schutz zu nehmen und die Entwicklung des älteren Kindes zu beschleunigen. Eine Tochter würden sie gerne dazu anhal-ten, Verantwortung zu übernehmen, einen Sohn möchten sie eher in seiner Abenteuerlust bestärken. Außerdem sehen ihre Zukunftsträume für jedes Kind anders aus. Diese Wünsche und Empfindungen können Schuldgefühle und Groll auslösen. Wie bereits gesagt, bin ich keineswegs der Ansicht, daß Sie für jedes Kind dasselbe empfinden müssen. Jedes Kind muß notwendigerweise andere Gefühle in Ihnen auslösen, weil es bestimmte Erinnerungen in Ihnen wachruft. Gedanken wie „Sie sieht wie meine Schwester aus, die immer so gescheit war" oder „Er ist ein Energiebündel wie mein Bruder" sollten Sie nicht unterdrücken. Wenn Sie sich diesen Gefühlsreaktionen stellen, ist das von Vorteil für das Kind. Wollen Sie sie aber nicht wahrhaben, sind Sie jedesmal enttäuscht, wenn Ihr Kind dem geheimen Bild nicht entspricht, das Sie sich von ihm machen, und verunsichern es. Ein Kind hat ein Recht auf die Anerkennung und Liebe der Eltern, ganz gleich, wie klein oder groß der Altersabstand zu seinen Geschwistern ist und wie sehr es ihnen gleicht oder verschieden von ihnen ist.

39. Sprech- und Hörprobleme

Hörprobleme

Wenn ein Baby schlecht hört, ist das ein schwerwiegendes Hemmnis für seine Entwicklung. Völlig taube Babys kommen in sämtlichen Entwicklungsbereichen langsamer vorwärts. Sie erscheinen depressiv und wenig ansprechbar. Ihre motorischen Fortschritte lassen auf sich warten, und sie reagieren nur zögerlich auf die Versuche der Eltern, Kontakt zu ihnen aufzunehmen. Passiv liegen sie in ihrem Bettchen oder entwickeln autistische Symptome, werfen also zum Beispiel fortwährend den Kopf hin und her oder zeigen andere monotone Verhaltensweisen, als müßten sie eine Leere ausfüllen. Gleichzeitig steigert sich ihre Sensibilität in anderen Sinnesbereichen, etwa im Sehen und im Tastempfinden. Das kann dazu führen, daß sie überempfindlich und rasch überreizt sind.

Das Hörvermögen eines Säuglings läßt sich am besten prüfen, wenn er schläft oder gerade aufwacht. Ich verwende eine leise Rassel und eine Glocke und achte darauf, daß es in dem Raum ansonsten ruhig ist. Ein Baby mit normalem Hörvermögen wird diese Geräusche nach mehreren Schreckreaktionen ausblenden oder sich an sie gewöhnen (siehe Kapitel 2). Wenn ich das Baby dagegen in einer geräuschvollen Umgebung untersuchen muß, hat es sich in der Regel bereits gegen die akustischen Reize abgeschottet und ist nur scheinbar schwerhörig. Ich setze zwei verschiedene Hörreize ein, um festzustellen, ob der Frequenzbereich eingeschränkt ist, in dem es hören kann. Wenn es wach ist, kann ich außerdem prüfen, ob es auf meine Stimme reagiert, während es zur Decke blickt. Falls es sich beruhigt und sich langsam meiner Stimme zuwendet, weiß ich, daß es mich hört. Treten die Mutter und ich in Wettbewerb miteinander und sprechen das Baby gleichzeitig an, sollte es sich zu der höheren Frauenstimme hinwenden.

Falls fraglich ist, ob das Baby gut hört, überweist der Hausarzt das Kind meist an einen Hals-Nasen-Ohren-Arzt, der die Ohren und die oberen Atemwege untersucht. Er wird das Kind behandeln, falls die Beschwerden auf eine akute Erkrankung zurückgehen. Scheint die Hörschwäche dagegen chronisch zu sein, überweist er das Kind vermutlich an einen Audiologen, der dann weitere Tests durchführt. Schwere Hörschäden bei Neugeborenen sind mit sogenannten akustisch evozierten Potentialen feststellbar. Bei einem etwas älteren, ein bis drei Monate alten Baby lassen sich zweikanalige Techniken (paired techniques) einsetzen, bei denen ihm auf jeder Seite ein anderes Geräusch dargeboten wird.

Der HNO-Arzt und der Audiologe können eine Hörschwäche des Kindes aufdecken, ehe seine Entwicklung ernstlich darunter leidet. Falls irgend etwas darauf hindeutet, daß es nichts oder nur in bestimmten Frequenzbereichen hört, empfehle ich eine umfassende Untersuchung. Im zweiten Lebensjahr tritt eine Hörschwäche zum Beispiel dadurch deutlicher in Erscheinung, daß sich das Kind beim Sprechen andauernd verhaspelt. Wenn das Kind sich, vor allem im Umgang mit anderen, nicht erwartungsgemäß entwickelt, würde ich immer die Möglichkeit im Auge behalten, daß es vielleicht schlecht hört.

Das Gehör eines Kindes kann durch Mittelohrentzündungen Schaden nehmen. Viele Babys entwickeln eine Tendenz zu chronischen Mittelohrentzündungen; nachdem die akuten Ohrenschmerzen abgeklungen sind, bestehen das Druckgefühl und der Ausfluß trotz Antibiotika fort. Im Englischen heißt die Mittelohrentzündung auch „glue ear" (von glue – Klebstoff, Leim), weil es so aussieht, als sei das Ohr mit schwer zu lösendem Leim verstopft. Durch eine chronische Mittelohrentzündung kann sich das Gehör verschlechtern. Besonders gefährdet sind Babys, die in einer Gruppe betreut werden oder deren Geschwister im Kindergarten oder in der Schule vielen Krankheitserregern ausgesetzt sind. Im Gefolge von Erkältungen können Ohrinfektionen im Zweiwochentakt auftreten und sind dann zunehmend schwerer zu behandeln. Die Eltern und der Arzt verlieren allmählich den Mut. Oft leidet auch die allgemeine Verfassung des Babys darunter; es wird immer matter und verträgt keinerlei Belastung mehr. In diesem Fall sollte ein HNO-Arzt hinzugezogen werden. Möglicherweise muß er Röhrchen in die Trommelfelle einsetzen. Durch die Röhrchen fließt der Eiter ab, so daß der Druck im Innenohr nachläßt und eine Schädigung des Gehörs verhindert wird.

Ob das Hörvermögen des Kindes beeinträchtigt ist, können Sie vor allem dadurch feststellen, daß Sie die Entwicklung der sprachlichen und der übrigen Kommunikationsfähigkeiten aufmerksam verfolgen. Falls Sie sich bei einem älteren Kind fragen, ob es gut genug hört, können Sie ihm etwas ins Ohr flüstern. Sagen Sie etwas, auf das es bestimmt wird antworten wollen. In vielen Entwicklungsphasen des Kindes ist seine Aufmerksamkeit recht „selektiv", und es ignoriert bestimmte Dinge. Flüstern Sie also eine Frage, auf die es wohl freudig reagieren wird: „Willst du mit mir in die Stadt gehen?" oder „Magst du einen Keks?" Im Alter zwischen vier und sechs Jahren hört das Kind besonders gerne weg. Wenn es also elterliche Anweisungen überhört, sagt das noch nichts über sein Hörvermögen aus!

In meiner Praxis halte ich dem Kind mit dem Finger ein Ohr zu und flüstere ins andere: „Magst du einen Lutscher?" Darauf wird es mit ziemlicher Sicherheit reagieren. Falls es nicht reagiert und vielleicht auch seine sprachliche Entwicklung nicht erwartungsgemäß verläuft, überweise ich es an einen HNO-Arzt oder Audiologen.

Verständigungs- und Sprechprobleme

In der Regel sind Störungen der sprachlichen Entwicklung frühestens im Verlauf des dritten Lebensjahres erkennbar. Doch der Grundstein der Kommunikationsfähigkeit wird bereits im Säuglingsalter gelegt. Das Baby lernt in den ersten Wochen, wichtige von unwichtigen Geräuschen zu unterscheiden (siehe Kapitel 2). Wird ein aufdringliches oder unwichtiges Geräusch stetig wiederholt, gewöhnt es sich daran und reagiert immer schwächer darauf. Dagegen ist schon das Neugeborene ganz Ohr, wenn es ein wichtiges oder interessantes Geräusch vernimmt; es stellt seine motorische Aktivität ein und wendet sich mit einem aufmerksamen, neugierigen Gesichtsausdruck dem Geräusch zu. Mit sieben Tagen dreht es sich, wenn es die Stimmen der Mutter und einer anderen Frau hört, zur Mutter hin. Mit zwei Wochen kann es die Stimme des Vaters von einer anderen Männerstimme unterscheiden. Mit sechs Wochen reagiert es auf die Mutter und den Vater jeweils mit typischen Verhaltensweisen und beweist damit, daß es sie wiedererkennt. In einem Experiment, bei dem das Baby in einem Hochstuhl saß und die Eltern sich über es beugten, um mit ihm zu sprechen, konnten wir zeigen, daß ein dreimonatiges Baby viermal in der Minute zwischen Aufmerksamkeit und Unaufmerksamkeit hin- und herpendelt. In der Aufmerksamkeitsphase konzentriert es sich, bringt Laute hervor und lächelt. Wenn die Eltern sich diesem Rhythmus des Babys angleichen, lernt es, ihre Lautäußerungen, ihre Mimik und ihre Kopf- und Körperbewegungen fast exakt nachzuahmen.

Die Erwachsenen imitieren ihrerseits das Baby sehr genau, sobald sie sich einmal auf seinen Verhaltensablauf eingestellt haben. Sie gleichen sich seinen Rhythmen, seinem Tonfall und seinen Bewegungen an und achten auf den Wechsel zwischen Aufmerksamkeit und Unaufmerksamkeit. Sie bestärken es in seinen Sprechversuchen und in den Verhaltensrhythmen, auf denen die zwischenmenschliche Verständigung aufbaut. Wenn sie das Baby nachahmen, fügen sie kleine Variationen hinzu. Das Baby versucht, darauf einzugehen und die Variationen zu übernehmen. Die Eltern stellen sich in ihrer Sprechweise auf das Baby ein, indem sie einfachere Wörter und langsamere Rhythmen als sonst verwenden. Diese Babysprache zeigt dem Kind an: „Jetzt

spreche ich zu *dir*." Die ganze übrige Zeit reden die Erwachsenen stets über seinen Kopf hinweg. Deshalb nimmt die Babysprache eine besondere Bedeutung an. Das Baby reagiert darauf, indem es lächelt, Laute von sich gibt oder mit einem Zappeln des ganzen Körpers auf die Erwachsenen zustrebt.

Im folgenden nenne ich einige Kennzeichen der Sprachentwicklung, auf die die Eltern achten können.

1. Mit drei Monaten probiert das Baby mit Vokalen herum und gibt Laute wie „uuh-aguh" von sich. Wenn die Eltern mit ihm spielen oder es füttern, sind solche Laute in der Regel wohl an sie gerichtet; doch das Baby gibt sie auch von sich, wenn es gewickelt wird oder in seinem Bett liegt und mit sich selber redet.

2. Mit sechs bis acht Monaten wird der Tonfall und der Sprechrhythmus des Babys abwechslungsreicher. Es probiert weiterhin mit Vokalen und auch einigen Konsonanten herum, so daß Kombinationen wie „mamama" und „bababa" zustande kommen. Es benutzt sie aber noch nicht als „Namen".

3. Mit einem Jahr redet das Baby ständig ein Kauderwelsch, ordnet aber „mama" und „baba" nun den „richtigen" Personen zu. Es kann einfache Aufforderungen wie „Gib mir das" befolgen.

4. Auch mit fünfzehn Monaten gibt das Kind noch ein vollkommen unverständliches Kauderwelsch von sich, aber jetzt sind einige „richtige" Wörter eingestreut. Von großer Bedeutung sind Wörter für Geben und Nehmen. Sein Sprachverständnis ist gewachsen, das heißt, es kann mehr Aufforderungen verstehen. In diesem Alter kann ein Kind im Durchschnitt rund zehn Wörter sagen, aber die Variationsbreite zwischen Kindern ist außerordentlich groß.

5. Mit achtzehn Monaten kann das Kind wahrscheinlich „Ball", „Wauwau", einige Namen und Aktionswörter wie „dada" sagen. Sehr wichtig sind „ja" und „nein". Es verwendet Hauptwörter und Verben und setzt komplexe Gesten ein, um sich verständlich zu machen. Sein Sprachverständnis ist oft schon so weit gediehen, daß es mit zweigliedrigen Aufforderungen etwas anfangen kann („Geh ins Wohnzimmer und hol mir meine Hausschuhe").

6. Mit zwei Jahren fängt das Kind an, Wörter zu kombinieren, zum Beispiel Substantive und Verben: „Papa kommen", „Mama einkaufen". Das Sprachverständnis macht weiter Fortschritte, und immer mehr Vorschläge, Fragen und Warnungen kommen bei ihm an. Falls es noch

keine Wörter kombiniert, andererseits aber über eine reichhaltige und faßbare Gestensprache verfügt, wird es auch im Sprechen bald Fortschritte machen.

Falls die genannten Entwicklungsmerkmale erst mit Verzögerung auftreten, sollte das Kind auf eine Hörminderung untersucht werden.

Die Eltern sollten jedoch auch prüfen, ob sie das Kind genügend zum Sprechen ermuntern. Ich stelle ihnen zum Beispiel folgende Fragen:

- Sprechen Sie *zum* Kind oder nur *über* es?
- Lesen Sie ihm die Wünsche von den Augen ab, bevor es sie überhaupt in Worte fassen muß?
- Lesen Sie ihm aus Büchern vor?
- Führen Sie das, was es sagt, mit Ihren Worten noch ein bißchen weiter aus? Damit bieten Sie ihm in seiner sprachlichen Entwicklung eine Orientierung.
- Spornen Sie es an, indem Sie auf seine Worte mit Ihren Worten und Gesten eingehen?

Sie können dem Kind auch Mut machen, zum Beispiel indem Sie sich ihm, wenn Sie mit ihm sprechen, betont aufmerksam zuwenden, warten, bis es eine Antwort parat hat, und ihm die Sicherheit vermitteln, daß es sich ruhig Zeit lassen kann. Bitten Sie auch seine Geschwister um Unterstützung. Wenn es ihnen nacheifern kann, lernt es rascher, als wenn es sich im Sprechen nur an den Erwachsenen orientiert. Bedrängen Sie es nicht, wenn es stottert oder stammelt; ermutigen Sie es, indem Sie geduldig abwarten.

In zweisprachigen Familien braucht das Kind unter Umständen etwas mehr Zeit zum Sprechenlernen, aber mit etwa drei Jahren kann es sich in beiden Sprachen artikulieren. Vorher weiß es allerdings schon, welche Sprache zur Mutter und welche zum Vater gehört.

Viele völlig gesunde Kinder sind mit dem Sprechen „spät dran". Geduld und die gerade beschriebene Art der Ermunterung zahlen sich gewöhnlich aus. Das Kind sollte jedoch beizeiten untersucht werden, wenn eines der folgenden Anzeichen vorliegt:

- Was es sagt, ist auch mit zwei Jahren noch durchweg unverständlich.
- Die Stimme klingt übermäßig hoch oder näselnd.
- Das Kind wirkt matt und lustlos, wenn es zu sprechen versucht.
- Es scheint kein Gespür für die Rhythmen eines Gesprächs zu

haben und nicht zu begreifen, daß es sich mit dem Gegenüber abwechseln muß.

• Wenn Sie das Kind ansprechen oder anschauen, ist es offensichtlich überfordert oder nicht in der Lage, sich zu konzentrieren.

• Es plappert unablässig nach, was die Erwachsenen sagen, ohne dabei etwas zu variieren oder neue Verbindungen herzustellen.

Abgesehen von einer Hörminderung können auch verschiedene andere Probleme die Sprachentwicklung behindern. Zum Beispiel kann der *Sprechfluß* gestört sein, wie etwa beim Stottern. Wenn das Kind sprechen lernt, ist Stottern normal und unvermeidlich. Nur wenn das Stottern anhält oder sich andere Sprechprobleme hinzugesellen, müssen die Eltern sich nach Hilfe umsehen. Bei manchen Kindern ist die *Artikulation*, also die korrekte Bildung von Lauten, gehemmt. Eine näselnde Stimme weist auf eine beeinträchtigte *Stimmresonanz* hin. Andere Probleme betreffen die *Stimmhöhe* oder die *Lautstärke*; ist die Stimme schrill oder heiser, liegt eine Störung des *Stimmklangs* vor.

Fällt Ihnen oder einem Arzt ein solches Problem auf, kann das Kind an einen Sprachpathologen überwiesen werden. Falls der Arzt glaubt, daß ein körperlicher Defekt die Ursache ist (zum Beispiel eine Gaumenspalte), wird er das Kind an einen plastischen Chirurgen oder einen anderen Spezialisten überweisen. Je früher der Defekt behoben oder eine logopädische Behandlung begonnen wird, um so besser für die Gesamtentwicklung des Kindes.

40. Bauchschmerzen und Kopfschmerzen

Auf Anspannung und Überlastung reagieren wir alle, in einer für uns jeweils typischen Weise, mit Störungen an bestimmten Organen. Das ist sogar schon bei Kindern der Fall. Manche haben einen Asthma-Anfall, wenn sie müde oder aufgebracht sind (siehe Kapitel 14). Andere bekommen Bauchweh oder Kopfweh. Die Eltern sollten sich darüber im klaren sein, daß dies möglicherweise Streßsymptome sind. Sie sollten prüfen, ob das Kind unnötigem Druck ausgesetzt ist, dem es nicht gewachsen ist. Außerdem sollten sie versuchen, ihm die Gründe für seine psychosomatische Reaktion verständlich zu machen. Die Symptome erscheinen ihm dann nicht mehr so unkontrollierbar, und mit der Zeit kann es lernen, seine Reaktionen zu steuern.

Bauchschmerzen

Bauchschmerzen kommen bei Vier- bis Sechsjährigen, die durch den Kindergarten und die Gleichaltrigen wachsenden Zwängen ausgesetzt sind, recht häufig vor. In diesem Alter wird sich das Kind auch seiner aggressiven Regungen bewußt. Bauchschmerzen sind für ein gestreß-tes Kind ein sicheres Mittel, um die Aufmerksamkeit zu bekommen, die es braucht.

Wenn ein Kind über Bauchschmerzen klagt, sollten Sie zuerst seinen Arzt hinzuziehen, damit er schwerwiegende körperliche Ursachen ausschließt. Zuvor können Sie prüfen, ob es eine akut schmerzende Stelle gibt. Lenken Sie das Kind ab, legen Sie ihm die Hand auf den Bauch, und tasten Sie ihn mit sanftem Druck überall ab. Ein „akutes Abdomen" (zum Beispiel bei einer Blinddarmentzündung oder einer Verstopfung) fühlt sich bretthart an, und über dem Entzündungsherd ist der Bauch sehr schmerzempfindlich. In diesem Fall muß sofort ein Arzt das Kind untersuchen. Er muß eine Blinddarmentzündung oder eine Intussuszeption (Darmverschluß durch Einstülpung eines Darm-abschnitts in einen anderen) ausschließen. Er tastet den Bauch nach akut empfindlichen Bereichen ab und prüft mit einem Stethoskop die

Darmgeräusche. Bei einem „akuten Abdomen" ist das entzündete oder blockierte Organ von einer geräuschlosen Zone umgeben. In anderen Bereichen des Unterleibs sind hochfrequente Darmgeräusche zu hören. Falls jedoch keine akute Schmerzempfindlichkeit vorliegt, können Sie den gesamten Bauch abtasten, ohne daß das Kind sich sperrt – *falls* Sie es so lange ablenken können. Wenn eine bestimmte Stelle schmerzempfindlich ist, wird das Kind sie abzuschirmen versuchen.

Wenn es vierundzwanzig Stunden oder länger keinen Stuhlgang hat, kann das auf einen Darmverschluß hindeuten. Wenn es Stuhlgang hat, wird der Arzt wissen wollen, ob Sie auf Blut im Stuhl geachtet haben, das ihn meist schwärzlich verfärbt. Hatte das Kind des öfteren Verstopfung? Viele Kinder in diesem Alter vergessen einfach, auf die Toilette zu gehen, und bekommen eine chronische Verstopfung. Sie haben dann dünnflüssigen Stuhlgang, während der verhärtete Kot im Darm bleibt. Die Eltern ahnen nichts von der Verstopfung. Weil der harte Stuhl am Afterschließmuskel weh tun wird, hält das Kind ihn zurück, und die Verstopfung verschlimmert sich weiter. Im schlimmsten Fall ist ein Gleitmittel, das den Darminhalt weicher macht, oder ein Zäpfchen notwendig, damit der harte Stuhl abgeht; zu diesen Maßnahmen dürfen Sie aber nur auf Anraten des Arztes greifen. Um einer chronischen Verstopfung vorzubeugen, sollten Sie darauf achten, daß der Speiseplan des Kindes reichlich Obst und Ballaststoffe enthält.

Scheint das Bauchweh kein Symptom für eine akute Erkrankung zu sein, können Sie dem Kind versuchsweise ein Aspirin-Ersatzpräparat geben. Falls doch ein Darmverschluß oder eine Entzündung vorliegen sollte, werden die Symptome durch dieses Medikament nicht verändert. Warten Sie eine Stunde ab, ob die Schmerzen nachlassen. Falls sie anhalten, müssen Sie den Arzt anrufen.

Klingen die Schmerzen ab oder findet der Arzt keine Anzeichen für eine Erkrankung, können Sie das Kind beruhigen. Es bedeutet stets einen wichtigen ersten Schritt, daß Ihre und seine Ängste eingedämmt werden.

Wenn das Bauchweh immer wieder auftritt, ohne daß eine akute Erkrankung erkennbar ist, müssen Sie prüfen, ob es von bestimmten Nahrungsmitteln herrührt. Führen Sie Tagebuch darüber, was das Kind ißt. Viele Kinder haben eine leichte Allergie gegen Milch und Milchprodukte. Diese Überempfindlichkeit kann bei Anspannung oder Erschöpfung zum Vorschein kommen, während unter normalen Bedingungen nichts davon zu bemerken ist. Wenn Sie die Milchprodukte eine Zeitlang weglassen, wird das Klarheit bringen. Mit einem Tagebuch der Nahrungsmittel können Sie feststellen, ob das Kind jedesmal eine bestimmte Speise gegessen hat, bevor die Bauchschmerzen auftraten.

Falls die Bauchschmerzen anscheinend mit den Mahlzeiten zusammenhängen, sollten Sie sich an den Arzt wenden. Ein Magengeschwür oder eine Entzündung des Dickdarms macht sich regelmäßig kurz nach den Mahlzeiten bemerkbar. Falls das Kind oft Wasser lassen muß oder dabei ein Brennen verspürt, könnte eine Harnwegsinfektion vorliegen. Der Arzt wird Sie bitten, eine Urinprobe zu nehmen.

Ähnlich wie Asthma oder andere immer wiederkehrende Beschwerden, bei denen psychische Faktoren eine Rolle spielen, gehen oft auch Bauchschmerzen auf für sich genommen schwache Auslöser zurück, zum Beispiel auf bestimmte Nahrungsmittel, Lebensmittelzusätze und Milch. Wenn das Kind besonderen Belastungen ausgesetzt ist, löst ein einzelner dieser Faktoren oder ihr Zusammenwirken das Bauchweh aus. Beseitigen Sie diese Auslöser, so bekommt das Kind keine Schmerzen mehr, wenn es erschöpft ist oder unter Streß steht.

Treten die Bauchschmerzen nur an Tagen auf, an denen es in den Kindergarten geht, und nicht am Wochenende? Sind sie mit besonderen Ereignissen verknüpft, die dem Kind zu schaffen machen? Falls sie jeden Morgen auftreten, bevor es in den Kindergarten geht, sollten Sie versuchen, möglichst viele auslösende Faktoren auszuschalten. Das Frühstück sollte aus leichtverdaulichen Nahrungsmitteln bestehen. Versuchen Sie, das Kind nicht zu hetzen. So wird es dem Streß im Kindergarten eher gewachsen sein.

Beruhigen Sie das Kind stets, wenn es Bauchweh hat, und erklären Sie ihm, warum dieses Symptom unter Streß auftritt. Sobald die Bauchschmerzen abklingen, sollten Sie betonen, daß Sie und das Kind gewußt haben, was dagegen hilft. Vielleicht muß es auch lernen, mit den Bauchschmerzen zu leben, doch sie werden sich in Grenzen halten, wenn sie ihm keine Angst machen.

Kopfschmerzen

Falls ein Kleinkind oder ein Kind im Vorschulalter über Kopfschmerzen klagt, was nur selten vorkommt, würde ich es auf jeden Fall von einem Arzt untersuchen lassen. Er wird unter anderem mittels eines Augenspiegels die Pupillen prüfen. Durch eine Harnuntersuchung lassen sich verschiedene Erkrankungen wie etwa der Nieren ausschließen, die Kopfschmerzen verursachen können. Auch der Blutdruck kann eine Rolle spielen. Eine Untersuchung durch einen neurologisch ausgebildeten Kinderarzt kann Ihnen und dem Kinderarzt Gewißheit verschaffen, daß die Kopfschmerzen nicht Symptom eines schlimmeren Leidens sind.

Migränekopfschmerzen sind zum Teil genetisch bedingt, treten also familiär gehäuft auf. Ein Migräne-Anfall kann durch vielerlei Faktoren ausgelöst werden. Bestimmte Nahrungsmittel, Nahrungszusätze, eingeatmete Substanzen (aus Mottenkugeln, Reinigungsflüssigkeiten und ähnlichem), Streß, Erschöpfung, ja selbst ein blinkendes Licht können die Kopfschmerzen hervorrufen. Wie andere Symptome auch ist die Migräne oft nicht durch einen einzigen Auslöser zu erklären. Meist müssen zwei oder drei zusammenkommen. Führen Sie, wenn Sie sich über die entscheidenden Faktoren nicht sicher sind, ein Tagebuch, in dem Sie festhalten, was das Kind vor einem Migräne-Anfall gegessen hat und mit welchen Ereignissen und Belastungen es sich auseinandersetzen mußte. Bei Menschen, die unter Migräne leiden, stellt sich bald eine ständige Angst vor neuen Attacken ein, wodurch die Migräneneigung noch weiter zunimmt.

Ziehen Sie einen Arzt hinzu, falls die Kopfschmerzen des Kindes mit Sehstörungen, Übelkeit, Erbrechen, Erschöpfung oder Schläfrigkeit einhergehen. Es gibt spezielle Medikamente, die Migränekopfschmerzen verhindern können, wenn das Kind sie früh genug einnimmt. Ihre Wirkung sollte dem Kind erklärt werden. Treten die Kopfschmerzen trotz der vorbeugenden Mittel auf, kann der Arzt stärkere Medikamente verschreiben. Es gibt auch eine bestimmte Art von akuten Bauchschmerzen, die mit Migräne einhergehen. Obwohl Migräne im EEG nicht immer nachzuweisen ist, wird für die Diagnose unter Umständen ein Elektroenzephalogramm notwendig.

Kopfschmerzen, bei denen keine schwerwiegenden körperlichen Ursachen im Spiel sind, treten meist zu typischen Zeitpunkten auf –

am Morgen, wenn der Blutzuckerspiegel des Kindes noch niedrig ist, und am Abend, wenn es zugleich erschöpft und unterzuckert ist. Heben Sie den Blutzuckerspiegel an, indem Sie ihm morgens vor dem Aufstehen ein zucker- oder fruchtzuckerhaltiges Getränk oder nachmittags eine Kleinigkeit zu essen geben, ehe es mißmutig oder griesgrämig wird.

Falls die Kopfschmerzen nicht stark sind und auf keine der beschriebenen körperlichen Ursachen zurückgehen, gelten dieselben Empfehlungen wie für Bauchschmerzen. Gehen Sie auf das Bedürfnis des Kindes nach liebevoller Zuwendung ein; lassen Sie es Entspannung finden, und reden Sie ihm beruhigend zu, um Druck von ihm zu nehmen. Erklären Sie ihm, daß der Arzt bei ihm nichts gefunden hat, und helfen Sie ihm zu verstehen, was der Grund für die Kopfschmerzen ist. Erklären Sie ihm nach und nach, was Ihnen an seinen Symptomen aufgefallen ist und wann und aus welchen Gründen sie anscheinend auftreten. Helfen Sie ihm, mit den Kopfschmerzen zu leben. Wie alle Probleme mit einer psychosomatischen Komponente dürften auch die Kopfschmerzen nachlassen, wenn das Kind sich ihnen nicht ausgeliefert fühlt und keine große Angst davor hat, daß sie wieder auftreten.

41. Fernsehen

Nach der Familie ist das Fernsehen heutzutage die Autorität, die ein Kind am stärksten beeinflußt. Das Durchschnittskind verbringt mehr Zeit vor dem Fernsehgerät als damit, in der Schule oder von den Eltern zu lernen. Mit anderen Worten, sein Wissen über die Welt und seine Werthaltungen stammen eher aus seinen Fernseherlebnissen als aus seiner Familie oder seinem unmittelbaren sozialen Umfeld. Deshalb tragen die Medien und die Eltern eine ungeheure Verantwortung.

Die von Peggy Charren gegründete Organisation *Action for Children's Television* hat mehr als jede andere die Probleme von Kindersendungen ins Bewußtsein von Familien, Medien und Regierung gerückt. Zu ihren Erfolgen zählt das hart erkämpfte Gesetz, das die zulässige Werbezeit in Kindersendungen von 14 auf 10 ½ Minuten pro Stunde an Wochenenden und auf 12 Minuten unter der Woche herabsetzte. Mit anderen Worten, an Wochenenden werden die Kinder immerhin nur ein Sechstel anstatt wie zuvor ein Viertel der Zeit mit Werbespots bombardiert. Das mag ein kleiner Sieg sein, doch er ist von großer Bedeutung!

Durch meine Show im Kabelfernsehen, „What every baby knows", habe ich mehr Familien erreicht, als das durch meine Bücher und Artikel je möglich gewesen wäre. Die Vertrautheit mit mir, die viele Zuschauer empfinden, ist etwas sehr Kostbares, das ich durchaus schätze. Doch sie jagt mir auch Angst ein, weil sie die Macht dieses Mediums zeigt. Erwachsene werden von Fernsehsendungen auf den verschiedensten Ebenen angesprochen. Empfinden sie diesen Einfluß als positiv, sind sie dankbar. Lehnen sie jedoch ab, was sie gezeigt bekommen, kann das eine leidenschaftliche Wut in ihnen auslösen. Es ist also klar, daß Fernsehen die Macht hat, in unsere Gefühlswelt einzudringen. Erwachsene sind imstande, ihre Reaktionen in Worte zu fassen und sich gegen diesen Übergriff zur Wehr zu setzen. Doch können Kinder das auch?

Was das Fernsehen dem Kind abverlangt

Wie gebannt sitzt ein kleines Kind vor dem Fernsehapparat. Die Augen hängen am Bildschirm, Gesicht und Körper sind erstarrt. Seine Konzentration ist so groß, daß es bei jedem plötzlichen lauten Geräusch aus dem Fernseher zusammenfährt. Geräusche im Zimmer dagegen dringen nicht zu ihm vor. Wenn die Eltern etwas von ihm wollen und es an der Schulter berühren, um es aus seiner Trance zu reißen, schreckt es auf und bricht dann in protestierendes Weinen aus. Drängen sie es nach einer halben Stunde Fernsehen dazu, sich einer anderen Aktivität zuzuwenden, zerfließt es in Tränen oder bricht in hysterisches Schreien aus. Nachdem es mit diesem Gefühlsausbruch Spannung abgebaut hat, lenkt es ein und ist ganz friedlich, oder es wird mürrisch. Zumindest ist das Kind wieder zugänglich.

Mir erscheint bedenklich, wieviel Energie das Kind bei all dem aufwenden muß. Wenn es fernsieht, ist es körperlich und geistig rundum in Anspruch genommen. Der Körper ist zwar passiv, aber angespannt. Das Herz-Kreislauf-System arbeitet auf Hochtouren. Am Muskeltonus ist zu erkennen, daß das Kind nicht entspannt, sondern gestreßt ist. Diese Kombination von Untätigkeit und Anspannung ist physiologisch sehr belastend. Daß das Kind auch psychisch einen hohen Preis zahlt, ist daran zu erkennen, daß es hinterher die Kontrolle über sich verliert oder auf andere Weise zeigt, daß es die angestrengte Konzentration kaum verkraftet. Bei ein- bis vierjährigen Kindern müssen wir aufpassen, daß diese Überlastung nicht zu weit geht. Kinder im Vorschulalter können nur ein begrenztes Maß an intensiven Erfahrungen verarbeiten. Fernsehen zählt für sie zu den eindrücklichsten Erlebnissen ihres Tagesablaufs. Die Eltern sollten sich überlegen, ob das Fernsehen die übrigen Einflüsse auf die Entwicklung ihres Kindes nicht in den Hintergrund drängt. Dann werden sie nicht mehr so leicht in Versuchung kommen, den Fernseher als automatischen Babysitter zu benutzen.

Kinder zwischen vier und sechs Jahren orientieren sich stark an Erwachsenen und machen sich ihre Sprache, ihre Bewegungen und ihre Ansichten zu eigen. So identifizieren sie sich selbstverständlich auch mit einem Fernsehstar. In meiner Praxis ahmen Kinder manchmal Mr. Rogers[12] nach und sprechen ähnlich leise und sanft wie er. Drei-

---

[12] Siehe Anmerkung 14 zu Kapitel 12, S. 251.

und Vierjährige stimmen die Buchstabenlieder aus der „Sesamstraße" an, wenn sie auf meiner Sehtafel ein *A* oder ein *E* erkennen. Doch die „Gastgeber" und Schauspieler der Kindersendungen sind nicht die einzigen Verhaltensmodelle, die das Fernsehen den Kindern anbietet. Werbespots beeindrucken Kinder sehr stark. Darüber sollten Sie sich im klaren sein. Überlegen Sie sich, ob Sie diesen Einfluß noch verstärken und zum Beispiel ein bestimmtes Müsli wirklich nur deshalb kaufen wollen, weil ein raffinierter Werbespot es anpreist. Solange Ihr Kind im Vorschulalter ist, haben Sie noch die Möglichkeit, sich solchen Konsumzwängen zu entziehen.

Viele Forscher, unter ihnen der Psychologe Albert Bandura von der University of California, haben gezeigt, daß fünf- und sechsjährige Kinder Handlungen nachahmen, die sie auf dem Bildschirm sehen. Haben sie Gewalthandlungen gesehen, neigen sie gleich nach der Sendung eher dazu, selbst in aggressive Verhaltensweisen zu verfallen. Wird in der Sendung unverblümt über Sexualität geredet, probieren sie die neuen Wörter danach gleich aus. Auf dieselbe Weise kann aber auch eine feinfühlig und kindgerecht gestaltete Sendung die Kinder dazu bringen, sich die rücksichtsvollen Verhaltensweisen anzueignen, die sie mit ansehen.

Das Fernsehen und der Erwartungsdruck der Gleichaltrigen

Ab einem bestimmten Alter müssen sich die Kinder den Gleichaltrigen anpassen. Sie „müssen" für die Ninja Turtles schwärmen. Sie „müssen" das gleiche anziehen wie ihre Freunde. Die Macht der Fernsehwerbung erreicht bei Kindern dieses Alters ihren Höhepunkt. Vielleicht werden Sie bemüht sein, Auswüchse zu verhindern, doch Sie dürfen auch nicht vergessen, wie wichtig es für das Kind ist, ein Teil seiner Gruppe zu sein. Unterhalten Sie sich mit ihm offen über die neuesten Modefimmel, und machen Sie dabei klar, wo für Sie die Grenze ist. Falls Sie nicht genug Geld haben, um dem Kind das gesamte Fernsehserien- und Film-Zubehör zu kaufen, für das Werbung gemacht wird, sollten Sie ihm das sehr deutlich mitteilen. Es ist wichtig, daß das bei ihm ankommt: „Ich kann mir das nicht leisten. Wenn du diese Sachen wirklich alle haben mußt, bist du

dann bereit, dafür zu arbeiten? Wenn du das willst, werde ich versuchen, dir dabei zu helfen. Am Ende kannst du dann entscheiden, ob du das Geld tatsächlich dafür verwenden willst. Du weißt, daß ich diese Sachen für unnötig halte. Aber wenn du dir das Geld verdienst, kannst du selber bestimmen, was du damit anfangen willst. Wir versuchen das gemeinsam."

Auch in der mittleren Kindheit und in der Pubertät hat das Fernsehen prägenden Einfluß auf die Gedanken und Vorstellungen eines Kindes. Verhalten, Sprache und Denkweise von Schauspielern und bekannten Persönlichkeiten hinterlassen ihre Spuren bei ihm. Den meisten Eltern liegt daran, daß ein gewisses Gleichgewicht zwischen diesen Wirkungen des Fernsehens und ihrem eigenen Einfluß auf das Kind gewahrt bleibt. Wie können Sie das erreichen? Sie müssen, um es noch einmal zu sagen, das Bedürfnis des Kindes respektieren, eine eigenständige Identität zu behaupten und sein Territorium gegen Sie abzustecken. Es orientiert sich dabei meistens an den Wertmaßstäben, die unter den Gleichaltrigen gelten. Wenn Sie ihm die Wertvorstellungen nahezubringen versuchen, die Ihnen besonders am Herzen liegen, sollten Sie darauf abheben, daß diese speziell für Ihre Familie von großer Bedeutung sind. Auf diese Weise respektieren Sie die Spannung, die zwischen den altersgemäßen Bedürfnissen des Kindes und Ihren eigenen Wertvorstellungen besteht.

Begrenzung der Fernsehzeit

Ich bin der festen Überzeugung, daß die Eltern die Zeit begrenzen sollten, die ihr Kind vor dem Fernseher verbringt. Wo die Grenze zu ziehen ist, hängt jeweils von der körperlichen und psychischen Belastbarkeit des Kindes ab. Zum Beispiel braucht ein Kind mit einer kurzen Aufmerksamkeitsspanne schon sehr bald eine Erholungspause. Meine generelle Empfehlung an die Eltern lautet, eine Höchstgrenze festzulegen, wie lange die Kinder, ganz gleich wie alt sie sind, fernsehen dürfen. Eine Stunde täglich unter der Woche und nicht mehr als zwei Stunden täglich am Wochenende sind wohl ein vernünftiger Richtwert.

Während der Hälfte der Zeit sollten erwachsene Familienmitglieder mit zuschauen. Nach der Sendung können sie mit dem Kind Gedanken austauschen und über Sport, über die Zeichentrickfiguren oder über die Probleme sprechen, die in der Sendung angeschnitten wurden. Auf diese Weise wird das Fernsehen zu einem gemeinsamen Erlebnis. Das Kind sollte die Sendungen mit auswählen dürfen. Die Eltern können sich dazu einmal in der Woche mit ihm zusammensetzen, nicht um ihm ihre Entscheidungen aufzudrängen, sondern um ihm zu helfen, sich über seine Wertmaßstäbe klarzuwerden. Es gibt viele Sendungen, die das Anschauen lohnen. Nutzen Sie sie als einen besonderen Anlaß dafür, daß die ganze Familie zusammenkommt.

Die Kinder werden Ihnen in den Ohren liegen: „Andere Eltern haben ihre Kinder aber lieber als ihr. Sie wollen, daß ihre Kinder wissen, was in der Welt passiert. Sie wollen, daß sie über Sport und Rockstars Bescheid wissen, damit sie mitreden können. Sie wollen, daß sie nicht am Rand stehen. Wenn ihr mich das jetzt nicht anschauen laßt, weiß ich nicht mal, von was meine Freunde überhaupt reden." Diese Vorwürfe werden Sie schwankend machen. Rufen Sie sich dann ins Gedächtnis, daß dieses Medium dem Kind körperlich und psychisch ungeheuer viel abverlangt. Denken Sie an die anderen Möglichkeiten, Zusammengehörigkeit mit gleichaltrigen Kindern zu erleben, zum Beispiel beim Sport, durch gemeinsame Hobbys, bei

Ausflügen oder beim Camping. Könnten Sie die Zeit und Energie aufbringen, um dem Kind diese Möglichkeiten zu erschließen?

Überlegen Sie sich Ihre Antwort im voraus, damit Sie sie mit Überzeugung vertreten können. „Ich weiß, daß viele von deinen Freunden mehrere Stunden am Tag fernsehen dürfen. Aber ich glaube nun einmal nicht, daß das gut ist. Denn dir würden dadurch zu viele andere Erfahrungen entgehen. Bei uns ist eine Stunde Fernsehen am Tag das Äußerste, am Wochenende zwei Stunden, und wir können die Sendungen gemeinsam aussuchen. Wenn es eine ganz besondere Sendung gibt, können wir natürlich mal eine Ausnahme machen. Aber das sind die Regeln, die in unserer Familie gelten. Ich möchte, daß du verstehst, warum wir diese Regeln haben und warum sie wichtig sind. Aber auch wenn du das nicht einsehen willst, bleibt es dabei."

Wie wortgewandt Ihre kleine Rede auch ausfallen mag – ob sie dem Kind Eindruck macht, hängt vor allem von Ihren eigenen Fernsehgewohnheiten ab. Wenn Sie sich mit großer Begeisterung um das Kind kümmern, für es kochen, mit ihm spielen und die Natur mit ihm erkunden, wenn Sie sich gerne gemeinsam mit ihm die Zeit vertreiben oder mit ihm plaudern, wird die Anziehungskraft der Mattscheibe nicht sonderlich groß sein. Was Sie über das Fernsehen sagen, bekommt mehr Gewicht, wenn Sie selbst den Fernseher nur anschalten, um sich besondere, gezielt ausgewählte Sendungen anzuschauen (und ab und zu darum bitten, in Ruhe ein Buch lesen zu dürfen), ansonsten aber für das Kind da sind.

42. Sauberkeitstraining

In Kapitel 12 habe ich beschrieben, wie die Eltern vorgehen können, sobald das Kind den Punkt erreicht hat, daß es von sich aus auf die Toilette gehen will. Eltern, die geduldig auf die beschriebenen Signale dafür warten, daß das Kind reif genug ist – meist ist es zwischen zwei und vier Jahren soweit –, ersparen sich viele Konflikte.

Weshalb Sie das Kind nicht zu sehr drängen sollten

Probleme beim Sauberkeitstraining rühren fast immer daher, daß Eltern und Kind nicht dasselbe wollen. Denn wenn sie ihm das Sauberkeitstraining aufdrängen, weil sie nicht mehr länger warten können, empfindet es das als Übergriff.

Natürlich möchten alle Eltern, daß ihr Kind Fortschritte macht und recht bald in der Lage ist, Blase und Darm zu kontrollieren. Von vielen Seiten wird auch die Erwartung an sie herangetragen, daß sie das Kind möglichst früh sauber bekommen. Obendrein hätten sie gerne, daß es anderen Kindern voraus ist. Kindergärten verlangen oft, daß das Kind bereits sauber ist. Die Eltern von Kindern, die schon soweit sind, sind mit wohlwollenden Ratschlägen und herablassendem Trost zur Hand. Die Großeltern lassen durchblicken, daß in der Entwicklung oder der Erziehung eines Kindes etwas nicht stimmt, wenn der erfolgreiche Abschluß des Sauberkeitstrainings zu lange auf sich warten läßt. Manchen Eltern kommt das gesamte zweite Lebensjahr des Kindes wie eine Vorbereitung auf diesen einen Entwicklungsschritt vor.

Die eigenen Kindheitserfahrungen beeinflussen ihre Einstellung zum Sauberkeitstraining in entscheidender Weise. Wenn sie Erinnerungen an eine sehr frühe und strenge Reinlichkeitserziehung haben, wird es ihnen schwerfallen, sich auf das großzügige, an den Wünschen des Kindes orientierte Vorgehen einzulassen, das ich ihnen vorschlage. Sie versuchen, meine Betrachtungsweise nachzuvollziehen, können aber ihre Erinnerungen nicht abschütteln. „Meine Mutter hatte mich schon mit einem Jahr sauber. Sie hat mir erzählt, wie sehr ich mich anstrengte, damit mir kein Malheur passierte. Warum kann mein

Sohn sich nicht genauso anstrengen?" Die Eltern wollen dem Kind die Strafen ersparen, die sie oder ihre Geschwister damals nach einem „Malheur" zu erdulden hatten. Doch wenn das Kind einmal drei Jahre alt ist, bringen solche Erinnerungen die Eltern allmählich ins Zweifeln, ob es richtig ist, ihm noch immer seinen Willen zu lassen. Vielleicht sind die Kindheitserfahrungen von Mutter und Vater recht ähnlich, vielleicht auch ganz unterschiedlich. Falls nicht beide gewillt sind, dem Kind die Entscheidung zu überlassen, wird der Elternteil, der mit dem Sauberkeitstraining anfangen möchte, den anderen verunsichern: Sollten wir das Kind nicht vielleicht doch ein wenig drängen oder zumindest kleine Andeutungen fallenlassen?

Das Kleinkind, das heftig um seine Unabhängigkeit ringt, macht unterdessen seine eigenen Konflikte durch. Vielleicht steht es schreiend vor seinem Töpfchen, weil es sich nicht entscheiden kann; oder es schleicht sich in eine Ecke, um dort in die Windeln zu machen, während es die Eltern aus dem Augenwinkel beobachtet. Fast alle Eltern spüren dann den Impuls, dem Kind in seinen Entscheidungsnöten beizustehen. Doch wenn sie eingreifen, um ihm über seine Schuldgefühle und seine Verwirrung hinwegzuhelfen, kippt sein Streben nach Autonomie um in einen Machtkampf zwischen ihm und den Eltern. Es ist dann abzusehen, daß beim Sauberkeitstraining vieles mißlingen wird.

 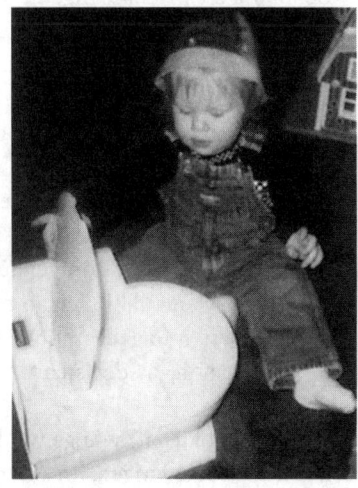

493

Durch solche Machtkämpfe wird das Sauberkeitstraining in der Regel lediglich chaotischer, unerfreulicher und langwieriger. Doch können auch ernste Probleme auftreten, wenn die Eltern sich völlig in den Konflikt verrennen. Vielleicht fängt das Kind an, den Stuhl zurückzuhalten, so daß es chronisch verstopft ist und der Mastdarm sich ausweitet (Megacolon). Wie in früheren Kapiteln erwähnt, macht das Kind in diesem Fall immer wieder in die Hose, weil dünnflüssiger Kot an dem zurückgehaltenen, harten Stuhl vorbeifließt. So entsteht der für die Eltern wie für das Kind verwirrende Eindruck, es hätte Durchfall, während es doch eigentlich unter Verstopfung leidet. Die Eltern drängen darauf, daß es den Stuhl zurückhält, was das Problem noch weiter verschärft. Notwendig wäre dagegen, daß sie ihm ein Gleitmittel geben, damit der Darminhalt weicher wird und der Stuhlgang nicht wehtut. Außerdem sollten sie aufhören, das Kind zu bedrängen. Das heißt, sowohl der äußere als auch der innere Druck müssen nachlassen, ehe das Kind zu einem neuen Anlauf beim Sauberkeitstraining bereit ist.

Manche Kinder nässen ein, besonders wenn sie unter Streß stehen. Die Eltern klagen dies dem Kinderarzt, der es dann für notwendig hält, Blase und Blasenschließmuskel zu untersuchen. Das Kind wird mit Röntgenaufnahmen, Kathetern und einer eingehenden Untersuchung der Genitalien traktiert und bekommt Angst. Wenn seine Angst sich auf den Harntrakt fixiert, kann sich ein chronisches Unvermögen entwickeln, den Harn zurückzuhalten.

Spannungen in der Umgebung des Kindes, auch solche, die mit dem Sauberkeitstraining nichts zu tun haben, können sich in Unterleibsschmerzen, Krämpfen und Durchfall niederschlagen. Wenn es Schwierigkeiten bekommt, seine Ausscheidungen zu kontrollieren, verstärken sich dadurch die Spannungen noch weiter. Das Sauberkeitstraining wird immer konfliktbeladener, und das Kind gerät noch mehr unter Streß. Es widmet seinem Unterleib immer mehr Aufmerksamkeit. Schließlich muß es, weil weitere diagnostische Maßnahmen notwendig erscheinen, Röntgenaufnahmen des Magen-Darm-Trakts, Einläufe und Manipulationen an den Ausscheidungsorganen über sich ergehen lassen. Infolgedessen wird der untere Magen-Darm-Trakt zu der Körperregion, in der sich bei ihm schließlich jede Anspannung niederschlägt.

Aufgrund sozialer Zwänge wird Bettnässen (Enuresis) für viele Kinder, insbesondere Jungen, im Alter von vier oder fünf Jahren zum Problem (siehe Kapitel 15). Falls das Bettnässen anhält, traut sich das Kind nicht, bei Freunden zu übernachten. Es will sich und den anderen nicht eingestehen, daß es noch so unreif ist. Die Eltern verzweifeln, weil sie glauben, sie hätten versagt. Das Kind fühlt sich ratlos und ohnmächtig, ganz gleich, ob sie das Bettnässen stillschweigend übergehen oder bestrafen. Es tut, als mache ihm das alles gar nichts aus, und entwickelt die verschiedensten Strategien, um am Morgen sein Versagen zu vertuschen. Weil das Bettnässen sich beim vier- bis sechsjährigen Kind auch mit Schuldgefühlen wegen seiner erwachenden Sexualität verbindet, kann es sich nachteilig auf sein künftiges Selbstbild auswirken. Bettnässen geht oft mit exzessivem Masturbieren einher.

Beim Bettnässen geht es wie bei allen anderen geschilderten Problemen letztlich darum, daß das Kind in seinem eigenen Tempo zur Autonomie finden muß. Physiologische Gründe können zwar dazu beitragen, daß das Bettnässen andauert; möglicherweise ist die Blase noch unreif und muß sich noch sehr oft entleeren, oder das Kind verharrt im Schlaf, weil sein „Alarmsystem" ist noch nicht weit genug entwickelt ist. Doch die zentrale Frage ist, ob die Eltern dem Kind erlauben, das Problem auf seine Weise zu lösen. Sobald Eltern und Ärzte nach Gründen für das Bettnässen forschen und versuchen, dem Problem zu Leibe zu rücken (zum Beispiel mit Weckern, mit Strafen oder mit Apparaturen, die beim Einnässen zu klingeln anfangen), engen sich die Möglichkeiten des Kindes ein, zu einer eigenständigen Lösung zu finden. Es fühlt sich unreif und schuldig, weil es versagt hat, und hält sich selbst für einen hoffnungslosen Fall. Dieses negative Selbstbild hinterläßt größeren Schaden als die Symptome selbst.

Warum bereitet den Eltern das Sauberkeitstraining so viel Kopfzerbrechen, daß sie in die Intimsphäre und sogar in den Körper des Kindes eindringen, um eine „Lösung" herbeizuführen? Wenn sie dem Kind Zeit dazu ließen, dann würde es diesen Entwicklungsprozeß am Ende allein meistern. Warum meinen sie also, sie müßten den Ablauf des Ganzen bestimmen? Ihre Erfolgsaussichten dabei sind minimal, und das Kind fühlt sich am Ende unzulänglich und unfähig. Außerdem erhöht sich das Risiko künftiger Magen-Darm-Beschwerden.

Ich bin durch meine Beobachtungen zu der Ansicht gelangt, daß es für Eltern sehr schwer ist, sachlich und unvoreingenommen an das Sauberkeitstraining heranzugehen. Denn aufgrund ihrer eigenen Kindheitserfahrungen fühlen sich die meisten Erwachsenen in unserer

Gesellschaft dazu gedrängt, dem Kind zum Erfolg zu verhelfen. Jeder Fehlschlag bedeutet für sie, daß sie als Eltern etwas falsch gemacht haben. Das Kind wird zum bloßen Objekt der „Reinlichkeitserziehung". Vielleicht wird erst die nächste Generation das Sauberkeitstraining als einen Lernprozeß betrachten können, den das Kind aus eigenem Antrieb und im Einklang mit der Reifung seines Magen-Darm-Trakts und seines zentralen Nervensystem durchläuft.

Empfehlungen für den Umgang mit Problemen

Die Schritte, die ich in Kapitel 12 skizziert habe, sollen Eltern Anhaltspunkte geben, wie sie dem Kind die Initiative beim Sauberkeitstraining überlassen und auf diese Weise körperlichen und seelischen Problemen vorbeugen können. Wenn die Eltern bereits mit einem Problem konfrontiert sind, schlage ich ihnen folgendes vor:

• Sprechen Sie offen über das Problem. Geben Sie zu, daß Sie zu sehr Ihren eigenen Willen durchsetzen wollten.

• Erinnern Sie sich, wie schwer es für Sie als Kind war, und machen Sie Ihrem Kind Mut.

• Erklären Sie dem Kind ausdrücklich, daß das Sauberkeitstraining seine Sache ist. „Wir halten uns heraus. Wenn du dann soweit bist, kannst du es."

• Erklären Sie ihm, daß *viele* Kinder erst ziemlich spät soweit sind, und daß es gute Gründe dafür gibt. Erklären Sie ihm diese Gründe auch, falls es sie wissen möchte.

• Lassen Sie das Kind Windeln oder ein anderes Kleidungsstück anbehalten, das ein Malheur abfängt. Das soll keine Strafe sein, sondern ihm unnötige Aufregung und Angst ersparen.

• Lassen Sie es dann in Ruhe. Schneiden Sie das Thema nicht mehr an.

• Lassen Sie keine Tests machen. Eine Urinuntersuchung ist unproblematisch, doch Sie sollten dem Kind Eingriffe in seine Intimsphäre wie Einläufe, Katheter oder Röntgenaufnahmen ersparen. Lassen Sie diese nur zu, wenn der Kinderarzt deutliche Hinweise auf eine körperliche Ursache findet.

• Sorgen Sie dafür, daß der Stuhl des Kindes weich bleibt. Achten Sie darauf, daß es viel Obst und Ballaststoffe zu sich nimmt, und geben

Sie ihm ein Gleitmittel, das den Darminhalt weicher macht, damit Sie ihm ruhigen Gewissens versichern können, daß es beim Stuhlgang keine Schmerzen haben wird.

• Machen Sie dem Kind klar, daß es sein und nicht Ihr Erfolg sein wird, wenn es schließlich die Kontrolle über seine Ausscheidungsfunktionen erlangt.

Wenn die Eltern merken, daß sie nicht anders können, als das Kind unter Druck zu setzen, sollten sie ernsthaft in Erwägung ziehen, einen Berater oder Therapeuten aufzusuchen. Er kann ihnen helfen, sich die eigenen Kindheitserfahrungen in Erinnerung zu rufen und zu verstehen, weshalb sie so beunruhigt sind und das Kind nicht sich selbst überlassen können. Die Eltern müssen eine gemeinsame Linie finden, wie sie mit dem Sauberkeitstraining umgehen wollen, damit nicht durch ihren Zwist das Selbstbild des Kindes leidet und infolgedessen seine Entwicklung ernsthaften Schaden nimmt. Dem Kind Sauberkeit anzutrainieren, nur um den Normen einer verkniffenen Gesellschaft zu genügen, ist den Preis nicht wert, den es dafür zu zahlen hätte.

Falls das Kind sich weiterhin mit Problemen herumquält und dadurch vielleicht auch in der Schule und mit Gleichaltrigen nicht zurechtkommt, würde ich mich nach Rat und Hilfe umsehen.

III.
VERBÜNDETE

43. Väter und Mütter

Da in diesem Buch und in unserer Gesellschaft allgemein die Rolle der Mutter weit mehr Beachtung findet als die des Vaters, liegt die Frage nahe, worin die besondere Bedeutung eines modernen Vaters für das Baby und für den Zusammenhalt der Familie besteht. In wenigen Jahrzehnten hat sich sich Rolle des Vaters enorm gewandelt. Noch vor einer Generation betrachtete sich der Vater, was die Kindererziehung anging, meist als Anhängsel der Mutter. Nur wenn sie ihn dazu aufforderte, leistete er einen Beitrag. Dieser beschränkte sich fast immer auf sportliche und andere „männliche" Aktivitäten. Der Vater war auch als „Zuchtmeister" gefragt, den die Mutter herbeirief, wenn die Kinder ihr nicht gehorchten. In früheren Generationen ist vielen Kindern der eigene Vater mehr oder weniger fremd geblieben. Ich hatte das Gefühl, daß mein Vater es meiner Mutter überließ, welche Rolle er zu spielen hatte, anstatt seiner Neigung zu folgen und am Leben seiner Kinder wirklich Anteil zu nehmen. In meiner Jugend hatten wir dann ein eher unbehagliches kameradschaftliches Verhältnis und versuchten, „von Mann zu Mann" miteinander zu reden. Das konnte nicht gelingen, weil jeder zuwenig über den anderen wußte, und ich sehnte mich danach, ihn besser zu kennen.

Aufgabenteilung

Die Klischeevorstellungen über männliches Verhalten beginnen zwar zu bröckeln, aber es wird wohl noch mehrere Generationen dauern, bis sie ganz verschwunden sind. Ich habe in meiner Praxis Väter kennengelernt, die bei der Versorgung des Babys die Hauptlast übernommen hatten. Das sind Pioniere, die sich ihren Weg selber bahnen müssen. Ich erinnere mich an einen Vollzeit-Vater, der seine Tochter zu allen Untersuchungsterminen brachte. Ich staunte über das Geschick, mit dem er seine Aufgabe bewältigte, und war auch beeindruckt davon, wie seine Frau sich im Hintergrund zu halten und ihm freie Hand zu lassen vermochte. Als ich sie miteinander erlebte, fiel mir auf, daß sie ihm nicht erklärte, wie er dieses oder jenes hätte besser machen können, und daß sie nicht erst zögerte, bevor sie ihm das Baby gab. Doch ich machte mir auch Sorgen, ob die Bindung der Mutter an das Kind wohl stark genug war. Später erkannte ich, daß ich von meinen eigenen Klischeevorstellungen ausgegangen war, was eine Mutter zu tun hätte.

Als ich diesen Vater einmal fragte, wie er zurechtkomme, erwiderte er: „Ganz gut." „Nur ganz gut?" meinte ich. „Das klingt nicht so toll. Warum geht's Ihnen nicht besser dabei?" „Meine Tochter nennt mich Mama, wenn ich ihr die Flasche gebe, und Papa, wenn sie mit mir spielen will." Die Tochter hatte zweifellos gelernt, ihre Wünsche unmißverständlich auszudrücken! Ich beglückwünschte ihn dazu, daß er imstande war, dem Kind gegenüber in beide Rollen zu schlüpfen. Er erzählte mir daraufhin, wie peinlich es für ihn war, wenn sie sich vor den Augen seiner Freunde an ihn schmiegte. Seine Bemerkung machte mir klar, wie tief der Einfluß unserer eigenen Erziehung reicht. Die Meinung seiner Freunde war ihm nicht gleichgültig. Ich überlegte allerdings auch, ob sie nicht vielleicht auch eifersüchtig waren, wenn sie Zeuge der wundervollen, engen Beziehung zu seiner Tochter wurden.

Auch wenn der Vater nicht die Hauptlast der Erziehung trägt und statt dessen die Mutter eine Zeitlang ihren Beruf aufgibt, fällt ihm heute eine wichtigere Rolle zu als früher. Wenn ein Baby zur Welt kommt, stehen die Eltern vor der gewaltigen Aufgabe, dafür zu sorgen, daß es unter den bestmöglichen Bedingungen aufwachsen kann. In einer Großfamilie kann die ältere Generation mit ihrer Erfahrung einiges an Überlastung abfangen – selbst wenn die Eltern fest entschlossen sind, alles ganz anders als diese zu machen. Nach der Entbindung weiß die Mutter oft weder ein noch aus und ist sehr besorgt. Das ist eine ganz natürliche Reaktion darauf, daß sie ihrer Aufgabe unbedingt gerecht werden will. Sie braucht eine Person, die ihr Perspektive und Halt gibt. So wird der Vater des Kindes ein wichtiges Gegenüber für sie – nicht indem er die Mutter „bemuttert", sondern indem er ein Gegengewicht, ein Resonanzboden oder sogar ein Kompaß für sie ist. Selbst wenn beide sich uneinig sind, trägt er wesentlich zu einem sinnvollen Gleichgewicht bei. Die Mutter bleibt dann mit den Zweifeln und Ungewißheiten, die sich bei der Pflege des Kindes unweigerlich einstellen, nicht allein. Manchmal kann er ihr helfen, in ihrer machtvoll aufwallenden Zuneigung zu dem Baby nicht den

Überblick zu verlieren. Die Rolle, die er spielt, hat viele Facetten und ist von großer Bedeutung für alle Familienmitglieder.

Sämtliche Studien über das zunehmende Engagement von Vätern bei der Betreuung des Babys gelangen zu dem Ergebnis, daß die Babys in ihrer Entwicklung davon profitieren. Schulkinder, um die sich in ihrer Säuglingszeit auch der Vater gekümmert hat, haben nicht nur einen deutlich höheren IQ. Sie zeigen auch mehr Sinn für Humor, haben eine längere Aufmerksamkeitsspanne und sind lernbegieriger. Diese Studien belegen also, daß Väter, die für ihr Kind da sind, sein Selbstbild stärken und dazu beitragen, daß es festeren Rückhalt in der Familie erfährt. Einer neueren Studie zufolge führt das Engagement des Vaters bei der Erziehung dazu, daß seine Kinder später im Jugendalter stärker das Gefühl haben, daß sie selbst bestimmen können, was in ihrem Leben geschieht; sie beugen sich dem Druck der Gleichaltrigen nicht so rasch, weil sie auf ihre eigenen Wertmaßstäbe vertrauen.

Rivalitäten zwischen den Eltern

Wie sehr die Zeiten sich gewandelt haben, zeigt sich darin, daß die Mutter den Vater nicht mehr jedesmal auffordern muß, seinen Teil beizutragen. Wir halten es heute für selbstverständlich, daß er mitmacht. Typische Probleme sind heute eher, daß die Eltern um das Kind wetteifern oder daß die Mutter vor ihm „Wache hält". Solche Konkurrenzgefühle werden zwischen Erwachsenen, denen ein Kind am Herzen liegt, immer aufkommen. Je größer Ihre Zuneigung zu dem Kind ist, desto mehr wollen Sie es nur für sich haben. Solche ganz natürlichen besitzergreifenden Regungen entfachen die unbewußte Konkurrenz zwischen Ihnen und dem Partner. Daher fallen Ihnen auch die Fehler am anderen auf, während Sie sich in ihrer neuen Rolle als Eltern zurechtzufinden versuchen. Doch aus Fehlern lernen Sie nun einmal mehr als aus Erfolgen. Das Kind wird vielfachen Nutzen daraus ziehen, wenn Sie bereit sind, sich in den anderen einzufühlen und einander zu stützen.

Für das Baby ist es nicht notwendig, daß die Eltern identische Vorstellungen über seine Erziehung haben. Es lernt sehr früh, an Mutter und Vater unterschiedliche Erwartungen zu stellen. Unabdingbar für das Baby ist allerdings, daß beide die Verpflichtung spüren, für sein

Wohl zu sorgen, und daß von ihnen keine Anspannung ausgeht. Der Wettbewerb um das Baby ist ein Zeichen großer Zuneigung, nicht von Zwietracht. Anstatt wütend aufeinander zu werden, weil sie in Konkurrenz zueinander stehen, sollten die Eltern die anfallenden Aufgaben untereinander aufteilen, und davon gibt es genug. Die Rivalitäten können ein starker Ansporn für beide sein, bei der Betreuung des Kindes ihr Bestes zu geben.

Väter und Neugeborene

Der Vater kann sich gleich von Anfang an in seiner neuen Rolle üben. Bei der Geburt kann er der Mutter eine große Hilfe sein, indem er ihr Verhaltensinstruktionen gibt und ihr Rückhalt bietet, und er kann dazu beitragen, daß die Entbindung problemlos verläuft. Das Baby mit zur Welt gebracht zu haben wird ein großes Glücksgefühl in ihm auslösen. Wie ich in Kapitel 3 erwähnte, haben neueste Studien von John Kennell und Marshall Klaus ergeben, daß bei der Unterstützung durch eine Hebamme die Mutter weniger Medikamente braucht, daß die Wehen verkürzt werden und seltener ein Kaiserschnitt erforderlich ist; darüber hinaus aber findet sich der Vater dadurch leichter in seiner neuen Rolle zurecht.

Väter berichten, daß sie eine Woge der Euphorie verspürten, als sie im Kreißsaal das Baby zu Gesicht bekamen. Dieses Glücksgefühl ähnelt dem einer Mutter, die bei der Entbindung wach ist und sich aktiv daran beteiligen kann. Wenn das Entbindungsteam dem Vater das Baby sogleich zum Halten überläßt, kann er sich davon überzeugen, daß es, nach all den Ängsten, die er zusammen mit der Mutter durchgestanden hat, gesund und unversehrt ist. Diese Erfahrung erlöst ihn von all dem Warten, Zweifeln und Grübeln, ob er der Traum vom Vatersein sich auch wirklich erfüllen wird.

Im Kinderkrankenhaus in Boston untersuchten wir, ob Väter davon profitieren würden, wenn wir sie mit den Verhaltenssignalen des Neugeborenen vertraut machten (siehe Kapitel 3). Unsere verschiedenen Studien belegen, daß frischgebackene Väter darauf brennen, ihr Baby kennenzulernen, und nach solchen Instruktionen eine größere Feinfühligkeit für sein Schreien entwickeln. Sie können rascher auf die Verhaltenssignale des Babys eingehen. Bald wissen sie, wann es Zeit für ein Bäuerchen ist, wann sie ihm zureden oder ihm die Windeln wechseln müssen. Mit anderen Worten, wenn wir dem Vater das Verhalten des Neugeborenen durchschaubar machen, bekommt er das Gefühl, wichtig für das Baby zu sein, und lernt deshalb rasch seine „Sprache". Diese Studien belegen, daß Männer mit Babys durchaus etwas anfangen können. Sie müssen nur die Gelegenheit bekommen, das zu lernen, was sie für ihre neue Aufgabe brauchen. Ein sehr interessantes Ergebnis dieser Forschungen ist auch, daß der Vater sich viel stärker bemüht, die Mutter zu unterstützen, wenn ihm das Verhalten des Neugeborenen erläutert wurde. Es wäre mein Wunsch, daß auf allen Neugeborenenstationen der Vater dabei ist, wenn die Pflege des Kindes vorgeführt wird, und daß ihm ebenso wie der Mutter alle die wundervollen Fähigkeiten gezeigt werden, die ein Neugeborenes schon beherrscht. So wendet es sich zum Beispiel zur Stimme des Vaters hin, folgt seinem Gesicht mit Augen und Kopf oder kuschelt sich an seinen Hals. Er sollte von sich aus darum bitten, daß er bei der Untersuchung des Babys vor der Entlassung anwesend sein darf. Er sollte auch seinen *Wunsch* deutlich machen, an den späteren Kontrolluntersuchungen teilzunehmen. Der Kinderarzt oder die Krankenschwester werden dann darauf achten, daß er in die Gespräche einbezogen wird. Warten Sie nicht, bis Sie gefragt werden!

Eltern, die sich die Pflege des Kindes aufteilen wollen, fragen oft: Wie kann der Beitrag des Vaters aussehen, wenn die Mutter stillt? Ich schlage vor, daß er, sobald die Mutter wieder zu Hause und die Milchbildung in Gang gekommen ist, das Baby zusätzlich mit der Flasche füttert. Gibt er sie dem Kind abends oder nachts, kann die Mutter sich eine Pause gönnen. Mit dem Baby beim Füttern allein zu sein ist für den Vater eine großartige Chance, mit ihm vertraut zu werden. Das entschädigt ihn reichlich dafür, daß er sich mitten in der Nacht aus dem Bett quälen muß. Wenn die Eltern die Betreuung des Kindes unter sich aufteilen, kann der Vater zum einen die Entwicklung seines Kindes von Anfang an mitverfolgen. Zum anderen lernt er auch sich selbst besser kennen und reift zu einer Persönlichkeit heran, die für ein hilfloses, abhängiges Wesen zu sorgen vermag.

Nach zwei Wochen kennt das Baby die Stimme des Vaters und kann sie von einer anderen Männerstimme unterscheiden. Mit vier Wochen reagiert es auf Mutter, Vater und Fremde in unterschiedlicher Weise. Wir können, ohne sein Gegenüber zu sehen, allein aus seinem Verhalten ableiten, welche dieser Personen es vor sich hat. Wenn es den Vater erkennt, heben sich Schultern und Augenbrauen, das Gesicht verrät freudige Erwartung und den Wunsch zu spielen, der Mund öffnet sich, und die Augen leuchten auf. Selbst wenn das Baby die Stimme des Vaters nur von weitem hört, reagiert es derart erwartungsvoll. Mit vier Wochen rechnet es bereits damit, daß er in anfeuerndem Tonfall zu ihm sprechen wird. Wenn der Vater in Sicht kommt, sagt das Baby mit seinen Bewegungen: „Da bist du ja! Also los!"

Mutter und Vater als Verhaltensmodelle

Der Vater kann auch das Konfliktpotential der intensiven Beziehung zwischen Mutter und Kind abmildern, während das Kind um größere Eigenständigkeit ringt. In jedem Entwicklungsbereich – wenn es etwa darum geht, daß das Kind mit eigenen Händen essen lernt, daß es nachts ohne Beistand der Eltern schläft oder daß es sich im zweiten Lebensjahr gegen sie abgrenzt – kann der Vater entscheidende Impulse geben, indem er zum Beispiel sagt: „Willst du ihr nicht lieber ihren Willen lassen? Laß sie doch ruhig Sauerei machen und lernen, allein zu essen." Damit macht er sich bei der Mutter nicht unbedingt beliebt. Als eine überbehütende Mutter möchte sie natürlich nicht gern dastehen. Wenn der Vater das anzudeuten scheint, geht sie deshalb unweigerlich in Verteidigungsstellung. Aber vielleicht wird sie auch zum Nachdenken über ihr Verhalten angeregt. Alleinerziehende Mütter haben auch oft Schwierigkeiten, dem Baby genügend Freiraum zu lassen, damit es sich gegen sie abgrenzen und Eigenständigkeit entwickeln kann. Wenn dem Vater die Unordnung, die das Kind anrichtet, oder das Schreien in der Nacht zu sehr auf die Nerven gehen, wird sich natürlich seine Einmischung eher ungünstig auswirken.

Ein Vater behandelt, ebenso wie die Mutter, den Sohn anders als die Tochter. Bei einem Jungen ist der Vater in der Regel körperlich aktiver und gibt ihm mehr Anreize für seine motorische Entwicklung. Mit einem Mädchen geht er behutsamer, gemächlicher und beschützender um. Er schmust mehr mit ihm und trägt es mehr herum. Vermutlich könnte er gar nicht ausdrücken, daß er einem Mädchen andere Gefühle entgegenbringt als einem Jungen, und doch vermittelt er dem Baby eine klar definierte Geschlechtsrolle.

Mutter wie Vater werden einem Sohn oder einer Tochter von Anfang an unterschiedliche Erwartungen entgegenbringen, und die Art
ihrer Beziehung zu dem Baby wird von seinem Geschlecht keineswegs unbeeinflußt bleiben. Sie sollten sich dessen nicht schämen, sondern sich klarmachen, daß sie dem Kind auf diese Weise helfen, sich
als ein unverwechselbares Individuum zu erfahren. Wenn sie sich
dem Kind öffnen und sich vorbehaltlos auf es einlassen, kann es sich
an ihren Verhaltensvorbildern orientieren. Um seinem Papa nachzu-
eifern, wird der zweijährige Junge so tun, als ob er sich rasiert, und sich
eine Krawatte umhängen oder einen Hut aufsetzen. Er wird sogar
Vaters Gang nachahmen. Mit vier oder fünf wird er anfangen, seine
Mutter „genau wie Papa" zu necken. In bestimmten Phasen wird er
auch mit dem Vater um ihre Aufmerksamkeit kämpfen. Ein Mädchen
beobachtet, wie sich die Mutter dem Vater gegenüber verhält. Es
probiert dann ähnliche Strategien aus, um ihn für sich einzunehmen.
Mit vier oder fünf hat das Mädchen die Mutter vielleicht den lieben
langen Tag gereizt und ihr getrotzt; ihre Aufforderung „Geh jetzt ins
Bett und laß uns in Frieden!" ignoriert es einfach. Wenn aber der Vater
sagt: „Also gut, ich kann dich zu Bett bringen", wird das Mädchen

mit einemmal fügsam und lieb. Was braucht es noch, um einem Vater deutlich zu machen, wie wichtig er für das Gleichgewicht der Familie ist? Das Lob, er sei sehr geschickt darin, die Mutter zu vertreten, braucht er gar nicht mehr. Er weiß, daß er mehr zu bieten hat!

Die wenigsten Frauen und Männer wissen gleich von Anfang an, wie sie eine gute Mutter oder ein guter Vater sein können. Sie müssen es durch Ausprobieren lernen. Falls sie in ihrem Beruf perfektionistisch und daran gewöhnt sind, keine Fehler zu machen, sind sie zutiefst verunsichert, weil ihre Rolle als Eltern keineswegs klar umrissen ist. Vor allem den Vätern fällt es schwer, sich der Einsicht zu öffnen, daß Lebensqualität wichtiger ist als beruflicher Erfolg. Doch das sollten sich in unserer heutigen Zeit beide Eltern immer wieder in Erinnerung rufen.

44. Großeltern

Die meisten Kinder, die ich heute in meiner Praxis betreue, sind für mich gewissermaßen „Enkelkinder", weil die Mutter oder der Vater einst als Kind bei mir war. Ich kenne also einen Elternteil sehr gut und weiß, wie sie oder er erzogen worden ist. Wenn beide zum Vorgeburtstermin zu mir kommen, schlage ich ihnen vor, ein wenig von damals erzählen. Oft tauschen wir tatsächlich ein paar Erinnerungen aus, doch in der Regel sind sowohl die Mutter als auch der Vater so sehr mit der bevorstehenden Geburt beschäftigt, daß sie lieber nicht in ihre Kindheit zurückversetzt werden möchten – als wollten sie ihre Elternschaft ohne den Ballast der Vergangenheit beginnen. Oft sagen sie: „Ich will nicht wie meine Eltern sein", oder sogar: „Helfen Sie mir, es anders als meine Eltern zu machen." Sie haben demnach vor allem die schmerzlichen Erlebnisse und das, was damals mißglückt ist, in Erinnerung. Die schönen Augenblicke der eigenen Kindheit treten in den Monaten der Schwangerschaft völlig in den Hintergrund.

Warum wollen die werdenden Eltern nichts von früher wissen? Wenn Sie sich in die Elternrolle hineinfinden wollen, müssen Sie versuchen, sich von Ihrer eigenen Vergangenheit zu distanzieren. Es ist durchaus sinnvoll, daß Sie sich bemühen, Ihren eigenen Weg zu suchen und einen neuen Anfang zu setzen. Doch kann das nur zum Teil gelingen. Denn bestimmte Erinnerungen an die eigene Kindheit, die „Gespenster" aus der Vergangenheit, sind noch zu lebendig in Ihnen. Die damaligen Erfahrungen haben Sie entscheidend geformt. Natürlich haben Sie an bestimmte Kindheitsepisoden vor allem schmerzliche Erinnerungen. Doch liefen damals auch wichtige Lernprozesse ab, und Sie lernten mit Streß umzugehen. An diese Erfahrungen erinnern Sie sich nicht unbedingt, aber sie wirken in dem Verhalten nach, mit dem Sie heute auf etwas reagieren, das Ihr Kind tut und das Sie an Ihre eigene Vergangenheit erinnert.

In den Familien, wo ich die Mutter oder den Vater schon als Kinder kannte, treten wie auch in jeder anderen Familie Krisen und Probleme bei der Kindererziehung auf. Hole ich dann meine früheren Aufzeichnungen hervor, stelle ich oft fest, daß die Eltern des Vaters oder der Mutter damals mit denselben Erziehungsschwierigkeiten zu kämpfen

hatten. Das ist für mich eine Bestätigung dafür, daß frühere Erfahrungen großen Einfluß auf uns ausüben.

Ich finde es faszinierend zu beobachten, wie stark das Verhalten von Eltern von dem geprägt ist, was sie in der eigenen Kindheit über die Elternrolle gelernt haben. Daß wir auf die Erziehungsmethoden unserer Eltern zurückgreifen, ist ein universelles Phänomen, mit dem wir rechnen sollten. Manchmal läßt sich aus ihren eigenen Akten von damals vorhersagen, wann die Eltern in Schwierigkeiten geraten werden. Das hat etwas Unheimliches, und ich wünschte, ich könnte den betreffenden Familien den Kummer ersparen, den ich da auf sie zukommen sehe. Andererseits ist es phantastisch, wie die eine Generation das, was sie im Umgang mit Krisen gelernt hat, der nächsten Generation weitergibt. Wenn ich eines „meiner" Kinder mit den eigenen Sprößlingen umgehen sehe und darin die Methoden und besonderen Fähigkeiten seiner Eltern wiedererkenne, bin ich ganz ergriffen und überwältigt. So nimmt die eine Generation die erzieherische Erfahrung der vorherigen in sich auf.

Die Macht der Vergangenheit ist groß, und deshalb sind die Weisheit und die Erinnerungen der Großeltern einerseits eine Hilfe, andererseits eine heikle Sache. Weil die Eltern sich so anstrengen, den

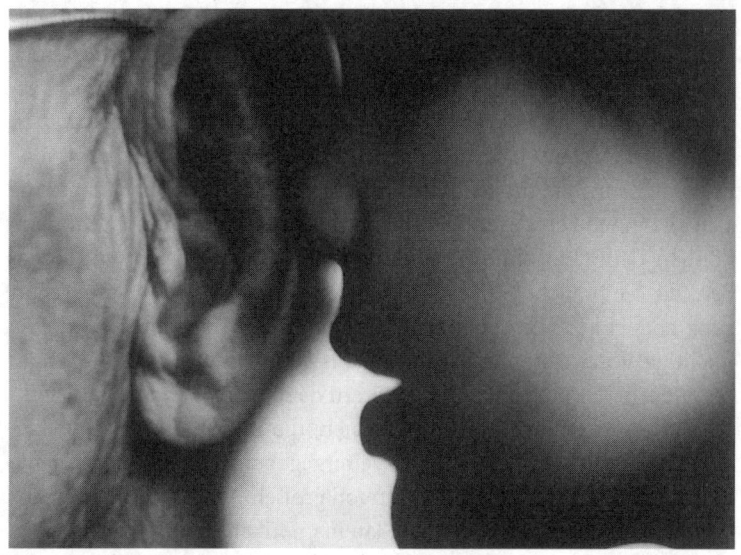

Gespenstern der Vergangenheit zu entkommen, kann die Kritik der eigenen Eltern ausgesprochen demoralisierend wirken. Großeltern, die wirklich helfen wollen, sind gut beraten, wenn sie sich zurückhalten und ihre Meinung erst äußern, wenn sie darum gebeten werden. Sie sollten dann nicht auf ihrem Standpunkt beharren, sondern lediglich Vorschläge zur Diskussion stellen, die dann angenommen oder verworfen werden können. Für Großeltern ist dies immer eine Gelegenheit, ihre eigenen Konflikte und Beweggründe bei der Kindererziehung noch einmal zu durchleben. Wenn sie so ehrlich sind, sich auch die damaligen Frustrationen und die ersehnten, aber nie erreichten Ziele ins Gedächtnis zu rufen, werden sie den jungen Eltern eine viel größere Hilfe sein, als wenn sie ihnen nur gutgemeinte Ratschläge geben.

Wenn das junge Paar noch darum ringt, sich von den eigenen Eltern abzulösen, wird es ihm natürlich schwerfallen, sich bei der Geburt eines Kindes oder im Krisenfall an sie zu wenden. Die Großeltern tun gut daran, diesen Widerstand ihrer Kinder als einen notwendigen Teil ihres Unabhängigkeitsstrebens zu betrachten. Doch wird ihnen das nicht leichtfallen, weil sie sehr gerne helfen und am Leben des Babys teilhaben möchten.

Wenn die Kleinfamilie keinen Kontakt zu den Großeltern hat, entsteht um sie herum ein trauriges Vakuum. Ist sie dagegen von Großeltern und Verwandten umgeben, spüren die Eltern, daß sie etwas fortführen, was andere vor ihnen begonnen haben. Wenn Ihre Verwandten sagen: „So haben wir's immer gemacht", bieten sie Ihnen damit eine Problemlösung an, die sie in der Vergangenheit erprobt haben und die sich als sinnvoll erwiesen hat. Indem sie aus ihrer Erfahrung schöpfen, können Großeltern und Verwandte Ihnen einige der Antworten geben, die Sie brauchen. Diese Antworten können in jeder Gesellschaft ganz anders ausfallen. Familiäre und kulturelle Traditionen sind eine wichtige Voraussetzung dafür, daß das Kind ein gesundes Selbstbild entwickelt. Ich ermuntere junge Eltern dazu, den Wert solcher Traditionen hochzuschätzen. Die Prinzipien, die in festgefügten Familien von Generation zu Generation weitergegeben werden, sind für die einzelnen wie für die Gesellschaft von großem Wert. Traditionen aus den verschiedenen europäischen, lateinamerikanischen, afrikanischen und asiatischen Kulturen haben die USA bereichert und gestärkt. Großeltern sind das Bindeglied, ohne das es keine Beständigkeit geben kann. Die US-amerikanische Gesellschaft hat schon viel zuviel von dieser Beständigkeit eingebüßt, und diesen Verlust werden wir teuer bezahlen müssen. Unser Mangel an Grundsätzen hat dazu geführt, daß unsere Nation ein Symbol für Krieg, Aggression, Macht und Geld ist. Wollen wir dieses Erbe unseren Kindern hinterlassen?

Die Großeltern machen ihr Enkelkind mit den Überlieferungen und Anschauungen vertraut, die in der Familie lebendig sind. Wenn sie von früher erzählen, eröffnen sie ihm eine ganz neue Dimension. Kulturelle Vorstellungen und Werte weiterzugeben ist für die Großeltern oft leichter als für die Eltern, deren Rolle dem Kind gegenüber nun einmal davon geprägt ist, daß sie Tag für Tag auf Disziplin beharren müssen. Das Kind wird sich viel bereitwilliger nach dem richten, was die Großeltern ihm zu sagen haben. All die Geschichten, die nur sie ihm erzählen können, stärken die Verbindung zur Tradition der Familie. Wenn die Großeltern dem Kind auf diese Weise die Vergangenheit nahebringen, sollten sie allerdings nicht vergessen, daß es aus ihrem Vorbild mehr lernt als aus guten Ratschlägen.

Rivalität

Eine ganz natürliche Rivalität kann die Beziehung zwischen Eltern und Großeltern belasten. (Dies habe ich bereits im letzten Kapitel dargelegt.) Wenn sie wahrnehmen, was da vor sich geht, und miteinander darüber sprechen, braucht sich das nicht zum Problem auszuwachsen. Vor allem Mütter und Töchter sollten sich darauf einstellen, daß sie in Konkurrenz zueinander geraten. Auf Rivalitäten mit den Schwiegerleuten werden die Eltern eher gefaßt sein, weil sich so viele Schauergeschichten um die Beziehungen zu ihnen ranken. Vermutlich erscheinen die Großeltern den jungen Eltern als eine um so größere Bedrohung, je besser sie damals selbst als Eltern waren. Die Rivalitäten zwischen Großeltern und Eltern flammen vor allem in den Phasen wieder von neuem auf, in denen das Kind fremdelt und die Großeltern, die es zuvor schon akzeptiert hatte, wieder zurückweist.

Junge, leicht verletzbare Eltern fühlen sich nur allzu leicht von den Großeltern in Frage gestellt. Wenn die Großeltern sich zu sehr engagieren, werden die Grundsätze, die sie eigentlich weitergeben wollen, von den Eltern wohl kaum dankbar übernommen. Die Großeltern sollten warten, bis sie gefragt werden, und ihre Ansichten dann zurückhaltend äußern. Wenn sie die Eltern tadeln und deren Anstrengungen auf die eine oder andere Weise in Frage stellen, fordern sie nur ihren Widerstand heraus. Die Eltern sind tief verletzt, wenn die Großeltern anscheinend bezweifeln, daß sie sich genug Mühe geben. Die Eltern wachsen in ihre Rolle hinein, indem sie mehr aus Fehlern als aus Erfolgen lernen. Sie müssen die Fehler also selber machen. Weder Großeltern noch Eltern können verhindern, daß es zu schmerzlichen Fehlschlägen kommt. Die Hilfe der Großeltern sollte darin bestehen, daß sie den Eltern bereitwillig zuhören und ihnen vor allem Raum bieten, sich in Ruhe über ihre Irrtümer klar zu werden. Es ist schwer, mitzuverfolgen, wie sich ein Problem entwickelt, und dennoch nicht einzugreifen. Die Versuchung ist groß, den Eltern unter die Nase zu reiben, wie gut Sie selbst das Problem damals bewältigt haben. Wenn Sie wollen, daß Ihre Kinder in die Elternrolle hineinwachsen, richten Sie mit verständnisvoller Unterstützung mehr aus als mit Ratschlägen oder tadelnden Bemerkungen. Wenn Sie Großeltern werden, ist das Schönste daran, daß sich die Beziehung zu Ihren Kindern verändert. Auch sie sind jetzt Eltern, und deshalb sind sie Ihnen ebenbürtig.

Großeltern sind ein Geschenk

Eine junge Familie braucht eine Familie, in der sie aufgehoben ist. Junge Eltern brauchen Eltern, die sich um sie kümmern. Großeltern, Tanten und Onkel sind wieder in Mode, weil sie unentbehrlich sind. Die Belastungen, denen viele Familien ausgesetzt sind, gehen über die Kräfte von nur zwei Menschen. Wenn beide Eltern einem Beruf nachgehen, sind sie leicht damit überfordert, das Kind angemessen zu versorgen und die Grundsätze der Familie hochzuhalten. Alleinerziehende Mütter und Väter oder wiederverheiratete Paare haben noch mehr Hindernisse zu überwinden, um ihrem Kind ein stabiles Wertgefüge zu bieten. Großeltern und Verwandte können einiges an Streß abfangen. In meiner Praxis höre ich oft die Klage: „Hätte ich doch nur jemanden, an den ich mich um Hilfe wenden könnte."

Die Großeltern leben oft zu weit entfernt. Doch auch wenn sie in der Nähe wohnen, sind sie möglicherweise zu „eingespannt", um kurzfristig einspringen zu können. Aufgrund unausgesprochener Meinungsverschiedenheiten und Generationskonflikte sträuben sich viele Eltern dagegen, die Großeltern um Rat oder Hilfe zu bitten. Die Großeltern wiederum halten sich vielleicht zu sehr zurück, weil sie sich nicht aufdrängen wollen und befürchten, abgewiesen zu werden. Vielleicht ist aber die Zeit reif dafür, daß beide Generationen miteinander über ihre Sorgen und Befürchtungen sprechen. Kinder, die das Privileg haben, in engem Kontakt zu ihren Großeltern, Tanten, Onkeln, Cousinen und Cousins aufzuwachsen, schneiden in allen Studien zur Kindesentwicklung besser ab als andere Kinder. Hat ein Kind viele Verhaltensmodelle um sich herum, dann stehen ihm mehr Entfaltungsmöglichkeiten offen. Während die Eltern ihm ein sicheres Fundament bieten, zeigen Großeltern, Tanten und Onkel ihm Alternativen. Das Kind begreift, daß die Familie eine Geschichte hat, die auch für sein eigenes Leben wichtig ist. Ihre Überzeugungen können die Vorstellungswelt seiner Familie entscheidend prägen. Wir alle sehnen uns heutzutage nach Idealen. Im Schmelztiegel der US-amerikanischen Gesellschaft verlieren die Religion und die Tradition der verschiedenen ethnischen Gruppen an Kraft. In viel zu vielen Familien drohen ehemals festgefügte Grundsätze zu zerbrechen. Wer anders als die Großeltern könnte sie lebendig halten?

Großeltern, die in engem Kontakt zur Kernfamilie stehen, können bei einer Geburt, wenn ein Kind krank ist oder wenn die Mutter wieder in den Beruf zurückkehrt, den Streß mildern. Müssen beide Eltern arbeiten gehen, so können sie sich sehr glücklich schätzen, falls Großeltern in der Nähe wohnen, die ihnen in Notfällen zur Seite stehen und sie unterstützen, wenn Probleme auftauchen. Da heutzutage meist auch die Großeltern noch im Arbeitsleben stehen, hat diese Hilfe ihre Grenzen, doch die moralische Unterstützung ist so wichtig wie eh und je. Wenn sie einspringen, können die Eltern sich ab und zu Zeit füreinander nehmen und abends ausgehen oder über das Wochenende wegfahren, ohne sich Sorgen machen zu müssen.

Großeltern sind auch in den stürmischen Zeiten eine Hilfe, wenn ein Kind um Autonomie ringt und die Eltern versuchen, in der Situation die Oberhand zu behalten. Die Hilfe kann nicht darin bestehen, daß die Großeltern Partei ergreifen. Denn so haben Eltern und Kind nicht mehr denselben Freiraum, um den Konflikt zu lösen. Großeltern können *nur auf eine Weise* helfen, nämlich indem sie beiden Seiten zuhören und auf diese Weise die Gründe für den Konflikt ans Licht bringen. Zum Beispiel können sie die Eltern anregen, sich darüber klarzuwerden, warum sie die Kontrolle nicht aus der Hand geben wollen. Daran sind, wie erwähnt, oft Gespenster aus der Vergangenheit schuld: Die Eltern haben sich in den gegenwärtigen Konflikt verrannt, weil für sie darin eine frühere Auseinandersetzung nachklingt. Wenn sie sich gemeinsam mit den Großeltern oder mit Verwandten das damalige Ereignis in Erinnerung rufen können, ist das eine große Chance, den alten, vergessenen Konflikt zu entschärfen. Wenn die Großeltern dagegen immer gleich alles bewerten, vertiefen sie die Probleme nur. Durch die Weisheit ihrer Lebenserfahrung sind sie zwar weniger voreingenommen und können eher erkennen, worauf das Kind jeweils hinauswill. Doch zuallererst müssen sie die Besorgnis der Eltern respektieren. Großeltern erwerben sich im Lauf der Zeit großes diplomatisches Geschick. Ich selbst lernte als Großvater nach und nach, daß ich nur dann wirklich von Nutzen sein konnte, wenn ich mehr auf die Anliegen meiner Tochter achtete und nicht alles aus dem Blickwinkel meiner Enkelin sah.

Das wichtigste Geschenk, das Großeltern zu geben haben, ist eine vorbehaltlose Liebe, die vom Kind nichts fordert. Großeltern können sich an dem Kind freuen, ohne sich Gedanken machen zu müssen, ob es sich richtig benimmt oder ob sie konsequent vorgehen müssen. Nachdem sie viele Jahre lang in der Elternrolle waren, sind sie erleichtert, daß sie sich den Enkelkindern nun einfach liebevoll zuwenden können und nicht auf Disziplin bestehen müssen. Außerdem sind ihre Handlungsweisen und die Rhythmen ihres Verhaltens dem Kind in gewisser Weise vertraut. Denn anders als bei Betreuerinnen, die von außerhalb der Familie kommen, setzt der Verhaltensstil der Großeltern den der Eltern gewissermaßen fort. Die Großeltern geben den Kindern die Träume und Wünsche der Familie weiter; sie zeigen ihnen die Berggipfel, aber die Eltern müssen den Kindern zeigen, wie sie dorthin kommen. Meine Großmutter brachte mich darauf, Kinderarzt zu werden. Sie sagte immer: „Berry kann so gut mit Babys umgehen." Ich wollte ihr Freude machen, mehr als allen anderen Menschen in der Welt, und so erwarb ich mir Geschick im Umgang mit Babys. Wenn ich heute das Kompliment bekomme, ich könne gut mit Babys umgehen, höre ich darin ihre Stimme. Natürlich war meine Mutter eifersüchtig, daß meine Großmutter solchen Einfluß auf mich hatte. Doch eigentlich hätte sie dafür keinen Grund gehabt. Denn ich habe sie beide gebraucht, auf unterschiedliche Weise.

Regeln für Großeltern

• Denken Sie daran, daß Sie nicht die Elternrolle zu spielen haben. Hören Sie liebevoll und gern zu, und halten Sie sich mit Ratschlägen zurück.

• Stürzen Sie auf ein kleines Kind nicht zu, wenn Sie nicht wollen, daß es vor Ihnen zurückweicht. Blicken Sie ihm nie direkt ins Gesicht; schauen Sie knapp an ihm vorbei, bis es Ihre Aufmerksamkeit auf sich zu siehen versucht. Reißen Sie es niemals den Eltern aus den Armen. Warten Sie, bis es mit einer Geste auf Sie zustrebt. Achten Sie auf sein Verhalten. Wenn sich sein Gesicht schließlich entspannt und es sich seinen Spielsachen zuwendet, ist es bereit, im Spiel Kontakt mit Ihnen aufzunehmen.

• Machen Sie die Begegnungen mit Ihren Enkelkindern zu einem Ritual. Bringen Sie ihnen ein Spielzeug oder ein kleines Geschenk mit. Erzählen Sie ihnen Geschichten „von früher", als ihre Eltern noch klein waren.

- Versuchen Sie nicht, ein Kind wie das andere zu behandeln, sondern gehen Sie auf jedes in besonderer Weise ein. Reservieren Sie für jedes von ihnen Zeit, die Sie mit ihm allein verbringen. Finden Sie sich damit ab, daß Sie einem Stief-Enkelkind andere Gefühle entgegenbringen, doch tun Sie Ihr Bestes, um es als Mensch und Individuum kennenzulernen. Unternehmen Sie, wenn möglich, mit jedem Kind allein etwas, um mit ihm vertraut zu werden.
- Stimmen Sie sich im voraus mit Ihren Kindern darüber ab, wie weit Sie den Wünschen der Enkelkinder entgegenkommen und sie gewähren lassen können. Wenn Sie den Enkelkindern etwas schenken möchten, wäre es vielleicht sinnvoll, die Eltern vorher um ihre Meinung zu fragen. Denn wenn Sie ein kleines Kind mit Geschenken überhäufen, rücken Sie das Materielle zu stark in den Vordergrund.
- Bieten Sie den Eltern an, daß Sie in Ihrer Freizeit, falls Sie gebraucht werden, die Kinder hüten können.
- Ergreifen Sie die Initiative, damit die Familie regelmäßig zusammenkommt und Festtage gebührend begangen werden. Das mag Sie große Anstrengung kosten, und die Atmosphäre kann durchaus emotionsgeladen sein, doch die feierliche Stimmung und die Aufregung wird den Kindern im Gedächtnis haften bleiben. Laden Sie auch alte Freundinnen und Freunde der Eltern ein.
- Wenn Sie finanziellen oder emotionalen Beistand leisten, sollten Sie feinfühlig vorgehen und sich bewußt sein, daß es Ihrem erwachsenen Kind und besonders Ihrem Schwiegerkind nicht leichtfällt, diese Hilfe anzunehmen.
- Respektieren Sie die Bemühungen Ihrer Kinder um Disziplin; sie brauchen dabei Ihre Mithilfe. Fallen Sie ihnen nicht in den Rücken. Schreiben Sie ihnen nicht vor, was sie zu tun haben, vor allem nicht, wenn die Enkelkinder dabei sind, und behalten Sie kritische Kommentare, auf die sie empfindlich reagieren könnten, lieber für sich. Natürlich hätten Sie gerne, daß in der Erziehung Ihrer Enkelkinder keine Fehler passieren, aber Ihre Kritik wird, selbst wenn sie von einigem Nutzen ist, ebenso großen – oder größeren – Schaden anrichten, denn sie untergräbt das Selbstvertrauen der Eltern.
- Hören Sie vor allem zu, und geben Sie nur Ratschläge, wenn Sie darum gebeten werden. Seien Sie nicht belehrend, weder den Enkelkindern noch den Kindern gegenüber. Sie haben viel wertvollere Dinge

zu bieten – Trost, Liebe, Lebenserfahrung, Umarmungen, Stärke und Stabilität. Lassen Sie Kinder wie Enkelkinder daran teilhaben.

• Wenn Sie weit entfernt von der Familie leben, können Sie mit Postkarten und Briefen die Verbindung aufrechterhalten. Verwenden Sie Zeichnungen, und schreiben Sie groß und deutlich, damit die Enkelkinder es lesen können. Kinderfotos von den Eltern sind besonders willkommen, ebenso wie Geburtstagskarten und Geschenke, die dem Entwicklungsstand und den Interessen der Enkelkinder entsprechen.

• Rufen Sie des öfteren kurz an, um den Enkelkindern zum Beispiel zu ihren kleinen Triumphen zu gratulieren. Auch Videobänder eignen sich hervorragend dazu, den Kontakt aufrechtzuerhalten.

• Besuchen Sie die Familie regelmäßig, aber jeweils nicht zu lange. Drei Tage dürften in der Regel genug sein. Helfen Sie im Haushalt mit, und bieten Sie an, daß Sie sich ab und zu allein um die Kinder kümmern könnten. Versuchen Sie, in dieser Zeit mit jedem einzelnen Familienmitglied einen kleinen Ausflug zu zweit zu machen.

• Sagen Sie es Ihren Kindern, wenn sie ihre Sache als Eltern gut machen. Lassen Sie sie Ihre Anerkennung spüren.

Die schönste Erfahrung für mich als Großvater war, daß die Beziehung zu meiner Tochter sich vollkommen verwandelte. Wir sind nun beide erwachsen, wir sind beide Eltern und einander ebenbürtig. Sie merkt, daß ich mich daran freue, wie sie ihre Aufgabe als Mutter erfüllt. Ich genieße es, daß sie mich ab und zu braucht. Ein Enkelkind ist ein Wunder, doch die erneuerte Beziehung zu Ihren eigenen Kindern ist ein noch größeres.

45. Freunde

Eltern, Geschwister und Verwandte bieten dem Kind die Basis, auf der sich seine Persönlichkeit entfalten kann. Im Umgang mit Freundinnen und Freunden erprobt es Aspekte seiner Persönlichkeit, die sonst nicht zur Geltung kämen. Auf gefahrlose Weise erkundet es verschiedene Facetten seiner selbst und kann sich in den Reaktionen der anderen wie in einem Spiegel sehen. Durch den Ansporn der Freunde kann es verschiedene Verhaltensstile erproben und sich in neue Abenteuer wagen. So lernt es sich selbst besser kennen. Es lernt, Freundschaften zu schließen und zu pflegen. Das gegenseitige Geben und Nehmen einer Freundschaft schafft eine Gleichrangigkeit, die in den Beziehungen zu Eltern und Geschwistern nicht möglich ist. Ein Kind ohne Freunde ist ein wirklich armes Kind.

Die ersten Freundschaften

Wann sollten die Eltern anfangen, das Kind in Kontakt mit anderen Kindern zu bringen? Ab dem zweiten Lebensjahr sollte das Kind lernen, mit Gleichaltrigen umzugehen. Wenn es in einer großen Familie oder in einem Wohnviertel lebt, in dem viel los ist, hat es vielleicht schon gelernt, zu teilen, Geschwisterrivalitäten und Hänseleien durchzustehen und mit älteren Kindern oder der Ankunft eines neuen Babys zurechtzukommen. Doch die Beziehungen zu Gleichaltrigen haben, wie ich in vorangegangenen Kapiteln bereits betont habe, eine andere Qualität. Ältere Kinder möchten die jüngeren meist beschützen und dominieren und necken sie gerne. In gesunden Beziehungen zu Gleichaltrigen dagegen lernt das Kind gleichberechtigtes Geben und Nehmen. Es lernt die Rhythmen der Wechselseitigkeit, indem es sich manchmal unterordnet und dann wieder die Führung übernimmt. Dies ist grundlegend für die Beziehungen, die es später zu anderen aufbauen wird. Es lernt, auf bestimmte Signale hin entweder die Initiative zu ergreifen oder sie den anderen zu überlassen. Dadurch entfaltet es seine Beziehungsfähigkeit. Gelingt ihm das nicht, dann ist es von den anderen abgeschnitten. In diesem Alter strapazieren Kinder

einander sehr, aber sie entwickeln auch ein Gespür für die Bedürfnisse der anderen. Zweijährigen beim Spielen zuzusehen ist eine Freude. Wenn die Eltern zwei oder drei Kleinkinder regelmäßig in einer Spielgruppe zusammenkommen lassen, können diese in einem sicheren Rahmen Erfahrungen miteinander sammeln.

In diesem Alter lernt das Kind vor allem durch Nachahmung. Im sogenannten Parallelspiel sind zwei Kleinkinder Seite an Seite mit irgend etwas beschäftigt (siehe Kapitel 11). Scheinbar wirft keines je einen Blick auf das andere, und doch übernehmen sie ganze Verhaltenssequenzen voneinander. Diese Art des Imitierens tritt nur im Kleinkindalter auf. Wenn das eine Kind aus Bauklötzen eine Brücke errichtet, setzt das andere, mit ganz ähnlichen Handbewegungen, ebenso viele Bauklötze zu einer Brücke zusammen. Ich habe gesehen, wie sich zweijährige Kinder im Parallelspiel völlig neue Verhaltensweisen aneigneten und auf Anhieb Aufgaben lösten, mit denen sie vorher nie zu tun gehabt hatten.

Aggressionen

Was tun, wenn Kleinkinder nicht miteinander auskommen? Was tun, wenn das eine aggressiv ist und das andere unterbuttert? Wird eines der beiden Kinder aus dieser Situation Gewinn ziehen können? Wohl kaum. Die Eltern werden unweigerlich dazwischentreten und Partei ergreifen und so das Ungleichgewicht im Verhalten der Kinder noch verstärken. Die Eltern des aggressiveren Kindes versuchen entweder, es zu bremsen, oder sie nehmen den Eltern des anderen Kindes ihre Empörung übel. Das aggressive Kind spürt das und schließt sich der Überreaktion seiner Eltern an, das heißt, es steigert seine Aggressivität. Die Eltern des unterlegenen, passiven Kindes sind verärgert und drängen es entweder, sich zur Wehr zu setzen, obwohl es doch gerade jetzt nicht dazu imstande ist, oder sie versuchen es zu beschützen. Weil sie wütend und beschämt sind, fühlt ihr Kind sich noch unzulänglicher. Jedesmal wenn die Eltern sich in das Spiel von Kleinkindern einmischen, entsteht eine völlig neue, von den Erwachsenen bestimmte Situation. Kein Kind hat noch eine Chance, etwas über das andere zu lernen.

Wenn die Kinder nicht selber zu einer ausgeglicheneren Beziehung finden, sollten Sie sich nach einem anderen Kind umschauen, das besser zu Ihrem Kind paßt. Die beiden sollten sich vom Temperament her möglichst ähnlich sein. Ist Ihr Kind zum Beispiel still, grüblerisch und eher empfindsam, sollten Sie nach einem Kind von ähnlichem Wesen suchen. Aus dem Umgang mit Gleichaltrigen, deren Temperament ihnen ähnliche Entwicklungsaufgaben stellt, wird Ihr Kind mehr Nutzen ziehen, als wenn Sie es drängen, aggressiver oder geselliger zu werden. Wenn Sie ein Kind antreiben, sich anders zu verhalten und beispielsweise zurückzuschlagen, vermitteln Sie ihm, daß Sie nicht mit ihm zufrieden sind. Sein Selbstbild leidet dann noch mehr.

Auch wenn Ihr Kind aggressiv und impulsiv ist, können Sie nach einem Kind suchen, das ihm ähnlich ist. Die beiden werden sich gegenseitig zu fiebriger Aktivität hochschaukeln und gemeinsam Wege finden, um wieder zur Ruhe zu kommen. Sie werden lernen, sich selbst Grenzen zu setzen und den eigenen Impulsen nicht mehr so ungehemmt nachzugeben. Wenn sie regelmäßig zwei- oder dreimal in der Woche miteinander spielen, werden sie Busenfreunde und lernen mehr über sich, als Sie ihnen auf irgendeine andere Weise beibringen könnten.

Hänseln. Weshalb piesacken ältere Kinder einander? Warum lassen sie ihren Ärger an anderen aus? Manche Kinder versuchen auf diese Weise Geschwisterrivalitäten zu verarbeiten. Manche sind sich nicht sicher, ob sie imstande sind, dauerhafte Beziehungen zu anderen zu knüpfen. Ich würde versuchen, dem Kind klarzumachen, daß die anderen Kinder nicht gern gequält werden; wenn es damit weitermacht, werden sie es ablehnen und allein lassen. Es denkt vielleicht, das Piesacken sei ein Schritt auf die anderen zu, aber sie nehmen das ganz anders auf. Eine Lösung wäre, daß Sie Ihr Kind mit nur einem anderen Kind spielen lassen, damit es in Ruhe Erfahrungen mit Freundschaft sammeln kann. Außerdem können Sie ihm helfen, indem Sie mit ihm über die Gefühle reden, mit denen es nicht zurechtkommt.

Despoten. Ein Kind, das andere schikaniert, ist im Grunde unsicher. Es weiß nicht, wie es mit seinen Aggressionen umgehen soll. Vor einem solchen Despoten weichen alle anderen Kinder zurück. Wenn seine Isolation wächst, wird das Kind noch unsicherer. Vergeblich versucht es, indem es andere drangsaliert, zu verbergen, wie schutzlos es sich eigentlich vorkommt. Ich würde versuchen, sein Selbstbild zu stärken, und mit ihm über akzeptablere Wege sprechen, zu Gleichaltrigen Kontakt aufzunehmen. Kinder sind nur dann grausam, wenn sie sich unbehaglich fühlen. Wenn ein Kind bei einem anderen Kind einen wunden Punkt trifft, fängt dieses an, gleichsam um sich zu schlagen: Sätze wie „Du bist blöd", „Du bist eine Heulsuse" oder „Du läufst wie ein Elefant" kommen aus dem Mund eines Kindes, das sich der eigenen Fähigkeiten nicht sicher ist. Begegnen Sie den *Gefühlen* des kleinen Despoten verständnisvoll und hilfsbereit, aber machen Sie ihm klar, daß sein *Verhalten* nicht akzeptabel ist.

Einem Kind, das von anderen schikaniert oder aufgezogen wird, können Sie erklären, daß wir alle hin und wieder zur Zielscheibe von Hänseleien werden und deshalb lernen müssen, sie auszuhalten. Einem kleinen Kind ist das nicht leicht zu vermitteln. „Alle Menschen haben etwas, mit dem sie leben müssen – sie haben ein Muttermal oder sie hinken, sie haben glatte Haare oder Locken, schwarze oder weiße Haut. Alle müssen lernen, aus dem, wie sie auf die Welt gekommen sind, das Beste zu machen. Andere Kinder ziehen dich auf, weil sie versuchen, dich zu verstehen. Sie wollen sehen, wie du bist. Wenn du gelassen bleibst, werden sie Respekt vor dir haben. Und am Ende werdet ihr euch anfreunden."

Die Eltern sollten sich nur selten in die Beziehungen gleichaltriger Kinder einmischen. Je weniger die Erwachsenen sie stören, desto mehr lernt jedes Kind über die anderen und über sich selbst. Wenn eine Beziehung sehr unausgeglichen bleibt und das Kind zu sehr darunter leidet, können die Eltern ihm raten, sich andere Spielkameraden zu suchen. Doch diesen Rat nimmt es möglicherweise nicht an. Oft liegt ihm die Beziehung trotz des Ungleichgewichts zu sehr am Herzen.

Die verschiedenen Formen von Kinderfreundschaften

Die Beziehungen zwischen Kindern sind auf jeder Altersstufe anders, und es stehen jeweils andere Aspekte im Vordergrund.

Zwei- und dreijährige Kinder. Wie erwähnt freuen sich die Kinder in diesem Stadium am Parallelspiel; sie probieren aus, wo ihre Grenzen sind, und bringen einander beim Sprechenlernen voran.

Drei- bis Sechsjährige In dieser Phase experimentieren die Kinder mit ihren Aggressionen. Kleine Jungen balgen sich meist gerne. Sie umklammern sich, ringen miteinander und wälzen sich auf dem Boden herum. Sie drohen einander mit der Faust, obwohl sie wissen, wer von ihnen der Stärkere ist. Auf diese Weise lernen sie, mit ihren Aggressionen umzugehen. Kleine Mädchen necken einander eher. Sie schauen sich voneinander ab, wie sie andere provozieren können. Sie kichern und sind oft unglaublich albern. Die Eltern müssen jetzt darauf achten, daß das Kind Spielgefährten hat, mit denen es sich gut versteht, und daß es Gelegenheit hat zu lernen, wie es Freundschaften schließen kann. Wenn es in diesem Alter isoliert ist, sollten die Eltern das ernst nehmen und ihm zu helfen versuchen. In dieser Phase lernt das Kind das gegenseitige Geben und Nehmen in Beziehungen. Einem verwöhnten oder überbehüteten Kind aber wird das nicht gelingen.

Sechs- bis Neunjährige. Die Kinder gehen feste Freundschaften ein und sind untröstlich, wenn ein Freund sie verläßt, um sich einem anderen Kind zuzuwenden. Jungen bilden kleine Banden und haben einen oder zwei enge Freunde, mit denen sie die ganze Zeit zusammensein müssen. Auch Mädchen brauchen ihre kleinen Gruppen. In diesen Gruppen umwerben sich die Kinder und tyrannisieren einander, und manchmal stoßen sie ein Kind aus. Die Eltern sollten diese engen Freundschaften respektieren. Es dürfte sie zwar stören, daß zum kindlichen Umgang Kraftwörter, Schikanen, Hänseleien und das Spielen mit Provokationen gehören. Doch das Kind lernt hier entscheidende Dinge über sich selbst. Er lernt, wie es den Anforderungen einer engen Beziehung gerecht werden kann, wie es die Tragfähigkeit dieser Beziehung prüfen und tiefe Freundschaften eingehen kann.

An den Freundschaften eines Kindes können die Eltern gut ablesen, ob es sich gesund entwickelt. In seinen Beziehungen zu anderen Kindern wird sich am ehesten niederschlagen, ob bei ihm etwas im argen liegt. Wenn ich mir durch eigene Beobachtungen und die Berichte der Eltern keine Klarheit darüber verschaffen kann, wie schwerwiegend die Probleme eines Kindes tatsächlich sind, schaue ich mir an, wie es mit Gleichaltrigen umgeht, oder frage seine Lehrer, wie es von anderen Kindern aufgenommen wird. Ein Kind, das in Spielgruppen an den Rand gedrängt oder in der Schule gemieden wird, sendet unterschwellige Botschaften aus, die den Erwachsenen entgehen mögen. Die anderen Kinder aber spüren, daß es von Ängsten, Selbstzweifeln und Verwirrung gequält wird, und scheuen vor diesen inneren Konflikten zurück, weil sie sich davon zu sehr bedroht fühlen. Wenn sie das Kind meiden, sollten seine Eltern das als einen Hinweis darauf nehmen, daß es unglücklich ist. Hat aber ein Kind die Fähigkeit nicht verloren, Freundschaften zu schließen, obwohl es innerlich viel durchzustehen hat, werden ihm andere Kinder in der Regel Mitgefühl und Verständnis entgegenbringen oder es sogar zu beschützen versuchen. Findet ein Kind gar keinen Kontakt zu den anderen, deutet das auf eine grundlegende Unsicherheit hin und sollte für die Eltern ein Warnsignal sein. Die Kameraden können sehr wohl ein Kind, das einen Verlust verwinden muß oder vorübergehend durcheinander ist, von einem anderen Kind unterscheiden, das sich aufgrund von tiefergehenden Problemen verschließt. Die Eltern sollten solche Anzeichen ernst nehmen, damit sie dem Kind helfen und ihm den Weg zu der Erfahrungswelt ebnen können, die sich ihm nur im Kontakt mit anderen Kindern erschließt.

46. Betreuerinnen

Ein Kind in die Obhut anderer zu geben ist niemals leicht. Wenn es dem anderen Elternteil, der Großmutter oder Cousine überlassen wird, ist das noch relativ einfach, denn sie haben Grund, sich besonders liebevoll um das Kind zu kümmern. Doch selbst dann tun die Eltern sich schwer. Sie sind traurig, weil sie das Kind mit anderen teilen müssen. In einigen früheren Kapiteln haben wir vom „Wachehalten" gesprochen, das einer ganz natürlichen Rivalität um das Kind entspringt. Dieses Konkurrieren ist normal und unvermeidlich, wenn uns ein Kind am Herzen liegt. „Wird er mich auch nicht vergessen? Wird er mich denn nicht, wenn die Betreuerin gut zu ihm ist, weniger lieben?" Es ist völlig verständlich, daß die Eltern eifersüchtig werden. Sie trauern, weil sie verzichten müssen. Diese Trauer geht mit drei Abwehrstrategien einher: Verleugnung, Projektion ihrer Gefühle auf andere und vermindertes emotionales Engagement bei der Pflege des Kindes. Diese Abwehrstrategien können die Beziehung zu der Betreuerin wie zum Baby komplizieren. Wenn den Eltern aber ihr ganz normales Bedürfnis bewußt ist, daß sie sich in ihrer Verletzlichkeit schützen wollen, werden sie den Überblick wahren und nicht ausgerechnet mit der Person aneinandergeraten, auf die sie ja angewiesen sind.

Eine förderliche Umgebung für das Kind finden

Wie können Eltern, die ihr Kind anderen überlassen müssen, sich selbst und das Kind vor Schaden bewahren? Wir wissen alle, wie wichtig eine förderliche Umgebung für ein kleines Kind ist und daß die Trennung von den Eltern unweigerlich ein Schock ist. Wann können sie ihm die Trennung zumuten, und wie können sie den Schock abmildern? Kann sich ein kleines Kind auf mehrere Betreuerinnen einstellen, ohne daß seine Bindung an die Eltern stark darunter leidet?

Soweit wir wissen, ist diese letzte Frage mit Ja zu beantworten. Selbst ein kleines Kind „erinnert sich" an die wesentlichen Signale, an denen es die Eltern bei ihrer Rückkehr erkennen kann, und bildet

entsprechende Verhaltenserwartungen aus. Diese Erwartungen entwickeln sich zweifellos schon in den ersten drei bis vier Monaten. Wenn Mutter und Vater in den ersten paar Lebensmonaten ständig um das Kind herum waren, wird es sich in jedem Fall an sie erinnern. Damit die Beziehung zu ihm stabil bleibt, müssen sie jeden Tag, wenn sie von der Arbeit heimkommen, ganz für das Kind verfügbar sein und so die Bedeutung der Verhaltenssignale, auf die es ganz wesentlich angewiesen ist, immer wieder von neuem bekräftigen.

In Kapitel 6 und 35 habe ich eine Studie des Bostoner Kinderkrankenhauses erwähnt, bei der wir in Tagesstätten untergebrachte vier Monate alte Babys bis zu acht Stunden lang beobachteten. Ohne größeren Energieaufwand durchliefen sie ihre Zyklen von Wach- und Schlafzuständen und zeigten gegenüber den Betreuerinnen nie allzu starke Gemütsbewegungen. Doch wenn die Eltern dann nach acht

Stunden kamen, schienen die Kinder kein Halten mehr zu kennen und schrien und klagten. Irgendeine Betreuerin sagte dann stets: „Bei uns macht er das nie." Natürlich nicht. Ihre stärksten Gefühle hatten sich die Kinder für die Eltern aufgehoben.

Wenn Sie sich nach einer Tagesstätte umschauen oder nach einer Betreuerin, die sich zu Hause um das Baby kümmern soll, müssen Sie versuchen einzuschätzen, ob sie das Baby in allen Bereichen gut versorgen könnte, ob sie inneres Engagement erkennen läßt und ob sie in der Lage wäre, die Wesensart des Babys zu respektieren. Ausschlaggebend ist demnach, ob sie warmherzig und einfühlsam ist. Bringt sie jedem Baby, um das sie sich kümmert, Rücksicht entgegen? Beobachten Sie, wenn sie das Baby im Arm hält, ob sie die Rhythmen seines Verhaltens beachtet und sich auf sie einstellt. Ist sie imstande, auf die wechselnden Bedürfnisse eines jeden Kindes beim Essen, Windelwechseln, Schlafen und Spielen einzugehen?

Als nächstes sollten Sie sich vergewissern, daß die Betreuerin auch mit Ihnen, den Eltern, rücksichtsvoll und sorgsam umgehen könnte. Würde sie Ihnen Zeit lassen zu erzählen, wie es dem Kind am Abend zuvor zu Hause ergangen ist? Würde sie sich, wenn Sie wiederkommen, mit Ihnen hinsetzen und Ihnen berichten, wie der Tag für Ihr Kind gelaufen ist? Solche Dinge lassen sich natürlich schwer im voraus beurteilen. Doch wenn sie zu mißbilligen scheint, daß Sie den ganzen Tag nicht bei Ihrem Baby sein werden, sollten Sie sich nach einer anderen Betreuerin umschauen, die Ihre Nöte versteht und Ihre Gründe dafür akzeptiert, an den Arbeitsplatz zurückzukehren. Die Betreuerin, nach der Sie suchen, würde nicht sagen: „Bei mir ist er heute zum erstenmal gelaufen", sondern: „Ich glaube, jetzt ist er fast schon soweit, daß er laufen kann."

Wenn Sie eine warmherzige, liebevolle Betreuerin gefunden haben, müssen Sie sich im klaren darüber sein, daß Sie mit ihr rivalisieren werden, und Sie sollten sich mit ihr hin und wieder über diese Gefühle aussprechen. Stärken Sie ihr den Rücken. Machen Sie sich keine Gedanken, wenn sie in manchem ein wenig anders vorgeht als Sie. Ein Kind kann sich auf verschiedene Arten des Umgangs einstellen und lernt dadurch, flexibel zu sein. Wenn Sie das Vorgehen der Betreuerin akzeptieren, wird das Kind es Ihnen gleichtun.

Wenn die Betreuerin über einen längeren Zeitraum hin gut für Ihr Kind sorgen soll, braucht sie fundierte Kenntnisse über die kindliche

Entwicklung, sollte nicht durch zu viele andere Verpflichtungen überlastet sein und nicht zu viele andere Kinder zu versorgen haben. Sie hat dann auch Anspruch auf eine angemessene Bezahlung. Gute Kinderbetreuung ist nicht billig und sollte es auch nicht sein. Frühe Erfahrungen sind für die Zukunft Ihres Kindes entscheidend. Es ist eine lohnende Investitition, ihm die bestmögliche Pflege in einer förderlichen Umgebung zu sichern.

Betreuungsformen

Betreuung in Ihrer Wohnung. Falls Sie sich das leisten können, ist wohl die optimale Lösung im ersten Lebensjahr Ihres Kindes, daß die Betreuerin zu Ihnen ins Haus kommt. Das Kind kann in seiner vertrauten Umgebung bleiben. Das tägliche Abschiednehmen fällt weniger schroff aus, und die morgendliche und abendliche Hektik ist nicht ganz so groß. Diese Lösung verlangt eine Betreuerin mit ganz besonderen Qualitäten. Sie muß dem Kind eine Atmosphäre bieten können, auf die Sie selbst stolz wären. Sie muß Sie und die Gepflogenheiten Ihres Haushalts respektieren. Sie muß ausreichend geschult und erfahren sein, um ein Baby verstehen zu können, sie muß geduldig, rücksichtsvoll und vor allem anpassungsfähig sein. Sie sollte das Kind vor Gefahren schützen und mit Notsituationen umzugehen wissen. Sie sollte weder passiv noch depressiv noch zu hektisch sein. Sie sollte voller Ideen sein, was sie den Tag über mit dem Kind anfangen kann, und bereit sein, ihre Einfälle mit Ihnen zu besprechen.

Ein Kindermädchen muß zuverlässig sein, und das Baby muß für sie an erster Stelle stehen. Ungünstig ist, wenn sie zu Hause selber kleine Kinder hat oder einen kranken Ehemann, den sie versorgen muß. Doch selbst wenn die Betreuerin ideale Voraussetzungen mitbringt, sollten Sie klären, wer sie im Notfall vertreten könnte – falls Ihr Beruf nicht zuläßt, daß Sie selbst im Notfall immer wieder einspringen.

Tagesmütter. Eine andere Form der Betreuung bieten Frauen an, die bei sich zu Hause eine kleine Gruppe von Kindern aufnehmen, vom Säuglingsalter bis zu drei oder vier Jahren. Ab dem zweiten oder dritten Lebensjahr braucht ein Kind andere Kinder, mit denen es spielen und an denen es sich orientieren kann. Deshalb profitiert es davon, zusammen mit anderen, insbesondere gleichaltrigen Kindern betreut zu werden. Unter optimalen Bedingungen gilt das sogar für etwas jüngere Kinder. Hubert Montagner, eine der herausragenden Gestalten in der französischen Forschung zum Säuglingsverhalten, hat wundervolle Filmaufnahmen von sieben- bis neunmonatigen Babys veröffentlicht, die zeigen, wie sie voneinander erstaunlich viel über sich selbst und die Welt lernen. Offenbar können sie also bereits in intensiven Kontakt miteinander treten. Ein Kind kann daher *unter Umständen* schon im ersten Lebensjahr von einer Gruppe bei einer Tagesmutter oder von einer anderen Art der Gruppenbetreuung profitieren. Allerdings muß die Betreuerin äußerst geschickt und einfühlsam sein.

Die Qualität dieser Betreuungsform hängt ganz von der Eignung der Tagesmutter und ihrer Fähigkeit ab, mit jedem einzelnen Kind eine gute Beziehung aufzubauen. Sie sollte für höchstens drei oder vier Kinder zu sorgen haben. Wenn auf eine Erwachsene mehr als vier Kleinkinder kommen, endet das in einem hoffnungslosen Chaos. Die Kinder werden entweder sich selbst überlassen oder vor dem Fernseher geparkt. Das Zahlenverhältnis von Kindern zu Erwachsenen und die Persönlichkeit der Tagesmutter sind die Gesichtspunkte, die Sie als erste bedenken müssen, aber Sie müssen noch auf viele weitere Faktoren achten. Da es bei dieser Betreuungsform kaum je eine Qualitätskontrolle und Supervision durch Experten gibt, müssen Sie das Verhalten Ihres Kindes aufmerksam beobachten.

Ähnlich wie bei einer Betreuerin, die zu Ihnen in die Wohnung kommt, sollten Sie bei einer Tagesmutter klären, wer bei Bedarf für sie einspringen kann. Was wäre, wenn sie in ihrer Familie Kranke zu pflegen hat oder wenn sie selbst krank wird?

Die Betreuung durch eine Tagesmutter kann für einen Säugling oder ein Kleinkind das Richtige sein, sie kann aber durchaus auch negative Auswirkungen haben. Es liegt an Ihnen selbst, sich ein Bild von der Qualität der Pflege zu machen, bevor und während Sie das Kind zu der Tagesmutter geben. Statten Sie ihr unangemeldet einen kurzen Besuch ab. Fragen Sie sie, ob Sie ihr ab und zu helfen können, und beobachten Sie dann, wie sie im einzelnen vorgeht, wie sie sich den Tag einteilt und wie einfühlsam sie auf die Kinder eingeht. Achten Sie jedoch vor allem darauf, ob Ihr Kind Anzeichen von Vernachlässigung oder Depression zeigt.

Kindertagesstätten. Die meisten Tagesstätten in den USA stehen heute unter Supervision, wenn sie offiziell anerkannt sein wollen.* Der Nationale Verband der Erziehungseinrichtungen für Kleinkinder (National Association for the Education of Young Children) ist ein großer Zusammenschluß von Erzieherinnen in Weiterbildung, die sich in ihrer Arbeit supervidieren lassen. Den Katalog von Kriterien, den sie seinerzeit für „Head Start"[1] ausgearbeitet haben, übertragen sie nun auf Kindertagesstätten. Diese Qualitätsstandards bieten Ihnen und Ihrem Kind Schutz. Prüfen Sie, ob die Tagesstätte, in die Sie Ihr Kind geben möchten, die offizielle Anerkennung hat oder anstrebt.

Die Erzieherinnen in der Tagesstätte sollten für ihre Arbeit ausgebildet sein, sie sollten regelmäßige Supervision bekommen und gut bezahlt sein. Auf eine Erzieherin sollten nicht mehr als drei oder vier Säuglinge, vier Kleinkinder oder sechs bis acht dreijährige Kinder kommen. Falls eine Erzieherin wegen Krankheit oder aus anderen Gründen ausfällt, sollte sie von einer ausgebildeten Betreuerin vertreten werden.

Die Atmosphäre in der Tagesstätte ist entscheidend. Ideal ist eine Einrichtung, in der die Erzieherinnen zufrieden sind, als ein Team arbeiten und sich gut verstehen. Überzeugen Sie sich selbst von der Atmosphäre. Wenn die Erzieherinnen alle in einer Ecke zusammenstehen und die Kinder sich selbst überlassen, ist Vorsicht geboten. Ein Zahlenverhältnis von drei oder vier Säuglingen pro Erzieherin hilft wenig, wenn drei Erzieherinnen zwölf Säuglinge allein lassen. Achten Sie darauf, ob die Erzieherinnen die Kinder zu mögen scheinen und gerne mit ihnen spielen. Lassen sie sich auf den Boden nieder, um mit ihnen zu spielen? Gehen sie beim Windelwechseln auf einen spielerischen Austausch mit dem Kind ein? Es ist ein schlechtes Zeichen, wenn sie nicht die Nähe zum Kind suchen, sondern auf seine Bedürfnisse so reagieren, als hätten sie bloß eine lästige Pflicht zu erfüllen. Sind sie kinderlieb, dann ist für sie jedes Schreien oder jedes Windelwechseln eine Gelegenheit zum Kontakt mit ihm. Babys brauchen Menschen, die so mit ihnen umgehen. Wenn eine Erzieherin überfordert oder zerstreut ist, wird das vom Kind wahrgenommen, und es reagiert mit Rückzug oder Depression.

---

[1] „Vorsprung", ein in den sechziger Jahren begonnenes Frühförderungsprojekt. A.d.Ü.

Wie Sie überprüfen, ob Ihr Kind gut betreut wird

Wenn Sie eine liebevolle Betreuerin oder eine gute Tagesstätte gefunden haben, sollten Sie darauf achten, wie Ihr Kind auf die Pflege reagiert. Daraus können Sie am ehesten Rückschlüsse auf die Atmosphäre ziehen, in der es betreut wird. Wenn es zufrieden aussieht und gedeiht, können Sie ziemlich sicher sein, daß es in guten Händen ist. Daß es beim Abschied von Ihnen protestiert und in Klagen ausbricht, sobald Sie wiederkommen, ist allerdings normal und wünschenswert. Oft erzählt ein älteres Kind „Geschichten", wenn es seinen Betreuerinnen etwas heimzahlen will. Sie können sich also auf das, was es sagt, nicht immer verlassen. Doch Sie können danach gehen, wie es sich verhält. Ich würde beobachten, wie es sich in der Tagesstätte zu bestimmten kritischen Zeitpunkten verhält, zum Beispiel bei den Mahlzeiten, zur Schlafenszeit oder wenn es vom Spielplatz geholt wird. Machen Sie unangekündigte Besuche.

Wenn Sie beobachten, wie eine Betreuerin und Ihr Kind miteinander umgehen, können Sie eine Menge herausfinden. Imitieren sie einander? Gehen sie in ihrer Körperhaltung aufeinander ein? Achtet die Betreuerin darauf, welche Art von Sinnesreizen (optisch, akustisch, motorisch) das Baby bevorzugt? Ahmt sie es nach, wenn es zum Beispiel die Augen zusammenkneift? Haben *Sie selbst* ein gutes Gefühl, wenn Sie den beiden zuschauen?

Einem kleinen Kind ist in der Regel anzumerken, ob es unter einer wirklich beeinträchtigenden Umgebung leidet. Doch ob es mißhandelt wird, läßt sich aus seinem Verhalten nicht mit Sicherheit ableiten; vielleicht reagiert es dann empfindlich, wenn Sie etwas lauter sprechen oder die Hand erheben, vielleicht aber auch nicht. Wenn Sie es fragen, ob es verhauen oder „angefaßt" worden ist, wird es versuchen zu erraten, was Sie hören wollen, und entsprechend antworten. Doch falls es sein Verhalten ändert und in ein früheres Entwicklungsstadium zurückfällt, sollten Sie den Gründen nachgehen. Ist es niedergeschlagen oder verschlossen, müssen Sie das in jedem Fall ernst nehmen. Traurigkeit, verminderte Ansprechbarkeit und verzögertes Reagieren auf angenehme oder unangenehme Reize sind Warnzeichen. Zuckt das Kind zusammen, wenn Sie die Windeln wechseln wollen, oder bedeckt sich, wenn Sie es umziehen, sind das zusätzliche Verdachtsmomente.

Beurteilen Sie diese Indizien ruhig und sorgfältig. Überreaktionen sind heutzutage nur allzu häufig. Fällt das Kind in frühere Verhaltensmuster zurück – so daß es wieder in die Hosen macht, nachts wieder aufwacht und schreit oder anfängt, sich wie ein Baby zu benehmen –, sollten Sie zunächst abwarten, ob sich dies rasch wieder gibt. Wenn das der Fall ist, könnte die Regression ein Zeichen dafür gewesen sein, daß das Kind erst noch verkraften mußte, daß Sie es tagsüber nun anderen Menschen überlassen. Bedenklich ist, wenn die Regression länger anhält. Sie sollten dann mit den Betreuerinnen darüber sprechen, wie Ihr Kind bisher zurechtkommt, und darauf achten, ob sie besorgt sind oder aber versuchen, sich zu rechtfertigen.

Grund zu größerer Sorge besteht dann, wenn das Kind niedergeschlagen ist und außerdem nicht gedeiht, also an Gewicht verliert, traurig wirkt oder nicht essen will. Ich würde seinen Arzt bitten, es zu untersuchen. Teilen Sie ihm auch mit, was Ihnen an den Betreuerinnen aufgefallen ist.

Wenn Sie Anhaltspunkte dafür haben, daß das Kind mißhandelt oder sexuell mißbraucht worden ist, können Sie sich an die betreffende Beratungsstelle wenden, die es in jeder Stadt gibt. Ehe Sie aber eine Betreuerin beschuldigen, sollten Sie Ihrer Sache recht sicher sein. Wenn Sie das unbestimmte Gefühl haben, bei dem Kind etwas falsch zu machen, ist die Versuchung groß, diese Schuldgefühle auf eine Betreuerin zu projizieren und ihr zu unterstellen, sie sei schuld an den Problemen des Kindes.

In der folgenden Checkliste gebe ich an, worauf Sie außerdem achten sollten, wenn Sie eine Tagesstätte aussuchen oder sich ein Urteil bilden wollen, wie gut Ihr Kind dort aufgehoben ist.

• Haben die Mitarbeiterinnen die Sicherheit der Kinder im Auge?
• Ist für Notfälle gut vorgesorgt?
• Werden die Kinder angehalten, sich gesund zu ernähren?
• Ist die Atmosphäre freundlich, angenehm und vergnügt, oder ist sie gespannt und gedrückt?
• Folgt der Rhythmus von Essen, Schlafen und Windelwechseln einem starren Zeitplan, oder ist er auf die Bedürfnisse der Kinder ausgerichtet?
• Wie geht eine Erzieherin vor, wenn sie drei Kinder allein lassen muß, damit sie sich eingehend um ein anderes Kind kümmern kann?
• Ist zu erkennen, ob die Erzieherinnen sich jedem Kind auf eine besondere Weise zuwenden?

- Würden *Sie* gerne dortbleiben?
- Was schlagen Ihnen die Erzieherinnen oder die Tagesmutter vor, um das tägliche Abschiednehmen vom Kind zu bewältigen? Könnten Sie in der ersten Woche noch beim Kind bleiben?
- Können Sie jederzeit unangemeldet vorbeikommen?
- Bleibt Raum dafür, daß Sie morgens erklären können, wie es dem Kind geht, und daß Sie abends erfahren, was tagsüber vorgefallen ist?
- Was ist vorgesehen, wenn Kinder krank werden? Wie lange muß ein Kind mit Fieber zu Hause bleiben? (Eine angemessene Frist sind drei Tage.)
- Wird in der Tagesstätte viel Wert auf frühe Wissensvermittlung gelegt? Ich würde eine Einrichtung vorziehen, die vor allem auf den emotionalen Entwicklungsstand der Kinder eingeht und keinen zu umfangreichen Lehrplan aufdrängt.

Vielleicht glückt es Ihnen, Ihrem Kind eine hervorragende Betreuung zu sichern. Doch sollten wir uns klarmachen, daß in den USA die Hälfte der berufstätigen Eltern mit kleinen Kindern auf Betreuungsmöglichkeiten zurückgreifen muß, denen weder Sie noch ich trauen würden – *ebensowenig wie diese Eltern selbst.* Derzeit gibt es zuwenig erschwingliche, seriöse Betreuungsangebote. Stellen Sie sich vor, was es für Eltern bedeuten muß, ein Baby oder ein Kleinkind bei einer Betreuerin zu lassen, die herzlos oder nachlässig ist oder bei der sie Angst haben, sie könnte das Kind mißhandeln, vernachlässigen oder sexuell belästigen. Für die Mutter, die ohnehin darunter leidet, daß sie das Kind in die Obhut anderer gibt, muß das schrecklich sein. Die US-Regierung, die Bundesstaaten und die Gemeinden müssen Mittel zur Verfügung stellen, damit in Zukunft eine gute Betreuung für alle Kinder gewährleistet ist. Sonst werden wir mit ansehen, wie eine halbe Generation vernachlässigt aufwächst und die ganze Generation die Folgen zu tragen hat.

47. Der Arzt Ihres Kindes

„Wie bringe ich meinen Kinderarzt dazu, meinen Fragen auch wirklich zuzuhören? Ich schätze ihn sehr, und ich weiß, daß er die Krankheiten meiner Kinder sehr gut diagnostizieren kann. Aber ich selbst scheine für ihn praktisch nicht zu existieren, und wenn ich ihm Fragen zur Entwicklung meiner Kinder stelle, tut er, als wäre ich nicht ganz richtig im Kopf." „Mein Kinderarzt ignoriert entweder meine Fragen, oder er versichert mir, ich würde mir zu viele Sorgen machen. Ich *mache* mir Sorgen, aber welche Mutter tut das denn nicht? Sollte ich nicht von ihm erwarten können, daß er mir dabei hilft, mein Kind großzuziehen?"

Solche Fragen verzweifelter Mütter bekomme ich ziemlich oft zu hören. Die Beherzteren unter ihnen, die ihre Not nicht für sich behalten, werden eher Hilfe finden. Viele Eltern suchen heute verzweifelt nach Unterstützung bei der Kindererziehung und wissen nicht, wo sie sich hinwenden sollen. Oft sind die Großeltern noch berufstätig, und die anderen Verwandten wohnen weit weg, so daß die besorgten Eltern sich anderswo nach Rat und Unterstützung umschauen müssen. Sie werden es vermutlich beim Kinderarzt oder beim Hausarzt versuchen, die sich bisher um die körperliche Verfassung des Kindes gekümmert haben. Die Eltern hoffen, daß diese Fachleute sich gleichermaßen für das seelische Wohl des Kindes interessieren.

Die kinderärztliche Ausbildung*

Die ärztliche Ausbildung fußt auf einem rein medizinischen Denkmodell, bei dem körperliche Krankheiten und die Behandlungstechnik im Vordergrund stehen. Das vierjährige Medizinstudium in den USA ist vollgepackt mit Grundlagenwissenschaften und mit Lernstoff über Krankheiten und ihre Therapie. Auch die künftigen Kinderärzte haben im Studium vor allem mit technischen Aspekten zu tun und müssen sich mit noch mehr Krankheiten befassen. Der Entwicklung des Kindes oder den Sorgen der Eltern wird in der kinderärztlichen Ausbildung meist wenig Aufmerksamkeit geschenkt. Nur wenige Kinderärzte haben gelernt, wie sie zu Eltern und Kind ein gutes Verhältnis aufbauen können. Hausärzte, die sich um die ganze Familie kümmern, haben oft mehr Sinn für die Bedeutung dieser Beziehungen. Die meisten Kinderärzte haben sich für ihren Beruf entschieden, weil sie Kinder mögen, und von den Eltern fühlen sich viele von ihnen im Grunde nur gestört. Unbewußt geben sie den Eltern die Schuld für sämtliche Schwierigkeiten, unter denen das Kind zu leiden hat. Das geschieht besonders dann, wenn sie ihm gerne helfen würden, aber nicht in der Lage sind, alle seine Probleme zu lösen. Wenn sich die Ausbildung eines Kinderarztes dagegen, wie ich das in der Einleitung beschrieben habe, auch auf Fragen der Entwicklung konzentriert, wird er besser verstehen, was in den Eltern vor sich geht. Er stellt fest, daß durch einen guten Kontakt zu den Eltern seine Arbeit als Kinderarzt um ein Vielfaches befriedigender wird.

In der Regel ist der Kinderarzt aber nicht so ausgebildet worden. Er fühlt sich daher unbehaglich, wenn Sie ihm Fragen zum Verhalten und zum Gefühlsleben des Kindes stellen. In seiner Verlegenheit greift er dann auf eigene Erfahrungen zurück: „Meine Frau hat dies und jenes festgestellt", oder: „Bei meinen Kindern hat das sich im Alter von drei Jahren gelegt. Haben Sie Geduld, und machen Sie sich keine Sorgen." Oder er speist Sie ab: „Kein Grund zur Sorge. Das wächst sich aus." Im Grunde sagt er damit: „Ich weiß nicht recht." Doch spüren Sie auch in solchen Bemerkungen, daß ihm das Wohlergehen des Kindes am Herzen liegt und daß er Ihnen zu helfen versucht.

Die Wahl des Kinderarztes

1. Schauen Sie zunächst auf die Qualifikationen des Arztes. Ist er gut ausgebildet, steht er in Verbindung mit einem guten Krankenhaus?[2] Ist er erreichbar, wenn Sie ihn brauchen? Zahlt Ihre Krankenversicherung die Behandlung bei diesem Arzt? In der Regel hat er sich mit anderen Ärzten zusammengeschlossen, so daß sie einander bei Bedarf

---

[2] In den USA arbeiten Fachärzte in der Regel parallel in der eigenen Praxis und in einem Krankenhaus, in das sie Patienten überweisen können. Meist haben sie dort auch Unterrichtsverpflichtungen. In Deutschland wird das in manchen Punkten vergleichbare Belegarztsystem nur noch selten praktiziert. A.d.Ü.

vertreten können. Vermutlich ziehen Sie einen bestimmten Arzt vor, doch ein solcher Bereitschaftsdienst ist von großem Wert. Wenige Ärzte muten es sich zu, jede Nacht auf Abruf zu stehen. Es ist schon viel gewonnen, wenn Ihr Kinderarzt solide ausgebildet und gut erreichbar ist.*

2. Haben Sie einmal darüber nachgedacht, ob ein Kinderarzt oder Hausarzt, der dafür ausgebildet ist, sowohl Erwachsenen als auch Kindern die medizinische Grundversorgung zu bieten, den Bedürfnissen Ihrer Familie entgegenkommen würde?

3. Haben Sie sich bei anderen erkundigt, wie der Arzt im persönlichen Umgang ist? Was die Leute über ihn erzählen, kann Ihnen durchaus helfen herauszufinden, ob Sie und der Arzt „zusammenpassen" würden. Sind Freunde, auf deren Urteil Sie etwas geben, von ihm angetan? Sie können den Arzt anrufen und fragen, ob er zu einem Vorgespräch bereit wäre. Die meisten Ärzte lassen sich nicht gerne „testen", aber manche haben nichts dagegen. Mir ist es immer lieber, wenn die Eltern mich schon im voraus kennen und wissen, was auf sie zukommt. Ich habe dann auch die Gewißheit, daß ich mit ihnen arbeiten kann. Die Beziehung zwischen den Eltern und mir beruht auf Gegenseitigkeit. Wichtig ist, daß wir einander respektieren und bereit sind, uns zu verständigen, wenn in unserem Verhältnis Komplikationen auftreten.

4. Die Zahl der Kinderärzte wächst, die sich in ihrer Ausbildung eingehend mit der Entwicklung des Kindes befaßt haben. Sie unterrichten in der Regel an einem medizinischen Zentrum (Medical Center) oder arbeiten an einem Kindergesundheitszentrum (Child Development

Center), also in einer Praxis, in der Kinder mit körperlichen oder psychischen Problemen untersucht und Frühinterventionen durchgeführt werden. Bleibt Ihnen Ihr Arzt auf bestimmte Fragen die Antwort schuldig, können Sie von sich aus zu einem dieser Kindergesundheitszentren gehen, um sich von Zeit zu Zeit beraten zu lassen, oder Sie können Ihren Arzt um eine entsprechende Überweisung bitten. Das könnte eine sinnvolle Ergänzung zu der medizinischen Versorgung durch Ihren Arzt sein.*

5. In vielen Gemeinschaftspraxen arbeitet mittlerweile auch eine Praxisschwester oder eine Kinderpsychologin, die Ihnen helfen kann, wenn das Verhalten des Kindes Probleme aufwirft. Vereinbaren Sie mit ihr, daß Sie in regelmäßigen Abständen zu ihr kommen, damit sie die Entwicklung des Kindes beurteilen und Ihnen Ihre Fragen beantworten kann. Wenn sie Gelegenheit hat, Ihr Kind näher kennenzulernen und immer wieder zu beobachten, kann sie Ihnen helfen, die richtigen Entscheidungen zu treffen.**

Wenn Sie regelmäßig zu einem Arzt gehen, der Ihnen und Ihrem Kind die medizinische Grundversorgung bieten kann, müssen Sie sich im Notfall nicht auf das kinderärztlich kaum ausgebildete Personal der nächstgelegenen Unfallstation*** verlassen, das Sie oder Ihr Kind nicht kennt. Durch die regelmäßigen Termine lernt der Arzt Sie und Ihr Kind gut kennen und kann im Krisenfall auf dieses Wissen zurückgreifen.

Wann es Zeit ist, den Arzt zu wechseln

Was tun, wenn das Verhältnis zu Ihrem Arzt sich verschlechtert? Ich merke so etwas daran, daß Eltern sich jedesmal verspäten oder mehrere Termine versäumen. In diesem Fall lade ich sie zu einem Extratermin ein, um über unsere Unstimmigkeiten zu sprechen, oder ich deute an, daß sie anderswo vielleicht zufriedener wären. So auseinanderzugehen ist unerfreulich, für das Kind aber heilsamer, als wenn wir uns mit zwiespältigen Empfindungen begegnen und uns unbehaglich dabei fühlen. Unser Ziel muß das Wohlergehen des Kindes sein, und wenn die Eltern und ich nicht harmonieren, schlägt das früher oder später zum Nachteil des Kindes aus.

Wenn Sie jedoch versuchen wollen, mit dem Arzt wieder zu einer gemeinsamen Ausgangsbasis zu finden, sollten Sie um einen speziellen Besprechungstermin bitten. Machen Sie sich klar, daß der Arzt in der Defensive ist und auf Ihre Unzufriedenheit möglicherweise empfindlich reagiert. Geben Sie ihm zu erkennen, daß Sie ihm Respekt entgegenbringen und ihn schätzen. Vielleicht können Sie ihm auf halbem Weg entgegenkommen, indem Sie sich entschuldigen und sagen, daß ihm möglicherweise nicht bewußt war, daß Sie recht weitgehende Erwartungen an ihn haben. Versuchen Sie dann, diese Erwartungen so genau wie möglich zu beschreiben. So lernen Sie und der Arzt einander besser kennen, und er wird daraufhin besser auf Ihr Kind eingehen können. Ihr gemeinsames Ziel ist das Wohl des Kindes. Wenn Sie miteinander auskommen, ist es zu erreichen. Andernfalls ist es an der Zeit, den Arzt zu wechseln. Allerdings sollten Sie sich immer zuerst fragen: Habe ich meinen Teil getan, damit unsere Beziehung funktioniert? Falls Sie sich ausreichend, aber vergeblich bemüht haben, sollten Sie besser zu einem anderen Arzt gehen, bevor das Kind unter Ihrer Uneinigkeit zu leiden hat.

Eine tragfähige Beziehung aufbauen

Es gibt viele Wege, um zu einer guten Arbeitsbeziehung mit dem Kinderarzt zu gelangen. Zu den wichtigsten Schritten zählt, daß Sie beide schon während der Schwangerschaft zu ihm gehen, um mit ihm schon *vor* der Ankunft des Babys über Ihre Wünsche und Ziele zu sprechen.* Ein Termin vor der Entbindung ist meiner Erfahrung nach eine hervorragende Gelegenheit, uns kennenzulernen. Wir sind dann bereits freundschaftlich verbunden, wenn wir uns gemeinsam dem Baby zuwenden.

Wichtig ist, daß möglichst immer beide Eltern zu den Untersuchungsterminen kommen. Obwohl manche Väter sich unbehaglich fühlen und fast nie etwas sagen, haben sie so das Gefühl, einen Beitrag zu leisten. Der Arzt wird froh sein, daß beide Eltern anwesend sind. Beide zu kennen ist für ihn „Kapital", mit dem er wuchern kann.

Versuchen Sie herauszufinden, wann der Arzt am ehesten verfügbar ist und wann Sie ihn anrufen können. Wenn in der Praxis eine Krankenschwester arbeitet, an die Sie sich mit kleineren Anliegen wenden können, sollten Sie diese Möglichkeit so oft wie möglich nutzen. Doch wenn ihre Antworten Sie nicht zufriedenstellen, würde ich das klar zum Ausdruck bringen. Bitten Sie sie dann, dem Arzt zu sagen, daß er Sie anrufen soll. Erklären Sie, daß Sie besorgter als sonst sind – Sie können einen Grund angeben oder auch sagen, daß Sie den Grund nicht recht wissen – und mit dem Arzt selbst sprechen müssen. Wenn die Krankenschwester nicht zu begreifen scheint, würde ich höflich auf meiner Bitte beharren.

Die meisten Ärzte haben nichts dagegen, wenn Sie zeigen, daß Sie auf sie angewiesen sind, und sie gehen auf verständliche Bitten um Hilfe und Rat gerne ein. Wenn Sie zu einer günstigen Zeit anrufen oder es dem Arzt überlassen, wann er mit Ihnen sprechen möchte, wird er Sie nicht als aufdringlich empfinden. Rufen Sie nachts aber nur in echten Notfällen an. Ich bin jeden Morgen eine Stunde lang verfügbar, um am Telefon Fragen jeder Art zu beantworten, seien sie nun wichtig oder unwichtig. Damit entlaste ich mich. Wenn die Eltern sich die nicht ganz so dringlichen Fragen für diese Stunde aufheben, weiß ich das zu schätzen und habe das Gefühl, daß sie mich Rücksicht auf mich nehmen. Wir können ein Vertrauensverhältnis zueinander aufbauen, das uns in Zeiten größerer Belastung von Nutzen sein wird.

Der Kinderarzt sollte bereit sein, Ihnen jedes Problem und jede Behandlungsmaßnahme zu erläutern. Bitten Sie ihn, Ihnen so viel wie möglich mitzuteilen. Zuweilen hält ein Arzt Informationen zurück, (1) weil er fürchtet, Sie könnten falschen Gebrauch davon machen, (2) weil er Sie schützen will, oder (3) weil er sich seiner Diagnose nicht sicher ist. Wenn Sie ein herzliches, vertrauensvolles Verhältnis zu ihm haben, wird er stets offen mit Ihnen sein.

Die Eltern können versuchen, den Arzt dazu zu bewegen, daß er ihnen schon im voraus Ratschläge gibt, noch ehe die betreffende Krise eingetreten ist. „Wie soll ich vorgehen, wenn sie zum erstenmal Atemnot bekommt?" „Wie lange sollte ich abwarten?" „Kann ich irgend etwas tun, um zu verhindern, daß diese Ohrenschmerzen immer wieder auftreten? Es widerstrebt mir, immer erst dann etwas dagegen zu tun, wenn sie schon da sind."

Freilich können Sie solche Bitten um Anleitung nur dann an den Arzt richten, wenn dieser über die nötige Sachkenntnis verfügt und bereit ist, über diese Dinge mit Ihnen zu sprechen. Kinderärzte, deren Ausbildung an den Entwicklungsprozessen des Kindes orientiert war, lassen sich darauf gerne ein. Viele von ihnen sind sehr tüchtig darin,

Eltern zu stützen und auf Erziehungskrisen vorzubereiten. Andere sind zwar sehr kompetent bei der Behandlung körperlicher Symptome, werden aber bei Entwicklungsproblemen unsicher und gehen in die Defensive. Schauen Sie sich in diesem Fall, wie gesagt, anderswo nach Hilfe um, und seien Sie nicht böse, daß dem Arzt das nötige Rüstzeug fehlt, um auf Ihre Schwierigkeiten einzugehen. Sonst verscherzen Sie sich die Möglichkeit, die bestmögliche medizinische Versorgung zu bekommen.

Am allerwichtigsten ist, daß das Kind das Gefühl bekommt: „Das ist mein Arzt". Die schönste Erfahrung in der Kinderheilkunde ist für mich, wenn ein Kind *von sich aus* zu mir kommen möchte und darauf vertraut, daß ich gegen seine Krankheit etwas tun kann. Ich freue mich ungemein, wenn ein Kind mich selbst anruft oder wenn die Mutter am Telefon sagt: „Emily wollte, daß ich Sie anrufe, um zu fragen, was wir gegen ihr Problem unternehmen können." Jede körperliche Krankheit hat auch einen psychosomatischen Aspekt, und wenn einem Kind etwas fehlt, löst das bei ihm natürlich Angst aus. Hat es dann die Zuversicht, daß „mein Arzt" wissen wird, was zu tun ist, fühlt es sich sicherer und vertraut auf die eigenen Fähigkeiten, mit der Krankheit umzugehen. Ein Kind, das vier Jahre oder älter ist, versuche ich stets ins Gespräch einzubeziehen, wenn ich Medikamente verschreibe oder Vorschläge für die Behandlung mache. Denn ich will, daß es weiß, was wir tun und warum wir es tun. Nach der Genesung sage ich ihm dann: „Siehst du, wir (du, deine Mama, dein Papa und ich) wußten, was zu tun ist, und jetzt geht es dir besser!" Ich lasse also durchblicken, daß das Kind selbst dazu beigetragen hat, die Krankheit zu überwinden. Beim nächsten Mal wird es dann weniger Angst haben.

Die Beziehung zwischen Arzt und Kind

Unsere Routinetermine sind für mich eine Gelegenheit, eine Beziehung zu dem Kind aufzubauen und die Beziehung zu den Eltern zu festigen. Wie ich angedeutet habe, kann ein Kind zwischen neun Monaten und drei Jahren, während ich es untersuche, immer auf dem Schoß der Mutter bleiben. Wenn ich darauf Rücksicht nehme, daß es nahe bei den Eltern bleiben will, begreift es, daß ich ihm wohlgesonnen bin. Ich schaue ihm nie direkt in die Augen, und ich bitte es auch nicht darum, seine Zurückhaltung aufzugeben. Vielmehr nähere ich mich ihm nach und nach. Bevor ich beispielsweise das Stethoskop oder den Ohrenspiegel benutze oder Hals und Bauch untersuche, demonstriere ich ihm mein Vorgehen an einer Puppe, einem Teddybär oder an seinen Eltern. Wenn ich mich ihm dann zuwende, weiß es, was ich vorhabe. Um festzustellen, ob es damit einverstanden ist, achte ich auf seinen Gesichtsausdruck und seine Körperhaltung. Wenn es sich entspannt, bedeutet das, daß es mich akzeptiert hat und bereit ist. Ein weiteres Zeichen meiner Rücksichtnahme ist, die Mutter mit dem Kind im Arm auf die Waage zu bitten. Ich kann dann das Gewicht des Kindes bestimmen, indem ich einfach das Gewicht der Mutter abziehe.

Wie ich bereits beschrieben habe, bemühe ich mich sehr, meine Praxis einladend für Kinder zu gestalten, mit Spielzeugen, einem Aquarium, einem Klettergerüst, einer Steinesammlung und mit Lutschern zur Belohnung. Die Kinder sehen daran, daß ich ihr Verbündeter sein will. Wenn sie sich in meinem Sprechzimmer von den Eltern wegbewegen und unbekümmert zu spielen beginnen, weiß ich, daß sie mich akzeptiert haben.

Ich versuche stets eine Möglichkeit zu finden, wie ich mich dem Kind ganz allmählich annähern kann. Zunächst achte ich darauf, ob es sich in meiner Praxis noch unbehaglich fühlt. Wenn es Angst vor mir hat, gehe ich entsprechend behutsam vor. Einem Kind, das beunruhigt ist, schaue ich nie direkt ins Gesicht. Ich warte, bis es von sich aus vom Schoß der Eltern herunter möchte. Während es meine Spielsachen mustert, schiebe ich langsam einen der Lastwagen in seine Richtung. Beginnt es mit ihm zu spielen, hole ich noch einen heran. Wenn das Kind mich anblickt, schaue ich es noch immer nicht direkt an, sondern nur in seine Richtung. Unterdessen unterhalte ich mich mit den Eltern. Ich brauche also nicht eigens Zeit in diese Versuche zu investieren, eine Beziehung zu dem Kind zu knüpfen.

Sobald wir beide dann angefangen haben, die Lastwagen zwischen uns hin- und herzuschieben und Bemerkungen über sie auszutauschen, ist das Kind bereit, sich untersuchen zu lassen. Es sitzt dabei *auf dem Schoß der Eltern*. Ich lasse das Kind zuerst mich untersuchen und meine Brust abhören. Das Kind erkennt, daß ich die Untersuchung mit ihm zusammen vornehmen möchte. Es spürt auch, daß ich ihm nicht zu nahe treten will und auf seine ganz natürliche Angst vor der Untersuchung Rücksicht nehme. So legen wir das Fundament für eine dauerhafte Beziehung.

In Gegenwart des Kindes spreche ich zu den Eltern über sein Temperament und über seine Art zu spielen. Das Kind spürt, daß ich es verstehe, und hört mir zu. Bei allem, was wir zu bereden haben, ist das Kind stets dabei, und ich versuche meine Ausdrucksweise auf es auszurichten. Ich möchte, daß es erfaßt, worüber wir reden. Keine Geheimnistuerei! Wenn ich es impfen muß, bereite ich es darauf vor und ermutige es, zu schreien und das Ganze nicht widerstandslos über sich ergehen zu lassen. Nachdem es die Prozedur überstanden hat, beglückwünsche ich es zu diesem Erfolg.

Ist das Kind dann vier oder fünf Jahre alt, rege ich es an, mir selber Fragen zu stellen und mich anzurufen. Das wird es zunächst noch nicht tun. Aber mit sechs oder sieben ist es dann soweit, mit mir über seine Krankheit zu sprechen. Wenn es älter wird, möchte es vielleicht auch unter vier Augen mit mir sprechen. Wir vertrauen uns dann gegenseitig Dinge an, die wir in der „Dreiecksbeziehung" mit den Eltern nicht behandeln könnten. Wenn es aber die Eltern immer noch dabeihaben will, nehme ich Rücksicht darauf. Doch selbst dann spreche ich *mit dem Kind*.

Ein Kind von vier oder sechs Jahren fordere ich niemals auf, die Unterhose auszuziehen. Um den Genitalbereich zu untersuchen, kann ich die Hose kurz herunterziehen. Ich weiß, daß ein Kind in diesem Alter eine minuziöse Untersuchung als Übergriff empfindet. Aus demselben Grund benutze ich bei Mädchen in der Pubertät kein Scheiden-Spekulum.

Das Kind würde es auch als zudringlich empfinden, wenn ich einen Mundspatel benutze, um ihm in den Hals zu schauen. Ich kann den Nasenrachenraum ausreichend gut sehen, wenn es mein „Aah" nachmacht, und ich kann die seitlichen Mundpartien mit einem weniger symbolträchtigen Instrument untersuchen, zum Beispiel mit einem Löffel.

In der Vorpubertät spreche ich mit dem Kind lieber unter vier Augen. Ich achte auf Signale dafür, ob ihm etwas größere Schwierigkeiten macht. Vielleicht will es nicht mit mir darüber reden, aber ich weiß, daß es in diesem Alter um bestimmte Fragen nicht herumkommt. Ein Kind muß sich heutzutage schon vor der Pubertät, wenn ihm das nötige Verständnis dafür eigentlich noch fehlt, mit Drogen und Sex auseinandersetzen. Wenn es mit mir darüber sprechen möchte, kann ich ihm helfen, sich ein realistischeres Bild von diesen Dingen zu machen und ungeachtet des Drucks von Gleichaltrigen seinen eigenen Weg zu gehen.

Oft schüttelt das Kind, wenn ich es etwas frage oder es bitte, Vertrauen zu mir zu haben, schüchtern den Kopf. Ich sage dann: „Dein Kopf sagt Nein, aber deine Augen sagen Ja. Sag mir, wonach ich gehen soll." Dann bin ich still und warte, ob eine Antwort kommt. Bis Kinder, die vor oder in der Pubertät stehen, sich öffnen, muß ich viel Geduld aufbringen und immer neue Anläufe machen. Aber sie wissen, daß ich auf ihrer Seite bin. In späteren Jahren geben sie mir dann zu erkennen, wie gut ihnen mein einfühlsames Vorgehen getan hat.

Wie ich in Kapitel 14 angedeutet habe, halte ich es für sinnvoll, mit einem kranken Kind alles zu besprechen, was ich über seine Krankheit weiß. Ich möchte, daß es bei der Bewältigung seiner Krankheit eine aktive Rolle übernimmt. Wenn ich ihm bei einem Anruf oder im direkten Gespräch einen Rat gebe und es ihn mit Erfolg umsetzt, ist das eine eindrückliche Erfahrung für das Kind. Ich gratuliere ihm dann dazu: „Siehst du, dir war klar, was zu tun ist – und es hat gewirkt!"

Wenn ein Schulkind zu mir kommt, stelle ich immer Fragen zur Schule, zum Beispiel so:

„Wie heißt denn deine Klassenlehrerin?" Keine Antwort.

„Bist du bei einer Frau oder bei einem Mann?"

„Bei einer Frau natürlich."

„Fragt sie dich manchmal was?"

„Ja klar."

„Weißt du dann die Antwort?"

„Manchmal."

„Hast du manchmal Angst?"

„Ja, schon."

„Was machst du dann?"

„Ich heule." Das ist sehr aufschlußreich für mich.

„Mit welchem Kind verstehst du dich denn am besten?" Keine Antwort.

„Ist es ein Junge oder ein Mädchen?"

„Ein Mädchen natürlich."

„Heißt sie Andrea?"

„Nein, Susi."

„Geht Susi gern zu ihrem Doktor?"

543

„Nein!"

„Ich weiß genau, Susi redet auch nicht mit ihm." Gelächter.

Jetzt ist das Eis gebrochen, und wir können beginnen, uns – nicht mit Worten, sondern mit Gesten und im Spiel – zu verständigen.

Wenn das Kind sich für die Untersuchung auszieht, biete ich ihm an, ihm dabei zu helfen. Falls es mir gestattet, ihm die Schuhe und Strümpfe auszuziehen, ist das ein Vertrauensbeweis. Darf ich einem Kind beim An- oder Ausziehen behilflich sein, so kann ich auf eine beständige freundschaftliche Beziehung rechnen.

Bei jedem Termin versuche ich, Anteil am Leben des Kindes zu nehmen. Ich versuche mit ihm ins Gespräch über seine Geschwister, seine Lehrer, seine Freunde und über die Schule zu kommen. Wenn es das Alter erreicht, wo es sich für Sport oder Musik interessiert, unterhalten wir uns darüber. Dabei bin ich aber nicht darauf aus, ihm Informationen zu entlocken; ich versuche das deutlich zu machen, indem ich interessiert frage, mich aber nicht aufdränge. Mir geht es darum, zu dem Kind in Beziehung zu treten und es wissen zu lassen, daß ich ihm zugetan bin. In meinen Unterlagen notiere ich mir, welche Dinge ihm Sorgen machen. Wenn ich beim nächsten Mal gleich damit beginne, finden wir rasch wieder eine gemeinsame Ebene.

Solche *Gespräche* unter vier Augen sind von ganz besonderem Wert. Gelingt es mir, unsere Beziehung dabei jedesmal weiter zu vertiefen, wird das Kind mich als „seinen" Doktor betrachten. Das ist mein Ziel.

Wenn die Eltern mit einem acht- oder neunjährigen Kind zu mir kommen, möchte ich zumindest eine Zeitlang allein mit ihm reden. Ich bin froh, wenn es mir so viel Vertrauen entgegenbringt, daß es mir von der Schule, von seinem Kopfweh oder Bauchweh, seinen Ängsten und seinen Freundschaften erzählt.

Wenn Kinder elf oder zwölf Jahre alt sind, sollte unsere Beziehung es erlauben, daß ich über ihre erwachende Sexualität spreche. Wissen sie, was da mit ihnen vor sich geht? Kann ich ihnen, nachdem sie mit ihren Eltern darüber gesprochen haben, noch irgendwelche Fragen beantworten?

Wird in der Schule über das Thema Drogen gesprochen? Wissen sie darüber Bescheid? Haben sie irgendwelche Fragen dazu, die wir besprechen können? Meinem Eindruck nach setzen Kinder sich heute schon vor der Pubertät mit Fragen auseinander, die vor fünfzehn Jahren erst die Jugendlichen beschäftigt haben. Die inneren Konflikte, die sie durchzustehen haben, äußern sich oft nur darin, daß sie Kopfschmerzen oder Bauchschmerzen haben oder in der Schule fehlen. Wenn sie Vertrauen zu mir haben, sagen sie vielleicht: „Ich weiß, daß ich mich bald mit Drogen und Sex auseinandersetzen muß, aber ich habe ja überhaupt noch keine Ahnung davon!" Ich bin offen für ihre Nöte. Ich möchte jemand sein, dem sie sich mitteilen können. Antworten habe ich keine parat, aber wir können über Möglichkeiten sprechen, mit diesem Streß umzugehen.

Wenn wir schon vor der Pubertät miteinander über solche Probleme reden, bin ich dann später für die Jugendlichen eine Anlaufstelle, wo sie unbefangen ihre Fragen zum Experimentieren mit Drogen, zu AIDS und zu dem Gruppendruck loswerden können, der heutzutage so schwer auf ihnen lastet. Weil wir schon viele *Auftakte* in ihrer Entwicklung gemeinsam gemeistert haben, wenden die Jugendlichen sich auch jetzt an mich, so daß sich alle bisherigen Anstrengungen auszahlen.

Neulich kam eine vierzehnjährige Patientin zu mir, die in den ersten Schuljahren schwer zu kämpfen hatte. Sie hat ausgeprägte Lernbehinderungen und brauchte während der ganzen Zeit Förderunterricht. Wie viele andere vor ihr lernte sie schließlich, mit ihren Behinderungen umzugehen, und hat nun keine Nachhilfe mehr nötig.

„Lilly, ich bin so stolz auf dich. Du hast dich mächtig angestrengt, und jetzt bist du endlich über diese Lernprobleme weg, die dir das Leben schwergemacht haben!"

Ihr stiegen die Tränen in die Augen. „Doktor Brazelton, Sie verstehen also wirklich, was das für mich bedeutet?" Dieser Satz war all die Arbeit wert, die wir in unsere Beziehung gesteckt hatten.

Wenn Kinder ins Krankenhaus müssen, ist es ganz besonders wichtig, daß der Arzt ihnen erklärt, warum das nötig ist und was auf sie zukommt. Wir haben festgestellt, daß ein Kind im Krankenhaus weniger Angst hat, wenn es zuvor auf den im voraus geplanten Aufenthalt oder auch auf die durch eine akute Erkrankung erforderliche Einweisung ausreichend vorbereitet wird (siehe Kapitel 25). Es wird auch schneller wieder gesund, und die Angstsymptome verlieren sich daheim rascher. Für die meisten Eltern ist die Vorstellung, von ihrem Kind getrennt zu werden, so schrecklich, daß ein Arzt ihnen helfen muß, sich diesem Trauma zu stellen, damit sie das Kind angemessen auf das Krankenhaus vorbereiten können. Ich bin natürlich der Meinung, daß der Arzt dafür kämpfen sollte, daß die Eltern das Kind ins

Krankenhaus begleiten können und so oft wie möglich bei ihm sind. Obgleich das Kind dort in der Obhut verschiedener Spezialisten ist, besuche ich die Eltern stets, um ihnen seine Krankheit und die eingesetzten Behandlungsmethoden zu erläutern.

In meiner Praxis ist meine schönste Belohnung am Ende eines arbeitsreichen Tages, wenn ein Kind glucksend vor Vergnügen hereinstürmt, um mich und meine Spielsachen zu besuchen. Ich weiß dann, daß wir gut miteinander auskommen werden.

Sich die Verantwortung teilen

Ich würde Ihnen raten, auf eine solche vertrauensvolle, von gegenseitigem Respekt geprägte Beziehung zwischen Ihrem Kind und seinem Arzt hinzuarbeiten. Auch Sie müssen dazu Ihren Teil beitragen. Wenn Sie mit den Worten „Gleich fängt er an zu weinen" oder „Zum Arzt geht sie gar nicht gern" ins Sprechzimmer treten, bringt Sie das nicht weiter. Sie verunsichern das Kind und den Arzt in ihrem Bemühen, einander näherzukommen. Sie sollten vielmehr dem Kind ein Gefühl der Sicherheit vermitteln, indem Sie ihm vorher schildern, was beim Arzt wohl geschehen wird. Betonen Sie, daß Sie dabeisein werden, daß das Kind zu *seinem* Arzt geht, der ihm wohlgesonnen ist, und daß er weiß, wie er ihm helfen kann. Ich bin immer wieder überrascht, wie sehr ein Kind an Selbstachtung gewinnt, wenn es lernt, mir zu vertrauen.

In der Zusammenarbeit zwischen Eltern und Kinderarzt müssen beide Seiten lernen, was sie voneinander erwarten können und was nicht. Sie sollten einander Respekt entgegenbringen. Eltern wie Arzt haben dasselbe Ziel – ein gesundes Kind, das auf die eigenen Fähigkeiten vertraut!

Über den Autor

Dr. med. T. Berry Brazelton, Gründer der Abteilung für Entwicklung des Kindes am Bostoner Kinderkrankenhaus, ist emeritierter Klinischer Professor für Kinderheilkunde der Medizinischen Fakultät an der Harvard University. Derzeit ist er Professor für Kinderheilkunde und Entwicklungslehre an der Brown University. Er war Präsident der Gesellschaft für Entwicklungsforschung und des Nationalen Zentrums der klinischen Behandlungsprogramme für Kleinkinder. Die US-amerikanische Akademie für Kinderheilkunde hat Dr. Brazelton mit dem C.-Anderson-Aldrich-Preis für herausragende Leistungen auf dem Gebiet der Entwicklung des Kindes ausgezeichnet.

Er hat über 35 Jahre als Kinderarzt praktiziert und das Konzept der „vorgreifenden Beratung" von Eltern („anticipatory guidance") in die pädiatrische Ausbildung eingeführt. Er ist Autor von über 200 Fachveröffentlichungen und hat 24 Bücher verfaßt, sowohl wissenschaftliche als auch allgemeinverständliche. Standardwerke sind mittlerweile *Babys erstes Lebensjahr* und *Mein Kind verstehen*. Die *Brazelton Neonatal Behavioral Assessment Scale* (Skala zur Beurteilung des Verhaltens von Neugeborenen) wird in über 500 Krankenhäusern der USA und in 25 weiteren Ländern verwendet.

Literaturverzeichnis

Abrams, Richard S. *Will It Hurt the Baby? The Safe Use of Medications during Pregnancy and Breastfeeding.* Reading, Mass.: Addison-Wesley, 1990.

Alexander, Terry Pink. *Make Room for Twins.* New York: Bantam Books, 1987.

Ames, Louise Bates, et al. *The Gesell Institute's Child from One to Six.* New York: Harper & Row, 1979.

Ames, Louise Bates, und Juan Chase. *Don't Push Your Preschooler.* New York: Harper & Row, 1981.

Baron, Naomi. *Growing Up with Language.* Reading, Mass.: Addison-Wesley, 1992.

Bowlby, John. *Bindung. Eine Analyse der Mutter-Kind-Beziehung.* Frankfurt am Main: Fischer-Taschenbuch-Verlag, 1986.

– *Trennung. Psychische Schäden als Folge der Trennung von Mutter und Kind.* Frankfurt am Main: Fischer-Taschenbuch-Verlag, 1986.

– *Verlust, Trauer und Depression.* Frankfurt am Main: Fischer-Taschenbuch-Verlag, 1991.

Boston Children's Hospital. *The New Child Health Encyclopedia: The Complete Guide for Parents.* New York: Delacorte Press/Lawrence, 1987.

Brazelton, T. Berry. *Babys erstes Lebensjahr. Unterschiede in der geistigen und körperlichen Entwicklung. Ein Ratgeber für junge Eltern.* München: Deutscher Taschenbuch-Verlag, 1985.

– *Neonatal Behavioral Assessment Scale.* 2. Auflage. Philadelphia: Lippincott, 1984.

– *On Becoming a Family.* Durchgesehene Neuauflage. New York: Delacorte Press/Lawrence, 1992.

– *Toddlers and Parents.* Durchgesehene Neuauflage. New York: Delacorte Press/Lawrence, 1989.

– *Mein Kind verstehen: Entwicklungsprobleme der ersten Lebensjahre.* München: Piper, 1988.

– *Und was ist mit den Kindern? Beruf und Kind – Beispiele, Erfahrungen, Hilfen für berufstätige Mütter und Väter.* München: Piper, 1989.

Brazelton, T. Berry und Bertrand G. Cramer. *Die frühe Bindung: Die erste*

Beziehung zwischen dem Baby und seinen Eltern. Stuttgart: Klett-Cotta, 1991.

Brooks, Joae Graham, und Mitarbeiter und Mitarbeiterinnen des Boston Children's Hospital. *No More Diapers!* Durchgesehene Neuauflage. New York: Delta/Lawrence, 1991.

Brown, Roger. *A First Language.* Cambridge, Mass.: Harvard University Press, 1973.

Bruner, Jerome S. *Wie das Kind sprechen lernt.* Bern: Huber, 1987.

Chess, Stella, und Alexander Thomas. *Know Your Child.* New York: Basic Books, 1987.

Cramer, Bertrand. *Frühe Erwartungen: Unsichtbare Bindungen zwischen Mutter und Kind.* München: Kösel, 1991.

Dixon, Suzanne, und Martin Stein, Hg. *Encounters with Children.* St. Louis: Mosby-Year Book, 1987.

Dunn, Judy, und Robert Plonim. *Separate Lives: Why Siblings Are So Different.* New York: Basic Books, 1990.

Erikson, Erik H. *Kindheit und Gesellschaft.* Stuttgart: Klett-Cotta, 1992.

Featherstone, Helen. *A Difference in the Family: Life with a Disabled Child.* New York: Basic Books, 1980.

Feinbloom, Richard I. *Pregnancy, Birth and the Early Months.* 2. Auflage. Reading, Mass.: Addison-Wesley/Lawrence, 1992.

Ferber, Richard. *Solve Your Child's Sleep Problem.* New York: Simon & Schuster, 1986.

Fraiberg, Selma. *Die magischen Jahre in der Persönlichkeitsentwicklung des Vorschulkindes. Psychoanalytische Erziehungsberatung.* Reinbek bei Hamburg: Rowohlt, 1991.

Galinsky, Ellen. *The Six Stages of Parenthood.* Reading, Mass.: Addison-Wesley/Lawrence, 1987.

Gilman, Lois. *The Adoption Resource Book.* Durchgesehene Neuauflage. New York: Harper & Row, 1987.

Goodman, Joan. *When Slow Is Fast Enough.* Vorwort von Robert Coles. New York: Guilford Press, 1992.

Greenspan, Stanley J. *Das Erwachen der Gefühle. Die emotionale Entwicklung des Kindes.* München: Piper, 1988.

Grollman, Earl. *Explaining Death to Children.* Boston: Beacon Press, 1964.

Holt, John. *Learning All the Time.* Reading, Mass.: Addison-Wesley/Lawrence, 1989.

Hopson, Darlene P., und Derek S. Hopson. *Different and Wonderful: Raising Black Children in a Race-Conscious Society*. Vorwort von Alvin F. Poussaint. New York: Simon & Schuster, 1992.

Huggins, Kathleen. *Das große Buch vom Stillen. Ihr Begleiter durch alle Phasen der Stillzeit*. Stuttgart: TRIAS, 1993.

Kagan, Jerome. *Die Natur des Kindes*. München: Piper, 1987.

Klaus, Marshall H., und John Kennell. *Parent-Infant Bonding*. St. Louis: Mosby, 1982.

Klaus, Marshall H. und Phyllis H. Klaus. *Neugeboren. Das Wunder der ersten Lebenswochen*. München: Kösel, 1988.

Klaus, Marshall H., John Kennell und Phyllis H. Klaus. *Mothering the Mother: How a Doula Can Help You Have a Shorter, Easier and Healthier Birth*. Reading, Mass.: Addison-Wesley/Lawrence, 1993.

Konner, Melvin. *Childhood*. Boston: Little, Brown, 1991.

Leach, Penelope. *Babyhood*. New York: Knopf, 1976.

LeShan, Eda. *Learning to Say Goodbye: When a Parent Dies*. Boston: Atlantic Monthly Press, 1986.

Mahler, Margaret S., Fred Pine und Anni Bergman. *Die psychische Geburt des Menschen: Symbiose und Individuation*. Frankfurt am Main: Fischer-Taschenbuch-Verlag, 1992.

Manginello, Frank, und Theresa Digeronimo. *Your Premature Baby*. New York: Wiley & Sons, 1991.

Nelson, Katherine, (Hg.). *Narratives from the Crib*. Cambridge, Mass.: Harvard University Press, 1989.

Nilsson, Lennart. *Ein Kind entsteht: Bilddokumentation über die Entwicklung des Lebens im Mutterleib*. (Fotos: Lennart Nilsson, Text: Lars Hamberger.) München: Mosaik, 1984.

Plaut, Thomas H. *Children with Asthma*. 2. Auflage. Amherst, Mass.: Pedipress, 1989.

Rosen, M. *Stepfathering*. New York: Ballantine Books, 1987.

Sammons, W., und J. Lewis. *Premature Babies: A Different Beginning*. St. Louis: Mosby, 1986.

Schorr, Lisbeth, und Daniel Schorr. *Within Our Reach: Breaking the Cycle of Disadvantage*. New York: Doubleday, 1989.

Spock, Benjamin und Michael B. Rothenberg. *Säuglings– und Kinderpflege*. Frankfurt am Main: Ullstein, 1988.

Stallibrass, Alison. *The Self-Respecting Child*. Einführung von John Holt. Reading, Mass.: Addison-Wesley/Lawrence, 1989.

Stern, Daniel. *The First Relationship*. Cambridge, Mass.: Harvard University Press, 1977.

Treyber, Edward. *Helping Your Child with Divorce*. New York: Pocket Books, 1985.

Turecki, Stanley. *Das lebhafte Kind – fordernd und begabt. Ein Ratgeber für Eltern und Erzieher*. München: Droemer Knaur, 1988.

Viorst, Judith. *Mut zur Trennung. Menschliche Verluste, die das Leben sinnvoll machen*. München: Heyne, 1990.

Wallerstein, Judith. *Gewinner und Verlierer: Frauen, Männer, Kinder nach der Scheidung. Eine Langzeitstudie*. München: Droemer Knaur, 1992.

Whiting, Beatrice, und Carolyn Pope Edwards. *Children of Different Worlds: The Formation of Social Behavior*. Cambridge, Mass.: Harvard University Press, 1988.

Winnicott, Donald W. *Babys und ihre Mütter*. Stuttgart: Klett-Cotta, 1990.

– *Kind, Familie und Umwelt*. München: E. Reinhardt, 1976.

– *Talking to Parents* (Einführung von T. Berry Brazelton) Reading, Mass.: Addison-Wesley/Lawrence, 1993.

Zigler, Edward, und Mary Lang. *Child Care Choices*. New York: Free Press, 1991.

Weitere Literatur

In einigen Fällen sind die Bücher, auf die T.B. Brazelton sich bezieht, zwar nicht ins Deutsche übersetzt, dafür aber thematisch ähnliche Werke derselben Autorinnen und Autoren. Neben diesen Titeln enthält die folgende Liste weitere Bücher von Brazelton. – Der Übersetzer.

Boston Children's Medical Center. *Schwangerschaft, Geburt und Säuglingspflege*. (Hg. der deutschen Ausgabe: Klemens Stehr und Norbert Lang.) München: Piper, 1992.

Brazelton, T. Berry. *Unser Kind wird selbständig. Das zweite und dritte Lebensjahr*. München: dtv, 1994.

– *Zerreißproben. Familienkrisen und wie sie bewältigt werden können*. München: Piper, 1991.

– *Die ganz normalen Katastrophen. Das gesunde und das kranke Kind in den ersten Lebensjahren*. München: Piper, 1990.

Dunn, Judy. *Lust und Unbehagen beim Kleinkind*. Stuttgart: Klett-Cotta, 1978.

Grollman, Earl A. *Mit Kindern über den Tod sprechen: ein Ratgeber für Eltern*. Konstanz: Christliche Verlags-Anstalt, 1991.

Holt, John. *Zum Teufel mit der Kindheit! Über Bedürfnisse und Rechte der Kinder*. Wetzlar: Büchse d. Pandora, 1977.

Leach, Penelope. *Die ersten Jahre deines Kindes*. Bern: Hallwag, 1989.

Stern, Daniel N. *Tagebuch eines Babys: was ein Kind sieht, spürt, fühlt und denkt*. München: Piper, 1991.

Anhang

Dr. M. Karle (siehe S. 9) stellte seinen Kommentaren zu einzelnen Fragen und Themenkomplexen die folgenden allgemeinen Hinweise voran:

Der von Brazelton beschriebene *ideale All-round-Mediziner* wird schwer zu finden sein. Fest steht jedoch, daß Kinderärzte in ihrer Weiterbildungszeit (also nach Abschluß des allgemeinen Medizinstudiums) auch einiges über die psychische Entwicklung von Kindern und über familiäre Beziehungen erfahren. Speziell für Kinderärzte gibt es in Deutschland eine Fortbildung zum Psychotherapeuten. Es handelt sich dabei um das sogenannte Brühler Modell, von Herrn Professor Dr. Biermann initiiert und jetzt von Herrn Prof. Dr. Endres in München fortgeführt. Darüber hinaus finden sich in den jährlich stattfindenden Fortbildungsveranstaltungen des Berufsverbandes (Brixen im Frühjahr, Bad Orb im Herbst) immer wieder entsprechende Fortbildungsmöglichkeiten. Die Deutsche Gesellschaft für Kinderheilkunde tagt jährlich zusammen mit der Deutschen Gesellschaft für Sozialpädiatrie. In bestimmten Abständen werden auch Referenten zu kinder- und jugendpsychiatrischen Fragen und Themenkomplexen eingeladen. Zahlreiche Kinderärzte besuchen die vom Berufsverband der Kinder- und Jugendpsychiater angebotenen Fortbildungsmöglichkeiten. Gerade bei Kinderärzten läßt sich eine große Offenheit in bezug auf psychologische Fragestellungen erkennen.

Die *Säuglingspsychiatrie* hat in Deutschland – im Unterschied zum Beispiel zu Frankreich – kaum Tradition. Inhaltlich wäre sie zu beschreiben als eine Disziplin, die sich mit Schrei-, Eß- und Schlafproblemen von Säuglingen beschäftigt, und zwar unter spezieller Berücksichtigung familiärer Interaktionen und unter Einbeziehung von Phantasien der Eltern. Es gibt in Deutschland nur wenige Stellen, die sich gezielt mit solchen Problemen beschäftigen. Zu nennen wäre das Ehepaar Papousek vom Kinderzentrum in München mit ihrer „Münchner Sprechstunde für Schreibabys", Professor Stork von der Poliklinik für Kinder- und Jugendpsychotherapie der Technischen Universität München und die Beratungsstelle „Menschenskind" in Hamburg.

Darüber hinaus haben sich einige psychosomatische Abteilungen und Kinderkliniken auf diese Fragestellungen spezialisiert, zum Beispiel am Eppendorfer Krankenhaus in Hamburg und an der Universitätskinderklinik in München. Anzunehmen ist, daß sich die Zahl solcher Abteilungen in Zukunft stark vermehren wird. Bislang gibt es allerdings noch keinen „Säuglings-Psychiater", wie es zum Beispiel einen „Kinderkardiologen" gibt.

Zentren für verhaltensmedizinische Kinderheilkunde gibt es in Deutschland kaum. Dies hängt unter anderem damit zusammen, daß die Verhaltensmedizin noch nicht in vollem Maß etabliert ist. Es gibt bislang keinen geregelten Ausbildungsgang. Doch ist hier einiges in Bewegung, und es gibt zum Beispiel Überlegungen, einen Zusatztitel Verhaltensmedizin, vergleichbar dem Zusatztitel „Psychotherapie", zu schaffen.

Einzelne Abteilungen an Kinderkliniken, an denen chronisch kranke Kinder behandelt werden, arbeiten nach einem verhaltenstherapeutischen Ansatz. Meist ist dies an die Person des Abteilungsleiters gebunden.

Zentren für Kinder und Jugendliche gibt es bislang bei uns nicht. Verschiedene Projekte sind geplant, unter anderem soll im Caritas-Haus in Feldberg eine Abteilung für Kinder und Jugendliche zum Beispiel mit Asthma Bronchiale, Neurodermitis, hyperkinetischem Syndrom u.ä. entstehen. Verhaltenstherapeutisch ausgerichtete Kliniken für Erwachsene gibt es in Deutschland dagegen in großer Zahl.

Eltern, die sich *generell* über die Entwicklung ihres Babys bzw. über Fragen der familiären Interaktion informieren möchten, wenden sich am besten an Mütterberatungsstellen, Mütterzentren, Familienbildungsstätten, Elternschulen oder Volkshochschulen.

Haben Eltern *spezielle* Fragen oder Probleme, so sollte die primäre Anlaufstelle der Kinderarzt sein. In Deutschland gibt es – im Unterschied zu den USA – ein breites Netz von kinderärztlichen Praxen, das eine gute Versorgung bietet. Auch bei psychischen Störungen bzw. psychomotorischen Auffälligkeiten sollten sich die Eltern zunächst an ihren Kinderarzt wenden. Dieser wird dann die erforderlichen Schritte veranlassen: ob es sich nun um einige Beratungsgespräche handelt, um eine ergotherapeutische oder heilpädagogische Behandlung oder eine Spieltherapie. Falls der Kinderarzt entsprechend ausgebildet ist oder zum Beispiel einen Psychologen oder eine Kinder- und Jugendlichentherapeutin in der Praxis hat, kann es sein, daß er eine solche Therapie auch selbst anbietet.

Eltern können sich auch direkt an Kinder- und Jugendpsychiater bzw. Kinder- und Jugendpsychotherapeuten bzw. an die Ambulanzen von Kinderkliniken bzw. an Kinder- und Jugendpsychiatrien wenden; bei letzteren ist allerdings in einigen Fällen die Überweisung durch einen niedergelassenen Arzt erforderlich.

Es gibt eine Vereinbarung der kassenärztlichen Bundesvereinigung (KBV) mit den Angestellten-Krankenkassen vom 1.7.1994 („Sozialpsychiatrie-Vereinbarung"), die teilweise von den Primärkassen übernommen worden ist (zum Beispiel AOK Bayern, AOK Rheinland). Dieser Vereinbarung zufolge ist die Einbeziehung nichtärztlicher Berufsgruppen (Ergotherapeuten, Logopäden, Heilpädagogen u.a.) jetzt auch formell möglich. De facto hat es eine Zusammenarbeit zwischen Kinderärzten und insbesondere zwischen Kinder- und Jugendpsychiatern und den genannten Berufsgruppen allerdings schon immer gegeben.

Anmerkungen
zu einzelnen Fragestellungen

Seite 10

Die Situation in Deutschland unterscheidet sich in diesem Punkt grundlegend von der Situation in den USA. Eine Kontaktaufnahme mit dem Kinderarzt noch während der Schwangerschaft erfolgt in aller Regel nicht. Die erste Untersuchung des Kindes unmittelbar nach der Geburt (U 1) erfolgt meist durch Ärzte der Frauenklinik. Die ausführliche Neugeborenen-Basisuntersuchung (U 2) zwischen dem 3. und 10. Lebenstag wird durch einen Kinderarzt vorgenommen. In größeren Häusern sind dies meist Kollegen aus der pädiatrischen Abteilung. Sonst kann es auch sein, daß niedergelassene Kinderärzte diese Untersuchung durchführen.

Bei der Geburt bekommt jedes Kind ein sogenanntes Kinder-Untersuchungheft (auch Vorsorgeheft oder gelbes Heft genannt), auf dem die Termine für die insgesamt 9 Vorsorgen in den ersten 64 Lebensmonaten vermerkt sind. Die Abstände sind anfänglich kürzer und werden dann länger. In der Regel wählen die Eltern ab der U 3 (4. bis 6. Lebenswoche) „ihren" Kinderarzt (dies kann auch ein Hausarzt mit entsprechender Qualifikation sein). Viele der von Brazelton diskutierten Fragen werden an diesem Termin von den Eltern gestellt (und beantwortet).

Seiten 16, 34, 80 und 95

„Praxisschwestern" in dem von Brazelton gemeinten Sinne sind in Deutschland unüblich. In der Regel beschäftigen niedergelassene Ärzte Arzthelferinnen oder bilden diese aus. Abhängig von ihrer Erfahrung können sie den Eltern natürlich Tips geben, jedoch ist diese Funktion in keiner Weise institutionalisiert.

Seite 43

Ein solches Vorgehen wäre eventuell auch bei uns im Rahmen einer Hausgeburt bzw. ambulanten Geburt zu überlegen.

Seite 44 ff.

Die Untersuchung auf Lebensfähigkeit unmittelbar nach der Geburt erfolgt durch den Geburtshelfer, die ausführliche Neugeborenen-Basisuntersuchung zwischen dem 3. und 10. Lebenstag durch einen erfahrenen Kinderarzt aus der Klinik oder der Praxis. Bei dieser Untersuchung werden häufig auch Skalen zur Beurteilung des Verhaltens von Neugeborenen angewandt. Es muß sich hierbei nicht um die von Brazelton erwähnten NBAS (vgl. S. 44) handeln, vielmehr werden häufig eigene Entwicklungsskalen bzw. von der NBAS abgeleitete verwendet. Diese Untersuchung wird von einem Kinderarzt aus der Klinik vorgenommen, der später nicht der weiterbehandelnde bzw. betreuende Kinderarzt ist, so daß von einer »zweiten Begegnung« (siehe S. 64) hier nicht gesprochen werden kann.

Einmal abgesehen von den doch eher seltenen Hausgeburten und auch von den häufigeren ambulanten Geburten, bei denen die Mutter kurz nach der Geburt die Klinik wieder verlassen kann, hat eine Mutter Anspruch auf einen Klinikaufenthalt von sechs Tagen nach einer normalen vaginalen Entbindung und von zehn Tagen nach einem Kaiserschnitt.

Seite 62

„Wehenbegleiterinnen" sind bei uns nicht bekannt. In Deutschland werden die Gebärenden primär durch Hebammen geleitet und betreut, während der Arzt die Rolle eines „Geburtshelfers" einnimmt und bei einer komplikationslosen Geburt nicht unbedingt vonnöten ist. In den USA ist allerdings in einigen Staaten die Tätigkeit von Hebammen untersagt, so daß ärztliches Personal diese Rolle übernimmt.

Seite 72

Bei der Diskussion um den plötzlichen Säuglingstod (SIDS) ist es auch zu heftigen Auseinandersetzungen um die „richtige" Lagerung des Säuglings gekommen. Die lebhaften Diskussionen haben insofern zu einem Konsens geführt, als man übereingekommen ist, daß man die Bauchlage im Schlaf nicht forcieren sollte.

Seite 96

Aufgrund des andersgearteten Vorsorgesystems gehen in Deutschland die Eltern in der Regel zwischen der vierten und sechsten Lebenswoche (anläßlich der Vorsorgeuntersuchung U 3) das erste Mal mit ihrem Kind zum Kinderarzt oder einem kinderärztlich ausgebildeten Hausarzt.

Seite 111
Bei uns ist der Mutterschutz gesetzlich geregelt: sechs Wochen vor der Geburt bis acht bzw. zwölf Wochen nach der Geburt. Darüber hinaus haben die Eltern, Vater oder Mutter, bis zum 3. Geburtstag Anspruch auf Erziehungsurlaub und Erziehungsgeld, wobei Vater und Mutter den Urlaub abwechselnd nehmen können.

Seite 118
Der „American Academy of Pediatrics" entspricht die Deutsche Gesellschaft für Kinderheilkunde. Die Ernährungskommission dieser Gesellschaft empfiehlt, Säuglinge vier Monate lang ausschließlich zu stillen, Kinder mit einem Allergie-Risiko sechs Monate lang. Danach wird die Einführung von Beikost empfohlen, wobei das Abstillen immer auch durch vielfältige andere Faktoren psychologischer, sozialer oder kultureller Art bestimmt sein wird (Siehe auch S. 218).

Seite 157
In Deutschland gibt es im Alter von 9 Monaten keine Vorsorgeuntersuchung. Die U 5 findet zwischen dem 6. und 7. Lebensmonat statt, die U 6 zwischen dem 10. und 12. Lebensmonat.

Seite 181
Im Durchschnitt kann bei uns ein Kind mit 15 Monaten frei laufen. Auch das Erlernen des freien Laufens bis zum 18. Lebensmonat gilt noch als normal.

Seiten 184 und 255
Das Empfehlen von Multivitamin-Tabletten entspricht einer typisch amerikanischen Einstellung, die bei uns nicht so verbreitet ist.

Seiten 300 und 348
Wie bereits erwähnt, ist der Berufsstand der Praxisschwester in Deutschland unüblich. Die Vermittlung einer Therapie verläuft im allgemeinen bei uns wie von Brazelton beschrieben. Etwas detaillierter

kann folgendes ausgeführt werden: Üblicherweise wenden sich die Eltern zunächst an ihren Haus- oder Kinderarzt sowohl mit körperlichen wie auch mit seelischen Problemen. Dieser Weg ist durchaus sinnvoll. Viele Kinderärzte haben eine psychotherapeutische Weiterbildung (Zusatztitel: „Psychotherapie"), und einige von ihnen bieten auch spezielle Termine an, an denen sie sich länger für die Familie Zeit nehmen können. Die Eltern können sich auch primär an einen niedergelassenen Kinder- und Jugendpsychiater wenden oder an Kinder- und Jugendlichenpsychotherapeuten bzw. -psychologen. In den beiden letztgenannten Fällen ist es manchmal dann noch nötig, daß ein Arzt mit entsprechender Qualifikation gegenüber der Krankenkasse einen Antrag auf Durchführung einer Psychotherapie stellt (sogenanntes Delegationsverfahren).

Natürlich können sich die Eltern auch an die Ambulanz bzw. Poliklinik einer Kinderklinik bzw. Kinder- und Jugendpsychiatrie wenden.

Die o.g. diagnostischen und therapeutischen Maßnahmen werden durch die Krankenkassen finanziert. Daneben besteht für die Eltern noch die Möglichkeit, sich an eine Beratungsstelle zu wenden. Hierbei muß allerdings bedacht werden, daß diese oft mehr mit den Eltern als mit dem Kind direkt arbeiten und daß hier häufig – abhängig vom Einkommen – ein Zuschuß zur Therapie bezahlt werden muß.

Der Weg zu einer Psychotherapie ist, unabhängig von der zugrundeliegenden Diagnose, seien es nun Ängste, Depressionen, Zwänge oder auch dissoziales Verhalten (Diebstähle etc.), immer der gleiche.

Seite 301
Die erste Anlaufstation für Eltern, deren Kind eine Entwicklungsverzögerung oder Entwicklungsbehinderung zeigt, sollte der betreuende Haus- oder Kinderarzt sein. Dieser wird die erforderliche Diagnostik in die Wege leiten und auch die notwendigen therapeutischen Schritte koordinieren. Weiterhin gibt es an zahlreichen Kinderkliniken neuropädiatrische Abteilungen bzw. entsprechende Sprechstunden, in denen die Eltern ihr Kind vorstellen können. Insbesondere in den neuen Bundesländern sind hierfür auch Kinder- und Jugendpsychiater speziell ausgebildet. In den letzten Jahren sind darüber hinaus insbesondere für diese Problemkinder Sozialpädiatrische Zentren gegründet worden.

Seit Einführung der Krankenversicherungskarte können die Eltern auch ohne Überweisung einen zweiten Arzt konsultieren.

Seite 306 f.

Anstelle einer Überweisung zu einem Neurologen, dessen Ausbildung primär auf Erwachsene ausgerichtet ist, ist es besser, wenn sich die Eltern an einen neuropädiatrisch ausgebildeten Kinderarzt, einen Kinder- und Jugendpsychiater (besonders in den neuen Bundesländern) oder die entsprechende Abteilung einer Kinderklinik bzw. an ein sozialpädiatrisches Zentrum überweisen lassen oder sich selbst dahin wenden.

Seite 307

„Spezialisten für verhaltensmedizinische Kinderheilkunde oder für Säuglingspsychiatrie" gibt es in Deutschland kaum. Die entsprechenden Aufgaben übernehmen die o.g. Berufsgruppen: Kinderärzte, Kinder- und Jugendpsychiater, Kinder- und Jugendlichen-Psychotherapeuten, Psychologen.

Seite 327

Die unter der Kapitelüberschrift „Gemeinsames Sorgerecht" beschriebene Regelung, nach der sich das Kind jeweils eine halbe Woche bei dem einen und eine halbe Woche bei dem anderen Elternteil befindet, ist weder kindgemäß noch in Deutschland üblich. In der Regel versucht man herauszufinden, was dem Kindeswohl am ehesten entspricht, und entscheidet dann entsprechend.

Dies bedeutet, daß einem Elternteil das Sorgerecht zugesprochen wird, während der andere ein Umgangsrecht erhält. Seit einigen Jahren ist es in Deutschland möglich, beiden Eltern – falls beide dies wünschen – das Sorgerecht zu belassen. Man spricht in diesem Fall von einem „gemeinsamen Sorgerecht". Üblicherweise hat das Kind seinen Lebensmittelpunkt dann jedoch bei einem Elternteil; dieser kümmert sich primär um die Versorgung und Betreuung des Kindes. Eine solche Regelung hat hauptsächlich zwei Vorteile: Es gibt keine Verlierer und Gewinner, und das Kind macht die Erfahrung, daß nach wie vor beide Elternteile für es zuständig sind, und so gerät es weniger leicht in einen Loyalitätskonflikt.

Seite 354

Hier ist anzumerken, daß rohe Eier in Deutschland nur mit Vorsicht zu genießen sind wegen der Gefahr einer Salmonellose.

Es ist zweifelhaft, ob Multivitamin-Präparate tatsächlich nötig sind.

Seite 363

Die meisten Kinderkliniken und pädiatrischen Abteilungen anderer Kliniken bieten die Möglichkeit, einen Elternteil mit aufzunehmen (sogenanntes Rooming-in). Allerdings ist darauf hinzuweisen, daß kein gesetzlich geregelter Anspruch der Eltern auf Mitaufnahme besteht. Probleme ergeben sich manchmal durch die räumlichen Verhältnisse in der Klinik. Die noch vor einigen Jahren eher kritische Einstellung von Schwestern und Ärzten hat sich in letzter Zeit gewandelt; die Eltern werden häufig als wertvolle Hilfe empfunden. Sollten sich Probleme ergeben, können sich die Eltern an das Aktionskomitee „Kind im Krankenhaus«" in Oberursel (Adresse siehe unten) wenden. Diese Stelle hilft ihnen, ihr Anliegen argumentativ zu vertreten.

Seite 364 ff.

Das Berufsbild eines „child-activities-specialist", wie im Original erwähnt, ist in Deutschland nicht geläufig. In den meisten Kinderkliniken gibt es Erzieherinnen (früher „Kindergärtnerinnen") und eigens eingerichtete Spielzimmer. Hier können sowohl individuelle Ängste und Probleme im Spiel dargestellt als auch Kontakte mit Gleichaltrigen gepflegt werden.

Seite 365

Zur Vorbereitung eines Kindes auf einen Krankenhausaufenthalt mittels Broschüren etc. gibt es prinzipiell drei Möglichkeiten:

1. Viele Kinderkliniken haben ein eigenes Faltblatt bzw. eine Broschüre entwickelt, die sich mit dem Aufenthalt und seinen Besonderheiten in dieser Klinik befaßt.

2. Das „Aktionskomitee Kind im Krankenhaus" e.V. (AKIK-Bundesverband, Kirchstraße 34 in 61440 Oberursel, Telefon: 06172/303600) arbeitet seit 1968 ehrenamtlich zur Verbesserung der Situation von Kindern im Krankenhaus. Von diesem AKIK ist umfangreiches Informationsmaterial zu erhalten, das meist kostenlos oder gegen eine geringe Gebühr (plus Versandkosten) abgegeben wird. Unter anderem gibt es ein Faltblatt „Wenn Ihr Kind ins Krankenhaus kommt ..." sowie eine Broschüre „Katrin kommt ins Krankenhaus". Darüber hinaus gibt es eine Schriftenreihe zur Mitaufnahme von Eltern in die Klinik und auch eine Video-Kassette mit dem Titel „Wenn Ihr Kind ins Krankenhaus kommt".

Das AKIK ist Teil der Bundesarbeitsgemeinschaft „Kind und Krankenhaus", einem Dachverband für viele Verbände mit Sitz in Hamburg. 3. Daneben sind im Buchhandel Elternratgeber zum Thema erhältlich:

K. Gritz: *Julia geht zum Kinderarzt,* Kinderbuch-Verlag Reich, Luzern.

K. Gritz: *Frau Dr. Webers Handwerkszeug,* Schmidt-Röhmhild-Verlag, Lübeck.

K. Bliesener: *Was ist los im Krankenhaus?* Ravensburger Verlag.

E. Rauschenbach: *Der kleine Patient.* Verlagsgesellschaft Schulfernsehen, Köln.

Seite 386

Wasserstoffsuperoxyd ist bei uns nicht mehr gebräuchlich; es gibt bessere von der pharmazeutischen Industrie hergestellte Präparate wie z.B. Otowaxol.

Seite 410

Die Frage, welche Institution im Falle dissozialen Verhaltens an einen Therapeuten überweisen würde, stellt sich in Deutschland in dieser Form nicht. Ich verweise auf die Ausführungen zu Seite 300, die hier ebenfalls gültig sind.

Seite 417

Es gibt in Deutschland nicht das Berufsbild eines Kinderpsychologen, es gibt Psychologen, die auch oder hauptsächlich mit Kindern und deren Eltern arbeiten. Anstelle eines Psychiaters sollten sich Eltern an einen Kinder- und Jugendlichenpsychiater wenden.

Seite 530

Eine Supervision für Kindergärten bzw. Tagesstätten oder Horte gibt es in Deutschland kaum, wenn doch, so beruht sie auf persönlicher Eigeninitiative. Wünschenswert und zu begrüßen wäre eine generelle Möglichkeit zur Supervision.

Seite 534

Die kinderärztliche Ausbildung ist in Deutschland klar geregelt und untersteht der Länderhoheit. Dennoch lassen sich bestimmte allgemein gültige Prinzipien festhalten: Nach Abschluß des Medizinstudiums besteht die Möglichkeit zur Gebietserweiterung (z.B. im Fach Kinderheilkunde). Es handelt sich dabei um eine zur Zeit fünfjährige Weiterbildungszeit an Kliniken bzw. bei zur Weiterbildung befähigten niedergelassenen Ärzten für Kinderheilkunde, in der eingehende Kenntnisse und Erfahrungen erworben werden. Im Rahmen dieser Weiterbildung werden auch, wenngleich in beschränktem Umfang, Fragen der kindlichen Entwicklung thematisiert, und es ergeben sich Kontakte mit Eltern und Familie, die reflektiert werden können. Viele Kinderärzte absolvieren zudem eine Weiterbildung im Fach Psychotherapie. Während dieser Weiterbildung wird ein gewisses Maß an Wissen über die kindliche Entwicklung und familiäre Beziehungen vermittelt. Momentan wird im Bereich der Kinder- und Jugendpsychiatrie die Weiterbildungsordnung zum Arzt für Kinder- und Jugendpsychiatrie und Psychotherapie geändert. Das entsprechende Kurrikulum umfaßt neben der Vermittlung der allgemeinen und speziellen Psychopathologie auch Aspekte der Entwicklungspsychologie, der psychologischen Tests, der Indikationsstellung und Technik der Psychotherapie etc.

Seite 536
Falls Sie sich an einen Hausarzt wenden, wäre zu fragen, ob dieser über Kenntnisse und Erfahrungen im Umgang mit Kleinkindern verfügt. Die angesprochene Verbindung mit einem Krankenhaus (Belegarztsystem) gibt es in Deutschland bei Kinderärzten kaum. Zur Frage der Erreichbarkeit ist anzumerken, daß der Bereitschaftsdienst der Ärzte in Deutschland gesetzlich geregelt ist; am Mittwochnachmittag und an Wochenenden ist ein fachübergreifender ärztlicher Bereitschaftsdienst zuständig. In größeren Städten allerdings haben sich die Kinderärzte zum Teil zu einem eigenen Bereitschaftsdienst zusammengefunden. Wichtiger als die Frage der Erreichbarkeit ist den Eltern oft die Frage, ob der Arzt Hausbesuche macht.

Seite 536
Solche Vorgespräche sind unüblich.

Seite 537
„Kindergesundheitszentren" gibt es in Deutschland nicht. Was zur Verfügung steht, sind Sozialpädiatrische Zentren, vergleichbar mit den

Child Development Centers. „Medizinische Zentren" im Sinne ameri-
kanischer Verhältnisse, d.h. Ambulatorien oder Medizinische Bera-
tungszentren für eine breite Versorgung der Öffentlichkeit (im Unterschied zu privat zu bezahlenden Stiftungen), gibt es in unserem
Gesundheitssystem nicht.

Seite 537
In einigen Gemeinschaftspraxen in Deutschland arbeiten Psychologen
mit. Ergotherapeuten, Logopäden, Heilpädagogen arbeiten in der
Regel selbständig in eigener Praxis; die Kinder werden vom Kinderarzt
dorthin überwiesen.

Seite 537
Unfallstationen, wie sie im amerikanischen Gesundheitssystem üblich
sind, gibt es in Deutschland nicht.

Seite 538
Die Kontaktaufnahme zu einem Kinderarzt schon vor der Geburt ist in
Deutschland nicht üblich.

Register

574

Bildquellennachweis

Wir danken dem Verlag Addison-Wesley Publ. Company für die Überlassung der Fotos auf den Seiten 19, 24, 39, 63, 84, 87 li., 91, 96 li., 105, 116, 139, 142, 152, 153, 159 li., 172 li., 175, 188, 189, 197 re., 200, 207, 217, 224, 231, 237, 250, 256 li., 261, 268 li., 270, 273, 280, 299 li., 300, 303, 312, 319, 333, 343, 366, 376, 383, 391 re., 398, 405, 413, 425, 443, 457 re., 469, 477, 489, 493, 499, 507, 510, 511, 520 li., 526, 536.

Die übrigen Fotos wurden für diese Ausgabe von privater Seite zur Verfügung gestellt.

T. Berry Brazelton / Bertrand G. Cramer:
Die frühe Bindung
Die erste Beziehung zwischen dem Baby und seinen Eltern
Konzepte der Humanwissenschaften
Aus dem Amerikanischen von Elisabeth Vorspohl
2. Aufl. 1994, 288 Seiten, broschiert, ISBN 3-608-91280-0

Ein Kinderarzt und ein Psychoanalytiker berichten aus ihrer
langjährigen Praxis, was Eltern und Kinder in den ersten
Lebensmonaten miteinander erleben. In vielen Situationen, die
von den Autoren genau beschrieben werden, können Eltern sich
wiederfinden. Ihnen wird gezeigt, wie sie mit ihrem Kind in jenes
Wechselspiel eintreten, das für die Entwicklung des Kindes so
ausschlaggebend ist.
Alle, die beruflich oder privat mit Kleinkindern zu tun haben,
erfahren, daß oft schon ein Mindestmaß an Verstehen und Einsicht
genügt, um in dieser frühen Phase so häufig auftretende Probleme
selbst lösen zu können.

Klett-Cotta